摆渡·传记

［俄］玛丽埃塔·丘达科娃 —— 著

李晓萌　戚炳惠　王昕然 —— 译

Marietta Chudakova

Жизнеопнсание
Михаила
Булгакова

布尔加科夫传

（上）

中央编译出版社
Central Compilation & Translation Press

图书在版编目（CIP）数据

布尔加科夫传：上下册 = Жизнеопнсание Михаила Булгакова／（俄罗斯）玛丽埃塔·丘达科娃著；李晓萌，戢炳惠，王昕然译．—北京：中央编译出版社，2021.4
ISBN 978-7-5117-3883-7

Ⅰ.①布… Ⅱ.①玛… ②李… ③戢… ④王… Ⅲ.①布尔加科夫（Bulgakov, Mikhail Afanasievich 1891-1940）-传记 Ⅳ.①K835.125.6

中国版本图书馆 CIP 数据核字（2020）第 222305 号

Originally published under the title Жизнеопнсание Михаила Булгакова
Copyright © Marietta Chudakova
The simplified Chinese translation rights arranged through ELKOST International literary agency and Rightol Media（本书中文简体版权经由锐拓传媒取得，Email：copyright@rightol.com）

布尔加科夫传

责任编辑	景淑娥
责任印制	刘　慧
出版发行	中央编译出版社
地　　址	北京西城区车公庄大街乙 5 号鸿儒大厦 B 座（100044）
电　　话	（010）52612345（总编室）　（010）52612341（编辑室） （010）52612316（发行）　（010）52612369（网站）
传　　真	（010）66515838
经　　销	全国新华书店
印　　刷	河北下花园光华印刷有限责任公司
开　　本	880 毫米×1230 毫米　1/32
字　　数	572 千字
印　　张	27.625
版　　次	2021 年 4 月第 1 版
印　　次	2021 年 4 月第 1 次印刷
定　　价	128.00 元（全二册）

新浪微博：@中央编译出版社　　微　信：中央编译出版社(ID: cctphome)
淘宝店铺：中央编译出版社直销店(http://shop108367160.taobao.com)
　　　　　（010）52612322

本社常年法律顾问：北京市吴栾赵阎律师事务所律师　闫军　梁勤
凡有印装质量问题，本社负责调换，电话：（010）52612322

作者的序

从20世纪60年代中期，即布尔加科夫的大部分戏剧遗作得以出版和包含他的绝大部分散文的单卷本面世时起，此前主要为文学史学家和戏剧《图尔宾一家的日子》的观众所熟知的布尔加科夫，开始引起广大国内读者的注意。而当他的最后一部长篇小说《大师与玛格丽特》在1966年底到1967年初发表，继而被译成多种文字时，他的作品引起了国际反响，一定程度上改变了人们对20世纪30年代俄国散文的认识。

正是在这部长篇小说即将面世的那几年，国家从作家的遗孀叶莲娜·谢尔盖耶夫娜·布尔加科娃那里获得了她自丈夫去世以后保存了25年的作家文献。由于各种情况的驱使，弄清楚这批文献并对它进行科学描述的任务落到了我的肩上。至此，作家的创作工作才前所未有地完全对外公开，在弄清楚并描述手稿以及其他文献的过程中，许多生平和创作事迹第一次进入了日常文化生活。

1968—1970年间，我和叶·谢·布尔加科娃在她位于莫斯科苏沃罗夫林荫道的房子（布尔加科夫的研究者和崇拜者非常熟悉）里多次见面交谈，这些交谈对于了解作家的个性特点以及生平经历非常重要。

为了尽可能多地掌握作家的文献，增进对当时还存在严重空白的作家的生平经历的了解，我们不断寻找他的亲友，逐步扩大寻找范围。因此也就记录了作家的许多同时代人、他的生活的见证者的谈话。

当然，交谈时记录下来的同时代人的回忆，常常夹杂由于许多有意或无意走样的额外因素而变得复杂的信息，比如发表对宗教或其他事情的见解、讲述某些事件以及对其认识时的小心翼翼。这种老一辈同胞所特有的、让人特别理解的（因此同样也让人心生悲凉的），甚至对自己早就产生的、一辈子下来早已改变的观点而言的小心翼翼，在描述布尔加科夫的个性的过程中也有所流露。事实上，给像我们的传主这么引人注目的人画像，任何细节都显得非常重要，因为只有所有这些生动活泼、一生中不断变化的细节，包括对一些品质的过分夸大和对另一些品质的贬低，才有助于我们清楚地想象《大师与玛格丽特》作者的个性。在这方面，我们仿效帕维尔·瓦西里耶维奇·安年科夫（布尔加科夫爱读他的作品，喜欢他），他早在20世纪中叶就提炼出对于当时而言很新的，即使在今天也很有现实意义，也是很好的处理传记的方法。他至今都是普希金传、果戈理传、别林斯基传、屠格涅夫传最好的作者——他留下了对所有这些人的回忆。他写道："我们首先想做的是，永远不采取对人的一生所有细节进行孤立解释和孤立辩解的方法，即使竭尽所能也找不到更多的词语去解释和辩解某些现象时，也不采取作者替自己的传主悲痛和忏悔的方法。"换句话说就是，帕·安年科夫提醒，不要对某些行为和品质进行孤立的解释和辩解，呼吁以作者的整体性格和一生的创作成果为出发点，不要让"理解和描写生动面貌的努力被轻松的计算工作所代替，因为面貌在多大程度上接近某些公认的合乎礼节和情理的概念，就在多大程度上从中显现出来。做这项工作时，作者可能在完全没有漏洞的地方看出假定的准则和自己的传主之间的漏洞，有时没有任何必要、只是**出于不切实际的设想——传主处于自由自在的位置不如处于光鲜的位置——把传主当作准则**"①。我们力求在任何情况下都不把我们的传主当作准则，而是尽可能了解他的"生动面貌"。

本书大量使用我们记录下来的作家遗孀叶·谢·布尔加科娃（1893—1970）、第一任妻子塔季扬娜·尼古拉耶夫娜·基塞尔霍夫（1889—1982）、妹妹娜杰日达·阿法纳西耶夫娜·泽姆斯卡娅（娘家姓是布尔加科娃；1893—1971）、表妹亚历山德拉·安德烈耶夫娜·特卡琴科从未发表的回忆，以及同作家从中学时代到最后岁月各个阶段的朋友和熟人间多次交谈的材料。布尔加科夫的许多生平事迹和创作，在本书中得到第一次叙述。当然，苏联和外国研究者的作品，对于写成本传记也很重要和有益，20年间他们的著作量也已数目可观。

应当说明的是，我们写的是对任何传记作者都很看重的题材——从政治题材到宗教题材——几乎没有留下直接言论的一个人。这不是个例，但是相当罕见。我们要让我们的读者意识

---

① 黑体是我们加的。

到这一点。一切可以被称作个人观点的东西，本书的作者只能通过间接材料来还原。从这个意义上讲，涉及童年时期和少年时代——个性形成时期——的材料尤为珍贵。关于这方面，最间接的证明材料也很重要，比如这样的材料：叶卡捷琳娜·彼得罗夫娜·库德里亚夫采娃1977年寄给我们的，她自己写的关于父亲彼得·帕夫洛维奇·库德里亚夫采夫①（从1897年起担任基辅神学院哲学史教授）的回忆录。她给我们写信说，她的回忆录中"甚至对作家或作家的亲戚只字未提"，但是她公道地解释说，她没有过多地描述"那个时代教授阶层的日常生活（而作家正是在神学院教授家庭长大的），比如（主要是）那种在某种程度上也有助于他的'内在'形象形成的文化、精神和道德环境。因为布尔加科夫不仅是艺术大师，而且也是少有的涉猎范围广、有些'思想解放'的作家（如果可以这么说的话），也因为所有这一切在一个人身上——在他的意识或潜意识里——都是从儿时开始形成的"。

我们始终觉得，我们这个时代的文学研究者和社会研究者，应当尽力了解真实的、与事后分清好坏无关的情况，只有作者担负起思考大师的生平经历并决定告诉读者自己思考的结果，才能体现出他对大师的应有尊重。

布尔加科夫在逝世25年后，即在20世纪60年代中期出现在自己的读者面前。他在已然变成某种狂热的社会高涨热情即将退去的时候走进了国内文化生活，因此就出现了了解他的生

---

① 彼·帕·库德里亚夫采夫为布尔加科夫父亲在基辅神学院的同事。——译者注

平经历和创作时至今都可以感觉得到的某种狂热。布尔加科夫就像梦寐以求和早就在寻找的榜样、信仰和崇拜的对象一样出现在许多人面前。而且不同社会阶层把个人价值观归功于他，并通过他对此予以膜拜。

社会需要传言，就会出现或者编造传言。《剧院情史》严密的自传性质——甚至没有关于生平经历最起码的概述以及首次阅读的作品的特性，作家在长篇小说《大师与玛格丽特》中对直接和间接生平经历一视同仁所留下的空间，都对此起了推波助澜的作用。

早已准备好的评价从四面八方袭来。它们是由带着遏制任务的官方机构编造和强加的，已经超出一切信仰和景仰，只为了达成非常实用的目的：要求弱化社会上已然强烈、明显认为20—30年代的"新"作家比其同时代的、威望早就得到认可和通过特别努力获得支持的作家要好的感受。有人极力想按照既定的方式或剧本在布尔加科夫去世后篡改他的生平经历。给他的生平经历添加便于交流、跟实际事实没有多少关系的描述。为了迎合这一点，根据社会情景结构，在相当大的篇幅中也提及社会生活，包括文学创作和学术环境。刚刚成型的作家生平经历马上就走样了：有人把它改得适用于读者难以接触到的作家遗著。对待生平经历的实用主义态度占了上风。有关作家的文字有了某种杠杆作用，某些跟作家的传记有间接关系的事情在杠杆作用下取得了进展。

这种对作家的生平经历和个性作出先验结论的社会习惯，即使在今天也给我造成某些困难。喜欢读布尔加科夫的作品和喜欢他的人，不但要习惯对他捏造出来的介绍，而且要习惯对他的生平间接的、模棱两可的叙述。其实，这完全符合过去25年形成的对国家历史的引喻式叙述。因此我们认为，有必要预告本书读者、同时也有可能发生在自己身上的是，不应该在本书中寻找引喻，不应该尝试读出文外之意。我已经尝试用毫不掩饰的文字表现自己想给读者展示的东西。

处理同时代人谈作家一生各个阶段的某些个性或见解的特点——不论我还是读者是否"喜欢"这些特点——的证明材料，以及处理其他所有的一切，都是如此。在没有弄清楚，以便为作家对某些问题的态度作有把握的结论之处，这种模糊不清也就保留了下来，我没有作人为的补充。

总之，本书中没有对作家的生平经历进行虚构的叙述。我以为，按照介于小说文学和科学作品之间的"名人生平"类作品进行的中间风格的叙述在很大程度上已经完成。我们认为，划清事实与假设之间的界限，并且力争任何时候在这方面都丝毫不对读者隐瞒事实的可靠性，只以事实为依据来撰写传记，是很有必要的。没有推测是不行的，而且也没有必要不作推测，重要的是，不要把推测冒充为某些已经得到佐证或者不言而喻的东西。

本书的主人公，不仅是一个思考自己身后生活经历的人，而且是一个向朋友和亲人倾诉、发声琢磨、加工这些生活经历的人；是一个经常思考历史人物传记中的传闻、虚构和事实间的关系的人。叶·谢·布尔加科娃喜欢重复他说过的一句话——关于每个大人物都会编出一些传言，但又各有各的特点，与众不同。这些传言的流行，是文化必然的一部分，谁要是想消灭它们，就未免太可笑了。

但是谁要着手撰写传记，就必须做大量的考据工作，以便分清传言和事实。

20年来，我们比出版布尔加科夫的主要长篇小说那一年更了解他的生平经历了。但是，关于他的个性，我们知道什么？

他曾是怎样的人？开朗，出色，杰出。他的日常生活，他的家庭生活，表面上看不像年迈而又孤僻的苦行僧的生活——实质上这种生活就是苦行僧式的生活。

他于谈笑间就把日常生活的特点移进自己创造的艺术世界。"跟在女士后面走进房间的，是一个步子零乱，头戴水手帽，七岁左右的小孩儿，板着一副不同寻常的傲慢、糊着大豆巧克力的脸……"（《剧院情史》）。家人都笑了，因为这正是叶莲娜·谢尔盖耶夫娜小儿子的形象。1969年11月的一天，她跟我们讲："大儿子热尼亚生气了，说米哈伊尔·阿法纳西耶维奇的书里有谢廖什卡，没有他。"布尔加科夫认真地回答说："热尼亚，你知道吗？这可以有，但是得花钱！比如，如果我写道：'从玛格丽特坐着的椅子旁走过一个青年'，写的是你，那这得花三卢布。如果我写道：'英俊的年轻人'，那这就得给五卢布。如果写道：'好英俊啊！——玛格丽特心想'，那这得掏十卢布！"

他曾是怎样的人？孤僻，内向，不拘小节。很注重交往的距离，也能够保持距离。即便吐露心声，可能也不是很放得开，只是向小圈子里最亲近的朋友倾诉。

"……有时他对生活中的小事很多疑，被各种矛盾折磨得很痛苦，他总是很严肃，在危机时刻没有失去自制力和从中迸发的生活力量，"帕·谢·波波夫①在20世纪40年代写的第一部，但是后来没有发表的作家传略中写道："在他那里，讽刺总是夹杂着强烈的情感，他的俏皮话很到位，有时十分尖酸刻薄，但是从不让人觉得讨厌。他不是鄙视人，他只是讨厌人的高傲、愚钝、单调，日常生活、个人名利、虚伪和谎言，这一切无不体现在行动、巴结、言语，甚至举手投足间。他本人很勇敢，一贯直爽地表达自己的观点。对于他而言，假话永远不可能成真。他勇敢地、忘我地走在选择的道路上。"

我非常感谢布尔加科夫的亲人、朋友和同时代的人，尽管同他们的交谈只是提供了一种可能性——哪怕是在某种程度上可以感觉得到可能成为我们同时代的人，但是似乎没有一个电影镜头记录下来外形和造型的人的个性。

这种个性在本书中（假设毕竟还是出现了）可能只是出现在关于个性的各种证明材料的交汇处——这在我们的叙述中一目了然。

"生平与创作"这个常见词组可能意味着问题的存在，而不是问题的解决。

我选择了记述连续不断的**生平经历**的路径，只是在可以看得出和注意到创作在某种程度上同生平经历有直接的和明显的联系时才提及创作。

---

① 帕·谢·波波夫是布尔加科夫的一个密友。——译者注

目 录

上 册

第一章　基辅岁月：家庭；中学和大学；战争；
　　　　医学……革命 ………………………………… 1
第二章　在莫斯科的最初岁月 …………………………… 182

下 册

第三章　创作剧本的五年（1925—1929年）………… 409
第四章　危机年代（1929—1931年）………………… 526
第五章　重写长篇小说。新的剧本与新的希望
　　　　（1932—1935年）……………………………… 646
第六章　又破产了。"也好，歌剧剧本就歌剧剧本！"…… 765
第七章　"最后的、收尾的长篇小说。"最后一个
　　　　剧本。（1938—1940年）……………………… 813

第一章　基辅岁月：家庭；中学和大学；战争；医学……革命

一

布尔加科夫的父母都是奥廖尔省人。"我们属于僧侣阶层，"作家的妹妹娜杰日达·阿法纳西耶夫娜·泽姆斯卡娅回忆说，"外祖父和祖父都是神甫；一个有9个孩子，另一个有10个孩子。"

外祖父米哈伊尔·瓦西里耶维奇·波克罗夫斯基是诵经员的儿子，当过奥廖尔省卡拉切夫市教堂大司祭、首席神甫。在19世纪80年代保留下来的照片上，他看我们的眼神正直、坦率。他和妻子安菲萨·伊万诺夫娜（娘家姓图尔宾娜）的脸看起来都很年轻。照片里她和丈夫都坐着，但也可以看出她身材匀称，端庄大方，辫子盘在头上。照片里9个孩子也都在——长子瓦西里是彼得堡军事医学外科学院的大学生，不幸早亡，长女奥莉加站着，手搭在哥哥的肩上；还有当时念中学的伊万和扎哈尔；照片上9岁左右的男孩是尼古拉·米哈伊洛维奇·波克罗夫斯基，后来成了莫斯科著名的医生，作为外甥的作家后来多年都和他保持着联系，还把他塑造成一部中篇小说的主人公……他身旁年纪更小一些的，是米哈伊尔，后来也成了医生，他的照片我们在布尔加科夫基辅的家里不止一次看到过；小米特罗凡，后来成了统计员。保姆怀里的亚历山德拉，后来嫁给了巴尔哈托夫。紧挨着她们的12岁左右、一脸严肃的姑娘，就是作家的母亲。

祖父伊万·阿夫拉莫维奇·布尔加科夫做了多年的乡村神甫，孙子米哈伊尔出生时，他是奥廖尔谢尔盖耶夫墓地教堂的神甫。祖母奥林皮阿达·费拉蓬托夫娜是米哈伊尔·布尔加科夫的教母。

作家的父亲阿法纳西·伊万诺维奇·布尔加科夫生于1859年1月17日，先后在奥廖尔宗教学校、基辅神学院（1881—1885）学习；然后当了两年教师——在新切尔卡斯克宗教学校教希腊语。1887年秋起成为基辅神学院副教授——起初在古代人文史教研室，一年多以后在西方信仰史研究教研室；1890—1892年同时在贵族女子学院任教，1893年秋起任基辅独立书刊检查员一职——检查法文、英文和德文书籍。1890年阿·伊·布尔加科夫与卡拉切夫不完全中学女教师瓦尔瓦拉·米哈伊洛夫娜·波克罗夫斯卡娅结婚。1891年5月3日，他们的第一个孩子出生。5月18日在基辅波多尔的克列斯托沃兹德维任斯基角教堂——往下走到波多尔，拐向沃兹德维任斯基角，现在还能看到它——受洗时，给他取名米哈伊尔——这很可能是为了纪念基辅城守卫者米哈伊尔天使长。从这件事可以证实：

第一章　基辅岁月：家庭；中学和大学；战争；医学……革命

在布尔加科夫家里，他的命名日不是按教堂日历在5月初的几个日子［比如说5月7日（20日）——米哈伊尔·乌卢姆比斯基诞生日］，而是在11月8日（21日）米哈伊尔天使长日来庆祝。

米哈伊尔不记得有过当家里独子的日子，——他很快就当哥哥了：他还不到三岁，就已经有两个妹妹了——1892年薇拉出生，1893年娜杰日达出生。1895年三妹瓦里娅也出生了。1898年10月有了尼科尔卡。米哈伊尔上中学预备班那一年，有了万尼亚（1900年）。

那年夏天父母开始建乡间别墅。1969年娜杰日达·阿法纳西耶夫娜·泽姆斯卡娅和我们说起了家中的往事："父母结婚的时候，很长时间都没有决定怎么使用妈妈的嫁妆——是在基辅（或在卢基扬诺夫卡）买房子，还是建乡间别墅。"要么是1899年，要么是1900年，买了两俄亩林地——在基辅西南方向29俄里处的布恰。他们决定在那里盖房——"对这样的家庭来说，租房不但贵，而且还难……"1900年过头一个夏天的时候，去乡间别墅要坐电车到最后一站普夏-沃季察，然后骑马或步行。第二年那里通了铁路；到布恰的下一站沃尔泽利。从车站到乡间别墅大约两俄里……盖了有五个房间、一个大储藏室和两条外廊的平层木屋。家什很多，冬天就留在那里，不往城里搬。夏天父亲从学院回来，脱下常礼服，换上偏领衬衫和草帽，去留作菜园和花园的地里拔树根——我们只种上好品种的苹果和李子；梨种的不多。……水塘有个坝，上面有个磨坊，旁边住着乌克兰族四兄弟。他们都是磨坊工人。于是他们村就叫"磨坊工人村";离布恰大约一俄里。常有人去那里——磨坊工人村游泳……

在童年记忆里(在沉入人的个性最深处、已经不是记忆而是与这种个性分不开的某种实质记忆里)留存下来的,既有布恰宽敞的乡间别墅,那里不曾拥挤,所有人都有空间,亲朋团结、融洽,也有乌克兰夏日艳阳下的绿树成荫。(会不会因为这个,他后来从来都不喜欢莫斯科郊外乡间别墅的生活?绿荫会沾染灰尘,而且任何一处住所都拥挤、简陋。)

1900年8月18日,9岁的米哈伊尔被基辅第二中学预备班录取;这所中学的声乐老师和合唱指挥是他父亲的弟弟(比父亲小14岁)谢尔盖·伊万诺维奇·布尔加科夫,他也是米哈伊尔的弟弟尼古拉的教父。

……80年后,也就是1980年秋天,我们有幸结识了布尔加科夫当时的同学叶甫盖尼·鲍里索维奇·布克列耶夫,并和他交谈。(这位为几代基辅人医治过心脏病的大夫,像他的做数学教授的父亲鲍里斯·雅科夫列维奇·布克列耶夫一样,在城里大名鼎鼎,他的父亲活到104岁,百岁高龄时还在大学里讲课。)身材不高、穿着老式考究、面容严肃的开业医师叶甫盖尼·鲍里索维奇疑惑地和我们交谈起来。

"不知道我对您有什么用。我和布尔加科夫无论是在第一中学还是在大学里都不是朋友。我们是在一个系里学习过,但您也知道,他后来不学医了,"老大夫有点不以为意地说。

"但实习过一段时间……"

"没错,他曾是梅毒学专家,但我对此完全不感兴趣。我

第一章　基辅岁月：家庭；中学和大学；战争；医学……革命

和他在大学里以及后来完全没有接触过……"

我和交谈者的话语本身已经重新建立起了与久远年代的联系，尽管他反复强调说："转述如此久远以前的思想向来是不可能的。"

布尔加科夫和布克列耶夫唯一走得比较近的一年，正是在第二中学预备班时。老大夫关于这个时期的记忆是独一无二的资料，因此任何一点细节都弥足珍贵。

"你们关系好吗？""是的，我们挺熟的，在一起胡闹。他戏弄地叫我布克列什卡·杰列什卡·奥列什卡……不知为什么就这么叫。他一向是不可思议的编嘲弄人的顺口溜能手，给所有人都发明了外号。我们预备班有个叫雅罗斯拉夫·斯捷潘诺维奇的老师，我们背地里叫他'萎罗斯拉夫'。他可能有结核病，又高又瘦，经常咳嗽。当时不知为何这个病不算什么，甚至开放性患者也可以在中学任教……绘画老师是鲍里斯·雅科夫列维奇。我们叫他巴尔博斯①·雅科夫列维奇。他管那些字迹潦草、画画不好的人叫——马拉洛·马拉洛维奇②！"……

关于我们知之甚少的那一年，也就是预备班学生米沙·布尔加科夫早上背着书包跑去第二中学的那一年（"他是有谁领着去学校的吗？您看见过他的家人或仆人吗？""没有，从没见过。我们都是自己去。"），开始传来一些声音，某些话语和词句听起来不太一样了。

布尔加科夫的同龄人伊利亚·爱伦堡，也在基辅出生，但

---

① 指粗暴凶恶的人。——译者注
② 这个名和父称取同根词"маратель"之意，指胡写乱画的人。——译者注

童年在莫斯科度过，后来才搬回基辅，他回忆这座城市时说："基辅有很多大花园，花园里长着栗子树；对莫斯科男孩来说，这太有异域风情了，就像棕榈树一样。"对土生土长的基辅男孩来说，栗子树司空见惯，就像莫斯科人对白杨司空见惯一样；可以想见，对于布尔加科夫来说，他不得不生活的城市里没有这些，感觉很空虚。

克列夏季克街上的"切尔努希"文具用品店（"那里卖发亮的彩色封皮学生练习本；在这种练习本上即使是做计算利息的习题都乐意"），"巴拉布希"糖果点心店——里面卖干果酱（"盒子里装的糖果像玫瑰花一样，散发着香味"）。"街上行人的脸上洋溢着笑容。夏天克列夏季克街的咖啡馆坐满了人，就在露天坐着，"爱伦堡回忆说，"喝咖啡或吃冰淇淋。"这幅城市景象一直持续到战争爆发，也可能再晚一点——布尔加科夫的第一任妻子塔季扬娜·尼古拉耶夫娜在和我们的一次谈话中，几乎用了完全一样的词语描述这座城市："当时的基辅是座欢乐的城市，咖啡馆就在户外，露天咖啡馆，门庭若市……"

……20世纪头十年里基辅人欢乐的、无忧无虑的脸庞后来总是浮上布尔加科夫的心头；他怎么也习惯不了20年代以及30年代初眉头紧锁、忧心忡忡的莫斯科人——从关于未来的剧本《无上幸福》起，他借原定要上，但在最终的剧本中没有出现的女主角之口表达了这种感受："'……您的眼睛让我平静。在这里，人脸上的表情让我吃惊。您的眼睛里是平静。'**罗多曼诺夫**：'难道那时的人们面貌不同吗？'**玛利亚**：'哎，这不用问。他们和您的面貌是那么的不同……眼

第一章 基辅岁月:家庭;中学和大学;战争;医学……革命

睛让人害怕。'"

1901 年 8 月 22 日,米哈伊尔·布尔加科夫被基辅第一中学一年级录取。坐落在比比科夫林荫道、后来在《白卫军》中也有过描述的漂亮的学校教学楼,至今都面貌如初。中学生布尔加科夫是幸运的——那个时代有利于深入扎实的学习。关于这一点,同一年进入同一所中学但在另一个学部(按我们今天的话说就是平行班)的叶·鲍·布克列耶夫在 1980 年 11 月 4 日给我们写的信中回忆说:"在回答您提出的问题之前,请允许我向您介绍一下 1900 年前后中学生活发生的普遍变化。19 世纪 90 年代国民教育部决定实施一系列改革,万诺夫斯基将军被任命为部长,他要求教育机构在工作中关心和'爱护'中学生,并通过聘请较高水平的教师也就是大学教授到中学任教,把教育水平提到更高层次。"

这位 19 世纪 90 年代的中学生记得没错。上一学年年中残酷镇压大学生骚乱(此前不久 183 名基辅的大学生被送去当兵)的教育部长 Н. П. 博戈列波夫确实因 1901 年 2 月 14 日被基辅的大学生卡尔波维奇打伤而去世。接任他的是 П. С. 万诺夫斯基(1899 年他还受命调查大学生骚乱并制定预防此类事件发生的提案),当时广为人知的务必"真心关心学校"的话就是他说的。

叶·鲍·布克列耶夫记得很清楚,"在基辅被选中实施这种试点的就是第一中学。于是从 1900 年开始,基辅工学院和大学的教授受邀来这里任教。比如,自然科学课(过去中学里从来没有教授过的新课程)由在工学院任教的多布罗夫良斯基教授讲授。基辅大学心理学和逻辑学教研室主任切尔帕诺夫教七年级和八年级心理学课和逻辑学课①，接替他的是该校副教授谢利哈诺维奇……"这样一来，教学被提升到大学水平；这对于中学毕业生后来生活的意义，怎么评价都不为过。

布尔加科夫在第二学部学习，布克列耶夫在第一学部学习，他们的老师不同，但所有年级的声乐老师和学监是同一个人——普拉东·格里戈里耶维奇·科日奇。"科日奇，也就是'普拉托沙'，是教堂唱诗班的合唱指挥，"布克列耶夫回忆说，"很亲切、正派的一个人……"这至少是少年米沙生活中第二位（算上叔叔谢尔盖·伊万诺维奇）合唱指挥了。可以想象得到，一个词语先是在家里反反复复说，然后转用到另一个人身上——多年以后，"在油腻腻的热气中幻化出"另一个人，指着惹祸的旋转栅门对别尔利奥兹说："直走，您就到您该去的地方了。给您指路，您打上250毫升酒……解解酒……前合唱指挥！——这个家伙装腔作势，猛地甩下自己的骑手帽。"

我们还是接着听叶甫盖尼·鲍里索维奇·布克列耶夫回忆："拉丁文老师是苏博奇；我们冲他唱道：

'弗拉基米尔·法捷维奇，干杯，干杯！'

这是因为他跟所有人说：'永远不要酗酒！'

革命后，拉丁文没用了，他很快改行当了算术老师。

中学有学监制度。他们是有点文化又有点年纪的人。其中有一位快60岁了，脑袋像鸡蛋……不是那个卢基扬，也不是

---

① Г. И. 切尔帕诺夫1902—1906年为基辅大学心理学和哲学教授，后为莫斯科心理学学院创始人和院长。

第一章 基辅岁月：家庭；中学和大学；战争；医学……革命

那个卢基扬诺维奇——就像我们前面说的那样，他是个正派人——不体罚学生，对学生完全放任自由。黑头发，两颗上门牙被打掉了……米沙不知为什么就叫他公马。"这肯定就是雅科夫·帕夫洛维奇·卢基安诺夫，他的学监一职从1876年当到了1910年（可能更久！）；1910年学校教师集体照上能清楚地看到他"鸡蛋似的脑袋"。

第一中学走廊里挤满一个个依稀可见的身影（"谢利哈诺维奇说话口齿不清。总是穿着皱巴巴的、没洗干净的长礼服来上课，裤子像两个长筒似的，头发总是一团乱麻——胡乱梳梳……"），回响着中学口口相传的一个个片段。

"学校里最令人讨厌的是训导员马克西姆。有个毕业生邀请他去郊游，在第聂伯河游泳。从那时起大家就戏弄他：'马克西姆，第聂伯河的水凉撒？'他喜欢说话拖长音。其实布尔加科夫也喜欢拖长音：'我错了撒'，'感谢撒'……① 还有一位看门人瓦西里，他是个体格强壮的斗士。每逢节日，他就穿着绣金边的蓝色呢子制服，头戴三角制帽，手持缒形杖站在校门口。"

20年后，《白卫军》中出现了另一个年代（1918年冬天）的中学，有"四层楼，宽敞的教室"。阿列克谢·图尔宾把身子探过栏杆，看到下面一个"白发苍苍的身影"步履蹒跚地徘徊。"寂寞的忧愁笼罩着图尔宾。就在这冰冷的栏杆边，回忆在图尔宾眼前异常清晰起来。

---

① 不过，后面我们会了解到，1919年马克西姆在布尔加科夫的一个弟弟的生活中扮演了高尚的角色……

"……各个年龄段的中学生,欣喜若狂地涌进了这个走廊。矮壮的老训导员马克西姆拨开古怪的人群,一下子抓住两个黑色的身影。

　　'让开,让开,让开,让开,'他嘟囔道,'让开,正好督学先生满心欢喜地来了,督学先生会好好看看图尔宾先生和梅什拉耶夫斯基先生。这是他们的荣幸。简直是太荣幸了!'

　　应该认为,马克西姆说的最后几个词含有最恶毒的嘲讽。只有心理扭曲的人才会从图尔宾先生和梅什拉耶夫斯基先生的自我反省中找到乐子,而且还是在督学满心欢喜地来了的时候。

　　被马克西姆箍在左手的梅什拉耶夫斯基先生,上嘴唇划破一道口子,左边袖子全开了线。被抓在右手的图尔宾先生,皮带没了,上衣、甚至裤子前开口的扣子全飞了,因此图尔宾先生的身体和内衣就极不雅观地一览无余。

　　'放了我们吧,亲爱的马克西姆,好人儿,'图尔宾和梅什拉耶夫斯基轮番向马克西姆哀求,血迹斑斑的脸上,目光逐渐黯淡下来。

　　'乌拉,拖走他,圣马克斯!'身后群情激昂的中学生们叫喊道。'没有哪条规定说,可以无法无天地摧残二年级学生!'

　　唉,我的天呐,我的天呐!当时阳光灿烂,人声鼎沸。马克西姆也不像现在这样——面色苍白、悲伤又挨饿。马克西姆头顶像黑鞋刷子,只是局部夹杂着几根白毛,马克西姆长的不是手,而是铁钳子,脖子上挂着马车轮子那么大的奖章……"

第一章　基辅岁月：家庭；中学和大学；战争；医学……革命

第一中学当年的另一位学生也记着孩提时代的这些打闹。"基沙塔①——当时这么叫低年级中学生。有一次我们打了两个八年级大哥哥。我们有差不多八十个人……不管三七二十一，当其中一个大哥哥动手时，我们也纷纷去打。这场架是米哈伊尔怂恿我们打的。"但是保斯托夫斯基②在自己的回忆录里写道："哪里有布尔加科夫，哪里就能赢。""这是夸大其词，"叶甫盖尼·鲍里索维奇·布克列耶夫像自然科学家那样准确指出，"他是参与打架，但他并没有什么与众不同。我们有个同学叫伊帕特。帕奇卡③个子不高，但力大惊人。所以打架总喊上他，大伙儿高喊：'帕奇卡，帕奇卡！'——他也确实每次都能保证打赢……而布尔加科夫是每次打架都参与。"

在学校院子里打架，通常要以"骑马"的方式解决——输家要把赢家扛在肩上。神学院教授戈卢别夫的一个儿子总是当"马"，因此得了一个长期外号"马儿"……

不过，四年级以后这一切都退居次要位置了。

"从中学四年级升入五年级，我们可以说是开始过社会生活了。例如，四年级时（也就是13—14岁时），一定要读别克尔（我们的交谈者这么说）和德雷珀的书。五年级时，我们开始参加经济学、哲学、宗教神学等各种小组。布尔加科夫从来没有参加过其中任何一个小组，"他的同学很肯定地说，"中学

---

① 此处为音译。原文"кишата"一词源自"кишеть"一词，意为"人多，一窝蜂"。——译者注
② 他当年也在这所中学上学，但要低两年级。
③ 伊帕特的小名。——译者注

五年级时，我们已经开始接触六年级、七年级、八年级的同学了。这些小组各个年级的同学都可以参加。通常每个年级有5—8人参加。但是所有这些活动都在校外进行，也就是只在家里进行。领导小组的一定是学校老师。谢利哈诺维奇的小组研究文学和哲学问题——比如说，五年级必读文德尔班的哲学教科书。这个小组布尔加科夫也没有参加，他在这方面比较懒惰……我们上五年级时正赶上1905年。我们当然砸过玻璃，互相泼过墨水；这些布尔加科夫都参与了——就像参与所有类似的集体活动一样……堵住门不让老师来上课当然很有意思！我们还选出了校公众委员会——每个年级出一两个人。我还记得在哪些房子里开会，大伙儿慵懒地躺在床上，抽烟……说一些煽风点火的话，——一切就这样结束了……布尔加科夫从来没有参加过任何委员会、集会或会议。有那么三四个星期，学校陷入无人管理状态，乱作一团，后来一切又恢复正常了。幸亏有校长 E. A. 别斯梅尔特内，才没有一个学生遇难。

（顺便说一句，那样的事情并不少。并不是每一所中学在国家历史上的每个时期都可以以自己校领导对学生的所作所为而自夸的——而且是在上级组织施压的情况下。①）

---

① 关于这个情节，数学物理学博士 Р. И. 皮缅诺维刊登在杂志上的传记中有这么一段解释："举例不当，但想法是对的。1905—1906年中学里的罢课和示威活动如此声势浩大，持续不断，以至于当这些骚乱结束时，当局感激不尽，因害怕挑起后续的胡作非为而没敢去镇压。从 Ал. 皮连科1906年编的《圣彼得堡中学的罢课》一书，到帕斯捷尔纳克的文字："我们随意顶撞而不受处罚，把课桌推到墙边，上课大声吵闹，心猿意马。"（1987年11月10日，1900年瑟克特夫卡尔版）都是证据。我们认为，在这里引用这段话并加上我们的说明并不多余，向原作者顺致谢意。

第一章 基辅岁月：家庭；中学和大学；战争；医学……革命

别斯梅尔特内的前任是波萨茨基-杜霍夫斯科伊——"油画似的笑容、油画似的眼神，"据叶·鲍·布克列耶夫说，"他是数学老师，学校卫生学出版物作者，《纪念普希金》（三卷本；基辅版）和《纪念果戈理》（1902年基辅版）的文集编者。"在中学教古代语言的别斯梅尔特内，"是个很认真的人。看到不像样的事爱说'乱七八糟'和'粗枝大叶'。1905年以后涅莫洛德舍维接替了他，极其巧合的是，涅莫洛德舍维也是数学老师。他是很闷的一个人，体型像熊——宽肩膀，罗圈腿。米沙叫他捕狼犬，于是这个绰号就属于他了——有点儿生硬。"新校长是几何教科书和习题集编者，比1907年8月调到萨拉托夫中学的前任年长近十岁。

我们继续来听布尔加科夫的同学和同龄人，一个当时就与布尔加科夫有着截然不同、现在还带着点孩子气的信念的人的讲述。

"我1905年上五年级时是坚定的无政府主义者，"叶·鲍·布克列耶夫说，"（其实直到今天也是。）我有基辅最好的关于无政府主义的藏书，有整套的克鲁泡特金的书。当时在克列夏季克街，离丰杜克列耶夫街和克列夏季克街拐角不远处，有一栋房子的二楼是牙医卢里耶的公寓，客厅让给无政府主义者使用了——厅里的桌子上到处放着无政府主义书籍，谁都可以去读。"

中学生布尔加科夫那些年什么样？我们已经知道的是——参与所有的打架，**不参加任何集体聚会**。

"您应该知道，"头脑清醒、记忆极佳的叶甫盖尼·布克列耶夫继续说道，"中学时代的布尔加科夫是毫不妥协的君主主义者——克瓦斯君主主义者。对，对，当时就这么说——不仅有'克瓦斯爱国主义者'，还有'克瓦斯君主主义者'。"（这里顺便提一下，在《白卫军》中，作者非常喜爱的主人公1918年谈到自己的信念时很是直率："我，"图尔宾脸颊抽动了一下，脱口而出，"不好意思，不是社会主义者，而是……君主主义者。……在所有社会主义者里，我最讨厌亚历山大·费奥多罗维奇·克伦斯基。"当一些给布尔加科夫作传的人评论说："需要指出的是，作者笔下主人公的君主主义并非带有自传性质。布尔加科夫一家与此毫无关系。"——那这就不是传记作家应有的立场了，而是想为心爱的作家说尽好话的崇拜者的狂热。）

早在中学时期，不只是在高年级时，甚至在更早的时候，多种情况的影响——家庭、家庭来往的圈子里是否有在少年眼中权威高过父母的人——奠定了我国同龄人不同信念的基础，这些不同的信念长久地决定着他们的世界观和社会行为。布尔加科夫，以及——并非偶然的——他的第一部小说未来的主人公上过学的第一中学里主要推崇哪些信念？

"一个年级40个中学生里通常有12—15个**公费生**：当时各种助学金很多——有国家助学金，也有私人助学金，"叶·鲍·布克列耶夫回忆说，"当然，公费生们形成了更加民主的氛围……总的来说—— 一个人的性格是在非常独特的条件下形成的。还原这个过程所处的环境是不可能的。很多琐事您始终不会了解。但生活恰恰是由这些琐事组成的。因此，还原这一时期的精神、接近那种环境是不可能的。比如说，布尔加科夫

第一章 基辅岁月：家庭；中学和大学；战争；医学……革命

上中学时避着犹太人，但这要考虑教育条件、家庭环境。时隔这么久很难理解……我们学部40人里有6个犹太人。神甫们对他们的态度不一，有的更明理些……当值日生报告说：'神甫，金兹堡留下上神学课。'一位神学课老师说：'算了，让他听吧，基督也向异教徒布道。'"① 总的来说，对改信基督教的人的态度，比对犹太人的态度要差。

叶甫盖尼·鲍里索维奇想尽可能准确地确定和评价在第一中学上学期间，即青少年时期，具体时间、具体环境下布尔加科夫的思想趋向。

"说说布尔加科夫的家庭，总的来说，教授阶层并不富裕。君主主义者是来自非常富有的，多半是地主家庭的孩子，或者是来自已经带有排犹色彩的城市底层家庭的孩子。布尔加科夫当然没有浓厚的排犹色彩，但总的来说，我们中学与其他学校相比，以作风较为自由而著称，因此即使像他那样的人也不是很多……总的来说，第一中学里汇集了对立的观点。比如说，比我们年长很多的皮亚塔科夫在我们学校上过学……"

（列昂尼德·列昂尼多维奇·皮亚塔科夫——比布尔加科夫和布克列耶夫大三岁——和他的兄弟格奥尔吉一样，他也是争夺为基辅苏维埃政权斗争的领袖之一，1918年年初被盖达马克②杀害。）

---

① 不得不指出，这个说法有点与史实不符，更确切地说，它的现代化修辞有点与史实不符。我指的是，使徒保罗向罗马人传扬福音的书信中的名句，"先是犹太人，后是希腊人"（《福音书》第1章第16节）；"异教徒"这个词后来的意思并不完全适用于基督教前几个世纪的情况。

② 指1918年国内战争时期乌克兰反革命队伍的士兵。——译者注

"当时在我们学校上学的有非常富裕的基辅地主列利亚夫斯基家的孩子,有大官的孩子,还有戈卢别夫家兄弟俩——神学院不可思议的带有排犹色彩的教授的儿子。布尔加科夫当然没有这么鲜明的排犹色彩。可以说,他持温和的保守观点。"

正如从和布克列耶夫的谈话中可以了解到的那样,布尔加科夫主要表现出这样一种消极的定位——不爱参加任何聚会、演说,或者公开发表自己的观点和想法。多年以后,《白卫军》里阿列克谢·图尔宾说起盖特曼时说道:"要知道如果他从4月份就开始组建军官兵团的话,我们现在已经拿下莫斯科了。……时机正好:因为在那里,据说猫都被吃了。他个狗娘养的,本来能拯救俄罗斯的,"——请注意非常了解他的听众的对白:"你……你……你知道吗,你不该当医生,应该去当国防部长,真的,"卡拉西说。他讥讽地微笑着,但图尔宾的话他喜欢,让他激动。

"阿列克谢在集会上是不可替代的人物,是演说家,"尼科尔卡说。

"尼科尔卡,我已经跟你说过两遍了,你不是什么说俏皮话的人,"哥哥打断了他。从听众讽刺的对白中可以看出,图尔宾不是演说家,这样的角色他不习惯。同样,这样的角色看来青年布尔加科夫也不习惯。至少我们的交谈者坚持这一看法,他不止一次重复这一看法:"我再说一遍,他是完全不问政治的……学校打架他参与,然后下课后在教室里坐上两三个小时,这是他跟所有人一样常做的事。但完全不接触任何形式

第一章 基辅岁月：家庭；中学和大学；战争；医学……革命

的社会生活……"

……总之，比大多数作风自由的中学生"保守"……在这个男孩身上相比可以看出家庭教养——对待异教徒克制的态度，神学院教师家庭本来就有的保守主义——也就是说，平和地接受现有秩序，不愿动摇准则。这种不情愿成了一种顽强的品质，以致在二十多年的动荡之后，当他置身于实际上与青年时代截然不同的现实环境中，在一封给政府的决定自己命运的信里，固执地称他的创作的重要特点是——"对发生在我落后的祖国里的革命过程深表怀疑……"

谈到青少年时期布尔加科夫对自己的民族属性的定位时，不仅是指神学院教师家庭通常主要选择在信仰相同的人中间建立家庭友好关系，而且还应当了解 20 世纪初基辅的特殊情况——城内外住着几个不同的民族，人们不仅保持着各自圈子的闭关自守，而且相互积怨久远、深重。举个例子：1903 年，基辅著名的戏剧评论家 Н. И. 尼古拉耶夫发文纪念基辅大剧院成立百年——而他的所有火气都发在 19 世纪前半叶大剧院中波兰和俄罗斯管理人员间斗争的各种波折上。布尔加科夫在基辅度过少年时代的那些年里，民族间的关系剑拔弩张，促使各民族自我封闭起来，对固定的民族团体过分认同，很多时候这一过程达到近乎病态的程度，这就是布尔加科夫的家乡城市同当时俄国的许多州和城市的不同，在那些地方，当地居民的多样性可能多半仍是日常生活中的常事；而在这里，恰恰是民族属性（与宗教特征一起）往往被提到首要位置——比如说，社会政治领域产生必须进行某种群体行动的问题时。布尔加科夫的老乡瓦·维·舒利金在自己的收山之作1979年莫斯科版《岁月。前国家杜马议员回忆录》中描述1906年基辅筹备第二届杜马选举时的形势时这样写道："人数最多的群体是农民……人数第二多的是波兰地主群体，第三多的是俄罗斯地主。第四大群体是几乎全是犹太人的城里人。第五多的是俄罗斯族神职人员。最后，第六大群体是捷克和德国殖民者。"舒利金指出，可以以各种方式组成群体，也包括按照社会特征组成群体（"按照阶级特征，所有地主可以不分民族形成集团，也就是组成俄罗斯人和波兰人联盟。如果城里的犹太人也加入这个联盟的话，那么这个集团就占大多数了。"——这里说的是在杜马的席位数）。但是当时的形势是，"地主、神父和农民"一起行动——就是说，正如舒利金在评论这些事件时所说的那样，"受到教会支持的民族团结思想占了上风。"所有这一切（包括舒利金的评论）都是基辅1900—1910年特有的情形。选举时布尔加科夫还没有成年，但是他可能关注了选举的进程以及后来被赋予和解期望的第二届杜马和第三届杜马的活动。也许此处适合提前指出，布尔加科夫认为必须强调自己所属民族的这一源头。至少两个事实可以说明这一点。一个要追溯到1929年，这个我们谈到那时再说，另一个要追溯到1936年，他写长篇小说《死者笔记》的时候。这部长篇小说的主人公明显跟作者很像，布尔加科夫给他取名马克苏多夫，这个姓名比他自己姓名里的"鞑靼人"色彩还明显——虽然这个姓名在起源上是属于阿拉伯人的。二十年后想起这个名字，可能正是来自青少年时期对第三届杜马会议新闻报道的印象。在1909年

第一章　基辅岁月：家庭；中学和大学；战争；医学……革命

1月的这样一次会议上，瓦·维·舒利金谈到了死刑。他说，俄罗斯民族"天生厌恶死刑和所有残酷的司法行为"。这一现象"是我们的民族自豪感和我们的民族慰藉，坚强地支撑着我们的信念，当我们说，这个庞大帝国的主人应当是俄罗斯民族时，因为我们相信，只有俄罗斯民族才能成为温和慈悲的统治者"。（右侧响起掌声，萨·纳·马克苏多夫在座位上喊道："俄罗斯民族是谁？"）他后来评论这一插曲时解释说："萨特列特金·纳兹穆特季诺维奇·马克苏多夫是纯正的鞑靼人，是受过良好教育的人，1906年毕业于巴黎的法律院系。

他可能想说，俄罗斯民族的构成中'非俄罗斯人'多的是，其中也包括鞑靼人。"不过，也不排除布尔加科夫可能是在报刊上，以及后来在莫斯科看到这个姓氏的，——就在他正在写后来的长篇小说第一稿的那一年：1929年《出版与革命》杂志第12期上预告说，共产主义研究院文学、艺术和语言组拟定于1930年邀请马克苏多夫作题为《鞑靼自治共和国马克思主义考证现状》的报告……

民族自我认同并非在任何时间、任何地域都是同样简单、自然而然的事情。在布尔加科夫度过少年时代的城市，民族问题和社会政治、历史传统、宗教信仰，同当时引人注目的阶级问题以及其他利益交织在一起。例如，瓦·维·舒利金在谈到当时居住在基辅周边的农民时这样定义他们："按照民族特征，他们是俄罗斯人，或者按当时的说法是小俄罗斯人，而按照现在的术语，则是乌克兰人。"对他而言，重要而且有意义的只是昔日共同的历史——基辅罗斯；后来的民族形成过程被视若无物。这种对于政治活动家而言尤为冒险的对历史观点的选择，在革命以前的年代在基辅的俄罗斯知识分子群体中普遍存在。这种选择的痕迹《白卫军》中也有不少，这在某种程度上有助于还原青年布尔加科夫对民族问题的观点。但值得一提的是，即使在布尔加科夫家里，他当时的思想趋向也不是所有人都认同。在我们1969年和作家的妹妹娜杰日达·阿法纳西耶夫娜·泽姆斯卡娅的一次见面中，她向我们展示了家庭照片，说道："这是М. Ф. 克尼波维奇，我当时的未婚夫。就像人们当时说的，他是**真正的**乌克兰人，也就是说思想倾向很明确；我当时也赞成乌克兰有权拥有自己的语言。米哈伊尔反对乌克兰化，但是，当然了，他也把克尼波维奇当成家里的朋友……"（几年后，娜杰日达·阿法纳西耶夫娜嫁给了俄语语言学家安德烈·米哈伊洛维奇·泽姆斯基。）对于我来说，还有一个事实不容忽视，那就是与他们家——尤其是户主健在的时候——关系很近的人是神学院教授、多部18—19世纪乌克兰文学史著作作者、米·阿·布尔加科夫的教父Н. И. 彼得罗夫。神学院1910年入学的学生М. Я. 斯塔罗卡多姆斯基在其未发表的（Е. П. 库德里亚采娃1977年向我们热心提供的）回忆录中证实，"基辅神学院有一个受乌克兰民族运动思想鼓舞的非官方的乌克兰'协会'，其成员是最活跃的一群大学生。他们光顾乌克兰'启蒙'俱乐部和乌克兰剧院，在内部会议上安排历史和文学主题的报告、集体高唱富有旋律的乌克兰歌曲。通过这个协会，我成了历史学教授、乌克兰古代史大拿

第一章　基辅岁月：家庭；中学和大学；战争；医学……革命

Н. И. 彼得罗夫家的常客……彼得罗夫教授家在固定的日子（每星期举行聚会的日子）聚齐一批进步教授：……库德里亚夫采夫、雷宾斯基、埃克津普利亚尔斯基、扎维特涅维奇……"

早在 20 世纪初，在彼得堡教授圈子里就流传着这样的观点，"基辅神学院在新颖性和进步性方面，目前在我国首屈一指"，这正是因为"它由库德里亚夫采夫这样的人掌管，他并非委员会成员，却掌控着它。我简直被这种广为流传的观点吓到了，"库德里亚夫采夫的彼得堡笔友 К. М. 阿格耶夫 1906 年 12 月给他写信说。"让人想起戈卢别夫对你的攻击……"神学院内部的活动、观点碰撞，想必从世纪之初就多了起来，可以想见，阿·伊·布尔加科夫当时持的是温和、折中，也可能是调解的立场。我们以为，弗拉·雷宾斯基用议定的悼词语言所要求的万分慎重的态度极力描述的，正是他的这种立场："基辅几年以前成立了一个由神职人员和世俗人士组成，旨在讨论教会问题并阐明业已成熟的教会改革根据的小组，阿法纳西·伊万诺维奇是这个小组中最热心的成员之一，非常热心地参与了各种争论。"他还特意解释说，"仙逝的教授远离总是随意批判和否定的肤浅自由主义；但是他也反对不能区分永恒与短暂、字面意思与内在精神，导致教会生活和教会形式因循守旧的极端保守主义。"父亲生前的这种气质和理智行为在儿子眼中极具权威，后来儿子也许更加深入地思考过。

在沃伦州的安东尼大主教（他说彼·帕·库德里亚夫采夫是"俄罗斯的伏尔泰"）1908 年在学院进行调查之后，在学院的进步派写了《基辅神学院的真实情况》回应调查结果，实行新的规章，学院已经完全分成"左派"和"右派"之后，进步思潮继续在各个教研室，以及想必更多地在各种家庭"聚会"里存在。布尔加科夫少年时一直有直接的机会近距离直面这些思潮——哪怕只是通过同 Н. И. 彼得罗夫、В. И. 埃克津普利亚尔斯基、В. З. 扎维特涅维奇的家庭友好联系——但是暂时还没有事实可以证实，布尔加科夫利用过这样的机会。比如，我们问过塔季扬娜·尼古拉耶夫娜（布尔加科夫的第一任妻子），庭审别利斯案件时（在1913年，当时布尔加科夫已经是大学生了），他是否去过法院。"没有，"她很有把握地回答说，"他没有去过，他们只是去办自己的事情时路过法院，看到宣判时人们拥抱和互相亲吻。"叶·布克列耶夫也说到这一点："我肯定，他没有去过法院。"我们比较一下这些证言和彼·帕·库德里亚夫采夫女儿的回忆："父亲积极、热烈地与革命前基辅的反犹情绪作斗争。我记得1913年轰动一时的对别利斯的审判。当时我上中学六年级，所以大概是我十五六岁的时候。妈妈决定在一个星期天举办家庭晚会，叫年轻人、我们的同龄人来。结果那天刚好是宣布要审判别利斯的前一天。我记得，爸爸得知明天要举办晚会时焦急的样子："什么，"他对妈妈说，"明天给别利斯判刑，而你们要跳舞？"晚会当然被取消了。

认为大作家在自己生活中任何时刻都一直倾向于最"左"的社会思潮的观点，早就被认为是幼稚的。布尔加科夫的伟大前辈、19世纪的俄国作家们的生平表明，事实往往远非如此。（不过，要是由此得出结论，认为任何倾向于不体面的偏见的人，因为伟大作家曾持有类似观点就立刻得到了权威庇护，那就更幼稚了。）但是，和其他人不同的是，布尔加科夫无论如何还是没有能够获得拥有自己本来的、而非其他什么人的生平传记的权利。他的同时代者往往设法丑化他的履历，而今天的崇拜者又努力"美化"它。

今天的读者恐怕很难理解（因此也很难接受），置身活跃的社会政治之外，完全不意味着立刻站在与这种活跃相对立的某个极端，固定在某个早就确定的点上。脱离这种处境的可能性非常多，其中之一就是私人的生活，保护自己的独立，同时绝不试图对抗或是把自己的生存方式强加给生活行事方式不同的人。对抗的意愿只有在这种方式、行为举止已经需要保护的极端时刻才会产生。

二

为名人作传的作家总是对这样一个问题很感兴趣——他们在少年时代就与众不同吗？老师和同学们当年是否就对他们寄予厚望？布尔加科夫的中学老师当时如何看待他，我们已经无从知晓——鲜有老师能够活到自己的学生功成名就，尤其是当功名如此姗姗来迟的时候。

在同龄人中的地位，往往不是指他的才华，而是指他的性格类型。

布尔加科夫上学时是什么样的人？或者更确切地说，他上学时被公认是什么样的人？叶·布克列耶夫说："在低年级时，他是顽童中的顽童,泯然众矣。当时怎么也看不出他日后的成长。你看科日奇兄弟——在班上比我们大一岁——他们上中学时就已经崭露头角了。"——这里指的是普·科日奇的儿子 В. П. 科日奇和 И. П. 科日奇,他们后来成了导演。

"同学们对他迈入文学生涯是不是感到很意外?"

"太意外了!谁也不会说他:'嗯,这家伙能行!……'——您知道,中学里谈论以文学或其他才能而闻名的中学生通常都这么说。他没有表现出任何与众不同的才能……"

(顺便列举果戈理的同时代人、曾送19岁的果戈理去彼得堡的 C. B. 斯卡拉娅的话为证:"当时我们没有看出他有任何过人之处。")

他生活的重心不在学校或兴趣小组,而在自己家里和亲友家里。1909 年 6 月 8 日颁发的中学毕业证书证明,"表现最好的时候",五等文官的儿子布尔加科夫只有两门功课(神学和地理)"优秀",其余各门课程都是良好和及格。

但是,米哈伊尔·布尔加科夫中学毕业时,家境与入学时已大不相同。

1906 年父亲病了。作家后来在悼词中写道:"1906 年春天时,阿法纳西·伊万诺维奇就觉得身体似乎有恙。夏天时,一开始他没有在意这个病,新学年就要开始时,病情加重了,突出表现是,失明、浑身乏力。经医生检查,很快便确诊,阿法纳西·伊万诺维奇得了重度慢性肾病。开始积极治疗。但是基辅的医生以及后来莫斯科的医生战胜病魔的全部努力都化为泡影。病情恶化得非常快,大家都明白,病情的悲惨结局就要到

第一章　基辅岁月：家庭；中学和大学；战争；医学……革命

来了。"多年以后，命运迫使米哈伊尔·布尔加科夫不得不回忆起父亲病情急转直下的整个过程……

阿法纳西·伊万诺维奇那年夏天在布恰的、生前最后的照片保存了下来，身边围着所有孩子，抱着最小的孩子——4岁的列莉娅，她是唯一一个长得像父亲的孩子，遗传了他的深色头发和长圆脸。

阿法纳西·伊万诺维奇的小女儿出生于1902年，他弟弟谢尔盖·伊万诺维奇做助产士的妻子接生了这个小女儿。就在1902年，29岁的谢尔盖·伊万诺维奇突然去世了。这可能是11岁的米哈伊尔的生活中失去的第一位至亲。阿法纳西·伊万诺维奇认为，请弟弟的遗孀伊莲娜·路基尼奇娜到自己家里来生活是应尽的义务。此后她一直在布尔加科夫家里生活，主要是照顾自己最疼爱的列莉娅。

安德烈斜坡13号楼是1906年租的，它应该就是这家人的长期栖身之地和长篇小说《白卫军》故事发生地的原型。

使这家人备受煎熬的1906年到1907年秋冬时节来了。米哈伊尔和妹妹们（薇拉和娜佳）都明白，父亲时日不多了。"给他治疗过眼病，这才是后果，"娜杰日达·阿法纳西耶夫娜告诉我们说，"父亲消瘦得很厉害。当他已经不能自己看书时——我就给他读捷克文文章，但他对我的发音不满意。他自己精通拉丁文、希腊文、法文和西斯拉夫文（还能用德文和英文阅读——就像前面介绍过的那样，他就使用这些外文审核送交书刊检查的书籍）……"看来，有些外文阿法纳西·伊万诺维奇掌握得好一些，有些外文掌握得差一些，但是这个榜样一直停留在布尔加科夫的记忆中,多年以后反映在大师对伊万的回答中,即被作家孩子一般天真无邪地为自己的主人公而骄傲所渲染的回答中:"除母语外,我还懂五种语言,"客人回答说,"英文、法文、德文、拉丁文和希腊文。对,我还能用意大利文看点东西。"尤其是反映在伊万的对白中:"'你可真行!'伊万嫉妒地小声说道。"

1906年12月11日,神学院学术委员会授予阿法纳西·伊万诺维奇神学博士学位。作家写道,学术委员会同时还向主教公会提出申请,"授予阿法纳西·伊万诺维奇编内教授职称,并给予这一职称的生活费。1907年2月8日,神圣的主教公会批准了这一申请。阿法纳西·伊万诺维奇对获得编内教授职称抱有很大的希望……"。

阿·伊·布尔加科夫在学院工作真的每年才挣1200卢布,做书刊检查工作也挣这么多。常常不得不兼职赚钱,让他倍受折磨,直至生命最后一个月才摆脱命运的无情捉弄,我们觉得,这深深地刻在了布尔加科夫的脑海里;这可能让他对自己从20年代初开始直至去世都不得不面对的相同的窘境更加气愤。

悼词中接着写道:"3月9日,阿法纳西·伊万诺维奇递交了因病辞去学院工作的申请书,3月11日,他接受了神圣秘密的圣餐并满怀虔敬地涂了圣油。3月14日早上10点左右,阿法纳西·伊万诺维奇与世长辞……当日下午4时,学院神职人员在逝者灵柩旁作安灵弥撒,学院的教授和学生们也参加了。3月15日,入殓的灵柩被移至烈士修道院圣灵教堂,3月16

第一章 基辅岁月：家庭；中学和大学；战争；医学……革命

日，在烈士大教堂作安魂弥撒。"阿·伊·布尔加科夫的同事Д. И. 博格达舍夫斯基在墓前讲话中回忆他临终前的日子时说："我们讨论了当代生活中的各种现象。你看得那么的明白、冷静，而且那么的深远，就如同亲身经历一般。你说：'要是一切都这么平静，那该多好，那该多好啊！……要想尽一切办法带来平静。'现在，上帝让你完全平静……'放了我'——这是你临终前对深爱你的同时你也深爱的伴侣说的最后一句话。'放了我！……'你就这么平静地离去了。你可以说：'主啊，如今可以照你的话，释放仆人安然去世。'（《路加福音》第2章第29节）"三十多年后，逝者临终前最后一句话出现在他的儿子写的最后一部长篇小说的最后一章中："放了他——玛格丽特忽然刺耳地尖叫了一声……"

这样，1907年3月，还不到16岁的米哈伊尔成了家中的如父长子。

早就寡居、每年夏天都从卡拉切夫来布尔加科夫家乡间别墅的外祖母安菲萨·伊万诺夫娜对他说："米沙，你已经长大成人了，该用'您'称呼妈妈了。"从那时起，他就用"您"称呼母亲。

学院设法争取到了更多的抚恤金——于是这家人获得了比阿法纳西·伊万诺维奇干两份工作都挣得多的生活费。

已故教授的家庭命运中也有他的同事们的身影，其中之一就是道德神学教授瓦西里·伊里奇·埃克津普利亚尔斯基；他和阿·伊·布尔加科夫都是弗拉基米尔·索洛维约夫宗教哲学协会（协会主席是彼·帕·库德里亚夫采夫）的活跃分子，

1916年创办了《基督教思想》杂志。

……从布尔加科夫家出来,向下望当时还完好无损的圣尼古拉教堂走,左手边是博里切夫·托克街,街右侧建筑风格稍显独特的两层半楼房就是这位教授的家。曾经——在革命后的年代——与同龄人列莉娅·布尔加科娃一起去过埃克津普利亚尔斯基家、挽着教授的手散步的亚历山大神甫的儿媳、重病缠身的75岁的塔季扬娜·帕夫洛夫娜·格拉戈列娃,1980年秋无比自信地对我们说:"埃克津普利亚尔斯基是我这辈子见过最睿智、最了不起的人。"她还给我们展示了保存在她那里、埃克津普利亚尔斯基收藏的丰富藏品。这套藏品,布尔加科夫作品的崇拜者、基辅的 H. 叶尔尚斯卡娅和 M. Л. 孔德拉季耶娃1975年4月就跟我们说过——根据埃克津普利亚尔斯基的学生 O. 格奥尔吉神甫的口述。

这是一套带基督画像的翻拍照片集。很棒的摄影师(布尔加科夫家最好的照片就是他拍的)瓦·伊·埃克津普利亚尔斯基翻拍这些照片是有明确的目的的。"他给自己定下了完成《画像中的基督》一书的目标,"塔季扬娜·帕夫洛夫娜说。

这些照片基本上尺寸相同,大部分呈褐色,贴在灰色的衬托纸板上。埃克津普利亚尔斯基在衬纸背面用蓝色铅笔注明了画家姓名、图画或版画的名称,并编上了序号。按其中的一些序号看,这套藏品由一万多幅复制品组成……列莉娅·布尔加科娃后来帮助失明的教授整理过这套藏品,而哥哥肯定见过这套藏品,而且可以想见,他不止一次见过,早就见过。青少年时期对收集在一起的大量福音故事画像的印象,也许留在了作

第一章　基辅岁月：家庭；中学和大学；战争；医学……革命

家的视觉记忆中，同基辅教堂的一幅幅壁画以及弗拉基米尔山上《蒙难处》全景画一起，对作家后来的构思产生了影响。

夏天照旧到乡间别墅去。娜杰日达·阿法纳西耶夫娜给我们讲，来了一些熟人——科尔涅伊·卢基扬诺维奇·斯特列利佐夫以及他的妻子阿夫多季娅·伊万诺夫娜。（布尔加科夫1923年想起了这个名字——因为他给自己的短篇小说《飞驰》中的人物取了这个名字。）科尔涅伊冬天在宗教哲学协会烧锅炉，夏天看管布尔加科夫家的乡间别墅院子；他的妻子给他们做饭。科尔涅伊在花园里搭了浴棚，水是从井里拉来的。"男孩们，快去，快去洗澡，薇拉要去浴棚了！"妹妹们喊道。大妹妹是个行动缓慢的人。

住在布尔加科夫家的伊莲娜·路基尼奇娜阿姨同他一起去乡间别墅——仆人们叫她"黑夫人"，因为她和瓦尔瓦拉·米哈伊洛夫娜不同，一头黑发。每年夏天外祖母安菲萨·伊万诺夫娜也到乡间别墅做客。（她1910年去世于做医生的儿子尼古拉·米哈伊洛维奇·波克罗夫斯基在莫斯科的家里。）据娜杰日达·阿法纳西耶夫娜证明，她"文化程度不高，但是求知欲很强，头脑灵活。突然迷上读陀思妥耶夫斯基的作品，整天都在读。我问她时她说：'娜杰奇卡[①]，你明白的，我也活不了多少时日了——这种分量的作家我不能不懂啊！'"来乡间别墅的还有阿法纳西·伊万诺维奇的侄子们——康斯坦丁和尼古拉，他们也常常住在布尔加科夫家里，他们是阿法纳西·伊万诺维

[①] 对娜杰日达的爱称。——译者注

奇的哥哥彼得的孩子，彼得在俄罗斯驻日本（东京）使团做神甫。1915年彼得家的独女在东京突然染上猩红热后死于脑膜炎，据娜杰日达·阿法纳西耶夫娜讲，彼得·伊万诺维奇的妻子来求婆婆说："把列列奇卡给我吧！您有七个闺女，我们现在连一个闺女都没有。"因此产生了很多风波。哥哥和姐姐们就是不给。"不管是在布恰还是在城里，住在布尔加科夫家里的还有阿法纳西·伊万诺维奇的弟弟米哈伊尔·伊万诺维奇的女儿伊拉莉娅（莉莉娅），他的弟弟长期住在卢布林省霍姆市，在那里的宗教学校任教。1909年夏天，瓦尔瓦拉·米哈伊洛夫娜的妹妹亚历山德拉·米哈伊洛夫娜·巴尔哈托娃（娘家姓是波克罗夫斯卡娅）带着7岁的阿列克谢和4岁的亚历山德拉从卡拉切夫来避暑，1912年她们也来过。半个多世纪后，作家的表妹亚历山德拉·安德烈耶夫娜·特卡琴科（娘家姓是巴尔哈托娃）首先想起的就是一大家子人以及和和睦睦、其乐融融的总体印象。

显然，所有这一切越是一去不复返，越是与新生活形成反差，后来在作家的记忆中就越来越被放大、越来越被固化。旧历8月16日前，也就是中学开课前，全家都返回城里。哥哥姐姐们晚走一些，坐火车返校。

布尔加科夫中学时的朋友是普拉东·格杰申斯基和萨沙·格杰申斯基，他们是神学院图书馆助理馆员彼得·斯捷潘诺维奇·格杰申斯基五个儿子中的两个小儿子。这家人和布尔加科夫家走得很近，所以关于这家人我们略微详细说说。两个大儿子（彼得·格杰申斯基头婚所生）波利卡尔普和尼古拉当时已

第一章　基辅岁月：家庭；中学和大学；战争；医学……革命

经是基辅周围的神甫了。

1987年10月15日，基辅人 C. A. 卡西亚纽克给我们讲了他的亲戚尼娜·波利卡尔波夫娜·格杰申斯卡娅［夫家姓莫什科夫斯卡娅（1900—1986）］知道的关于青年布尔加科夫的几件事。60年代中期，有人给她朗诵长篇小说《大师与玛格丽特》中的片段时，她在不知道作者的情况下，好像猜到了是布尔加科夫。原来，波利卡尔普·彼得罗维奇（1876年生人）的四个女儿（尼娜、吉娜、丽达、娜塔莉亚）中的长女、女子教会学校学生尼娜每逢星期天就和妹妹们一起去布尔加科夫家："米什卡喜欢跟我们玩，他爱开玩笑、爱玩游戏。他开始玩游戏时经常说：'开始疏散'。疏散计划考验大伙儿的想象力。于是开始各种幻想——去哪里和怎么去。

他喜欢各种妖魔鬼怪、招魂会。他爱讲各种奇闻怪事……"正如我们的笔友公正地写到的那样，"米·布尔加科夫对'妖魔鬼怪'了如指掌，1910—1915年把它们搬上舞台，说明这一主题'早就成熟'——是作家'生平经历的特征'。"

据亚历山大·格杰申斯基的遗孀说，妹妹索尼娅（1898年生人，她的回忆我们后面会引用）后来变成了"极其可怕的无神论者。她（从1916年开始）在村子里教书，讲无神论的课时说：'如果我甚至能不完全相信——那么我很看重播撒怀疑的种子'。比她年长不少的姐姐卡佳也这样。她们在敖德萨做神甫的哥哥格里沙对此很是苦恼，甚至赶过来劝说她们。但是索尼娅对我说：'请转告他，我不信那些鬼话，不要打扰我。'"

我们所说的这段时间，彼得·格杰申斯基的小儿子们跟哥哥们当时一样，还在宗教学校上学。但是他们在那里没有学习多长时间。"米沙常常嘲笑他们宗教学校学生的称号，"其中一个妹妹索菲娅·彼得鲁舍夫斯卡娅在1971年12月10日给拉里莎·尼古拉耶夫娜·格杰申斯卡娅的信中回忆说，"有一次他骑着崭新的自行车来了。萨沙和托尼亚也学着骑，他们还骑不好的时候，米沙跨上自行车，做出一系列不可思议的七扭八歪的骑行动作并断言说，只有宗教学校的学生才能这样骑。""不可思议的编嘲弄人的顺口溜能手"（叶·布克列耶夫语）……孩提时的把戏里就有了"表演"、改编剧本的欲望，并保持了一生，将其贯穿于日常生活方式（我们还将多次谈到类似的情节）、文学创作。这一系列七扭八歪骑行动作的情节至少两次成为他的长篇小说的叙述对象："帕特里克耶夫骑上自行车……他踩动脚蹬子，晃晃悠悠地绕椅子一圈，一只眼瞄着提词室，生怕掉进去，另一只眼盯着女演员……帕特里克耶夫重新蹬上自行车，这次两眼直盯着女演员，一时转弯不及冲进侧幕去了。"（《剧院情史》）这可以说是对"宗教学校学生骑车情形"的回忆——不同于他自己年少时可能追求过的大胆、高超的骑行，为了纪念这种追求，在《大师与玛格丽特》中，一个小矮人骑着一辆普通的两轮自行车登上杂耍场的舞台，"小矮人只骑在后轮上，翻转身子，让双腿朝上，边骑边灵巧地卸下前轮，扔进后台，接着用手摇着脚蹬子，继续用一只轮子骑行……"

另一个妹妹卡佳在1971年11月22日给拉里莎·尼古拉耶夫娜的信中写道："米沙对我的哥哥们的影响首先表现在，当

第一章 基辅岁月：家庭；中学和大学；战争；医学……革命

时在宗教学校上学的哥哥们，都准备转入高等专科学校。"拉里莎·尼古拉耶夫娜也听自己的丈夫说过这件事："萨沙说，他们在米沙的影响下走上世俗道路——布尔加科夫家'大房子'里伴奏着音乐的晚会见效了。可以说，他把他们领入了世俗生活——迫使他们爱上这一切。我觉得，是他说服他们离开了宗教学校——尽管这很难做到，其他所有学校都要交学费。"哥哥们一个接一个地在四年级时离开了宗教学校——一开始还瞒着父亲，看来是自己赚到了学费。

1987年10月10日，斯卡巴拉诺维奇教授的女儿柳博芙·米哈伊洛夫娜·斯卡巴拉诺维奇告诉我们说："我父亲绝对远离政治。对学院进行检查时，大主教说：'除了斯卡巴拉诺维奇，这里所有的人都应该被赶走。他全身心地忠诚于宗教。'我父亲1906年从马里乌波尔调到基辅时，担任神学教授。我们住在学院附近的波多尔，住在学院一栋三层老楼里给校长预备的九居室大房子里……那年给阿·伊·布尔加科夫瞧病的伊万·帕夫洛维奇·沃斯克列先斯基医生来过我们家。他总是很晚才来我们家，妈妈把我叫醒，好让他给我检查；他对我说：'柳博奇卡①，对不起，我来得太晚了——上布尔加科夫家去了。'很快到了我该上预备班——上路德街德国路德会教堂边上有名的德语中学——的时候了，于是我见到了布尔加科夫家的女孩们，我入学那年她们要毕业了。小妹妹列莉娅来找姐姐们——我们就在那里结识了，她就常跟我们一起玩。我们楼里

---

① 对柳博芙的爱称。——译者注

住着学院图书馆助理馆员。他的一个女儿索尼娅比我大两三岁，但是不怎么让我去找她玩。我母亲发现，这是个学坏了的孩子：'图书馆助理馆员——和我们不是一路人。''从哪里看出来学坏了？'''得啦，她不听父母的话，说脏话……'革命后，她母亲一个朴实善良的女人却说：'我现在老了，快死了，不知道会消失到哪里去。我不能跟索尼娅一起住，因为在她家我会被像狗一样不做安魂弥撒就给埋了。'格杰申斯基家读书少，文化修养不高。而布尔加科夫家的女孩们相对博学多识。有一次我不知干什么去了布尔加科夫家（很少让我出门）。当时我10岁左右或者差不多10岁了。她们的哥哥走了出来；他20岁左右。他几乎没有跟我们说话——这才是讲礼貌，因为我们比他小很多。印象中他是个非常内向、孤僻的人。相当结实，不是很瘦——格杰申斯基家的孩子和他相比就显得非常瘦了。他长相平平，普普通通。我看了他一眼——就那样，没什么兴趣……"

斯卡巴拉诺维奇家楼上住的是库德里亚夫采夫教授家。"学院的圈子很封闭……库德里亚夫采夫家里也有两个女儿。"其中一个女儿叶卡捷琳娜·彼得罗夫娜给我们讲述了自己早年的印象（学院教师的女儿们都在由德国移民团体在贵族社区利普基创建的中学上学；学校的全称是基辅圣叶卡捷琳娜福音会团体女子中学）："常常看到这样的情景——娜佳·布尔加科娃聚精会神地和长者弗伦格尔一起在走廊里走着，谈论着哲学话题。我们后来住在博里切夫·托克街，和埃克津普利亚尔斯基教授住在一栋楼里。有一次我在家里客厅坐着时，女清洁工报告说，有人来了。是米哈伊尔·阿法纳西耶维奇来接列莉娅，

第一章 基辅岁月:家庭;中学和大学;战争;医学……革命

她正在我家玩——那时她大概 10 岁。我记得,等她收拾离开的间隙,这个年轻人跟我妈妈聊了几句。我记得他说的话:'您知道吗,我结婚了。'我觉得,他说的是,就那天他结婚了。"

……1908 年夏天,米哈伊尔·布尔加科夫人生中的罗曼史开始了。

那年夏天,萨拉托夫财政厅厅长的女儿、中学生塔季扬娜·拉帕来到了基辅。她的奶奶和姑姑索菲娅·尼古拉耶夫娜住在基辅,索菲娅·尼古拉耶夫娜和瓦尔瓦拉·米哈伊洛夫娜·布尔加科娃是好朋友——好像是那年在基辅(由学前教育活动家联合)成立的福禄培尔协会的活动上认识的。

近 70 年后,塔季扬娜·尼古拉耶夫娜·拉帕(娘家姓)告诉我们说:"姑姑说:'我给你介绍一个男孩子。他会带你在基辅游玩。'

我们认识了。我们俩几乎整天在一起游玩;我们去了基辅洞窟修道院。后来互相写信。那年我本来应该去基辅过圣诞节,但是父母不知怎么没有让我去——让哥哥热尼亚去了基辅,让我去莫斯科外婆家。这时米沙的朋友萨沙·格杰申斯基打来电报说:'请电告,哄骗说你要来,米沙要自杀。'父亲收起电报,随给姐姐的信寄了出去:'请把电报转交你的朋友瓦拉。'……米哈伊尔中学毕业了,深深坠入情网。约会受阻,感情反倒加深了。"

很难判断,他 1909 年夏天中学毕业后是按照自己的意愿还是听从母亲的意愿(只有格杰申斯基家的妹妹在自己的回忆录中坚持认为是由于这个原因),选择了医生这一职业。他母亲的第二任丈夫伊万·帕夫洛维奇·沃斯克列先斯基是儿科医生。他母亲的几个兄弟都是医生。米哈伊尔年轻时的女友塔季扬娜·拉帕印象中记得,他作出这一选择时犹豫不决。

他从第一中学毕业那年,他的弟弟万尼亚准备上预备班[他将和未来的诗人尼古拉·乌沙科维奇(在不同的分部)一起上一年级],弟弟尼古拉(和比他小一岁的维克多·森加耶夫斯基一起)上一年级。与布尔加科夫有缘相识于莫斯科的未来的导演B.B.库扎还有两年上中学;未来的剧作家和未来同住一层的邻居鲍里斯·罗马绍夫上三年级;堂弟和好朋友科斯佳·布尔加科夫(比米哈伊尔小三岁)上六年级。

总之,中学时期结束了。"八年的学习!八年里,有多少令少年感到怪诞、忧愁和绝望的事,又有多少快乐的事。单调乏味的日子,一天接着一天。尤利·采扎里·卡伊天文地理课得了一分,从此一直痛恨天文学。好在春天来了,春天和音乐厅里的喧嚣,街心花园里围着绿围裙的女中学生,栗子树和五月,重要的是,前方就是长明灯塔——大学,意味着自由自在的生活——您知道大学意味着什么吗?第聂伯河上的日落、无拘无束、金钱、力量、荣誉。

所有这一切他都经历了……"

……18岁的米哈伊尔·布尔加科夫的日记和书信,一概没有保留下来。我们几乎没有可靠的证明,证明他的思想和欲望的范围以及他的人生目标。《白卫军》里阿列克谢·图尔宾的回忆,恐怕就是我们所需要的最有说服力的证明。毫无疑问,

第一章　基辅岁月：家庭；中学和大学；战争；医学……革命

布尔加科夫青年时期生活中的这段时间，可以描述成充满希望的时期——希望获得信心、力量、荣誉。获得什么样的荣誉呢？当时看来就是做医生的荣誉。这一职业的很多特性，对青年布尔加科夫很有吸引力。他后来向自己的传记作者坦承，医生工作让他"闪光"。这个词很重要、很有深意，几乎就是标志。它不止一次出现在他的散文里，把医生或生物学实验室工作人员的工作总是描述得带着神秘莫测、富有魅力的光环，真的闪光的工具是这份工作的重要衬托。对于不是毕业于俄国医学系、已经同母亲和兄弟姐妹们永别的弟弟，他在信中祝愿道："祝研究成就辉煌。"

20世纪10年代初（确切地说是1909—1913年间），当布尔加科夫开始学习自己选择的专业时，大学里的课程时断时续，经常被学潮打断。1910年11月9日，列夫·托尔斯泰逝世的消息引发了示威游行，数名大学生因骚乱被捕。可以有把握地认为，托尔斯泰的逝世给米哈伊尔·布尔加科夫留下了深刻的个人印象，同样，也可以有把握地认为，他跟与此相关的任何公众活动无关。总之，目前没有发现布尔加科夫参与1910—1911年学潮的痕迹（尽管我们在各种出版物中一直搜寻这种文献）；相反，有理由认为，他远离这些活动，那些年基辅大学生极其狂热的政治生活不过是他个人生活的背景而已。但是我们认为，布尔加科夫家的朋友瓦·伊·埃克津普利亚尔斯基生活中发生的与托尔斯泰的名字联系在一起的转折性事件，是他早年大学生活经历过的事情。1911年初秋，埃克津普利亚尔斯基出版了一本名叫《公民列·尼·托尔斯泰和神圣的约翰·兹拉托乌斯特以及他们对基督戒律重要意义的看法》的小册子，里面写道："托尔斯泰不是教会导师。他认清的那'部分真理'，从基督教诞生的头几个世纪起，在伟大的教会学说的作品中一直都有，而且全部都有……但是公民列·尼·托尔斯泰——他让我们的基督教风俗习惯让人觉得问心有愧，他要唤醒基督教信仰……信仰被这些虚假的基督教风俗习惯所麻痹，于是人们幸福地觉得，可以自认为是耶稣信徒，把他的苦难当作自己生活的点缀，但是不承受这种苦难的沉重。"

埃克津普利亚尔斯基由于这本谈及被逐出教会的作家的小册子被学院开除。布尔加科夫的亲友们自然谈论过此事。很可能也讨论过布尔加科夫应当看过的小册子的内容。如果真是这样的话，那么小册子作者的思想可能就是最初推动布尔加科夫深入思考托尔斯泰在评价其所处时代的生活习惯与基督戒律一致性的作用，以及托尔斯泰担负起导师这一重大任务可能的艰巨性的一种力量，对他后来的文学创作生涯有多方面重要性的托尔斯泰这一例子，也许他早在读埃克津普利亚尔斯基的小册子时就明白了。

1911年1月，大臣会议撤销了高校的自治权，禁止大学生校园内集会。2月1日大学生开始罢课予以回应，一直持续到1911年4月初。大学里的课几乎都停了。一些主张维护学院秩序的大学生对此进行了反抗；他们努力维持不断课，而且在他们的请求下，教授们哪怕只有一个学生来听课也得上课。可以再次极有把握地认为，米哈伊尔·布尔加科夫同情的就是"校方"。他想尽快完成学业，拿到医生证书，获得自由……

第一章　基辅岁月：家庭；中学和大学；战争；医学……革命

"……八年的中学时光后，没有了任何试验池，解剖室的尸体，白大褂，手术室玻璃窗的寂静……"

1911年一整年都不平静。春天，法庭审判大学生克雷扎诺夫斯基。9月，大臣会议主席彼·阿·斯托雷平在市剧院里当众被杀。

在这个震动全城以及全国的事件发生前不久，也就是1911年7月底，从萨拉托夫中学毕业的塔季扬娜·拉帕来到了基辅。有一段时间她住在布尔加科夫家的乡间别墅里。她想留在基辅的奶奶和姑姑家里，但是父亲不允许，他说："先工作一年，然后再去基辅！"于是9月初，她不得不返回萨拉托夫（塔季扬娜要去当女学监的学校开课了）。布尔加科夫家里，父亲去世后青年人活跃起来，他在世时，家里的生活方式完全不同，比较严格，当时每星期日他们家都要大声朗读福音书，为的是让长大成人的孩子们理解。

布尔加科夫青年时期对本体论基本问题的思考，我认为实际上有两个主要来源：从许多资料中形成的对20世纪头十年历史文化背景的总体认识，以及同时代人的个人证明。我们对这两个来源都应当给予特别关注。"大声朗读福音书的可能是他父亲本人，"叶·鲍·布克列耶夫1983年9月8日最后一次同我们见面时回忆说，"他家严守教规。但是孩子们绝对不信教。他父亲去世后家里的氛围就变样了……瓦尔瓦拉的追求者……她长得非常像米沙。她不漂亮，但是特有女人味。总的来说，那些年大学生对宗教漠不关心。更何况是学医的大学生，您知道的。他们对此根本不感兴趣。"父亲的去世，医学系的课程，学习达尔文人类起源理论带来的新鲜而又深刻的感想，当医生的继父的影响，让布尔加科夫父亲的坚守成为疑问的时代影响——所有这一切都起了作用。"我们满怀敬意地想起，"他的一个学生在阿·伊·布尔加科夫的墓前说，"逝者在自己的私人生活中常常亮明自己的基督教身份——'我——**首先是基督教徒！**'""他把教会观点和心境融为一体的最高宗教需求，并不是他人生**众多**需求之一，而是他人生的本质，"他相信，"即使是现在，当您周围的一切似乎都反对您和您的信仰时，这**可能**就是朴素纯粹、信仰严整的基督教世界观……"这对阿法纳西·伊万诺维奇的长子来说就已经是不可能的了。

布尔加科夫的妹妹娜杰日达·阿法纳西耶夫娜1910年3月的日记证明，哥哥不遵守礼俗（他在复活节前没有作斋戒祈祷，没有戒斋），在信仰问题上，他决定倾向于不信教。

十年后，经历了20世纪一系列决定命运的事件之后，布尔加科夫又回到了这些青年时就决定的问题上。我们再回到同圣尼古拉教堂的神甫、《白卫军》中亚历山大神甫的原型 A. A. 格拉戈列夫的儿媳的谈话上来。她是亚历山大神甫的长子阿列克谢神甫的妻子。阿·伊·布尔加科夫去世后，亚历山大神甫请瓦尔瓦拉·米哈伊洛夫娜给他的小儿子补课——"用小雪橇拉着小儿子去找她"。还有女儿瓦尔瓦拉、瓦娃以及一个儿子。"他们长大后和布尔加科夫家的孩子们关系好吗？""不好，"塔季扬娜·帕夫洛夫娜立即反驳说，"布尔加科夫家的孩子们都思想自由……"但是这是——注意！——神甫的妻子和媳妇的看法。深入思考布尔加科夫生平经历和创作的人，始终应当

第一章 基辅岁月：家庭；中学和大学；战争；医学……革命

注意的是：在父亲去世后的最初几年以及随后的几十年，无论神学博士的长子身上发生了什么——这一切都建立在童年奠定的基础上：他已经不能置身其外。

总之，米哈伊尔·布尔加科夫上大学时，安德烈斜坡的房子里充满欢声笑语。"单周周六"举办"家庭聚会"——年轻人们聚在一起，跳舞、唱歌，科利亚和万尼亚弹巴拉莱卡琴和吉他……索菲娅·彼得鲁舍夫斯卡娅-格杰申斯卡娅回忆说，有晚会的时候，她的兄弟们就去安德烈斜坡；萨沙在那里拉小提琴，米哈伊尔的妹妹瓦里娅伴奏——她和萨沙·格杰申斯基都在音乐学院钢琴班学习；"萨沙那时弹维厄当的第一小提琴协奏曲、埃伦菲尔德的摇篮曲、萨拉萨蒂的流浪者之歌、海顿和克莱斯勒的曲子。"那个时期，布尔加科夫被音乐包围着，音乐充满他的生活，甚至已经激发个人的希望。基辅那些年的音乐生活以及这些印象在他后来创作中的作用，还都是尚未被完全加以研究的独特而重要的课题。他经常去听歌剧，不错过歌剧歌手的巡回演出，自己恐怕也认真思考过从事这样的事业。这一热情随着时间的推移逐渐退去了，但是对歌剧的歌唱，就像偏爱唱歌一样，一直情有独钟（从小就这样——让他说说中学毕业后在合唱团唱歌的妹妹，他说："薇拉声音太小，让人反感"）。

最初的文学创作尝试也发生在这个时期。作家的妹妹娜·阿·泽姆斯卡娅在1964年4月18—25日给叶·谢·布尔加科娃的信中说："我记得，很早以前（1912—1913年间），米沙还是大学生、我还是高等女校一年级学生的时候，他让我读一篇叫《火蛇》的短篇小说——讲的是一个喝酒喝到酒精中毒并且在酒精中毒症发作时死掉的酒鬼：他被一条爬进他房间的蛇绞死（或烧死）（幻觉）……"与不可改变的**选择**相比，这不如说是写作梦想（就像不久前刚提到的歌剧歌手事业）。

与此同时，布尔加科夫家住的13号楼来了新"邻居"——整栋楼被工程师瓦西里·帕夫洛维奇·利斯托夫尼奇买下，他同妻子亚德维加·维克托罗夫娜（波兰人）和小女儿因纳住在楼下。"我们买下了这栋带租户的楼房，"他的女儿因纳·瓦西里耶夫娜·孔恰科夫斯卡娅说，"瓦尔瓦拉·米哈伊洛夫娜来找我父亲，很聪明地跟他说：'我是寡妇，有七个孩子……'总之，说服他不要打扰他们，同时保证，他们也不是惹麻烦的人。"此时米哈伊尔已经有了自己的房间——带阳台的拐角房间。利斯托夫尼奇的女儿讲，米哈伊尔和她的父亲因这个房间发生过一次争执：利斯托夫尼奇得了开放性肺结核的母亲从切尔尼戈夫搬了过来，他担心传染给妻子和女儿，就跟瓦尔瓦拉·米哈伊洛夫娜临时借用米哈伊尔的房间，"那里做了单独的临街的门，因此祖母根本接触不到布尔加科夫家的人。她7月搬来我们这里，10月就去世了……瓦尔瓦拉·米哈伊洛夫娜同意了，可是米沙说了很多无礼的话。"（Я. Б. 沃尔夫松的日记）

如果是布尔加科夫家的人讲述这个情况，情况大概完全不同：楼下的七个房间里住着四口人（算上女清洁工），楼上的七个房间里大概住着不少于11口人（包括两个堂兄弟和同列莉娅住一个房间的伊莲娜·路基尼奇娜）。即使是临时少一个

第一章 基辅岁月：家庭；中学和大学；战争；医学……革命

房间，也很敏感。

布尔加科夫家的长子同利斯托夫尼奇的关系一下子变得紧张起来。只是在瓦尔瓦拉·米哈伊洛夫娜承担起同房主的所有谈判之后，他们的关系才缓和下来。

布尔加科夫同这个人这么近地住了近十年，他的生平经历在我们的叙述中也应当多少占有一点位置（我们显然不能用《白卫军》中的瓦西里萨偷换成对可能是作家写作动力的真实个性的介绍；实际上，这样的偷换，以及其他许多偷换，已经成为布尔加科夫崇拜者的家常便饭）。

瓦·帕·利斯托夫尼奇是基辅人（生于1876年），出身于一等商人家庭；他们家"在波多尔有个小五金铺子和皮革生意，"因·瓦·孔恰科夫斯卡娅的女儿伊琳娜·帕夫洛夫娜说，"后来利斯托夫尼奇家破产了，瓦西里·帕夫洛维奇长大后，家里已经非常穷了……他凭一己之力，不是通过做生意而是通过包工程挣下了家业。"他先后毕业于基辅实科中学和彼得堡民用建筑学院，1911年起是基辅教育区建筑师，修建了中学、专科学校。关于家庭破产的记忆，看来一直留存了下来。瓦·帕·利斯托夫尼奇的外孙瓦列里·尼古拉耶维奇·孔恰科夫斯基医生举了这样一个例子："有一次妈妈问：'爸爸，你为什么干这么多活儿？'外公回答她说：'年轻时干过很多活儿的人，心里总是怕穷，我也想平平静静地照料外孙。'"看来，商人祖先的声音在已经是贵族（而且是基辅市荣誉市民）的他这里还在回响：他晚年时梦想开一家旧书店（他是书籍鉴赏专家），就在写给我的这封信中，他还尽力勾画邻里可能互相斗气的点:"我外公1909年买下这栋楼,当时布尔加科夫家差不多就是那里的老住户。来了一位33岁的年轻房主,朝气蓬勃、精明强干,在院子里盖了马厩、马车棚,养了两匹马。"

"没过多久,他就在院子里开挖,拉出去几十方土,在院子下面盖了砖房。工程都是人工干的,土是用大车(运土车)拉出去的,所以,整个夏天,人和车都过不去。总之,开始确立自己的秩序。"

"占用了布尔加科夫家的部分外廊,并在那里放了通往顶楼的云梯,把带阳台的拐角房间收回了一年时间!……"

"他挣得很多,家里有打扫卫生的、做饭的、扫院的、赶马车的。而布尔加科夫一家生活简朴(尽管家里也有仆人)。从这里可能就可以看出是不善良的'资本家'(这从人的本性的角度完全可以理解,我国的很多人本性如此)。"

"战争时他有辆公车——加长敞篷'林肯',总是威严地停在窗外。当时萧条的全基辅省可能也就有几辆这种车……"

塔季扬娜·拉帕回忆说:"圣诞节时米哈伊尔来到了萨拉托夫,把我的奶奶伊丽莎白·尼古拉耶夫娜·拉帕从基辅接到了我们这里……家里摆了圣诞树,我们跳舞,但更多的时候就是坐在一起,聊天……"布尔加科夫拜见了我的父母亲——尼古拉·尼古拉耶维奇和叶夫根尼娅·维克托罗夫娜。显然,塔季扬娜很快就要去基辅。当时她还在女子中学当女学监,感觉自己担任这个职务不自在。"那里的女孩个头和块头比我大两倍。有一次神学老师问:'你们的女学监呢?''就是她。''呦,您说说!哈哈哈!'……我放学回家以后完全说不出话

第一章 基辅岁月：家庭；中学和大学；战争；医学……革命

来……"

他这一年近距离接触的家庭，与自己的原生家庭完全不同。

塔季扬娜·拉帕出生在梁赞，他的父亲是那里的税务稽查员，然后在叶卡捷琳诺斯拉夫继续担任这一职务并住在那里，再后来被任命为鄂木斯克财政厅厅长；塔季扬娜就在鄂木斯克上的不完全中学。"父亲建了鄂木斯克财政厅大楼；调到萨拉托夫后，又在那里建了财政厅大楼。"在鄂木斯克和萨拉托夫开税务稽查员代表大会，在尼古拉·尼古拉耶维奇家里吃午餐："准备了100人的饭——我们这些孩子们随便吃！在鄂木斯克时，有人送了父亲两个昂贵的中国花瓶。接着开代表大会时——又送了银茶炊，后来又送了供12人使用的银制餐具……我和米哈伊尔认识的时候，父亲已经升任真正的五等文官。父亲有通信员；家里有仆人、厨师和保姆。我们家也是大家庭——六个孩子，我是老大。仆人不在时，女清洁工做饭。饭桌上不上凉菜，因为父亲肾不好，所以我们做客时都喜欢吃罐头……米哈伊尔喜欢吃我们家的饭。"总之，他喜欢住在这个富裕、但似乎又不古板和不冷漠的家庭里。多年后，剧本《图尔宾一家的日子》里的拉里奥西克会这样说："……我不止一次……**在同事们中间提起我已故的父亲……在日托米尔……**嗯，那里的**税务稽查员们……**"此时，塔季扬娜·尼古拉耶夫娜已经与布尔加科夫不在一起了，而在自家饭桌上见过布尔加科夫的她的父亲，也已过世多年。那么，按照文学毫无例外来源于作家所遇到的一切现实——而且他也不知道这其中的边界——的规律，是阴影触动了他，而且他把塔季扬娜讲的有关她父亲的同事、有丰盛食物的和长篇讲话的代表大会当作轻松的讽刺，可能也影响了他。

两家对孩子的教育也不同。就像娜杰日达·阿法纳西耶夫娜说的那样，瓦尔瓦拉·米哈伊洛夫娜家的思想是："孩子们应该忙起来"，这甚至不知什么时候被米哈伊尔编成打油诗——讲述母亲怎样从早上起就给所有孩子布置任务："你去用土把坑填平，你把土从坑里挖出来……"

对孩子进行"劳动教育"等所宣扬的、俄国知识分子中某些阶层所特有的日常家庭生活中这些过分民主的传统，并不是拉帕家特有的传统。"我放学回家，脱下外衣扔在地板上，母亲说：'不要捡，女仆会收拾；条件允许时，不明白如何过日子——什么都别做！'什么也没教我们做……我对自己的未来有什么想法？我活在今天，没想过未来！"同时，父母本身对孩子们并不溺爱。"父亲不管去什么地方——只给母亲带礼物和东西，我们什么也别指望。给我们穿得很朴素。但我是坏女儿，不听话的女儿！爸爸不让我去音乐会或别的什么地方——我照样从后门跑掉。好多次他都来冰场接我……我学过音乐；父亲喜欢听我演奏；躺在沙发上听……"

家境优越、遵从俄国省城贵族普通习俗、慷慨好客家庭里长大的心爱的、任性的长女……读着自己喜爱的，尤其是在少年时代特别喜爱的作家萨尔蒂科夫-谢德林的书，布尔加科夫现在知道了自己可能第一次如此近距离地接触过的官府贵族的特点。

第一章 基辅岁月：家庭；中学和大学；战争；医学……革命

1911年冬到1912年春，20岁的米哈伊尔陷入苦闷忧愁和不安；学业荒废；当年的考试没有去考。学习至少还要延长一年……（可以设想一下，母亲的警觉和操心）1912年夏天他又去了萨拉托夫。8月两人一起回到基辅。"我借口说去上历史语文学讲习班……我去罗曼-日耳曼学部上了这些班，但是没工夫学习——一直在玩……我和一个黑帮分子合租了一个房间……安德烈斜坡利斯托夫尼奇家院子里有条狗，我很怕它。于是我跟米哈伊尔说：'不管你愿不愿意，我不会经过院子去找你。''那你从外面喊我，我给你开门。'所有去他们家的人当然都得经过院子——他们家到正门的楼梯很陡，没有打开让所有人都走。他们一般都把楼梯给锁上。"（"图尔宾家有三道门。第一道门是从前厅上楼梯的门，第二道门是锁住图尔宾家私产的玻璃门。玻璃门下面是昏暗、阴冷的前门，侧面是利索维奇家的门，走廊被最后一道通往外面的门锁上。"《白卫军》里的描述准确无误。）布尔加科夫兄弟们就在这个前门里背着母亲偷偷抽烟……

1912年秋冬时节到1913年，布尔加科夫和塔季扬娜·拉帕几乎寸步不离。"干什么？听剧，《浮士德》听了可能有十遍……米哈伊尔的母亲把我叫到她的房间说：'你们不要结婚，对他来说还早。'但是我们1913年4月还是举行了婚礼。

米哈伊尔的母亲嘱咐我们婚前要戒斋。

布尔加科夫家一般在复活节前最后一周戒斋，但是我和米哈伊尔在他们家吃完午饭，然后去饭店……我们家（在萨拉托夫）不恪守这些礼仪，但是他们家总是做复活节时吃的饭菜，亚历山大神甫来过,做了圣化。

我当然没有披什么婚礼头纱,也没有结婚礼服——父亲寄来的所有钱,我都不知道花到哪里去了。妈妈来参加婚礼——觉得非常可怕。我穿的是亚麻布褶裙,妈妈给自己买了衬衫。亚历山大神甫为我们证婚。

……举行婚礼时不知为什么人们恐怖地哈哈大笑。在教堂里举行完仪式后我们坐四轮轿式马车回家。婚宴客人不多。我记得,有很多花,最多的是水仙……"

娜·阿·泽姆斯卡娅保存的档案文献表明,儿子的决定让母亲痛苦万分。由于没有通过考试,他面临被大学开除的威胁;她可能猜到了两人的关系发展到无法收拾的地步(塔季扬娜·尼古拉耶夫娜告诉我们说,父亲寄给她的钱花在医生的手术上);两个年轻人就是在如此紧张的形势下准备了婚礼。

布尔加科夫家的青年傧相们——鲍里斯·波格丹诺夫、康斯坦丁·布尔加科夫、普拉东和亚历山大·格杰申斯基——这也是他们当时最亲的朋友。"鲍里斯经常过来,给我带来'巴拉布希'的棒糖(当时就是这种盒装的糖果),说:'塔霞,你吃糖,我和米沙去玩会儿台球。'堂弟康斯坦丁·布尔加科夫也喜欢打台球。"

"……但是他在哪方面是真正的天才,什么让他整日忧愁慵懒,那就是什季夫列尔那里的开伦台球,说实话,对于旧时的大学生来说,格拉诺夫斯基或皮罗戈夫的夸奖,不会像给现在的大学生龙骑兵那样带来那么多令人骄傲和害羞的乐趣——总是喝到半醉的记分员雅科夫随口夸道:'这球您打得还是很

第一章　基辅岁月：家庭；中学和大学；战争；医学……革命

干净。'他的另一个爱好是玩文特牌……"这是库普林的随笔《龙骑兵大学生》里的片段，收入他的第一本书《基辅的典型代表》（无疑是布尔加科夫从小就读的书，这本书就像库普林的所有作品一样，多次出现在他的散文里）。批评意见，尤其是轰动一时的批评意见认为，书里刻画的只是当时正在形成的阔少爷大学生的典型代表。布尔加科夫离这种阶层可能差得很远（即便财产状况方面也是如此），但是他痴迷于打台球。

叶·鲍·布克列耶夫说，他们上大学时"盖这种侧房……波利亚克·戈隆别克开了一间台球厅，有八台球桌。旁边就是啤酒屋——大学生们很乐意光顾这里。老板叫费奥多尔·伊万诺维奇……秃顶，鬓角梳得溜光，尖鼻头……文特牌是严肃的游戏，德高望重的人玩。大学生们玩铁路牌……"不管是打台球的爱好，还是玩文特牌（老一辈人即父亲的朋友玩这个）的爱好，布尔加科夫在后来的生活中也一直保持着，这与基辅青年人很是不同。

但是结婚以后布尔加科夫没有缺席过大学的课程。"所有课他都去上，一堂不落，"塔季扬娜·尼古拉耶夫娜说，"他常去图书馆——当时克列夏季克街尽头商人花园边上新开了一个公共图书馆。阅览室很棒。他很喜欢这个图书馆。常带着我一起去，他学习的时候，我就随便看看书。那时没有聊过关于文学的任何话题。他打算当医生，我也认为他会是一个好医生。我和他经常聊音乐，聊戏剧。我们刚认识时，他就对我很懂歌剧感到惊奇。我在萨拉托夫听了奥奇金剧院上演的所有歌剧——我的朋友、奥奇金前妻的女儿有一个内部包厢，我可以随时去剧院,就像回家一样……我们在基辅一起听了《卡门》、《胡格诺教徒》、《塞维利亚理发师和意大利人》。我们一场不落地听了商人花园的交响乐演奏会。米哈伊尔很喜欢《鲁斯兰与柳德米拉》的序曲,喜欢《阿依达》,哼唱"圣洁的阿依达"。他最喜欢的是《浮士德》,经常哼唱"金牛犊之歌"和瓦伦丁的咏叹调——"我把妹妹全托付给你"。

……我们常去丰杜克列耶夫街把角的咖啡馆,去"罗切"饭店。总之,他对钱的态度是:如果有钱,就要立刻花掉。如果最后一个卢布够坐一次马车——那就坐上走吧!或者一个说:'好想坐上汽车去兜风啊!'另一个马上就说:'这算什么,去坐!'母亲骂我们轻率。我们去她那里吃饭,她看见我一没戴戒指,二没戴项链,就说:'噢,那就是说,全给当了!''但我们也不欠谁的!'……基辅有一家叫'利泽利'的商店——那里卖小泥肠和香肠。买上一斤的莫斯科香肠,管饱。

靠什么生活?米哈伊尔代课……父亲每月给我寄50卢布。拿10—15卢布付房租,剩下的马上就花了……"

歌剧,音乐会。青年布尔加科夫家附近的人家里,以及整个安德烈斜坡的人家里——充满"孩童的"情调,一大群各种年龄段孩子的家庭的情调,无忧无虑的家庭欢乐的情调。音乐晚会、舞会、家庭演出,《海浪翻滚》、《毁坏了的电话机》,家庭聚会、晚宴、过生日,每天带着花来追妹妹们的追求者(娜杰日达·阿法纳西耶夫娜说:"米沙有一次来布恰,在家里转悠,说:'这是什么花,跟扫帚似的立着!'"只能猜测,要么是亲人的记忆受布尔加科夫的作品的影响,因为这些作

第一章　基辅岁月：家庭；中学和大学；战争；医学……革命

品从 20 年代初起就在他们面前轮番上演，要么就是他自己早前的这个剧本中的对白给家人留下深刻印象，在这个剧本中，尼古尔卡向拉里奥西克介绍自己的妹妹说："真是不幸！就因为所有人都喜欢棕红头发的姑娘。一有人看见，就开始抱着花来。所以我们家总是有花，跟扫帚似的立在那里。"）

台球，咖啡馆，电影院……

"……这是奇妙的时代，那时，我们的祖国最美好的城市的花园里住着无忧无虑的一代年轻人。那时这一代人深信，生活将是光明、平静、祥和的：朝霞、日落、第聂伯河、克列夏季克街、夏天阳光明媚的大街，冬天不寒冷、不刺骨——飘着柔和的大雪……

……而结果却完全相反。

奇妙的时代终止了，突然可怕地开始了一段新的历史。"

十年后，布尔加科夫在随笔《基辅城》中准确地指出了"历史出现的时刻"——"1917 年 3 月 2 日上午 10 时"。而历史出现的最初征兆早在三年多前就已暴露出来。

1914 年夏天，布尔加科夫家一如既往出现在了布恰。有一张照片描绘的景象是：阳光明媚，欢声笑语，无忧无虑。照片上的大人有：来亲舅舅家做客的医生尼古拉·米哈伊洛维奇和米哈伊尔·米哈伊洛维奇，伊万·帕夫洛维奇·沃斯克列先斯基、伊琳娜·卢基尼奇娜和已经长大成年、但是还没有意识到这一点的孩子们——薇拉、娜佳、瓦里娅以及她们的朋友玛利亚·利相斯卡娅……

米哈伊尔和妻子这年夏天去了萨拉托夫，他们在那里赶上了战争（后来演变为世界大战）爆发。

三

塔季扬娜的母亲叶甫盖尼娅·维克托罗夫娜·拉帕组建了税务局直属战地医院。前线开始往此送伤员。"米哈伊尔开始在这个医院工作，"塔季扬娜·尼古拉耶夫娜说，"我们一直在萨拉托夫待到大学开课。"医学院学生布尔加科夫年轻时最好的一张照片，就是在医护人员和伤员中间拍的。

"秋天我们回到基辅后，父亲提议把白银（这是她的嫁妆）拿走，我不干——接受负担，我还没想过这个呢！"无忧无虑的青春时光继续着。

还有两年大学时光。很多同学已经上了前线。普拉东·格杰申斯基去了，鲍里斯·波格丹诺夫成了后备军士官生[①]。

塔季扬娜的妹妹索菲娅也上了前线。加利西亚战役正在进行；1914年深秋对俄军有利，前线显得还很遥远。"妹妹来到了基辅，"塔季扬娜·尼古拉耶夫娜回忆说，"带来了'加拉-彼得'牌巧克力，有点苦，还有'卡普列丹'牌饼干——加盐和页蒿籽的小圆饼干，酥的。"

继续过着战前一样的生活。

1915年初，布尔加科夫经历了父亲去世后的第二次强烈动荡，这次动荡的后遗症持续了很久。

---

① 旧俄军队中受过中等或高等教育、自愿入伍并享受优惠条件服役的人。——译者注

第一章 基辅岁月:家庭;中学和大学;战争;医学……革命

鲍里斯·波格丹诺夫照旧常去布尔加科夫家,他已应征入伍,但还没有上前线。这时他向瓦里娅·布尔加科娃求婚,但是被拒绝了,第二天他来他们家时不知怎么剪了胡子……娜杰日达·阿法纳西耶夫娜说:"我问鲍里斯说:'这是怎么了?!'米沙替他回答说:'La petite démonstration(小抗议)。'"

后来发生的事,我们是从娜杰日达·阿法纳西耶夫娜和塔季扬娜·尼古拉耶夫娜细节吻合的叙述中获知的。

鲍里斯·波格丹诺夫很久没有出现在布尔加科夫家里了,突然寄来了一张字条——请米哈伊尔过去一趟。

米哈伊尔进门时,他躺在被窝里,——看得出,没有穿衣服。米哈伊尔想抽烟。鲍里斯说:

"哝,在我的军大衣里拿烟卷吧。"

米哈伊尔把手伸进军大衣的口袋里找起来,说了句"只剩一个塔比(他们上中学时可能还习惯这么叫戈比)了",把脸转向了鲍里斯,这时响起了枪声。

后来他的记忆中多次浮现出看到的画面。可以在他的一篇短篇小说中找到对这个画面的描述:"波利亚科夫突然微微动了一下嘴,佯装睡觉的人想要赶走难缠的苍蝇的样子,然后他的下颌动了一下,好像被一团东西卡住想要把它吞下一样。哎呀,看到过可憎的左轮手枪或者其他枪伤的人,对这个动作非常熟悉!"(《吗啡》)

想象一下,这个医学院学生站在床边,挨着流着血,和他中学同桌了好几年,在他的婚礼上拿着花环,还向他的妹妹求婚的人,多么的慌乱……

烟盒上留下了一行字："我的死不怪任何人。"米哈伊尔被侦查员叫去了，因为他是这起自杀唯一的目击者。

塔季扬娜·尼古拉耶夫娜回忆说，她和瓦尔瓦拉·米哈伊洛夫娜、米哈伊尔一起去料理了和葬礼有关的所有事情——好像还去了停尸房。瓦尔瓦拉·米哈伊洛夫娜对这样的死法感到难过，她爱鲍里斯。鲍里斯的母亲已经过世。父亲在儿子的墓前向瓦尔瓦拉·米哈伊洛夫娜表示感谢，感谢她像母亲一样对待自己的儿子们。

关于自杀的原因，众说纷纭：父亲解释说，儿子和上司没有处好关系；弟弟彼得说，这是因为有人叫鲍里斯懦夫（可能有人觉得他拖着不去前线）；城里流传着浪漫的说法——后备军士官生波格丹诺夫因瓦里娅·布尔加科娃结束了自己的生命。

可以想见，对于布尔加科夫而言，关于自杀原因的思考，被萦绕不去的想法——自己的医学知识原来不足以拯救死去的同学——挤到了次要位置。

我们在他的散文中不止一次会看到的用左轮手枪（或勃朗宁手枪）自杀的描述，可能就是根源于生平经历中的这次冲突。（这里我们要指出的是，在布尔加科夫的青年时代，他身边还发生过一起自杀事件——萨拉托夫爆发战争前夕，塔季扬娜上中学的弟弟不知何故用枪自杀了。）

……距国家考试还有不到一年的时间。

8月，西南战线形势危急。德国人占领了卢茨克，为自己打开了直通基辅的通道。有人打算放弃基辅，把军队调往第聂

第一章　基辅岁月：家庭；中学和大学；战争；医学……革命

伯河。

基辅到处都是难民，与此同时很多人已经把孩子从城中送走。瓦尔瓦拉·米哈伊洛夫娜把三个小点的孩子送到了在卡拉切夫的妹妹亚历山德拉·米哈伊洛夫娜那里，据亚·安·特卡琴科说，亲戚们开玩笑地叫他们难民。

"基辅城里惊慌骚乱，" 20 岁的贵族小姐、维特根施泰因元帅的曾孙女、南俄庄园主的女儿 1915 年 8 月 24 日这样记道，"所有人都在收拾、准备、逃离。大街上和电车里，所有人都忧心忡忡，听到的都是这样的对话——往哪里跑，怎么弄到票？而这最后一样东西很难弄到：城里车站的队恨不得要排三宿。另一方面，整个火车站，从月台、各个候车大厅和走廊一直到门口的台阶上，都挤满了难民。绝对是爆满，就是说，这些数不清的老人、孩子和妇女横七竖八地躺在自己的包裹上或者直接躺在地板上……我们来的那天又来了一万人！这些都是从有作战部队的地区过来的难民：从罗夫诺、弗拉基米尔-沃伦斯基、卡缅涅茨、普罗斯库罗夫来的……"布尔加科夫也观察着这一切，可能还没有预料到，在接下来的几年会在自己的家乡城市看到凄惨得多得多的场面。日记的作者写道："权威人士和军人"说"'似乎'让出整个**西南边疆区和基辅**不可避免。我想，'似乎'——只是为了缓和这个可怕的决定。

让出基辅——俄国城市之母，连同她所有的圣地，连同基辅洞窟修道院，连同俄国人心中所珍视的一切，俄国第一座城市，神圣的基辅！……让他们毁掉我们的庄园，让我们和成千上万的人一贫如洗，但请保卫基辅！难道在这种震惊整个俄国的打击过后,难道还能相信什么、还能指望什么吗?"布尔加科夫家没有庄园,但是对基辅的这种态度,他们可能很认同。

1915年秋,大学的一些系被后撤到萨拉托夫;医学系留在基辅——培养前线需要的医生。早在1914年12月底,就提前培养出几十名医生——都是和布尔加科夫一起上一年级的人(其中也包括叶·布克列耶夫——第二中学预备班的"布克列什卡·杰列什卡·奥列什卡"),布尔加科夫和塔季扬娜·拉帕谈恋爱的时候落在了他们后面。显然,他的年级也将提前毕业。

很多大学生——不只是五年级的大学生,而且还有低年级的大学生——已经上了前线,在西南州自治组织的救护队;布尔加科夫1915年时就被认定"不适合执行随军任务",但医院显然在等着他。

医学系的国家考试通常由22个科目组成,耗时四个月(包括准备时间)——从6月到9月。1916年,考试在2月和3月进行,4月6日前结束。大学毕业了。

"米哈伊尔从来没有喝醉过,他很少喝酒。我只见他喝醉过一次——大学毕业后和同学们一起喝多了。他来找我说:'知道吗,我喝醉了。''嗯,躺下吧。''不,我们去走走吧。'我们爬了会儿弗拉基米尔山,然后就回来了。那时天已经亮了。"

可以想象一下,这些提前成为医生的医学院学生在这个夜晚的感受。那年春天前线即将崩溃。3月5日开始的纳罗奇湖战役未能给俄军带来胜利。陆军大臣苏霍姆利诺夫因被指控违

第一章 基辅岁月：家庭；中学和大学；战争；医学……革命

法不作为和犯有其他罪行——甚至叛国而被捕。战争接下来的走向，它将持续的时间——所有这一切都消失在完全不清晰的未来的迷雾里。可是无论如何，曾几何时中学生憧憬中与大学相关的"自由、金钱、力量、荣誉"最终也消失在迷雾里……

塔季扬娜·尼古拉耶夫娜说，布尔加科夫结束考试后（但是还未取得毕业证书），"报名加入了红十字会"——就是说，自愿到归红十字会管辖的基辅医院工作。不久后，医院就搬到了离作战区更近的卡缅涅茨-波多利斯基。

我们的书中已经引用过的一个（在红十字会中身居要职的）人瓦·维·舒利金的回忆录《岁月》中的论述在某种程度上有助于想象年轻医生的工作环境："从资源意义上讲，红十字会比军事部门要弱得多。后者的装备要强得多。有很多医生、卫生院、各种医院。擅长转移，也就是说，运出伤员和病员的卫生车队，同红十字会的设备不可相提并论。……但是红十字会的重要性完全与其薄弱的物质资源不符。军事部门的重要性要大得多。我反复对他们强调说：'记住，你们——是军医的良心！'是的，良心，因为应该承认的是，军医往往没有良心！……甚至很难解释，这是怎么来的。因循敷衍？但是整个军队都因循敷衍。可是战士们可以做到真正的英勇行为。他们不仅会被打死，他们也会自己死去。医生不用。他们的责任首先是保全自己。这就导致产生某种不同的、更卑鄙的心理。不过，可能也不是这样。但是无论如何，红十字会保持着某种高尚的人道主义传统。它可以也应该成为军事部门堕落了的医生的榜样。这就是我们的重要性所在！"

不难推测，提前毕业的年轻医生就是受这些思想的鼓舞，在红十字会医院工作。

俄军准备发动进攻，这次进攻后来获得布鲁西洛夫攻势的称号——以不久前任西南方面军总司令的阿·阿·布鲁西洛夫将军命名。就在不久前，3月底的时候，将军阁下来到卡缅涅茨－波多利斯基，视察了医院，颁发了十字勋章。

5月22日，发动进攻。卡缅涅茨－波多利斯基距前线不到50公里；从这一刻起，医院外科医生的工作越来越繁重。

5月25日，卢茨克被攻占；奥地利人在惊慌失措中撤退；俄军头三天的进攻，就取得了巨大的、前线失传已久的胜利。

6月初，俄军强行渡过普鲁特河，占领了切尔诺维策。因为进攻不断推进，医院也不断向前线集结。布尔加科夫随自己所在的医院一起来到切尔诺维策。快到7月初时，得益于布鲁西洛夫指挥的军队的成功行动，战线撤到距切尔诺维策80公里以外的地方。

布尔加科夫在可能是俄军在整个战争中最顺利地开展行动的时刻无意中来到战区附近。

"我也去了那里，"塔季扬娜·尼古拉耶夫娜说，"突然宣布说，妻子们要在24小时之内撤离。"（当战线摇摆不定时，这可能是进攻时最危险的一个时刻。）"我走了，但是可能还没过两周，他的电报就发来了。我又去了他那里。米哈伊尔坐车到奥尔沙来接我。士兵要求出示通行证，他把药方递了过去——士兵们不识字。我们被放行了。动身前，娜杰日达（布尔加科夫的妹妹）——她当时热衷于搞宣传鼓动，到人民中间

第一章　基辅岁月：家庭；中学和大学；战争；医学……革命

去——塞给我一些传单，让我分发，于是我——真是个傻瓜！——竟然接住了。然后我非常害怕，米哈伊尔给看着了——他会打死我的！到了以后——我把传单扔壁炉里烧了……

在切尔诺维策，我在医院当护士，扶着他要截断的腿。头一次感觉要晕倒，后来就没什么了……他是那里的外科医生，一直在做截肢手术……从医院回来后很累，一回来——就躺下了、看书。他没有参加作战，据我所知，他没有去过前沿阵地。

米哈伊尔突然被紧急召回莫斯科——接受新任命。我们直接去了，没有顺便去基辅；他直接穿着军装去的。

在莫斯科，他被紧急派往斯摩棱斯克；我们甚至连舅舅（尼古拉·米哈伊洛维奇·波克罗夫斯基）那里也没有去……"

看来，这是1916年夏末的事。布尔加科夫甚至连医师证（证书上的日期为1916年10月31日）都没有拿到，就去履职了。

作家的妹妹娜·泽姆斯卡娅后来（在给叶·谢·布尔加科娃的信中）回忆说："所有同期毕业生毕业时都获得了预备役民兵二等兵的称号——目的就是他们不被征召入伍，而是留在地方自治局使用。有经验的地方自治局医生被抓到前线、野战医院去了，年轻的毕业生们则顶替他们在后方、在地方自治局的医院工作……但是基辅的毕业生并没有马上被派到地方自治局，于是米哈伊尔·布尔加科夫就获得了1916年整个夏天在西南前线战地医院工作的机会。"

布尔加科夫应征入伍，编入莫斯科区军事卫生局预备役军官队伍（"编外预备役军官"），具体来说是，7月16日就被派往斯摩棱斯克省。

1916年的毕业生应征服现役——但是他们中的绝大多数人立刻被编入若干个区军事卫生局的预备役队伍，成为这些卫生局的编外人员。年轻的医生们算是服兵役，被认为是在地方自治局出差。这种情形后来在短篇小说《吗啡》的主人公布里亚科夫医生的日记中有描述："我的所有没有应征入伍的毕业生（1916年毕业的预备役民兵二等兵），都被安排在各个地方自治局。"

60年后，塔季扬娜·尼古拉耶夫娜讲述了他们如何在斯摩棱斯克过夜之后，坐火车去小县城瑟乔夫卡——地方自治医院管理局在那里。当时是9月，但已经到了秋季，又阴冷又下雨。一个刚刚告别基辅夏末的温暖、阳光、多彩的景色和各种瓜果的人，满眼看到的是俄罗斯中部的风景，觉得难看得要死。

"布尔加科夫在瑟乔夫卡县担任医生的工龄，省管理局从9月27日算起。"——可能和年轻医生前往任职地同时发出的省管理局信函中如是通知。

"看来我们得去管理局……给了我们两匹马和一辆四轮轻便马车（她这么叫它）——相当舒适。路上泥泞不堪，40俄里路我们走了整整一天。我们到尼科利斯科耶时很晚了，当然没有人来接。那里有一栋二层的医生楼。楼门是锁着的；来了个医生，拿来了钥匙，指了指说：'这就是您的房子'……房

第一章 基辅岁月：家庭；中学和大学；战争；医学……革命

子一分为二，各带一个门，为医院必需的两个医生准备的。但是另一个医生没有来。"

"楼上是卧室、办公室，楼下是餐厅和厨房。我们占了两间，开始安顿下来。第一天晚上就送来一个产妇！我和米哈伊尔一起去了医院。产妇在手术室里；当然，疼得要命；孩子胎位不正。我看见了产妇，她已经失去了意识。我坐在远处，在医学教科书里找有用的地方，米哈伊尔从她身边走开，看了看，对我说：'打开某某页！'她的丈夫把她送来时说：'如果她死了，你也别活了——我杀了你。'然后他一直在那里说着恐吓的话。

接下来几天，马上就有病人来了，刚开始人不多，后来一天能来小一百人……"

医院当时有24个床位（还有8个急性传染病床位和两张产床）、手术室、药房、图书室、电话……有很好的全套器械，是布尔加科夫的前任——利奥波德·利奥波多维奇·斯姆勒乔克费尽千辛万苦订购的，他是捷克人，毕业于莫斯科大学，在尼科利斯科耶工作了十多年。布尔加科夫后来在《青年医生手记》里写道："我转遍了整个医院，非常确信，这里的器械是最完备的……'嗯，'我意味深长、低声含糊地说，'而且你们的器械很好看。嗯……''那怎么了，'杰米扬·卢基奇谄媚地说，'这一切都是您的前任利奥波德·利奥波多维奇努力的结果。他可是从早到晚都在跑业务。'这给我当头浇了一盆冷水，我忧愁地看着明净如镜、闪闪发光的柜子。"楼下的药房里，"无所不备。两间有点昏暗的屋子里散发着浓烈的草药味，架子上应有尽有。甚至有特制的进口药,是否需要进货,我从来没有听说关于这些药的任何信息。"

医院坐落于过去的地主的房子里,是它的最后一个主人卖给地方自治局的。两层白色的楼面对着湖泊——是医院附近流淌的小河被水坝截住形成的。医院被落叶松公园环绕(那些大落叶松当地居民至今都称之为"德国枞树")。小河的对岸,即医院的另一片被围上的区域是自然保护区。("……有一次,那是在阳光明媚的4月,我把所有这些产自英国的美人器械摆在斜射进来的金色光线下,刚把右脸颊修整光滑,就传来像马蹄疾驰的嗒嗒声,是穿着破靴子的叶戈雷奇,他报告说,自然保护区旁小河上的灌木丛里有人生产了。"——《消失了的眼神》)

医院从三面被森林包围,从第四面起,森林很快就结束了,草地另一侧一俄里处就可以看见尼科利斯科耶村。另一面,也就是自然保护区后面,一俄里半处是穆拉维什尼基庄园和穆拉维什尼科沃村。

庄园主的后代亚历山大·利昂尼多维奇·拉斯托尔古耶夫给我们讲述了一些细节,这些细节多少改变了我们对年轻医生在尼科利斯科耶村第三医疗点度过的孤独的、封闭的生活的认识。

庄园主瓦西里·奥西波维奇·格拉西莫夫(布尔加科夫不止一次拜访过他)家里,他的亲戚、著名历史学家尼古拉·伊万诺维奇·卡列耶夫经常来做客。庄园主的妻子(几年前已经去世)对布尔加科夫印象深刻。夏天,画家法沃尔斯基和韦

第一章　基辅岁月：家庭；中学和大学；战争；医学……革命

列伊斯基及家人也来过庄园，据后来弄明白，布尔加科夫可能同他们也见过面……

庄园主的儿子米哈伊尔·瓦西里耶维奇·格拉西莫夫当时是瑟乔夫卡县地方自治管理局的主席（布尔加科夫在瑟乔夫卡获得到尼科利斯科耶任职的机会时，肯定与他相识了），二儿子弗拉基米尔·瓦西里耶维奇是医生，和布尔加科夫很熟。

塔季扬娜·尼古拉耶夫娜回忆说："医院对面有一栋快塌了的房子。里面住着破产了的女地主，是个还相当年轻的寡妇。米哈伊尔顺带着连她也照顾了……"

我们也发现了说明布尔加科夫当时生活境况的书面材料——尼·伊·卡列耶夫写于 1923 年 7 月、尚未发表的回忆录。他回忆自己的外祖父奥西普·伊万诺维奇·格拉西莫夫的穆拉维什尼基庄园说："我记得穆拉维什尼基庄园属于外祖父。属于他的获得所有权的小儿子'瓦夏舅舅'、属于瓦夏舅舅的儿子们——科利亚、米沙和瓦洛佳（他们 20 世纪初年轻时就一个接一个夭折了）时的一切。在这里，三代人在这个'贵族之家'的生死离别浮现在我的眼前……"布尔加科夫看来是在 1916—1917 年的冬天以前去过这个房子，拜访瓦·奥·格拉西莫夫（卡拉耶夫说他是个"善良、性格软弱、懒惰的人"，"酒鬼"）。据卡拉耶夫证明，在二月革命爆发前几天，"那里的房子连同里面所有的东西因看门人的疏忽被烧毁了"。（住在一公里半外、完全可能的目击者布尔加科夫关于这场火灾的回忆，可以在后来写的短篇小说《可汗之火》对庄园大宅火灾的描述中找到影子。）布尔加科夫和住在那里的居民后来当然也有交往。

塔季扬娜·尼古拉耶夫娜讲述说：

"大约在1917年2月，米哈伊尔获准休假。我们去了萨拉托夫。在那里我们赶上了革命爆发的消息。女仆说：'我以后称呼您塔季扬娜·尼古拉娜，您现在叫我阿加菲娅·伊万诺夫娜。'我们住在父亲的公房里。那段时间的事我记不太清了，只记得父亲和米哈伊尔一直在下象棋……我们经莫斯科返回。看来，当时已经是3月了——快到尼科利斯科耶时，骑马渡过了湖泊——湖面已经化开了；没有别的办法回家。"（卡列耶夫也描述了大概就是在那年在瑟乔夫卡聚会"过谢肉节，落入齐胸河水里的情形"。）1917年3月，布尔加科夫去了一趟基辅。回来后可能参加了在瑟乔夫卡举行的县地方自治机关紧急会议。他当然同自己在尼科利斯科耶的生活中遇到的几位交谈者热烈讨论了发生的事件及其未来可能的发展。这几位交谈者在某种程度上通过卡列耶夫的回忆也可以推算出来。

"穆拉维什尼基庄园的外祖父的两个已经成年的儿子——彼得和瓦西里。彼得是县警察局局长。他的大儿子奥夏，毕业于历史语文系"，据卡列耶夫说，他的表弟和他的内弟都是"很好的教师"；二月革命后，他又成了国民教育部副部长，不久后来到乡下，"带着大量的观察和一些非常明确的预见，开始跟我交流。格拉西莫夫不相信会召开制宪会议，坚持认为可能会爆发国内战争之类的事情，尽管他当时不知为何也坚信，农民仍会保持平静"；"在我在彼得堡度过的革命后的头四个月里，格拉西莫夫恐怕是我见过的人中唯一一个不是通过报纸而

第一章 基辅岁月：家庭；中学和大学；战争；医学……革命

是通过传言获知我们这里发生什么事情的人。"我们推测，奥·彼·格拉西莫夫是为数不多的几个能让远离各个首府发生的事件的尼科利斯科耶、25岁的布尔加科夫如饥似渴地倾听和思索他们的见闻和推断的人。

我们再来看看划分年轻的地方自治医院医生的创作和工作岁月的证明材料。

"1917年夏天，我妈妈带着两个弟弟科利亚和沃瓦来我们在尼科利斯科耶的家做客。这个时候，大弟弟叶甫盖尼（他在彼得堡的军事学校上的学）在克伦斯基下达征兵令之后被派往前线，他在第一次战斗中就被杀害了，勤务兵把他的东西送了回来。"（这可能发生在西南方面军发动六月进攻期间）"爸爸来信告知此事，妈妈随即就走了，弟弟们留下来又跟我们待了一个月左右……"

塔季扬娜·尼古拉耶夫娜给我们讲说，他们在尼科利斯科耶生活的时候，发生了这样一件事：布尔加科夫用管子吸出生病婴儿喉咙里的白喉假膜时，意外被感染了，不得不给自己注射抗白喉血清。由于注射血清的缘故，他开始瘙痒，起疹子，脸肿了起来。由于瘙痒、疼痛，他睡不了觉，请求给自己注射吗啡。第二天和第三天，他担心瘙痒重新发作以及因此导致失眠，又让妻子把护士叫来。几天时间内反复注射，由于严重的身体病痛，造成了连他一个医生都没有预料到的后果：出现了药物依赖……病情在恶化；在和病魔斗争时，他往往十分沮丧："我成天都在哭，"塔季扬娜·尼古拉耶夫娜回忆说。她又怀孕了（第一次怀孕发生在婚前）；"丈夫说：'如果你想要的话——就生下来吧,然后你就得留在地方自治机构了。''凭什么!'我去了莫斯科,去了舅舅那里。当然,我很清楚,这种时候怀着孩子去哪里都藏不住。但是他没有强迫我,他没有。是我自己不想要……我爸爸很想抱孙子……如果米哈伊尔想要孩子的话——我当然会生下来!但是他没有说不许生——而且也不想说,这显而易见……后来他还担心孩子会不健康……"

1917年9月18日,布尔加科夫得以调往维亚济马市自治医院。

这天,瑟乔夫卡县自治管理局给他颁发了证明书,上面列举了他在这一年时间里做过的手术,其中包括一次大腿截肢手术(我们想想短篇小说《一条绣着公鸡的毛巾》——讲的是一个美女卷进揉麻机的事)、一次胎足倒转手术(《倒转受洗》)、一次气管切开手术(《钢铁般的喉咙》),就像上文中已经提到的那样,手术给医生自己带来了严重的后果……列举的还有,"在氯仿麻醉下清除枪炮伤者被打得七零八落的肋骨碎片一次"——由此创作出作品中的人物,这个人物"的肺和一条一条挂着的胸膛肉都可以看得见",过了一个半月"活着从我的医院出院了"(《消失了的眼神》)……证明书显示,一年内住院211人,门诊15361人(也就是说,算上所有节假日,平均每天40多人)。

9月20日,斯摩棱斯克省自治管理局派遣布尔加科夫到维亚济马县自治管理局听用。在维亚济马,他们在莫斯科街医院旁边的三居室里安顿了下来。(1981年地方志学家A. 布尔米斯特罗夫公布了布尔加科夫的信:"斯摩棱斯克省自治管理局

第一章　基辅岁月：家庭；中学和大学；战争；医学……革命

会计员先生收。恳请现将我的军人薪俸发至如下地址：维亚济马市自治医院。此致。布尔加科夫医生。1917 年 10 月 10 日。") 这里的条件完全不同——居民人数比尼科利斯科耶少，却分配来三个医生！"我内心一下子就如释重负了，"布尔加科夫后来肯定是在回忆起自己对这段时间的印象时如是写道。"我不再为世上所发生的一切担上性命攸关的责任。得了箝闭性疝不是我的错，当雪橇来了，拉来胎位不正的产妇时，我不再战栗不安，需要做手术的化脓性胸膜炎与我无关……我头一次感觉自己是个承担有限责任的人。"

布尔加科夫在医院里负责传染病科和性病科。

据塔季扬娜·尼古拉耶夫娜回忆，正是在维亚济马，他开始或多或少地系统写作——在尼科利斯科耶只能抽空写。"有一次我问他：'你写什么呢？''我不想给你读。你太敏感了，会说我有病。'我只知道标题叫《绿蛇》，但他不让我读……"可能是短篇小说《火蛇》，据妹妹回忆，在基辅时就开始写了，也可能是后来写的《吗啡》的草稿。

就是在维亚济马，布尔加科夫赶上了十月事件，消息不是立刻就传来了。塔季扬娜·尼古拉耶夫娜 10 月 30 日给娜佳·泽姆斯卡娅写信问："亲爱的娜久莎，请尽快回信告诉我，莫斯科正在发生什么。我们过着消息闭塞的日子，这不已经有四天没有从任何地方收到一丝消息。我们很担心，心绪不宁。"

我们不知道，我们的传主在这些日子里有什么想法，但是几年之后，支配布尔加科夫医生的情绪将会出现和反映在他的散文中，折射在《白卫军》的主人公图尔宾医生身上："老图尔宾胡须剃得很干净,留着浅色头发,从 1917 年 10 月 25 日起,开始变得苍老和忧郁……"布尔加科夫当时的熟人对发生的事件态度不一。例如,卡列耶夫回忆起奥·彼·格拉西莫夫说:"十月事件后,他继续待在自己的小村里,12 月初因有事务要离开那里去莫斯科时,劝妻子和在他们家里做客的我女儿说:'不会有什么事。'但是,后来还是出事了,奥·彼·格拉西莫夫回不到自己的庄园了,在莫斯科的一个病监里过世了……";卡列耶夫本人在 1917 年和 1918 年夏天待过的几个地方,"继续讲课,为了讲课,还去过距阿莫索夫四俄里的沃斯克列先斯科耶村,那里有根据我弟弟的倡议建成的宽敞的民众大礼堂。"他还在扎伊采夫小学给农民讲过课。很多人感觉到,事态向爆发国内战争的方向发展。保存下来的有关布尔加科夫在 1917 年到 1918 年冬天的生活的文献证明,他给自己定的首要目标是退伍——为了离开维亚济马和有可能回到基辅。他可能也想过,不要碰上即将到来的、没有预料到的军事动员。为此,他 12 月初从维亚济马去了莫斯科。鉴于这次出行,我们作一个推测。

看来,他在维亚济马时就写了标题为《疾病》的文章。塔季扬娜·尼古拉耶夫娜 1978 年给我们讲那场 1918 年发作得最厉害的疾病重症时说:"《疾病》——我觉得,这说的是吗啡……"[1973 年,也就是在和她聊这个话题之前,我们在出版物中作了这样一个推测,标题《疾病》似乎跟短篇小说《红色王冠》(1922 年)的副标题"Historia morbi"(病历)最为贴近。]这样的话,我们今天所熟知的短篇小说《吗啡》,甚至

第一章 基辅岁月：家庭；中学和大学；战争；医学……革命

不是经历之后才开始写的，而是在患重病的过程中就开始写了。因此，流传已久的论断、研究者们都清楚的事实：短篇小说毋庸置疑有自述的内幕，就未必正确了。"因为布尔加科夫从来都对病理学本身不感兴趣"——这样的话，他恰恰很感兴趣，而且以行医的细心态度进行了分析。在短篇小说《吗啡》中，吗啡中毒的波利亚科夫医生1917年秋天在莫斯科自愿住进了精神病诊所，进行治疗。十月事件的战斗他是经历了疾病的阴霾才接受的："1917年11月14日，总之，我从莫斯科……医生（姓名被仔细地划掉了）的诊所逃出来后又回到了家里。雨下个不停，遮住我眼前的世界。就让它遮住我眼前的世界吧。我不需要它，就像这世上谁都不需要我一样。我在诊所时就经历了枪声和革命。但是放弃这次治疗的想法在莫斯科街头爆发战斗以前就酝酿成熟了。感谢吗啡，它让我变得勇敢。什么枪声我都不怕。总之，没有什么能吓着一个只想着一样东西——美好纯洁的人。"

我们推测，首先，布尔加科夫可能是瞒着家人去的莫斯科——早于他后来说的日期——以便尝试在医生同行的诊所住上一段时间，或者，无论如何咨询一番。既成事实是，颠覆俄国生活的事件与个人最深重的磨难同时发生。那些天他的身体状况看来跟波利亚科夫医生的身体状况差不多。其次，我们赞同Л.亚诺夫斯基完全有根有据的推测：1927年发表的《吗啡》，是布尔加科夫离开维亚济马几年后"分要点"写的、他自己称为《疾病》的长篇小说的最后一稿，但是，与此同时，我们认为，1927年波利亚科夫医生的笔记本被剪掉"20页"

(《吗啡》),并不是因为"他早期写的关于国内战争的那些篇章不可能不显得《逃亡》的作者幼稚"。这无疑是证明受种种命运攸关的事件和个人灾难所震动的布尔加科夫医生当时切身感受的颇为引人注目的文献。这样的文献不可能存在于1927年发表的那些篇章中:作者1921年写这样的东西不受任何约束,就是说,像从后来的可能在国外发表了的东西中清楚地看到的那样。

他从莫斯科离开后去了萨拉托夫——娜·泽姆斯卡娅后来在给哥哥的信加注释时这样写道:"他接下来去了东边,去了他的妻子的家乡城市,见了她的家人并完成了她委托父母办理的事情。这趟行程极其艰难——交通被破坏,从前线回来成群的士兵,火车里挤满了士兵和旅客。"

1917年12月31日,布尔加科夫给妹妹娜佳(当时她在皇村)写信说,到莫斯科"怎么去的,就怎么回来的"(也就是说,未能成功退伍),"重回维亚济马做枯燥乏味的工作。"他写道:"不久前的莫斯科和萨拉托夫之行中,我不得不亲眼看见了我再也不想看到的景象。我看到一堆人砸火车的玻璃,我看到有人被殴打。我看到莫斯科被毁坏和烧焦的房子。我看到小铺前排队的饥民、受迫害的可怜军官……

我过着孤苦伶仃的生活。不过我有广阔的思考空间。我在思考。我唯一的慰藉是,工作和夜读。我深受感动地阅读古代作者的书籍(碰上什么就是什么,因为这里书少),陶醉于古代的画作。哎,为什么我生得这么晚啊!为什么我没有出生在一百年前。当然,这不可更改了!痛苦地向往着我从这里回到

第一章　基辅岁月：家庭；中学和大学；战争；医学……革命

莫斯科或基辅，回到哪怕正在衰落、但是生活还在继续的地方。我特别想回到基辅！再过两个小时，新年就到了。它会给我带来什么呢？"

他对弟弟们在越来越复杂的形势下的命运担忧不已：他肯定已经知道了，1917年10月底尼古拉上了士官学校。

（新历）1918年2月19日，妹妹瓦里娅从莫斯科给娜佳写信说："米沙在我们这里。疾病委员会给他办了退伍手续。"2月22日，维亚济马县自治管理局给他颁发了证明，证明1917年9月20日由斯摩棱斯克市管理局派往维亚济马医院工作的预备役医生布尔加科夫"出色地履行了自己的职责"。

离开得好像很及时。据卡列耶夫回忆，1918年夏天，宰采沃接到县里的命令：逮捕"所有旧地主及其管家或代理人，以及其他不劳而食者"。因地方当局理解不正确，抑或因什么人的恶意，有人完全有可能落入"其他"之列。前文提到的布尔加科夫的熟人米·瓦·格拉西莫夫的命运就是这么悲惨。据卡拉耶夫回忆，他从杰尔普特兽医学院毕业后，"不久后就放弃了自己的专业，在瑟乔夫卡担任并且后来很长时间担任县自治管理局局长，然后在那里被选入市里的领导层"。他死于1918年"当地所称的叶列梅耶夫之夜（人们认为是因私人报复）"。

就这样，艰难的两年结束了。但是布尔加科夫从那些年还是俄国穷乡僻壤的斯摩棱斯克省回到跟他两年前离开时的世界完全不同的另一个世界。

刚刚，也就是在1月初，立宪会议被解散，停止了对它的**任何幻想**。2月，德国发出最后通牒，同时继续展开全线进攻。

所有这一切并未帮助布尔加科夫理解,他现在回到的"这个世界是什么样的世界"。但越来越明白的是:这个世界正在发生灾难性的、无法停止的变化。已经耗费两年时间进行苦役般劳动的26岁医生是否猜到,前面等待他的将是比经历过的困难大得多的困难?

他的身心状况很糟糕:他仍然遭受着麻醉剂瘾的影响。心情严重忧郁,反复出现抑郁症状,当他觉得自己要疯了的时候,就祈求妻子说:"你是不会把我送去就医的吧?"他害怕周围的人知道他的状况,他没有能力控制住自己,就催妻子去药店再取一份药剂,也不听她的劝告。被最后一年的各种状况折磨得精疲力竭的妻子也期盼着尽快回基辅。

"我们坐车途经莫斯科。把一部分东西留在了舅舅那里,在'布拉格'吃了饭,马上赶往火车站——从莫斯科出发去基辅的最后一班火车要开了,再晚就走不了了。我们之所以还要坐火车去基辅,是因为没有别的办法——在莫斯科无处可待……"

时局紧张是因为,就在那些天签订了《布列斯特和约》;实际上乌克兰已经成了德国的附属国。对于布尔加科夫而言,更为重要和痛苦的是,他要回去的家乡城市已不再是俄国的一部分了。

"……在基辅,记得谁也没有来接。我们叫了一辆出租马车,去了位于安德烈斜坡的布尔加科夫家。城里到处都是德国人。"当时是1918年3月。

需要住下来习惯,挣钱谋生。

第一章 基辅岁月：家庭；中学和大学；战争；医学……革命

远离原来的生活近两年以后回到家乡城市，最初的日子里，仔细听亲友可以讲述的所见所闻。1917年3月，市里的权力移交给由各个社会组织选出的执行委员会（三位副主席之一是代表军官的主席——列·谢·卡鲁姆，布尔加科夫家新结的亲戚。）4月选出了乌克兰中央拉达，不久后它就与表达地方大多数居民意志的委员会势不两立。

……1917年11月，基辅街头发生了激烈的巷战。布尔加科夫的一个弟弟、青年士官尼古拉自然参与其中。如果重新利用当时住在乌克兰布龙尼齐的青年贵族小姐——她对这些事件的看法在某些方面应该和布尔加科夫家相近——的日记，那么这些事件在她们非正式的叙述中看起来是这样的："哥萨克代表大会决定整顿基辅的秩序，但是中央拉达似乎想宣布支持布尔什维克。城里……炮火连天。到处土崩瓦解"（1917年11月3日）；"在基辅，帕夫连科上校（乌克兰人）和皮亚塔科夫同志（布尔什维克）掌管一切。……拉达夺取了所有权力。彼得留拉宣布自己是乌克兰所有武装力量的总指挥……"（11月6日），"……11月9日，乌克兰宣布成为自由的民主共和国。乌克兰'第三个万能工具'[①]为乌克兰民主带来了应有的影响，因为它一下子就给了后者想要的东西：土地、八小时工作制、废除死刑、大赦所有政治犯（"反革命分子"也将被大赦吗?）……当然，'万能工具'也废除了贵族头衔、爵位、勋章等。它立马就夸大其词，说乌克兰会

[①] 以米·谢·格鲁舍夫斯基为首、联合乌克兰社会革命党人成立的中央拉达自1917年3月以来颁布的法令。

拯救俄罗斯。没有奥地利的积极帮助，我们的格鲁舍夫斯基会拯救俄罗斯？① 当我想到由于托洛茨基—伯恩施坦同志的政策，俄罗斯在全欧洲、全世界面前蒙受羞辱时，我的心在滴血！……俄罗斯人的俄罗斯将要毁灭！它被玷污，它无法继续存在下去！让我们和它一起死去吧，这样我们就看不到它被羞辱，就看不到全世界的鄙视……现在所有真正的俄罗斯人躲得再远一些吧，让那些曾经尊重、现在却鄙视他们的祖国的同盟者听不到他们的埋怨。"应当认为，布尔加科夫无意于这种女性化的狂热，但是不明白的是，在那个动荡的年份，民族等级感能高涨到多么高的狂热程度，我们也弄不明白，布尔加科夫进入文学界前夕的处世态度。

1917年12月12日，在哈尔科夫举行的全乌克兰第一次苏维埃代表大会上，中央拉达被宣布不合法，俄罗斯人民委员会承认新成立的乌克兰苏维埃政府是唯一合法的政府，决定立即向其提供紧急协助，向乌克兰派军。1月16日（29日）夜里，基辅爆发布尔什维克起义。但是拉达军队的优势非常明显，红军还没有靠近基辅城。就像《苏联国内战争史》作者写的那样，在"兵工厂"周围"杀死和折磨死近1500名工人"。

起义明显要归于失败和被镇压，但是不久之后，拉达的乌克兰社会党人就抵抗不住红军的进攻了。1月26日（2月8日），基辅被红军占领；接下来的几周，城里的生活陷入混乱。

彼得格勒的报纸写道："我们的军队用大炮和刺刀一步步

---

① 格鲁舍夫斯基在布列斯特谈判前几个月，就主导了乌克兰同奥地利的单独谈判。

第一章　基辅岁月：家庭；中学和大学；战争；医学……革命

地把拉达的支持者赶走了，最终占领了基辅。有些地方还有一小撮军官和士官在固守，但是整个城市掌握在苏维埃军队的手中。"［1918年1月22日（2月10日）《劳动呼声报》］1月30日（2月12日），苏维埃政府来到基辅（但是，根据《布列斯特和约》的条件，不到三周就被迫离开这座城市）。3月1日，中央拉达同一起进城的奥地利—德国军队返回基辅；4月29日，拉达被德国司令部推翻：让乌克兰变成社会主义国家并未纳入其经济计划。

2月14日（3月1日）被宣布为俄国公历的第一天。

2月15日传来卡列金将军自杀的消息。

2月20日，德国开始军事行动；2月22日，彼得格勒宣布进入戒严状态，提出"社会主义祖国处于大危急之中"的口号。

布尔加科夫通过报纸和目击者的讲述还原的基辅过去一年的政治生活，后来呈现在《白卫军》中年度大事的简短清单后，并加上了对灵活应对一切变化的塔尔贝格的大段讽刺，可以尝试分辨出——尽管是抱着"作传的"态度分析文学作品时所必不可少的慎之又慎的态度——布尔加科夫本人对所发生的一切当时的看法。"1917年3月，塔尔贝格是第一个——想想吧，第一个——袖子上带着宽大的红袖章来军校的人。这发生在最初的几天，当时城里的军官们听到彼得堡传来的消息时还呆若木鸡，走得远远的，跑到黑暗的走廊里，什么也听不进去。……这一年年底时，城里已经发生了许多莫名其妙的事，出现了一些不穿靴子，但是在穿着从灰色军大衣下面露出来的肥大灯笼裤的人，而且这些人声明，他们无论如何都不会离开城市上前线,因为在前线他们无事可做……"接着是——1918年1月底发生的各种事(就是图尔宾家火炉上留下的那些文字。"出色的火炉在自己的光可鉴人的表面上留下了下面这些历史性的记录和图画,这是尼科尔卡在1918年的不同时期里亲手用墨汁写上去的,充满最深刻的思想和意义",其中有"可怕的消息令人惊恐"——和尼科尔卡用印刷体写下的:"我真的命令不要在炉子上写无关的东西,任何一个同志都有被枪毙和剥夺权利的危险。波多尔区委员会政委。太太式、男式和女式裁缝阿勃拉姆·普鲁日涅尔。1918年1月30日"):"穿肥大灯笼裤的人很快就被一些从森林、从向莫斯科延伸的平原还是什么地方来的穿灰色军装、七零八落的部队从城里赶出去了。塔尔贝格说,那些穿肥大灯笼裤的人是冒险分子,根在莫斯科,虽然这些根是布尔什维克的根。"下面说的是签订《布列斯特和约》之前,也就是局势又发生变化之前中央拉达的终结,政权的更迭:"但是有一次,那是在3月份,城里来了一伙穿灰色军装的德国人,他们头顶红褐色金属盆,防榴霰弹攻击,骠骑兵头戴毛茸茸的帽子,骑着马,塔尔贝格一看到他们立即就明白了根在哪里。在城外德国大炮数次沉重的轰炸后,莫斯科的人不知逃到什么地方的灰蓝色森林后面吃动物尸体去了,穿肥大灯笼裤的人却跟在德国人后面又回来了。"

4月,基辅筹备盖特曼选举。城市的主要权力从此转到德国人手里。4月18日(新历5月1日),薇拉·阿法纳西耶夫娜·布尔加科娃给在莫斯科的妹妹瓦里娅写信说:"……就妈妈和廖莉娅去布恰,但是万尼亚和科利亚可能也去,但也未

第一章　基辅岁月：家庭；中学和大学；战争；医学……革命

必，因为他们在城里还有事。妈妈把半个别墅，也就是两个带大外廊的房间租给了格罗宾斯基一家，只把三个带小外廊房间留给了自己和客人。米沙、塔霞、科斯佳和我留在城里。一伙老师建议我参与创办大俄罗斯私立中学，合营中学，新型中学，这很有意思，我愿意去工作。

我们这里春意正浓，丁香发芽了，复活节时就开花了。"

信里还有给舅舅尼古拉·米哈伊洛维奇·波克罗夫斯基的附言："祝你命名日快乐，愿你万事如意，主要是，愿我们尽快重新像人一样生活。现在我们家里的人已经筋疲力尽。我们已经两个月没有仆人了。我们轮流做饭、值日。妈妈身心俱疲。经济收入问题折磨死人了。"

无疑是决定基辅以及全乌克兰命运的政治事件把布尔加科夫的弟弟们以及他本人留在了城里。

几天后发生的一件事，在《白卫军》里也有体现："1918年4月，也就是复活节时，马戏院的毛玻璃电灯泡发出欢快的嗡嗡声，黑压压的人群一直挤到了圆顶。塔尔贝格像根欢乐的、武装起来的圆柱一样立在舞台上，手指点着数——大灯笼裤们完蛋了，会有一个乌克兰，但是是'盖特曼'统治的乌克兰——人们选举'全乌克兰的盖特曼'。"（当选盖特曼的是前沙皇侍从将军帕维尔·彼得罗维奇·斯科罗帕茨基。）

对于普通居民来说，这是相对平静的时期——1月底城市被围困后，3月初发生巷战后，城里秩序井然；困难主要是布尔加科夫的妹妹在信中抱怨的纯粹日常生活中的困难。塔季扬娜·尼古拉耶夫娜也谈到了那几个月的日常生活，谈到了布尔加科夫家所有年轻人一起生活的日子："家里已经没有女仆了。他们自己做午饭——轮流做。饭后——盘子堆了一大堆。一轮到我洗碗的时候，万尼亚就穿上围裙说：'塔霞，放心，我都干了。然后我们一起去看电影，好吗？'于是我们和米哈伊尔去看电影——甚至彼得留拉分子统治时期也照去不误！有一次我们去看电影——子弹就在我们脚下呼啸，我们还是去了！"但是还远到不了这种地步。只要年轻人又乐意在布尔加科夫家里聚起来，就又欢乐了起来。

但是必须干点什么养活妻子和自己。"米哈伊尔决定开私人诊所。我们 1917 年春天从萨拉托夫走的时候，父亲给我随身带了一箱银质餐具——我的嫁妆。我们那次还是不想拿，但是父亲坚持说'用得着'。现在我决定把它卖了。这时——父亲去世六个月后，也就是 1918 年初，在莫斯科的我才知道父亲去世了，就在妈妈到他那里那天……我获知后，立即通过红十字会给她寄去了 400 卢布，但遗憾的是，这些钱没有寄到……剩下的钱我们买了接诊病人用的所有必需品。我卖银器得到了 5000 卢布，但是很快就全花出去了。

米哈伊尔的诊室装修得很便利——候诊室的病人坐在屏风后面，看不到从医生那里出来的人；对于性病患者来说，这很有意义。

政权更迭对接诊有很大的影响：每个新政权执政之初，病人总是来得很少——可能是害怕，但是执政临近垮台时，病人就多了。当然，来的大多是士兵和各种穷人——富人很少得这样的病，所以挣得不多。接诊时我给米哈伊尔打下手——他给

第一章 基辅岁月：家庭；中学和大学；战争；医学……革命

病人注射新胂凡纳明时，我举着病人的手臂。烧开水。真是见鬼，所有的茶炊都让我给烧得开焊了！我只顾说话——开关就往下掉……"

可以想到，困难和挣的钱有关，也和1918—1919年基辅的特殊情况有关。医生З. А. 伊格纳托维奇在未发表的回忆录中写道："在基辅这种中心城市和大城市，非常偶然地出现了1918年从南方战线和西南战线回来并滞留在此的大量医生，由于国内战争，他们没能溜回自己的长住地。"这当然造成了竞争。

Г. Н. 特鲁别茨科伊在自己的回忆录中描绘的那几个月基辅生活的场景，其中的细节，甚至情感色彩都和后来的《白卫军》里的一些章节相似："贵族社区利普基……是往昔生活可怕的幽灵。彼得堡和莫斯科都聚集在那里，几乎所有人都相识。每走一步都能遇上熟识的、典型的达官显贵、银行家、地主及其家人的面孔。感觉外面简直在过节。这里总是传出什么投机倒把和一夜暴富的疯狂故事。所有在政府机关里有门路的人都能弄到各种各样的出口、销售和倒卖各种商品的许可证。地主们忙着补偿自己遭受的损失，在时机成熟时向农民三倍地追索被抢的财物。保守分子和贵族们巴结德国人。还出现了这样一些人，他们在公开场合骂德国人，而私底下却跑去找德国人给自己谋取这样或那样的好处！应该说，所有这帮俄国人比德国人讨厌多了，德国人并不像想象的那样，绝没有摆出一副挑衅的姿态。"这样看来，这份考察社会风气的材料意义重大。

这段时间都有谁常来找布尔加科夫家的年轻人？尼古拉·列昂尼多维奇·格拉德列夫斯基，他是个医生，家里的朋友，据他自己讲，他有段时间在布尔加科夫的诊所帮过忙。常来布尔加科夫家的还有他的弟弟尤里·列昂尼多维奇·格拉德列夫斯基，要么叫格奥尔吉·列昂尼多维奇·格拉德列夫斯基，他有一副悦耳的男中音嗓子。"他唱《婚礼歌》，讨瓦里娅欢心。"尼·列·格拉德列夫斯基1969年回答我们的问题时回忆说。"弟弟当时是退役军官；他和米哈伊尔总是一起去什么地方，他们有什么共同的事，我想，可能是涉及女人的事……但是我对此一无所知，也没人知道……我弟弟就是《白卫军》和后来的剧本里的舍尔文斯基……"[《白卫军》初稿（1922年）里主人公的名字——尤里·列昂尼多维奇，定稿里主人公的名字列昂尼德·尤里耶维奇·舍尔文斯基①，都证实了这一点。]"拉里奥西克是我的表弟苏济洛夫斯基。战争时期他当过军官，后来复员了，好像一度想去上学。他从日托米尔过来，想住在我们家里，但是我母亲知道他是个不太招人待见的人，就打发他去了布尔加科夫家。他们租给他一个房间……"塔季扬娜·尼古拉耶夫娜也记得尤里·列昂尼多维奇·格拉德列夫斯基。"米哈伊尔接诊时，我经常和他在隔壁房间里聊天、说笑。米哈伊尔出来疑惑地问：'你们在那里干什么呢？'我们笑得更厉害了……"几年以后的《图尔宾一家的日子》的舞台场面设计中出现的模糊轮廓——叶莲娜的笑，舍尔文斯基讨她欢心——在这些被时间洗刷、变

---

① 1925—1930年间，帕·谢·波波夫记下了布尔加科夫谈及关于剧本《图尔宾一家的日子》中主人公说的话："姓是虚构的，但是是在原型的基础上取的。比如说，舍尔文斯基的姓也是以'斯基'结尾的。"接着波波夫用铅笔补写道（看来是最终版）："如果我没有搞错的话，说的是森加耶夫斯基。"

第一章 基辅岁月：家庭；中学和大学；战争；医学……革命

得模糊不清的回忆中隐约闪现。"当时年轻人在我们家聚会吗？他们来聚会……我们唱歌、弹吉他……米哈伊尔伴奏，甚至还指挥……那段时间苏济洛夫斯基住在我们家里——特别有意思的家伙！他什么都干不好，说话驴唇不对马嘴。拉里奥西克像他……"彼得·波格丹诺夫常来，他是那个不幸自杀者的弟弟，后备军士官生。常客还有尼古拉·森加耶夫斯基。家里照旧住着堂弟康斯坦丁（尼古拉已经离开基辅）。在那年的一张照片上——布尔加科夫家的餐厅里有一大群年轻人——尼·列·格拉德列夫斯基、尼·H. 森加耶夫斯基、妹妹廖莉娅的两个追求者（娜·阿·泽姆斯卡娅曾告诉我们说，其中一个姓姆洛济耶夫斯基的；两个人不久后都去了波兰。）在回忆录里，在幸存的照片上——都是支离破碎的现实，而在《白卫军》里，这些现实在图尔宾秩序井然的家里被安排得和谐有序。随着岁月的流逝，一切越发清楚，但是一切也越发让人称奇——细节吻合。比如，塔季扬娜·尼古拉耶夫娜回想起来，《白卫军》里的卡拉西也有自己的直接原型："卡拉西确有其人——大家都叫他卡拉西或者卡拉西克，我不记得这是外号还是姓了……①他就是像鲫鱼——个子不高，身材结实，膀大腰圆——瞧，像鲫鱼。圆脸……我和米哈伊尔去找森加耶夫斯基的时候，他常在那里。森加耶夫斯基个高，腿长②，总之身材很好……"

---

① 我们想想《白卫军》里的内容："……费奥多尔·尼古拉耶维奇·斯捷潘诺夫少尉，炮兵，他在亚历山大中学里的绰号就是卡拉西（意思是鲫鱼。——译者注）。他瘦小结实，确实特别像鲫鱼……"

② 让我们想起梅什拉耶夫斯基'圆规似的两条腿'。

顺便提一下，1918年早春布尔加科夫去基辅时身体状况非常糟糕——在尝试治疗失败（在短篇小说《吗啡》中也许可以找到极其吻合的印证）之后，可能只有他的妻子把他的身体状况一一看在了眼里。"我们到基辅时——他一动不动直挺挺地躺着……不住地央求说：'你别把我送到医院去！'""他到底怕去什么医院？""可能是怕去精神病院……他开始直接从小瓶子里喝麻醉剂。他还喝缬草酊。没有吗啡的时候——眼睛发白，可怜兮兮的。我想要离开去什么地方，但看看他——可怜样的……"他一次又一次地叫她去药店买药剂——她坚决拒绝给他买吗啡；她回来后说人家不给。"有一次我说：'人家已经记住你了。'他当时害怕了，但后来又开始叫我去……"担心宣扬出去，害怕未来毫无希望，他作为医生是完全清楚的——所有这一切管用一时，然后他就失去了自制力。塔季扬娜·尼古拉耶夫娜说，有一次他朝她扔点着的煤油炉子，还有一次用勃朗宁手枪指着她。"万卡和科利亚跑进来，打掉了他手上的勃朗宁手枪……他们不明白是怎么回事……他们后来把这把勃朗宁手枪藏到了什么地方。他当然不会开枪，只是威胁一下……他自己感觉很不好，备受折磨。"她60年以后说起来好像还是像当时那几个月一样可怜他。他摆脱病魔困扰，本应感激她。她开始骗他，给他注射蒸馏水，而不是吗啡；她忍受他的指责和抑郁症发作。渐渐地发生了罕见的事——他完全戒掉了毒瘾。他作为医生肯定非常清楚，发生的事简直是奇迹。

那一年，13号楼里还住着另外一对夫妻——妹妹瓦尔瓦拉

第一章　基辅岁月：家庭；中学和大学；战争；医学……革命

和她的丈夫列昂尼德·谢尔盖耶维奇·卡鲁姆。据塔季扬娜·尼古拉耶夫娜证明，妹夫和内兄关系紧张；卡鲁姆的某些个性——对布尔加科夫来说是家里的新人（妹妹1917年就出嫁了）——促使他后来塑造了《白卫军》中塔尔贝格这个人物，虽然，当然没有必要在长篇小说里寻找现实中的人的生平经历或特点。不过，对于为布尔加科夫立传，对于了解1918—1919年围在他身边的人，列·谢·卡鲁姆的女儿伊琳娜·列昂尼多夫娜·卡鲁姆给我们热心提供的信息有很大的价值。"我父亲有德国血统；他父亲是纯正的德国人，但从来没有在德国生活过，是里加的德国人；里加有他的一个弟弟和两个妹妹——埃尔扎和安娜，一个是老姑娘，另一个是我父亲上过学的那所中学的校长的妻子。我父亲的母亲（也就是我奶奶）玛利亚·费多罗夫娜·米奥季斯卡娅是纯正的俄罗斯人；她是博布鲁伊斯克郊区庄园庄园主家里的第16个孩子。"我们的通信员的爷爷、华沙军团的军官来庄园主家做客时认识了未来的妻子。"但是凭当时的地位，这个军团的军官只娶名门望族家庭的姑娘为妻。爷爷只好离职，退役，然后娶了心上人。我父亲是他们的第一个孩子。爸爸是个特别勤劳、严守纪律、规规矩矩的人；他处处守规矩；他不吝啬，把钱花在有用的东西上，均衡地分配钱的用途，**一生从未**[①]负债，他也教我这样做。1918年他和妈妈同布尔加科夫一家一起过日子时，他极其不赞同米沙舅舅和塔霞舅妈的生活方式，父亲说，他们瞬间就把刚挣的钱'挥霍一

[①] 黑体是写信人加的。

空'。要知道，他们是在'一口锅里吃饭的'……米哈伊尔·阿法纳西耶维奇吸食吗啡，更是让爸爸非常震惊！根据吸毒者无毒可吸时的症状表现，可以想象一下米沙舅舅身上发生了什么！……那么，设身处地想一想，受过高等教育、沉稳勤劳、深爱我妈妈并尽力让她远离这种事的爸爸对此会有何种反应！他想都没有想到，米哈伊尔·阿法纳西耶维奇的妹妹们以及他的妻子干活，他却靠她们挣钱养活，过着轻浮的生活！当然，那段时间爸爸和米哈伊尔·阿法纳西耶维奇之间的关系很紧张，但我父亲很珍重内兄的才华……他很可怜塔霞舅妈，因为米哈伊尔·阿法纳西耶维奇对她态度傲慢，总是冷嘲热讽，像对待仆人似的……"

虽然家族传闻本来就有夸张的成分，但是从列·斯·卡鲁姆对布尔加科夫的这些性格特点的描述中，还是可以看出某种切合实际的地方。塔季扬娜·尼古拉耶夫娜给我们讲述了主要由于性格、习惯和家庭生活方式差异引起的紧张关系。"我记得，我们跟他们家瓦尔瓦拉借了钱，但是没有及时还上。有一次我在饭桌上摆了咖啡、法式白面包、黄油和奶酪。卡鲁姆就跟瓦尔瓦拉说：'看看他们吃的、喝的，就是不还钱。'我们在共用的餐厅吃饭——每家摆上自己家的吃的，开吃……"布尔加科夫家的生活确实也已经完全不像远去的战前年代时那么充满幸福了，于是列·斯·卡鲁姆大概有理由认为，已经结婚的内兄举止"轻浮"。塔季扬娜·尼古拉耶夫娜说，还有一次，在1918年还是1919年复活节时，她丈夫"晨祷去晚了。不知去什么地方闲逛了，然后直接来瓦尔瓦拉·米哈伊洛夫娜这

第一章 基辅岁月：家庭；中学和大学；战争；医学……革命

里。"（孩子们晨祷后马上到和自己的丈夫单独住在安德烈耶夫教堂对面的母亲那里集合）。"他说：'瞧，因为你，上帝要惩罚我了。'他后来还常提起这件事。"

正如后来弄清楚的那样，来安德烈斜坡上的这幢房子的许多常客，和布尔加科夫家都是亲戚关系。"去过布尔加科夫家的科利亚·苏济洛夫斯基，是我爸爸的表哥，"1987年8月伊琳娜·列昂尼多夫娜·卡鲁姆在杂志上读到读者现在看到的这本《传记》的介绍后说，"是我爸爸的妈妈的亲妹妹瓦尔瓦拉·费多罗夫娜·苏济洛夫卡娅（娘家姓为米奥季斯卡娅）的儿子。他们住在日托米尔。格拉德列夫斯基也是爸爸的表哥，是从里加搬到莫斯科住的阿尼娅阿姨和她的丈夫格拉德列夫斯基（中学校长！）的儿子。"若干年后，在《白卫军》中，叶莲娜向受伤的阿列克谢解释拉里奥西克是"谢廖扎从日托米尔来的侄子"的时候，恐怕是故意指出亲友和卡鲁姆的侄子尼古拉·尼古拉耶维奇·苏济洛夫斯基的密切关系。

我们也引用伊·列·卡鲁姆更早些时候——1981年8月20日——写给我们的信（生前第一个也是唯一一个勾起塔·尼·基塞尔霍夫回忆的出版物——在我们的记述中，塔季扬娜·尼古拉耶夫娜指出，塔尔贝格的原型是卡鲁姆）中的一个片段。伊·列·卡鲁姆写道，在当年的局势下，她的父亲"可以毫不费力地从俄国迁居出去，像塔尔贝格那样的原沙皇时期的军官就是这么干的。但是父亲去参加了红军，在布琼尼的指挥下随红军一直到了克里米亚。他在费奥多西亚步兵学校教书（我1921年出生于费奥多西亚市），后来被调到塞瓦斯托波尔，再后来被调到基辅市，在基辅加米涅夫红军指挥官军事学校教书。他爱我的母亲，他们从来没有分开过……"1933年，卡鲁姆被捕，被流放到西伯利亚。"我们不知道他在哪里，他犯了什么事；我们从家里被赶出来，妈妈到'布尔什维克'工厂的厂校工作，我们坐车去了布恰。因为'布尔什维克'工厂组织的少先队夏令营就是在布尔加科夫家的乡村别墅所在的那个地方举行的，还占用了利相家的乡间别墅。妈妈给我弄到了一张参加这个夏令营的入营证，那是在1933—1934年，她来看我时，也就是在现在说的'家长日'来看我时，我们常去乡间别墅原来所在的地方，妈妈很伤心，我好不容易才把她从那里拉走……"

……即便如此，我们对布尔加科夫这两年的生活，例如对他是否有过在文学圈建立什么联系的尝试，仍然知之甚少。基辅城有过这样的圈子，组织过各种各样的活动。在复活节，基辅历史文学小组的会议上，И. А. 林尼琴科教授作了关于文学骗局的报告（布尔加科夫后来对这个主题表现过兴趣）。1918年5月开始出版一种新的周刊——《艺术、文学、戏剧和社会生活自鸣钟》①。6月出版的第3期上刊载了 П. 帕斯图霍夫对索菲娅·费多尔琴科《战争中的人们》一书的书评。在战地医院里当过护士、基于所见所闻写下由战士对话构成的书的索·费多尔琴科当时就住在基辅；布尔加科夫20年代在莫斯科时和她以及她的丈夫交好；或许在基辅时他们应当就认识了。

《自鸣钟》第7期刊载的《1918年受损的基辅艺术珍宝》

---

① 以下简称《自鸣钟》。——译者注

第一章　基辅岁月：家庭；中学和大学；战争；医学……革命

一文中写道："……6月5日兹韦林采发生的可怕的爆炸，生动再现了记忆中1月围困时的情景"，杂志中惋惜地写道："内务部想清除亚历山大、科丘别伊、伊斯克拉纪念碑和残存的斯托雷平纪念碑……"

1918年11月18日的《最新消息报》晚刊预告说，11月19日基辅文学与戏剧艺术俱乐部将举办文学与音乐晚会，伊利亚·爱伦堡将在晚会上作题为《论当代诗歌》的讲座，作家安德烈·索博利会朗读自己书中的片段，然后爱伦堡和列·尼库林（后来的小说家，当时还被称为诗人）朗读自己写的诗。11月30日，这家报纸预告说，尼·尼·叶夫列伊诺夫（彼得堡知名导演、戏剧作家和理论家）将作题为《戏剧与断头台》的报告。

再说一遍，布尔加科夫一生的这个时期仍然是资料最为模糊的一个时期，但是有一点很清楚——后来的很多文学创作好恶和个人好恶的源头正是肇始于这个时期，当时很多文学家身处基辅政权不断更迭的极端复杂的局势中，后来他们都成了莫斯科文化生活的参与者。

在后来去莫斯科和彼得堡的教授中，这个时期在基辅的有语言学家尼·卡·古济（1911年毕业于基辅大学）、瓦·费·阿斯穆斯（第一中学毕业生，比布尔加科夫小三岁，1919年毕业于基辅大学历史语文系）、米·帕·阿列克谢耶夫（和哲学家阿斯穆斯一样，阿列克谢耶夫院士也是基辅人，1918年毕业于基辅大学）。

后来还在莫斯科的熟人中，布尔加科夫可能在这个时期在基辅见过面的还有列·尼库林，他9月在《音乐自鸣钟》第8期上发表了一篇题为《书籍不会消失》的文章，他写的是近期的出版物（首次全文发表的普希金的《加百列颂》、"劳动旗帜"出版社出版的勃洛克和叶赛宁的书），他指出，在未来主义者中，"马雅可夫斯基令人称奇的才华"很出众；关于马雅可夫斯基，伊·爱伦堡在《论当代诗歌》的报告中也谈过。第9期刊载了叶·佐祖利亚的短篇小说。

抒情歌手、著名女演员普列维茨卡娅当时正在巡回演出，莫斯科剧院正在上演戏剧《蝙蝠》。

基辅这个时期的学术和文化生活可能并非完全不受布尔加科夫的关注，但是也未必会引起他的兴趣。例如，1918年春天，也就是在布尔加科夫回来后不久，俄罗斯著名学者弗拉基米尔·伊万诺维奇·韦尔纳茨基来到了基辅（这位学者的父母是基辅人，他的童年是在乌克兰度过的），他积极投入成立乌克兰科学院的工作。他1943年也就是在去世前不久在自己的回忆录中写道："我当时提了个条件，我不会当乌克兰盖特曼统治下的公民，我将以俄罗斯科学院院士的身份参加乌克兰的文化工作。"他也是按照俄罗斯科学院的样子来安排工作的，成立了负责编写科学院章程等工作的委员会。"当时是革命时期，不得不抢救基辅附近的庄园的藏书。因此成立了第三委员会，委员会的主席也是我。""从基辅附近转移过来一大批藏书，有好几千卷。"1918年10月，报纸上公布了新成立的科学院院务委员名单、科学院章程，10月27日召开了科学院第一次全体会议，本应由年龄最长的基辅神学院教授Н. И. 彼得罗

第一章 基辅岁月：家庭；中学和大学；战争；医学……革命

夫（米·布尔加科夫的教父）担任会议主席，但是由于某些原因担任会议主席的是年龄第二长的 O. И. 列维茨基……弗·伊·韦尔纳茨基被一致推选为科学院院长，他11月9日作了题为《论有机物在地球化学中的意义》的报告，第一次发布了自己最闪光的一个学术观点……

尽管基辅的生活表面上比较平静，但是不久的将来即将爆发的事件已经暗流涌动。艾希霍恩陆军元帅4月份就颁布了令农民愤怒的"春播令"（其中包含要求归还地主财产的命令）。

夏天时紧张的局势就很明显了。7月9—10日，左派社会革命党在莫斯科的行动和米尔巴赫遇刺的消息传到了基辅。1918年7月中旬，爆发了席卷乌克兰大部分地区的铁路工人大罢工。从基辅发车的两列火车中途被拦，十天后，从敖德萨出发的一列火车在基辅附近发生爆炸。还是在7月，在离基辅不远的博亚尔卡车站，农民和德国军队发生激烈冲突。7月27日，西蒙·彼得留拉被捕并被羁押入狱。8月初，基辅城爆发武装起义，由于准备不足，以流血而告终，死伤惨重。但是要制止愈演愈烈的事件已经不可能了。正如布尔加科夫后来所写的那样，7月30日，德国军队驻乌克兰总司令艾希霍恩陆军元帅光天化日之下在基辅的大街上遇刺，8月10日，杀害他的左派社会革命党人鲍里斯·东斯科伊在卢基扬诺夫广场上被处以绞刑。

6月20日的《最新消息报》（长篇小说《白卫军》里的《自由新闻报》的原型）最后一版最下面的"大事记"栏目里报道说，"基辅得到消息称，敖德萨正在组建新的'志愿军'",7月16日,君主主义者代表大会在基辅召开;7月23日,这家报纸以对于无党派报纸的地位而言最典型的修辞风格通告说:"基辅的君主主义者决定,明天,也就是尼古拉·罗曼诺索夫去世后的第九天,再次在多家教堂为以前的沙皇作追思弥撒。"9月13日刊登了一则来自科隆、秉持布尔加科夫及其身边的人不可能觉得恰当的语调的消息:"全乌克兰的盖特曼殿下视察科隆后,启程前往山丘别墅……"这样的语调本应像来自维尔纳的通信报道中的语义含糊、不可靠的保证那样起到镇静剂的作用:"……即使列强一致同意用自己血腥的网络更大范围地控制俄罗斯北部,就报纸上的报道来看,他们不管怎样都准备承认乌克兰独立。"报纸力求一下子合乎所有人的心意。11月7日,西·彼得留拉被释放出狱。11月8日的报道的标题是:《基辅!抓住机会!规模宏大的假面舞会!》。11月9日的报道的标题是:《关于威廉国王退位的传言》。普列维茨卡娅的巡回演出……铁路骚乱……"11月11日的报道的标题是:《奥地利部队骚乱》;《全乌克兰盖特曼的文书》——呼吁在这一危险时刻保持绝对的平静。

弗·伊·维尔纳茨基回忆说:"基辅以及乌克兰这段时间给人留下奇怪的、不正常的印象,基辅到处都是德国军官,他们在克列夏季克街晃悠,在咖啡馆里闲坐。德国报纸进驻了,对这段时间在我们国家和西欧发生的事情进行不可靠的报道,我们没有其他任何消息。在南部,在波多尔,都是奥地利的部队。表面上基辅一切安好……我们感到周围的一切都很体面,而实际上却是另一回事。盖特曼终于派所·利·法兰克福教授

第一章　基辅岁月：家庭；中学和大学；战争；医学……革命

去德国进行什么经济谈判。他给基辅第一次带来更确切的消息：**我们看见的一切——是体面**，而实际上爆发了农民起义，德国爆发了革命；德国不可能抵抗多久。这段时间在乌克兰加紧收购粮食，运到德国。农民开始自卫。……德国的部队和居民中间已经开始公开宣传，冒出来一些过去不知在什么地方藏身的新面孔。有一天天气不错，冒出来一些德国兵和俄国兵（衣衫不整的醉鬼），呼朋喊友，唱着革命歌曲；纪律涣散，军官们藏起来了，据说他们中间开始出现自杀行为。德国军队散架了。这个过程发生得特别快。"这段对正在发生的事情意味深长的记录是对《白卫军》（这部小说里非常细腻地描绘了似乎弥漫在1918年基辅秋天空气中的这次动荡，以及这种令人不安的不明朗形势）最好的注解，是还原布尔加科夫这几个月生活普遍特点的材料。

1918年11月13日，几乎与废除《布列斯特和约》同时，出现了乌克兰组建新政府——执政内阁——的消息。

为了让现在的读者哪怕能够大体上想象一下那几个星期布尔加科夫以及他的弟弟们和朋友们面对过什么样的选择，有过什么样的可能的行动方案，我们会把1918年下半年基辅的特殊局势的一些细节说得更明白一些。在"言论"出版社1925年出版的《俄罗斯南部的武装力量》中对当时的形势这样描述道："盖特曼在柏林时就得到了德国政府批准组建武装力量的命令，但是组建武装力量面临不可逾越的重重困难。陆军部长拉戈扎坚持的全民征兵不能保证取得任何成效，而且盖特曼的决策层认为，这可能变成明显带布尔什维克色彩的①部队。组建阶级队伍——由农民志愿者组成的'哥萨克散兵队伍'已经有惨痛的教训,跟到处乱窜的哥萨克雇佣兵师的样子差不多。总参谋部拟定的组建隶属于营地师、由其教官操练的国家近卫军的方案,显然不是为盖特曼,而是为乌克兰民族联盟②和彼得留拉筹建武装力量……总之,所有按照民族成分组建队伍的方案都遭到俄罗斯军官们激烈、猛烈的抗议,他们决不愿意为盖特曼而战斗,也不愿意为独立自主的乌克兰而战斗。"在这种不是两个而是许多反抗力量和各种派别交织存在的错综复杂的形势下,布尔加科夫的亲友们只能决定自己的立场。对于有意识地拿起武器的男人们来说,他们面临一个不可逃避的问题——枪口对准谁,保卫什么?

早在10月中旬的时候,德国爆发了革命,形势开始明朗起来——德国眼看就要从乌克兰撤离,势均力敌的假象就要打破,盖特曼下令组建绕过政府、直接服从于他本人的独立军团。军团用来"同无组织现象作斗争";在内部制度方面,军团应遵守"1917年3月1日起实行的原俄军条例";军团的军衔"按原俄军建制"授予。同时,宣布实行全体军官登记制度,预先通知即将复员军官和(35岁以下的)超役士官自愿加入乌军或俄军。就像邓尼金所说的那样:"在军官们看来,第一次联合使乌克兰在国内独立自主得到证实"(这无论如何也不可能在布尔加科夫一家老小的计划之列),"第二次联合就

---

① 邓尼金的表述。
② 成立于1918年8月,主席为弗·基·温尼琴科,11月组建乌克兰执政内阁。

第一章 基辅岁月：家庭；中学和大学；战争；医学……革命

号召他们立刻奔赴前线，保卫国家不受外敌侵犯。"伊·邓尼金断言："军官们哪里也不去。思想先进的军官，是因为有信念；没有坚定信念的军官，是因为自私自利；在一些人群中，开始出现从乌克兰大批外流的现象——一些人去了俄罗斯志愿军所在的区，另一些人去了还没有强制征兵，可以平静地生活、可以在餐馆里当服务员、赚钱'买彩票'，倒买倒卖的地方。"军官中间的这种分化，布尔加科夫后来在《白卫军》里展现得淋漓尽致，尽管这部小说中这样的行动主要发生在1918年12月——高峰时期，当时留在基辅的已经差不多是同一类军官了：所有想走的和能走的军官，都已经四散奔逃了（《白卫军》的作者写道："那些跑了的军官不会死，谁会去死呢？"）。"鉴于政府机构彻底垮台和动员失败，只好求助于民间组织。"内务部长"采纳了自己先前否决的提议，开始同基辅已有的军官自助团体和解，向它们提供组建'民兵团'的物资和权力，这样的部队首先用于维持首都的安定和秩序。这样就出现了斯维亚托波尔克-米尔斯基上校、基尔皮乔夫将军、鲁巴诺夫将军、戈连布科夫斯基将军等指挥的民兵团。一部分民兵团全都由军官组成，一部分民兵团是混编型民兵团，里面还有志愿者——大多是青年学生，他们对征兵的反应大不相同：一些人加入了军官组成的民兵团，另一些人去找'更民主的队伍'，还有一些人——这样的人不少——声明，他们喜欢苏维埃政权，不喜欢乌克兰独立自主，等待着事态的发展。"（对最后这种"倾向"的反应，可以在《白卫军》最后一章梅什拉耶夫斯基的话里听到影射，他说，布尔什维克一来，"臭骂一通，拉出去枪毙"——"不过说的是俄语"。）在面临这种选择的青年学生中，就有布尔加科夫的亲弟弟尼古拉，他1918年秋季成了医学系的大学生。11月14日，基辅的报纸上出现了邓尼金将军下达命令的消息，说他宣布俄罗斯领土上的所有军队都归他指挥，所有军官都听从他调遣。因此，邓尼金在基辅的秘密代表洛姆诺夫斯基将军向邓尼金指挥部指挥官传令说："刚才我受邀去见盖特曼，他请求传达：今天民兵团和地方团指挥官都去见了他，报告说他们转为归您指挥。鉴于基辅复杂而又令人忧虑的局势，落实这一命令可能会引起混乱。务必等候几日，等到协约国军队来到这里。现在在这里组建民兵团，军官外流可能会坏事。我们处于流言四起之地，情况不熟。"参谋长罗曼诺夫斯基将军反对总司令颁布这道命令："下达过调遣志愿军占领区域的军官的命令。这个区域的军队当然归总司令指挥。"他总结说："基辅报纸上出现的命令，是某种误会造成的。"如果这是"误会"的话，那这个误会产生了严重的后果。

盖特曼获悉组建的军队不再服从于他，并且从今往后将是"全俄国利益的捍卫者"后，第二天就颁布了新的文书："……历经重大动荡以后，俄国今后存在的条件无疑会有所改变。应该在另外的原则即联邦制的原则下恢复曾经全俄国强国的伟大和力量，而在这个联邦里乌克兰应当位居前列……"盖特曼努力满足各个阶层，包括敌对阶层的利益，但是没有成功。

11月15日，《最新消息报》晨刊以《昨日》为题报道说："午后大街小巷热闹非凡，民众以少见的热情把各种晚报抢购

第一章 基辅岁月：家庭；中学和大学；战争；医学……革命

一空，期待从中能得到有关基辅局势的什么消息。此刻，大街上小规模队伍不同寻常的调动引人注目，其中多数是志愿军部队的军官。"

民众对报纸报道的好奇可以理解——就在这一天，即11月13日，在交通部大楼举行的政党代表秘密会议选出了由作家、乌克兰民族联盟主席弗·基·温尼琴科、西·瓦·彼得留拉等人组成的执政内阁（"9月时，城里还没有人想象得出，三个拥有及时亮相，甚至在白采尔科维这样的小地方及时亮相才能的人可以一起合作。"《白卫军》的作者后来写道。）举行了德国战时议员委员会第一次会议，爆发了大学生集会和游行。11月14日，盖特曼禁止集会和示威游行、关停高校和实行宵禁的命令随之而来。同日，大学校园里组织了反对这些措施的抗议示威（据报纸报道，8人死亡，12人受伤——《复兴报》第188号），基尔皮乔夫将军宣布，他负责指挥志愿民兵团，保卫基辅的"安定和秩序"（《基辅思想报》第215号）。11月15日，满城都在张贴执政内阁号召推翻盖特曼政权的呼吁书。同时，建议盖特曼及其内阁撤离——不要发生流血事件，建议军官们——放下武器，"想去哪里就去哪里"。这些日子里已经爆发了反对盖特曼的起义，主要力量是集结在白采尔科维（执政内阁从基辅秘密转移至此）的加利西亚的营地团；从盖特曼转投彼得留拉的博博通（那个可能成了《图尔宾一家的日子》里巴尔巴昌原型的人）的部队已经让在哈尔科夫的军官民团缴械了，没有遇到（难以在盖特曼和执政内阁中间随机应变的）德国政权的阻碍，宣告执政内阁掌权。

至于早就发布的命令是如何传达到盖特曼的军队中的，1918年11月15日的《最新消息报》晨刊的一则短讯足以说明一切："据总参谋部消息，对军官们的命令在各区部队中得到了完全正常和顺利的传达。"把这份报纸的话翻译成现实生活中的话，只能有一个意思——盖特曼军队的军官们走得不情不愿。对于他们中的大多数人来说，这种形势下邓尼金的行动具有特别的意义。11月17日，邓尼金向基辅的志愿军代表洛姆诺夫斯基发电报下令说："统一指挥在乌克兰的所有俄罗斯志愿军队伍，并责成其竭尽一切所能将自己的行动与本地区的利益相协调，将全部力量用于同布尔什维克战斗，不干涉地区内部事务……"这一命令很快就暴露出其无法执行的一面。将军刚接到这道命令，11月18日就拜访了盖特曼（报纸立刻报道了这一消息）。同日，盖特曼又发公文宣布："鉴于出现极端局势，我将乌克兰领土上现有全部武装力量的总指挥权交给以前线军队总司令身份行动的骑兵上将凯勒尔伯爵……我宣布乌克兰全部领土为作战区域，因此乌克兰的所有民政归凯勒尔伯爵领导。"

这样一来，俄罗斯志愿民兵团不再直接服从于盖特曼，而与此同时，他们也间接脱离了志愿军军队的领导，尽管象征着后者的旗帜仍在这些志愿民兵团里缓缓飘扬着。

新任总司令下达的严酷命令突出了自己肩负的职责的复杂性——他用执法处威胁那些"拒绝参与镇压当前的起义，把自以为是志愿军军队的一员，只愿与布尔什维克战斗，而不愿镇压乌克兰内部叛乱作为拒绝参与的理由"的人。（1918年11

第一章 基辅岁月：家庭；中学和大学；战争；医学……革命

月21日《最新消息报》晨刊）

1918年11月19日的《最新消息报》晚刊上出现了典型的风格模棱两可、内容闪烁其词的简讯："基辅，11月19日。又起雾了，秋天的浓雾压在我们的头顶，给人以重压。它从哪里来，什么风把它吹给我们，我们不会说，因为谁也对此不是很清楚。"（总之，什么也不能驱散"脑子里煮好的烂粥"，《白卫军》中如是写道。）"但是有雾，我们就得生活在其中。①我们的周围萦绕着流言蜚语。雾霭中诞生了挑拨离间的行动。各种行动命令向我们纷至沓来。

在这种气氛中很难保持镇静，但是必须保持镇静。"

保持镇静真的很难。

11月27日，没有得到自己要求的绝对权力，凯勒尔上将辞去了职务，他在自己的辞行令中解释说："……我认为，目前没有统一的政权，各个省都爆发起义，国内不可能实现安定……"

那些日子的报纸上越来越频繁地提到恩诺——各大协约国派到基辅的"有特权"的法国领事。他到敖德萨后，从11月20日开始以公约（协约国）的名义从那里给基辅的德国指挥部和盖特曼政府发电报。注意，协约国与德国人处于休战状态，并准备取代其在乌克兰的位置。在此之前，关于乌克兰自决及其国家性质问题的决定被搁置。电报特别指出，德国人有义务保持基辅和整个地区的秩序——直到协约国军队到达，并

---

① "……雾时起时落"——就是因为那些天雾蒙蒙的，布尔加科夫后来用这样的话为《白卫军》第一部分收尾。

且"各大协约国无论如何也不会允许彼得留拉的军队进攻基辅……"

这就是等待协约国军队到来的心情一天比一天紧张的原因。11月到12月初,《最新消息报》一号接一号地在报纸常设的大字总标题下以特大字号刊登《在协约国军队到来之前》,夹杂常登的文学戏剧消息——"格·瑙·布赖特曼的短篇小说集《爱情维修》第二版开售","讽刺周刊《畸形人》第23期出版","莫斯科剧院上演尼·费·巴利耶夫的戏剧《蝙蝠》……""教授兼神甫谢尔盖·布尔加科夫的新书《众神之席》(当代姊妹篇)出版和开售"……

11月19日:"协约国舰队(本报记者报道)。敖德萨,18日。据传,今天协约国的舰队驶入黑海。"紧接着就是下一篇报道,而且又换了个标题《黑海上的协约国舰队》:"……现有报道称,12艘军舰驶离博斯普鲁斯海峡,护卫载有派往塞瓦斯托波尔的有色人部队的运输船。"另一段写道:"驶来的'长官'号轮船的指挥看到了海平线上出现了的四艘雷击舰。"

11月26日(星期二),《晚报》刊登了一则标题为《在法国领事到来之前》的消息:"现已弄清,在敖德萨的法国领事恩诺稍微推后了自己前往基辅的行程,期望铁路机关代表声明,保证他三天后从敖德萨前往基辅的旅途安排妥当,确保不会出任何意外。星期四各协约国在基辅的领事代表将召开会议,研究隆重欢迎恩诺先生以及前来基辅的协约国军队的计划。"

还是在这份报纸上——"天职的受害者。又公布了与彼得

第一章 基辅岁月：家庭；中学和大学；战争；医学……革命

留拉作战中阵亡军官的名单。今天的名单上有33位牺牲者……"其中有上校、中校、准尉叶泽尔斯基兄弟、士官生雅各边科……"其余的18具遗体面目全非，根本无法辨认。这些遗体完全一丝不挂，他们被割了舌头、鼻子、耳朵、手指和脚趾，整个躯体都被肢解。今天12点，这些遗体被送到了解剖室。"布尔加科夫的弟弟们整天听着这样的消息，准备保卫自己的城市。

不过，《晚报》同一版上对军事行动的报道看起来和《最新消息报》的报道一样充满乐观："……匪帮被国家警卫击溃……11月25日，匪帮在晨雾的掩护下进犯政府军部队，但被击退，战场上留下了八名牺牲者……11月25日，向米尔哥罗德转移的起义匪帮被政府军和国家警卫（盖特曼政府警察）击溃。"

《晚报》特派记者、刚从基辅实科学校毕业的20岁的米哈伊尔·科利佐夫同样乐观地报道说："志愿民兵团英勇善战，他们头顶的法国钢盔留下了履行真正的军人的天职的痕迹。年轻的哥萨克雇佣兵师也展现了自己的毅力和无畏。哥萨克雇佣炮兵同样配得上这些称赞。虽然缓慢，但基辅的军队正顽强地把彼得留拉逼出首都。"接着，通信员直接出现在了彼得留拉的后方，尤罗夫卡村庄的一个小酒馆里："去小酒馆的大多是被击溃的志愿军。听听都聊些什么！多大的仇啊！"他描述了两个人，其中一个人话语间"充满了对'背信弃义'地同情反彼得留拉分子的乌克兰首都居民的极度愤慨……说着乌克兰、波兰和加利西亚的各种土话。但是和他聊天的人，一个身着破

旧的弗伦奇式军上衣,年纪不大、枯瘦的人,明显说的是俄语,我也完全能听懂:

'厚颜无耻,简直是厚颜无耻,同志,这些基辅的有钱人……我倒是愿意像您那样,同志,一开头就被他们围困。饿死吧,狗娘养的!……'

他的眼睛里放出亮光,嘴唇满是仇恨地颤抖着。

'再来一杯酒,同志!'

酒杯碰在一起,不久前充满血腥的敌人……联合起来了,——多少次了!

是什么让误入(?)乌克兰的遭受重创的共产主义者和这个狂热的'独立分子'如此和解的?什么纲领让他们联合起来的?

什么纲领我们按下不表……拜托上帝不要让基辅的居民看到这种纲领的实现。"

布尔加科夫这些天肯定认真看过各大报纸,寻找哪怕任何有关实际事态局势的消息,他应该是吃惊地读了这个写反对彼得留拉的文章,同时还有好好地坐在他的后方的小酒馆里的人的文字。(后来他正是以在基辅时的这些印象为背景理解米哈伊尔·科利佐夫在莫斯科的党的出版部门的领导角色的。)"……在我们可怕的快活日子里,不得不看到许多悲惨和荒谬、忧伤和可笑的事。"米·科利佐夫总结道。布尔加科夫那时可绝对算不上快活。在我们看来,他完全没有冒险倾向。

11月29日的《最新消息报》的《乌克兰局势》的标题下,出现了很多书报检查"漏洞";向读者解释清楚"局势"

第一章　基辅岁月：家庭；中学和大学；战争；医学……革命

是不可能的，第三版通栏标题《写在本期出版之前的话》下被整整拿掉两栏内容，因为当局关切读者的情绪稳定……11月30日，该报晚刊报道说德国指挥部与领事恩诺通话；塞尔维亚军队抵达敖德萨（在《白卫军》里，舍尔文斯基说："请允许我报告一则重要消息：今天我在克列夏季克街上亲眼看到了塞尔维亚的设营员……"）。报纸的第二则消息说："尤什克维奇和布宁飞快通过移居国外的通道。他们在亲密剧院朗读了自己的短篇小说。等候阿·托尔斯泰，但是他没有来基辅。"H. 乌沙科夫回忆说。12月3日，《最新消息报》晨刊报道说："由于从敖德萨前往基辅途中有所耽搁，阿·托尔斯泰的散文与诗歌晚会将改到近期某一天举办。"但后续未见新的通告。12月2日，该报晚刊报道说："以后我们前线上将会有德国骑兵部队……法斯托夫车站昨日被德国军队占领。彼得留拉的军队在清空了车站以后去向不明。"（《白卫军》作者援引《自由新闻报》的消息说："……带着自己的团和四门大炮离开，去向不明……"）这是彼得留拉从白采尔科维动身经法斯托夫前往基辅的时刻，但他们占领的法斯托夫铁路枢纽困住了已经开始疏散的德国军列，并引发了同德国人之间的冲突。无论是彼得留拉还是起义者，对抗斯维亚托波尔克-米尔斯基民兵团的几个连以及其他力量，任何一方都不足以构成优势。评价实际形势仍然是不可能的——信息不够，只能等待事件的进一步发展。

12月2日："几支人数众多的协约国军队不日将抵达基辅。"12月3日，有消息称，军官死于起义者之手，而12月5日，**第四次**报道了从12月2日到5日重复了一次又一次的通报消息:"基辅周边的前线和城里安定祥和!"同样是在这份报纸上——有消息称,载有法国军队的"米拉波"巡洋舰抵达敖德萨:"第一个军列已经启程前往基辅。"(几天后就出现了既让人绝望又让人乐观的标题:《法国人在日梅林卡》。)

这些天里,通报越是风平浪静,基辅街道上的空气越是令人焦虑不安。12月7日,报纸上又出现了一则标题——《基辅动员令》——司空见惯的消息:"根据1918年12月5日关于征召1889年1月1日至1898年12月31日出生者的法令……"——并指出了应征服兵役者登记入伍的地点。这就和布尔加科夫的两个弟弟——万尼亚和尼古拉有关了。但他们很可能并不着急登记加入盖特曼的军队。接下来的日子里报纸继续用协约国军队即日到来的希望给市民催眠。12月11日,《最新消息报》晚刊报道说:"我们据可靠消息了解到,协约国军队的第一支队伍将于本周末进入基辅,大陆旅馆为法国军官们备好了房间。"同日,还有关于塞内加尔人即日到来的消息……报纸强迫基辅居民寄某些特殊希望于"有色"部队,这把发生的一切都额外涂上了魔幻般的色彩。这在长篇小说《白卫军》里有反映:"据本报记者报道,正在进行让两个黑人殖民地军队登陆的谈判。恩诺领事认为不可能让彼得留拉……"阿列克谢·图尔宾在《自由新闻报》上读着这段话,而在他家壁炉的瓷砖上,有尼科尔卡用墨汁亲手写上的、充满最深刻的思想和意义的笔记:"如果人们告诉你,协约国正在急急忙忙地赶来救我们——别信。协约国是坏蛋。"

顽皮的布赖特曼语言犀利。

第一章　基辅岁月：家庭；中学和大学；战争；医学……革命

"塞内加尔人的连队在哪里呢？"报纸上开玩笑地写道；"塞内加尔人的连队在哪里呢？请回答，司令部，请回答。"梅什拉耶夫斯基问盖特曼副官舍尔文斯基这个问题。后者下着保证——报纸接着写道："公爵本人今天跟我说，敖德萨港口已经在卸载货物了：希腊人和两个塞内加尔的师来了。"……

为了重构之后几个月——布尔加科夫以及他身边的人在基辅的生活中最具戏剧性的一个时期——的氛围，我们利用一下一位亲历者的证明材料。这就是和布尔加科夫同一时期在基辅当军医的亚历山大·伊万诺维奇·叶尔莫连科（1891—1958）的日记。"11月24日。盖特曼和彼得留拉的大炮在基辅城里轰轰作响的第七天。彼得留拉和自己的奥地利营以及向（他？）靠拢的布尔什维克是一方，几乎清一色的（前）军官组成的志愿民兵团是另一方。战斗在波斯特-沃伦斯科耶附近打响。那里离我们非常近，能够清楚地听到火枪和机枪扫射。德国军队没有参与战斗。"[①] 这就是当时冻得半死的梅什拉耶夫斯基闯进图尔宾家里，给这一家人讲述的那些事："在冰天雪地里一整夜……老天爷！我已经在想——我们全要完蛋了……去他娘的！每两个军官之间相隔一百俄丈——这就叫散兵线？差点儿像鸡一样被宰了！""就这样，黄昏时分我们到了波斯特。那里在干什么——根本没法理解。我数了数，路上有四个炮兵连，

[①] 苏联国防部军事医学博物馆，馆藏部馆藏第60024/4号，第48页和第48页背面。（接着是这一保管单位的引文，第48页背面至第54页背面）感谢博物馆研究员、《博物馆馆藏中的回忆录和日记》（1980年列宁格勒版）手稿珍贵的印制目录编者瓦连京·彼得罗维奇·格里茨克维奇协助复制这一重要文献。

都凑在一起，原来没有炮弹。指挥部数不胜数。显然，所有人什么也不知道。重要的是——死者无处安放！"（《白卫军》）

日记的作者接着记道："我11号应征入伍。从9号开始征召1889年至1898年间出生的人。医生和其他所有人一样，也就是说被枪顶着去应召。我被排进了一个什么'警卫队'，作为27岁以上人员，准许暂时回家，情况需要时再应召保卫这座城市。"

布尔加科夫还在莫斯科时——在另一种体制下——获得退役是否还有效？如果无效，那么，这——也是他的处境。

《白卫军》中图尔宾的话——尽管是间接的资料来源（和我们经常提到的文学作品里的主人公所说的话一样），但是这几乎是判断1918年时布尔加科夫思想状况的唯一资料来源。"大图尔宾叫道：'为了这个心爱的乌克兰的制度，我要第一个把你们的盖特曼给吊死！愿乌克兰永远充满活力和自由，基辅的样子直抵柏林！半年来他嘲笑俄罗斯军官，嘲笑我们所有人。是谁用那些天底下最难听的卑鄙话语恐吓俄罗斯人民？是盖特曼。是谁养出了这么个头上长着尾巴的废物？是盖特曼。是谁禁止组建俄罗斯军队？是盖特曼。而现在，当猫儿被拦腰扼住，就开始组建俄罗斯军队了？敌人已在两步之外，他们倒想起志愿民兵团、指挥部了？瞧瞧，嘿，瞧瞧！'

'你在散布恐慌情绪，'卡拉西冷静地说。"

12月13日，医生——日记作者——记道："今天正午起，基辅周围的炮兵开始作业了。街上全是人，谁也不怕枪炮声。相反，大多数人都在笑，特别大声地嚷嚷，一边还说着各种各

第一章 基辅岁月：家庭；中学和大学；战争；医学……革命

样的俏皮话。制造出这样一种印象，谁也不怕彼得留拉，与其说这些人反感他，不如说这些人对他感到称心如意。现在，去哪里的火车都不开了——到处都是彼得留拉。粮食价格猛涨：黑面包涨到了 1 俄磅 5 卢布，油涨到了 24 卢布，一普特柴火涨到了 8 卢布。

12 月 13 日。白天几乎所有的商店都关门。工作只能在枪炮的嗒嗒声中进行。

有人说，佩切尔斯克已经有彼得留拉的人马了，也有人说，盖特曼的什么民兵团造反了。到处都能感觉到可怕的紧张气氛，所有人都神经紧绷。傍晚时分，街上开始聚集人群，吹着口哨，尖叫着，欢送撤出基辅的盖特曼军队。人群对红十字会也不留情面。坐在山羊拉的两轮车上行进的护士，遭受了难听的辱骂。傍晚时分，到处都在传说，彼得留拉从斯维亚托申那边进入了基辅，欧洲集市上堆满了志愿军队伍的尸体。很多地方响着机枪声。"

1918 年 12 月 13 日的《最新消息报》晨刊报道说："今天向部长会议紧急提交了提前征召 1900 年出生的新兵的法案。"这一紧急征召——提前征召——已经征召到弟弟万尼亚·布尔加科夫的年纪了。

据塔季扬娜·尼古拉耶夫娜回忆，布尔加科夫以及他的弟弟们这些天去保卫城市了，他们还不知道，盖特曼 12 月 14 日跟着德国人跑了。"当时各种各样的人来找他，他们一起商量，并决定应该保卫城市。于是他去了。我和瓦里娅两个人待在一起，等他们。不一会儿，米哈伊尔坐出租马车回来了，他说，什么都没有准备好，就结束了——彼得留拉分子已经进城了。但是小伙子们——科利亚和万尼亚——还在学校里。我们都在等他们，他们落入了彼得留拉分子的圈套。"

关于当时中学里发生的事，流传下来一段家里传说的故事，这段故事50年后被叶莲娜·谢尔盖耶夫娜·布尔加科娃根据尼古拉·阿法纳西耶维奇妻子的口述记录了下来。这段故事甚至还有题目——《训导员马克西姆救尼科尔卡记》。"彼得留拉分子来了后，要求所有军官和士官生到第一中学的教学博物馆（收集中学生作品的博物馆）集合。所有人都集中在一起。门都被锁上了。科利亚说：'各位，得跑，这是圈套。'谁也做不了决定。

科利亚爬上二楼（这个博物馆的房间结构他了如指掌），钻过一扇窗户，跳进了院子里——院子里有雪，他摔倒在雪地里。这是他们中学的院子，科利亚穿过校园，碰见了马克西姆（训导员）。必须脱了士官生制服。马克西姆收起他的东西，给他穿上了自己的便装，于是科利亚穿着便装，换了另一条路从中学跑回家里。其他人都被枪杀了。"

（我们再想一想《白卫军》里的片段——图尔宾看到，博物馆边上站着一群士官生和军官，马雷舍夫说："我刚刚去了那里，喊了，警告了，乞求快跑。别的我什么也做不了。"还有对尼科尔卡穿过院子逃跑的描述："从第二堵墙上掉下来时，预料得相当准：我落在了雪堆里……"，等等。）

12月13日，那一天的报纸晚刊刊登了德国总指挥的通告。通告称："鉴于乌克兰大部分地区在乌克兰执政内阁掌控之下

第一章　基辅岁月：家庭；中学和大学；战争；医学……革命

的情况和事实","德国军事指挥部、士兵委员会和乌克兰执政内阁之间签署协议，德国军队对执政内阁进入基辅不作任何抵抗。"糟糕的俄语翻译使文件的含义更加吓人："保证城里的秩序是重中之重。

为了免遭乌克兰军队的复仇行动，务必不要让志愿军部队在乌克兰军队撤离之前制造针对他们的任何恐怖行动。如果发生了上述情况，则德国政府无法对其后果负责。"一则题目为《专列》的短讯报道说："通知我们说，德国最高指挥部和执政内阁之间达成协议，放行一列从基辅开往瑞士执行特殊任务的专列。"（《白卫军》里的塔尔贝格也是坐着这样的火车走的……）

但是，盖特曼部队总司令部的作战通报几乎依旧心平气和："夜间，我们的军队在日托米尔公路上同敌军侦察队交火。基辅其余所有设防地段和城内度过了一个平静的夜晚……"同一号报纸上报道说："一轮又一轮巡回演出！！整天噼里啪啦……"

第二天，也就是星期六，报纸不发行，星期天，整三个月以前写他的殿下动身前往山地别墅的那家报纸，根据新政权的喜好重新调整了新历和旧历的顺序——"12月2日（15日）"，公布了其退位诏书和基辅城市杜马的呼吁书："公民们！盖特曼制度，反动的、暴力的制度，垮台了。乌克兰人民共和国执政内阁的部队进城了……"此外，呼吁书中还提出了关于志愿军军官的问题——让他们放下武器，去新罗西斯克。温尼琴科签署的第一条简短的《执政内阁令》称："谁此时阻挠人民同盖特曼、地主及资产家斗争，阻挠共和国人民政权的确立，谁就是罪人。"

报纸第四页的简讯《动员趣闻》中说:"应当作为趣闻指出的是,直到昨天还在继续动员青年入伍。

尽管前方传来隆隆炮声,验收委员会还是继续开会,招募新兵。直到执政内阁部队到来,才终于结束了公告动员。所有应征人员自执政内阁的部队到来之时起解散,各自回家。所谓的动员就此结束。"今天读这些文字时,不难想象布尔加科夫打开这份记述差点儿要了他的几个弟弟性命的"趣闻"的报纸时那种无能为力的愤怒。还有一则题为《各回各家》的简讯,似乎是对布尔加科夫后来写的长篇小说和剧本的直接评论:"星期五一整天都在紧张地进行组建应征人员特别军团。傍晚时分,值班军官得知晚报上的消息后,告诉应征人员:'小伙子们,可以各回各家了。'"

我们回过头来看看亲历者的日记——这些天基辅生活大事记:"**12月15日**。彼得留拉昨天晚上进城了。盖特曼当局早上还在否认。今天白天,城里几个不同的部队的机枪声噼啪作响,但总的来说交火很少。几乎没有人受伤。执政内阁还没有到基辅。

12月19日。所有教堂从早上开始钟声齐鸣。白天,执政内阁到了:温尼琴科、彼得留拉、什韦茨、安德里耶夫斯基。出色的彼得留拉部队(着装整齐、纪律严明)占领了市中心。到处都是国旗,到处都是人。但是就像昨天和前天那样,没有人大声说话,所有人都聚精会神,保持沉默。听到的几乎都是乌克兰话。以前一眼就能分辨出的前军官们,现在无影无

第一章 基辅岁月：家庭；中学和大学；战争；医学……革命

踪了。"

这一切米哈伊尔·布尔加科夫都看在眼里、听在耳朵里，离开基辅时装在脑海里——后来在长篇小说中有过追叙，减轻了以后为他作传的作者的任务……"主钟楼上沉重的索菲亚钟低沉轰鸣，努力掩盖这一恐怖的、号哭中的混乱……"，"斜在两块裸露的方石块之间的两面双色旗，随着低沉的管乐队飘荡。旗帜旁边，晶莹的雪花有节奏似的落下，行进队列气宇轩昂、轰隆作响，他们身着结实的、尽管是德国制造的呢子大衣"，"要是我可不会说你说的那些话"，"让他们保持住！军官。军官。军官……我看到了他们身上的肩章！"

我们来看 1980 年我和一个基辅女人（1918—1919 年时，她还是个年轻姑娘，一生都在安德烈斜坡度过）的一段谈话："钟楼在现在的食品店——被杀害的军官都被送到这里——对面。人们都去看……"

"辨认亲属？"

"不，不只是辨认——就是去看……安德烈斜坡附近有一个小教堂，那也有很多具尸体……街上也是。我有一次去了那里——看见躺着一具尸体。好年轻，好帅，好可怜啊！但赖他自己，人们跟他说：'别去！'——但他还是去了。"（看来，和《白卫军》里一样，"胡同里闪过了什么，砰的一声响，普列什科大尉……为自己对阅兵式的好奇心付出了代价。他仰面朝天躺在索菲亚教会之家的栅栏旁，双手伸开……"）

20 世纪 70 年代，著名历史学家 З.（1904—1983）告诉我们说，1918 年，他在基辅士官武备学校上学。他当时 14 岁；

他们学部并不反对彼得留拉分子。不论是彼得留拉时期还是布尔什维克时期，即使没有课，学校也一直存在。彼得留拉进城以后，他们被拉到练兵场上，看到了被杀害的军官——光着脚。这一印象相当深刻。这位目击者说，几个月以后，也就是1919年春天时，邓尼金向基辅进发；载有布尔什维克的军列开出城。"我和我的朋友站在铁道附近——手里拿着拆下来的袖章。在缓缓前行的列车的乘降台上，站着一位红军指挥官——原来可能是军官。'什么？士官武备学校的学生在等自己人？'他颇为友好地问道。我们当时相信邓尼金眼看就要进城了。当时我已经15岁了；我至今都不明白，我为什么没有去迎接他，而是安静地在城里等待。他还差60公里就到了。我从来没有像他开始撤退时那样的哭过。"想想布尔加科夫兄弟接下来的命运中的变故，即使半个世纪过去了，我们依然没有忽视这种给当时的戏剧性事件的见证者留下沉痛心情的情绪的力量。

那些年基辅生活的亲历者们讲述的细节都很相似。

1983年1月，柳博芙·叶甫盖尼耶夫娜·别洛泽尔斯卡娅给我们讲："那段时间，即1918—1919年，我就在基辅。华西列夫斯基–涅布克瓦①是《基辅回声》的编辑和出版者，并且在《母夜叉》参加撰稿。我当时还不认识他——我们后来在敖德萨结婚……基辅一片悲惨景象。有一次，我早上从家里出来—— 一个年轻人躺在那里，脸部完全变形……表情非常痛苦……他身穿拉链拉紧到一半的大学生制服上衣躺在那里——

---

① 她的第一任丈夫。

第一章 基辅岁月：家庭；中学和大学；战争；医学……革命

他急着拉紧，就被击毙了，没有来得及拉紧！"对我们的问题的回答是："《白卫军》里当然一切都缓和多了！甚至令人惊奇！要知道那里发生过恐怖的事！当时我什么也不怕——但**现在我回想起看到的东西**，——我现在甚至有时还会梦到——回想起来，就**充满恐惧**！您能想象得到吧?!"

1918年秋到1919年11月，在基辅居住的爱伦堡也写过这个时候的事，但能看出他的视角与《白卫军》作者视角的差异："执政内阁的军队来到城边。白军军官们最后喝空了酒窖，他们喝酒，唱歌，骂人，哭泣，枪杀'可疑分子'。……彼得留拉分子沿着克列夏季克街高高兴兴地走过来，谁也没有招惹。没有来得及迁到敖德萨的莫斯科太太们赞叹道：'他们好可爱啊！'白军军官被召集起来，锁进教学博物馆（显然是因为场所的大小，而不是为了教学）。我记得，所有人都吓坏了：轰隆声传来，很多人家的玻璃都飞出来了。居民们开始匆匆往浴盆里蓄水——可能要停水——并且烧掉彼得留拉的报纸。结果，有人往教学博物馆里扔了一颗炸弹。"

这个冬天里的某一天，安德烈斜坡13号的房子里发生的一件事，让塔季扬娜·尼古拉耶夫娜很是难忘。"有一次蓝衫军来了。他们脚穿女式靴子，靴子底下带着靴刺。而且所有人都喷了'珍妮特之心'——一种时髦的香水。'你们家里没有藏人吧?'他们在找什么人。找了一圈——谁也没有。米哈伊尔正好准备出去，大衣他穿在了身上。他们钻到桌子底下、床底下，看了个遍，之后说：'咱们走吧，这么穷，连地毯都没有。那儿还有一户——也许那里能强点！'他们就下去了——

去了给我们出租房子的建筑师①那里。他们就在那里闹起来了!我们后来得知——他们在那里大吵了起来,——他们请我们下去找他们……"利斯托夫尼奇的女儿也和我们讲过这次抢劫:"要知道当时各种各样的匪帮太多了——弗拉斯老爷、马鲁斯卡大妈——整个波多尔都让匪帮给占了……他们有人有一次还抢了我们家。

……黄金珠宝没有拿——藏起来了,我们有这样的东西!——光拿了钱……"这样说来,《白卫军》里抢劫瓦西里萨的情节跟其他很多情节一样,有现实生活的渊源。

"基督降生后的第1918年是伟大的一年、恐怖的一年,但是1919年更加恐怖,"《白卫军》的作者写道。米哈伊尔·布尔加科夫在什么样的气氛中准备迎接这一年呢?

1981年,房东的女儿告诉我们说:"有一次,楼上的布尔加科夫家来了客人;我们正坐着,突然听见他们唱:'上帝,保佑沙皇……'但是要知道,沙皇时期的国歌是禁歌!我爸爸上去找他说:'米沙,你已经是成年人了,为什么要把孩子们逼到险境呢?'尼科尔卡马上站出来说:'我们这里所有人都是成年人,所有人都能为自己负责!'总的来说,尼科尔卡是他们当中最有分寸的人……"

不清楚盖特曼时期的国歌也被禁唱这个情节发生在什么时候,但很有可能就发生在长篇小说《白卫军》和剧本《图尔宾一家的日子》里相应的情节被认为发生的时间,即1918年11

---

① 瓦西里·帕夫洛维奇·利斯托夫尼奇。

第一章 基辅岁月：家庭；中学和大学；战争；医学……革命

月到 12 月。……亲历者的日记中记道："**12 月 31 日**。执政内阁还没有来得及进入基辅，也没有来得及弄坏街上的装饰，但空气中已经感觉到某种非常难以承受的东西了。各协约国领事已经离开基辅，去敖德萨的火车也已停驶……别人窃窃私语的各种传言刺激着每个人的神经。据说布尔什维克近在咫尺，据说协约国军队已经在敖德萨附近投入了与彼得留拉分子的战斗。

这一切都那么的逼真……城里不平静……整整一昼夜，一会儿是这里，一会儿是那里，响起零星的枪声。共和国军队本身的纪律性完全不是乍一看上去的那样。士兵和指挥人员之间发生致人死亡的紧张冲突并不少见……今天我给一个彼得留拉分子做了腿部截肢手术。"

新年前夜，在基辅街头搞运动，不是到已经习惯的 10 点，而是可以到夜里 2 点。

伊·华西列夫斯基－涅布克瓦的报纸《基辅回声》第 1 号——新年号——的简讯报道说："苏维埃军队向哈尔科夫省发起的布尔什维克攻势，在乌克兰的民主党派和非乌克兰的民主党派中间引起公愤……乌克兰人一直（！）试图与苏维埃俄国和平相处，对其内部局势保持完全中立的立场。"这一号上的另一篇简讯提出了"谁才是枪杀大学生的罪人？"的问题。文中提及，11 月 15 日，大学附近"发生了流血事件：被聚集起来的大学生被国家警卫和斯维亚托波尔克－米尔斯基军官民兵团枪杀，"作者肯定地说，大学生们举着红旗游行示威。

1919 年 1 月 1 日的《最新消息报》晚刊上刊登了 B. 斯捷

奇金的《新年杂文》：

"向您致以新的'幸福'！"
"这简直就是侮辱！"
"……有过旧的幸福吗？"
"……这样过个50—70年——再看吧。"
"同意。"

知道吗，要是把自己冷冻起来休眠50—70年，然后再解冻，就好了。

请致以1969年快乐！

走到街上，点上六个戈比就买几十个的烟卷。

仔细听。

"没人开枪了？"
"没人开枪！"
"没人抢劫了？"
"没人抢劫了……谢天谢地。"
"向您致以新的幸福，先生们。"

这无疑符合布尔加科夫医生的思想过程——若干年以后，他的短篇小说《医生奇遇记》里的主人公正是在这样的时刻在自己的日记中发出感慨并非事出无因："命运，你为什么如此驱赶着我？！为什么我没有出生在一百年以前？或者更好些：出生在一百年以后。或者再好些，我彻底没有出生。"

不管怎样，没有出现"新的幸福"的迹象。

第一章 基辅岁月：家庭；中学和大学；战争；医学……革命

1月20日的第3号报纸上刊登的《营地射手的葬礼》中说："昨天，基辅安葬了与盖特曼政权战斗中牺牲的哥萨克骑兵。"安魂祈祷在弗拉基米尔教堂举行；西·彼得留拉致辞。简讯《减轻基辅负担》中说："据报道，首先将把原志愿军士兵及其家属驱逐出基辅。"

早就不自觉地关心政治和贪婪地读报的布尔加科夫（"……在卖报的那里买了一份报纸，边走边翻开了报纸……'老兄，您怎么往人身上踩啊！报纸应该在家看……'"——阿列克谢·图尔宾1918—1919年冬天在基辅大街上的行为——无疑是带有自传性质的特点。）当然关注革命的德国的事态发展，思考是否有爆发世界革命的迹象。他可能专心地阅读了谢尔盖·格拉戈林在1919年1月6日的《昨日言论早间公报》上矫揉造作、冷嘲热讽的简讯《最后的探戈》，试图弄明白，苏维埃当局是否与新德国成功建立了双边关系："苏维埃外交使团并非前往德国，而是去拜见李卜克内西……德国人民正是为了俄罗斯的布尔什维克制造了革命。莫斯科甚至计划向革命故里赠送几十万俄尺细平布，供制作红旗使用……"

据爱伦堡回忆，在这个"谁也不知道，明天谁将枪杀谁？谁的头像将被挂起？谁的头像将被摘下？哪些钱被拿走？哪些钱被尽力亲手交到蠢人的手里？"的时候，最不可信的传言在基辅传开了。"各色'消息灵通'的逃难者发誓，协约国军队有各种紫外线，他们使用这些紫外线能在几个小时内把'红军'和'主张独立者'都给消灭了……"（《人，岁月，生活》）很早以前，早在19世纪20年代时，诗人尼古拉·乌沙科夫就在自己的回忆录里写道:"流传着关于紫外线的传言",什克洛夫斯基也提到过这样的传言。

老基辅人叶甫盖尼·鲍里索维奇·布克列耶夫直到1983年和我们交谈时,还清楚地记着这件事:"我记得,布尔什维克1918年进攻时,城里印了和张贴了大幅公告:警告城里居民,**将采用致死光线抵御进攻!** 链桥桥头上竖起了**装有蓝色玻璃的聚光灯**。打开它们的时候——从第聂伯河进攻过来的部队第一时间纷纷跳了下去……这些聚光灯的效力,加上各种传言,确实威力十分强大……"

我们确实发现了这份引人注意的公告——刊登在1919年1月29日(2月16日)的《最新消息报》晨刊上。

"关于紫色光线的命令。总指挥部向切尔尼戈夫居民发布以下公告:现向切尔尼戈夫居民传达周知,自今年1月28日起,开始反击……释放使人失明的紫色光线。即使人背对它,这些光线也会导致失明。为了避免失明,建议居民躲进地窖、窑洞和光线无法穿透的任何类似处所。为了避免不必要的伤亡,特此通知各位公民。"

我们认为,不管是中篇小说《不祥的蛋》里的红光,还是剧本《亚当和夏娃》中叶夫罗西莫夫教授生活中出现的光线,最初的动机完全有可能就是1918年和1919年之交的冬天基辅的这个传言。

医生的日记中记道:"**1月4日(1919年)**。已经美化和清理基辅两天了。执政内阁下令摘掉全城的俄文招牌。克列夏季克街看起来非常可怜的样子:那里的招牌用布糊住了,另一些

第一章 基辅岁月：家庭；中学和大学；战争；医学……革命

招牌上多余的字母刷上了颜料，还有一些招牌干脆给蹭脏了。这里的生活简直和……尤里耶夫一模一样。不分昼夜地胡乱射击，夜晚更甚。醉鬼一大堆。只是尤里耶夫没有有组织的匪帮，而这里每天半份报纸都在描述各种各样的攻击、杀害、暴行。所有人都相信，布尔什维克的统治就要来了。

1月20日。今天我应征入伍。从18号起开始动员医生入伍。不能说卫生局里秩序井然或者哪怕是秩序正常，但无论如何在执政内阁这里所有事情进展有力。几乎所有医生都申请'到委员会去'——没有人想去作战部队。"

不久后，布尔加科夫也被动员了——他可能像自己的短篇小说《我杀人了》中的医生亚什温一样，回到家里，正好看到"角落里讨厌的公文样式的公函……简言之，翻译成俄语就是：'请您自收到此件两小时之内到卫生局接受任命……'就是说，这样一来，这个让尸横街头的辉煌军队、首领彼得留拉、大屠杀和袖子上戴着红十字的我成了一伙儿……"

亲历者的日记中记道："**1月24日**。布尔什维克已经靠近了。他们占领了涅任。家人的消息一点也没有。

1月27日。似乎到了布尔什维克主义的前夜了。城里的人们不知所措。统治集团从早上起开始疏散，载着军队物资的大车每走一步都把所有的东西往什么地方运。共和主义者士兵各走各的，各有各的办法：坐汽车，成群结伙，还有的坐出租马车。卫生局昨天就撤离了，留下两名医生继续给应征入伍的医生分配任务……克列夏季克街上听到的都是：我要走了，有票，没有弄到票，等等。到处听到的都是旅途中的对话。唉，心情十分烦腻！以致每根神经都筋疲力尽，以致被各种各样轰动一时的政治消息搞得心里堵得慌，生活再次失去了任何意义。生活简直变得无关紧要。"

这种独特的情绪——丧失了感受生活意义的能力——不管是在1922年的短篇小说《医生奇遇记》（我们还会回到这篇短篇小说中来）中，还是在短篇小说《我杀人了》中，都能体会到。[布尔加科夫在后一篇短篇小说中勾勒这些天市民情绪的语调，与他不相识的（谁知道呢——也许他们匆匆见过！）同龄同行的日记的语调十分相似。]"从第聂伯河那边打过来了，有传言称，布尔什维克队伍庞大，应该承认，整座城市不仅是焦急地等待着他们，我甚至可以说——欣喜若狂地等待着他们。因为基辅的彼得留拉的军队在他们待的这最后一个月干的事，——不可思议。大屠杀一刻不停地在进行，每天都在杀什么人，比较喜欢犹太人，这可以理解。一征用什么，汽车满城飞驰，车上是戴红顶金边毛皮毡帽的人，远处的大炮最后这些天一刻也不停息。昼夜不分。所有人都感到不同程度的疲惫无力，所有人的目光都敏锐、慌张。在我窗户底下，正好在前夜，两具尸体在雪上躺了半天。……所以，到最后我也开始等待布尔什维克了。而他们也越来越近。"（《我杀人了》）

就在刊登《关于紫色光线的命令》的同一号报纸上，公布了执政内阁中央情报局的呼吁书《致基辅居民》："近日，城内流传一些令人不安的传言，如布尔什维克已靠近基辅，执政内阁和部分部门急于疏散……这些传言没有任何根据。基辅绝对没有受到任何直接威胁……"

第一章 基辅岁月：家庭；中学和大学；战争；医学……革命

2月2日周日早报的简讯《在政府圈子里》中写道："……所有民政机构将于近期撤离基辅……"

"**1月30日**。布尔什维克有所后撤。看来，已撤退的各部不日将重新开始工作。所有人只寄希望于协约国军队。如果他们不介入，交出基辅——只是时间问题。**2月3日**。所有已经回到基辅的各部，昨天清早起再次上了火车，前往温尼察。官方宣布，将于今夜或明早把基辅交给布尔什维克。到处还是像一星期以前那样不知所措，但总的来说不那么惊慌了。今夜，组织起来的匪帮想要把城市夺到自己手中。偶然滞留在基辅的第三黑海部队打消了他们的念头。城里各个角落爆发了大量的抢劫事件——不是抢单独的住户，而是抢整栋楼。'资产者'一词现在很少听到，简直是兄弟偷兄弟，百姓偷百姓。我不知道要怎么活了。钱几乎没了，食物又开始涨价了。倒不如让布尔什维克快点来占领基辅。也许那时倒能回家了。基辅没有德国人了。"

2月4日的《最新消息报》晨刊报道说："在斯洛博德卡布置了共和国军队的重要力量"。布尔加科夫当时也在这批力量中。总的来看，他正好是在这段日子里被动员入伍的。1月29日印发了《征兵》通告："……1899年以后出生且未满35岁……"

塔季扬娜·尼古拉耶夫娜说："他先是①被蓝衫军动员入伍。我出去了，回来看见搁着一张纸条：'来什么什么地方，带上什么什么东西，我被带走了。'我去了，——他骑着马去的。'我们要去桥那边，明天你去那里！'我去了，给他带了点

---

① 就是说，与最后一次动员入伍不同。

东西。后来在家听说,蓝衫军要走了。夜里一点,门铃响了。我和瓦里娅跑去开门:门口的人面色苍白……他是完全丧失了自制力跑来的,浑身颤抖着。他说他和所有人一起被带出城,到了桥那边,再往前是桩子还是柱子的……他落在后面,扑到一根桩子后边,没有被人发现……在这之后他就病了,起不了床。伊万·帕夫洛维奇·沃斯克列先斯基医生经常来。他发高烧。可能这是某种神经性的病。但他没有受伤,这很确定。"

若干年后,这件事一年之内两次反映在他的散文里。"**2号到3号夜里**……我昨天被动员入伍了。不对,是前天。我几个昼夜在结冰的桥上度过。夜里零下15度,刮着风。桥洞里整夜呼啸着风。对岸烧着火。

斯洛博德卡在这里。我们在中间。后来所有人都跑城里去了。我从来没有见过这么拥挤的场面。有骑兵。有步兵。有大炮,还有炊事车。炊事车上坐着护士。有人和我说,要把我带到加利西亚去。直到那时我才想到要跑。所有护窗板都关上了,所有的出口都被钉死了。我从一个有厚实的白色圆柱的教堂旁逃跑的。他们从我身后扫射。但是没有打中。我藏在一个院子的棚子底下,在那里坐了两个小时。月亮躲起来时,我出来了。沿着寂静的街巷跑回了家……"(《医生奇遇记》,1922年)

"在有圆柱的白色教堂旁,巴卡列伊尼科夫医生突然挣脱了黑色的带子,他感觉不到自己的心跳,拖着不能弯曲的双腿直直地朝教堂走去。靠近柱子。又靠近一些。"他跑着,有人朝他射击。当他跑回家时——家人惊恐地发现,他的头上长出

第一章 基辅岁月：家庭；中学和大学；战争；医学……革命

了一缕竖着的灰发。"巴卡列伊尼科夫还想要说点什么，但是没有说出话来，而是发生了意外。他大声抽泣。又抽泣了一下，把长出一缕竖着的灰发的脑袋埋到两只手里，像个女人似的嚎啕大哭起来。"(《白卫军》早期稿本，1922 年)

这些天受到的震动——主要可能是被迫出现在自己不能阻止的杀戮现场，对布尔加科夫构建艺术世界的重要支柱产生了很大的影响。

让我们再次回到亲历者的证明材料中来，想象我们的传主在多次出现在自己的创作中的 2 月 "2 号到 3 号的夜里" 以后，在家乡城市的街道上看到了什么。

韦尔纳茨基院士在自己写的、为我们展开了 1918—1919 年基辅社会生活全景的回忆录中写道："……不久后一切又都变了——执政内阁总共存在了几个星期——不到两个月……执政内阁对乌克兰科学院的章程作了一些改动，顺便说一说我们表示抗议的那一条：科学院可以使用除俄语以外的任何语言出版。使用俄语出版没有专门予以禁止，但是要有特殊的理由。

此后不久，执政内阁政府去了卡缅涅茨-波多利斯基，建议我们所有人随它一起过去。很多乌克兰人都去了。我们还是留了下来，决定在'政府'离开以后集中在一起。有传言说，苏维埃军队快到基辅了。

2 月 5 日清早，我出门散步的时候，基辅被什么军队占领了，看来是俄罗斯的军队，他们不回答他们是哪里的军队，但这不是彼得留拉的乌克兰人，也不是布尔什维克。不久后他们走了，一切好像都很平静。1919 年 2 月 5 日早上，我们在我当时住的房子里——位于舍甫琴柯（过去称比比科夫）林荫道的原第一中学的楼里举行了科学院全体会议。

与乌克兰社会革命党人党①有交情的 O. E. 克雷姆斯基，比我们所有人都了解事态。我们很清楚，什么决定着科学院的命运。我们得出一致结论，会后以科学院的名义派克雷姆斯基作为科学院的常任秘书去会见快到基辅的布尔什维克军队。我们了解到，领导是拉科夫斯基和马努伊尔斯基。克雷姆斯基一直都同新政权保持联系。布尔什维克军队进入基辅的仪式很隆重。科学院的章程没有发生大的改动。"

再看一看医生的日记："**2 月 5 日**。下午两点，布尔什维克进入基辅。但这不是常规部队，而是起义者。他们从斯洛博德卡方向经链桥进城。队伍前面是两名佩带红色绶带的骑兵。两人右手都握着上了膛的左轮手枪，左手握着手榴弹。后面是三名全副武装的骑兵。然后是装甲车，后面跟着军乐队。他们在国际歌伴奏下走上了克列夏季克街。观众们喊着'乌拉'，所有人都摘下帽子。观众都是无产者大众。他们挤满了克列夏季克街。所有'被侮辱和被损害的人'都抬起了头。大声议论着资产者。现在满城的乞丐也快活起来了。我看见一个乞丐靠近一个穿着朴素的夫人，当她静静地走远时，他朝她身后啐了一口，然后大声说：'呸，寄生虫！'附近也已经没有彼得留拉的军队了。电报里说，执政内阁滚到了斯坦尼斯拉沃夫。"

1919 年 2 月 6 日，《社会主义日报》的创刊号《基辅言论

---

① 既反对盖特曼也反对彼得留拉分子的左派社会革命党。

第一章　基辅岁月：家庭；中学和大学；战争；医学……革命

晨报》发行。简讯《迎接苏维埃军队》中十分详尽地记录了目击者看到的事情："昨天，苏维埃军队司令部派到基辅来的只是几支独立的小分队，只是为了侦察。

预计，大批苏维埃军队从今天早上起陆续进城……"

一切都按计划进行：11点，军队进入基辅；执委会主席安·谢·布勃诺夫（不久前他还是基辅的地下工作者，十年后，身为教育人民委员的他与布尔加科夫的命运有了交集）为集会致开幕词。就在同一号报纸上——还有对近期事态的描述："直到昨天早上，共和国的军队才全部离开了基辅。在苏维埃军队进入基辅之前，留下的只是从各自部队掉队的扎波罗热营地的哥萨克。在扎波罗热营地的哥萨克的保卫下，只有链桥比其他所有的桥挺立的时间长。"基辅卫戍部队的临时司令官（后来成为城市卫戍部队司令）尼·邵尔斯连续下达了头九条命令；其中一条命令宣布，城市进入特别戒严状态；晚上7点以前准许在城里走动。

我们接着来看基辅医生2月5日写的日记。他在描述新政权进入基辅时，还顺带评论了自己的私人生活："至于我的日常生活的资金来源，那是有所改善"。他的年长的同事们给他提供了"在城里实习的机会"。布尔加科夫医生这些天也通过这样的实习赚钱谋生。可以尝试用布尔加科夫的主人公四年后发表的日记《医生奇遇记》，作为阿·伊·叶尔莫连科写的日记的续篇——如果注意到的话，正如不止一次说过的那样，在布尔加科夫那里，从个人生平到艺术创作的路有时特别短。不管怎样，摆在我们面前的短篇小说里，有某种那些天发生在作者本人身上的事情的样子，而且经过若干年后这些事情被赋予了喜剧色彩。《意大利手风琴》这一章标的日期是："2月15日"："今天来了个骑兵团，占领了整个街区。晚上我的诊室来了一名第二骑兵连的骑兵（得了肺气肿），他排队的时候在候诊室拉起了意大利大手风琴。这名肺气肿患者拉得棒极了，但是病人们惶恐不安，根本无心倾听。我提前接诊了他。他很喜欢我的房子。想带一个排的骑兵搬到我这里来。问我有没有留声机……

2月17日。

今天夜里睡了——楼下的留声机坏了。

拿到一小张盖了18个印章的纸，证明我家不能挤住多人，贴在正门、书房门上和餐厅里。

2月21日。

多人挤住在我家里……

2月22日。

……动员入伍。"

阿·伊·叶尔莫连科的日记中写道：

"2月21日。再次动员入伍。今天我应征入伍。我可能会获得像临床研究所的助手那样的优待。……总之，我多想唾弃一切的一切，安安静静地在西罗瓦特卡河边的家里过自己的生活。但这也不可能了，因为那里……也在动员，总之，生活似乎没有什么意义了！这种没有意义让人感觉到可怕的疲惫。"

……1918年和1919年之交的冬天，安德烈斜坡的房子里过的生活过了三四年后经过在文学作品里的演绎才得以呈

第一章 基辅岁月：家庭；中学和大学；战争；医学……革命

现——起初是在我们没有弄明白的喜剧《自卫》（1920年）里，后来是在《白卫军》初稿的一章里，在这一章中，"科利卡作为管理住宅安保名单的居委会秘书，无法放弃2号伟大夜晚的玩乐，正好安排瓦西里萨和院里最散漫、最胖的女人——阿夫多季娅·谢苗诺夫娜娅——鞋匠的妻子搭档值班。因此栏里写着：'2号，8点到10点，阿夫多季娅和瓦西里萨'。总之，玩得很高兴。科利卡整晚都在教瓦西里萨使用奥地利卡宾枪。瓦西里萨坐在墙边的长椅上，萎靡不振，眼睛无神，而科利卡利索地从弹膛里甩出弹壳……"看来，当时参加住宅安保值日（"自卫"）的布尔加科夫的近邻有莫斯克维京家（在他们家之前不久是科马尔尼茨基将军），彼得·亚历山德罗维奇·格罗宾斯基及其家人（之前引用的薇拉·布尔加科娃的信里也提到的正是他们）。

到了布尔加科夫在基辅最后一年的早春。3月8日，和我们的传主同行的基辅医生在自己的日记中记道："5号庆祝了革命周年纪念日，我自己的事情糟透了……没有业务，也没有钱。而这里的生活费用却一天比一天高。50俄磅黑面包已经卖到4卢布，50俄磅白面包6卢布，等等。以后什么也没有。"

"**4月8日**。生活这才开始！主要是——挨饿。1俄磅黑面包12—13卢布。而且这种生活还看不到头。

4月11日。前天城里大乱。从库列尼奥夫卡方向来了喊着'打倒公社'和'打败犹太人'口号的起义农民。现在乌克兰多处（一周前共计50处）爆发起义，都喊着类似的口号。进攻者在库列尼奥夫卡制造了犹太人大屠杀，15人死亡。不久后苏维埃军队赶走了他们。现在沉静了，但是仍能感觉到空气中弥漫着危险。"尼·拉维奇在自己的回忆录（《青春时代》，1967 年莫斯科版）中是这样叙述这件事的："早在 4 月 10 日，彼得留拉分子就在基辅库列尼奥夫卡发动了起义。他们假装成朝圣者，衣服下面藏着武器，一小拨儿一小拨儿地潜入波多尔。最后聚集成 200 多人的匪帮，冲向红军队伍。突然的袭击，加之一些团里有立场不坚定的彼得留拉分子，可能导致城里出现骚乱，但是匪帮里的一部分人去屠杀犹太人，耽误了时机……"我们注意到，起义者经波多尔前往基辅，烧毁房子，互相对射——这样说来，一切都发生在离布尔加科夫家不远的地方；起义者打到了市中心，在被镇压之前袭击了市里的银行、电报局。

我们再回过头来看看医生的日记。"**4 月 29 日**。我前天接到了去省军事委员会卫生处的通知书。我去了，马上有人把前往莫斯科的正式命令递给我。这就是调令。"日记的作者非常不想"抛下一切去挨饿和遭受斑疹伤寒病。另外，要知道在莫斯科会派别的任务，肯定要上前线。上前线意味着什么，就是我的从莫斯科来的同学今天告诉我的那些。我不会轻易离开基辅，不战斗，就放弃自己的阵地。如果不能光明正大地活着，那就试着迂回行动"。下一则日记标的日期是 5 月 2 日："没办法——不得不去莫斯科。今天是战斗的一天。政委为我的事出了很大的力，许多事情多亏了我的上司。不过我还是得去莫斯科。坐救护列车去。出发日期定在 5 月 5 日。"日记到这里就结束了，放下它的作者创作的珍贵的历史文献，我们有理由认

第一章　基辅岁月：家庭；中学和大学；战争；医学……革命

为，布尔加科夫的同行和同龄人在日记里表达的对征兵和前往莫斯科的态度，和我们不清楚的，仍然属于猜测范畴的布尔加科夫自己对类似机会的态度是相似的。

征兵看来是成功逃脱了（可以想到，布尔加科夫和他的同行一样，用"迂回的方式"行动），但是在那一年里不得不忍受日益昂贵的生活负担、当时基辅的其他状况导致的生活潦倒的负担。

我们从基辅女大学生的日记中摘录几段文字来看看："**2月6日**。今天布尔什维克进城了。……谢天谢地，没有像去年那样发生战斗……哪怕来个鬼，江山坐得牢靠就好。布尔什维克就是布尔什维克。政权无休止地更迭会把人逼疯。我们的这个从1917年1月1日开始执政的政府是第几个政府了？沙皇当局、临时政府、拉达、布尔什维克、拉达、盖特曼、执政内阁，现在又是布尔什维克。大部分熟人都跑了。我反对逃跑。对不骚扰任何人也不参与政治、安静而又温顺的人能做什么呢……**2月7日**。新政权开始操心政事了。最好的房子划拨用于宿营。"人们传说着"利普基①的凄惨状况，通通都被赶出了别墅，什么都不许随身带走。私宅被用作营房和机关办公地。**2月12日**。……开始各种逮捕……。**2月16日**。两名红军战士搬到我们家住下了。他们是哈尔科夫省的农民。……住在我们女房东家的战士表现差劲：早上5点士兵们就弹琴、唱歌。……**3月10日**。私人藏书都被毁坏了。

---

① 城里的贵族区。

私人不许拥有任何收藏品……"

几年后，诗人尼古拉·乌沙科夫回忆道："1919年3月，基辅第一个诗人秘密团体'废物'成立……位于尼古拉耶夫街的地下室。……从地下室能看见街上走过的红军穿的靴子。……复活节周，奥·曼德尔施塔姆和留里克·伊夫涅夫来了。①泽列内准备拿下基辅。5月，'废物'倒闭了。"看来布尔加科夫没有参加公开的文学创作生活；这种环境对他而言首先在思想上就很陌生——这是在教学参考书图书馆一起撰稿的人：乌克兰工农政府出版新闻局位于克列夏季克街的'特别快车'电影院旁。该局每天张贴前线状况通报和被寄予厚望的欧洲革命运动的消息。这个局里有布尔加科夫两三年后在莫斯科文学圈里遇见的人：列夫·尼库林（他不久后就写出诗作《基辅1919年》："俄罗斯革命里有激动人心的非俄国风格：步兵，金色的尘埃，有弗里基亚语旗帜，也有装甲汽车——在老索菲亚广场上"）、米哈伊尔·科利佐夫、乌沙科夫和翻译瓦连京·斯捷尼奇（他的遗孀 Л. Д. 博利申佐娃告诉我们说，他当年和科利佐夫在"大陆"饭店住同屋）。关于当时的政府的成员，乌沙科夫写道："这些人坚如磐石，像点燃的信号灯！他们将世代受到尊敬，他们的故事将被大书特书。"

我们再回过头来看看基辅女大学生的日记。"**5月16日**。非常恐怖的一周。比1918年的扫射还可怕。……格里戈里耶夫来基辅了……逮捕了大批俄罗斯商人和俄国人民联盟成员。

---

① 1919年的复活节周在四月二十九号。

第一章 基辅岁月：家庭；中学和大学；战争；医学……革命

枪毙了几十人。"

6月，托洛茨基来到基辅，发表了威胁知识分子的讲话后走了，他称，听说乌克兰像小洋萝卜：内白外红……基辅女大学生记述这件事的时候指出（1919年6月28日）："城里又开始了一系列搜捕。"6月6日夜里，瓦·帕·利斯托夫尼奇被捕——作为人质。塔季扬娜·尼古拉耶夫娜回忆说：

"夏天时，有一段时间我们去了森林里……已经不记得是为了躲避什么人去的了。我们住在基辅-科韦利路的一个熟人那里，住在花园里、谷仓里。在院子里煮饭、生火。有两周左右……穿着衣服睡在马槽里。瓦里娅、科利亚和万尼亚好像和我们住在一起。他们后来步行返回了基辅。布恰的乡间别墅夏前已经烧掉了——好像是彼得留拉分子干的；在房子中间点起篝火，烧掉了……"

女大学生的日记写道："**7月25日**。……每个街角都有货摊或货亭，塞满了打包好的精美出版物。……看着这些书，我心里很难受。几乎所有的书上都有姓名的首字母，很多书还带有题词。……**8月10日**。邓尼金分子快来了，布尔什维克无疑在后撤。军事人民委员部位于普罗列兹街，每到晚上都能听到从里面往外搬什么东西。甚至白天该部旁也停着一些电车车厢，里面装满了各种麻袋。但是城里一切如故；不过不成体统的未来主义宣传画增多了。

广场和街心花园由于摆放了苏维埃活动家的半身雕像而变得很不美观。……街道的名字变得老住户们都压根找不着路，因为布尔什维克坚持使用自己的名称。

斯托雷平大街现在叫格尔舒尼大街。

马林斯基花园变成了坟场。1918年夏天，整个利普基的空气都被这个花园给污染了。现在部分墓地打理好了。……利普基荒无人烟。……谁也不愿意路过契卡。**8月24日**。近日开始出版新报——契卡的机关报《红剑》。该报每周日出版，显然是让俄罗斯苏维埃联邦社会主义共和国公民休息时消遣。

8月30日。晚7点。人们在逃离！……城里一片惨象。没有一点生气，全都给钉死了，只有士兵们满大街乱跑，朝天上开枪。……早晨很恐怖：报纸上登出昨夜枪决者名单。有熟人的姓名。"

曼德尔施塔姆和红军一起离开了城市——据诗人的妻子证明，对这正好是最后一天的印象，反映在他1937年创作的诗里：

> 穿过基辅，穿过这怪物的大街
> 一个妻子指望找到她的丈夫
> 上等人住的利普基散发出死亡的腐味
> 红军乘最后一辆电车径直冲出城外
> 一个穿着军大衣的士兵喊着：
> "我们当然还会回来！"

31日早上，彼得留拉的加利西亚部队和志愿兵进城，傍晚时分彼得留拉弃城而走。"**8月31日**。……两点钟后，开始出现游行队伍。一大群人沿着克列夏季克街朝杜马走去。……契

第一章　基辅岁月：家庭；中学和大学；战争；医学……革命

卡在利普基的所有房间都开着门。一群群的人将这些地方团团包围。女人们扒在围栏上，聚精会神地朝缝隙里看。"

撤退前夜瓦·帕·利斯托夫尼奇被枪决了。根据家族传说所言，他三次被带到墙边。"不知为何在离卢基扬诺夫监狱很远的地方——在佩切尔斯克花园街砖砌的马厩里被枪决。基辅人去过那里，看到了墙上的鲜血和脑浆。但是瓦西里·帕夫洛维奇还被留做活口时，当作人质同一群被捕者一起最后一次经基辅的街道从卢基扬诺夫监狱被送到第聂伯河，被送上船，运往北方。跟着从监狱到第聂伯河被捕者队伍一起送走的还有利斯托夫尼奇的女儿，她哭了一路。"她的父亲在监狱里头发变得灰白，满脸长长的灰白胡子。夜里他尝试从船上逃走，"他从船的一侧的厕所窗户爬了出去，工程师尼温则从船的另一侧的厕所窗户爬了出去。朝他们开枪了……基辅已经来了志愿兵。尼温去找亚德维加·维克托罗夫娜，告诉她逃跑的事，以及利斯托夫尼奇三次被拉去枪决的事。在卢基扬诺夫监狱的一间牢房里，因纳·瓦西里耶夫娜找到了墙上刻的字：'1919年8月30日夜，土木建筑工程师瓦·帕·利斯托夫尼奇未经指控、审判和调查就被枪决。'这是他留在土地上的最后的痕迹。"看来他是在水下被射杀的。

8月21日（9月4日），星期三，瓦·维·舒利金的报纸《基辅人》复刊。一年前，也就是1918年12月14日，在基辅郊外的战斗中，他失去了19岁的儿子，他儿子也是第一中学的毕业生，在圣乔治骑士联盟成立的所谓的功勋义勇队里打过仗。义勇队拒绝撤退："我们没有接到命令，"据《基辅人》

纪念该事件周年时报道,"25名青年全部牺牲。"这个事实布尔加科夫和他的弟弟们无疑都知道。现在瓦·维·舒利金的报纸头版上印着安·伊·邓尼金的半身像和编者的以《他们回来了》为题的文章。

接着,《基辅人》的编者用最直接的表述提及自己报纸的定位。在我们看来,报纸的定位在一定程度上可能同布尔加科夫当时的思想趋向接近——这种思想趋向根据许多间接资料和一些直接资料在很大程度上可以还原。这并不意味着,我们想要或者可以证明布尔加科夫同《基辅人》编者的所有思想言论和思想色彩一致。首先,可以有根有据地推测,不断成熟的处世之道使布尔加科夫在那一年越来越远离激烈的政治活动——越来越理解当时俄国发生的各种事件的动因。还有更有力的证据,这个以后再谈。无论如何,我们认为,他带着某种温暖的怀乡之情打开从儿时起就熟悉的、有声誉的、有优良传统的报纸——尽管它不如谎话连篇、没有任何固定栏目的《最新消息报》(我们还会提到《白卫军》里带有讽刺意味地套用的报纸名称——《自由消息报》)。总之,舒利金写道:"半个世纪以前,翻开《基辅人》,维塔利·雅科夫列维奇·舒利金对它如此寄语:'这片土地是俄国的,俄国的,俄国的。'今天,在压在我们头顶的暴风骤雨过去之后,在《基辅人》在老家复刊之际,我想重复一遍父亲说过的话:

'是的,这片土地是俄国的……我们不会把它拱手相让——既不会让给掩盖自己丑行的乌克兰叛徒,也不会让给沾满鲜血的犹太刽子手。'"在那些年的政治局势下,布尔加科夫

第一章　基辅岁月：家庭；中学和大学；战争；医学……革命

对中央拉达的活动的看法同舒利金差不多。他后来在《白卫军》里带有讽刺意味地提到"作家温尼琴科"。

舒利金说"犹太刽子手"这样的话，是以自己不止一次刊登的基辅契卡民族成分统计结果为根据的，他从不评价同种族的人——在这类机构以及其他机构的同种族的人——的行为。我们认为，布尔加科夫对当时的这种选择观点的做法已经很不认同了：在他尖刻的思索中，"庄稼汉——陀思妥耶夫斯基式的神的载体"（《白卫军》）比异教徒和异族人分量更重。如果他认同当时业已形成（并持续至今）的观点。

《基辅人》的编者接着用合时宜的华丽辞藻写道："在通往统一的俄国殿堂的宏伟台阶中，基辅是倒数第二个台阶。在它的上面，也就是在最后一个台阶上——是诱人的、苦苦祈求的、位于顶端的莫斯科。

俄国城市之母，我们的祖辈的神圣土地，历尽艰辛的祖国——请接受我们作为子女的问候。"

该报在《受难者的记忆》一文中向读者保证："目前，志愿兵军队与布尔什维克的斗争结局已定……"作者以及当时的许多报纸读者对不远的将来的设想是，"当全俄大牧首也在莫斯科红场迎接俄国的拯救者时……多么愉快，多么欣喜和感动。"

9月13日，《基辅之声报》（华西列夫斯基–涅布克瓦没有丧失斗志，在新政权统治下继续出版报纸）报道说："军官、官员和医生在基辅卫戍司令部（弗拉基米尔大街45号）登记的工作继续进行……每天登记上千人……"《基辅人》从第1

期开始就刊登过去几个月被枪决者的名单。

9月18日,《联合报》报道说,前一天杜马大楼楼顶插上了城市守卫者米哈伊尔天使像(收入基辅市徽)。报纸天天报道对留在城里、有什么人指认的苏维埃各机关人士的庭审情况。3. 伊格纳托维奇医生写道:"大多数临时政府,一来基辅就干趁火打劫、投机倒把和抢夺民众财物的勾当。邓尼金分子干了一桩又一桩的大洗劫。"市里的第一所医院靠近"比萨拉比亚广场,那里住着许多犹太居民。每天夜里都能听到激烈的叫喊声、哭声,打击什么金属物品、桶、盆的声音——简直就是真正的巫婆狂欢晚会!每天早上,整个比萨拉比亚广场到处都是各种羽毛、破碎的餐具和骇人听闻的强取豪夺的其他特征。"[1]

没有准确的材料证实布尔加科夫何时离开基辅。从马伊-马耶夫斯基将军进城头几天起,城里的各种组织就参与帮助志愿军。9月17日,《联合报》报道说,全俄城市联盟基辅局决定,成立布列多夫将军救护队,卫生救护小组"援助祖国和前线后备队"在基辅各区及其郊区各地组织收集器械和药剂,为期三天,供志愿兵军队之需。在一篇报道《关于召集"为俄国志愿军服务的组织和机构的代表"》中,一个后来在长篇小说《白卫军》中被使用的姓名引人注目:"'社会力量后备队'代表В. Г. 塔尔贝格以及其他组织的其他代表指出,必须把所有组织都聚集在援助俄国志愿军委员会的旗帜下。"[1919年9月7日(20日)《联合报》]

同一期报纸写道:"昨日全城庆祝米哈伊尔天使显灵节,

---

[1] 苏联国防部军事医学博物馆馆藏部,馆藏编号73662/7。

第一章 基辅岁月:家庭;中学和大学;战争;医学……革命

恰逢今年杜马大楼上面重新摆放了天使形象,人们在市杜马大厅里做祷告。""党的生活"专栏报道说:"9月5日,人民自由党城市委员会举行布尔什维克离开后的第一次会议。"10月8日,1918年夏天组建后来的志愿军核心队伍直至去世前一直都担任其最高领导的米·瓦·阿列克谢耶夫将军在叶卡捷琳诺达尔去世;这则消息使局势激化,特别是激发可能参加战斗的青年人的斗志。

10月8日,各个报纸公布了1899年和1900年出生者进行登记的最后日期……布尔加科夫那些天还在不在基辅,不得而知。几天后《基辅人》报道说,10月13日"敌人凭借强大优势突破我方部署并向基辅急速推进。10月1日①夜,敌人大部力量抵达斯维亚托申并发起进攻。……正午之前,城里开始紧急疏散。疏散人数达5万人。逃难者中有妇女和儿童,没有带任何财产。偶见犹太人,"报纸尽量认真负责地指出,"傍晚博古斯基和塔拉先斯基的部队占领了犹太人巴扎所在的地区和比比科夫林荫道的部分地方。"志愿军在市中心进行抵抗,然后向佩切尔斯克撤退。一天一夜后,他们发起反攻。"在去往波多尔的斜坡上,枪声噼啪作响",是扫射的机关枪和投掷的手榴弹。"……战斗持续了整整一夜,然后又持续了一整天,当时炮兵射击达到顶点。……最后,10月4日早晨,伤亡惨重的布尔什维克全部撤到市郊,从那里继续反击。10月5日拂晓,我军消灭了最后一批……向正午前已被我军占领的斯维亚托申

---

① 报纸按旧历出版。

推进的红军队伍。"10月9日（22日），星期三，《基辅人》报道说："今天举行为基辅牺牲者葬礼"；该报报道了"后备军士官生"杜西·扎别洛、科季克·比曼"牺牲的事迹"。关于16岁的中学生科季克·比曼，该报两天前就报道过（我们注意到，《基辅人》第3期刊登的枪杀者名单上就有叶甫盖尼·比曼中尉，——可能是他的哥哥）："他像基辅的许多中学生那样，志愿兵来到基辅，他就脱下中学生制服，换上咔叽军装……离开曾经的校园，加入老胸甲骑兵团"；他加入联合骑兵连，在阿斯科尔多夫墓地度过一夜后，在第一场战役中就献身；科季克说的最后一句话也经常被引用："我为统一的、不可分割的俄国而死。"……

这一切——都是布尔加科夫的弟弟们那个秋天生活并且随时可能牺牲的氛围的特征。三年后，他们的这种年少时充满激情的紧张状态通过短篇小说《红色王冠》反复出现的对白传达出来——"兄弟，我不能离开骑兵连。"

10月，各个报纸刊登了"军队总指挥和司令"德拉戈米罗夫少将1919年10月14日（27日）下达的第35号令，号召参军，"补充作战部队"。在这道命令中，让我们感兴趣的应当主要是第三条："……3. 医生和兽医军阶：

（1）编外军医干部、后备医生、民兵和免兵役者，以及50岁（含）以下无证医生……"但是布尔加科夫可能早就被征召了。

塔季扬娜·尼古拉耶夫娜回忆说："他收到了征兵证，好像还有制服——弗伦奇式军上衣、军大衣。派他去弗拉季高加

第一章 基辅岁月:家庭;中学和大学;战争;医学……革命

索战地医院……我记得,他要走时,新开了一家咖啡馆,很时髦,我很想去那里。于是请一个朋友带我去那里,朋友笑着说:"'真是个轻率的女人!丈夫要去前线,她却只想着去咖啡馆!'

而我还没明白,去不去前线有什么区别:那时确实很傻!……

他当时在基辅已经梦想发表文章了。他压根没有想过去什么地方当志愿兵。

……就是派到弗拉季高加索去,而且不是乘坐卫生列车去,不是……为什么我这么想,是因为他在罗斯托夫停留了。他去打台球——就是说,是完全自主的人。他在那里打台球输得很惨,甚至还当了我的金手镯。这个手镯是妈妈在我上中学时送给我的。米哈伊尔去打台球时总是跟我要它'求好运'。这回讨来拿着上路,就给当了。他在罗斯托夫碰巧遇见了表弟康斯坦丁(他和军队没什么关系,一直是工程师),就说:'给你回执,给塔辛娜把手镯赎回来!'然后就去了弗拉季高加索!"

在罗斯托夫他当然读了当地的报纸,特别关注了自己离开——他是否猜到是永别?——的家乡城市的局势通报。

在其中一份报纸上,他可能读到了如下内容:"过去的一周,伊尔片河上发生了数次激烈交战。彼得留拉放跑的红军试图向北突破,经基辅去往切尔尼戈夫。由于撞上坚定而顽强的普罗姆托夫将军的部队,他们的尝试毫无希望地破产了。向基辅突破失利,迫使红军开始向西北方向的拉多梅斯利撤退。普罗姆托夫将军的部队立刻转为进攻,目前步步紧逼逃跑的红军。……波兰军队持续从西侧逼近,越发加快局势发展……"[1919年9月30日(10月13日)《向莫斯科进军!》]

他是否相信,无论谁从西侧逼近,都会"越发加快"他的土地上的和平与幸福的到来?他看到的可能是越来越陷入困境的处境,包括自己的处境,也包括留在基辅的弟弟们的处境。

"我在基辅没有过多久他不在身边的生活,不到一个月……我收到了他从弗拉季高加索发来的电报,紧随着电报又寄来一封信说:'我在罗斯托夫停留,打台球了。'我就去了。有人警告说:'如果叶卡捷琳诺斯拉夫有马赫诺分子,就会破坏火车。'我当然很害怕……"

不得而知的是,他的弟弟科利亚和万尼亚(当时一个21岁,另一个19岁)是在他在的时候还是他不在的时候加入志愿军的。万尼亚·布尔加科夫同其他士官生、后备军士官生一起在机关枪旁拍的照片显示当时还没有到深秋(草还绿茵茵的,树上还有树叶,士官生们——有的穿着军大衣,有的穿着中学生制服)。尼古拉的妻子克谢尼娅·亚历山德罗芙娜·布尔加科娃19世纪60年代末写的回忆录保存了下来,里面讲到,尼古拉"按白军的命令随学校一起去南方时,病得很重,他坐的火车开往基辅,还坐着其他病人……火车停在基辅托瓦尔诺耶。妈妈什么也不知道,但是她凭着做母亲的某种直觉突然不知不觉地来到了基辅托瓦尔诺耶,尼古拉在车厢里睁开眼睛时,看到母亲站在自己面前。这让他很高兴,妈妈也很高兴。这是他最后一次见到母亲。此后火车向南驶去。他康复

第一章 基辅岁月：家庭；中学和大学；战争；医学……革命

后，已经到了克里米亚，他在那里负了重伤，差点没能活下来，然后学校于 1920 年被后撤到'里奥'。"

不难想象，在几个月里弄清楚两个小儿子加入并从此杳无音信的军队最终要溃败后，母亲对他们所遭受的命运无疑一次又一次感到痛苦和懊悔。母亲和重病儿子最后一次见面的情况，布尔加科夫当然要么在当时要么稍后就知道了，可能也知道弟弟受重伤的消息。这些事情以及我们所不知的弟弟万尼亚类似的命运波折，是 1922 年写作短篇小说《红色王冠》的原因，其中的一个场景，无论如何都好像带有传记情节。

"老母亲对我说：

'我活不了多久了。我觉得太疯狂。你年龄大，我也知道你爱他。让科利亚回来。让他回来。你年龄大。'

我默不作声。

她当时把满腔的渴望和所有的痛楚都倾注到自己的话语里。

'找到他。你假装必须这么做。我了解你，你很聪明，早就明白这一切太疯狂。把他带回来。'

我没有再坚持，躲闪着眼神说：

'好。'"

接着讲弟弟如何加入让自己身负致命伤的战斗。（我们注意到，短篇小说中有两处准确的说明，表明弟弟万尼亚就是这个人物的原型——"他 19 岁"和"我比他大十岁"。）

他们在弗拉季高加索没有住多久——布尔加科夫就被派往格罗兹尼。"我和他一起去了，"塔季扬娜·尼古拉耶夫娜回忆说,"跟他去过两三次格罗兹尼郊外的救护队。我们坐着双马拉的轻便敞篷车,穿过高高的玉米地到了救护队。马车夫、我和布尔加科夫的膝上都搁着步枪——让我们随身带上,步枪应当时刻上膛。那里有个女医生,是这支救护队的队长,她后来说:'绝对不许带妻子来!'他就一个人去。早上坐车去,夜里坐车回。有一次他陷入包围,但是不知怎么突围了,还是回来过夜了……"

(我们现在重读短篇小说《医生奇遇记》的一些情节:"车臣人像鬼一样同'白鬼'作战。小河一侧的岸上躺着肿大的死马,两轮车上飘扬着红十字旗。血迹斑斑的哥萨克骑兵们被拖到我这里来,他们就在我的怀里死去";"我常说戈连德留克医生是个聪明人。今天夜里他下落不明。尽管他没有留下消息,但是我猜,他在去自己心心念念的地方的路上,那就是:在去铁路的路上,铁路尽头有个小城。小城里住着他的家眷。"这些情节无疑可以作为对军医布尔加科夫当时精神状态的刻画。)

"然后我们住在别斯兰,没有到弗拉季高加索。我们一直住在火车上,住在取暖货车或包厢里。那里没有熟人。总的来说,那里除了西瓜什么都没有。我们整天都在啃西瓜……然后回到弗拉季高加索,回到派他出去的那个战地医院。我们一开始住在一些亚美尼亚人那里,占了一间屋子;米哈伊尔有个勤务兵。我们和哥萨克首领(常去他那里参加晚会)、加夫里洛维将军关系不错。总之,城里的生活相当热闹,走到街上能听到咖啡馆里传出来的音乐……后来将军和部队一起走了。传言称,红军发起进攻,医院解散了,还是在白军控制时,将军夫

第一章　基辅岁月：家庭；中学和大学；战争；医学……革命

人拉里莎·德米特里耶夫娜请我们去她那里住，住进一个空房间里。好像是他们自己跟首领租的房子。她有儿子——还是小男孩，女仆——芬兰女人艾娜。可能是在他们那里迎接的1920年新年……"

1919年和1920年秋冬之交，他除了从医之外还忙什么呢？

塔季扬娜·尼古拉耶夫娜回忆说："我到弗拉季高加索时，他对我说：'我发表作品了。'我说：'恭喜你，你一直想做这个事啊。'"

"我发表作品了"这句话表明，布尔加科夫开始发表作品；塔季扬娜·尼古拉耶夫娜的证明材料的价值就在于此。我们会看到，其他材料会证实，她的记忆的准确性。

在随后的岁月里，布尔加科夫小心翼翼地把自己发表作品的这一最初时刻加以保密，掩饰起来。我们想强调的是——他并没有尝试完全隐瞒这件事，就是将其加以保密：对他而言，保留自己发表处女作的痕迹，留下暗语很重要。

这就是1919年11月26日以俄文姓名首字母"М. Б."的名义发表的报纸小品文《将来的前景》[①]。

作家本人给我们留下的明证——布尔加科夫在莫斯科时就开始制作的剪报集，开篇是一片剪下的报纸，上面有一截标题——[格]罗兹[尼]和日期，尤其有助于考证和确定这篇文章是不是属于他。除了自己的处女作，布尔加科夫还能拿什么来开启这本剪报集呢？1971—1972年整理这部分档案时，我作出这

---

① 载于1919年11月13日（26日）《格罗兹尼报》第47号。

样的推测，该剪报集的作者从那时起就不断催促研究者和爱好者在学术咨询和公开演讲中寻找邓尼金执政时期出版的这一期《格罗兹尼报》。

我们再以帕·谢·波波夫的证明材料为例。他1940年在未能出版的布尔加科夫文集的前言中写道："他在文学创作方面的初次尝试是在1919年11月19日。"对此，既可以初步认为，是对日期的误读（要么是波波夫记下的是布尔加科夫的口误），也可以初步认为，还存在一篇尚未找到的布尔加科夫的作品——在写《将来的前景》之前几天写的。对于我们的问题——布尔加科夫1919年11月把作品发表在哪里——叶莲娜·谢尔盖耶夫娜1969年秋带着当时的形势下特有的支吾搪塞回答说：一切可能不利于布尔加科夫的出版物的东西，都被她排除在他的生平经历之外了。

最近两年，这份报纸的样本[①]找到了。布尔加科夫发表作品的那号报纸印在一张纸上。作者留在自己的剪报集里的剪报不仅指明了发表作品的地点和时间——粘在剪报集单页背面的报纸片段还保留了所发表的文章的部分内容以及（连同报刊名称首字母一起）剪下来的、在背面的作者俄文姓名首字母……生活的正面部分从某一刻起成了旁人眼睛看不到的反面部分、看不到的部分。

文章对作者过去两年半的经历作了总结，渲染悲观的期望之情。文章用绝望的语调勾勒了"将来的前景"。文中主要有

---

① 指1919年11月13日（26日）的《格罗兹尼报》第47号。

第一章　基辅岁月：家庭；中学和大学；战争；医学……革命

两个关键词，作者借助这两个关键词描绘了不久前的过往、现实和未来——这两个关键词是"疯狂"和"偿还"。就像现在可以看到的那样，后来在布尔加科夫的作品中与个人罪过这一主题紧密交织在一起的罪过和偿还、全民族罪过的主题就起源于他发表的第一个作品。三年后发表的短篇小说《红色王冠》基本上保留了这两个主题，尽管这些主题后来也被改变——既受这些年经历的影响，也有发表作品的新情况的考虑（"你很聪明，早就明白这一切——太疯狂。""是的，这就是黄昏。重要的偿还时刻。"）。

这篇文章所表达的情绪并不是个人的特点。布尔加科夫可能在此之前两周左右打开顿河畔罗斯托夫出版的周报《向莫斯科进军！俄国民族思想机关报》，读了该报编辑、出版者 H. 伊斯梅洛夫写的《黑色的周年纪念日》一文，并在其中找到了与自己当时想法的某种共鸣；在文章的头几行就可以看到类似的用语："疯狂和背叛，为我们可怜的祖国办血腥的丧宴，已有两年……

在兄弟相残的战争中，俄国人血流成河，已有两年。

按照撒旦的计划①，被本国好幻想的愚蠢的知识分子欺骗，最主要是被本国的'光荣与骄傲'——立宪民主党欺骗的俄国人民被饥饿、寒冷、瘟疫、刑讯和枪杀消灭，已有两年。"文章作者确信："谁要是认为，布尔什维克是侵袭俄国并将其撕裂的各种苦难的起因，谁要是认为，布尔什维主义是'伟大革命'的必然后果，谁就目光短浅、不学无术……这种病出现在

---

① 这种思路我们在布尔加科夫那里没有找到。

以反对最高权力为己任的所谓的'前进集团'形成时期……他们——所有这些米留可夫、古奇科夫、马克拉科夫、克伦斯基们……怎么敢同名为革命的悲剧夫人搞'私通'？她用阿尔曼佐尔那患有鼠疫的吻不是吻了他们，不是吻了唐璜们，而是吻了俄国……仇恨、暴力和堕落随着他们的脚步进入我们的世界……"看来布尔加科夫也怪罪他说的导致"三月疯狂"的人，但是他显然不认为他们像伊兹梅洛夫那样，是"犹太人共济会的马前卒"。这是重要的细微差别。①

该报报道说，第聂伯河右岸乌克兰地区的前线取得胜利，彼得留拉的加利西亚部队准备投靠志愿军，并断定"在我们向莫斯科进军的主作战方向上，会同逼近的红军主力发生艰难的血战。"这在有阅历的人看来已经足够黯淡了。

鉴于布尔加科夫的这篇文章具有非同一般的自传意义，我们对其进行全文引用。

"现在，当我们不幸的祖国被'伟大的社会革命'赶到耻辱和灾难谷底的时候，我们中的很多人的脑海中越来越经常地出现同一种想法。

这种想法挥之不去。

这种想法——模糊不清、黯淡，占据着意识，有权要求答案。

---

① 特别要说的是，全文保存于中央国家档案馆科学图书馆。图书馆工作人员看了杂志上刊登的《米哈伊尔·布尔加科夫传》中我们对作家初次发表作品的推测后（1987年《莫斯科》第7期），客气地告知我说，他们的馆藏中有这份报纸；借此良机，在此向 A. B. 谢久欣、O. A. 格里申娜娅、Л. Д. 谢苗诺娃雅表示感谢。

第一章　基辅岁月：家庭；中学和大学；战争；医学……革命

这种想法很简单：我们以后会怎样。

出现这种想法很自然。

我们分析了我们不久前的过往。嗯，我们认真研究了最近两年的几乎每一个时刻。很多人不仅研究，而且还诅咒。

现实就在我们的眼前。它让我们想闭上眼睛。

不看！

就剩未来了。神秘的、无人知道的未来。

说真的：我们到底会怎样？……

前不久我翻阅了几份英文画报。

我像着了迷一般，久久地盯着拍得美轮美奂的图片。

然后思考了很久、很久……

是的，图片很有说服力！

一个个大型工厂里的一台台大型机器日复一日疯狂吞没煤炭，轰鸣作响，机声隆隆，浇铸熔化的金属流，锻造、修补建造……

它们锻造着和平的强盛，取代了前不久还种下死亡的种子和搞破坏，锻造了胜利的强盛的机器。

在西方，伟大人民的伟大战争结束了。现在，他们正舔舐着自己的伤口。

他们当然会康复，很快就会康复！

所有头脑最终变得清醒的人，所有不相信我们的恶疾会向西方蔓延并伤害它这种鬼话的人，都很清楚，是伟大的和平事业的强势崛起把西方国家推到前所未有的和平强盛高度。

我们呢？

我们落后了……

我们严重落后，恐怕没有一个当代预言家会说我们到底何时能赶上他们和到底能不能赶上。

因为我们遭受惩罚。

我们现在正不可思议地创造。我们面临艰巨的任务——打仗，夺回我们自己的土地。

报应开始了。

志愿军英雄……一寸一寸地夺回俄国的土地。

所有人，所有人——既指无畏地履行自己义务的他们，也指现在流浪在南部后方城市节衣缩食、悲惨地误以为，挽救国家大业没有他们也能成功的那些人，所有人都热切期待国家解放。

国家会被解放。

因为不存在没有英雄的国家，认为祖国会灭亡，那是犯罪。

但是不得不打很多仗，流很多血，因为只要……手持武器的狂徒在追随，就不会有正常的生活，只会殊死斗争。

要打仗。

在西方那边的建设机器隆隆作响时，我们国家到处机枪声四起。

最近两年的疯狂把我们推上了可怕的道路，我们没有停歇，没有喘息。我们开始饮下惩罚的苦酒，并把它一饮而尽。

西方那边会亮起数不胜数的电灯，飞行员会划破被征服的太空，那里的人们会建设、研究、发表作品、学习……

第一章　基辅岁月：家庭；中学和大学；战争；医学……革命

而我们……我们要打仗。

因为没有任何力量能够改变这一现实。

我们要夺回自己的各个首府。

我们会夺回它们。

英国人记得我们曾经如何血染沙场，去打德国，把它从巴黎打走，还借给我们军大衣和皮靴，让我们尽快赶到莫斯科。

我们会赶到的。

混蛋和狂徒会被逐、清除、消灭。

战争会结束。

那时，血迹斑斑、惨遭破坏的国家将开始站起来……慢慢地、艰难地站起来。

唉，那些抱怨'疲惫'的人要失望了。因为他们不得不更加'疲惫'……

要用难以置信的劳动、赤贫的生活为过往还债。既是转义上的还债，也是本义上的还债。为3月的疯狂，为10月的疯狂，为我行我素的叛徒，为道德败坏的工人，为布列斯特，为疯狂使用机床印制纸币还债……为一切还债！

我们会还清的。

只是到了很晚的时候，我们才重新开始建设什么，以便成为享有充分权利的国家，让我们再次进入凡尔赛宫。

谁会看到这样的光明日子呢？

我们？

哦，不！可能是我们的孩子，也可能是我们的孙子，因为历史跨距很宽广，几十年它可以轻而易举地'解读'为某些年。

而我们，不幸的一代的代表，临死还背负着可怜破产者的称号，不得不对我们的孩子们说：

偿还，诚实地偿还，永远记住社会革命！"最后一句是最近几年的思考的结果。

五年后，也就是在 1924 年 10 月，布尔加科夫在用于发表的简短自传中有意模糊处理了一些细节，保留对他自己很重要的某些真实特点，描述了自己开启发表作品生涯的时刻："1919 年的某天夜里，深秋时节坐在摇摇晃晃的火车里，在插入装过煤油的瓶子里的蜡烛的光照下，我写了第一篇短文。在火车把我拉到的城市里，把短文送到报纸编辑部。它在那里发表了。"城市，报纸名称，短文内容，完全一抹黑。很有可能指的就是《将来的前景》这篇文章；短文的风格在 1924 年看起来更不会得罪人——何况是在提到它于 **1919 年**发表的情况下。

就在布尔加科夫的这篇文章出现在北高加索出版的报纸上那一天，《基辅人》刊载了一篇没有署名的文章《狭窄而柔弱的肩膀》，文中已经流露出日益逼近的绝望和残酷无情。"是的，我们需要大棒，"作者写道，并证实说，随着立宪民主党人上台，就连其他党派也承认必须有强硬的政权。"实现这一点时，就不需要任何人为'联合'的政治和社会团体了，因为会出现历史造就的联合起来的俄国唯一一个政党。"第二天，也就是 11 月 14（27）日，报纸编辑自己在《两支军队》一文中写道，靠抢劫起家的军队'不长久'（几年后，他在《1920

第一章　基辅岁月：家庭；中学和大学；战争；医学……革命

年》一书中详细描述了自己对白军在这个月里精神死亡的认识）："最差的军人转投布尔什维克，中等的军人各自回家，最好的军人战死疆场。"这种致命的语气在布尔加科夫的文章中也能听到；但是在布尔加科夫的文章里，预感的不是快要完蛋，而是预感要步入漫长的死亡之路；实际上，布尔加科夫的文章里也出现了对后来的**逃亡**主题的预感"我们没有停歇，没有喘息……把它一饮而尽。"（……"安息吧，结束逃亡的人"）

布尔加科夫作为自然科学工作者、医生，倾心于积极的、创造性行动的学识渊博之人，极其典型的个性是，他浏览表现西方文明热火朝天的工业化生活、科学生活以及其他生活的图片时的那种痛苦——欧洲已经治愈了世界大战带来的创伤，而在他的祖国，还看不到毁灭性战争的尽头——面临的不是建设和学习，而是不断地打仗……《将来的前景》的作者相信新生活会到来——只是在不可确定的将来到来。

布尔加科夫的小品文刊登在《格罗兹尼报》上两天后，紧接着战前已经闻名的批评家谢尔盖·克列切托夫的文章《纪念荣誉军人》（文中也表现出与布尔加科夫相近的主题——"疯狂的恶魔仍然盘旋在俄国土地的上空"），刊登了 П. 戈洛多林斯基的文章《在社会革命的废墟上（对米·布·的文章的回应）》。这样的回应特别有意思，有助于弄清楚布尔加科夫的政治观点的形成和发表文章时的意识形态背景。

"读米·布·的《将来的前景》一文，感到羞愧和痛楚。仿佛不是俄国人写的似的。他的文字里表露出黯淡的悲观主义和某种令人怜悯的屈辱。

所幸在前线这么有思想的人不多。作者所说的一切，我的战友们在阵地上停火时都已思考并反复思考过。一个鲜明的观点使耐心等待（承受？）苦难和剥夺的我们恍然大悟。

……

结局很快就会出其不意地到来。人民的愤怒会袭向把他们推进世界大屠杀的人。不是夺回莫斯科，也不是一系列胜仗，仅仅是道德品质优势就让志愿军占上风。

回顾一下闪电般席卷俄国的流行病。第一场流行病是突然爆发的变革……

第二场流行病是难以遏制的士兵'要回家'的呼声和临阵脱逃。第三场流行病，即正在停息的流行病是，'打倒资产者、军官和知识分子'的口号。

或许也会闪电般地到来第四场流行病——'我们要和平！给我们强硬的合法的政权'。这一最后时刻就像还没有选定爆发处的脓疮一样，已经成熟了。我们听到周围喊道：'和平快点来吧，从前过得多好。'

作者对协约国转向和平状态感到高兴，欢呼道：'它们锻造着和平的强盛'，但是他们只是重回旧文明，要转向我们要达到的文明，他们也不得不像我们国家得病那样得很多病。新文明不可能是旧文明的延续。它们之间存在着巨大的差别，就像古罗马文明和取代它并在我们的时代达到极其强盛状态的野蛮人文明之间存在巨大的差别一样。就此而论，我们没有落后，而是已经超越其他国家。

第一章 基辅岁月：家庭；中学和大学；战争；医学……革命

我们得过重病，保证以后不让它复发。

作者看不到国家过穷苦生活的尽头。但是他忘了，公平地讲，我们对谁什么都不亏欠。我们跟同盟国的主要国家作战，流的血比我们的任何一个协约国伙伴都多。战争给我们带来了革命的一切惨状，而对所遭受的一切灾难的奖赏我们却还没有得到。我们偿还的时刻还没有到来。

要说赔还，那也是我们自己应当提交付款账单，来补偿在欧洲战场上失去的（几）百万条生命。

我们谁也不亏欠，这一点协约国应该很清楚，很难指望他们要求偿还篡权俄国国家政权者开的所有那些空头支票。

建设已经开始了。在人民狂热的嘈杂声还在的情况下，在有条不紊地进行。难道我们这些斯拉夫国家没有因为这场战争，特别是因为革命变得更亲密吗？

我们很受震动，应当意识到，这种震动唤醒了本已沉睡的人民。我们会在社会革命冒烟的废墟上建设新的文明，取代在很大程度上是跟外来者借来的旧文明。当我们开展生机勃勃的工作、全体人民追求进步的时候——俄国过上好光景的时候就要到了。"

回应的作者——可能是后来众多布尔加科夫批评者中的第一位——受到《将来的前景》黯淡色调的触动。他在预言长久"殊死斗争"的悲痛声音里听到了不爱国的、"不是俄国人"的音调（与自己相信战争结局"很快就会出其不意地"到来相比）。救世论特点，强调斯拉夫国家不同于西方协约国的共性，相信欧洲的旧文明被"新的""野蛮人的文明"取代的必然性和好处，——批评者文章中表露的、上个世纪就有并且在战争年代得到强化的这一系列观点，布尔加科夫很不认同——这就是他的路子的独特性。正如对比这两篇文章所表明的那样，对于批评者相信与保守意向巧妙结合的世界革命（布尔加科夫相信，这是"鬼话"）不可避免，他也不认同。

在批评者的文章里，被阵地上的忧愁和愤懑所渲染的俄国与西方（包括协约国——"我们对谁什么都不亏欠"）的对立，使得布尔加科夫所持的社会知识分子的清醒立场越发清晰。这些年，滋养他的爱国之情的，已经不是在西方面前毫无根据的骄傲，而是对俄国越来越远离"伟大的和平事业"、不可预测地灾难性落后（"没有一个当代预言家"会说，"我们到底何时能赶上他们……"——布尔加科夫的超前思想不可能不令当代读者称奇）的痛苦意识。

布尔加科夫的批评者在寻找另一方的罪人——他很容易地就在欧洲政府一方中找到了罪人。有罪的是那些发动世界大战的人——世界大战夺走了百万人的生命，带来了革命。因此，应该"偿还"的不是我们，而是给"我们"偿还（我们看到，后来落实的免除俄国政府债务的想法，是在远离革命领导者的阵营中酝酿成熟的）。回应者认为，世界大屠杀——是欧洲国家统治阶层破产的证明，是旧文明破产的证据（布尔加科夫不认为如此）。他呼吁与"外来者"中断联系，在被"社会革命"破坏的旧世界的废墟上建设某种新世界（这些对后来的在不与周围敌对国家来往的"单独一国"进行社会建设的口号的预言，非常有趣）。"本已沉睡"、现在被唤醒的"人民"（在

第一章　基辅岁月：家庭；中学和大学；战争；医学……革命

布尔加科夫看来，当时还不存在这样的完整概念；他完全不认同俄国知识分子传统上固有的崇拜人民情结，——因此同他们孤立开来）将成为建设者。

就像几年之后图尔宾家的居住者们在首都剧院的舞台上听《国际歌》歌词——就像听自己所不熟悉的未来的令人生畏的声音——会紧张那样，1919年深秋，手中还握着武器同新政权作斗争的那些人的话语中也不由自主地流露出紧张情绪。这对于理解事件的后续走向以及布尔加科夫的思想动向和他在社会生活潮流中的地位，都极其重要。

布尔加科夫本人并不想扮演预言家的角色——他也不是那样的人（就像我们在某种程度上已经表明的那样，俄国知识分子——文学家那些年表现出的预言家特点让他很生气）。他的文章中多半是看不出不安、不为日常现象辩解、饱含真挚激情的**日常**见解。这种激情很朴实，甚至放在当时也有些朴实——在他的眼里，巨大的破坏和血流成河，意义重大，具有很大的自身价值，不需要任何宏大的目标来证明，也不可能被它们所证明。他不喜欢诗歌，这一点后来得到许多同时代人的证实，这可能跟他不喜欢一些人给另一些人提出任何过于崇高的任务，不喜欢任何以别人的性命为赌注的崇高游戏是一样的。

后来，也就是当这种对被视为代表个人私生活利益的社会生活的见解越来越失去声望，被其他见解所取代时，布尔加科夫的文学家友人们责怪他对事物的"庸俗"见解——这在一定意义上是完全合理的。

文章最重要的主题是全民族罪责这一主题。文中没有人尽皆知的对国内事件的国外起源的见解；作者写的是"我行我素的叛徒"，而不是异族人的传染病。他认为全部的责任和未来的偿还由本国人民承担，严厉地指责他们顺从地"被愚弄"，梦想着"我们会重新开始建设什么"的时代来临。他相信，偿还不可避免，合理合法。

1919 年和 1920 年之交的冬天，布尔加科夫无疑在继续发表作品：他 1921 年 2 月 1 日给康斯坦丁·布尔加科夫写信说："我记得，**大概一年前**①我给你写信说，我开始发表作品了。我的**小品文**登上了许多高加索的报纸。"——毫无疑问，这里说的就是 1919 年和 1920 年之交的冬天发表的文章（不是他后来已经在苏联弗拉季高加索时也写过的现代意义上的小品文）。这一点尤·斯廖兹金的证明材料可以证实——12 年后，也就是 1932 年 2 月 21 日，他在回忆同布尔加科夫相识的情形时，在日记中明确记道："我们在白军时在弗拉季高加索相遇。他是军医，**以通信员的身份给报纸撰稿**。"

可以推测的是，可以在他的通信报道中继续了解当时发生的事情。他怀着可以理解的情感关注着来自基辅的消息。1919 年 12 月 14 日，《基辅人》的编辑以他供职的报纸特有的直接评论时局的风格写道："不必隐瞒地讲，基辅局势很严峻，但是不能由此得出结论说，局势令人绝望。"居民在撤退。"……很多人说：请您理解，我不在身边，妻子走不到或坐车坐不到！……我们不在身边，她们坐车到达和安顿下来比跟我们在

---

① 黑体是我们加的。

第一章 基辅岁月：家庭；中学和大学；战争；医学……革命

一起情况要好得多。"瓦·舒利金断言，"……为了保护撤退路线，我们从撤退人员变成进攻人员，借此来少吃各种苦头。"已经在号召"1862—1870年出生的"男人"像枪一样"对准"原来英勇的俄国军队的老家伙们"，已经在号召服从能够迅速在彼得格勒召集几千名共产主义者保卫城市（12月15日）的布尔什维克的命令，教导"对待敌人也要公正"："如果说布尔什维克近期从命运手中成功夺取了短暂的胜利，那么做到这一点只是得益于**所有人**的巨大能量、极大努力以及他们自身养成的体力和强大内心力量。可以说——这是绝望的力量，但这毕竟是一种力量。"（Г. 雅罗斯拉夫：《我们和他们》，载于1919年12月16日《基辅人》第83号）

所有这一切都是布尔加科夫在这个冬天思考的精神食粮，是我们看不到的、若干年以后才在他的处世态度和性格当中表现出来的变化的材料。

其中一篇短文，他发表于（旧历）1920年2月的第一个星期。一年后，他从报纸（这号报纸还没有找到）上剪下这篇短文的几个片段，寄给基辅的亲人，在时局大变的情况下，他可能决定不相信邮局，没有寄出全文。他在信中加上了这份材料对自身而言意义重大的暗示，以及对同他们家熟知的那些年发生的某些事件的关联的暗示："寄上以《应有之赞》为题目的短文的三个小片段。尽管是小片段，但不知怎么我觉得，你们会觉得它们不无趣味……"（1921年4月26日给薇拉·阿法纳西耶夫娜·布尔加科娃的信）"就在那天晚上，母亲给我讲起我不在时的事，讲起了儿子的事：'开始骚乱……科利亚三天前去了学校,再没信儿了……''我发现突然有什么东西在墙上到处乱敲,四处尘土飞扬。

科利亚……科连卡……'

说到这里,母亲的声音突然变得温柔而又温暖,然后浑身颤抖,开始抽泣。然后她擦干眼泪,继续说:

'科连卡抱住了我,我感觉,他……他护着我……用自己的身体护着我。'

对从志愿军离开基辅时起就杳无音信的弟弟们的命运的思考,无疑对短文的构思产生了影响并反映在其中。

短文的真实内情从一封信中可以看得很清楚,这就是瓦尔瓦拉·米哈伊洛夫娜·布尔加科娃于(旧历)1917年11月10从基辅寄给在皇村——泽姆斯基一家当时住在皇村——的女儿娜佳的信:"你们遭遇不少焦躁不安的事,这个我能理解,因为我们这里也不得不遭遇不少焦躁不安的事。最闹心的是,可怜的士官生尼古拉伊奇卡的境况。他经受了相当多的动荡,30日夜里我和他在一起:我们当时真的命悬一线。佩切尔斯克从10月25日起开始做战争准备,于是他与城里的其他地方断了联系。在工程学校的电话还能打通的时候,我们和科利亚通了电话,但是后来断线了……我更为科利亚担心了,我决定到他那里去。

29日午餐过后我走到了。我成功进了那里;从那里返回时,也就是晚上7点半我和科利亚尝试(给他放15分钟假送我)经康斯坦丁诺夫学校出城时——发生在这所学校的著名扫射开始了。我们刚从康斯坦丁(诺夫)学校前的石墙走过时,响起了第一枪。我们往回跑,躲在一堵矮墙下;但是开始交

第一章 基辅岁月：家庭；中学和大学；战争；医学……革命

火——从学校方向和相反方向——时，我们陷入了交火区——子弹在我们藏身的墙上呼啸而过。幸运的是，在尝试在这里藏身的人群（6个人）中，有一名军官：他指挥我们趴在地上，尽量靠近墙。我们熬过了惊心动魄的时刻：机枪声噼啪响个不停，子弹在墙上'啪啪作响'，然后和轰隆隆的炮弹声连成一片……但是看来我们的死期还没有到，我和科利亚还活着（一个女人被打死了），但是我们永远不会忘记那一夜……在短暂的停火间歇，我们（在那名军官的指挥下）成功跑回了工程学校。这里已经停火了；只有探照灯亮着；士官生们排成战斗队形；军官们下达了指令：科利亚站入队列，我再也没有见过他……我坐在接待室的凳子上，我知道，我要在那里坐上一夜，在那个恐怖的夜晚，回家想都不要想，在学校赶上作战行动开始的有我们八个人。当我从不安中回过神来的时候，当可怕的心跳（我的心好像刚从开阔地跳进工程学校似的）平复时——子弹又开始呼啸了——科利亚用双臂抱着我，保护我不被子弹击中，帮我跑起来……可怜的孩子，他那么为我担心，而我为他……

几分钟仿佛几个小时似的，我想象着等着我回去的家里出了什么事，我担心万涅奇卡跑出去找我，遭到枪击……我的消极状态，让我倍受煎熬……这群人一点一点地从接待室爬到走廊，然后爬向通往外面的门……那里当时站着也是在路上偶遇的两名军官和一名炮兵学校的士官生，这时其中一名军官提议，领送愿意出去的人经工兵阵地到杰米耶夫卡屠宰场：这个区域不在扫射区……愿意动身出发的有六个男人和两个女士

（其中一个是我）。我们出发了……但是那是在四下漆黑一片、云雾缭绕中走过的一段极其惊心动魄和极其离奇的路，沿着一些什么冲沟和峡谷，沿着难以通行的泥泞地，一个跟着一个，默不作声，男人们手握左轮手枪。在工程学校附近，我们被巡逻队拦住了（军官拿了通行证），就在我们就要走下去的冲沟旁，黑暗中显现出尼古拉伊奇卡端着步枪的身影……他认出了我，抓住我的肩膀，在耳边低声说：'回去，别发疯。你要去哪里？你会被打死的！'但是我默默地画十字祝福他，狠狠地吻他，军官抓起我的手，我们下到了冲沟里……总之，夜里一点我回到了家里（好人军官把我一直送到家里）。想象一下，他们有多么急切地等着我？我筋疲力尽，一坐到椅子上，就大哭起来。但是我到家了，可以脱了衣服，钻入被窝，而已经两个晚上没有合眼的可怜的尼古拉伊奇卡还要再熬两天两夜。我很高兴，在那个可怕的夜晚，我和他在一起……现在一切都结束了……工程学校比别处受的损害小：四人受伤，一人发疯。"

看来，对两个弟弟——尼古拉和伊万——的命运的思考，从1919年底（志愿军离开基辅时）到得到关于他们的最初消息（1922年初）时，一直让他倍受煎熬。

这些思考同作出涉及个人生活的决定的必要性直接相关。前线发生的事情加快了作出这些决定的速度。

1919年和1920年之交的冬天，是布尔加科夫本人一生的转折点：就像我们看到的那样，这既是指职业转换，也是指一年半以后从一个世界彻底转入另一个世界。

第一章 基辅岁月：家庭；中学和大学；战争；医学……革命

星期六，也就是 1920 年 2 月 15 日（28 日），《高加索报》开始出版，撰稿人员名单中列有：尤·斯廖兹金、Д. 岑佐尔、E. 文斯基、B. 阿姆菲捷阿特罗夫（A. 阿姆菲捷阿特罗夫之子）和米·布尔加科夫。

下面的巧合意味深长，根据布尔加科夫的朋友、传记作家 E. C. 波波夫的日记来看，布尔加科夫多年后回答他的问题时说了如下话语："1920 年 2 月 15 日，我经历了内心转变，从此彻底弃医从文。"为了准确起见，我们注意到，叶·谢·布尔加科娃对这则日记表示怀疑，对于我们的问题——她是否记得在她同米·阿·布尔加科夫的交谈中有没有什么和这个日期有关的东西——她耸了耸肩，微笑着说："没有，什么也记不得了。再说'内心转变'完全不是米沙的风格！他从来没有说过这样的话。"

我们推测，说"内心转变"这样的话，是在回避（或者说，不说破）下列国内外事件。就在（旧历）那些天，应当传来了最初的消息：红军赶在白卫军计划进行的大范围进攻之前，成功展开灾难性的进攻。在叶戈尔雷克战役中，白军主力——哥萨克骑兵——被歼灭。这些事件直接关系到布尔加科夫的生活。那些天，他放弃从医——当时同某个政权及其军队直接相关的职业——并作出了早就深思熟虑的决定，选择从事自由职业——从事文学创作。

当时发生了一件偶然的事情，在布尔加科夫接下来的生活中发挥了很大的作用。

塔季扬娜·尼古拉耶夫娜讲述说："战地医院解散时，

1920年头几个月用'小条'支付薪水。这种钱——就是底色为淡黄色的浅蓝色纸带。这些钱谁也不收,只有一家铺子要——我用这样的钱在那里买了些干咸鱼脊肉……①当时的形势已经很明朗了,白军很快就要走,但是他们还没有集结。这时米哈伊尔让我去一趟皮亚季戈尔斯克——我不记得是为了什么事了。火车不开了,我走了回来。但是他无论如何想去那里一趟。正好第二天要开一趟火车,米哈伊尔去了一昼夜。他回来后说:'我好像病了。'他脱下了衬衫,我看见了虫子。第二天他头痛,高烧40度。来了当地很好的医生,后来战地医院的主治医生也来了。他说,米哈伊尔得了复发型斑疹伤寒,'如果我们要撤退,他不能走。'有一天早上,我出门看见城市空空如也。主治医生也走了。当地医生留了下来。夜里,米哈伊尔快要死了,翻白眼的时候,我跑去找他。这段时间——在白军和苏维埃政权都不存在的空当——城里经常发生抢劫,晚上出去很危险;有一次,在空荡荡的大街上,一个印古什人抓住了我的手——我挣开,飞快地跑了……他生病时疼得很厉害,失忆……后来他常责备我说:'你一个弱女人,没法把我用车拉走!'但是当两个医生都跟我说,他在第一站就会死掉,——我怎么能拉走呢?他们还跟我这样说:'您想要怎样,把他用车拉到卡兹比克,埋了?'

---

① 可能就是这些有点荒诞,末了买来的干咸鱼脊肉后来出现在了长篇小说《大师与玛格丽特》中,在这部长篇年小说中,阿尔奇巴尔德·阿奇巴尔多维奇最后一个走出着火的餐厅,"腋下夹着两条风干的咸鱼脊肉",科罗维耶夫也从那里提出来一条"连皮带尾的完整的鲑鱼"。

第一章 基辅岁月:家庭;中学和大学;战争;医学……革命

他恢复健康,稍微硬朗一点后,去了政治部。尤里·斯廖兹金已经在那里了。①"

三年后,布尔加科夫在《袖口杂记》里描述道:"四层的房间里有两个门快掉下来的柜子,几张桌腿长短不一的桌子。三个涂着紫色嘴唇的小姐,一会儿大声敲着打字机,一会儿去吸烟。

作家坐在正中间,造型艺术部戏剧处的科室设在这乱七八糟当中。一张张像演员一样发紫的脸巴望着他,要钱。

病复发后,犹如一波余浪。晕眩,恶心。但是我主管文学出版处。正在熟悉工作。"

多年后,也就是在1980年9月4日,这"三个小姐"中的一个、柳博芙·达维多夫娜·乌卢汉诺娃告诉我们说:"房间看上去很破旧——重新设立的机构……在这个机构里上班的有个叫玛尔戈的——斯廖兹金在追求她——和梳着两条大辫子的塔马拉·诺耶夫娜·加苏米扬茨——她中学一毕业就来戏剧处上班。不管我什么时候去找她,布尔加科夫都在她的桌旁:要么靠桌站着,要么坐在她的桌前,双肘撑在桌子上……他穿着摘了肩章的制服,戴着压得皱巴巴的制帽,裹着腿……他从事什么职业——当时没人知道。他喜欢编滑稽诗嘲弄人:

玛尔戈虔诚地在发文簿上忙活着。"

1920年2月以前发生在他身上的一切,现在都应当忘记,因为这可能会送命。一年后,他提醒妹妹说,不要让亲人们和

---

① 4月6日的《弗拉季高加索革命军事委员会消息报》刊登了一则任命令:"尤里·利沃维奇·斯廖兹金同志自3月27日起任特维尔人民教育局艺术科科长。

与他在弗拉季高加索相识而后去了莫斯科的熟人聊有关"医师"的任何话题,"这样的话题我自己从自然科学系毕业并从事新闻工作后也没有提起。这一点要叮嘱康斯坦丁。他令人称奇地、慷慨大方地犯各种各样的口误。"(1921年4月19日给娜·阿·泽姆斯卡娅的信)

他和妻子去公园——城里最漂亮的地方——散步。从有乐队演奏的城市花园,向下走到所谓的小道,沿着林荫路散步。"当时是5月;米哈伊尔还拄着手杖,搀着我的手。当时正好来了共产党人,一个什么委员会,搜查白匪。我听见有个人说:'就是这个人在白匪的报纸上发表过文章。''我们走吧,我们赶快离开这里吧!'我对米哈伊尔说。我们很快就走了。我真的不明白,他那一年是怎么活下来的——他能被认出十次! 当时时日艰难。比如说,一会儿查出,警察局局长是白匪地下工作者……我们住的房子里,就留下来哥萨克首领的儿子米佳,他常帮我劈柴,甚至还讨好我。有一次他跟我说:'加入我们伙吧!''什么伙?''我们家这就聚集起一些人,都是军官……您慢慢把您丈夫也吸收进来……'我说,我压根不同情白匪,也不想同情他们。后来我获知,他向同他谈过恋爱的原幼儿园护士提议这样做,后者把这件事说出去了,他被枪毙了。至于米哈伊尔,他们当然可以说,他在白匪报纸上发表过文章。甚至那个米佳可能会点他的名!

这时成立了俄国剧院。斯廖兹金提议米哈伊尔在戏剧演出前致开幕词。这个剧院三天唱歌剧(剧里有一位非常好的男中音——柳布琴科),三天演戏剧。斯廖兹金有一次碰见我,说:

第一章 基辅岁月：家庭；中学和大学；战争；医学……革命

'您在哪里工作？''在刑侦办公室。'（'我在那里写啊，写啊，要编号，我给忘了——就编了别的号。''那拿您怎么办？''我确实不擅长搞这个。'）于是他安排我在剧院里跑龙套……

有一次我走着去剧院，突然听见：'您好，夫人！'，我回过身去，——是米哈伊尔以前的勤务兵巴雷舍夫，我到弗拉季高加索的时候，他有个勤务兵还是通信员来着……我常给他钱，让他去看电影。'我说，什么？我现在对你来说是夫人？……''您住在哪里？'他问。'这里，住在城里，你呢？''我转投红军了！'"

我们从一开始就一直住在将军夫人那里，有段时间在她家里搭伙吃饭，但是我进剧院工作后，排练后来不及在固定的时间回来，将军夫人拉里莎·德米特里耶夫娜不给我留饭……米哈伊尔知道了，我们就不在她家吃午饭了。

剧院不给付钱——只给发植物油和黄瓜……科里也不给他付钱。后来只给剧本付钱。我们主要靠我的金项链过活——我们把它截成小块，卖掉。它像绳子一样，呈螺旋状，差不多有小拇指那么粗。很长——我把它在脖子上绕两圈，还有富余，浮雕宝石垂到胸口。自从父母把它送给我后，我一直戴着它，从来没有摘下来，在基辅时也戴着它下楼开门。真不明白——在那些政权交替期间，这怎么没有从我这里抢走啊？要知道，直接可以从脖子上拽走，跑掉……这不我们就靠这条项链过活。

我越来越频繁地在集市上买动物内脏，不知在什么地方买了绞肉器，做肉泥。有时我们去小酒馆——离剧院很远，吃烤肉串,喝'阿拉克'酒。然后我就吐了——这种酒散发着烟味。"

在当地的报纸上,布尔加科夫已经被称为作家了,但是正好一个月后,那份报纸的评论家 B. 沃克斯在发表对音乐会的总结时给作家这个词加上了引号:"……'作家'布尔加科夫照着小本本读了开幕词,那些话都是从音乐史书籍改写来的,实质上相当肤浅……"(1920年6月4日的《共产党人》)这可能是出版物对作家布尔加科夫的第一个评语……布尔加科夫在下一号报纸上发表了言辞尖锐的《答尊敬的评论家》,驳斥所有攻击,并建议编辑部不要"鼓励沃克斯的出格行为"。

从5月底开始,布尔加科夫不仅主管文学处,而且还主管戏剧处,甚至开始成立人民戏剧舞台艺术工作室。6月,苏维埃第一剧院的舞台上就上演了他的"独幕幽默剧《自卫》以及两部'短剧'——尤·斯廖兹金的戏剧《火焰》和通俗剧《红军战士》"。

转而从事戏剧事业是很及时的——可以说,他在科室的职务已经快到头了。"4月15日,'巨人'电影放映厅举行了群众大会,大会的主题是《什么是苏维埃政权?》,基洛夫、邦克维采尔、塔卡耶夫、瑙莫夫等同志在会上发表了演说,与会者达2000人……基洛夫同志发表了出色的演说。他说,他对各地群众中间还存在的一些情绪感到非常吃惊。他们什么也没有学会。他们仍然认为,苏维埃政权是临时的,会下台——他们还在各个角落和街口窃窃私语,他们忘了,苏维埃政权是必然的,是历史,是任何力量都阻止不了的。"(引自1987年《戏剧》第6期第137页)看来布尔加科夫越来越意识到这种必

第一章 基辅岁月：家庭；中学和大学；战争；医学……革命

然性。

5月18日，《共产党人报》上刊登了用笔名梅涅斯特列利发表的、对苏维埃第一剧院剧目《伟大的夜晚》的评论。我们完全赞成 Γ. 法伊曼的推测，这是布尔加科夫的笔名。我们认为，评论中有两段话尤其明显地有利于证明这一推测："至于剧本的其余表演者，可以把他们分为两类：一小部分人对剧本准备不足，但是背了台词；另一部分人——大多数人，对角色完全没有拿捏到位……说到剧本的演出，应该指出的是，对舞台后面的民众开枪射击示威，表现得不成功。**人所共知**①，机枪射击声绝不像下雨的噪音，本应听起来更有威力，而且一直在窗下踏步的小合唱团的歌声根本不像示威者发出的震耳欲聋的歌声。总之，舞台表现很空洞，当然，如果不算机枪齐射的话。剧院导演必须既要关注个别演员不想背台词，迫使观众在剧本的整个演出过程中听提词者从提词间里发出烦人的、压低嗓门的喊叫，还要关注群演舞台的布置。"（引自1987年《戏剧》第141—142页）

6月底至7月初，在夏日剧院的外场，连续三个晚上进行了关于普希金的公开辩论，不久后布尔加科夫在《袖口杂记》中对这些辩论作了详细描述："天气闷热，我汗流浃背地坐在第一排，听报告人把普希金扒得只剩下白裤头。"他准备了两天，做了有自身特点的补充报告——保护文化，保护经典作家的伟大遗产——受到听众的热烈欢迎。"报告人占绝对上风。

---

① 典型的布尔加科夫式的修辞手段。

我在观众的眼中读到无话可说的、快活的东西：'榨干他！榨干！'"布尔加科夫在这次公开辩论中以当时备受欢迎的评论普希金的形式陈述的辩护词，不久后也在出版物上，即在一篇题为《使用不中用的手段图谋未遂》的文章中受到评价："俄国的资产阶级，没能用武器语言战胜工人，不得不尝试用语言武器征服他们。客观地讲，布尔加科夫和别梅两位先生在关于普希金的公开辩论中的演讲就是这种利用'合法机会'的尝试。已逝诗人和这些先生在革命方面似乎有什么共同之处？但是也就只有他们恰恰把普希金作为革命者来保护。这些演讲未能给诗人的桂冠上增添任何东西，只是暴露保护他的革命性的人的阶级属性……他们用普希金的'革命性'揭露了这些保护者的反革命性……"（1920年7月10日《共产党人》）

这次公开辩论除了在《袖口杂记》中有记述，在另一部文学作品中也有记述——两年后，也就是在1922年秋天，在尤里·斯廖兹金写的长篇小说《平顶山》（弗拉季高加索位于这座山脚下）中有记述。长篇小说的主人公——阿列克谢·瓦西里耶维奇·图尔宾——是布尔加科夫1920年夏天写的剧本《图尔宾兄弟》的主人公的名字。这个剧本几年后被作者亲自销毁了，其内容也就无人知晓了。剧中人物的名单留了下来——图尔宾一家，母亲安娜·弗拉基米罗夫娜；据塔季扬娜·尼古拉耶夫娜回忆，故事发生在海边，女服务员和剧中的某个人物谈过恋爱（这就是《白卫军》初稿中结局里的一个情节，在那一稿的结局中，女服务员安纽塔怀了梅什拉耶夫斯基的孩子……）。出版物上的评论表明，剧本中的故事发生在1905年。

第一章 基辅岁月:家庭;中学和大学;战争;医学……革命

但是,现在让我们产生兴趣的是另一件事——斯廖兹金给主人公取名并非出于偶然:目的当然是证明,这个主人公同在自己的"第一个"阿列克谢·图尔宾——1920年写的剧本的主人公——身上注入可以想得到的、很多的个人特质的布尔加科夫是同一个人。也就是说,斯廖兹金的长篇小说可以作为某种资料来源,有助于还原布尔加科夫1920—1921年间的面貌。

斯廖兹金的长篇小说的主人公从事的工作与布尔加科夫在1920年春夏从事的工作一样。阿列克谢·瓦西里耶维奇去找女演员兰斯卡娅时,来了一段独白。他说:"我恐怕是有点累了,来杯茶就好了。我们工作,我们建立新世界。我整天就像松鼠蹬轮子似的忙得团团转,不要以为这是说反话。早上我主持文学出版处的工作,写建立文学创作工作室网络的报告、号召印古什人和奥塞梯人保护古迹的呼吁书。"然后"我先后成了文学史学家、戏剧史学家、博物馆学和考古学'专家'、革命宣传画方面能干的小伙子——我们正在筹备举办红军战士周——和喝'阿拉克'酒能手"。他提到了"令人惊叹的高加索氛围的半地下室小酒馆,里面黑漆漆的,波斯小伙从最里屋端上来热乎乎的'阿拉克'酒和烤肉",——可能就是塔季扬娜·尼古拉耶夫娜记得的那种提供散发着烟味的"阿拉克"酒的半地下室小酒馆。

尤里·斯廖兹金听布尔加科夫说话可能听得很仔细。很久以后,他在日记里记道:"他的说话风格被我刻画在《平顶山》里的作家形象中了。"

在长篇小说中确实可以辨认出像布尔加科夫讲话风格的只

言片语（因为斯廖兹金未能抓住某种完整的东西），如果可以根据见证者的回忆和他本人创作的人物的某些讲话风格还原它的话。"他不着急，因为在他裤子后面的口袋里，有几十张各种各样的证件和证书，其中还有张通行证。淡紫色的纸上写着：'夜间两点前准许通行'。是的，**您放心吧——准许**。带着这个，真是没办法。随便怎么大呼小叫都行。这跟他毫不相干。**一点也**不相干。""您还说，我对各种事件的浪潮漠不关心、不感兴趣？相反，我很感兴趣，甚至可以说，我被这些事件逼得喘不过气来。"能够表明这可能是布尔加科夫本人言论的，是它们不同于斯廖兹金本人的风格特点——措词的完整性和语气的强烈性。在一些情况下，我们看到的是，布尔加科夫自己可能在不断重复的口述：他毕生倾心的风格。这些口述有同一个明确的意图：它们似乎揭开了长篇小说的主人公行走时一直戴的"面具"，这不仅让其他人物，甚至让作家自己也很气愤。"阿列克谢·瓦西里耶维奇，您说说，您什么时候真诚过吗？"兰斯卡娅问道，"我看着您，总觉得您戴着面具。您真的一直在害怕什么，躲着什么，想隐藏、遮掩什么。您说着话，左顾右盼。我也害怕，但我总以为，好像见过这一切后被刺痛了。您很随和，您怪怪的，阿列克谢·瓦西里耶维奇！"不是通过文学资料，很可能是借助日常表现来确定布尔加科夫个性气质中可能相当重要的特点——不爱挑衅，不愿加入任何争斗（"因普希金"而争斗是例外——典型的例外！），由于想躲到一边产生的恐惧——仅此而已。这种个性气质，当然还有布尔加科夫生平经历中的某些情节，就是长篇小说《平顶山》

第一章 基辅岁月：家庭；中学和大学；战争；医学……革命

的作者借助自己能接触到的资料——对话、主人公的内心独白、他的讲述——所要极力刻画的。

"不，阿列克谢·瓦西里耶维奇最忍受不了多嘴。可以说很多话——他本人不反对说点和讲点什么，——但是多嘴……把自己和盘托出，在众人面前裸奔……这既无耻又愚蠢。

世上傻瓜多的是！……不，您只要想想，很多愚蠢的人准备告诉您他自己的一切，向您讲述他自己的所有蠢事和愚蠢想法——我觉得，这个是这样，这个是那样——然后，当您没有在他们面前扒光衣服，或者也没有完全坦诚地告诉他们，说他们是傻子时，他们还会生气。

不，还是穿着衣服行走更礼貌、更安全一些。

有一次，阿列克谢·瓦西里耶维奇……其实根本不是他，而是他认识的一个熟人，见过这样一个赤身裸体的人：他丝毫没有因为自己裸体而感到羞愧。他——这个天真的人——甚至以此为荣。他直接过来说——我是什么样就什么样，不想装成别的样子，不穿衣服……没错，就这样说的，非常真诚，非常坦率。您看——人们都信他。他因自己本来的样子而被接纳，因为他也不打算以别的什么样子示人……就这样。您不相信他的故事就此结束？但是您要知道——就是这样。打那以后，谁也没有见过他。完了。"

斯廖兹金的长篇小说中的这些内容在某种程度上转达的是，他了解的布尔加科夫对转折时期社会历史行为形式和"日常"行为形式的观点，当时个人性命取决于个人自我表露的坦率程度。

同时，我们要敢于用简单的词语说出简单的、主要是人人都理解的东西：为性命产生恐惧并且在这一时期尽力保住性命——是布尔加科夫相当重要、几乎是最重要的情绪特点。对这种恐惧的嘲讽（在斯廖兹金的长篇小说中的作家的观点中，可以看出嘲讽的痕迹），让布尔加科夫感到厌恶，似乎不妥——对此而言，性命具有非常大的价值。同时，他无疑有这样一种感觉，他的取决于自己的才华而不是事件要求的真正的生活还没有开始。

研究布尔加科夫高加索生活的学者 Д. 吉列耶夫（1981 年死于车祸）在档案馆找到了 1920 年 10 月 28 日形成的《委员会对艺术科活动的调查报告》。这份（严肃评价科室活动的）报告封面上有个标注："驱逐：1. 加图耶夫，2. 斯廖兹金，3. 布尔加科夫（白俄），4. 西尔伯明茨。"标注"白俄"可能意味着，布尔加科夫不久前的经历还以相当爱惜的形式跟着他。

1920 年 10 月，剧院上演了布尔加科夫的剧本《图尔宾兄弟》（副标题"钟响了"）——"天知道是怎么仓促写成的四幕正剧，"作者自己在给康斯坦丁的信中下了这样的定义。"我的生活——我的遭遇，"他在这封 1921 年 2 月 1 日写的信中写道，"唉，科斯佳，你无法想象，《图尔宾兄弟》首演时，我多想你在这里。你无法想象，我的内心多么悲伤，剧本在偏僻的地方上演，我拖了四年才开始做我早就应该开始做的事——写作。"（这一延误确实在布尔加科夫文学创作方面崭露头角的年代应当起决定命运的作用——它还会影响好几年。）"剧院里喊

第一章 基辅岁月:家庭;中学和大学;战争;医学……革命

着'作者'并不住地鼓掌……第二幕结束后喊我时,我情绪不安地走了出来……不安地看着演员们化了妆的脸,看着喧闹的大厅。我想:'要知道,这是我的梦想实现了……但是非常不像样:不是莫斯科的舞台,而是外省的舞台,不是我宠爱的关于阿廖沙·图尔宾的正剧,而是仓促写成的、不成熟的东西。造化弄人。'"

这是证明一个29岁时还是新作家的人早就有的文学梦的第一份文献。在那封信中,郑重其事地坦白作品在出版物上找不到出路(我们再补充一下,还有下落不明的作品——可以推测的只是,有几篇完成的作品带到了莫斯科,第一年就发表了):"然后,**除了没有地方发表的短篇小说**,我还写了一部滑稽幽默剧《黏人的未婚夫》。它当然未能进入剧目表,但是剧院建议我找个空闲的日子①去排演。于是又重返常态:没有这样的日子,一直很忙。终于,最近我在打字机上敲完了三幕剧《巴黎公社社员》。后天我给委员会朗读它。它肯定会在这里上演的。但是问题是,我把它寄到莫斯科去参加全俄竞赛了。我相信,它不会按期寄到,我相信,它会落选。又是活该。它我写了10天。全是破烂:《图尔宾》是,《未婚夫》是,这个剧本也是。全都是我仓促写的。我的内心很悲伤。

但是我咬紧牙关,日夜工作。唉,要是有地方发表作品就好了!"这样看来,1920—1921年间写的第四个剧本——《巴黎公社社员》——可能是在1921年1月写的,并被寄到莫斯

---

① 也就是不排演列入剧目表的戏剧的日子。

科去参加以"献给自由的艺术之神"为口号的竞赛。

他在给康斯坦丁的那封信里详细讲述了这一切:"我的天,我还有什么没有干过:讲过和正在讲授文学史(在人民大学和戏剧工作室),致开幕词,等等,等等……塔霞在舞台上跑过龙套。现在她们那个剧团解散了,她没事可做。

我住在斯列普佐夫街9号楼2室的一个糟糕的房间里。我住过好房子,有写字台,现在没有写字台,我在煤油灯下写作。"

对此,塔季扬娜·尼古拉耶夫娜这样回忆道:"将军夫人的房子被收走,用作幼儿园。她本人和儿子一起去了什么地方。分给我们一个不错的房间,就在剧院旁边——在斯列普佐夫街上。是的,那里确实没有写字台,当时没有买!……我们有时去米洛奇卡·别里泽家吃饭,他的母亲做饭挣钱……"

早在1920年夏天,他就和柳德米拉·别里泽以及斯廖兹金、哈吉-穆拉特·穆古耶维一起在俄罗斯电报通讯社捷列克分社在夏日剧院举办的文学晚会上发言。所有这些形形色色、各个种族的文学—戏剧——以及亲近文学和亲近戏剧——的伙伴们都变成了斯廖兹金的长篇小说里的人物,在他的长篇小说中,阿列克谢·瓦西里耶维奇·图尔宾喜欢对米洛奇卡—— 一个追求时髦、指摘图尔宾对现实持怀疑态度的姑娘——献殷勤。

1921年,布尔加科夫在写"弗拉季高加索"时期的最后一个也就是第五个剧本。他的信中没有提这个剧本,但是不同于其他剧本的是,这个剧本——确切地说,是写这个剧本的情

第一章 基辅岁月：家庭；中学和大学；战争；医学……革命

况——在布尔加科夫的作品——《袖口杂记》和短篇小说《波西米亚》——里两度被描述。这个剧本在那两个作品中获得作者过于夸张但又严厉无情的评价："七天后，三幕剧就写完了。当我夜里在自己不生炉子的房间里重读它的时候，我不无惭愧地承认，我哭了！就一个没有才能的人来说——这是个非常特别、令人吃惊的东西。这部集体性作品的每一句话都透着某些愚蠢和无耻。不敢相信自己的眼睛！我到底在指望什么，如果我这样写的话，我会疯的?！惭愧从长着绿毛的、潮湿的墙上和黑得吓人的窗户外盯着我。我开始撕手稿。但是我停了下来。因为我猛然间不同寻常地、奇妙地、清醒地想到，曾经说过的道理：写完的东西不能销毁！撕了，烧了……不让人看。但是永远都不可能不让自己看！当然了！不可磨灭。这个令人惊异的东西是我创作的。当然了！……"

布尔加科夫1923年在莫斯科销毁了自己写的所有剧本的稿本。但是似乎为了证实作家的话——"写完的东西不能销毁"——写完后快40年（作者去世后20年）找到了这个，即最后一个剧本——《毛拉的公子们》的稿本，这个稿本是由"'三个人：我、代理人助理①和饥饿一起'写的"（《袖口杂记》）。②

他4月给在莫斯科的妹妹娜佳写信说："万一我要去很远

---

① 库梅克人 T. 佩祖拉耶夫，专业律师。
② 1960年，塔玛拉·索斯兰诺夫娜·戈伊戈娃把唯一一本提词员使用的剧本稿本转交给叶·谢·布尔加科娃；她在1960年12月20日给作家遗孀的信中写道："米哈伊尔·阿法纳西耶维奇我记得很清楚。我们一起在奥尔忠尼启则（即弗拉季高加索。）人民教育局工作过。此外，他早就认识我姐姐，她在战时（第一次帝国主义战争时）是护士，而他当时是军医。"（荣获列宁勋章的国立列宁图书馆，全宗562.34.9）

的地方，去很久，求你办件事：我在基辅的家里留下一些手稿：《第一朵花》《绿蛇》，以及对我特别重要的《病魔》草稿。我在给妈妈的信中，让她保存好它们。我认为，你会在莫斯科持久地定居下去。请你写信把这些手稿从基辅弄来，集中在自己手里，同《自卫》《图尔宾兄弟》一起付之一炬。务请办妥此事。"他还给她寄去了剪报和提纲："如果我走了，我们再见不到了——记着我。"

在2月写的第一封信，即给堂弟康斯坦丁的信中就有这样的话："接下来怎么办？春天或夏天离开弗拉季高加索。去哪里？不大可能，但是也有可能夏天会路过莫斯科。我想去远方……"他给收信人寄去了一张自己"万里挑一"的海报："万一我们见不着面，留做纪念。"在2月16日的信中，他又回到了这个话题："在高加索我陷入了'进退两难'的境地。我的漂泊远远没有结束。春天，我要么去莫斯科（可能很快就会去），要么去黑海，或者去别的什么地方……"

1921年4月26日给妹妹薇拉的信中特别清楚地流露出布尔加科夫在过去的一年，在无论是心理上还是创作上对他而言都很困难的一年的情绪。"你和瓦里娅对我写作的祝愿，让我非常感动，"他写道，"从未有过的痛苦，难以言表。我想，这你们自己能理解……很遗憾，我不能给你们寄我的剧本。一来，笨重；二来，它们没有打出来，列入了打字单；三来，它们都是胡说八道。因为我的创作鲜明地分成两类：真正的创作和勉强的创作。"他也写"真正的"散文，但是只是在1921年2月1日给康斯坦丁·布尔加科夫的信中才揭开它的面纱："我

第一章 基辅岁月：家庭；中学和大学；战争；医学……革命

在写**长篇小说**，整个这段时间唯一深思熟虑的东西。但是又是伤心：要知道这是个人创作，而现在创作的完全是另一个东西。"

在我们看来，关于这部长篇小说及其写作的间接资料，可以从斯廖兹金的那部长篇小说中获得："他想要写完的唯一的东西——就是长篇小说。他会把它写完的——放心吧。长篇小说不会从他那里脱手的，会写完的。无论如何。

所有这些杂记、小品文、评论——所有这一切都是混口饭吃，不过如此。甚至连卓有成效的事业，比如主持文学出版处的工作和在工作室教学，都是头等大事，他都不反对，——但是长篇小说还是会写完的。"

布尔加科夫在弗拉季高加索时写的最后一个剧本《毛拉的公子们》［根据当地的素材（北高加索的国内战争）写的，实际上不能认出出自布尔加科夫之手］的首演于1921年5月15日举行。"在当地的艺术科，这个剧本博得了满堂彩，"《袖口杂记》里记述道，"它很快就卖了20万。两个星期后就上演了。"印古什的演员和爱好者们演出了它。演出参与者T. 马利萨戈娃回忆说："黑压压的一片人，各民族观众反应热烈，甚至在激动人心的时刻观众中响起了枪声……"大厅里的这种反应在《袖口杂记》里也有描绘："第三幕中英勇的骑兵们发起冲锋，抓住警察局长和警卫队员后，车臣人、卡巴尔达人、印古什人喊道：

'哇！卑鄙的家伙！这是他活该！'

人们跟随着艺术科的小姐们喊着'作者！'"

接着,《袖口杂记》中反映的是生平经历的转折时期,这一时期可能正好开始于这些天,当时在短时间内,在甚至还有某种内心创伤的情况下通过繁重的劳动挣得了必需的钱。(短篇小说《波西米亚》里写道:"10万,给我,10万,给根祖拉耶夫。……我两天花了7000,决定用剩下的93000离开这里。向前走。去大海。漂洋过海,去法国——走陆路——去巴黎!

雨斜着拍打在脸上,我穿着军大衣坐在马车上,最后一次穿过各个巷子奔跑——回家……

……你们——巴黎、柏林的小说家、剧作家,你们试试!为了消遣,试着写一写随便什么更差的东西!就算你们像库普林、布宁或高尔基那样有才,你们也写不出来这样的东西。我破了纪录!"

短篇小说《波西米亚》里有对接下来的日子的怪诞描述:"据说,1924年从弗拉季高加索到梯弗里斯可以直接坐车过去:在弗拉季高加索租辆车,沿着无比漂亮的格鲁吉亚军用道路开过去。总共210俄里。但是在1921年,'租'这个词在弗拉季高加索听起来像外语。本应当这么走:带着被子和煤油灯去火车站,在那里沿着铁路线走,凝视望不到头的取暖货车车厢。我擦干汗水,在第七条铁路线上开着门的取暖货车旁看到一个穿着奁拉鞋的人……他晃着水壶,嘴里重复着令人极不愉快的词'巴库'。

'带上我吧,'我请求道。")

布尔加科夫去梯弗里斯确实走了相当长的路——途经巴库。他可能是5月26日出发的,6月2日已经从梯弗里斯"老

第一章 基辅岁月：家庭；中学和大学；战争；医学……革命

钢琴"饭店给娜佳和康斯坦丁写信——交代了最近要委托他们办的事；6月11日，塔季扬娜·尼古拉耶夫娜把这封信从弗拉季高加索转给在莫斯科的他们："亲爱的科斯佳和娜佳，我把塔霞从弗拉季高加索叫到自己这里来了，她一来，一有机会，我就和她去巴统。我也有可能出现在克里米亚……《图尔宾兄弟》我会改写成大剧本。因此把它们扔炉子里烧了。《巴黎公社社员》……如果已经拿去排演，那很好，但愿它作为盛大的戏剧献给什么庆祝活动，作为戏剧，它哪里也用不了。如果还没有被拿去，那更好。当然是扔进炉子烧了。**它们应该尽快期满退伍。**"这封信以下面一段话结尾："不要对我到处流浪感到吃惊，没办法。不管怎样，别无他法。命该如此！命该如此！吻所有人，米哈伊尔"。《医生奇遇记》发表第四年时，他自己还期望着彻底改变自己的命运。

信上有塔季扬娜·尼古拉耶夫娜的附语："两个小时后我出发去梯弗里斯找米沙"；标的时间为："夜里3点"。

对此，她多年后是这样说的："……剧院关了，演员各奔东西，艺术科解散了，斯廖兹金从弗拉季高加索走了。没事可做。米哈伊尔去梯弗里斯——排剧，总之是去摸情况。然后我来了。不让他排剧，也不发表他的作品。什么都干不成……我们卖掉订婚戒指——先是他卖了自己的戒指，然后我卖了自己的戒指。戒指不是寻常的戒指，非常好，是他当时在马尔沙克家预订的——这是当时最好的首饰店。它们不是空心的戒指，而是实心的戒指，我的戒指内侧刻着：'米哈伊尔·布尔加科夫'和日期——可能是结婚日期，他的戒指内侧刻着'塔季扬娜·布尔加科娃'……"

他在梯弗里斯的文学创作会面希望渺茫——亚历山大·波罗申在《即将离去的船。诗歌》(1920年阿哈尔卡拉基版)一书上的赠书题词为:"赠予米哈伊尔·阿法纳西耶维奇·布尔加科夫。亚·波罗申。1921年6月11日。梯弗里斯。"[①]

"我们到巴统后,我留下,坐在火车站里等候,他去找房。他认识了一个什么希腊女人,她指给他一个房间。我们去了,我就手买了一束木兰——我第一次看见这种花——摆在房间里。我们躺下睡觉——由于头疼得厉害,我醒了。我点着了灯,大叫起来:被褥上爬满各种臭虫……我们在那里住了大约两个月,他尝试给报纸投稿,但是他的文章无一被采用。他很焦虑,没工作,没房。很多船开往君士坦丁堡。'知道吗,我可能会离开。'他说。他和什么人谈好了,让把他藏在底舱里还是什么地方。他说,让我去莫斯科,等他的消息。'一有机会,我还是会离开。''嗯,走吧。''我会像一直以来那样叫你来的。'但是我当时确信,我们要永远地分开了。我随剧团出差去了莫斯科——像女演员一样带着自己的所有服装。当时不能走铁路,只能走海路。我们在大市场上卖了皮'保尔',还是父亲在柏林给我买的,我用这些钱走了。米哈伊尔把我送上了去敖德萨的船。"她在敖德萨坐去基辅的火车时行李被偷。她去基辅找布尔加科夫的母亲——没有钱,没有行李,没有见到丈夫的希望。

[①] 题词保存在М.С.莱斯曼的卡片索引上,是Р.Д.季缅奇科姆告诉我们的。

第一章　基辅岁月：家庭；中学和大学；战争；医学……革命

娜杰日达·阿法纳西耶夫娜8月24日从基辅给丈夫写信说："来了消息：塔霞（米沙的妻子）从巴统来了，要去莫斯科……他现在在巴统待着……"关于布尔加科夫在高加索待的最后几周的情况，为数不多的证明材料之一，就是他在这些天和曼德尔施塔姆见面的证明材料。

他们可能一年前就认识了——当时曼德尔施塔姆刚到弗拉季高加索不久；因为《袖口杂记》里提到了他。证明他们接下来可能在巴统见面的第一份证明材料，就是叶·谢·布尔加科娃1935年4月13日的日记，里面记道："米沙今天白天出去见阿赫玛托娃，她住在曼德尔施塔姆那里①……曼德尔施塔姆的妻子回忆了14年前在巴统见到米沙的情景，说他肩上扛着麻袋走了过来。这是他穷困潦倒，在大市场上卖煤油炉时期的事。"证明可能有过这样的会面的第二份证明材料——就是娜·雅·曼德尔施塔姆1962年7月3日给——叶·谢·布尔加科娃写的信（就是我们1980年刊发的信被引用的部分）："您知道奥·曼德尔施塔姆和米哈伊尔·阿法纳西耶维奇第一次见面的情景吗？那是1921年在巴统。您想象一下，我们三人当时什么样。街上有个年轻人几次走到我们身边，问奥·曼德尔施塔姆，写部长篇小说寄到莫斯科去参赛值不值当。当时已经很了解文学创作生活的奥·曼德尔施塔姆说，寄去参赛根本不值当，应当去莫斯科，和编辑部建立联系。他们有时长时间地就聊这一个'现实的'话题。奥·曼德尔施塔姆对我说，这

---

① 他们住在富尔马诺夫街的同一栋楼里。

个对比赛感兴趣的陌生年轻人,样子看起来让人很放心('他脑子里有东西,他或许能做成什么事。'),他可能已经积累了这样的材料,他已经有能力成为作家了。不久后,我们在莫斯科见着了布尔加科夫——数篇短篇小说以及《白卫军》的作者。《图尔宾兄弟》取得轰动一时的成功,对我们来说并不意外。"(我们要顺带指出的是,曼德尔施塔姆和他的妻子觉得布尔加科夫是个年轻人,尽管他和曼德尔施塔姆是同龄人——根据同时代人的回忆和不少保存下来的照片看,诗人老得很快,而布尔加科夫那些年看起来比实际年龄小。)关于曼德尔施塔姆和布尔加科夫在创作和生平经历方面的交集,我们还会不止一次地予以关注,暂时我们先强调看起来有重要意义的一点:在布尔加科夫决定自己今后命运的关键时刻,同曼德尔施塔姆的对话——是我们基本上一无所知的、促成作出去莫斯科的决定的众多因素之一。

9月初,塔季扬娜·尼古拉耶夫娜到了莫斯科;老熟人尼·格拉德列夫斯基已经在这里工作;他安排她住在位于大皮罗戈夫街的医生宿舍里——和清洁工住一个房间。她之后干什么——一无所知。9月11日,她给在基辅的娜佳写信说:"我的心情日渐低落,想起以后的日子我就害怕。"——也就是指即将到来的冬季。9月18日,又给她写信说:"我还住在科利亚的宿舍里……我给米沙发了电报,说我想回去,不知道他会怎么回复。科斯佳一直唠叨我,想让我走。"

塔季扬娜·尼古拉耶夫娜不知道,布尔加科夫在巴统的所有计划都落空,作出去莫斯科的决定后,已经于9月17日回

第一章 基辅岁月:家庭;中学和大学;战争;医学……革命

到了基辅。

他8月底至9月初的活动痕迹,可以在《袖口杂记》第一部分的结尾看到:"我像死人一样,躺在被海水磨平的鹅卵石上。由于饥饿,我的身体虚弱极了。从早到晚一直头疼。现在是夜里——去海边。我看不见海,只听到它在呼啸。潮起潮落。后来的海浪发出哗哗的声音。突然,从黑暗的海角——冒出三层楼那么高的火焰。

'波拉茨基'号向金角湾驶去。"

8月29日,巴统的一份报纸报道说:"8月20日,巴统港来了两艘船——'波拉茨基'号(就是这样!)和'舍费利德'号,运来大批货物和乘客。"这则关于这艘船及其上面的情况的报道,使布尔加科夫的希望破灭了。"够了!纵使金角湾闪闪发光。我也去不了了。体力储备是有限的。我再没有力气了。我又饿,又累!脑海里毫无激情。我又虚弱又胆怯。但是这里我待不下去了。既然这样……那么……那么……"最后一章也是最短的一章叫《回家》:"……回家。走海路。然后坐取暖货车。钱不够——步行。但是要回家。生活毁了。回家!……去莫斯科!去莫斯科!!

……去莫斯科!!!

再见了,齐希济里①。再见了,马欣贾乌里。再见了,泽廖内角!"

---

① 齐希济里。

第二章 在莫斯科的最初岁月

在莫斯科阴雨绵绵的 1921 年 9 月的下旬，布尔加科夫从带有舒霍夫设计的著名玻璃圆顶的布良斯克火车站来到了莫斯科。

这完全不是 1919 年 11 月那次让他觉得身处悲惨世界的造访。

如果把《袖口杂记》的某些内容看作传记文献的话，那么他是深夜进城的。就是说，他未能去妻子当时住的季霍米罗夫宿舍过夜，可能就像《袖口杂记》中所述，他在陌生人那里过夜。这也得到了塔季扬娜·尼古拉耶夫娜的话的证实——在他们见面之前，她听人说，丈夫在找她。

那时她在莫斯科已经住了大概三周了。"我来了之后，明白了，我和米沙再也见不着了，我应当去找母亲和姐姐。父亲 1918 年在莫斯科去世后，妈妈不想回萨拉托夫，搬去在彼得格勒的姐姐那里住了。我的两个哥哥那时已经去世，三哥（军事学校学员）去了市场，再也没有回来——直到现在也没有他的任何消息……"她没能找到亲人——直到很久以后才弄清楚，母亲和姐姐住在大卢基。"要不是科利亚·格拉德列夫斯基

第二章 在莫斯科的最初岁月

(他当时在追廖莉娅·布尔加科娃,想娶她),我都不知道自己该干什么。瓦尔瓦拉·米哈伊洛夫娜从物件中只拿给我一个枕头……米哈伊尔可能一开始没有碰上我,或者还是别的什么情况,我只记得,有人跟我说'布尔加科夫来了',他在找我。但是我当时无比确信,他从巴统出国了,我们永远不会再见了,但我不相信会是这样。"

他们又在宿舍住了些日子——在清洁工阿尼西娅的房间。打那些天起,不知怎的,塔季扬娜·尼古拉耶夫娜的脑海里老是回响着阿尼西娅说的俏皮话:"我过得很好的,我在等待更好的。"……

首先应当把工作定下来,然后再想房子的问题。布尔加科夫的手上可能有弗拉季高加索艺术科的证明和什么推荐信。他出去找相关部门,在斯列坚卡街找到了它,在"俄罗斯"股份公司所在的大楼里,若是现在,面向斯列坚林荫道,左手边就是这栋大楼。这是布尔加科夫在莫斯科最早踏进门槛的大楼之一。"说实话,不知为什么我穿过整个莫斯科,正好走向这栋大楼。我从山区小心翼翼地带来的小纸片,可能和所有的六层大楼都有关,确切地说,和它们中任何一栋六层大楼都没有任何关系。"(《袖口杂记》)

他在这栋楼里找到了教育人民委员部政治教育委员会文学出版处。1920年3月从新政权统治下得过伤寒后清醒过来的《袖口杂记》的主人公听着叫之前的名称的声音感到很惊奇("我们开设了艺术科!""这……是什么?""什么?""这就……吹上了?""嗨,不是。是下设的科!""下设的?"

"哎!""为什么是'下设的'?"),他们那时已经被教出毛病来了。

《袖口杂记》里写道:"这栋六层大楼的确很恐怖。楼里各处通过纵向的通道串起来,像蚂蚁窝似的,所以不用出到外面就可以走遍整栋楼的各个地方。"《袖口杂记》的作者在文学出版处里看到两个人:"一个高个儿,很年轻,戴着夹鼻眼镜。他裹的白色绑腿惹人注目,手里拿着开裂的公文包和口袋。另一个是头发有点花白,长着一双有神的笑眼的老头儿,头戴毛皮高帽,身穿军大衣。军大衣浑身破洞,兜上挂着各种钥匙。灰色的绑腿油光锃亮,脚上穿着打着花结的跳舞鞋。'能见一下处长吗?'老头儿和气地回答说:'我就是。'"("认识"方式当然、明显源于奇奇科夫和普柳什金的见面。"嘿,老兄,管事儿的就是我呀!")"他最像刮光了胡子的埃米尔·左尔。"

1921年9月30日签署的申请书写道:"请委任我担任文学出版处秘书职务。米哈伊尔·布尔加科夫"[①]。上面的批示是:"文学出版处。请委任为文学出版处秘书,接替戈利杰巴耶夫同志。保留戈利杰巴耶夫同志编委会委员职务。政治教育委员会文学出版处处长 A. 戈特弗里德。"在布尔加科夫看来,穿着非常体面的"老头儿"就是 A. П. 戈特弗里德,他自1918年12月起担任俄共(布)委员,莫斯科周边各局苏维埃组织委员。曾担任主管教育人民委员部文学出版处工作的亚·绥·绥

[①] 此件及以下各件发现于俄罗斯联邦中央国家档案馆第2306号全宗、第2313号全宗等,由 P. 扬吉罗夫复印,他还为我们热心地提供了利用这些文件及其注解的机会。

第二章 在莫斯科的最初岁月

拉菲莫维奇的副手——政治教育委员会文学出版处归他管……

就在那天,布尔加科夫填写了自己到莫斯科的第一张调查表——正如我们将看到的那样,极其深思熟虑:"……**了解俄国哪些地方?在那里居住过多少年?是否出过国?**——莫斯科、基辅,没有出过国;**是否参加过1914—1917年战争?**——空格线,是否参加过1917—1920年战争?——空格线;**职业**——文学家;**1917年以前的社会身份和主业**——大学生。"同父亲的家族、"优秀医生"毕业证书、作为军医参加两次战争相关的一切,早就不往外说了。

对于"您是否认为当前有必要采取突击工作?认为突击工作比深入工作好?"的问题,他含糊地回答说——"在某些情况下",而对于"您有没有参加过1917年以前的革命运动?"的问题,他非常明确地回答说——"没有"。

10月1日的命令委任他担任文学出版处空缺的秘书一职,接替亚历山大·孔德拉季耶维奇·戈利杰巴耶夫,他不知道的是,正因如此,他可能凑巧要和契诃夫打交道,后者曾亲自审定戈利杰巴耶夫为《俄国思想》写的短篇小说……戈利杰巴耶夫"踏上文学创作道路比契诃夫晚几乎四分之一个世纪①,比他多活了二十年",就这样还把自己的职位让给刚步入莫斯科文学创作生活的布尔加科夫……

秘书的职责有:"全面指导所有文字工作,发文,做文学出版处委员会会议记录,撰写同人员和机构的往来信函,拟订

---

① 况且只比他小三岁。

委员会会议'议程'①，落实委员会会议决议，向处长或副处长汇报日常工作和全面监督办公室工作……"

布尔加科夫1921年10月2日作的第一份会议记录如是记道："会议开始时间：晚8时。结束时间：夜里12时。"

布尔加科夫在莫斯科最初的同事之一、文学家格奥尔吉·彼得罗维奇·施托姆在去世前不久——1978年1月——和我们的一次交谈中回忆起当时的一些细节。我们记住了交谈出乎意料的开场白，当时格奥尔吉·彼得罗维奇说了几句话之后说："他以真实面貌示人，而我戴着面具伪装。"

我们的交谈者非常清楚地记得他们相识的那栋楼，那里的"房间通过伊利夫和彼得罗夫描述过的那条望不到头的通道连在一起……"他记得，当领导的是"一个叫博加特廖夫的，还有一个老头儿，他不知怎的常叨叨一句话：'莫诺马霍夫咸菜就是教训……'"（"年轻人"，即В.С.博加特廖夫，是А.П.戈特弗里德的副手。）格·施托姆自己是在布尔加科夫来了之后不久出现在文学出版处的——在不久的将来也出现在了《袖口杂记》里："早上11点，进来一个年轻人，看来像是个冻透了的诗人。轻声说：'施托伦。'

'我能为您做些什么？'

'我想在文学出版处谋得一个职位。'"《袖口杂记》的讲述者在他的申请书上写了批示。"然后来了一个卷头发，红面颊，朝气蓬勃的诗人斯卡尔措夫。"据格·施托姆讲，那是伊

---

① 注意：刚刚开始习惯于使用这个词组，因此加了引号。

第二章　在莫斯科的最初岁月

万·伊万诺维奇·斯塔尔采夫（1896—1967），他后来成了著名图书编目专家，当时是年轻的意象派诗人。1921年夏天他来到首都，不久后成了叶赛宁的朋友，五年后为他写了回忆录，他毫无顾忌地描述了诗人日常生活的细节（后来的版本中被删除了），这在当时让很多同时代的人大开眼界。斯塔尔采夫是"飞马栏"咖啡馆（布尔加科夫去过）的常客，在当时的莫斯科文学圈里有一定的知名度——叶赛宁回忆录的一位作者写道："万尼亚·斯塔尔采夫是个非常年轻、朝气勃勃的小伙子，但是是个彻头彻尾的邋遢鬼。诗人们因此给他和叶赛宁编了首短歌：'万尼亚蓬头垢面来，谢廖沙干干净净来，因为谢廖沙经常在普列奇斯坚卡①街睡。'"艾谢多拉·敦坎在普列奇斯坚卡街上住过，叶赛宁是在那年秋天同她在亚库洛夫的工作室相识的，据这位回忆录作者讲，这个工作室就在"花园街'水族馆'附近高楼上面闪闪发光的玻璃屋顶处。"一般认为，这发生在1921年10月3日——就是说，布尔加科夫可能正好就在那几天在那栋楼里住了下来。

现在已经确定，伊万·斯塔尔采夫10月4日被编入文学出版处，11月1日就被辞退，他可能是布尔加科夫对莫斯科文学青年最初的特别印象之一。这是布尔加科夫塑造出来的后来的两个伊万——《白卫军》里的诗人伊万·鲁萨科夫和《大师与玛格丽特》里的诗人伊万·别兹多姆内——中的一个。

"我们在最不合理的时间去上班，"格·彼·施托姆说，

---

①　意为：很干净。——译者注

"两点后……当时要给饥民赈济委员会①创作标语。不远处是米柳京斯基巷（今马尔赫列夫斯基巷），那里有座教堂，对面是俄罗斯电报通讯社的窗户，地下室是食堂。我们一起吃午饭，喝土豆汤（他讨厌），吃土豆饼（我讨厌）……"（《袖口杂记》里写道："星期五我在食堂喝汤，吃土豆饼……"）

……"忧郁的施托伦"，"轻声说"，——让人吃惊的是，对《袖口杂记》中的一个人物只是匆匆勾勒的两个特征，60年后仍然是原型最显著的外貌特征。

10月10日的会议上，已经有指导员施托姆和斯塔尔采夫出席，责成布尔加科夫"落实给所有员工供应与其级别匹配的口粮问题"。口粮问题自然成了文学出版处秘书当时忙活的所有问题中最主要的问题。就在那次会议上，责成员工们紧急创作同饥荒作斗争的标语。10月11日和12日的会议上，标语交了上来，部分标语被采用并付了稿酬。

读者档案中保存完好的布尔加科夫创作的标语——

> 同志，你可知道饥民的惨状，
> 你正直的胸膛里是否有熊熊火焰燃起，
> 如果你正直，那么能帮什么就帮什么吧，
> 来帮帮饥民吧，

……不仅会想起他后来写的一封信里的一句话（"我从小

---

① 赈济伏尔加河中下游流域饥民协会。

第二章 在莫斯科的最初岁月

就受不了诗歌……"),而且还会想起长篇小说《白卫军》里的《自由消息报》上的两行诗——谁正直,不自私自利,就去志愿兵团。

10月20日,布尔加科夫为文艺小品文科(!)(也隶属于文学出版处)文学委员会作会议记录,会上听取了科长作的《关于接收小品文以及对其进行审核的规章》的报告。在也是他作记录的10月22日会议上,听取并拒收从1900年就已闻名的一些文学家——布尔加科夫几年后会在莫斯科的一家杂志上看到的弗·坦–博戈拉兹以及维·穆伊热利——的小品文。10月25日,10月27日……10月25日——是布尔加科夫在莫斯科的文学创作生活编年史上重要的里程碑——几乎是起始碑。在这一天召开的文艺小品文科的例行会议上,采用并评定了几篇小品文,其中有——米·科利佐夫(布尔加科夫三年前就在基辅的报纸上读过他的文章,只是科利佐夫当时的小品文听起来是另一种基调)的小品文和米·布尔加科夫自己的作品《复仇的缪斯》。

一个多月后,也就是1921年12月1日,布尔加科夫在给仍在基辅居住的妹妹娜佳的信中,对可能是他进入莫斯科文学创作生活的最初试笔这样描述道:"我给《荧幕》(戏剧杂志)写了一篇小品文《叶甫盖尼·奥涅金》,未被采用。理由是投给戏剧杂志不合适,适合投给文学杂志。我写了一篇纪念涅克拉索夫的艺术小品文《复仇的缪斯》。政治教育委员会下属的文艺小品文科采用了,应当会在政治教育委员会戏剧科出版。付了100卢布。交给了《艺术通信》。我早就知道,杂志不会出版，要么就是《复仇的缪斯》在最后一刻'不合什么人的心意……'等各种乱七八糟的事。"预测是对的，《复仇的缪斯》到底还是没有刊出。信中的这个片段我们早在1973年①就发表了，但是《复仇的缪斯》（小习作）十多年后才在"文学出版处艺术科"的、归并"各界人士献给同饥荒作斗争和革命斗争的诗歌和短篇小说"的文件夹中被发现；是机打的复制件，署的是布尔加科夫到莫斯科第一年时使用的假名——米·布尔。②

"种种美德装饰着你，这绝非别人所能具备……"布尔加科夫选了涅克拉索夫的名句作为引言，以如下话语开篇："诗人如此尖刻地嘲笑不具备真正的美德，只是被带红帽圈的制帽所装饰的阶级面目不清的代表"（《贵族制帽》）。文中，作者的各种任务交织在一起，折射出他的不同情感没有交融。我们看到的是一个已经饱尝失败苦楚，偶然不把自己的命运同失败者联系在一起的人，是一个已经在弗拉季高加索经历了同胜利者进行恐怕是实际意义上的阶级文学创作斗争的锻炼的人。现在他应当融入首都的文学创作生活——适应新生活，不迷失自我，把自己近年来苦苦思索的结果付之梨枣，但是不要与不加思索就随声附和胜利者的人为伍。

在他写的纪念涅克拉索夫的小品文中，透过已被众人认可的各种各样的表述，他不断流露出个人想法，力图用集体性词

---

① 1973年《文学问题》第7期第252页。
② Г. 法伊曼和 Р. 扬吉罗夫在档案中同步进行认真查找；他们两人也都刊发过小品文（《文学问题》，1984年第11期第196—199页；《周刊》，1984年第48期第14页）；遗憾的是，两位刊发者都认为可以同意作某些删节。

第二章 在莫斯科的最初岁月

汇表达自己。创作中不容置疑的、务必遵循的(既是本义上也是转义上的)"集体性",加之小地方的直率,在弗拉季高加索和巴统给他上了一课。我们回顾一下他在1921年2月1日给康斯坦丁·布尔加科夫的信中谈到写长篇小说时说的话——"……整个这段时间唯一深思熟虑的东西。但是又是伤心:要知道这是个人创作,而现在创作的完全是另一个东西。"写纪念涅克拉索夫的小品文成了写"合适"的东西的尝试(在纪念涅克拉索夫诞辰前夕),但是表达的是某种深思熟虑的东西。他描写的是个对"生出自己"的人进行嘲笑和感到生气的诗人;"他在创作的痛苦中走向自己的十字架(因为创作者生活在苦难中),残酷地钉在十字架上面时,以布丁村、破烂儿村以及灾荒村居民的名义背叛了自己的阶级、贵族缪斯。"

为了表现矛盾,选了极其有力的资料,让人觉得,作者描绘的是自己目前的心态。"在无论多么天才的诗人身后,永远如影随形地站着他的阶级。

从天才的普希金的每一行诗,他看到的是——阶级,调皮地使个眼色。①

伟大的雅致,高傲的雅致。天才的贵族。

普希金可怜奴隶,因为绝妙的天才不可能看不到极度的高傲。

但是精神上是天才,肉体上是贵族,只是用神奇的手指微微触及由于极度高傲而不停地呻吟的人。

---

① 这不是对自己文学创作可能的未来的思考吗?

他感叹说：

朋友们，我会不会看到，
人民不受压迫。

于是离开奴隶，使自己局限在天才引领他去的望尘莫及的精神之巅。"9年后，布尔加科夫会写自己在极其尖锐的历史冲突中作出选择，毫不动摇地称自己的创作特点是"坚定地塑造我们国家最优秀的阶层——俄国知识分子"（1930年3月28日致苏联政府的信）。

"世上一切皆有尽头。好日子的尽头也会到来。"为了描述这个尽头，布尔加科夫找了这样一些词语，可能正是由于这些词语热情洋溢，过于辞藻华丽，影响了小品文的发表。

"……金色的布雷盖表定时发出清脆的声音，召唤着从一种喜悦转换到另一种喜悦。

就这样持续至今。

但是有一次，它发出了从未见过的令人心慌的丧鸣，发出出乎意料的芭蕾要开始的信号。①

带红帽圈的制帽们怒发冲冠，起身离开芭蕾舞演出。很多、很多很多的制帽们永远失去了帽圈，有时还一起丢了脑袋。"前不久的恐怖画面在作者心中的视阈前展开，于是他接着用对局势的必要评价修正了这些画面："因为农民队伍迸发

---

① 套用了普希金的诗——'……只听得布雷盖表声声在催，一场新的芭蕾已经开演。'……

第二章 在莫斯科的最初岁月

出来的怒火很恐怖。"

就像在《将来的前景》一文中那样,他尝试在小品文的结尾预测遥远的未来:"又过了一年,怒火没了,天边泛起光亮。钢铁之师、不敢相认的农民队伍占有土地。可能那时才能在他们当中找到开始在世界胜利者的回忆录里翻寻,找到涅克拉索夫富有表现力的诗句的人,他们想起自己受辱的祖辈时会说:

'他是我们的讴歌者。他用自己的诗句向我们的压迫者、自己的生育者复仇,为我们悲伤。'

因为他的缪斯是复仇的和悲伤的缪斯。"

"世界胜利者",——我们关注的正是这些词语。"胜利"和"失败",——在布尔加科夫看来,是极为重要的对立。它们在当时不仅决定着他思考社会的情绪,也决定着他的有艺术性的处世态度的一些特点。他在莫斯科写的第一篇小品文——就是对胜利者说的话,就是关于他们自己和他们的诗人的话。

……站在文学出版处门前……,《袖口杂记》的主人公脑海里第一次勾勒出首都官方文学创作日常生活的画面:"那里是这样的:第一个房间里铺着大地毯,摆着写字台和装满书的书柜。庄严而又安静。桌子后面坐着秘书——可能是我通过杂志认识的一个人。然后是一道道门。处长办公室,更是无比安静,里面摆满书柜。坐在圈椅里的当然是谁?文学出版处?在莫斯科?没错。是马克西姆·高尔基。《在人间》,《母亲》。还能有谁?如此这般……有人在交谈……突然发现这不是勃留索夫和别雷吗?……"

推开门——同首都文学创作生活的第一次接触就让他大吃

一惊："我来错地方了！这是文学出版处？木头桌子上空空如也。柜子敞着门。小桌子四脚朝天，搁在角落里。只有两个人。"

文学显然不在文学出版处之外。

布尔加科夫来到首都之前，莫斯科文学圈还在传说和讨论两个消息——1921年8月7日发生在彼得格勒的勃洛克之死和1921年8月24日古米廖夫被枪杀。诗人死去的消息直到9月初才在莫斯科传开；伊万·尼卡诺罗维奇·罗扎诺夫在9月3日的日记中记道："我在'协会'里听 Ю. И. 艾亨瓦利德说，古米廖夫被枪杀了。他说：'我以为，勃洛克将成为俄国的安德烈·舍尼埃，原来真正的安德烈·舍尼埃另有其人。'"就在那天晚上，莫斯科一个有名的活动小组——"尼基季娜家星期六活动小组"（简称"星期六活动小组"）举办了夏季休会期之后的第一次会议，为了纪念勃洛克。9月6日，莫斯科到处传说："古米廖夫不是被那个人枪杀的，而是另有其人，古米廖夫是因往芬兰贩卖什么手稿而被捕的。"这位莫斯科的文学家在9月7日的日记里记了女诗人 B. M. 莫尼娅说的话："关于古米廖夫，韦什涅夫说了假话：报纸上登的是贵族诗人。"各大主流报纸9月1日刊登的消息还在被热议。这则日记里还记了这位女诗人、谢尔盖·博布罗夫的妻子说的另一条在莫斯科传得满天飞的"新闻"："3日，安娜·阿赫玛托娃去世，波隆斯基请谢尔盖·博布罗夫把他对《车前草》的评论改为悼词。

说到古米廖夫，谢尔盖·博布罗夫说，关于这个坏蛋，用

第二章 在莫斯科的最初岁月

不着提这种东西……"

莫斯科特有的这种喜欢传小道消息的氛围——一个比一个别出心裁,一个比一个有想象力——让刚在首都生活一个月的布尔加科夫如坠云雾,可以想到,这让他感到吃惊(尽管基辅的小道消息他也很清楚)。市民热衷议论悲剧事件的情节,几年以后就以怪诞手法反映在《大师与玛格丽特》初稿(很快被毁掉的一稿)中,在那一稿中,女诗人斯捷潘妮达·阿法纳西耶娃给所有认识的文学家打电话说了别尔利奥兹死了的"惊人细节"("原来,别尔利奥兹和女大夫卡捷琳娜·特里沃利斯卡娅有不正当关系,这种不幸的关系把他弄到电车底下去了。")。

1921年整个年底,莫斯科的各个文学创作小组都在举行纪念两位诗人的晚会。伊·罗扎诺夫的日记中记道:11月2日,"……我去了'文学创作馆',那里举办了三场关于古米廖夫的报告:莫恰洛娃做的报告,不知名的女士做的报告,布鲁尼做的报告。讨论。瓦·费奥多罗夫谈古米廖夫的《布留塞尼》。Л. М. 罗斯基。"(女诗人奥莉加·莫恰洛娃这几个月在莫斯科的各个大楼里读自己写的古米廖夫回忆录);11月28日,"晚上我去了作家协会。尤·艾亨瓦尔德在那里朗诵古米廖夫和阿赫玛托娃的诗。古米廖夫这个名字布尔加科夫当然认识——可能首先不是通过诗歌(他对新的诗歌作品基本上漠不关心,尽管塔季扬娜·尼古拉耶夫娜记得,在基辅时,他的桌上有新书《阿波罗》——他关注的是当代文学)认识的,而是通过1915年初至1916年初刊登在《交易所新闻》上的《骑兵札记》认识的。这些书这个学医的大学生当年很可能读过,他知道,自己将要上战场，但是当时已经在思考文学创作了。这位文学家写的军队动态应当引起了他的注意。"要求把自己平放在地上，亲吻自己曾带过的兵，并为他们画十字祈福，坚决命令他们逃生"的受伤军官的行为，可能被他记住了，并在后来有所反映——在他自己思考俄国军官马雷舍夫、奈-图尔斯、图尔宾的形象时。但是古米廖夫描述的"只有猎捕过大型猛兽、豹子和水牛"才能体会的感受，现在对他一个亲眼见过战争的医生来说，可能并不陌生，而且很讨厌。可能让他想起了谣传的诗人惨死的各种细节，勾起了对诗人的《骑兵札记》结尾的思考、异议或赞同："有些人只为战争而生，在俄国，这样的人不比任何地方少。如果他们在'北方大国人民的心中'无事可做，那么他们'在自己南征北战的命运'就不可缺少，诗人知道，这没什么两样。"（古米廖夫这里引用了普希金《波尔塔瓦》中的诗句）。

如果再看《袖口杂记》中的话语——这不是勃留索夫和别雷在文学出版处想象中的门外交谈，——我们注意到，不久后布尔加科夫就有机会听到著名诗人的声音：在自由哲学协会新成立的莫斯科分会［加入其中的有尼·亚·别尔嘉耶夫、米·奥·格尔申宗、古·古·什列特（基辅人），比布尔加科夫大13岁，和他是同一所大学的毕业生，在布尔加科夫上中学时在离第一中学很近的位于冯杜克列耶夫街的女子中学教授心理学］于10月初举办的第一次会议上，安德烈·别雷做了关于陀思妥耶夫斯基的讲座，星期天，也就是10月16日，作家协会为即将去德国的别雷举行了送别会；他朗诵了新诗《第一次

第二章 在莫斯科的最初岁月

约会》,诗中歌颂了布尔加科夫即将居住的"莫斯科的蜿蜒小巷"。

总之,莫斯科的文学家们不在莫斯科的新住户布尔加科夫希望找到他们的文学出版处里,而在卖自己以及别人的书的合作社小书店里。勃留索夫和帕斯捷尔纳克在阿尔巴特大街的书店里卖书,尤·伊·艾亨瓦尔德和弗·格·利金(布尔加科夫不久后就和他相识了)在"作家协会"书店里卖书,尼·谢·阿舒金在"环节"书店里卖书。在"大家族""麦穗"出版社的书店里,还能浏览和购买国外出版的俄文书。1921年12月可以读到《现代纪事》杂志,上面刊登了阿·托尔斯泰的长篇小说《苦难的历程》(作家能否回俄国,当时还没有议论)。

伊·尼·罗扎诺夫在1921年12月13日的日记中记道,"大家族"(既是出版社也是书店)来了《路标》。这就是说,这本文集出现在莫斯科知识分子的阅读范围中,而且就是从那时起已经到了布尔加科夫的手里。这本文集很快就在特维尔再版——封面未变(《……尤·韦·克柳奇尼科夫、尼·瓦·乌斯特里亚洛夫、C.C.卢基亚诺夫、亚·弗·博勃里舍夫-普希金、谢·斯·查霍金、尤·尼·波捷欣文集》,1921年7月布拉格版),印数为1万册;它被争相传看。可以推测,就是在这时,布尔加科夫才第一次读了新作家们为其书名和内容争论不休的书——《路标。俄国知识分子文集》。

众所周知,1909年《路标》差一点出版不了成了轰动一时的消息——知识分子中的文化权威人士公开表示对社会变革的革命道路没有信心,声明转而信仰宗教的、形而上学的世界观原理。就在那一年,青年布尔加科夫正好远离形而上学原理和宗教,但是与此同时,与当时的社会意识和行为方式相反,未必就接近激进主义。如果不是在那时,那么稍后他可能会赞同文集作者们形而上学的观点——他们在文集中谈论"精神生活在理论上和实践上优于社会生活的外在形式,在这个意义上说,个人的内心生活是人存在的唯一创造力……"——但是同时,他当时可能对思考社会主义和未来革命的哲理不感兴趣。现在,形而上学成了现实;他已经不能不思考它了。

就在他到莫斯科的第一年,他完全有可能读了那些作者的第二本文集,只是这时,它出版并出现在莫斯科已有三年。①

《路标》里最合乎他兴趣的应当是,同批评知识分子以遭遇革命年代各种事件极其严厉驳斥的方式"爱人民"相关的内容。"俄国知识分子的信念是为人民谋福祉,满足'大多数人'的需求。他们认为,服务于这个目标是人类最崇高、总的来说是唯一的义务,高于这个,**那就是——**庸人自扰,"С. 弗兰克写道,"正因此,他不单单只是否定或者不接受精神价值——他甚至恰恰害怕和厌恶精神价值。"这种每个人必须服务于社

---

① 《来自深处》文集"1918 年秋天前就印刷完毕。但是谋杀列宁和杀死乌里茨基后爆发了红色恐怖——当时决定,在这样的形势下不可能出版文集,于是它就留在印刷厂……三年后,也就是 1921 年,可能是由于喀琅施塔得起义激起情绪,库什纳廖夫印刷厂的排字工人自行开售文集。文集确实没有传到莫斯科以外的地方,而且在莫斯科可能也是手手相传,没有进入书店。大部分文集可能是后来被没收的。据 С. Л. 弗兰克推测,封面上标明的出版年份——1918 年拯救了还在俄罗斯居住的文集的几位参与者。这本文集成了极其稀缺的图书珍本——流往国外的不超过两本。"(《С. Л. 弗兰克回忆文集》,1954 年慕尼黑版,第 54 页)

第二章　在莫斯科的最初岁月

会、为"人民"谋福祉的教条式义务——尽管是别的什么人替你决定，这种福祉到底是什么——可能让布尔加科夫感到厌恶；他要自己寻找自己的人生目标。按我们今天所知道的他在革命后头几年的情绪来看，他可能和彼·伯·司徒卢威一起因群众革命化而指责知识分子，认为"造成这个现象的基础是这样一种认识，认为社会'进步'可能不是人类改进的成果，而是呼吁人民觉醒的历史游戏中应当中断的赌注。"

我们以为，《路标》文集中尼·瓦·乌斯特里亚洛夫的几篇文章（统称《爱国布》）中的一些观点，应当引起了布尔加科夫的注意，下面就是其中一个观点："群众的不满和怨言，确实遍布受尽苦难的不幸的祖国。……我们认同这样的推测：抽搐加剧后，会变成新的癫痫发作、新的革命。如果这发生了会怎么样？我只能说……如果这些乐观主义者没有甫出龙潭，又入虎穴的话，那就是他们的造化了……"①

布尔加科夫在战争年代养成的害怕"人多"和喜欢秩序的习惯在他接下来的路上可能发挥了作用。

每天晚上都有新作品朗读会——在特维尔林荫道的作家协会，在"小队"、"文学创作馆"（由不久后跟布尔加科夫熟识的奥格·列昂尼多夫主持）和"抒情诗写作组"读书小组……每天晚上，不出环形林荫道范围，走着就可以去好几个这样的朗读会。"尼基季娜家星期六活动小组"筹备出版自己的第一本文选。10月10日，利普斯克罗夫和霍达谢维奇在作家协会

---

① 布尔加科夫似乎也强烈以为有发生这种风险的可能。

朗读了作品；罗扎诺夫的日记里记了这件事，他11月9日记道，受邀参加帕·帕·穆拉托夫喜剧作品朗读会，11月23日，参加他的《魔幻故事》朗读会。他在那天晚上还记道："回来的路上，尼基茨基门下发生了枪战。一个人拿着左轮手枪追着另一个人。"革命年代开始有的城市日常生活新特征，还没有从莫斯科的街道上消失。

11月20日，托尔斯泰之家在哈莫夫尼基区开张了。总的来说，好像托尔斯泰还在世似的。他的孙女们还住在这附近，她们是莫斯科文学圈的一部分：谢尔盖·叶赛宁（1925年结婚）的妻子索菲娅·安德烈耶夫娜——她住在普列奇斯坚卡街（布尔加科夫的舅舅尼·米·波克罗夫斯基好像给她治过病），几年后，布尔加科夫也搬到了这里，安娜·伊利尼奇娜——她1925年嫁给了帕·谢·波波夫——和布尔加科夫交好。那些年，她高兴地给女伴们讲："我坐电车，拥挤不堪，挤来挤去，一个女的就说：'嘀，跟个伯爵夫人似的！'我回了一句：'我就是伯爵夫人！'"（这是К. А. 马尔齐舍夫斯卡娅1987年给我们讲的。）

……托尔斯泰还在莫斯科，这似乎得到城市当时面貌的一个细节的证实：在新圣母修道院附近，沿着小公园的林荫道和小路散步，"莫斯科人管这里叫处女地地区，或者直接叫处女地，……可能突然、非常出乎意料地遇见一个像您一样散步的人，一个头发散乱、留着长胡子的老人，一双石手朴实、低调地放在腰间，因为他自己也是石头做的。任何一个路人立刻就能认出，他是列夫·尼古拉耶维奇·托尔斯泰（雕塑家 С. Д. 梅尔库里耶夫雕刻于1911年）。即使知道这种效果的人也常常

第二章 在莫斯科的最初岁月

感到这种相遇的感受很特别。"

塔·安·库兹明斯卡娅和托尔斯泰的女儿亚历山德拉·利沃夫娜在亚斯纳亚波利亚纳住过；莫斯科的文学家们常去她们那里，她们总是热情地接待这些文学家。

托尔斯泰之家从 1921 年 6 月起改称庄园博物馆，亚·利·托尔斯塔娅被任命为保管员。莫斯科人都知道，过去几年她数次被捕。1920 年春天，她夜里听到"隔壁牢房里发出一声巨响，好像有人摔倒了。跑来了看守，人们开始忙活，跑动起来，把什么重东西抬起来，运出去了。我们站起来细听，尽力弄明白门外在干什么。我当时不知道，这是格拉西莫夫在隔壁牢房里因心力衰竭死了，他很久以前在我们家住过，当我弟弟们的家庭教师，他是临时政府国民教育部副部长。"据我们推测，这就是布尔加科夫在尼古拉村和维亚济马村的时候遇见并和其聊天的那个奥·彼·格拉西莫夫（据尼·伊·卡列耶夫认定，他是位"好教师"）。

托尔斯泰的女儿因所谓的策略（民族）中心案被追责；在 7 月 28 日到 8 月 3 日进行的庭审之前，她和其他很多人获释，判决后又被拘留。主犯有尼·尼·舍普金教授、谢·尼·特鲁别茨科伊、谢·彼·梅利古诺夫以及几个女人。M. M. 奥索尔金在自己的回忆录中写道："我们在综合技术博物馆一号讲演厅旁听了案情，热尼亚①曾在那里做过关于自由进步的讲座。……案件名称为'民族中心案'，但是主要指控条款是：成立疑似策略

---

① 热·尼·特鲁别茨科伊。

中心，把所有的反布尔什维克组织联合起来，同现有秩序作斗争，并且采取务实手段——与军方组织达成什么协议，长期与同布尔什维克交战的境外力量来往。虽然指控很严肃，但是除这八人外，所有的被告都被释放。"——这也是那个时代的特征，法官指望被告们认真负责，对他们怀有一定的尊重。奥索尔金根据亲属们的口述，描写了谢·特鲁别茨科伊在庭审中的陈述，"非常冷静，双手轻轻叉腰，就像在自己家里一样；对于出身问题，他回答说：'出身公爵家族，生为贵族。'对克雷连柯的所有问题都回答得直接而又干脆。"一个参与者"反驳称被告为叛徒的克雷连柯说：'他们从未当过叛徒，因为他们爱俄罗斯，任何情况下都像你们、法官先生们（他朝审判席挥了挥手）一样没有背叛她，也像您、原告先生、前总司令（朝克雷连柯点了点头）一样，把阵地让给敌人，和敌人结成兄弟……'"

这样的反驳步骤与布尔加科夫的风格相似；他肯定向莫斯科人打听过这次庭审的细节，据说，参与者们讨论了改变既定处境的可能性。"死神在人们的头顶盘旋，"亚·利·托尔斯塔娅回忆说，"处境恶劣。不承认有罪已无意义……但是陷入另一种极端，开始忏悔和请求宽恕也很可怕。"她描述道："一个戴着夹鼻眼镜，留着一头蓬乱的黑发，蓄着络腮胡，长着一对支棱着的大耳朵的人，不慌不忙地迈着自信而又平静的步伐走进"审判厅，"他像见惯这种场面的演说家一样开始平静、优雅的陈述。"——不知什么原因，托洛茨基为其中一个被告——被认为是共和国需要的青年学者——辩护，这增加了被

第二章 在莫斯科的最初岁月

告们保全性命的机会。

对于检察官的问题"公民托尔斯塔娅,您是如何参与策略中心案的?",亚·利·托尔斯塔娅回答说:"……我给策略中心的参与者们热上茶炊……""然后给他们喝?"克雷连柯接过话说完。"是的,给他们茶喝。""您的参与就是这样吗?""是的,就是这样。"不久后,莫斯科就开始传文学家亚·莫·希里亚科夫编的滑稽诗:"抑制住自己作为公民的热情吧。国内一个勇敢的姑娘,被关进逼仄的牢房,因为热了茶炊……"亚·利·托尔斯塔娅在新斯帕斯基修道院被监禁三年,从那里被运到粮食人民委员部进行强制劳动,在那里,也就是在特维尔街和新闻街十字把角,她在安德乌打字机上打字,然后走路回家睡觉。"有一次,我忘了处于监禁状态,去参加托尔斯泰作品朗读会。瓦·费·布尔加科夫发言。他一如既往热烈、勇敢地谈论我的父亲……他突然极其出乎预料地提到说,现在在这里,大厅里,来了已经被捕并且正处于强制劳动状态的托尔斯泰的女儿。"几天后,她又被运回监禁地——共和国检察官克雷连柯得知"我参加了托尔斯泰作品朗读会,很生气,命令立即把我送回监禁地,并在那里'以最严密的监视'执行监禁;"但是很多人为她东奔西走,不久后她又被放了出来。然后她自己也为别人在阿·萨·叶努基泽、米·伊·加里宁、明仁斯基面前求情。例如,她记述说,"来了个作家"找她,"我在地方自治联盟战线工作时认识了他。他刚从西伯利亚回来。给高尔察克干过,后来藏在了莫斯科。'我想要一个合法身份,'他说,'您能不能帮帮我?'"她拜访明仁斯基后,"作家拿到批文，留在莫斯科生活，开始从事自己的文学创作活动。"这是不是后来的"绿灯"的成员之一呢？

几年后，布尔加科夫与帕·谢·波波夫和亚·利·托尔斯塔娅熟络起来。作家（他这些年感觉自己是其文学继承人）的孩子们在革命后的命运——是普洛特尼科夫巷10号楼里友好交谈极有可能涉及的一个话题，这里引用的亚·利·托尔斯卡娅的生平经历——是还原我们不知情的这些谈话的一个方向。

1922年1月19日，也就是在洗礼节前夜，马雅可夫斯基在综合技术博物馆里进行"清洗诗人"活动（这个活动持续了几个晚上，直到3月17日）。在文学会议上可以见到霍达谢维奇、茨维塔耶娃和布尔加科夫去年夏天在高加索认识的曼德尔施塔姆。

如果考虑到布尔加科夫1922年秋天就着手编纂当代作家图书索引辞典（！）（后来搁置的计划），那么应该推测出，他理应去过文学家聚会的地方。

然而，1921年深秋到冬天，他几乎没有时间去干这个——为生存、饭碗和住房奋斗，耗费了所有时间。

在莫斯科最初的日子里，住房状况可谓毫无出路。这一状况是这么解决的：妹妹娜佳的丈夫、语言学家安德烈·米哈伊洛维奇·泽姆斯基当时去基辅找妻子，让布尔加科夫一家住进自己的房里。

这就是大花园街10号楼，——莫斯科的百万富翁皮吉特1906年建成的、用于出租的五层公共住宅楼，它想必数次出现在布尔加科夫的创作中。这栋楼的一个住户回忆说："在花园

第二章 在莫斯科的最初岁月

环路改造前,还没有挤满冷酷无情的左邻右舍,这栋楼能给人留下深刻印象——富丽堂皇的悬窗,雕塑装饰的阳台……漂亮的楼前小花园把建筑物和人行道隔开。一串串从未有过的硕大的丁香花束越过铁栅栏伸向街道……在这里租房的主要是知识分子:医生、艺术家、律师、演员。"(B. 列夫申:《花园街副302号》,载于1971年第11期《戏剧》第112页及以下几页)这栋五层楼归高等女子讲习班所有,领导是玛丽亚·丹尼洛夫娜·泽姆斯卡娅;她能给丈夫的弟弟安德烈·泽姆斯基分一间房,并且在革命头几年认证后者有使用这间房的权利,当时区苏维埃决定从这栋楼"迁出阶级异己分子。新住户是邻近的印刷厂的工人。一些工人住进腾出来的房子,另一些工人占用留下来的住户的房间。留下来的住户要么是立即承认革命,要么是逐渐习惯革命的知识分子"。皮吉特的楼当时"成了莫斯科、可能也是全国第一栋工人合住楼。房管以及部分维修服务转到社会人士手中"。(B. 列夫申:《花园街副302号》)这引发了什么后果,在布尔加科夫在莫斯科最初写的一篇短篇小说《埃尔皮特—工人合住房所在的13号楼》中,当然被描述得怪诞离奇,直至发生一场把楼彻底烧毁的大火(顺便说一句,B. 列夫申指出,这场火灾不是凭空杜撰的,尽管让布尔加科夫给描述成了"灾难性的规模")。据塔季扬娜·尼古拉耶夫娜记得:"有一天早上,我们隔壁住的一个女人的房间天花板掉了下来——因为屋顶有积雪,没人扫雪。我听见轰隆一声巨响和尖叫声……她奇迹般地逃脱危险——她当时在另一个角落里。然后这个房间里住进来一个面包师和漂亮的妻子娜塔莉亚。她家老打架。她哭喊得撕心裂肺！米哈伊尔听不得有人被打……有一次，他把警察给叫来了——娜塔莉亚喊道：'救命！'。警察来了，她们家却关着门，不让人进。就这样，米哈伊尔差一点因为报假警被罚款……总之，这栋楼很出名……我们的房子里什么人都住过！在窗户朝院子的那一侧，是这样住的：面包师家，我们家，然后是妓女杜霞家；夜里我们家门没少被敲：'杜霞，开门！'我说：'隔壁！'总的来说，她是个低调的女人，她家没有制造过什么噪音；她的丈夫也在附近什么地方……再往后是警察局长和妻子——一个相当快乐的少妇——住过……她丈夫经常出差；她的小儿子常跑我们家来……"塔季扬娜·尼古拉耶夫娜认为，就这家人像短篇小说《赞美诗》里的人物。"楼道另一侧的中间是厨房。厨房两侧住着寡妇戈里亚切娃和儿子米什卡——她常常揍那个米沙卡，以及印刷厂工人——夫妻俩，一对儿可怜的酒鬼，常喝自酿酒。还住过什么领导和妻子。妻子是个普通妇女，常常拖地，后来丈夫被派到美国，她跟着去了，她回来时穿着大衣，头发烫卷了，得意忘形，常把做了美甲的手这样放在胸前（显摆）。他们有了另一套房子，搬走了……房管处都是些可怜的酒鬼，他们常来我们家，威胁要把安德烈注销掉，也没有让我们登记，看得出他们想要钱，可是我们没钱。直到米哈伊尔给克鲁普斯卡娅写信以后，才给我们登记。她给我们楼寄来了一封便函——'请予登记'……"

布尔加科夫在莫斯科的第一个打字员伊琳娜·谢尔盖耶娜·拉边记得这件事是这样的："他住在一个什么熟人那里，

第二章 在莫斯科的最初岁月

后来他决定给娜杰日达·康斯坦丁诺夫娜·克鲁普斯卡娅写信。我和他一起花了好长时间拟这封信。信已经打好时,他突然对我说:'您懂得,我可能最好还是亲手把它抄一遍。'于是他就这么做了。他把这封信寄了出去,我记得,娜杰日达·康斯坦丁诺夫娜给他在花园街地区什么地方弄到了一间18平米的大房间时,他心满意足地跑过来的样子。"这段讲述的细节让人信服——很久以后,也就是在30年代,安娜·安德烈耶夫娜·阿赫玛托娃去找布尔加科夫,想在打字机上给斯大林打封信,请求释放自己的亲人,布尔加科夫给她出主意说:"您自己亲手写——您是诗人,这样更好!"于是她就这么做了。而自己写信的事,布尔加科夫1924年初在短篇小说《回忆……》里描述的有所不同。

布尔加科夫在1921年11月17日给母亲的信中就写了精简机构和压缩编制的事,他写道:"我的机构也在精简缩编之列,可能正在度过末日。所以很快我就没有职位了。但是这些都是小事。我已经采取措施,及时和按时换份私人工作。您可能已经知道,只有干私人工作或做买卖才能在莫斯科生存。而我的所谓公家职位的好处只是我可以靠它拿到近50万卢布的月薪。公家职位付薪难,而且还拖延,所以以后只靠这样的职位过活不了……昨天我收到了一家新办的工业报纸的邀请,待遇还不清楚。这是真正的商务,他们想试用我。……11月底和12月会很难,正好是换到私人企业的时候。但是我指望我的大量熟人,现在已经完全有权指望无论愿不愿意都不得不展现的能量。……在莫斯科,人们只是几十万和几百万地算账。1俄磅黑面包4600卢布，1俄磅白面包14000卢布。而且价格还在不停地上涨！商店里商品琳琅满目，但是到底能买什么呢！剧院里座无虚席，但是昨天我恰好路过大剧院（我现在已经想着，怎样才能不是恰好才去呢！）时，小贩们按7.5万、10万、15万卢布的价格兜售门票！莫斯科什么都有：鞋、布料、肉、鱼子酱、罐头、各种美食——应有尽有！咖啡馆雨后春笋般地开了一家又一家。到处都是几百、几百！几百地要！！投机倒把浪潮风行。

我只幻想一件事：熬过冬天，不要在是最困难的一个月——12月——倒下。"

这段时间，他的脑海里产生了一个宏大的剧作计划。在给母亲写的那封信中，他向妹妹娜佳提出了一个请求："我需要这部历史剧的全部材料——与1916年和1917年（杀害和变革）时的尼古拉和拉斯普京有关的一切。各种报纸、对宫廷的描述、回忆录，最需要普里什克维奇的《日记簿》——极其需要！

对服饰的描述、画像、回忆录，等等。她明白！

我想着在1922年年底前创作一部宏大的五幕戏剧。一些草稿和提纲已经准备好。这种想法让我疯狂。莫斯科没有《日记簿》。请娜佳无论如何帮我弄到！……干我这个枯燥的工作，我当然永远也写不出什么有用的东西，但是幻想着写它和真正写它都很难能可贵。如果她只能短暂地拿到《日记簿》，请立即、马上逐字逐句从中抄录涉及用毒品杀害、费利克斯和普里什克维奇密谋、普里什克维奇呈送尼古拉的报告以及尼古拉·米哈伊洛维奇的个性的一切内容,并以书信的形式寄给我(我觉得可行?以'戏剧材料'命名?)。给她添这个麻烦可能不好意思,但是她会理解的。鲁缅采夫博物馆里没有1917年的整套报纸!!恳请帮忙。"

这个构思和小品文《复仇的缪斯》的内容完全吻合。

他情绪激动、充满激情地把自己整个经历的不幸变革的观点整理到某种能够公之于众的程度,想尽快进入文学创作生活。

他的第二篇没有发表的小品文《叶甫盖尼·奥涅金》的内容不甚明了。可能就像 P. 扬吉罗夫认为的那样,是对重登大剧院舞台的柴可夫斯基的歌剧《叶甫盖尼·奥涅金》的评论。这部歌剧分别于11月17日、11月19日、11月25日和12月1日演出。我们认为,布尔加科夫不会没有注意到这件事营造的特殊氛围。(这种氛围可能不仅决定了小品文的构思,而且还决定它不能发表。)

1921年11月出版之家就进行过公开辩论——"需不需要大剧院?"报告人中就有梅耶霍德(见1921年11月10日的《真理报》)。1921年12月莫斯科已经讨论说关闭大剧院的时机已经成熟。人民委员会根据卢那察尔斯基的建议作出一致决议——保留大剧院。……它的命运直到1922年3月才最终明朗——3月14日,教育人民委员会收到俄共(布)中央委员会政治局会议记录摘要:"听取了关于大剧院……的报告,决定'批准全俄中央执行委员会1922年2月6日(关于不宜关闭大剧院)的申请。'"……对布尔加科夫来说,歌剧的这种"讲排场的"腔调,是从小就接受的故乡文化不可分割的一部分("金碧辉煌的大剧院、莫斯科、玻璃橱窗……别了,永别了"——身处尼科利斯科耶的《青年医生手记》的讲述者忧郁地想道),他在任何情况下都不想丢开它。

1921年11月底发生的各种事件,《袖口杂记》里都有讲述:"一个戴着头巾的女士探头进来,嘟囔道:

'这里都有什么人?请签字。'

我签了字。

文件上写道:自某日起撤销文学出版处……我就像舰长下舰船一样最后一个走下来。糟了……下令装订并上交。我亲手熄灯,走出大楼。雪顷刻间从天而降。然后是雨。然后不是雪也不是雨,就这样不知什么东西从四面八方拍打在脸上。

在这种缩编和天气如此糟糕的日子里,莫斯科非常糟糕。是的,这就是缩编。"

1921年11月23日,文学出版处解散。在这一天的命令里,宣布布尔加科夫"从今年12月1日起被免职,提前发两周的薪水"。

12月1日,布尔加科夫收到自己"因解散"被从文学出版处免职的证明。他当天给妹妹娜佳写信说:"我主管《工商业通报》的新闻栏目,要是我疯了,那就是因为这个。你想想,什么是发行私人报纸。"他在这封信里还写道:"我简直累死了。什么都不想干了。什么写东西的事想都不想了。只有塔西卡给我热茶喝的时候才感到幸福。我和她吃得比当初好得多。"这些天,具体来说就是12月3日,他拿到了劳动手册——那些年最重要的个人文件,没有它几乎不能办理工作手

第二章 在莫斯科的最初岁月

续。曾经的医生布尔加科夫在上面写下了自己的新职业——"文学家",在"文化程度"一栏写的是"中学"(我们想起《剧院情史》里马克苏多夫说的话,说自己毕业于教会教区学校);我们再次提醒——布尔加科夫从1920年春天在弗拉季高加索时起就隐瞒自己受过高等医学教育。劳动手册上记载,他于1921年11月22日被登记。一周后拿到手册,与讲述者几年后写成的小品文《20年代的莫斯科》中自豪的声明完全吻合:"公民们,我可是个优秀的人,我说这话可不是假谦虚。我三天就拿到了劳动手册,总共排了三次队,每次排了六小时。我可不像那些笨蛋每次排六个月。"接着说道:"我干过五份工作。什么苦都能吃……"第二份工作在《工商业通报》——莫斯科的"周报,致力于中小型工业和手工业的实际需求",新经济政策萌芽的象征。该报编辑部设在特列季亚科夫巷(11号楼9室)。1921年整个12月,布尔加科夫都在排满与文学创作工作相去甚远的采访工作和新闻编辑工作的状态中度过。《工商业通报》第1版至第4版的一部分都给了广告,这些广告是该报主要的材料根基。该报的常设专栏,就是由布尔加科夫主管的"工商业新闻栏"。这个栏目里刊登的是最简短的信息报道:《中央商业交易所的活动》《重审营业税》,等等。这样的信息和广告一样,得去分布在莫斯科各个角落的企事业单位找。对自己这两个月——1921年11月底到1922年1月中旬——生活的描述,布尔加科夫留在了1924年写的小品文《关于住宅问题的论文》里,开头几句已经尽人皆知:"我不是从美妙的远方来研究1921年到1924年的莫斯科的。哦,不,我住在莫斯科，我踏遍了莫斯科的每一寸土地。我爬过几乎所有设有企事业单位的六层建筑。正因为所有的六层建筑里都有企事业单位，所以我也就绝对熟悉这些建筑。比如说，我坐马车到兹拉托乌斯季因巷尤里·尼古拉耶维奇那里做客就会想起：

呵，这房子真大！容我想想，我来过这里啊！来过，真的来过！甚至还能记得起准确时间。1922年1月。是因为什么鬼事来这里来着？容我想想……那阵子我刚进一家私人的工商业报，想请主编预付工资。工资主编没给我，却说了一句：'您到兹拉托乌斯季因巷的六层建筑跑一趟，房间号是……'——等等，可能是242？可能是180？记不清了。不要紧……一句话：'你到化工管理总局拉广告。'……还是中央化工管理局？我记不清了。不要紧……'拉到广告，就给你25%的预付工资。'要是现在有人跟我说：'去吧，去拉广告。'我可能会回答说：'我不去。'我不想去拉广告。我不喜欢去拉广告。这不是我的专业。可是那时候……唉，那时候情况不一样。我顺从地戴上帽子，像个梦游症患者似的抓起可笑的广告册就走。那时的天气奇冷，后来从来没有过那么冷的天气。我爬上了六楼，找到了那个200房间，里头有个秃脑袋，留着红胡子的人，他听我说完，没给我广告。……还有哪里我没有去过啊！米亚斯尼茨街去过几百次，在瓦尔瓦尔卡我总跑商会大院，老广场一带我常去消费合作社中央联社，我常乘车去索科尔尼基，有时也跑到处女地地区。有个愿望迫使我在广阔的、古怪的首都东奔西走——给自己找口饭吃。这口饭我找到了——真的找到了，但是少得可怜，不稳定，靠不住。

第二章 在莫斯科的最初岁月

我在最荒诞不经、有如瘘病一样难以久长的职位上用奇怪的、不牢靠的办法找到的这口饭，如今在我的日子过得稍好的时候，其中有些办法我自己都觉得简直可笑。我给报纸写过工商业述评，夜间则写些我觉得并不比牙疼好笑的小品文。"①

"我在《工商业通报》负担很重的工作，"他12月15日给在基辅的妹妹娜佳写信说，"我和塔西卡现在吃得相当体面。如果《工商业通报》有发展，我希望继续住下去。我一个月拿300万卢布。可恶的是，不给定量的口粮。"但这已经算相对富裕的时候了。

1922年新年，他们是和亲人一起迎接的——在安德烈·米哈伊洛维奇·泽姆斯基的哥哥鲍里斯·米哈伊洛维奇·泽姆斯基家里。后者那些年在尼·叶·茹科夫斯基空军科学院科技委员会工作，这份工作让他家生活基本富足。他住在沃罗特尼科夫巷。"那里有个'金鱼'幼儿园，"塔季扬娜·尼古拉耶夫娜回忆说，"园长是玛丽亚·丹尼洛夫娜，家里叫她布博奇卡，她是鲍里斯·泽姆斯基的妻子。这是一栋类似别墅一样的楼，楼下是幼儿园，楼上住着泽姆斯基一家——鲍里斯、妻子和孩子们。他的妻子个子小小的，微胖，肤色略黑……我记得，我们回家时，我们的房间发生了水灾：夜里冰雪开始融化，因为屋顶上的冰雪没人打扫，屋顶漏了。我们整夜都忙活着用盆子接水和倒水。"

布尔加科夫在1922年1月13日给妹妹娜佳的信中也提到了这件事，他在给她的信中写道："我遭遇了打击，严重程度你马上就能估计到……主编通知我说，在外部环境的重压下，

---

① 参看布尔加科夫:《莫斯科：时空变化的万花筒：布尔加科夫散文集》，徐昌汉译，辽宁教育出版社1998年版。——译者注

《工商业通报》的情况不妙。主编说还有机会，但是我坚信，它撑不过第 7 号就会完蛋！……两天后见分晓。……你能理解，今天我和《工商业通报》一起倾家荡产有何感想。

一句话，我被压垮了。

要不我给你写写我房间里大前天夜里和前天天花板上都在下雨。"

几天后，《工商业通报》停办——继文学出版处之后，布尔加科夫在莫斯科的第二份工作也黄了。

就是在这些天，布尔加科夫在认真考虑写作挣钱的可能性——他把自己想象成给报纸写关于莫斯科的文艺小品文作者的角色。他请妹妹娜佳——就在 1 月 13 日写的那封信里——把他以这个身份推荐给"符合你的品位的基辅任意一家报纸（最好是大的日报）"。

他提交写信那天晚上写成的小品文《贸易复兴（1922 年初的莫斯科)》作为试笔；签上了自己的笔名——米·布尔，这个笔名不久后就被用在刊发的采访报道中。这是我们已知的作家亲笔创作的第一篇文章——既是文学文献，也是传记文献；它让我们有机会通过布尔加科夫的眼睛看 1922 年初和更早些时候的莫斯科。因此我们在这里把它全文奉上。

"谁要是半年前来过莫斯科，现在准觉得认不出她来了，新经济政策（俄文缩写读为'耐普'，这个词儿已被莫斯科人广泛使用）使它发生了翻天覆地的变化。

变化是逐渐……一点一点发生的……商店玻璃橱窗的木挡板东一处西一处地被拆除，于是睽别多日的橱窗又把尘垢满面

第二章 在莫斯科的最初岁月

的容颜露了出来。闲置已久的房屋建筑深处，亮起了一个个小灯泡，灯光下生命开始蠕动：榔头乒乒乓乓地敲打，钉钉子，进行修葺，装着货物的箱子和盒子也一个个被打开。擦洗得干干净净的橱窗开始闪闪发光。陈列架上方的大圆灯，还有橱窗两旁的灯管也都亮了起来，发出耀眼的光芒。

物资匮乏到极点的莫斯科这是从哪个神秘的角落搞到了商品，真叫人费解。不过她还是搞到了，而且毫无保留地把它摆进了玻璃橱窗，摊开在货架子上。

库兹涅茨基街、彼得罗夫卡、涅格林内街、卢比扬卡、米亚斯尼茨街、特维尔大街、阿尔巴特都热闹起来了。一场激发生机的'耐普'春雨过后，商店雨后春笋般冒了出来……国营商店、合作社商店、集体商店、个体商店……卖糖果的店里灯火头一回这么辉煌，再往前是日用百货店、副食品店、文具用品店、美发厅、书店、机械电器店，还有百货公司。

原先光秃的墙上，现在好似有一股花花绿绿的巨浪滚过，上头的牌匾一天比一天醒目。有的虽做得相当粗糙，也有的直接写在一块布上，但与之比邻相接的却已是永久性的牌匾了：亮晃晃的斗大金字，全是按拼写规定拼写的。巨大的支架把它们牢牢支住。也就是说，想图个长远。

在它们的衬托下那些退了色、变了形的铁皮仿佛也不甘落后，力争焕发青春，可是那一个个蔫头耷脑的硬音符号看上去却怪模怪样，显得格格不入。

再往前更繁华，景象更为开阔……

莫斯科变得认不出来了。莫斯科在搞贸易。

库兹涅茨基街两旁冰冷的人行道上终日人头攒动，摩肩接踵，大街上马车络绎不绝，汽车鸣响着嘶哑的笛声飞驰而过。

成百上千块大玻璃橱窗里花花绿绿的颜色令人眼花缭乱：搽着红脸蛋朝人微笑的是手工业生产劳动组合供应的玩偶。再往上走，在尚克斯大商场巨型橱窗里黑压压一片的是各式女帽、长筒袜、皮鞋、毛皮。这是莫斯科消费者协会开办的许多家百货公司中的一家。协会在莫斯科一共开办了八家这样的商场。黄昏的彼得罗夫卡橱窗里电灯通明，照亮了人行道上黑压压的人群。妇女用品店的橱窗灿烂辉煌。陈列着成百上千种形状精巧、式样翻新、乳白鹅黄瓶的磨制的优质进口香水，滚滚有如波浪的各式面料，堆积如山的领带花边，排列得有如方阵的胭脂花粉盒子……只有那些人体模特，虽然脸上涂抹得光彩照人，肩上披着以时价估算贵得惊人的华贵披肩，却依然毫无生命征候。大大小小的商场又获得新生。

巨大的'米尔'和'梅里利扎'大商场依然悄无声息，巨型玻璃橱窗漆黑无光，但是巨幅努兰斯和波的彩色漫画已从底层橱窗里撤走，垃圾也从大门里扫了出来。莫斯科人都知道，到了2月，这里将开办一个百货商店，叫作莫斯科贸易公司，共有25个分部，而且过去的经理米尔家的人也将成为它的董事会成员。

经营糖果糕点的商店鳞次栉比。整天从早到晚都挤满了人，货架上堆满了白面包、挂锁形白面包、法式面包。各式甜点心一行行摆满了柜台。这些东西价格惊人。不过莫斯科人早已不在乎什么价格，那些崭新锃亮算盘噼里啪啦响个不停的收款处每天都要有神话般天文数字的巨款（'百万'这个词在莫

第二章 在莫斯科的最初岁月

斯科早已不用了,它已完全被发音相近的新说法'柠檬'所代替)从手里流过。特维尔大街的'菲利波夫'大面包房里白面包、大蛋糕、甜点心、面包干、面包圈一直堆到了天花板,排队购物的人络绎不绝。

副食店的柜台奢华惊人。一箱箱罐头堆成了山,还有黑鱼子酱、鲑鱼、干咸鱼、里脊肉、熏鱼、橙子。在这些商店的橱窗外,总有一群行人像被施了魔法似的围着这些美味目不转睛地驻足观赏……

莫斯科食品公司所属的34家副食店连同私营商店都已公开宣布,它们备有国产葡萄酒和进口葡萄酒,莫斯科人都争相抢购。

11月底,《消息报》上第一次出现了广告,如今,所有的报纸和商业指南上广告已是琳琅满目。航空公司的飞机在莫斯科上空也作了第一次抛洒广告的尝试,现在'从飞机上'散发广告的业务已正式采用,每行文字收费15新卢布。

街道的交通变得日益繁忙。3路、6路、7路、16路、17路以及A路和Б路有轨电车都已开通,马车载着莫斯科人四处奔跑,车夫有板有眼地跟乘客人讨价还价:

'好吧,先生!1万就1万!我拉啦!'

无论是'大都会'饭店门前,还是沃斯克列先门一带,或是在耶稣蒙难修道院门口,无数小贩叫卖报纸、烟卷、奶油软糖和白面包的嘈杂声,响彻每一个十字路口。

伊林斯基门一带,妇女们排成两行叫卖馅饼。伊利英卡大街那幢带圆柱的灰楼摘下了'矿业苏维埃'的牌子,换上了另外一块大字招牌——'交易所',那里举行交易洽谈,成百亿的买卖通过经纪人之手成交。

直至深夜,莫斯科人还在商店里逛来逛去,又买又卖,挤成一团。每天夜晚当街头被电灯照得雪亮的大钟上指针一点一点移向子夜的时候,当所有的商店都已经关门的时候,不知疲倦的特维尔大街依然活跃如常。

孩子们的叫卖声划破夜空:'"伊拉"烟丝!"爪哇"烟!"穆尔萨尔"香烟!'无数咖啡馆依然灯火通明,门内飘出喑哑的吱吱嘎嘎的小提琴演奏声。

中国城破天荒第一次成了红色商城,人们在这里买卖,坐在桌旁吃喝,一直忙活到深夜。"①

1月,布尔加科夫的那个和志愿军一起离开的弟弟开始跟家人联系,一家人终于都取得了联系;当时已是萨格勒布大学大学生的尼古拉1922年1月16日给母亲写信说:"我心爱的、亲爱的妈妈,我心爱的各位兄弟姐妹!昨天我经历了难忘而又珍贵的时刻:我刚从学校回来,你的信就不期而遇地到了。我拆开这封宝贵的信时,泪流满面,双手发抖。我放声大哭,真的是放声大哭,之前我无比思念,情绪激动:那么长时间谁的音信都没有!

我的天啊,这是真的吗!亲爱的妈妈,你为什么只字不提韦罗奇卡②,她在哪里,在干什么,身体好不好,给你们写过信没有。我很是替米沙和塔霞以及我心爱的瓦留舍奇卡③担心,

---

① 参看布尔加科夫:《莫斯科:时空变化的万花筒:布尔加科夫散文集》,徐昌汉译,辽宁教育出版社1998年版。——译者注

② 对薇拉的爱称。——译者注

③ 对瓦里娅的爱称。——译者注

第二章 在莫斯科的最初岁月

因为我只是从侧面、从旁人那里得知,瓦留舍奇卡要有小孩了。祝贺她有了列妮娅,希望她出落成个好姑娘——因为我特别喜欢优秀的、善良的瓦留莎①。娜久莎和安德烈长成什么样了,他们什么时候有没有想起我?深深地亲吻他们!你在信中说到廖列奇卡说的那些话,让我深感震惊和不安:她是个善良的、心爱的小姑娘。但愿她记得我和她在最后的那些日子的友好相处,想起分别时感人而温馨的场面。愿上帝保佑她健康、幸福、顺利——我不止一次想起她,为她祈祷,和我的熟人们提起她。和我时常聚会、乐意聊基辅的奥莉娅·奥尔洛娃深深地亲吻她。她喜欢跳芭蕾舞。"

尼古拉写给伊万·帕夫洛维奇·沃斯克列先斯基的话饱含深情:"我最美好、最幸福的回忆都跟您的形象有关,您是一个给我们家带来安慰、俄国好心人出的好主意和树立受过完美无缺教育榜样的人。言语难以表达我对您深深的谢意,感谢您在我们过苦日子时为妈妈、为我们家以及在我求学生涯之初为我所做的一切。上天会助您,亲爱的好人伊万·帕夫洛维奇!"他让堂兄科斯佳记着"我们在学习、工作和与瓦留莎以及列妮娅聚会时一起度过的日子。请转告他,他的父母亲多次打问他的消息,他不写信,让他们很担忧。"(不久后康斯坦丁离开基辅出国了。)"万纽沙②从不给我回信,我已经开始担心了。……现在说说我自己:谢天谢地,我身体健康,可能这些年变化很大:我已经 23 岁了。给你们寄一张最近的照

---

① 也是对瓦里娅的爱称。——译者注
② 对万尼亚的爱称。——译者注

片⋯⋯"他讲了自己穷苦的、被繁重学业充实的大学生活,他提到,自从"出国前最后一次"见母亲时起,"我再也没有生过病⋯⋯"(这间接证实了,母亲最后一次见他时,他生病了。)他让把自己在基辅大学的成绩证明和"如果可以的话,我的所有亲人的照片"寄来。

这封信应该是先寄到了基辅,然后又寄到了莫斯科。

1922年1月下旬和2月上旬——布尔加科夫一生中的困难时期——是唯一以文献形式记录下来的时期。

更准确地说,在莫斯科生活的头几年都以这种形式记录了下来,但是幸存的仅仅是这份内容丰富的文献的几个小段:原来,布尔加科夫1921—1925年间(可能直到1926年初)在记日记。这本日记在1926年5月7日搜查时从他那里被拿走,经数次坚决请求后,于1929年还了回来。叶·谢·布尔加科娃跟我们讲,他拿到日记后,自己把它毁掉了,不想留下别人看过的涉及重大隐私的文献。同时,他用剪刀剪下了四段文稿——作为日记存在过的证明(就像我们后来看到的那样,这种举动是他的典型风格。但是还有另一种说法:日记没有还回来,这几段文稿——只是家里被搜查后偶然幸存的日记的一部分)。由于日记写在纸的两面,这些片段的一些单词被剪掉了字母的下半部分,另一些单词被剪掉了开头的字母,背面的日期也没了。缺失的文字得到相当准确的补充。下面我们引用几乎所有幸存的日记片段(恢复的句子、单词和字母放在方括号里,完全丢失的句子我们用圆点表示)。

"严寒。暖气开着,但是不足。夜间很冷。

第二章 在莫斯科的最初岁月

1月25日（塔季扬娜日）。我不记日记了。遗憾。[在]这段时间发生了许多有意思的事。[我]至今都没有工作。我[和]妻子吃得很差。因此[也不想]写作。

1俄磅[黑]面包2万卢布，白[……]万。

在科利亚舅舅①不在的时候从莫斯科硬着头皮[去]他那里，违反一切法令…………

搬进来一对夫妻……………………………②

1月26日（？）

我加入了一个流浪演员团体；我将在郊区演出。一场戏给付125卢布。少得要命。由于要演这些戏，当然没空写东西。循环论证。

*

我和妻子半饥半饱。

*

我没有注意到，柯罗连科去世，报纸大量报道。温柔的话语。

*

今天在尼·格·那里喝了伏特加。"

"尼·格·"——可能是尼古拉·列昂尼多维奇·格拉德列夫斯基（据塔季扬娜·尼古拉耶夫娜讲，他爱喝伏特加，而布尔加科夫爱喝葡萄酒；据她讲，格拉德列夫斯基很少去找他们——因为格拉德列夫斯基和塔季扬娜·尼古拉耶夫娜互相不

---

① 尼·米·波克罗夫斯基。
② 读者在这里随便就能看到后来的中篇小说《狗心》的原型。

待见，一般都是布尔加科夫去找他）。几天后，他应当是很不情愿地在布尔加科夫及其亲人的一生中扮演了闯祸的角色。也许，格拉德列夫斯基可能第二天就去基辅了。接下来发生的事，是他1969年亲口告诉我们的。"1922年1月，我来到基辅。我把东西放在熟人那里，就去了布尔加科夫家。我在他家住了一宿——第二天我高烧40度。我得了回归热。我在他们家卧病休养那段时间，她们的母亲得病去世了。她去澡堂洗澡了（尽管大家都劝她别去），然后就得病了。但是所有人都说，是我传染给她的。我不可能传染她——她得的是重伤寒，跟我得的伤寒完全不一样……"

瓦尔瓦拉·米哈伊洛夫娜很快——1922年2月1日——就去世了。2月2日，布尔加科夫收到从基辅发来的电报："妈妈去世了。娜佳。""电报发来的那天，"塔季扬娜·尼古拉耶夫娜说，"他恰好要去那个流浪剧团演出。他心情沉重地去了，很快就回来了。戏没演成，剧团解散了。"

布尔加科夫在2月9日的日记里记道："现在是我一生中最黑暗的时期。我和妻子忍饥挨饿。只好从舅舅那里拿了一些面粉、植物油和土豆。在鲍里斯家借住。我跑遍全莫斯科，也没有找着工作。

毡靴散架了。"

看来这段日子塔季扬娜·尼古拉耶夫娜也记得。对于这个问题："您和布尔加科夫经历了1918—1919年的基辅，然后在高加索经历各种遭遇，然后来到莫斯科——您记得，哪段日子最困难？"她回答说："不管在哪里，没有比在莫斯科的头一年

第二章 在莫斯科的最初岁月

更糟糕的了。经常连续三天什么也吃不着,一点也吃不着。没有面包,也没有土豆。而且我也没有什么可卖的了。我躺着就行。我得了急性贫血症。我甚至向做妇科医生的舅舅求助……但是他说这是暂时的……然后米哈伊尔从舅舅那里拖来了一袋土豆……"

写着2月9日日记的纸的背面,是被剪掉日期——可能是2月10日——的日记。"莫斯科从……

3① 的私宅可能被收走当作饥童之家。

学者 Ч. 教授大手一挥,就把领取学习口粮的所有演员、神童(梅耶霍德的儿子领着学习口粮!)和斯维尔德洛夫斯克大学教师这样的'学者'(就这样!)从名单里删掉了。"

幸存的日记很好地表明了日记的性质,作者记录当时的生活细节以及物质详情(细化到商品的价格)的努力。引人注意的是,记述学习口粮(既没有口粮也没有薪水、正在忍饥挨饿的布尔加科夫对此产生强烈关注,是可以理解的)的日记中的梅耶霍德这个名字:这是第一次踏进文学出版处门槛的布尔加科夫听到的第一个名字:"闪过一个都是女同志的房间。打字机滴滴答答地敲着。安静下来。有个低沉的男低音叫道:'梅耶霍德。'他又回到这个房间,这次'不是男低音,而是清脆响亮的女高音说:梅耶霍德。十月剧院。'"布尔加科夫第三次提到这个名字是在《袖口杂记》里:"梅耶霍德在这栋楼里极受欢迎,但是他本人不在这里。"布尔加科夫来到莫斯科不久

---

① 可能是泽姆斯基家。

后，梅耶霍德领导的剧院以导演的名字命名——这无疑让布尔加科夫吃惊不已，因为他见不惯用现在还健在的人的名字命名各种组织机构，除非这些人属于皇族。

2月15日。"天气变差了。今天有点冷。我踩着剩下的鞋掌走路。毡靴坏了。我们过着半饥半饱的日子。要晕了。我在军事编辑委员会的'职务'，简单说就是跑腿儿的［但就这也谢天谢地］。"就这样失业一个月后，出现了在科学技术委员会就业的机会——去投靠布尔加科夫在1921年和1922年冬月里的主要靠山鲍里斯·米哈伊洛维奇·泽姆斯基。紧接着这则日记被剪掉的文字——说的是共和国"消防方面的形势严峻,①哪方面的形势不严峻？如果热那亚不开会，试问我们做什么。……'波罗申，不是波戈金！'"——记日记者想起了前一年在巴统认识的一个熟人说的俏皮话。

幸存的最后一段日记，确切地说，是2月16日的日记的开头几行："这就是不信征兆的结果！我碰上了葬礼，然后……（1）《工人报》有**点希望**……"——那天接下来发生的第二件好事是什么，我们就无从知晓了。

联共（布）中央机关报、日报《工人报》从1922年3月1日开始发行，布尔加科夫可能就是从此时起开始在该报工作——创刊号上以笔名"米哈伊尔·布尔"刊登了他写的第一篇简讯《当机器沉睡的时候》（介绍莫斯科第二印花布厂）。

---

① 这则日记可能是因为B. 列夫申提到皮吉特的楼发生火灾——几个月后反映在叙述"埃尔皮特—工人合住房"所在的楼以及这栋楼完全没有消防措施、导致发生灾难的短篇小说里的火灾——而记的。

第二章 在莫斯科的最初岁月

一个月后,从基辅来的尼·列·格拉德列夫斯基给布尔加科夫带来了妹妹娜佳和瓦里娅的信,信中说,他们的弟弟万尼亚平安无事。(此前,尼古拉·布尔加科夫在1922年1月16日给亲人们的第一封信里写道:"万纽沙从不给我回信,我已经开始担心了。……甚至至今连自己的地址都没有告诉我。")布尔加科夫在1922年3月24日给妹妹娜佳的回信里,详尽、深情地介绍了自己上个月的生活:"心爱的娜佳,我从科利亚那里收到了你和瓦里娅的信。得知万尼亚平安无事的消息,别提有多高兴了。"接着他描述了自己的生活,说他经常住在鲍布——鲍里斯·米哈伊洛维奇家里:"他住得很好。住在他家感觉非常舒服,尤其是在住过50号楼的破房后,更是觉得如此!炉子生着火。沃夫卡在吵闹。卡佳①在烧水,我和他坐在一起聊天。他是个不多见的伙伴和让人喜欢的交谈对象。"可能正是鲍·米·泽姆斯基的这些特点反映在了《剧院情史》的一个人物身上——马克苏德从他那里偷左轮手枪自杀,然后又悄悄放回原处的"朋友""工程师";据塔季扬娜·尼古拉耶夫娜说,泽姆斯基总是穿着军装,而且在布尔加科夫的朋友中,大概只有他有自己的武器。

布尔加科夫在那封信里还说,自己在科学技术委员会担任出版部主任(她在同一天写给妹妹瓦里娅的信中提到,"刚刚才找到工作")。往事大事记和日记一样,也涉及亲人们:"虽然科利亚舅舅有保护证书,房子还是被人挤占。米

---

① 鲍里斯·米哈伊洛维奇的妹妹。

沙舅舅①被安排到客厅，他的房间里住进去一对夫妻，他们在一盏灯上拧上 100 根蜡烛，在另一盏灯上拧上 50 根蜡烛，昼夜不熄。就伙食来说，科利亚舅舅过得不错。

*

除了科技委员会，我还在一家新办的官方大报担任撰稿员。干两份工作，我每月共拿 197 卢布（按财政人民委员部 3 月的兑换率，约合 4000 万卢布），也就是说，是我和塔霞生活（如果我最近两年的生存可以叫作生活的话）所需费用的一半。当然，她没有工作，用小铁炉做饭。（除薪水外，我还有平民口粮。但是我担心，以后口粮会越来越跟不上。）

……对我来说幸运的是，我为了讨生活住了半年的那个五层破房，租金不贵（3 月份付了约 70 万卢布）……我们一星期前就不生炉子了。

我简直快被工作压死了。没时间写作和好好学法语。我获得了一个藏书室（书商——厚颜无耻、不学无术的流氓——的书比书店里还贵）。"

就在他把自己生活的这些消息告诉妹妹薇拉的那一天，他还写道："我在莫斯科有很多熟人（新闻界和演艺界），但是很少见谁，因为我全身心地投入工作，只为报纸的事在莫斯科东奔西走。"确实——3 月 1 日到 30 日的《工人报》刊登了他的八篇采访报道——用笔名"米哈伊尔·布尔"、"米·布尔"、

---

① 尼古拉·米哈伊洛维奇和布尔加科夫母亲的弟弟米哈伊尔·米哈伊洛维奇，内科医生，据塔季扬娜·尼古拉耶夫娜说，他在哥哥家里长期占一间房，经常过来长住；据塔季扬娜·尼古拉耶夫娜证明，他有某种精神障碍。

第二章 在莫斯科的最初岁月

"布尔"或姓名首字母署名;每一篇报道背后——都是对某家企业或机构的访问,这从标题上就能看出来:《喷射器。在德国侨民的技术工厂》、《从无到有!(国营第三汽修厂)》……

晚上他还是住在鲍·米·泽姆斯基家里。后者在4月9日给自己的弟弟安德烈和弟媳娜佳的信中写道:"我们很喜欢布尔加科夫一家,我们几乎天天见面。米沙的精力、工作能力、进取精神和朝气,让我感到吃惊。我和他是好朋友和形影不离的交谈者……可以很肯定地说,他能抓住自己的运气——运气不会从他身边溜走。"多年后,布尔加科夫第一部传略的作者在他去世不久后想起了这些话。

布尔加科夫在1922年4月18日给娜佳的信中又抱怨说,完全没有写作所需要的空闲时间:"抱歉,没来得及送上复活节的祝福。我过着服苦役般的生活,简直连一分钟空闲都没有。过节就休息了两天。现在,我的噩梦又开始了。……我们3月就不生炉子了。所有的窗格子都发霉了。这几天他们可能会试图让我搬出去,但会遭到我的依法抵抗(职务:从3月起在鲍布那里担任主任工程师)。我会尽力找到一间房。但是这没什么希望。带看房要收很多钱。……到处都在大规模压缩编制。公民口粮取消了……科利亚舅舅过得很好。家里被安排住进了别人。"这段时间他又添了第三份工作:"小剧院临时报幕员……4月应该总共能拿到1.3亿—1.4亿卢布。"从他的几封信看,不久前这笔钱至少还够吃饭,但是物价上涨,4月他的房租已经涨到1.12亿卢布了。房间还很潮湿。

科学技术委员会的"平民口粮",跟当时所有的口粮一样,是自己独有的口粮,但是他很快也失去了这份口粮,塔季扬娜·尼古拉耶夫娜说:"布尔加科夫在那里工作的时间不长,一个多月。他只拿一份口粮——然后他还被缩编了。这份口粮——棉籽油——我双手握着手提饭盒的手柄,穿过整个彼得罗夫斯基公园,走到花园街——那时还没有通电车。好在这不是在冬天——否则我拿不回家。还给了一些面粉——可能是米哈伊尔自己把它拿回来的,我记不得了。我就拿了这些油,煎了馅饼,来了斯托诺夫和斯廖兹金,都给吃了……"

布尔加科夫在文学圈里的这些熟人,我们还会关注。现在我们就提一点,和布尔加科夫在弗拉季高加索分别的斯廖兹金1922年4月确实已在莫斯科。他住在三塘巷,离大花园街10号楼不远,他们要么在布尔加科夫那里,要么——不久后——在布尔加科夫新结识的熟人那里见面。

但是,我们先说说他最先认识的另一个熟人——压根不是文学圈的熟人。关于他,塔季扬娜·尼古拉耶夫娜是这么说的。

"在巴统时,米哈伊尔就给了我一个莫斯科的地址——沃罗特尼科夫巷。那里应当住过娜佳的亲戚。我来到莫斯科的第二天,就去了那里——那个幼儿园。但是一个泽姆斯基家的人也没碰上,那里有个叫薇拉·费奥多罗夫娜·克列什科娃的。我们聊了半天。她邀请我去她家;她和丈夫伊万·帕夫洛维奇住在小布龙街30号楼5层。"因此,布尔加科夫到莫斯科后,除了鲍里斯·泽姆斯基家,晚上还可以去另一个家庭,按莫斯科人的方式去喝茶。

第二章 在莫斯科的最初岁月

"薇拉·费奥多罗夫娜好像是神甫的女儿,伊万·帕夫洛维奇是来自弗拉季高加索的官员的儿子。他在位于彼得罗夫斯基公园的军事学院教数学。她是那种……丰满的女人,布尔加科夫为她着迷——他喜欢丰满的女人。所有人都对我说:'叫薇拉·费奥多罗夫娜上我们家来,别叫伊万·帕夫洛维奇。'伊万·帕夫洛维奇不喜欢听到她说:'我去找塔季扬娜·尼古拉耶夫娜。'——他因她同布尔加科夫要好而吃醋。"

他们家办招魂会,布尔加科夫觉得很搞笑。塔季扬娜·尼古拉耶夫娜想起,有一次他这样说服她:"知道吗,我们今天在克列什科夫家办招魂会!"他们分配了角色——布尔加科夫用腿碰了碰她,她就去敲小桌子。这样的恶作剧可能有过那么几次。但是和伊万·帕夫洛维奇绝交,发生在短篇小说《招魂会》(载于1922年第4期《扩音器》)发表以后,后者在短篇小说里认出了自己、自己的妻子以及他们家的保姆……原来,保姆的对白成了主要证据。短篇小说的开头是这样的:"傻瓜克休什卡报告说:

'那儿有个爷们找你。'

卢津娜夫人火冒三丈地说:

'首先,我跟你说过多少遍了,不要用"你"称呼我!那个爷们长什么样?'

然后她不慌不忙地来到了前厅。

克萨韦里·安东诺维奇·利西涅维奇把制帽挂在了前厅的鹿角上,不好意思地笑了笑。他听见了克休什卡的报告。

卢津娜夫人又火冒三丈。"利西涅维奇刚吻了吻夫人的手,

"准备向她抛去悠长的、纠缠的眼神时,丈夫帕维尔·彼得罗维奇从门里慢悠悠地走了出来。于是眼神收了回去。

'哦,'帕维尔·彼得罗维奇马上开始唠叨,'"爷们"……呵呵!野蛮人!穿制服的野蛮人。我还以为:这儿自由了……共产主义。得了吧!身边有克休什卡这样的人,怎么可能幻想共产主义呢!爷们……呵呵!看在上帝的面上,您请原谅!'"

1978年把这篇小说大声读给塔季扬娜·尼古拉耶夫娜听时,她想起,薇拉·费奥多罗夫娜就是把自己的保姆说的这句话当作幽默转述给她听:"那儿有个爷们打听你!"就是短篇小说里的这句话激怒了伊万·帕夫洛维奇——**有个爷们找**他的妻子,这样的东西还被发表了……据塔季扬娜·尼古拉耶夫娜说,卢津娜夫人"外形像薇拉·费奥多罗夫娜,举止不像,但是克休什卡很像他们的保姆"。短篇小说实际上再现了"乱情者"的故事—— 一个**自己**认出短篇小说里熟悉场景的人物原型足以感到自己受辱。"拿破仑式的人物听从一下子巧妙地干了两件事—— 一边用双唇撩拨卢津娜夫人的脖颈,一边转动桌子——的克萨韦里·安东诺维奇的双手摆布,晃动着桌腿,让她触及帕维尔·彼得罗维奇的痛处。"

伊万·帕夫洛维奇(塔季扬娜·尼古拉耶夫娜记得,他没有参与招魂会,当时和小女儿待在隔壁的房间)可能觉得特别无耻的是,向他的妻子献殷勤的人还在出版物描写这些献殷勤的把戏!

但是激怒他的理由不止一个。可以推测,男主人的独白——"'我就说,'帕维尔·彼得罗维奇搂着客人的腰,继续

第二章 在莫斯科的最初岁月

说道,'共产主义……毫无疑问:列宁是个天才,但是……比如,口粮好不好……呵呵!今天我领了……换个例子,比如边疆区……实际上需要某种发展……嗯,不好?来,抽烟!……给,请,这个……从实质上说……等等,点上……给,火柴!口粮也……某种意识……'"——也进行了某种准确的言语刻画,正是其准确性惹人愤怒。这些独白的主题——抑或不如说是这些独白的弦外之音——是由于一再被重复塔季扬娜·尼古拉耶夫娜才记住的唯一一句话(参看短篇小说里的话:"立即开始唠叨"):"他见我总是说一句话:'您看看,这都什么乱七八糟的?'或者,'这乱七八糟的什么时候才是个头?'我回答说:'永远没个头。'"短篇小说的传记意义,即它对于弄清布尔加科夫在莫斯科头一年的情绪的意义就在于此。

短篇小说里有这样一个情景:"'你们家没有任何外人吧?'博博里茨基小心翼翼地问道。

'没有!没有!大胆说吧!'

'沙皇显灵,你说,布尔什维克还能执政多久?'

'啊呀!……这个有意思!小点声!……算算!……'

如此,这般,拿破仑式的人物靠在一条桌腿上,喋喋不休。

'理论上……三个……月!'

'啊!!'

'谢天谢地!'未婚妻喊道。'我好讨厌他们!'"

这个可能是布尔加科夫描写的最尖刻、最怪诞的一个情景,最终短篇小说的结局是这样的:"博博里茨基被关了一个星期，租户和克萨韦里·安东诺维奇被关了 13 天，帕维尔·彼得罗维奇被关了一个半月。"这样的结局会给认出帕维尔·彼得罗维奇就是自己的人留下什么样的印象，不言而喻。

为什么选择如此"劲爆的"、对短篇小说现在的读者会产生显然不难预见的影响的文学素材呢？呈现在我们面前的——似乎是布尔加科夫的创作中第一次（但是远不是最后一次）如此荒诞地、同时也足够公开地对原型的再现。

布尔加科夫就用这样的素材描写自己显然很鄙视的人的品质——和人们的死亡脱不了干系的塔尔贝格和什波良斯基在政治上的八面玲珑。究竟是短篇小说《招魂会》中的人物及其原型身上的什么东西让他产生了如此强烈的负面情绪（不是憎恨，而是无情的嘲笑）？我们几乎不掌握布尔加科夫那些年对自己所处的社会形势发表的任何言论——不管是书面言论还是口头言论；弄清他的情绪，就靠间接资料——也包括对他的作品及其产生背景的分析。可以认为，我们正说的这篇短篇小说，证实我们对 1921—1922 年的布尔加科夫的推测：这是个认为已建立的政权稳固长久——是不容置疑的、他已注意到的事实——的人。因此对那些继续用无法实现的、消沉干劲、总是对抗创造力的幻想哄骗自己的"社会地位相似的"人表现出嘲讽的和鄙视的气愤。"……夜里，专家摆好东西，向不知名的神祈祷道：你要什么？让明天下场暴雨。夹杂冰雹。要知道，有地方下了两俄磅大的冰雹，哪怕下一俄磅半大的冰雹也成。于是幻想道：

人们都出来了，张贴画拿出来了，天上一声巨响……

第二章 在莫斯科的最初岁月

下小雨了,不错的小雨。水从生锈的排水管里哗哗地流出来。但是这雨下在荒唐的、谁也不需要的时间——夜里。到了早上天空碧空如洗!

大门旁,一个娘们对另一个娘们说:

看来,上天支持布尔什维克……

看来如此,亲爱的……

10 点钟,震耳欲聋的行军队伍沿着特维尔大街飞奔而过。经过使人头晕目眩的橱窗,经过用红旗蒙住褪色斑点的墙壁,红军步兵连身穿绣着红色袖章、蓝色袖章、橙色袖章的新式军便装,头戴钢盔,整齐划一,在铿锵的锣声中,在怒吼的号角下,一个连接一个连行进着。"这是小品文《红石头的莫斯科》,标的日期是 1922 年 7 月。整整一年后,也就是 1923 年 7 月 15 日,曼德尔施塔姆在《星火》杂志上发表了随笔《寒冷的夏天》,里面有相似的描述,但是诗人看到眼前物质生活丰富感到的欣喜之情,与布尔加科夫几乎不带任何感情色彩地断定这里的新生政权稳固长久是吻合的:"让我感到欣喜的是,城里居民穿着结实的鞋(参看布尔加科夫一年前对莫斯科人穿着的描述——'大多数人脚上穿着**可能穿坏了的破鞋**,鞋跟都歪了。但是漆已经在掉了。苏联被缩编的小姐们穿着白鞋。'),男人们穿着灰色的英国衬衫,有着红军战士般的胸膛,透出像 X 光拍摄出来的马林果般的肋骨。"

我们回到短篇小说《招魂会》引起或证实的那些看法。我们想起了证实布尔加科夫对当时生活的评价的第一份文献——1921 年 11 月 17 日给母亲的信。他设法描绘"现在的莫斯科是什么样",写道,"我长话短说,正为生存和**适应**新的生活条件而疯狂奋斗。"在这里好像已经就认为,新的生活条件是未必能撤销的客观存在。

"我不想成为死者中的一员,"他在那封信中写道。他在莫斯科生活的头几个月,连起码的生存条件也没有——不得不每天为之奔命。这是他的生活方式同他晚上去喝茶的那些莫斯科人家生活的显著区别。……摆在布尔加科夫面前的,就像他两年多以后在小品文《数不胜数》中写的那样,"简单明了……是一张写着死亡二字的彩票。我看到它,好像醒悟了。**我**发挥了前所未有的、大得出奇的能量。我没有死,尽管打击像冰雹一样接二连三地向我袭来……"

不言而喻,这种境遇差异只是补充笔墨,但它也可能增添对招魂会参与者嘲讽描述的侮辱。毫无疑问,对新生政权稳固持久的信心,是布尔加科夫从高加索就带来的。

就像已经说过的那样,他对刚开始行动顺利的志愿军抱有什么样的希望,他穿着军医制服前往高加索带着什么样的情绪,我们一无所知。不管怎么说,他从那里离开了,他已经看到白军的末日,可以认为他确信白军会全面溃败。他对在莫斯科新结识的熟人——整个战争期间待在莫斯科的房子里的律师、教师——的态度里,可能还带有一个久经沙场、目睹一切的人的些许轻视。

不得不向他们隐瞒自己最近几年的生活细节,可能给他对那些人的态度增添额外的紧张情绪,这一点那些人未必能猜着。这样的紧张情绪会像在这篇短篇小说里那样,突然表现出来。

布尔加科夫这些年的情绪,是理解他接下来的生活中、命运中可能最重要的事情的决定性因素。

我们引用一下属于这段时间的证明材料。布尔加科夫的前辈、生物学家亚·亚·柳比谢夫在 1961 年给娜·曼德尔施塔姆的信中写道:"国内战争结束后,俄国老一代知识分子好几年都活在苏维埃政权不长久的幻想中,当这个幻想破灭后,精神上就彻底空虚了。因此,跟那些从一开始就认为苏联政权并非幽灵的人相比,他们彻底认输了。我清楚地记得 1921 年碰见聪明的 B. M. 教授的情形。当时我刚从克里米亚回到彼得格勒,在大学的走廊里碰见了他。我和他以前不是特别熟,但是这次他停下了脚步,开始和我聊起来,说了这样一句话:'怎么我们的新政权还发着口粮,就倒了。'我听到无疑非常聪明的一个人说出这种胡话,直接惊呆了,甚至无以反驳:我听到什么绝对出乎意料、完全没准备的话时,总是这样。所有这一切都是'象牙塔'确凿的特征;和幻想的事物形成显著对比,面对现实时,不仅体力上不抵抗,而且精神上也不抵抗。"

就像我们在上一章中呈现的那样,布尔加科夫童年和青年时的家境,让他既接触不到有革命倾向的知识分子,也接触不到有自由主义倾向的知识分子;这在很大程度上决定了他对革命的态度,只是部分地——虽然肯定很坦率——决定了 1930 年给政府的信中的言论。他的内心里没有能被当时的事件所动摇的幻想。革命年代的个人经验,使布尔加科夫确信所发生的事情不可逆转(这在他初到莫斯科时写的一篇短篇小说里也有记述)。在我们看来,这两个境况是他铆足干劲、坚不可摧和对自己认为重要的事不屈不挠——令他的同时代人惊奇、令回顾过往的回忆者及其听众赞赏的品质——的首要原因。下面我们引用与上述观点对立的回忆录内容:"尤·利·斯廖兹金1932年2月21日回忆和布尔加科夫的交往故事时,写到下面的内容:'米沙那时很穷,和他的第一任妻子塔季扬娜·尼古拉耶夫娜一起住在花园街一栋大楼的一个阴暗潮湿的房间里。四面的墙上挂着旧海报、剪报、古怪的题字①。布尔加科夫手头钱紧,人有点驼背,抬起头看天,举起双手说:'这什么时候是个头啊!'他把'金卢布'藏起来,建议别人也这样做。'"回忆者对布尔加科夫的态度,在不同的年代一直在变,但是他们的关系一直都很紧张,在我们看来,不管是在这里还是在其他地方,这都是因为真实成分改变引起的。所有不那么欢迎新政权的人"世代相传的"特征传给了布尔加科夫。布尔加科夫看待发生的事情的私人特征,他铆足干劲实现提出的目标,等等,——这是鲍·米·泽姆斯基看到的,是斯廖兹金没有看到,或不能理解的。需要特别说明一下"金卢布":指十卢布金币——1899年冲制的面值十卢布的"尼古拉币"。1921年11月开始发行纸币——迅速贬值的苏维埃纸币(在这些纸币流通的头几个月,布尔加科夫就给家人生动地描述过这一点)。一年后开始发行的银行券——跟"金卢布"等值的苏维埃十卢布纸币——逐步成为硬通货。在那样的社会经济条件下

---

① 参看后面瓦·卡塔叶夫的描述。

保存金币，被当作不合法、不可靠的标志，不由地使人产生这样的想法——这个人是不是想移民？还是更差劲，想复辟？

《招魂会》中刻画的情景，对于那些年的布尔加科夫来说，是摆脱不掉的文学创作缘由。我们看看《袖口杂记》中的下面这个场景："星期四我吃得棒极了。我2点钟去找熟人。围着白围裙的保姆开了门。

怪怪的感觉。好像回到了十年前似的。3点钟，我听见保姆开始往用餐厅桌上端饭菜。我们坐着，聊着（我早上刮了胡子）。**他们骂着布尔什维克，说让他们受尽折磨**。我看出，他们等着我走。我就不走。终于，女主人说：

'要不您和我们一起吃饭？还是不吃？'

'谢谢您。非常乐意。'"

吃过端上来的一道道带有食材明细的菜（用一个正在挨饿的人的眼睛描述）之后，发生了意想不到的事："我认为很丑恶。我离开时，目睹了搜查他们家的场景。来了一堆人。所有人都在乱翻。在五斗橱里的男士衬裤里找金币。小库房里有面粉和火腿。抓走主人……

这么想就太坏了，可我想过。""抓走主人"的所有这一切，对于那些年的布尔加科夫来说，是一个假想的报复那些有金币，相应地每天吃饭有几道菜的人的情景。而且这种情景不止一次在他的创作中——在短篇小说《招魂会》里，在《白卫军》里，在后来的长篇小说《大师与玛格丽特》里——出现。

但是，布尔加科夫无疑从在莫斯科生活的头几周起就想方设法结识文学圈的人，想尽办法融入莫斯科作家圈。

在这个时期，公开的文学创作生活依然主要集中在位于特维尔林荫道的赫尔岑之家。娜杰日达·帕夫洛维奇1922年初在通信报道《莫斯科印象》（载于1922年《文学札记》第7页）中写道："有逢周一相聚，成了文学创作团体'小队'和'文学创作馆'栖身地的作家同盟；有逢周二活动，聚集了谢尔盖·索洛维约夫、埃夫罗斯、利金、利普斯克罗夫、索菲娅·帕尔诺克、格洛巴等人的'抒情诗写作组'；有逢周一活动的无产阶级作家联盟；有聚集了别尔佳耶夫、弗洛连斯基、丘尔科夫等人的宗教哲学圈聚会。"

就是在1922年，布尔加科夫可能也接触到了弗洛连斯基的书，其中的一本——《几何学中的假想》（写于1922年）——他很喜欢。

维克多·莫扎列夫斯基［布尔加科夫同他1922年（要么更早）见过面］在尚未发表的回忆录中写道："1921—1926年间，莫斯科出现了各种各样的文学小组，召开了各种各样的文学座谈会——'奥库涅夫周二小组'（在作家奥库涅夫家聚会）、'诗人工作间'……那里掌权的是谢尔盖·戈罗杰茨基。在赫尔岑街的什么地方聚会。"他也提到了在赫尔岑之家活动的全俄作家协会，那里"举办晚会——作家们朗诵短篇小说，诗人们（他们去得比较少）朗诵诗歌"。提到了列·彼·格罗斯曼作的关于普希金的报告，以及伊·什梅廖夫、谢尔盖·克雷奇科夫、格拉西莫夫、基里洛夫、潘·罗曼诺夫的朗诵。"帕维尔·穆拉托夫（《意大利印象》和长篇小说《"埃杰里亚"号》的作者）用一篇短篇恐怖小说让人们受了惊吓。看

第二章 在莫斯科的最初岁月

来,这是帕·穆拉托夫'最有影响的短篇小说'之一,这些短篇小说甚至在伊·尼·罗扎诺夫的文章《近两年文学作品综述(1921—1922)》(载于1923年《文学评论》,莫斯科,第74页)中也有提及。"

帕·穆拉托夫、维·莫扎列夫斯基、亚·恰亚诺夫——他们都把幻想和日常生活交织在一起,不遗余力地编织革命后头几年的小说,布尔加科夫的构思正是产生于这种背景之下。

"我在那里没少听作者鲍里斯·皮利尼亚克亲自朗诵短篇小说(准确地说,是长篇小说片段)。许多作家和纯粹的听众赞赏地注视着以话剧形式给他们巧妙地'奉上'自己作品的魁梧、开朗的青年皮利尼亚克。许多当时的评论家认为,他正在成长为大作家、新时代的作家。"

应当认为,布尔加科夫在到莫斯科的头几个月里去过一些这样的朗诵会,但是没有这方面的证据。

对他而言,比结识文学圈的人更重要的,显然是了解当时的出版机会。当时的出版业同文学圈往往没有什么关系。例如,"尼基季娜家星期六活动小组"1922年出版了安·纳西莫维奇、亚·雅科夫列夫、尼·利亚什科、鲍·皮利尼亚克等人的短篇小说"手稿卷"第2版和第3版。布尔加科夫同"尼基季娜家星期六活动小组"有联系,但是可能不是第一年就建立了联系。

我们继续列举莫斯科1922年发行的丛刊,就是说,印行这些丛刊的筹备工作以及后来的同名期刊的编纂工作,是在布尔加科夫"眼前"进行的。

《北方的日子》第 2 集刊载了鲍·扎伊采夫、弗拉·利金、安·索博利的短篇小说，第 1 集刊载了 В. И. 波扎尔斯基和 Н. И. 波扎尔斯基的中篇小说《离奇的省份》，《创作》刊载了米·沃尔科夫、伊·日加、亚·克列切托夫–沃尔日斯基等人的短篇小说。

莫斯科出版协会发行了《三叶草》（第一丛刊），刊载了谢·扎亚伊茨基的短篇小说（《小木屋》）以及叶·佐祖利亚、穆伊热利、鲍·皮利尼亚克的短篇小说，刊载了曼德尔施塔姆和帕斯捷尔纳克的诗。上面还刊载了阿·法朗士的短篇小说《海底的基督》。费·斯捷蓬主编的文学和艺术集子《野蔷薇》陆续开始发行，第 1 集刊印了鲍·扎伊采夫、Н. 尼基季娜、Л. 列昂诺夫、鲍·帕斯捷尔纳克（《寄自图拉的信》）、П. 穆拉托夫的短篇小说。维·韦列萨耶夫主编的《我们的时代》文选第一卷面世，《抒情诗系列。诗歌和评论篇》第 1 期刊载了阿赫玛托娃、韦尔霍夫斯基、利普斯克罗夫、曼德尔施塔姆、霍达谢维奇、С. 舍尔温斯基、阿·埃夫罗斯的诗歌，散文篇也刊载了上述作者——埃夫罗斯、利普斯克罗夫、霍达谢维奇的作品；这上面还刊印了弗拉·利金的短篇小说。《新生活文选》（在"新生活"出版社）一年出版了两卷，刊载了谢·克雷奇科夫、尼·捷列绍夫、И. 鲁卡维什尼科夫、德米·斯托诺夫的文章（斯托诺夫的短篇小说《艾蒿》是为了纪念弗·加·柯罗连科而写的），文选第二卷叫《佩列斯韦特》——第一卷是 1921 年出版的，里面刊印了皮利尼亚克、扎米亚京、鲍·扎伊采夫、П. 穆拉托夫的文章；散文家伊·诺维科夫和

第二章 在莫斯科的最初岁月

尼·阿舒金发表了诗歌。

我们再说一说由莫斯科作家图书出版社出版、刊印鲍·扎伊采夫、尼·捷列绍夫、维·韦列萨耶夫、B.希什科夫和A.别雷的作品的《莫斯科丛刊》。

正如我们现在看到的那样，作者圈相当小，大概就那几个人（我们作为旁观者可以说，布尔加科夫自己可能也不会把作品投往作者群体完全与众不同的文集《熔炉》和《在革命的烈火中》，因为他自己的作品同这两个文集的办刊方向格格不入）：所有这些人早在革命前就在文坛有了一定的名望，这是他们与刚尝试踏入文坛的布尔加科夫最大的不同。不管是在1922年还是在1923年，布尔加科夫都未能在这些丛刊中的任何一个丛刊上发表作品。

可能是他在丛刊上发表作品的最早尝试的回忆证明被保存了下来。塔季扬娜·尼古拉耶夫娜给我们讲："他可能在作家协会结识了尼古拉·阿尔希波维奇·阿尔希波夫，有一次他来了说：'我去了阿尔希波夫那里，给他朗读了我的作品（我现在已经想不起，布尔加科夫给他朗读的是什么作品了）。他很喜欢，大笑不已……'据我记得，这也没带来什么变化，阿尔希波夫没能帮他发表作品……"

维克多·莫扎列夫斯基的回忆以及其他一些信息来源可以注解这一证明。"1921年（要么就是1922年），我结识了作家和出版人尼·阿·阿尔希波夫。他当时还'掌管'着'篝火'出版社，出版《凤凰》丛刊……

遗憾的是，'篝火'出版社没火多久。1923年底，要么是

1924年,'篝火'出版社就垮了……尼·阿·阿尔希波夫精明强干,对作家们和蔼可亲、关怀备至,他作为出版人,当时支付稿酬非常慷慨大方。"为了证明这一点,维·莫扎列夫斯基提到,他的一篇短篇小说被刊印了,另一篇短篇小说却未能被刊印,但是出版社仍然给他支付了不错的稿酬。

"篝火"杂志社出版了《凤凰》丛刊(只出了一期)和《篝火》丛刊。我们有一本《凤凰》,上面有 Н. Ф. 别利奇科夫写给 Ю. Г. 奥克斯曼的赠书寄语("1922年8月1日留念于莫斯科",日期为1922年10月27日),有助于我们确定这本丛刊的出版时间大概为1922年8月1日至10月27日之间。目录页背面公布了《篝火》丛刊第1册和第2册的内容——列昂尼德·安德烈耶夫、А. 格洛巴、鲍·扎伊采夫、伊·诺维科夫、М. 普里什温、И. 爱伦堡、亚·雅科夫列夫的散文。第2册同样也没有出版。

因此,塔季扬娜·尼古拉耶夫娜回忆起的同尼·阿尔希波夫的会面可能发生于1922年之前(如果不是1921年底的话),因为后来阿尔希波夫就不再掌管这些出版物了。布尔加科夫究竟给他朗读了哪部作品?很有可能是《袖口杂记》——要么是还没有在《前夜》上发表的第一部分,要么是第二部分。也有可能是1922年出版的《扩音器》中刊载的某篇短篇小说——要么是《招魂会》,要么是《医生奇遇记》(实际上是《袖口杂记》的续篇)。

发表在这些丛刊上的作品,"篝火"图书出版社立即以单行本的形式出版。看来,在《凤凰》或者《篝火》上发表作

第二章 在莫斯科的最初岁月

品的欲望（如果走运的话，也会出版单行本）在1922年的某一天驱使布尔加科夫来到了位于莫霍瓦亚街的1号楼，这里坐落着出版社，想必也坐着阿尔希波夫。

尼·阿尔希波夫本人在《凤凰》丛刊第1册上发表了自己的"写人的中篇小说"，这部小说表明作者就像当时所谓的"忠实描写日常生活的作家"，运用与布尔加科夫的文学品位和兴趣相距甚远的细节，描写社会渣滓的生活。我们就引用对外号为"斯科别列夫将军"的人进食场景的描述来说："他进食可不寻常。他在可能是刚从废物堆里找来的随便一片没洗也没擦干净的碎瓦片里，扒拉着有些猪可能都不会吃的混合物：脏水坑里找来的西瓜皮、鲱鱼头、变质后扔掉的小鲱鱼、熟透了的樱桃；有时还给这些混合物浇上两周左右前下雨后铁皮罐头盒底上残留的黄色铁锈水，有时他要么把这些混合物就倒进那个里面装着雨水的罐头盒，要么倒进另一个底上残留着来源于旧混合物的某种不明液体的容器。所有这些东西用随手从垃圾堆里捡来的木片搅拌来搅拌去，在不同的容器里来回倒腾几次，用手抓起来，一边说着脏话，一边津津有味地慢慢吃掉。"

不过，同样刊载在《凤凰》上的维·莫扎列夫斯基的短篇小说《双重死亡》可能会引起布尔加科夫的兴趣，既因为对普希金的直接影射，也因为旧的条条框框（这样的条条框框我们以后在布尔加科夫本人那里——在《剧院情史》中——也会看到）；或者更确切些说，还因为部分条条框框，即书信形式的结束语，那里这样写道："我心甘情愿急于告诉您，关于您的侄儿维克斯通一生最后时刻的一切消息……"在这篇短篇小说中，甚至可以看到同布尔加科夫的散文有相似之处、并非完全迥异于他的叙事探究的句子："与此同时，历史用鲜明的笔调在地球仪上勾勒出他的祖国。出来了一个伟大的传播者①，在地球仪上种下太阳。水晶般的太空中悬挂着许多太阳，让资产阶级庸人感到害怕。地球仪上数量并不多的城市变得通红②，一些人喊道：'救火，救火，我们的心血化为灰烬，我们不会从灰烬中重生，'另一些人喊道：'救火，救火，我们会从黑色的灰烬中重生。'历史学者问：'他们谁说得对。'"甚至这种对未来的历史学者的呼吁本身，也就是短篇小说的重复句，也成了布尔加科夫的《袖口杂记》以及其他早期作品中的重复句。

维克托·莫扎列夫斯基是有助于重建布尔加科夫到莫斯科生活第一年的创作背景和日常生活背景的一个人。

1921年底至1922年初，即布尔加科夫到达莫斯科的同时，莫斯科的作家们也从俄国的各个角落来到这里，他们在20世纪头十年构成了形形色色、"不同层次"的城市文学创作圈子。这种圈子在革命和战争年代解体了，现在又重新聚在一起，曾经七零八落，如今面貌一新——主力为彼得堡作家和其他城市的作家。其中就有布尔加科夫在北高加索时期结识的作家，比如 E. 文斯基和斯廖兹金。

---

① "出来了一个不认识的、古怪的骑士……"参看《白卫军》结尾。
② 参看后来写的《大师与玛格丽特》："我的地球仪方便多了……您看没看到这块濒临海洋的陆地？您瞧，它正冒着火光。那里开始了战争。"

第二章　在莫斯科的最初岁月

"不久前斯廖兹金从波尔塔瓦来到这里，"青年诗人叶卡捷琳娜·亚历山德罗夫娜·加拉季（革命前出版了一本诗集。大约半年后，布尔加科夫在一个文学小组同她结识）在1922年4月25日给Б. А. 萨多夫斯基的信中写道，"他也遭遇了很多勉强能脱身的大麻烦。我们同他以及其他一些人共同出版《指环》丛刊和《新生活》杂志。《指环》丛刊第1册已组稿完毕。参与该册工作的有鲍·扎伊采夫、伊·诺维科夫、伊·什梅廖夫、斯廖兹金、别雷、申格利和我。请您给第2册丛刊供稿，小说、论文、回忆均可。"第2册丛刊并未出版。看来布尔加科夫也未受邀参与这些出版物的工作。

一年后，布尔加科夫在随笔《数不胜数》中回忆起"自己的"1922年4月时这样写道："阴霾的4月的一天，我登上了莫斯科市中心的最高点。这就是当年尼连泽耶设计的那幢大楼——如今的苏维埃大厦——平顶上面的平台，位于格涅兹尼科夫巷。但见莫斯科躺在脚下，市郊也尽入眼帘。一层如烟似雾的东西笼罩在城市上空，透过这层轻霭可以看到无数屋顶、工厂的烟囱、数不胜数的穹顶。4月的风吹过楼顶平台，楼顶上空空荡荡，空得有如人心。不过这毕竟已是和煦的风。它仿佛从下方刮来，暖洋洋的气息仿佛来自莫斯科的腹心。在许多富有生气的大城市的腹心地带，往往会生出一种可怕的快乐的喧闹声，可莫斯科还不能。不过透过这层薄薄的雾纱下方还是传来了隐隐的声息。这声音模糊而微弱，但却包罗万象……

'莫斯科似乎发出一种声息，'我俯身在栏杆上，语调并不自信。

'这是新经济政策在发出声息,'与我同行登楼的人手按在礼帽上回答说。

'快别提这鬼词儿了!'我说,'这跟新经济政策一点关系都没有,这是生活的本来面目。莫斯科开始过正常生活了。'

我的心里又高兴又害怕。莫斯科开始过正常生活了,这是再清楚不过的事实。但我又是否能过上正常生活呢?没错,眼下还是困难时期,没人敢担保明天究竟会怎样。不过我以及跟我差不多的人已经吃不起麦米和砂糖了。① 原来的餐桌上还可以闻到肉腥味。三年来我头一次不是'领到了皮鞋',而是'买到了'皮鞋。当然这些鞋也不再是比我的脚大一倍,而是只大了两号……这是1922年4月。"②

1922年3月26日(星期日),《前夕报》创刊号面世。这份报纸在柏林出版,但是该报的两名编辑不久后来到了莫斯科,他们是流亡国外人士,是宣告务必向旧俄国的全权继承者新俄国靠拢的《路标》文集的编者,——他们7月份就在莫斯科设立了报纸编辑部。《前夕报》在首都官方人士中间好评如潮,因为它面向理应相信新前景的在国外的俄国读者。布尔加科夫迅速评估了这份"鄙视所有人"(他在后来的一部未完成的自传体中篇小说中如是写道)的报纸为他提供的机会。他首先对该报的读者产生了兴趣,这是一个有文化修养、博览群书,急

---

① 本文的上一章中描述了,1921年冬季到1922年人们怎样"靠一些条令命令之类的东西和里头常能发现许多漂亮的像紫水晶似的小石子儿的黄色谷粒"活命。

② 参看布尔加科夫:《莫斯科:时空变化的万花筒:布尔加科夫散文集》,徐昌汉译,辽宁教育出版社1998年版。——译者注

第二章　在莫斯科的最初岁月

切等待着俄国日常生活和文学创作方面的新闻，非常了解周日报纸小品文中古"俄文词"的传统和瑟京斯基使用的"俄文词"的精神的群体。布尔加科夫着手恢复和革新这一传统。

亲"路标转换派"的《新俄国》杂志创刊号 3 月份就在彼得格勒面世，但是杂志出到第 2 号就停刊了。几个月后，杂志以《俄国》为名在莫斯科复刊，不久后，布尔加科夫就同该刊编辑 И. 烈日涅夫会面了。

那年春天，哪些事件能够吸引他的注意呢？3 月 27 日党的十一大开幕，各大报纸刊登了关于代表大会的一些照片，在这些照片中，在主席台落座的有弗·伊·列宁、列夫·达维多维奇·托洛茨基、格·叶·季诺维也夫和列·波·加米涅夫。布尔加科夫跟他的一些熟人什么时候可能也讨论过代表大会建议的新经济政策纲领——不管怎么说，跟党员鲍里斯·泽姆斯基讨论过。另一方面，很难推测，他对那年春天开始的控告社会革命党中央委员从事反革命活动并对他们进行庭审有多大的兴趣——这次审判受到流亡人士以及国内各个阶层的关注，高尔基对此予以强烈谴责。他对大牧首吉洪的个性和命运肯定很关心。

布尔加科夫对教会事务的持续关注，在任何传记文献中都没有留下痕迹，但是在他的各种著作中可以读到——例如在《白卫军》中，弗谢维什尼对日林说："我弄不明白，我能拿你们的那些傻子教士怎么办，世上就没有这样的人。日林，我悄悄跟你说的是丢人的事，不是说教士，"但是，"日林，遗憾的是，这就是可笑之处。"

关于那些年争议不断的教会——"新生教会"、独立教会和老教会（即宗主教教会）——1923年春写的随笔《基辅城》中也进行了极其狂热的论述。最后，1928年写的《大师与玛格丽特》第一稿的一章中，对阿尔卡季娅神父的形象进行了刻薄的描述，说他直接就在教堂拍卖贵重物品……

他1921—1922年无疑也关注没收教会贵重物品接济饥民的运动。因此，那年冒出两个主要问题，一个是监督中央赈济饥民委员会使用筹集款项问题，也就是在这一全民事务上的透明度问题。另一个是把针对教会贵重物品的特别措施同祈祷需要和教会规定协调一致的问题。大牧首吉洪早在1921年8月22日就在《救助报》（1922年第2号）上发表《致全俄赈济饥民委员会主席团的信》。他写道："东正教教会任何时候、任何情况下都不会对俄国人民遭受的灾难漠不关心。

就是在现在，即在饥荒席卷俄国大部分地区的时候，教会应当尽力也会尽力减轻饥民的遭遇。

我已经通过教会权力代表向受上帝恩赐、五谷丰登的国家的民众发出呼吁，呼吁他们救助俄国饥民。现在我认为自己的神圣职责是，向俄国教会所有的教民——神甫和信徒们发出号召，号召他们发发善心，广泛和积极地参与救助所有遭受了和正在遭受饥饿的民众。

我相信，每一个教区，每一个宗教团体，每一名独立教会成员，都会履行各自的职责，为这一伟大事业作出力所能及的贡献，尽可能参与教会救助饥民工作。

教会在这方面的所有工作都将由我统一领导和监督。为了

第二章 在莫斯科的最初岁月

做好近期在莫斯科以及各地的募集捐助（钱财、物资和食品）活动，并通过为了达成这一目的新成立的相应教会组织分配到各地的领导工作，我在莫斯科成立了由神甫和信徒组成的教会委员会。

对此，我还要补充强调一句，只有让教会处于保证可以毫无阻力开展活动的条件下，它才有可能成功开展救助饥民工作，这些条件是：

1. 教会委员会必须享有通过在教堂口头宣传、出版相关呼吁书、举办宗教道德讲座和宗教音乐会等方式募集必需的钱财和物资捐助的权利。

2. 教会可以自主或者在全俄委员会的协助下在国内买到粮食，收取从国外捐到其名下的钱财、物资和粮食捐助。

3. 教会有权在遭受饥荒地区通过特派全权代表或各地新出现的教会组织，在完全遵从全俄委员会计划的情况下，开设公共食堂、粮库和发放站，设立医疗救助站等，不分宗教信仰、阶级、阶层和民族，对饥民进行尽可能大规模的救助。

4. 莫斯科教会委员会以及各地教会委员会的所有财产和资产不得充公和征收。

5. 教会委员会委员和教会受权代表履行各自的职责时有权举行定期会议。

6. 教会委员会的活动不受工农监察部监督。教会委员会向全俄委员会主席团汇报各项活动。钱款和物资审计工作由我委派的审计委员会承担。

7. 教会委员会指定特派全权代表同全俄委员会及其地方

机构建立积极联系。

我深信,以上这些主要条件就是我成立教会委员会,以便更忠实和迅速地达成它确立的目标的基础。

我相信,全俄委员会在自身权限范围内会为教会委员会及其各地机构落实预定目标提供一切可能的协助。"信上标的日期为1921年8月5日。1922年2月,大牧首回忆说,他当时给一些基督教教会的领导者致信,"呼吁他们出于基督教的博爱,募集钱和粮食,发放给伏尔加河中下游流域快要饿死的民众"。

他在1922年2月15日(28日)的信中写道:"当时我们成立了全俄救助饥民教会委员会,并在所有教堂和一些教徒群体中间募集钱,用于救助饥民。但是苏维埃政府认为成立这样的教会组织没有必要,要求教会募集的所有钱款上交,并交给了政府的委员会。"

可以想见,在莫斯科生活,特别是在文学出版处供职和在赈济饥民委员会工作的头几个月,布尔加科夫已经数次听说莫斯科人讲述去年夏天社会各界尝试参与救助饥民的故事。鲍·康·扎伊采夫后来回忆道:"当时,也就是1921年夏天,俄国严重闹饥荒。俄国知识分子遵从古训,不追求任何政治目的,决定伸出援手。当时成立了联络外国慈善家(胡佛、南森等)委员会。我也加入了这个委员会,来自作家队伍。起初当局允许我们募集和在加米涅夫主持下开会,后来突然所有人都被逮捕了。委员会办公室被赶到东部的省份。两天后我被释放。"H. A. 别尔佳耶夫回忆说,他同另一名作家协会理事去了加里

第二章 在莫斯科的最初岁月

宁那里,求情释放也因此事被捕的米·奥索尔金。

1921年12月,政府提议教会捐献钱款和粮食。大牧首后来解释说:"我们想加大力度尽可能救助伏尔加河中下游流域快要饿死的民众,找到了可行的办法:允许教区委员会和团体捐出非用于祈祷的教堂贵重饰物和物品,以供饥民之需,并于同年2月6日(19日)以特别呼吁书的形式告知东正教民众,这一特别呼吁书经政府批准印行,并在民众中间散发。但是此后,也就是在政府的各大报纸强烈抨击教会领导者之后,全俄中央执行委员会2月10日(23日)决定从各个教堂没收所有贵重的教会物品,包括祭神器皿以及其他祈祷用品。从教会的角度讲,这样的举动属于亵渎神灵的举动,我们履行我们的神圣职责,阐明了教会对这一举动的立场,并向忠实的教民通报了此事……"大牧首继续解释说,他不赞同从教堂没收东西,哪怕是通过自愿捐助,"全体基督教会的教规禁止把祭神用品用于非祈祷之目的,并把其作为亵渎神灵给予惩处——信徒会被逐出教会,神职人员会被逐出教职……"

1922年3月16日的《真理报》刊登了吉洪的声明,表示教堂中没有那么多贵重物品,不能把从教堂中获得用于满足饥民需求的艺术珍品和历史文物贩卖到国外。3月28日的《消息报》刊登了"人民的敌人"名单,上面首当其冲的就是大牧首"以及高级神职人员会议"。米·伊·加里宁同主教安东尼举行了会谈,全俄中央委员会主席在会谈时强调说,修改教会贵重物品法令的事提都不要提,于是主教安东尼表示支持没收教会贵重物品,并表示愿意在中央赈济饥民委员会工作。

可以断定，布尔加科夫被毁掉的日记本中肯定记载了1922年4月26日开始对神职人员进行审讯、5月5日大牧首吉洪作为证人在综合技术博物馆大楼进行的庭审中陈述供词以及宣判（10名神职人员被判处枪决；后来有6名被赦免，其余4名于8月12日夜里被执行枪决）的事情。其他城市也有被判刑和枪决的事例。对布尔加科夫来说，1922年5月大牧首被逮捕，以及那年春天教权归"新生教会"（他在一年后写的关于基辅的随笔中表明了对该教会的态度）所有，都是大事。

布尔加科夫当然关注了热那亚会议的筹备情况（正如我们所看到的那样，那年2月写的日记幸存的片段中就记载了他对这次会议的关注）；他不可能对君主主义者1922年3月29日在柏林杀害了前部长弗·德·纳波柯夫漠不关心，尽管我们手头没有任何材料来判断，他读了"路标转换派"分子对这一事件的反应（例如，华西列夫斯基–涅布克瓦在《前夕报》第5号上同阿·托尔斯泰共用一个标题《初步印象》写道，君主主义者在国内战争时期从来没有表现出英勇精神，在他们有能力营救被捕的沙皇一家时，也没有表现出英勇精神，只是在革命结束后的第六个年头，才在执行帕·尼·米留可夫指定的枪决和遇害的弗·德·纳波柯夫身上找着了勇气）后的所思所想。可以想见，他怀着特别复杂的心情关注着那些为自己返回俄国铺路的人，即那些成功实现了他未能成行的前往君士坦丁堡继而前往欧洲之旅，然后又对自己的选择感到后悔的人——他很快在莫斯科就要见到的"路标转换派"分子——写的文章。

4月25日的《消息报》转载了《前夕报》上刊登的《公

第二章 在莫斯科的最初岁月

民阿·托尔斯泰致尼·瓦·柴可夫斯基的公开信》——莫斯科的作家们获悉托尔斯泰决定回俄国了。

1922年6月，尤·韦·克柳奇尼科夫（《前夕报》主编之一）和尤·尼·波捷欣（在他的"直接参与"下报纸得以出版）在《前夕报》上刊发了几篇发自莫斯科（他们月初来到这里）的报道。波捷欣在标题为《新经济政策王子》的随笔中写道，"现在的莫斯科同我1918年离开时的莫斯科简直没法比……"（见《前夕报》第75号）。但是就在那一号（《前夕报》第68号）上刊发的克柳奇尼科夫写的随笔《莫斯科人》中的一个细节让我们很是好奇：《袖口杂记》刊发在这篇随笔的附录文献中。

克柳奇尼科夫注意到了这个对他来说许多方面都很新鲜、当时还是临时落脚地的城市中居民的眼神。"莫斯科人的眼里总有一丝神秘，一种说不出来的东西，一种只有自己懂的东西。'深邃的东西'……如果您喜欢纯净的眼神，而且您手头有美元，那就去美国吧。"20世纪20年代初城市居民的这种让新来的旁观者注意到的外貌特征，布尔加科夫后来可能也是从他这里沿用的。他一再提到渐渐地成为自己的城市居民"惊慌不安的"、"提心吊胆的"甚至"令人恐怖的"眼神。

克柳奇尼科夫敏锐地察觉的眼神里的"神秘"有深刻的背景。它反映了革命后的五年莫斯科人适应新形势的一些变化。如果不认真研究这些变化，尝试追叙布尔加科夫在莫斯科的头几年的自我感受以及接下来的变化，就不可能取得哪怕一点点成功。

两年后，过几个月就不得不离开祖国的哲学家和作家费奥多尔·奥古斯托维奇·斯捷蓬（两三年后，布尔加科夫同他的弟弟弗拉基米尔·奥古斯托维奇走得很近，在他的房子里举办了庆祝自己在莫斯科首演的宴会），尝试对布尔加科夫生活在其中，并即将开始新生活、许多方面同他本人的处境类似但正如我们看到的那样什么地方又有所不同的环境进行社会心理分析。斯捷蓬写道："留在俄国的知识分子尝试同苏联当局对抗的第一个想法就是'抵制'。但是抵制不可能持续太长时间。除了国家，国内再没有一个雇主……因此就形成了无法解决的两难选择——要么去死，要么为苏联效力——结果自然有利于效力。"1923 年春，布尔加科夫在一篇发表在《前夕报》上的随笔中描述了自己在莫斯科"正好夹在两个群体——富得流油的'资产者'和'一贫如洗的'各路英雄中间"的时光。"……摆在我面前的分明就是一张写着死亡二字的彩票。看到它，我似乎醒了。我养成了前所未有、大得可怕的能量。我没有死……我效法了两个阵营中的保护手段。我全身满载托付，就像狗身上长满毛一样。"

在此之前，也就是 1919 年在基辅时，据他的亲人们证明，布尔加科夫没有在苏维埃机构中供职。只是在弗拉季高加索，也就是在 1920 年春季，一些复杂的社会心理问题才直接摆在他的面前，斯捷蓬写了这些问题，而且这些问题也以国内出版物能做到的最大透明度呈现在《袖口杂记》中。斯捷蓬认为，起初，即"革命习以为常时，俄国人唯一可以拯救的只有自己的贫困生活时，俄国人内心清楚地知道自己的真实处境以及他

第二章 在莫斯科的最初岁月

们最终靠什么坚强地维持生活时",一切"从道德层面讲进展顺利"。这就是《袖口杂记》主人公的状况:"我习惯了。艺术分部主任,人民教育,《文学报》。有人在桌子间穿行。身着灰色的弗伦奇式上衣和古怪的马裤。刚扎入人堆,那群人就散开了。不管看谁,脸色都变得苍白。眼睛看向桌子底下……

他向前进了一步。眼睛凝视着,把心脏掏出来,放在手掌上,仔细地看了起来。但是心脏晶莹剔透!又放了回去。赞许地笑了。"

用斯捷蓬的术语来说,是欺骗,不是伪善。如果我们感受不到差别,我们就不会理解,布尔加科夫起初同在各条战线漂泊并于20年代初最终定居莫斯科的许多作家一样,遭受防卫性欺骗,后来远离伪善,首先不让伪善渗透进自己的创作之中。斯捷蓬写道:"邓尼金发动进攻之前,在许多人身上,即在跟布尔加科夫不同、身处红军敌后根据地的那些人身上,已经不仅可以感觉到存在两种面孔,而且还有两面派,就是说,完全不能分清,他们确实感觉不到哪副面孔——'同志'面孔还是'阴谋者'面孔——是自己的面孔。

此前,大量的苏联公职人员中间已经在一定范围内被安插进布尔什维克,因为对自己的预感——邓尼金要打来——感到某种不自信……"

布尔加科夫所处的情形有所不同。邓尼金打到基辅之前,他可能还没有来得及体会到斯捷蓬写的那种"预感不自信的感觉"。1919年冬至1920年初,他跟白军处于前线的同一侧,经历了白军的进攻和撤退。1920年在弗拉季高加索时,他肯定心情复杂地关注着克里米亚（据推测，弟弟们可能去了这里）发生的一切，这样的感觉我们不可能，哪怕是在一定程度上进行还原，因为在《逃亡》中我们看到的只是这些情感后来的转化。

在莫斯科的头几年，对并未实现的、1920—1921年被抹去的命运方案的想法，还是让他痛心不已。塔季扬娜·尼古拉耶夫娜回忆说，有一次他约见了后来去过君士坦丁堡的熟识的女护士。"他请她到家里来，一起喝茶，她讲了很多很多。总之，谁去过国外，他都打算让他们开口讲，自己倾听……她讲了君士坦丁堡的一切情况——她同白军到过君士坦丁堡，但还是回来了……我对他说：'你别遗憾！……'"妻子的忠厚建议未必能说到心坎里去。他对这个痛苦的事情的感觉和想法相当复杂。

4—5月，布尔加科夫同《前夕报》已经关系很密切了，对他而言，这一关系中重要的一环是，此前，也就是至少自1921年年底以来，未能在任何地方发表的《袖口杂记》的第一部分发表在1922年6月18日《文学副刊》第8号（附属于《前夕报》第68号）上了。

1922年春夏，对于一部分俄国知识分子——在国内的也好，在国外的也罢——而言，某种意义上属于满怀希望的时期，于是他们尽力使那些基本上对新生活失望的人振作起来，焕发精神。6月25日，《前夕报》的《文学副刊》中通告，（"权利"出版社）出版了《经济复兴》杂志创刊号。该杂志的编辑部文章中说，我国社会中"现在弥漫着不可遏制的、不

第二章 在莫斯科的最初岁月

好的悲观情绪,不负责任的、听从残酷命运安排的情绪,预感世界末日即将到来的情绪"。但是,编辑部认为,无论俄国国民经济状况多么悲惨,绝望的悲观主义应当让位于"生活的意愿",俄国"务实政策战胜直来直去的乌托邦主义"之后,俄国经济完全可以复兴。

布尔加科夫当时的处世态度之于这些希望的关系,在某种程度上可以用之前引用过的随笔《数不胜数》中的句子来解释:"莫斯科开始过正常生活了,这是再清楚不过的事实。但我又是否能过上正常生活呢?"

塔季扬娜·尼古拉耶夫娜记着的一个小插曲,让人很是好奇,这个小插曲记录的是,1921年冬至1922年初春,陷入缺钱状态的布尔加科夫夫妇试图"冒险"投身这个时期如火如荼地开展的商业……塔季扬娜·尼古拉耶夫娜讲说:"我们家里来了个熟人——莫伊谢延科。我们在弗拉季高加索当红军时在歌剧演唱家兹布鲁耶娃家里就认识了……她家里举办过一些晚会,上的是伏特加……总之,在那里喝了很多酒。还上了基兹利亚尔葡萄酒,粉红色,口感好,但是喝多了会倒。这个莫伊谢延科也在那里。我想不起,他到那里干什么去了,但是他这个人很有意思。他和妻子奥莉加经常来找我们,说:'米申卡①,我喜欢您。'他真的喜欢米哈伊尔,比米哈伊尔年长几岁。突然他又出现在了莫斯科。他来找我们,给我带了薄饼。我记得,他教我说:

---

① 对米哈伊尔的爱称。——译者注

'煮小米粥加上胡萝卜,就是烩饭。'

这是一种意大利食物——当然,是煮大米粥加胡萝卜,而我们这里是煮小米粥……我按照他的做法煮了很多次……

有一次,他的妻子给我们拿来两个用珍珠做的神像,说:'藏起来,你们这里不会搜!'

这两个神像在我们这里包起来放了好久,后来他们给拿走了。

我觉得,这个莫伊谢延科在做什么商业上的黑生意……然后他也不知去向了。

他们在什么地方买了粉末。跟我们说:'想要吗?搬一箱赚钱去!'我们搬了一箱,里面有许多盒粉末,我们搬到自己在五楼的住处,但是什么也没有做成。我们栽在了这些粉末上——多少钱买的,就按多少钱卖了出去……当然,我是在市场上卖的……"

1922年夏天到了。布尔加科夫第一次在莫斯科度过了夏天。C. 奥斯伦德在1922年5月23日写给斯廖兹金的信中写道:"莫斯科现在天气很好,初夏时分,街心花园的绿植冒出绿芽,昨天下了一场雷雨……万物恢复生机……共同认识的熟人见的不多。加拉季带着绝望的情绪整个夏天都要去戈利齐诺度过。见到了利金,他很郁闷,哪里都不采用他的长篇小说《中国》……"(应当指出的是,就在那一年,这部长篇小说刊载于《抒情诗系列》丛刊上)。1922—1924年间,布尔加科夫同所有这些作家——Ю. 斯廖兹金、C. 奥斯伦德、弗·利金、叶·加拉季——经常见面。

第二章 在莫斯科的最初岁月

夏天的莫斯科变得空旷无人，但是莫斯科的文学生活并没有停止。从1922年6月起开始出版的文学艺术报《莫斯科周一》以及一些丛刊和"内核"出版社编辑部秘书彼得·尼卡诺罗维奇·扎伊采夫的回忆，有助于我们想象1922年莫斯科文学圈的"阵容"。他写道："1922年夏天，来莫斯科的作家有：维·维·韦列萨耶夫、伊·阿·诺维科夫、尚未出国的鲍·康·扎伊采夫。还有格·伊·丘尔科夫。还有一些年轻的作家：亚·C. 雅科夫、M. Я. 科济列夫以及来自无产阶级作家团体'熔炉'的尼·利亚什科、米·沃尔科夫，还有弗·Г. 利金、安·索博利、A. И. 斯维尔斯基。"扎伊采夫接着列举道，"有尼·Д. 捷列绍夫，甚至还有住在赫尔岑之家耳房里的老态龙钟的伊格纳季·尼·波塔片科。在莫斯科郊外，有住在科洛姆纳家里的鲍·皮利尼亚克，有住在奥博利亚诺沃家里的 С. П. 波德亚切夫……1922年，赫尔岑之家的两个耳房里住过许多要么是那一年返回莫斯科，要么是第一次来莫斯科居住的无房作家……住过 А. 克雷奇科夫、П. В. 奥列申和妻子、奥莉加·米哈伊洛夫娜、作家马克·克里尼茨基（米·弗·萨梅金）的女儿……从科克捷别利回来的伊·谢·什梅廖夫、从伏尔加河流域回来的 А. С. 涅韦罗夫……从莫斯科郊区农村来到莫斯科的米·米·普里希文……"

5月29日，霍达谢维奇在作家协会朗诵了诗集《笨重的竖琴》中的诗——伊·尼·罗扎诺夫在自己的日记中记述了此事。从这本日记分析看，6月份霍达谢维奇还在莫斯科（罗扎诺夫6月18日在他那里结识了 Н. Н. 别尔别罗娃），8月中旬之前，帕斯捷尔纳克还在莫斯科（不久后两个诗人就到柏林去了）。

6月初，莫斯科知识分子中间流传被捕和搜查的消息。

6月2日，每次参加"尼基季娜家星期六活动小组"都会同布尔加科夫见面、当时莫斯科文学圈的重要人物及其编年史编纂者伊·尼·罗扎诺夫在自己的日记中记道："博物馆①中到处都在谈论昨天的被捕；6月6日，也就是圣灵降临节之后，《大家族》刊登了几篇关于 С. П.② 的长篇小说和尼娜·格奥尔吉耶夫娜关于自己的父亲和'客人'的文章；6月7日，'……从《大家族》第5号至第7号'，连载了帕·谢·波波夫关于请到家里的'访问者'的文章。"而且，6月8日历史博物馆馆长 Н. М. 谢科托夫通知说，"同志们要收心工作，散布谣言者会受到起诉。"帕维尔·谢尔盖耶维奇·波波夫很快就跟布尔加科夫成了老熟人。

7月7日，作家协会（赫尔岑之家）举办了为悼念布洛克（逝世周年祭）而设的酬客宴，这也被伊·尼·罗扎诺夫记在了日记里；7月31日，他记述了谢拉皮奥诺夫之夜——也是在作家协会举行的：费定、米·斯洛尼姆斯基、弗·伊万诺夫朗诵了自己的作品。8月28日，他的日记中记道，来作家协会参加未能举行的会议，"在院子里同曼德尔施塔姆和利普斯克罗夫散步。结识了帕尔纳赫。"后者就是后来的曼德尔施塔姆的散文集《埃及邮票》的主人公。

正是在1922年夏天快要到来之际，若干年后成为激起布

---
① 他供职的历史博物馆。
② 可能是关于"大家族"出版社领导梅利古诺夫。

第二章 在莫斯科的最初岁月

尔加科夫创作想象之地的赫尔岑之家,变成了"格里鲍耶陀夫之家",完全归作家协会管辖(为了纪念赫尔岑诞辰一百周年)。重新选举产生的理事会计划扩建图书馆,在里面辟出学习的房间,"利用院子里的两栋楼开展日常生活,为身体残障的作家和在当时住房紧缺时找不着落脚地的协会会员提供长期居住的住所";想着迁出不相干的机构——"只要酒精工业区管理局设在赫尔岑之家,就甭想落实管理方案。原来的消费税征收机关占了整整一层楼……"在这篇日记(题目为《全俄作家协会》)中,刚刚在莫斯科开始出版的私营杂志《俄国》第1号(封面上的日期为8月)通报了重新选举产生的协会理事会成员:"鲍·康·扎伊采夫为主席,米·安·奥索尔金、Н. А. 别尔佳耶夫为(副主席),阿·М. 埃夫罗斯为秘书,Н. С. 阿叔金和安·索博利为(副秘书)……尤·艾亨瓦尔德、В. 日尔金、古·古·施佩特、伊·阿·诺维科夫为理事会理事;候补理事有:弗·Г. 利金、В. Л. 利沃夫-罗加切夫斯基";监事会监事为彼·尼·扎伊采夫。

多年后,鲍·康·扎伊采夫在逝世前不久回忆起1921—1922年时写道:"当时莫斯科还有许多老俄国知识分子。我们的章程里说,任何一名共产党员都不能成为协会会员。荒谬吗?——当然,但是当时政府还忙于国内战争,顾不上管我们。"

"我本人革命前就和加米涅夫和卢那察尔斯基很熟。协会时常派我去找他们,申请释放被捕的协会成员。他们俩人通常都表示同情。"国内战争结束时,正赶上政府加强对文学社会生活的重视力度。1922年春天就开始准备驱逐哲学家和作家，但是还不清楚要驱逐谁。

鲍·康·扎伊采夫夏天离开了莫斯科，他春天时就获得了出国许可（《俄国新书》第3期即3月刊上报道了此事）。他自己后来回忆说，在加米涅夫和卢那察尔斯基的协助下，他"偕家眷被放行到柏林'治疗'。是的，我以为这不是永别。但是，当火车跨越国境时，我的女儿、10岁的娜塔莎若有所思地向俄国的土地抛了一朵小花——告别的小花。'爸爸，我们永远也不回俄罗斯了。'而我和妻子认为，这是暂时作别。"

尽管远隔千山万水，但是那些年莫斯科和柏林之间的距离比后来近得多。柏林出版了包括布尔加科夫和斯廖兹金在内的莫斯科很多作家撰稿的杂志——《俄国新书》、《北极光》、《小纺锤》——那年春天成立的作家、艺术家和音乐家协会"纺锤"的丛刊，就像柏林的一家杂志报道的那样，该协会"不限于在侨民中间活动，而是和亲近协会的俄国创作力量保持紧密联系"。9月，从莫斯科返回的克柳奇尼科夫和波捷欣作了题为《今日俄罗斯》的报告。

看那年秋天在柏林艺术之家作过报告的文学家名单，就会发现，这份名单和1922年及后来几年在莫斯科召开的文学创作会议的报告人名单非常像：维·什克洛夫斯基、弗·霍达谢维奇、阿·托尔斯泰、鲍·帕斯捷尔纳克、安·别雷、伊·爱伦堡、弗·马雅可夫斯基、尤·艾亨瓦尔德、弗·利金……关于弗·利金，报道说，他"从莫斯科短期来到柏林"，并立即说明他在莫斯科的住址——小尼基塔街……与他同时来到柏林

第二章 在莫斯科的最初岁月

的,还有一位莫斯科的小说家——奥·萨维奇。11月12日,他们一起为新成立的"纺锤"协会全体成员作报告,在伊·尼·罗扎诺夫1922年11月25日的日记里,已经出现了这样的记载:"萨维奇回来了。"我们推测,这两位作家中的一位就把下面这封信带到了柏林,发表在《俄国新书》和丛刊《小纺锤》上。"米·阿·布尔加科夫正在编纂俄国当代作家图书索引大全词典,附各位作家的文学创作概况。词典的完整度在很大程度上取决于各位作家自己对这项工作的响应程度,提供关于自己的鲜活而珍贵的信息。作者请在俄国各个城市和国外的所有俄国作家将自传材料寄到以下地址:莫斯科大花园街10号楼50室,米哈伊尔·阿法纳西耶维奇·布尔加科夫收。

需提供最重要的时间信息、首次发表情况、受知名大家和文学流派等影响的信息。最好提供鲜活的材料。

特别提请几乎没有或完全没有评论材料或传记材料的新作家注意。

恳请有评语的人士指明评语作者和发表处。

请所有报纸杂志转载这则通知。莫斯科。1922年10月6日。"

这封信被他稍加编辑后分别寄给国内各家报纸:

"俄国作家词典。

米·阿·布尔加科夫**正在编纂**俄国作家——大革命同时代人词典。请各个城市的所有小说家、诗人和文学评论家将自传材料寄给他。突出以下重点:准确的时间信息、作品清单、文学创作工作,尤其是1917—1922年间文学创作的详细说明、生活中影响创作的鲜活事件和重大事件、标明每部创作的评论和书目。外地新作家最好寄来刊登自己作品的各期杂志。"

给《俄国新书》编辑部寄信的日期,可能不是随便写的。

9月,莫斯科到处都在议论要驱逐彼得格勒和莫斯科文化人士的事。伊·尼·罗扎诺夫在1922年9月26日的日记中记道:"……(大家族)。议论离开者的事(今天)";10月3日记道:"晚上在谢·彼·梅利古诺夫那里开《往事之声》最后一次会议,去了梅利古诺夫、西夫科夫、费奥多罗夫、齐亚夫洛夫斯基……帕·谢·波波夫和我。我提议拍照";6日,星期五,记道:"晚上去了有梅利古诺夫参加的'大家族'委员会最后一次会议";最后,10月8日,星期天,记道:"6点,'大家族'(理事会)召开梅利古诺夫送别会"。10月6日,在莫斯科举行的全俄作家协会特别会议上,"维·维·韦列萨耶夫、阿·伊·奥库洛夫、鲍·安·皮利尼亚克、尤·瓦·索博列夫被选为理事会成员,取代离开的鲍·康·扎伊采夫和被驱逐的尤·亚·艾亨瓦尔德、尼·亚·别尔嘉耶夫和米·安·奥索尔金"。

那年秋天离开——大部分人是被迫离开——莫斯科的有哲学家谢·路·弗兰克、И. И. 伊利英、鲍·彼·维舍斯拉夫采夫,作家和哲学家费·奥·斯捷蓬,历史学家亚·亚·基泽韦捷尔、韦·亚·米亚科京以及一些经济学家、出版商、农学家,等等。这一行动的后果没有立刻全部表现出来。但是布尔加科夫作图书索引的打算,可能同他感觉俄国文化在流失有关。就是那年秋天的驱逐——尽管并不是所有的人离去,但是

第二章 在莫斯科的最初岁月

很多人离去是无法改变的（事实也是如此），——可能推动布尔加科夫抓紧收集所有俄国当代作家的信息，不论他们身处何方。因此，他几乎是第一个提出赋予文化重大意义这一任务的人，这个任务至今都没有完成多少。

布尔加科夫的材料收集工作推进到什么程度，无从得知；他可能很快就意识到，自己的想法涉及面太大，于是放弃落实。但是，产生这样的想法本身清晰地表明，他当时的图书索引和阅读兴趣范围特别广。预料到自己没有读过伊万的诗的大师后来的对白——"好像我没有读过其他人的诗？"——有深刻的自传背景：布尔加科夫像忠于职守的图书编目专家那样，读遍了革命后最初几年的诗歌和散文。

1922年深秋，莫斯科知识分子中间热议的话题是，从1911年就有的合作制出版社"大家族"的命运。"大家族"有自己的书店（位于特列季亚科夫巷，布尔加科夫常得去那里，莫斯科人都知道——1921—1922年间那里可以买到柏林"言论"出版社等其他出版社出版的俄文书）：伊·尼·罗扎诺夫5月29日记道，他在"大家族"遇见了和С.博布罗维一起来的帕斯捷尔纳克。"大家族"书店第1号通告出版后，国家出版社政治处禁止"大家族"公司在以后各期通告中刊印文学评论、书评等，建议仅限于刊印公司书店现有图书目录里的图书信息。因此第2号通告暂停出版。"大家族"工作人员（В. М. 库德里亚夫采夫、А. Ф. 伊久莫夫、С. П. 波斯尼科夫）被驱逐后，莫斯科人不安地关注着事件的发展。

文艺学家尼·米·门德尔松在1922年11月3日的日记中记

述了自己前一天参加"大家族"委员会会议的情况:"理事长西夫科夫详细通报了事态。去加米涅夫那里的不是亚·利·托尔斯塔娅,而是维·尼·菲格纳。一切将如何收场,很难讲。'大家族'得到保全的希望很渺茫(至少我有希望)。从加米涅夫和列别杰夫–波良斯基(И. И. 波波夫不知和谁去过他那里)的话可以得出结论,应当在国外的出版物上驳斥'大家族'理事会和委员会同出版柯罗连科的信有染"(日记作者在注释中解释说:"国外的聪明人在柯罗连科给卢那察尔斯基的信上盖了'大家族'的印章给出版了")。"草拟文稿,把库德里亚夫采夫派到柏林。博尔纳该杀!……十有八九,出版的事是他①干的。最让当局气愤的是季奥涅奥写的序言。——搜查时搜出了一些特别愚蠢的东西。顺便说一句,有通过外交人民委员部收到的维特回忆录,有书刊检查漏掉的理事会报告,等等——出版社的事业很辉煌,尽管有书刊检查、国家出版社,等等。"11月6日记道:"亚·利·托尔斯塔娅和维·尼·菲格纳去了明仁斯基②那里,谈判的结果是,他命令暂停撤销。"11月12日记道:"'大家族'奄奄一息——似乎仅作为出版社:可能保留《往事之声》和书店。"伊·尼·罗扎诺夫12月2日记道:"'大家族'有拍卖会。我到晚了。勃洛克的五封信卖了四封。"

我们认为,布尔加科夫在战前就熟知,1920年复刊(最初由谢·彼·梅利古诺夫主编,后来由姆·亚·齐亚夫洛夫斯基

---

① 吉·伊·博尔纳,巴黎"俄国土地"出版社创始人。
② 时任全俄肃反委员会主席团成员。

第二章　在莫斯科的最初岁月

主编）的历史和文学史杂志《往事之声》（1913—1917年曾出版过），引起了他的注意。在莫斯科，布尔加科夫不仅买《俄国旧事》，而且也买《历史通报》，——他对这类杂志的兴趣一点也不比对当代文学小。1923年，杂志最后三期还没有来得及出版；后来，即"大家族"理事会和委员会18名成员1923年春季前到了国外，杂志停刊后，（从1926年起）开始出版《往事之声》（国外版）。

塔季扬娜·尼古拉耶夫娜回忆说，他常往回带新书，有时建议她读，"他催我快点读，说'它们该还了。'我记得，有一次他带回来一本书——《恶棍笔记》，作者我不记得了。说'给，读读。'"这是柏林"俄国创作"出版社1922年4月到夏季前这段时间出版的 A. 韦特卢金的长篇小说，这本书不仅引起了国外的俄国评论家的注意（罗曼·古利在《俄国新书》上发表了尖锐的评论），而且也引起了赏识作者的国内评论家的注意。《出版与革命》杂志（1923年第2期）的评论家认为，这本书具有"人道主义文献"的意义，"学识渊博的人尝试勾勒'彼岸'的老一辈活动家认为自己注定要失败的事业的继承者——整个'青涩的'青年阶层——精神瓦解的状况"。更早些时候，维亚切·波隆斯基在这本杂志（1922年第8期）上谈到韦特卢金写的上一本书《第三个俄国》（1922年巴黎版）时断言："韦特卢金现在还在尝试抓住使他离开'这个'俄国的反面特点。但是，他向着《前夜报》编辑部，——这是毋庸置疑的。"这就是1922—1923年局势的特点——双方都尝试靠近对方。

布尔加科夫对韦特卢金的兴趣相当重要——我们以后会看到,该作者的一本书《恶棍笔记》有助于《逃亡》的写作。

而且这个人的生平经历肯定也应当会引起布尔加科夫的兴趣——以"А.韦特卢金"为笔名的写作者弗拉基米尔·伊里奇·伦尊 1917—1921 年在布尔加科夫那些年走过的较为曲折、在布尔加科夫本人看来也相当离奇的路附近经历了相似的命运。他当然专心阅读了这个完全有可能在基辅认识的人厚颜无耻的自传,——不仅阅读了长篇小说,而且还阅读了刊登在布尔加科夫可能关注过的《俄国新书》杂志上的自传。韦特卢金在标注日期为 1922 年 3 月 26 日的自传中叙述道:"1918 年 8 月,我乘车去了顿河畔,为了逃避克拉斯诺夫斯基的动员,从那里先后跑到叶卡捷琳诺斯拉夫、哈尔科夫和基辅。在叶卡捷琳诺斯拉夫草草学会了打'铁路'牌。从基辅(在那里输了个精光)去了柏林、慕尼黑和维也纳。"奥地利革命后,"我尝试冒充乌克兰人潜入瑞士",没有拿到签证,"我回到了基辅。开始给诗集找出版商。但是盖特曼斯科罗帕茨基宣布进行全民总动员。我跑到了哈尔科夫,在那里被巴尔巴昌长官征用①。我跑回顿河畔,到了罗斯托夫。1919 年 2 月以前,我无事可干,泡咖啡馆,写诗。2 月,邓尼金宣布进行动员;我逃脱了,进了一家白军报社。被怀疑是布尔什维主义,我就以'Д.杰尼索夫'署名。夏天我去了一趟克里米亚,忧愁起来,憧憬着去远方旅行。1919 年秋天,我听《席尔瓦》,以《我们的胜利毋

---

① 跟布尔加科夫被彼得留拉分子征用差不多——也是逃跑了。

第二章 在莫斯科的最初岁月

庸置疑》为主题进行创作①,和体虱作斗争。"

1919年12月21日,我在暴风雪中步行离开罗斯托夫。经阿尔马维尔辗转来到图阿普谢,从那里"去了那些天被英国人占领的巴统。在巴统我三个星期没吃着饭,签了合同,加入外国军团。后来,我玩玛高牌'捞回了本',和两个格鲁吉亚人开了个钱庄。我们赚得不错,在高加索和里海沿岸乱窜。1920年4月27日,列万多夫斯基占领了巴库②:他们丢了两车皮大米。我和英国人从巴统撤了出来。1920年7月3日,我因生意上的事去了一趟克里米亚;我丢掉了最后一点钱,对白匪运动失去了最后的信心。我跑到了君士坦丁堡。饿着肚子";1920年秋天,我到了巴黎;"在这里第一次看到光明,结束冒险,开始工作。为了挣钱,给一些报纸随便写些东西;为了精神生活,1921年写了两本书……继续玩牌,赌赛马。空档时间,夜游巴黎,读帕斯卡,喝酒,去看海。一年半的时间里,我吃巴黎的俄餐吃到快要吐,拉近了和俄国的距离";1922年初,我到了柏林,又给"俄国创作"③预售了两本书,"然后回到巴黎。又去玩牌,白天醒来感到深深的悲痛",3月,我又去了柏林,又卖了两本书;"安静地生活,晚起,沿着选帝侯大街散步,明显变得激进了!"韦特卢金回忆说:"我在医学系和历史语文系读过书,毕业于法学系。打算'坚守''法哲学

---

① 布尔加科夫1919年11月已经持悲观的态度——《将来的前景》一文的作者号召自己的读者去战斗,但是预感到要失败。

② 所有这一切——这些事件,布尔加科夫在弗拉季高加索无疑紧张地关注过。

③ 柏林出版俄文书的出版社。

史'……但是，就像温和的安德烈·奥斯伦德说的那样：'混乱结束时，我要写长篇小说'……"布尔加科夫带着怎样的感受阅读实际上是自己未经历的命运波折？有没有遗憾？沿着选帝侯大街而不是大花园街散步时，有没有梦想像他的医学系原系友那样安静地生活（50室住户未能实现的愿望），"变得激进"？无论如何，"波折"结束了，他自己也打算写长篇小说。和谢尔盖·奥斯伦德眼看就要在莫斯科见面了。

那年夏天，莫斯科人都在阅读和议论安·索博利的书《碎片》，尤其是中篇小说《沙龙车厢》（多年后，瓦·卡塔耶夫晚年写的一篇中篇小说还在议论）；奥·萨维奇的短篇小说《17号楼的外国人》可能也没有逃过布尔加科夫的注意。总之，为了介绍布尔加科夫那年的阅读范围——我们确信，他甚至有专门的阅读目标，——值得关注当时的评论概述，因为这些概述记录了当时大家关注的事件。

"1920年和1921年，莫斯科人热议意象派诗人。其中的主要人物有谢·叶赛宁、阿·马里延戈夫、亚·库西科夫和瓦·舍尔舍涅维奇。1922年，他们就无影无踪了，"伊·尼·罗扎诺夫在自己1922年11月写的《两年来的文学作品概述》中断言，"库西科夫和叶赛宁出国了。舍尔舍涅维奇专心写剧本去了。马里延戈夫干脆不发声了。'意象派诗人自己烦自己了。'另一些人评论说。然而他们的对手未来派文艺家却壮大了力量：克鲁乔内赫和离心机派阿谢耶夫来到了莫斯科。前者立即一本接一本地出版莫名其妙的书，好像自1914年以来没有发生任何变化似的。阿谢耶夫的《钢铁夜莺》一书几乎获得了一

第二章 在莫斯科的最初岁月

致认可。谢·特列季亚科夫的书《亚斯内什》获得的关注明显不多。但是这一时期的主角是出版了自己的第三部诗集《生活是我的姐妹》的第三个离心机派鲍·帕斯捷尔纳克。有个有意思的细节：这本书1921年夏天还是手稿的时候就在莫斯科文学圈出名了，很快就在各种书单上榜上有名。而这本书刊印出版时已是1922年夏天，未必能给已经形成的口碑加分。应当说瓦西里·卡津的书《工作的五月》也是这样的情况……通过杂志关注他的诗的崇拜者，早就熟知他的所有诗了，而他的诗集1922年才出版。其他无产阶级诗人这段时间都有点相形见绌。"有评论家称，散文方面这两年最引人注目的现象是柯罗连科的《我的同时代人的故事》第三卷、安·别雷的长篇小说《科季克·列达耶夫》和伊·什梅廖夫的《喝不尽的烧杯》；他还提及鲍·扎伊采夫、鲍·萨多夫斯基（他这段时间没有在莫斯科住，而是住在下诺夫哥罗德）、帕·穆拉托夫的短篇小说，还提到弗·利金和安德烈·索博利——说他们着手"反映革命，但是像旁观者，没有革命精神"。特别突出的是皮利尼亚克——他是"当年""最火"的人——和谢拉皮翁兄弟；"他被认为是描写革命日常生活最好的作家，"伊·罗扎诺夫证实说，"亚历山大·雅科夫列夫最近两年出名了"，"其他小说家中受到关注"的有：谢·格里戈里耶夫、米·科济列夫、谢·谢苗诺夫、维亚切·希什科夫、米·沃尔科夫、亚·涅韦罗夫、尼·利亚什科、鲍·帕斯捷尔纳克、列·列昂诺夫（在括号中作了注释——"中篇小说《卡尔卡河战役》尚未发表"）、阿·比比克、谢·博布罗夫，等等。"说小说繁荣兴盛还为时尚早：这一切还只是开端。诗歌的技巧水平还是高一些。"评论家总结道。对截至1922年秋天两年以来的文学创作生活状况的切割相当准确：莫斯科小说文学就是评论家在那一刻看到的那样。加上伊·罗扎诺夫没有提到的、我们之前列举的1921—1922年出版的丛刊为数不多的作者，这几乎就是1922年夏天的整个莫斯科文学圈，这些人经常在不同的小组里相聚，朗诵自己的作品，经常在各个丛刊的编辑部、书店里相遇。文学家们自己对自己当时的生活及其氛围评价都不高。叶·加拉季在1922年7月25日给鲍·萨多夫斯基的第二封信，似乎是普通文学家典型的自我感受："……很遗憾，在莫斯科见不到您，但我完全理解您不离开下诺夫哥罗德的决定。在这里您可能忍受不了穷苦生活的烦闷和忙碌。莫斯科文学圈就像一潭毫无生气、浑浊、散发着臭气的死水，里面不仅没有硕大的狗鱼和鲫鱼，甚至连小河鲈也看不见。

狡猾的蚊子在水上翩翩起舞，愚蠢的甲虫和蝌蚪挤来挤去，可怜的垂钓者无所觊望。我可能不得不夸大自己的悲观主义。唉！但是现在所有在干净的活水里畅游过的人都有这种悲观情绪……除了斯廖兹金，我谁也不见。读'新人'的东西，让我不寒而栗，困惑不解。所有这些新面孔都浓缩成一个有点古怪的形象，我不再与这样的人来往。"

布尔加科夫不久后出现在一个可能是很偶然形成的文学小组，里面有这封信的作者和维·莫扎列夫斯基，后者在自己的回忆录里留下这个小组活动的一些痕迹："1922—1923年，在新闻记者利季娅·瓦西里耶夫娜·基里亚科娃（1943年去世）

第二章 在莫斯科的最初岁月

组织成立的好客的莫斯科'绿（灯罩！）灯'小组，一些作家应她的邀请不定时聚在一起，参加文学'茶话会'。

尤里·利沃维奇·斯廖兹金朗读了自己的短篇小说《平顶山》（后来发表了）。那天晚上听尤·斯廖兹金朗读的有米哈伊尔·阿法纳西耶维奇·布尔加科夫、谢·阿·奥斯伦德、德·米·斯通诺夫、图书学家叶·伊·沙穆林和我，还有个谁来着，我忘了，当然，还有'沙龙的女主人'利季娅·瓦西里耶夫娜。朗读完后，举办'茶话会'（相当'大范围'）时，讨论了短篇小说，高谈阔论了当时的文学戏剧话题——梅耶霍德、泰罗夫、《皇后的阴谋》①、革命剧院——《柳利湖》②。这里也表达了希望，希望一些新作家创作出一些新的杰作，在这里也说了持怀疑态度的话：'暂时还没有任何原创的、出色的东西'，在这里恭敬地'向后'看，回顾普希金、列·尼·托尔斯泰：米·阿·布尔加科夫期待出现新的《战争与和平》……有一次，绿灯下的所有交谈者决定过两个星期左右再聚。'绿灯'就这样亮了……"

既然斯廖兹金是 1922 年 5—9 月写的长篇小说《平顶山》（以《山上来的姑娘》为书名出版，1925 年莫斯科版），那么"绿灯"的第一次会议——如果这次会议确实是为听斯廖兹金的长篇小说而开的——大约是在 1922 年 9—10 月举办的。加入小组（确切地说，访问小组）的还有语言学家鲍·弗·戈尔农格，他 1975 年告诉我们说，"绿灯"这个名称是从诗人格·

---

① 阿·尼·托尔斯泰和帕·叶·谢戈廖夫写的剧本。
② 阿·米·法伊科写的剧本。

马斯洛夫在革命前的那几年在皇村成立、在革命头几年在鄂木斯克恢复的小组流传下来的。"从鄂木斯克来的有利季娅·瓦西里耶夫娜·基里亚科娃（沙龙的灵魂）、谢·奥斯伦德、韦涅季克托夫、沙穆林、阿谢耶夫、特列季亚科夫……在莫斯科小德米特罗夫卡街基里亚科娃的房子里活动……加入其中的有莫扎列夫斯基、叶·加拉季、布尔加科夫。我记得，1922年底——也可能是在11月——聚了几次。"因此，两位回忆者的证明互不矛盾——小组可能是1922年秋天成立的。"当然，'绿灯'一开始也没有什么文学平台，"维·莫扎列夫斯基接着说道，"大家朗读自己的作品，对它们进行讨论。斯廖兹金朗读了《平顶山》、《妙着》，米·阿·布尔加科夫朗读了自己的短篇小说和有关图尔宾一家、后来被改编为剧本《图尔宾一家的日子》的中篇小说，德·米·斯通诺夫、尼·雅·舍斯塔科夫朗读了自己的短篇小说，亚·伊·韦涅季克托夫朗读了自己写的关于皇村（18—19世纪）的随笔，叶·亚·加拉季①朗读了自己的诗。有几个晚上，作家古夏金斯基朗读了自己写的关于疯子房管员什列普金似乎长得没头、荒诞不经的短篇小说……

东方学家鲍里斯·彼得罗维奇·杰尼克教授光顾过我们'热心的事业'，热烈参与'绿灯'下的讨论和辩论。……'绿灯'会议拖到'后半夜'。我们——我、舍斯塔科夫、奥斯伦德、鲍·彼·杰尼克、斯廖兹金以及还有个谁，当然是走

---

① 接下来回忆者称她是"绿灯""聪明、快乐、年轻的"灵魂。

第二章 在莫斯科的最初岁月

着回家。在普希金纪念碑旁'休息',在'绿灯'沙龙那里爆发和熄火的争论有时又热火起来,但是在这里人们表现得更加自由,对晚上听到的东西批评得虽然不是很凶狠,但是都是从讽刺、嘲弄、讥笑、夸张的立场出发的……有时谁朗读完短篇小说后,小组成员们不是立刻开始讨论朗读完的东西,而是陷入深深的、长久的沉默。这时鲍·彼·杰尼克就安慰说:'那么,好吧,这个我们在普希金纪念碑旁说吧。'……大家喜爱俄国作家——普希金、果戈理、列夫·托尔斯泰、陀思妥耶夫斯基。大多数人坚持阅读和细读勃洛克的作品(长期阅读长诗《惩罚》)。

就像我们决定的那样,我们对'按照预订'写出来的长篇小说态度谨慎。当时的文学舆论和读者认为,鲍·安·皮利尼亚克的作品新颖、富有深意和启发性。关于他,'绿灯'里有争议,但是对皮利尼亚克还是态度谨慎。

我记得,尼·雅·舍斯塔科夫朗读完自己写的关于辛比尔斯克(乌里扬诺夫斯克)、卡拉姆辛、城市上空飞翔的'辛比尔斯克大雁'的诗歌后,我们给他送上了掌声……

大家喜欢听布尔加科夫(他是个卓越的朗读者)的短篇小说,特别是他写的关于图尔宾一家的长篇小说(要么就是中篇小说)。

1924年,有人(好像是鲍·彼·杰尼克)给'绿灯'带来了马赛尔·普鲁斯特的长篇小说。……并不是'绿灯'的所有访客都被普鲁斯特给征服了。但是,很多人读这部长篇小说读得入迷,读到《追忆似水年华》一会儿像凤凰一样涅槃重生，一会儿在星际空间一闪而过时，对新的写作形式大加赞赏。"

　　小组氛围的某些特点还是可以通过"绿灯"参与者简略的、不连贯的回忆录猜出来。这些特点是——优先选取俄国的经典作品以及与其直接相关的当代文学现象（勃洛克的《惩罚》），对西方文学漠不关心，不信任国内的现代派（皮利尼亚克），因此把自己的品位与"当时的文学舆论"明确对立起来。

　　说这里"恭敬地回顾"（列·尼·托尔斯泰），"布尔加科夫期待出现新的《战争与和平》"的话——相当重要，并且得到其他证明材料的补证。埃·明德林想起布尔加科夫在一个小组的发言："即使是最谦逊的俄国文学家也有同样的责任，在俄国让'列夫·托尔斯泰出现在俄国读者中间'……"座位上有人喊道："基督现身人间！……"

　　"布尔加科夫回答说，俄国文学界出现托尔斯泰对于他的意义，和福音故事中说基督出现在人间对于虔诚的基督教徒的意义，是一样的。

　　'在托尔斯泰之后，在文学界生活和工作就不能像没有过什么托尔斯泰一样。'"

　　七八年后，布尔加科夫在几乎是最明确的自我鉴定中直接说出了托尔斯泰的传统习惯，他坚定地说，自己把"刻画迫于不可违抗的命运在国内战争年代被扔到白卫军劳改营、对'战争与和平'习以为常的贵族知识分子家庭视为己任。这样的刻画，对于和知识分子有血缘关系的作家来说，是再正常不过的事。"

第二章　在莫斯科的最初岁月

　　小组里的主要人物无疑是尤·斯廖兹金，"绿灯"的活动就是从朗读他的长篇小说开始的。布尔加科夫在莫斯科的头几年（"在《汽笛报》工作前"）结识的所有文学伙伴都承认斯廖兹金的地位，几乎每个人发表处女作时都要沾他的光：他在十年前就是知名小说家。维克多·莫扎列夫斯基回忆说："1915年，我在'青铜骑士'文学社认识了斯廖兹金。从外表看，他就是所谓的'像画一样美丽的男子'，身材匀称，一头黑发，穿得像王尔德那样漂亮。他快乐、聪明、亲切，举手投足确实像'公认的作家'，而且他很关怀青年人。我路过彼得堡停留几天，他却主动提议'领'我去了各个文学场所，在自己家里举办'我的专场'晚会，就是说，朗读我的短篇小说。"斯廖兹金无疑喜欢扮演青年才俊的导师、靠山的角色，他周围的人也乐意维持这种风格的关系。德·斯通诺夫在1926年给他的信中热情洋溢地写道："我亲爱的朋友！你的来信让我又高兴又难过。让我高兴，是因为尽管盛传各种流言蜚语，尽管产生不必要的、短暂的情绪，但是你还是把我当作自己亲密的老朋友。一生中，没有什么比美好回忆，尤其是年轻时获得的美好回忆更可贵的东西了。**你——是我第一个亲眼见到、结识的活的作家，你是第一个读了我的平庸的文字的人。**正因此，我一生都会记住波尔塔瓦，记住1921年初和你，你这个尤里。"

　　斯廖兹金回忆在莫斯科的头几年时也提到了"绿灯"："当时我们成立了文学小组'绿灯'，组织者是奥斯伦德和我。奥斯伦德刚从西伯利亚回来。我把布尔加科夫也带到了那里。"

"布尔加科夫提过'绿灯',这我记得,"塔季扬娜·尼古拉耶夫娜回答我们的问题时说,"我记得,有一次说好了坐车去那里朗读,坐车去很远——未必是去大德米特罗夫卡街,那里离我们家近,但是我们是坐马车去的。他在那里朗读了《白卫军》的头几章……斯通诺夫去了,斯廖兹金去了,斯廖兹金拥抱了他,朗读完后亲吻了他,但是后来米哈伊尔得知,他在背后骂自己了。米哈伊尔自己跟我说的这个。"但是这次朗读来得并不是很快。1922年,长篇小说的构思可能还没有最终形成。布尔加科夫在"绿灯"里暂时还是听其他人的作品。

加入小组的大多数文学家都因一个共同的心愿——忘记自己不久前的往事,或者确切地说,让其他人不要想起这段往事——而互相接近。他们中有两个人1919年2月——在高尔察克执政时——去了鄂木斯克,谢尔盖·奥斯伦德(1886—1943)从莫斯科去了那里(此前,也就是1918年,他曾尝试在莫斯科的《生活报》扎根,他当时给斯廖兹金写信说:这家报纸"想做彼得堡人的堡垒,抵抗攻击自己的莫斯科人"),尼·雅·舍斯塔科夫(1890—1974)来自辛比尔斯克(他出生于这座城市)。西伯利亚作家弗·扎祖布林1927年在自己的随笔《西伯利亚文学(1917—1926)》中写道:"高尔察克反革命之乱时,鄂木斯克出现了一个'有倾向'诗人小组。该小组讴歌白军运动。领头的有尤·索波夫、格·马斯洛夫、舍斯塔科夫,等等",西伯利亚的文学研究者半个世纪后(即布尔加科夫去世25年后)才带着些许迟来的愤怒想起奥斯伦德,说他"是所有隆重招待会和宴会上为海军上将效劳的随员中忠实

第二章 在莫斯科的最初岁月

的'宝贝'",在高尔察克执政时发表了很多东西。

亚·伊·韦涅季克托夫(1896—1970)可能也有类似的命运——他在伊尔库茨克待过,在那里参加了以"诗人海帆船"的名称而闻名的文学小组,但是他可能也去过远东:因为长诗《来自符拉迪沃斯托克的玛丽》(带有随白军从鄂木斯克撤退、因1920年3月的伤寒在克拉斯诺亚尔斯克去世的格·马斯洛夫的题词)有如下日期:"符拉迪沃斯托克。1918年秋。伊尔库茨克。1921年春。"这首长诗韦涅季克托夫发表在1923年的《文学思想》丛刊第2期上,而且可能此前还在"绿灯"里朗读过它。他来莫斯科时,小组的一个伙伴在1922年写的诗中提到了他:

> 韦涅季克托夫可能到了莫斯科
> 担任助理秘书
> 在十月政权颁布的法令中
> 乱作一团

尤·格·奥克斯曼教授在自己的一封信(写于1963年6月2日)中回忆说,1921年7月——去世前不久——"古米廖夫在自己的艺术之家接待了诗人亚·伊·韦涅季克托夫,韦涅季克托夫是原高尔察克军官,此前为监狱释放人员,1919年鄂木斯克文学生活的积极参与者。亚·伊·韦涅季克托夫把自己的长诗《来自符拉迪沃斯托克的玛丽》交给了《文学思想》丛刊'诗歌'处编辑古米廖夫。(20年代初我们所有人都很看好这首长诗!)古米廖夫很喜欢这首长诗,建议把它发表了。带有古米廖夫推荐意见的长诗手稿在古米廖夫被捕时从他家里被拿走,在他被枪决后连同其他所有东西一起还给了他的亲属。"

"绿灯"的参加者们有东西可回忆,有东西可说——虽然小心谨慎,但是可能足够坦率……

1922年2月的《俄国新书》上刊登了奥斯伦德的下述生平经历信息:"……1918—1919年在鄂木斯克居住。曾是《西伯利亚言语报》的领导之一,数次参加文学晚会和座谈会。写了小册子《上将高尔察克》和长篇小说《生活幻想》;长篇小说的部分内容刊载于《西伯利亚言语报》小品栏。在鄂木斯克移交给苏维埃军队之前,他骑马跑了——此后的命运无人知晓。"出现在莫斯科的奥斯伦德得知这个通告后,未必会感到满意。

总之,每一个聚在"绿灯"下的人,前几年的生平经历中都有东西被隐瞒。

随着这些年的颠沛流离,某段时间人的痕迹消失了,甚至1922年秋天奥斯伦德坐在"绿灯"讨论文学问题时,赤塔出版的丛刊《卡墨奈》报道说,他死于"1919年和1920年之交的冬天从西伯利亚撤离时"。顺便说一句,这次撤离的场景在尼·舍斯塔科夫的带有一种黑色幽默的荒诞悲惨的短篇小说《撤离》中被记录下来,刊载于他1926年发表的第一本文集中,但是这本文集他可能早就写成了,还有可能在"绿灯"小组里朗读过。莫扎列夫斯基回忆录的一页上记述了舍斯塔科夫

第二章 在莫斯科的最初岁月

朗读的"风趣故事"。除《撤离》外,这可能是收入那本文集《比铜更坚固》的相当独特的、由虚构的作者——某个波里卡尔普·伊万诺维奇·扎格卢什金——出面合并在一起的一系列幽默短篇小说和半讽刺性、"普鲁特科夫斯基式"的诗歌。"真正的"作者在前言中解释说,他的主人公"1876年1月20日出生于库尔梅什市",革命期间"一方面受宗教偏见麻醉的影响,另一方面受不开化的父母的教育的影响,扎格卢什金甚至拿起武器,反抗革命无产阶级,和捷克匪帮一起跑到了西伯利亚。但是在那里亲眼看到野兽般的、带金肩章的旧俄军官们的种种卑鄙行径后,敏感的作家很快就明白了,他和他们不是一路人……1919年11月,扎格卢什金根据军事政府的命令从鄂木斯克撤退到新尼古拉耶夫斯克市。但是高尔察克军事独裁政权的末日已经到来。受各种事件的影响,以及凭自身的信念,诗人逐渐转向苏维埃政权的平台,甚至登记入党"。作者就这样在虚构人物的传记里输光,"根除"了自己发生急剧变化的生平经历中的种种事实:尼·舍斯塔科夫直至去世,一直都只以一般来说具有社会政治背景的儿童剧作者的身份出现。总之,几乎每个"绿灯"参加者从前至少都从事过两个阶段的文学创作。第一个阶段是"革命前"的阶段,属于这个阶段的文学创作,有维·莫扎列夫斯基的《幻想短篇小说》集,里面有法国侯爵、意外射入姐姐和弟弟——埃奥利娜和马卡列伊——的心的丘比特之箭,等等;《军人之心》——谢·奥斯伦德1916年发表的短篇小说集,里面有名誉自杀、各种各样的空洞场景(我们想起布尔加科夫1921年在弗拉季高加索创作的一个不成功的剧本——《沙龙！沙龙!》——中充满悲伤的语句），或斯廖兹金创作的继承世俗中篇小说传统的若干长篇小说。第二个阶段是1919—1920年期间在俄国南部、西伯利亚或其他什么地方，在短期刊物上写作和发表东西的阶段。第一个阶段不得不翻腾，把新的生活材料——主要是爆发革命和战争的这些年积累的材料提到表面上来。革命前的这个阶段布尔加科夫没有作品——如果不算留在基辅写字台上和可能是1916—1917年就创作好的手稿的话。至于第二阶段，布尔加科夫在这个阶段写的大部分至今仍不为人知的文章和短篇小说，发表在1919年深秋和1919、1920年之交冬季的高加索报纸上——这个阶段直接不要指望了。就像斯廖兹金的中篇小说《幻影》（1923年）的主人公说的那样，"我的建议是，尽快忘记过去，如果想安排好眼下，确保长远的话……**过去不存在**。"

就像我们通过舍斯塔科夫的短篇小说看到的那样，这些在新形势下难以迈出最初的文学步伐的旧人，选择了与过去决裂的路径，比如对和自己相似的生平经历进行讽刺性描述（舍斯塔科夫的扎格卢什金）。布尔加科夫与舍斯塔科夫不同，他对《医生奇遇记》（刊载在1922年夏天出版的《扩音器》第2期上的短篇小说——《前夜报》8月20日的《文学附刊》通告："新的每周画报《扩音器》第1期和第2期在莫斯科出版了……"）的态度并不是讽刺和摆脱，而是毫不掩饰地同情。最引人注目的特点是：布尔加科夫在莫斯科的头几年一边小心翼翼地隐瞒自己不久前的往事，在各个自传里略过或是"粉饰"这些年（"1919—1920年在北高加索旅行……"——他在

第二章 在莫斯科的最初岁月

其中一本自传中写道），一边在自己的文学作品中慷慨地揭开这些过往——只不过把这段过去反反复复再创作后才写出来！内心的文学志向比任何反应在行为中、深思熟虑的想法都强烈。

聚在莫斯科一栋楼里"绿灯"下的人们，确实就这样按照众所周知的说法笑着和自己的过去挥手作别。但是文学创作的前景他们却描绘得各不相同。其中一个原因是，布尔加科夫很快——已经是几年之后——就和他在这个时期结识的文学创作伙伴分道扬镳了。

斯廖兹金的《平顶山》看来是在1922年11月朗读的，1922年12月1日的《回声》杂志上已经出现了尤·索博列夫对这部尚未发表、还是手稿时就已闻名的长篇小说的书评。

我们利用长篇小说的材料，还原布尔加科夫1920年在弗拉季高加索生活的一些情况；现在长篇小说在其他方面对我们也很重要。首先，它有助于理解，斯廖兹金这样的人用怎样的眼光看待1922年已经在莫斯科的布尔加科夫；其次，阅读长篇小说，就是阅读布尔加科夫本人1922年秋天经历的事实，因为布尔加科夫在这部长篇小说里"认出了自己"（《剧院情史》）。

1922年11月5日的《前夜报》的《文学附刊》（第25期）上就出现了以《可以游历》为标题、完全描写主人公阿列克谢·瓦西里耶维奇·图尔宾的长篇小说片段。没有收入国内版本的一些细节，让人可能直接、几乎不用拐弯抹角（因为详细到原型在弗拉季高加索日常生活的各种细节）就把主人公和原型联系在一起——"阿列克谢·瓦西里耶维奇待在自己的房间里。靠枕套下方亮着灯,桌上放着手稿——彼得一世时期以前的俄国戏剧讲义提纲","为自己的博士文凭担心,这确实是个污点——堕落到这种程度。只要不流血,不去屠杀就行。想想吧——三年时光。三年不间断地频繁变动。动员一些人,动员另一些人,互相残害和被迫偷窃。什么人啊,这算什么人啊!","他朝卡尔·马克思的画像走去,从画像后面拿出长篇小说的手稿,把它放在桌子上,用手指抚平褶皱的纸张……"(第4页)。

尤里·斯廖兹金在弗拉季高加索肯定就留心观察过自己新结识的朋友;斯廖兹金对布尔加科夫的个性,他所处的复杂生活环境以及他和自己有所不同的适应方式感兴趣。这种差别在莫斯科应当扩大了。斯廖兹金对游戏规则的态度是,一个不说出自己对重要问题的真实想法,而且也不说出和写出自己没有思考过的问题,无疑不急着去作出他周围的其他所有人横竖都会公开响应的"改变"的人,会让他很气愤。正是这种差别触痛了《平顶山》作者的心,受这种气愤激励,完成了属于阿列克谢·瓦西里耶维奇的大部分篇幅——这个主人公及其所处的环境占去作者设置的情节中更多的线索。

斯廖兹金认为,长篇小说"抓住了"布尔加科夫的"说话方式"。始于弗拉季高加索的这种观察问题的方式,无疑延续到了在莫斯科写长篇小说时。

布尔加科夫的声音从未被录下来(至少尚未发现这样的录音);只知道他的一份发言速记记录,拿来还原他的语言风格,

第二章　在莫斯科的最初岁月

恐怕比回忆者再现的独白提供的材料还少。在斯廖兹金的长篇小说中反复出现的说法——"请""如果我没有弄错的话""没料到""我以为"——与其说抓住的可能是这种风格的准确特点，不如说抓住的是这种风格的趋势。就像以前说过的那样，长篇小说的文本中隐藏着现在已经没有把握认出的布尔加科夫个人言论的引文、他以教训人的口气讲的一些有意义的日常生活故事的片段，例如一个逃兵的故事："有这么个没有丧失理智的人。他看到自己没什么事可干，就扔下武器回家。简单、谦虚、聪明地让路。劳驾，费心……但是他恐怕过于相信自己是对的。慎之又慎。没错，没错——稍微小心谨慎了一点，于是他被送回来了。这就成了笑话。"

1922年秋，布尔加科夫在写关于斯廖兹金的创作的文章（没有提他的新的长篇小说）。副标题——"尤里·斯廖兹金（**剪影**）"——让人把该文和传记词典的构思联系在一起（该文载于1922年12月《北极光》杂志第12期）。经过深思熟虑写的文章清楚地反映出，布尔加科夫对斯廖兹金的散文持保留态度，他尽力最正确地分析他的散文，尽可能挑出现有的优势——为了不让他们的个人关系受到损害。因此，这篇"文学评论草稿"（文章的副标题如此）——不仅是我们已知的布尔加科夫作文学分析研究的唯一一个例子（布尔加科夫本人在草稿的一页上写了"分析尤·斯廖兹金的**研究者**"的任务），而且还是反映某个生平经历环境的一面独特的镜子。

可以认为，小说家斯廖兹金［比布尔加科夫（斯廖兹金确实比他大六岁）发表处女作早十年］开始发表作品头几年的幸福命运,清楚地呈现在仔细研究评论家意见的文章作者面前,斯廖兹金迅速取得成功的景象,不止一次给布尔加科夫提供了同自己的命运相比较的素材,后来可能甚至成了统计(后来在1930年给政府的信中被引用)"尖刻批评"意见的推动力。"所有俄国作家——数不胜数的评论家和评论者——的大灾难是,不仅在杂志上而且在灰色的、现在已经绝望地泛黄的报纸上不止一次对尤·斯廖兹金提意见,"布尔加科夫在文中写道,"斯廖兹金在他们那里很走运。简短评论和长篇大论都有种共同的语气和品位。如果抛开我们的报刊评论中比比皆是的所有模糊的、费解的、有趣而又矛盾的东西,可以说,大家对尤·斯廖兹金几乎无一例外都是愉快的和赞赏的态度:一下就产生了兴趣,很多人一下就喜欢上了。从《纸板箱大王》——第一部短篇小说开始,评论里就偶尔看到'人才'这个词,M.库兹明在《阿波罗》里写的是'明显的天赋'。其他人沿用了这个词。作家这棵浅绿的幼芽得到活水的浇灌。幼芽很快长成了嫩枝,向上伸展。1911年,《俄国思想》杂志刊载了《地主加尔金》。斯廖兹金从篇幅不大的短篇小说,从怪诞的'迈娅'和'太太',走向了相当大的场面。通过这个场面,便于研究尤·斯廖兹金,因为他在其中暴露了自己,展现了可以用来评判作家的一系列特点。"已经年过三十的布尔加科夫有条理地记述了命运宠儿——与自己如此不同的人——的故事,转向斯廖兹金的个人创作。斯廖兹金本人夏天时就在详细的传记资料里发布了这样一条通知:"十卷本文集已准备好出版"(1922年《俄国新书》第6期)。

第二章 在莫斯科的最初岁月

布尔加科夫显然很乐意引用骑兵大尉加尔金在自己的轻便马车里运送假装活人的死人的场景：

"马儿们动身了。尸体晃了一下，奄拉在格奥尔吉·彼得罗维奇的肩上。他把尸体从自己身上推开，扶正了尸体头上的帽子。'没事，没事——我们很快就到了。'骑兵大尉说，悲伤地看着已经呆然不动的身旁人消瘦的脸庞。"布尔加科夫在这段不长的转述后面又引用了一段引文："死人又滑向了他那一边，贴到了加尔金身上，脑袋垂了下来，默然地守护着活人的梦。

暴风雨渐渐平息了下来。乌云后面露出了宁静的月亮。"读者想象着月光下美男子加尔金熟睡的脸庞和靠在他身上长着一双无神的双眼的死人脑袋，心想："有意思"。不论是在文章作者选择的引文中，还是在他不由地重复的画面中，都能清楚地看出，布尔加科夫自己要突出的情节——让人想起后来的奈-图尔斯，他"相当开心地进了棺材"，特别是《大师与玛格丽特》第一稿中令人震惊的画面：从精神病院跑出来的伊万努什卡夺回拉着别尔利奥兹的棺材的灵车，使劲抽打着马："转弯时，灵车歪了，死者从棺材里掉了出来。伊万努什卡忘了自己正操纵着灵车，发狂地盯着别尔利奥兹，一双无神的眼睛，穿着黑色丧服，像个小男孩似的，什么也不怕地跳进棺材里，欣赏着制造的效果。"重读布尔加科夫描述斯廖兹金的文章，可能会怀疑布尔加科夫读斯廖兹金的作品时留下印象的画面甚至对这个场景有某些影响。

布尔加科夫寻找斯廖兹金的优点的过程中，把他和他出道时的文学创作背景进行了对比,在这方面,文中对我们来说最重要的东西可能是——布尔加科夫的见解,透过这些见解可以揣测他自己1922年的文学创作要点。"尤·斯廖兹金一贯舍不得用词,言语简洁,在他的文字中,除了水分,什么都可以找到。这当然不仅不坏,而且已经明显是好了。①斯廖兹金舍不得随意进行描述,斯廖兹金不抹去无聊的文字。……大量的事件陷入空话连篇的泥潭,一个跟一个不搭界,排成严整的次序到处乱窜,不断变换,眼花缭乱……一位评论尤·斯廖兹金的评论家说,杜撰是不速之客,是假话。斯廖兹金上台那个时期,杜撰真的成了小说文学盼望的客人。要知道,俄国文学家以非凡的才能徒增烦闷的例子肯定多的是。不管他们抓住什么,一切在他们的手中都变成了无聊的、平淡的栅栏,里面是堕落成酒鬼的助祭和极其愚蠢和讨厌的粗人。他们作品里的生活至多像个美梦:

雪花飘飘,雪上木屑飞舞。

最差的作品让生活消沉,甚至连逼真也消失了,得到的也是某种杜撰,但是已经明显是低劣的杜撰。

这样的文学作品多的是。在沉重的俄国历史毫无生趣的背景下,幻想家必不可少。"故事情节、杜撰,是当代散文必需的特点——这被强调出来,这被说出来,显然也当作自己应当在接下来的两年多写的中篇小说里落实的文学创作任务(可以推测,这段时间已经产生了在1923年夏天前写成的《魔障》

---

① 作者经过审慎考虑、担心读出言外之意地恭维斯廖兹金的例子。

第二章 在莫斯科的最初岁月

的构思)。

阅读文章得知,布尔加科夫本人的文学创作要点是语言。"似乎评论尤·斯廖兹金的评论家中无不说他的语言优美。

真让人悲伤①,这大概确实如此。尤·斯廖兹金写作语言优美、正确、清新,几乎是教学语言,把每一页都点缀得很考究。

……像脸色绯红的人不笑的双唇……小说家尤·斯廖兹金绯红的双唇从来不笑。他的外表无可挑剔。

……没有语法错误……没有在任何地方说流畅的甜言蜜语,他没有在任何地方扔下一个不经加工的短句,没有在任何地方留下句法结构的瑕疵。他的写作手法,像细心的写生画家,用小刷子涂抹光滑的光彩照人的面容上的每一个细节。他一直写到一切都严密完整和通顺流畅。画出来的面容无可挑剔。不是一般的光滑。非常了解尤·斯廖兹金的人②都知道,他用别的任何方式就不会写了。如果他的笔下流淌出别的什么东西,凌乱而奔放,热闹而杂乱,他就八成不是尤·斯廖兹金了。"关于语言的整个章节,给人留下最为语义双关的印象,可以想象到,读者自己潜心阅读这些文字时的情形,刚成功抓住似乎肯定是好的特点,就失去平衡,滑到了下一句。"尤·斯廖兹金的风格和他的作品的本质和内容和谐一致。流畅的风格有时极其枯燥无味(哦,这些绯红的不笑的双唇!),但是还不能排斥它。"为什么?"否则就不得不排斥斯廖兹金的一切

---

① 重要的补充说明!
② 文中唯一一处指出有私交——可能是迁就国外的出版物。

了……"

对流畅风格的这种抨击表明，布尔加科夫这时已经完全意识到自己的语言质量的特点：离严密完整和通顺流畅还有很大的差距。在这方面，可能还有这个圈子——布尔加科夫、斯廖兹金、斯通诺夫和奥斯伦德等人——里关于语言的直接争论的影响，因对语言的态度差异而引起的争论，这种差异无疑在日后作者头几次朗读《白卫军》时小组作出的评价中表现出来，以及在《剧院情史》中表现出来。

布尔加科夫在文章结尾提出这样一个问题："如果想要看透他的隐秘特点，那么隐藏的东西和典型的东西，到底通过哪个可以完全断定是作家？……"这个问题的答案给我们揭开了布尔加科夫意识到自己的典型特点和决定性特点的程度："尤·斯廖兹金当旁观者。他永远站在一旁。他了解自己的主人公们的内心，但是从来都不深入他们的内心。他的心门关起来了，他永远站在一旁。他什么也不给自己的主人公们教，从不说教，也不给指路。……斯廖兹金从一旁的什么地方看着自己的主人公们。他写他们时轻松潇洒，地主亚茨科夫斯基在他笔下栩栩如生，但是尤·斯廖兹金不与自己的亚茨科夫斯基同呼吸共命运。……尤·斯廖兹金具备看到生活真实面貌的才能，但是他不热爱生活，需要写生活时，就按自己的方式加以美化。"这自然让人想起《剧院情史》中的马克苏多夫的训诫："要爱自己的主人公……"对于布尔加科夫来说，这既是写作本身的驱动力，也是已经成型的主人公们必需的色彩。

文章结尾谈及《招魂会》时已经说过的东西，——布尔加科夫给《前夜报》写的小品文中不止一次直截了当地表达过的自己在莫斯科头几年的生活态度。

"这个迟到了整整一个世纪、不知不觉地来到不文明的、粗鲁的世纪及其忠实的歌颂者中间的侯爵能教什么呢?当然教不了任何愉快的东西。谁梦想着过精致考究的生活,就会**想着皮质书卷**,心里永远伤感着过去地去创造。

他的主人公们——不是斗士,也不是大型期刊中头脑清醒的导师们关心的'明天'的创造者。因此**他们生命力不强**,他们的身上永远有死亡阴影或注定失败的印记。"

布尔加科夫本人想"教"点什么,尽管他也没有着手描绘"被关心的'明天'的创造者……",但是他显然讨厌生命力不强的主人公。他不同意把自己看作注定失败的人,而且回顾过去,在那里汲取的不是注定失败的意识,而是——以对于身边的文学环境而言不同寻常的方式——今天生命力强大的支撑。"我不想成为死者中的一员"——这句来自 1921 年 11 月 17 日给母亲的信中的话——不仅是他自己的座右铭,而且还是他这些年文学创作意图的言外之意。虽然他不久后就着手描绘的正是死者——《魔障》的主人公,——这个主人公实际上被描绘成和他本人正相反的人:失去内心支撑的"小人物"。(不过,我们会看到,一年半到两年后,下一部中篇小说中死去的是完全另一种类型的主人公——佩尔西科夫教授。)

不管怎样,布尔加科夫呼吁不要害怕"不文明的、粗鲁的世纪",不要醉心于对"精致考究的生活"的向往,不要陷入对永远消逝的过去的回忆。不能"想着皮质书卷"来创造。——这里简略地指出从这篇文章中完全读不出来,可能只能逐渐还原的对过去的文学的态度。

看来可以确定的是,在 1922 年深秋,斯廖兹金写的关于布尔加科夫的长篇小说和布尔加科夫写的关于斯廖兹金的文章,是布尔加科夫同当时与自己关系密切的圈子日常文学生活相互关系中的焦点。

……有一次,塔季扬娜·尼古拉耶夫娜·布尔加科娃(拉帕)后来的丈夫达维德·亚历山德罗维奇·基塞尔霍夫(以前是助理律师,当时即 1922 年夏申请加入律师协会)叫了几个熟人和几个他不认识的莫斯科作家去做客——据塔季扬娜·尼古拉耶夫娜说,都没有带夫人,——以此突出晚会的文学属性。塔季扬娜·尼古拉耶夫娜讲到这次晚会说:"达维很喜欢作家们。他有间很棒的屋子,里面摆着几个漂亮的沙发椅①,他邀请作家们去做客,有一次邀请了斯托诺夫、斯廖兹金、布尔加科夫和他自己的做律师的朋友弗拉基米尔·叶夫根耶维奇·科莫尔斯基,布尔加科夫就是在他家里同科莫尔斯基认识的。"科莫尔斯基本人〔也当过助理律师,是布尔加科夫的同龄人(生于 1891 年)〕记得,鲍里斯·泽姆斯基(同他一起在梯弗里斯的中学上过学)介绍他们认识的。不管怎样,互相认识了,布尔加科夫开始喜欢去科莫尔斯基家里(小科济赫巷 12 号楼 12 室)——离他自己在大萨多维街的住处不是很远。

---

① 这套沙发椅中的两个沙发椅,直至塔季扬娜·尼古拉耶夫娜去世前一直都摆在她的房子里。

第二章 在莫斯科的最初岁月

这个有保留下来的福利、有稳定的日常生活形式的律师圈,是受50号房子里的日常生活和白天赚钱折磨的布尔加科夫1922年常去的避难所,而且这在他那些年写的几篇小品文中被兴致勃勃地记录下来:"'来吧,先生们,请入座,'主人殷勤地说道,并用沙皇惯用的手势指着桌子。

我们没有让主人再次邀请自己,坐了下来,铺开了竖着摆放的浆硬了的餐布。

我们四个人一桌:主人——当过律师、他的表弟——也当过律师……"(《四个肖像》)

半个多世纪后,弗·科莫尔斯基回忆起那些年自己的圈子时说:"列昂尼德·亚历山德罗维奇·梅兰维利……也是共产党员,就像当时说的那样,也弹性退党了……格尔曼·米哈伊洛维奇·米谢利松……我们的圈子里不说:'如果有人来找你……',而是说:'有人来找你时……'讨论究竟谁会被拿掉时,则都断定:'共产党员?会被拿掉;非党员?会被拿掉;原共产党员,会被拿掉。'所有话题也都围绕这个展开。我们继续干着本专业的工作。我坚决反对死刑,所以倾向于民事案件。"尽管通过这一细节可以看出,科莫尔斯基家里的赴宴者同布尔加科夫差不多,——但是这里没有听到不容反驳地说出来的对立观点的风险。

他乐于讨好女主人。后来,已经同塔季扬娜·尼古拉耶夫娜认识了的科莫尔斯基给她幽默地说:"布尔加科夫约季娜伊达·瓦西里耶夫娜见面了,我为她穿上了靴子,让她出门;他们一起散步,季娜伊达·瓦西里耶夫娜开始发冷,就邀请布尔加科夫说：'去我们家里喝茶吧！'他们从楼梯走了上来，迎面碰到了我，于是布尔加科夫解释说：'您知道吗，我和季娜伊达·瓦西里耶夫娜是偶然碰上的……'"看来，对于布尔加科夫而言，这种半秘密、半公开的调情是在家里营造有吸引力的氛围的一部分。塔季扬娜·尼古拉耶夫娜说，有段时间他不介绍自己跟科莫尔斯基认识；他约季娜伊达·瓦西里耶夫娜见面，预先告诉妻子说："注意，如果你遇见我和女士在逛街，我会假装没有认出你！"

科莫尔斯基说："他通常一个人来我们家里，提两瓶干红……我们给他煎肉饼吃。布尔加科夫很喜欢我们家做的饭……"在题为《论美好生活》（出自《20年代的莫斯科》系列）的小品文中，科济赫巷、三塘巷以及其他邻近巷子这一带的居民都认识季娜伊达·瓦西里耶夫娜，而且还知道科莫尔斯基的房子：作者看到"不公平的住宅福利分配"时大倒苦水，反问说："举个例子，好不好？季娜就住得很好。她不知用什么办法在莫斯科市中心搞到的还不是一套单元房，而是有三个居室、精美得像个糖果盒一样的房子。有盥洗室，有电话，有丈夫。玛纽什卡在煤气炉子上煎肉饼，而且玛纽什卡也有个单独的房间。① 我拿了把刀架在季娜的脖子上要求她说明，她怎么就能把这些房间完完整整地保留了下来？

这实在太不可思议了！！

四个房间，三口人。一个外人也没有往里安插。

---

① 弗·科莫尔斯基提到自己家里有两个女工——玛尼娅·孙杜科娃和玛尼娅·科罗布科娃。

第二章　在莫斯科的最初岁月

季娜说，有一次有个人坐大卡车过来，带来一张纸条，上面写着：'把钱花光'。

她拿了那张纸条……没有把钱花光。

哎呀呀，季娜，季娜！要不是你已经结婚了，我就娶你。真的娶你，就凭电话和煤气炉螺丝也娶你，任何势力都休想把我从这套房子里赶出去。季娜，你是勇士，不是女人！"

这是非常典型的布尔加科夫使用借代手法对日常生活场景的描述。

弗·科莫尔斯基证明说，他们家来过的作家有亚·雅科夫列夫、索科洛夫-米基托夫、鲍里斯·皮利尼亚克。"安德烈·索博利和尤里·索博列夫一起或者独自来过。记得，他们中还有个叫索博利科夫的通信员……索博利在一次晚会上朗读了自己的什么东西。阿布拉姆·埃夫罗斯来过，利金、尤里·斯廖兹金常来……"我们要指出的是，主人自己对文学也不是外行；他是个很有眼界的人，对当代文学生活种种现象原来的评价不满，甚至和几个同伴——罗曼·马尔科维奇·奥利霍夫斯基（养马专家、小册子《马的历史》作者、特刊出版者）和Д. А. 基塞尔霍夫——1921年共同创办了《艺术生活》杂志，该杂志从1921年11月22日开始出版，是"阿里翁"出版社的周刊，主编为罗·马·奥利霍夫斯基。1921年出了四期，1922年停刊，最后一期是1（5）。从杂志第2期的公告中可以看出，参与杂志（载有《艺术问题、书评和时事文丛》）出版工作的有几十个文学家（其中有 П. П. 穆拉托夫、阿·米·法伊科、格·伊·丘尔科夫）和哲学家（Н. А. 别尔佳耶夫、费·斯捷蓬,第4期的名单中又加进来了古·施佩特),等等。杂志刊载了 A. 吉韦列戈夫的文章、Б. 维舍斯拉夫采夫的书评、Д. А. 基塞尔霍夫关于陀思妥耶夫斯基和布洛克的文章,据科莫尔斯基自己证明说,他做戏剧大事记。从第4期起,作者接待处标明为科莫尔斯基位于科济赫巷的房子。

作家们发现的这个房子的主人喜欢文学,喜欢家里桌边聊天产生的争执,如果可以根据半个多世纪后获得的个人印象对此进行评论的话,那么可以说,他刚好是个具有讽刺意味、和善的和宽容的人,但是他的客人们的现代表述风格有时也让他难堪。塔季扬娜·尼古拉耶夫娜回忆说:"斯廖兹金有一次说:'我跟鬼都敢喝酒!'科莫尔斯基很沮丧……"据她回忆,科莫尔斯基家的桌边发生过很多次争执,很是嘈杂。"有一次大伙儿讨论利金的短篇小说,斯托诺夫大声嚷嚷说:'没有味道,没有味道!'但是说到皮利尼亚克时,他好像一直嚷嚷说:'有味道,有味道!'他通常和斯廖兹金一起过来;'老头儿'——他这么称呼布尔加科夫……"

整个这种氛围和"科济赫的晚会"(布尔加科夫在自己的第一个文集——《纪念科济赫的晚会》上为科莫尔斯基题词时这样写道),以及斯托诺夫和斯廖兹金唱主角的"绿灯"小组,15年后在《剧院情史》的舞台上呈现了出来,嘈杂的宴会上正在讨论马克苏多夫的长篇小说:作家(实际上是个流氓)喊道:"文采!重要的是文采!文采太差了……比喻不是症结所在,请注意这一点!没有比喻,很突兀!很突兀!很突兀!记住这一点,老头儿!"

第二章 在莫斯科的最初岁月

"'老头儿'这个词显然说的是我。我感到后背发凉。"(布尔加科夫在另一处这样写道:"我从小就忍受不了不讲礼貌的行为,从小就对不讲礼貌的行为感到难过。")

1922年结束了,这是布尔加科夫在莫斯科生活的第一个"完整的"年份。对于他而言,12月有一些还是很重要的文学创作小事值得一提。《前夜报》及其《文学附刊》连载了他的若干作品:12月10日刊载的是《2日夜里》(选自长篇小说《红色王冠》),12月21日刊载了《首都札记》(第1章和第2章),31日刊载的是短篇小说《生命之杯》。12月29日,《前夜报》编辑部主任E.克里切夫斯卡娅给他写信说:"П.萨德克尔来我这里了,他说,他看见您和卡塔耶夫了,和您谈妥了,会给您提供一份长期的活,保证给您定期发稿酬。对于这样的决定,我只能表示欢迎。

您正在写什么。您如何安排自己的《袖口杂记》。我把这些情况告诉了萨德克尔,并建议把这些东西拿去柏林出版,如果您对此还没有安排的话。盼复。"

还是在12月,《大众红色杂志》(1922年第2期)上刊载了短篇小说《埃尔皮特——工人合住房所在的13号楼》,《俄国》杂志12月第4册首次公告布尔加科夫为其作者团队中的一员。

因此,这一年度的"出版"成果就是,布尔加科夫同《前夜报》建立了牢固的关系,即允诺哪怕是微不足道但定期发放的稿酬,以及同他非常喜欢的杂志《俄国》建立了联系。

暂时还没有找到可以表明布尔加科夫同杂志编辑伊赛·列日涅夫认识、《袖口杂记》第二部分在《俄国》杂志上刊载这一事实的任何文献。只能去看对这一事实的文学影射——在七年后即1929年秋起草的《致密友》手稿中：

"看看：史前时期（1921—1925年），莫斯科住着个很厉害的人。他身上雀斑密布，就像天上的星星一样（脸上和手上都是），他的特点是足智多谋。他的职业是这样的：他是个纯正而又仁慈的编辑，但他有奇思妙想，（在1921—1925年!!）经常出版大型期刊！最荒谬的是，他身无分文。但是他有钢铁般的、无法形容的意志，坐在莫斯科市郊可爱而又脏兮兮的房子里干起出版来了。

就像后来所看到的那样，这样的出版给他以及许多被命运驱使不可挽回地撞上这本杂志的人带来了令人惊奇的后果。

人一旦没有钱，而且又满脑子病态的梦想，就会奔向什么地方。我的编辑就奔向了一个人。

和他聊了聊。

得出了这样的结论，他承包了个出版社。不知从什么地方冒出来了纸，然后是书，先是一些薄薄的书，然后是一些厚厚的书，开始出版。……

当时严寒来了。整个莫斯科都冻僵了，有一次我晚上穿着厚呢大衣来到了《前夜》杂志处，在那里见到了鲁道夫。

鲁道夫坐着，身着助祭穿的那种皮大衣，睫毛湿湿的。我们聊了起来。

'您什么也不写吗？'鲁道夫问道。

我给他讲了自己的创作。众所周知，鲁道夫非常喜欢出版已经出名的人的东西，他办杂志（当时还很薄）很聪明。

第二章 在莫斯科的最初岁月

鲁道夫体谅地笑了笑,对我说:

'拿来看看。'

我当即把手稿从兜里拿了出来(我甚至抱着手稿睡觉)。鲁道夫皮大衣都不脱,一口气把所有的四页读了一遍,说:

'知道吗?我节选一部分出版。'

我极力不让鲁道夫看出自己的喜悦之情,当然,还是露出了喜悦之情。在鲁道夫这里随便出版什么,我都很高兴,我一个冬天还穿着厚呢大衣的人。……记得,他为节选部分给我支付了点什么,很快我就看到节选部分变成了铅字,这给我带来了很大的快乐。最快乐的是——我的名字放进了封面的杂志撰稿人员名单中。"(载于杂志12月第4册)

……新的一年即1923年前夕,瓦连京·卡塔耶夫来了,叫我们一起迎接新年。据塔季扬娜·尼古拉耶夫娜回忆,布尔加科夫说,他被邀请去科莫尔斯基家。卡塔耶夫对塔季扬娜·尼古拉耶夫娜说:'如果他有人邀请了,那您就加入我们吧!'……这样米哈伊尔也不高兴,说:'真蠢,你还去那里啊!'"但是这时季娜伊达·瓦西里耶夫娜·科莫尔斯卡娅专门捎来口信说,来过新年一定带上妻子……塔季扬娜·尼古拉耶夫娜这才第一次来到了科济赫巷。"我穿着自己唯一的一件黑裙子——带丝绒的中国绉绸裙;我用以前的还是夏天穿的风衣和裙子改的——去了。① 达维·基塞尔霍夫和妻子去了。达维和瓦洛佳很照顾我,这让米哈伊尔很不高兴。我们一直笑声

---

① 据回忆者们记得,这是她那些年唯一的一件裙子,半个世纪后他们写道,她穿着"乏味的黑裙子"。

不断。达维抓了一下我的脚踝。回家时,米哈伊尔训斥我说:'你太不注意自己的行为举止……'他就可以随随便便,我就应当安静地待在那里……"都是鸡毛蒜皮、无关紧要的琐事。本来就是薄物细故,而且是距我们同塔季扬娜·尼古拉耶夫娜的交谈相隔半个世纪、几乎是陈芝麻烂谷子的细枝末节。

关于这些方面,问题还在于他自己认为日常生活的物质性有意义——这在要用细枝末节来构建他的生平经历中得到进一步确认。布尔加科夫在给母亲的信中说自己摆脱不掉的追求是"三年恢复标准——房子、衣服和书"——这迫使我们不得不认真对待他说的这个标准的每一个组成部分。

例如,传记作者会关注他初到莫斯科的那一年怎么着装以及后来他的衣服怎么变换,——哪怕是出于这个原因关注:作者还原自己同鲁道夫的谈话时,在故事情节狭小的空间里并非平白无故告诉读者说,他自己"穿着厚呢大衣",鲁道夫"穿着助祭穿的那种皮大衣",并最终强调说,他,"一个冬天穿着厚呢大衣的人",很高兴在鲁道夫那里出版东西!

在刚到莫斯科的那段时间,布尔加科夫可能身穿深绿色的军大衣,就是他在弗拉季高加索当军医穿的那件,——最初还戴着肩章,后来肩章没有了。《袖口杂记》中描述刚到莫斯科的第一个月时有时提到这样一个细节:"我使劲向下压了压大檐军帽[①],

---

[①] 在深秋时,这顶大檐军帽对布尔加科夫来说非常重要——我们列举已经引用过的1929年手稿中对编辑部环境特别负面的描述片段来证明这一点:"衣架上挂着撰稿员们湿漉漉的大衣。秋季了,但是有个撰稿员戴着大尉戴的那种白顶便帽来了,便帽湿透了,在钉子上就腐烂了。"

第二章 在莫斯科的最初岁月

把军大衣领子竖了起来。"另一件灰色的士兵呢军大衣他给了妻子——她给自己改了一下,穿着这样的大衣在莫斯科出行。实际上,就在《袖口杂记》中,描述在巴统的最后时光时提到:"一小时后,我在市场上把军大衣卖了。"不管怎样,在对莫斯科过的第一个冬天的描述中,都提到了穿着冷、不适合冬天穿、要么改自军大衣要么替换军大衣的大衣(怎么做才能避免产生多余的问题)。他在1921年11月17日给母亲的信中写道:"我们俩在莫斯科出行都穿着破旧的大衣。因此我有时侧着身走(不知为何风总是从左边吹来)。"

看来,1921年的秋天和冬天在小品文《数不胜数》中以相当接近生平经历实际情况的样子进行描述,在文中,主人公觉得莫斯科"起初蒙着让人多愁善感的秋雾,在接下来的日子里处于极度的严寒。白天就得穿着厚呢大衣。哦,见鬼的粗布衣服!我不能描述自己有多冷。冷就跑。跑也冷"。就在那里"……穿着厚呢大衣"。

1969年12月19日,已经病危的 H. Л. 格拉德列夫斯基给我们讲:"米沙很冷,于是我把罗曼诺夫短皮外衣给了他。'我穿着它不让进编辑部,'他跟我这样说,而不是感谢我……作为交换,他把自己来时穿的黑大衣给了我,——跟德国战俘穿的黑大衣差不多。这件短皮外衣是我1915年时买的:我和一个同志——当时我们在红十字会的小医院上班,去军官经济协会,一人给自己买了一件短皮外衣……那个同志后来把它给我寄到莫斯科,我把它送给了米沙,他给了我一件单薄的大衣。您知道吗,我冬天穿着这件大衣时,给我的印象是,我简直就跟没穿大衣一样。"

下面是布尔加科夫在莫斯科头几年生活的见证者留下的对另外一件衣服的描述,载于《汽笛报》:"布尔加科夫坐在隔壁屋,但是他不知为什么每天早晨都把自己的小皮袄挂在我们的衣架上。**这件小皮袄真是绝无仅有:既没有锁扣,也没有腰带**。把手伸入袖子,就可以认为自己穿着衣服了。"

米哈伊尔·阿法纳西耶维奇本人是这么介绍这件小皮袄的:

"俄国翻领大袍。17 世纪末很流行。1377 年,编年史中首次提到。现在在梅耶霍德的作品里,穿着这种翻领大袍的贵族杜马的贵族从二楼掉下来了"（И. 奥夫钦尼科夫）。

罗曼诺夫短皮外衣,塔季扬娜·尼古拉耶夫娜记不得了,不过翻领大袍她记得很清楚:"有过一件老僧侣们都穿过的那种女斗篷式样的皮大衣。浣熊皮的,领子表面是皮的,跟教士们的领子一样。面儿是蓝色的,带凸纹。长款,但是没有锁扣——的确是一裹就行。这可能是他父亲的皮大衣,也可能是他母亲托人从基辅带给他的,也可能是他自己 1923 年带过来的……"

许多人都回忆起这件皮大衣,每个人都按自己的意愿对它进行了描述。B. 卡塔耶夫在自己写的对布尔加科夫的回忆（登在报纸上）中肯定地说,布尔加科夫有一次把这件皮大衣直接穿在睡衣外面就来到了《前夜报》编辑部,——并立即提到说,布尔加科夫本人很气愤地否认有过这样的事情;塔季扬娜·尼古拉耶夫娜也否认发生这样的事情的可能性。这是传说

第二章 在莫斯科的最初岁月

中的与首都生活格格不入的外省人的特征。

在刊登在《扩音器》上的照片中,布尔加科夫穿着绉领男士短上衣——托尔斯泰式男衬衫。

"他的穿着当然很差,这顶小军帽就很差,当然没有帽徽,看看这件破玩意儿(塔季扬娜·尼古拉耶夫娜如是说)。早在弗拉季高加索时,给他用粗亚麻布缝了一件托尔斯泰式男衬衫——带假兜和腰带。在家里他穿睡衣——这是科斯佳送给他的外国睡衣,科斯佳的父母常给科斯佳从日本寄包裹。[①] 睡衣是褐色的,带中等大小的格子,好像是红蓝相间的——就像苏格兰裙子那样。他在家里经常穿这件睡衣,后来一个熟人——列昂尼德·萨扬斯基——甚至给他画了一幅穿着这件睡衣的漫画……"后来,回忆者们甚至赋予这件睡衣特殊的意义。"蓝眼睛有一张每一个规规矩矩的俄国作家都有的真正的书桌,上面堆满了夹着书签的手稿、报纸、剪报和书。

蓝眼睛有点扮演俄国知名作家,甚至可能是俄国经典作家角色的意思,他在家里穿着带条纹的、背后用松紧带系着的绒布睡衣,这遮挡不了他匀称的身材,脚踩的当然是穿走样了的拖鞋。

桌前的墙上贴着来自画报中的各种滑稽有趣的故事、含有辛辣批评的书评,以及字母顺序颠倒、所以看着不是叫'Накануне',而是叫'Нуненака'的《前夜报》的标题。"(В. 卡塔耶夫:《我的金刚石王冠》)

[①] 这件礼物可能是在他一来不久后送给他的,因为不会晚于1921年11月初,这个时间他的表弟科斯佳先是去了基辅,然后出国了。

布尔加科夫一家搬进来时以及接下来一年半时间，房间的陈设什么样？

"这个房间里已经摆了家具——两个小柜子，核桃木书桌，沙发，大镜子……甚至有点餐具——白色的汤碗。我们最初在白色的橱柜上吃饭。后来有一次我在莫斯科逛街，听到有人打招呼说：'塔先卡，你好！'这是萨拉托夫金库司库员的妻子。她叫我去她们家：'走吧——我那里有你父母的家具'。原来，她从萨拉托夫运来了家具，其中就有我父母的桌子。桌子是核桃木的，椭圆形，桌腿可以折叠起来。① 我和米哈伊尔一起去的，他很喜欢这张桌子，于是我们就把它拿走了，还拿走了我们的装帧完好的《丹尼列夫斯基全集》……桌子是祖母的，她是从哪位祖先那里讨来的……后来我们买了长长的书架——侧面有两个狮身人面像——我们把它悬挂在书桌上面。"

1922年12月30日，布尔加科夫去参加了"尼基季娜家星期六活动小组"的会议——朗读了自己的《袖口杂记》。聆听他朗读的听众不超过25人——都是小组常来的听众：维·韦列萨耶夫、B. 登尼克、B. 兹维亚金采夫、K. 利普斯克罗夫；已经出名的小说家安德烈·索博利、米·雅·科济列夫、A. Я. 雅科夫列夫；年高望重的瓦西里·叶夫格拉福维奇·奇希欣-韦特林斯基也来了，他写了数篇关于俄国作家和批评家的著名的小品文——在上次的，即12月23日的"星期六活动小组"会议上，对他从事文学创作活动40周年进行了纪念，

---

① 这张桌子在塔季扬娜·尼古拉耶夫娜去世前一直放在她的房子里，但是她去世后被邻居给弄坏了，邻居发脾气时把桌子的两条腿给锯掉了。

第二章 在莫斯科的最初岁月

布尔加科夫在会上还宣布了下一次会议的议程。这次活动还来了"尼基季娜家星期六活动小组"的常客伊万·尼卡诺罗维奇·罗扎诺夫。给来客发放了签名单,布尔加科夫在上面大大签了一个名,比其他所有人的名字都大。会议记录记载道:"米哈伊尔·阿法纳西耶维奇在开场白中指出,这些由三个部分组成的笔记中,反映了诗人在南方某个地方饥饿潦倒的生活。作家来莫斯科有特定的目的——打造自己的创作生涯。第三部分的章节米哈伊尔·阿法纳西耶维奇也朗读了。"从这则简短的记录中可以弄明白的是,《袖口杂记》的朗读是倒着进行的。继续朗读是下一年才进行的。不清楚的是,继续朗读有无事先告知,或者就此征求过听众的意见。不管怎样,这次没有对《袖口杂记》进行任何讨论——接着伊利娅·谢尔文斯基开始朗诵长诗《天猫》,听众进行了讨论。在一位参加会议的人对"星期六活动小组"活动情况所作的简要记录中,布尔加科夫的名字被叫错了:"12月30日。'尼基季娜家星期六活动小组'。米·雅·布尔加科夫中篇小说《袖口杂记》选段,《天猫》——谢尔文斯基的长诗……"尽管叫错可以理解——大家早已熟知"星期六活动小组"秘书的名字米哈伊尔·雅科夫列维奇·科济列夫偶然落在了手边,但是这个错误还是很有代表性,因为布尔加科夫在莫斯科并不出名。

……就这样,时间来到了1923年1月。这是布尔加科夫在莫斯科度过的第二个冬季。他难以适应北方的气候——难怪他后来在小品文《20年代的莫斯科》中回忆起自己对这里的第一印象时这样写道:"那时的天气奇冷,后来从来没有过那么冷的天气。"

当时的莫斯科在一个基辅人——尽管也已离开基辅多年——看来是什么样子呢？无论如何不会是土生土长的莫斯科人眼中看到的样子。为了介绍布尔加科夫对这个城市的最初印象，我们来看看一个基辅女人眼中当时的首都。她是1922年12月1日来到莫斯科的——就是从布尔加科夫一年前抵达的那个火车站来的。"我乘着马车离开火车站，"60多年后，也就是1986年12月，她跟我们讲，"沿着狭窄的小巷，在雪堆间穿行。低矮的房舍淹没在雪中。我问马车夫：'莫斯科快到了吧？'他转过身来气愤地说：'你还要什么样的莫斯科？我们现在沿着阿尔巴特大街走呢！'我心想，这就是农村啊！"

看惯基辅宽敞的街道边四五层高的建筑后，莫斯科这些被雪埋住的小道和小巷以及边上低矮房屋的样子，就不是城市的样子，不是首都的样子。这个被大雪淹没的城市、劣质衣衫和严寒，都让人想念那个"冬季不冷、飘着柔和的让人感到舒服的大雪⋯⋯"的城市。

⋯⋯新年的头几天，莫斯科的一个小巷里提到了布尔加科夫。"尼基季娜家星期六活动小组"例行庆祝平安夜时，拟出一份搞笑的缺席者名单，其中提到"利金——外国人"、"布尔加科夫，没有袖口的人"。——此前不久，也就是12月2日，利金在星期六读书活动小组作了题为《国外印象》的报告。他经常去欧洲，处理自己的出版事宜。"⋯⋯现在两卷本中篇小说正在柏林'星火'出版社印制⋯⋯"1922年9月《俄国新书》杂志用利金自己的话发布讯息，透露他到达柏林，"'赫利

第二章 在莫斯科的最初岁月

孔山'出版社即将出版他的书……最新中篇小说被纽约一家出版社译成英文。"而布尔加科夫的创作生活则艰难得多。

1月7日莫斯科的街上举行游行，庆祝新习俗——"共青团圣诞节"。人们举着宣传画，其中一幅宣传画上画着带着活泼的婴儿的女人和漫画版神父。人们穿着化装衣服游行，共青团员头戴长长的尖顶帽，手持刻着五角星的魔杖，装扮成获悉耶稣诞生的魔法师。布尔加科夫从未见过如此形式和规模的反宗教行动。

1月14日，也就是旧历新年的第一天，约40人聚到一起参加"尼基季娜家星期六活动小组"的例行活动。来人有文学家尼·卡·古济，民俗学家尤里·索科洛夫，还有小说家安德烈·索博利、弗·利金、奥瓦季·萨维奇。奥瓦季·萨维奇是"尼基季娜家星期六活动小组"的常客，不知为何缺席了布尔加科夫的上次读书会，尽管他11月底就从柏林回来了。还有康·利普斯克罗夫（诗人和翻译家，前不久以《另一个》为书名出版了诗歌体"莫斯科故事"；据剧作家阿·米·法伊科后来回忆，布尔加科夫几年之后正是在他位于茨韦特林荫道和萨莫捷奇街十字把角的公寓，给莫斯科的剧作家们朗读了自己的第一部戏剧）以及听过第一次读书会的伊·谢利温斯基。帕·安托科利斯基也来了，可能是来听安德烈·格洛巴朗读的，于是星期六读书活动小组从朗读他的三幕剧《希尤格的婚礼》开始活动。（许多年后，也就是在1936年，他的创作之路与布尔加科夫的创作之路再次有了交集——在以"普希金"为主题方面。安托科利斯基很快就介入了布尔加科夫最初写的一些剧本的命运。)

文学茶话会（"尼基季娜家星期六活动小组"活动时，桌上常常摆着茶水和夹心面包，这对当时的当代文学爱好者来说相当重要……）第2号会议记录记载道"米哈伊尔·布尔加科夫。《袖口杂记》第一部分和第二部分。"［而在刊发的会议大事记，即1924年出版的《手稿卷》汇编第二卷上却写道："米·布尔加科夫——《袖口杂记》（结局）"；如果没有会议记录，可能就不会知道，朗读顺序是倒着来的——从莫斯科到弗拉季高加索……］紧接着记录道："之后没有对所读内容进行讨论，由于要进行第2单元的活动：（1）新年枞树，（2）即兴创作，参与者有……"接着是几个人名和"许多不知名的人士"。在不知名的人士中，有没有那个在出席者名单上不像其他人用鹅毛笔，而是用自己最喜爱的彩色——这次是红色——铅笔第一个签上名字——"米哈伊尔·布尔加科夫"的人？

在整个名单上，他的签名——就像在第一次读书会时那样——看起来有点想引起别人注意。他在还不太了解自己的莫斯科文学圈表现了一把。

其实，参加"星期六活动小组"的还有不久前才到莫斯科的基辅人——不仅有古济，还有当时以诗歌翻译家闻名的瓦莲京娜·亚历山德罗夫娜·登尼克，她1920年毕业于基辅大学。伊·尼·罗扎诺夫的日记中有关于这次晚间聚会的简短记录："格洛巴的戏剧。布尔加科夫的《袖口杂记》。康斯坦丁·米哈伊洛维奇·斯塔霍夫斯基。礼物和玩笑。古济在去基辅的旅途中作的诗（《找个女朋友吧》，因为古济在追求拉多·鲁斯塔韦利），关于尤里·马特维耶维奇·索科洛夫和登尼克……"

1月14日，《劳动报》工作人员奥古斯特·叶菲莫维奇·亚维奇（在信中）建议布尔加科夫为"生产、日常生活和劳动"专栏"每周写三篇日常生活小品文"。当月《俄国》杂志第5期上刊登了《袖口杂记》第二部分。

在莫斯科的生活中，去年夏天开始给人一丝希望的事情，现在就结束了。"'大家族'彻底停办了，"Н. М. 门德尔松在1923年1月9日的日记中记道，"书店已叫作'在书海中'。尝试在'大家族'的遗址上成立'启明星'出版社，但我坚信这一定不会成功。"罗扎诺夫的日记中也提到这件事：1月16日他在会议记录中写道：《往事之音》，1月25日记道，"大家族"书店"彻底关了"，说它"可能会被充公"。他在1月30日的日记中记道，"'大家族'最后一次管委会会议"。2月3日写道："'大家族'茶话会"。2月5日写道："'麦穗'开业，取代'大家族'和'在书海中'书店，但没有招牌。"Н. М. 门德尔松在2月10日的日记中记道："'大家族'以及它的书店再也没有了。一切都被清理了，卖给了'麦穗'。后者必须做完已经开始的出版工作……"

但是，身处莫斯科、描写日常生活的作家的目光坚定地注视着给人以希望的征兆。"昨天早上，我在特维尔大街上看到个小男孩，"他在1月的这些日子里亦庄亦谐地开始写连载于《前夜报》上的小品文《首都札记》的一个章节，"……迎面开来的6路电车里的乘客探出身来,用手指着小男孩。……揉揉眼睛,我才明白是怎么回事。

小男孩胸前没有挂装着掺糖精奶糖的托盘,也没有扯着古怪的嗓音叫卖:

'"大使"烟丝!"亚瓦"香烟!!"穆尔萨尔"香烟!!!卖报——大家来看报看报!……'

小男孩没有从另一个小男孩手里抢过皱巴巴的百万卢布票子,没有伸脚踢他。小男孩嘴里没有叼烟。小男孩没有用脏话骂人。……不,公民们,这个我第一次遇到的独一无二的男孩,慢慢悠悠地、不慌不忙地走着,戴着漂亮而又舒适的、有护耳的帽子,脸上能看出十一二岁孩子才可能有的所有美德。"语调越来越庄重。"不,这不是小男孩。这是穿戴着暖和的手套和毡靴的真的天使。天使背着一个**背包**,露出破旧习题本的一角。

小男孩去小学**上学**。好了。到此为止。"

小品文结尾的这些话,在这样的人笔下有着特别的分量,因为他三年多前还置身于祖国冒烟的废墟中,在自己的第一篇小品文中,怀着极大的苦楚写着欧洲近年来的状况,"要建设、研究、出版、学习……而我们……我们却要打仗……"看来现在他有了希望,觉得自己能看到祖国复兴。"由乱会到治,"他尽力让自己的外国读者、或许还有自己相信。他1923年3月1日发表的第8章《吸烟的代价》就是以这句话作为开头,赞扬对在火车车厢中乱扔烟头、在剧院里吸烟行为的处罚,他兴高采烈地叙述,"警察突然出现"在受罚者背后。最后,升华到

第二章 在莫斯科的最初岁月

幽默而绝不是嘲笑和讽刺的兴奋态度:"守护天使背上背的不是翅膀,而是小巧精致的步枪。"

1922年9月,小品文《奇奇科夫奇遇记》的作者在无能为力的愤怒中幻想着如何消灭果戈理的主人公们——彼得鲁什卡、谢利凡、普柳什金式的普罗什卡和涅乌瓦扎伊–科雷托,因为他们在新俄国获得了决不打算变动的新职位。

1923年年初,他期望能更好。

"一片腥风血雨。发生了大地震,整个大地都在颤抖。那些被迫冒着风险溜到国外的阁楼保住红帽圈的人,蜷缩着坐在一起,看着映满红光的天空,惊魂未定地窃窃私语:

'瞧,就像燃烧起来了一样,见鬼。'并胆怯地想着:

'不要蔓延到这里。'"值得一提的是,在可能是布尔加科夫在莫斯科写的第一篇小品文(《复仇的缪斯》,1921年10月)中,作者想在创作生活中崭露头角的愿望一目了然。他运用了大量的修饰,尝试适应自己还不够熟悉的首都出版环境。尽管如此,这些国外的"阁楼"及其"胆怯"的住户,对于理解他以后的作品并非无所谓。

《前夜报》上的小品文,首先,不是纯粹的文艺作品,更像是政论作品,其次,直接针对在国外的俄国读者。我们仔细听听他在《首都札记》中一章开头的话:"弗里德里希大街确信俄国完蛋了,我不同意,甚至认为:随着我观察莫斯科的千变万化,产生了一种预感,'一切都能成',我们还能生活得更好一点。"这些表面简单的话语背后是非常不简单的社会心理背景。这里适合再次回到斯捷蓬的证明材料,因为他挑剔地分析了新的即分为两种和三种、多年以后又变为其他某种的知识分子自我意识的产生时机。"邓尼金正大举推进,当莫斯科普通居民中传说梁赞和卡希拉已被攻占时,我和妻子有一次在革命前的军官家中做客。已被征用的漂亮公寓温暖而舒适。桌上的大馅饼、白兰地和甜露酒很是扎眼。"客人中有几名红色军事专家。这是我第一次也是唯一一次见到改头换面的俄国军官。尽管当时有浓厚的过节的安宁闲适,但我对这次做客的印象非常差。

所有参加者身着的红色将军服外翻的里子上明显都缝着黑纱。尽管凭着旧时的友谊聚在一块儿,但所有参加者都互相能感觉到身上有这种"微黑红",所有参加者都互相瞒着……当然,聊到了邓尼金及其进攻。一位参加者讲了一通令人费解的理论,说马蒙托夫可能会占领莫斯科,因为他既是哥萨克,又是正规骑兵……把他的进攻说得"就像英国人同布尔人的战争似的。红色'专家们'听着,表面上以客观的、战略的方式反驳,但是所有参加者明里暗里都有一些稀奇古怪的狂热问题,这些问题都彼此呼应和互相暗示着下面这一切:怀着对正在进攻的志愿兵取得的成功的强烈嫉妒极度憎恨布尔什维克,希望幸存的俄国军官团能够战胜邓尼金的军官们,但明显厌恶这样的观点——自己的团的胜利完全不是自己红军的胜利;担心结局,但坚信什么也不会发生,无论怎么说,**自己人**处于攻势。

聚会聊的所有话题一直都含糊其词:所有参加者都机警地左顾右盼,所有参加者都用斜视的目光岔开自己的话题和彼此

第二章 在莫斯科的最初岁月

的话题,脸上表情丰富多变,转瞬又变得'若无其事'。

氛围很差很虚幻,有挑拨者,有奸细。"

1923年,已经不谈自己的团的进攻,但俄国幸存的自己的团获胜的想法,无疑还停留在布尔加科夫的意识里。

1923年1月13日,《文学周刊》第2期上预告,"'新莫斯科'出版社准备出版尼·谢·安卡尔斯基主编的文学艺术集子《内核》","计划每两三个月出版"一辑,"第一辑将于明年一月面世"。这个经验丰富、精力充沛的编辑提早处理好了新业务的组织工作,这可能直接关系到布尔加科夫的创作命运。

据 Л. Л. 菲阿尔科娃令人信服地推测,布尔加科夫注意到了1922年在辛比尔斯克上演的谢·米·切夫金的戏剧《耶稣·伽诺茨里。公平地发现真理》;谢尔盖·戈罗杰茨基发表在《红土地》(1923年第12期)上的尖锐评论可能引起他对这部戏剧的关注:"作者显然迷恋基督的个性,把他的生平描述成患有神经衰弱的医生的往事,而不是奴隶反抗奴隶主的一个阶段……戏剧确实揭穿了福音书里的奇迹,但相比于当代革命宣传的任务,这只是微不足道的贡献……作者把群众当主人公,就必须改写戏剧。"

需要补充说明的是,就是在1923年春,布尔加科夫在《出版物与革命》杂志"编辑部收到的书刊反馈意见表"上无意中发现了切夫金的戏剧名称,——那一年他的图书搜索需要无疑促使他仔细阅读了杂志的这些信息页;在此之前,他可能就发现了《书刊通报》(政治教育委员会出版社,1922年第

7—8期）上对这部戏剧的评论。

但是，多年以后《红土地》评论者的措词几乎全部转到了长篇小说中，1923年莫斯科的创作和社会生活给布尔加科夫提供了构思它的大量素材："尽管别兹多姆内把自己长诗的主人公即耶稣描写得一无是处，但是编辑认为，整个长诗不得不重写。"布尔加科夫越来越应该是扎米亚京不久后用一个绰号刻薄地描述的那种作家："从我的（异教）观点来看，毫不让步、顽强固执的敌人比出其不意的共产主义者——好像说的是谢尔盖·戈罗杰茨基——更值得尊敬。"

在当时的文学创作过程中，俄国和外国的界限仍然很模糊。1923年1月6日，彼得格勒开始发行新杂志《文学周刊》，这上面的一篇文章中讲道："非常典型的是，甚至国外的'路标转换思想'暂时也以特别的政论风格的形式表现出来，它的艺术价值极为可疑。只有A.韦特卢金和伊·爱伦堡等人的作品在文学上留下了微弱的光芒。"

1月20日，《前夜报》的《文学附刊》上刊载了这样一则消息：13名作家"正在集体创作长篇小说。已经写成12章。描写了苏维埃军队与乌克兰反革命军的战争、白军撤退等"。这些作家是尼·阿舒金、米·布尔加科夫、叶菲姆·佐祖利亚、米·科济列夫、弗·利金、库·莱温、鲍里斯·皮利尼亚克、安德·索博利、尤·索博列夫、尤里·斯廖兹金、德米·斯托诺夫、亚·雅科夫列夫和阿·埃夫罗斯。1月，卡卢加发行双周刊《飞船》，上面的"艺术实事"栏目中通告："米哈伊尔·布尔加科夫完成《袖口杂记》一书（关于革命、日常生

第二章 在莫斯科的最初岁月

活、作家命运等)。该书的部分章节由《前夜报》的《文学附刊》刊出。"

就在杂志的这一期（既是创刊号也是最后一期）上有一则简讯——"集体创作长篇小说：'13人小组即所谓的莫斯科作家团体现在正在集体创作应当描写革命时代的长篇小说'；同样列出那些作家；'现在已创作出13（Ⅰ）章，但整部长篇小说还远没有结束'。"就在这期上还有一则简讯——关于《监察员》杂志："文艺小说家小组申请批准出版讽刺杂志《监察员》。根据草案来看，杂志将不同于黄色庸俗的幽默出版物。主编由米·布尔加科夫担任。"

尤里·索博列夫在《回声》杂志（第6期，日期为1923年2月1日）上专门为计划中的长篇小说写了长篇书评："13名作家热心创作。已有6名作家通过抽签……长篇小说生动活泼，情节引人入胜，当代与革命得到鲜明而又深刻的反映。主人公们已经初具轮廓，叙事已经从乌克兰转到莫斯科。南方的国内战况已经叙述完毕，接下来我们将看到1920年的莫斯科……"

长篇小说《红色飞驰》的章节在1922年12月刊印时有没有被作者指定为轮廓已发生很大变化的叙述片段？是不是因此也真的没有将这一章节纳入集体构思储备？……

书名叫《红色飞驰》，可能是受出版条件所限。或许并不能排除这是布尔加科夫给自己的同行建议的"集体创作长篇小说"的书名方案。不管怎样，在这一书名中，并不是红旗飞驰（好像布尔加科夫的有些传记作者这么认为："红色飞驰"是指

"红军胜利地、迅速地、漂亮地向南方推进……"),也可能是红军骑兵队飞驰(正如达利词典中解释的:"跑马飞驰,两腿分开的长度";科学院编的词典的解释是:"奔跑、飞驰的步伐")。传达移动意义的短语成了那个时期写的剧本后来的名称——《逃亡》的雏形。

总的来说,那一年莫斯科某种流派的文艺小说家(比如说,无意于写作无产阶级文化协会散文作品的文艺小说家)都把目光投向国内战争时期的乌克兰,写的几乎都是这个主题。许多作家个人印象(往往隐藏在自传中)相同,用类似的方式加工自己的材料——从这个意义上说,他们的作品确实类似于"集体创作长篇小说"。

尤·斯廖兹金写了涉及同一地方和同一时期的中篇小说《幻影》,明显想超过布尔加科夫,因为后者在1922年12月已经付印了自己关于"乌克兰反革命军队士兵"(这个题目在当时文艺小说家的行话里显现出来)的长篇小说中有关巴卡列伊尼科夫医生的章节。

我们觉得,1923年布尔加科夫用自己的主人公喜欢的名字(想想1921年2月致K.布尔加科夫谈及"关于阿廖沙·图尔宾的戏剧"的信中他写的话)代替了巴卡列伊尼科夫这个名字,在某种程度上是想故意为难斯廖兹金。正如我们所看到的那样,后者1922年秋已经在长篇小说《平顶山》中用了这个"他的"名字——这对布尔加科夫来说可能始料未及,不管怎么说,令布尔加科夫懊恼的是,后者赋予主人公的特点,是布尔加科夫从某种视角看到的。现在布尔加科夫拿出"真正的"

第二章 在莫斯科的最初岁月

阿列克谢·瓦西里耶维奇·图尔宾,可能就是想复仇。

关于这个主题所创作和发表的东西,无疑都应当使布尔加科夫对经历的回忆本身以及文学论战热情更加敏锐。

在他 1923 年开始创作的关于乌克兰国内战争的长篇小说中,主人公的姓名都不是虚构的,而是真实的、历来就有的基辅普通人或军人的姓名。除了已经提过的 В. Г. 塔尔贝格,还有尼古拉·格尔马诺维奇·塔尔贝格(可能是弟弟),他生于基辅省贵族家庭,毕业于第一中学和基辅大学,从 1886 年至去世(1910 年)一直居住在基辅,在基辅的报刊上发表作品。扎哈里·雅科夫列维奇·梅什拉耶夫斯基,19 世纪上半叶就毕业于基辅神学院,1859 年被列入"基辅军区官员和教师名录"(《基辅志》,1859 年版,第 237 页)。老基辅人、边疆历史学家 А. А. 彼得罗夫斯基 1980 年 10 月 9 日在基辅与我们谈话时肯定地说:"这是军人的姓名。曾有一个高加索军区——在梯弗里斯——副参谋长叫亚历山大·扎哈罗维奇·梅什拉耶夫斯基;他有一个儿子……整个军衔表上就一个人是这个姓名。"不管怎么说,确实有过亚·扎·梅什拉耶夫斯基这个人,是 20 世纪 90 年代的总参谋长、军事史学家和理论家。他接着讲道:"当《图尔宾一家的日子》在基辅上演时,我与帕维尔·普拉东诺维奇·波洛茨基谈论过这部戏剧,我记得,我问他:'您说,布尔加科夫为什么叫主人公图尔宾这个姓名呢?'

他回答说:

'原因很明显。曾有一个沃伦斯基团近卫军司令、少将叫亚历山大·费多罗维奇·图尔宾。我认为,他在第一次世界大战前夕来过基辅,并在基辅军区司令部讲过课。于是布尔加科夫用了这个姓。'"(亚·费·图尔宾,生于1858年,著有若干本军事著作,去世于革命后的年代。)

早就选好的长篇小说和剧本的主人公姓名(想想信中的话——"取代我珍爱的有关阿廖沙·图尔宾的剧本",这写于1921年初!),给每个人传递的信息各有不同:布尔加科夫的亲友们从中找到了与他有血缘关系的亲人的姓名,军人们看到的是军人的姓名,而瓦·卡塔耶夫以及他身边的人觉得姓名是"虚构"的。

还有一个可能用在长篇小说中作者很喜欢的另一个主人公身上的"军人"姓名,因为在俄罗斯帝国《军官官衔总目录》(1908年圣彼得堡版)中就有古萨尔斯基(!)团近卫军中尉奈-普姆……

就在那个月,基辅传来消息——布尔加科夫的大妹妹薇拉发来电报,说她回家乡了。1月23日,布尔加科夫以长兄、母亲去世后一个尽管已经解体,但在他眼中仍保持着某种想象的联系的家庭主人的身份给她回信说:"亲爱的薇拉,感谢你们所有人的电报问候。得知你在基辅,我很高兴。可惜从电报中看不出来——你是彻底回来还是暂时回来?我梦想着我们所有人最终都能在莫斯科和基辅安家落户。……读到'和睦的家庭'这样的话语,我甚是高兴。这对我们所有人来说都是最重要的。说实话,美好的愿望很快就会实现,你们会过得很好。就我自己来说,经过这几年的艰难考验,我更加珍惜安宁的生活!我好想跟自己家人一起生活。没办法。莫斯科这里条件比

第二章 在莫斯科的最初岁月

你们那里困难得多,我还是想着过上正常生活。

因此,在基辅,希望就寄托在你、瓦里娅和列里娅身上。我和列里娅多次说过这个。往事对她以及所有人影响太大,她跟我一样也想在基辅过上平静和无忧的生活。

我恳求你:看在妈妈的份上,和睦相处。

我工作很忙,快累死了。春季我可能短期回基辅一趟。"

从信中可以看出,新书稿《白卫军》正在形成的构思——在这些恳求"看在妈妈的份上,和睦相处",在安宁、平静和无忧的想法中得到某种体现。计划中的基辅之行可能也是开始创作长篇小说的一环。

"我在 1921—1923 年这段时间的生活状况,我不打算写信告诉你们。首先,你们不会相信。其次,这与事情无关。

但是,临近 1923 年时,我已经能够过活了。

一位名叫阿布拉姆的可爱记者,在担任一个绝对不切合实际的职务时与我交好。

阿布拉姆在街上扯住我的衣袖,把我带到他工作的地方—— 一家大报社的编辑部。在他的怂恿下,我自荐当加工员。这个编辑部就这么称呼把不符合规范的材料加工成合乎规范、适合出版的材料的人。"(《致密友》,1929 年)看来,布尔加科夫供职于《汽笛报》最早的证明文件,就是 1923 年 2 月 19 日颁发给他的全俄教育领域工作者工会会员证(印刷工分会,工作地点——《汽笛报》编辑部,加工员)。但是,"过活下去的可能性"还是很有限——例如,布尔加科夫作为作者给一家出版物撰稿就表明了这一点。1923 年 4 月 23 日,莫斯科开始发行《中央教育与艺术工作者之家周刊》；1922年8月起被改为《教育工作者之声》，任务是"报道莫斯科省教育工作者工会工作的原则性问题和实际问题"。在杂志编辑部供职的有伊·列日涅夫；看来是他拉布尔加科夫来撰稿的。不晚于1923年2月，布尔加科夫写了两篇随笔——《指挥观察所和指挥所》和《在第三国际城的学校里》，发表在3月15日发行的杂志第4期上。

在1923年3月发表的小品文《首都札记》的一章中，布尔加科夫提到了两本跟他近几个月艰难的创作经历有关的杂志。在自己写的、交由在国外的俄国读者评论的当代莫斯科各种"大得出奇的"反差中，布尔加科夫请他们注意这样一件事："海报上是国际名人……红场上的书报亭在倒卖各种杂志，临时替代有事离开的售货员的竟是一位不识字的妇女！我发誓，不识字！

我亲自走到一个书报亭前。说给我拿一本《俄国》杂志，她给了我一本《飞船》杂志（字体相似！）。不是这本。妇女在书报亭忙乱了一阵。又给了我一本。也不是。

'您怎么回事，不识字啊？'（我嘲讽地问道。）

滚蛋吧嘲讽，绝望万岁！这个妇女真的不识字。"

暴露在社会进程中的谢利凡们和彼得鲁什卡们，越来越让他陷入绝望，与此同时，他打算构思写作反映被吸收进苏联机关工作并且获得丰厚社会保障的看门狗的"荒谬绝伦的故事"。

3月发行的《俄国》杂志第7期"文学实事"栏在杂志关注的著名作家中提到了布尔加科夫。在这个按职位等级而不是

第二章 在莫斯科的最初岁月

按字母顺序排列的排名表中,他排在第 11 位——介于 Л. 尼库林和 M. 什卡普斯卡娅之间。报道如下:"米哈伊尔·布尔加科夫完成了全面反映同南方白军斗争时期(1919—1920 年)的长篇小说《白卫军》。还有一本——以怪诞的手法描写作家在革命年代奇遇的书《袖口杂记》,部分刊载于《俄国》杂志,部分将刊载于《复兴》丛刊第 2 期。"

"接下来更痛苦,"《致密友》手稿的作者写道,"为了把我的作品片段卖给随便什么人,我不知在莫斯科跑了多少路,但是一无所获。片段没能吸引一个人,整部作品也无人问津。而且有一个地方的编辑对我说,他认为我写的东西是反革命的,强烈建议我再也不要写这种东西。顿时不祥的预感袭上心头,但很快就过去了。《前夜报》伸出了援手。从柏林回来的一个手提某种热带两栖动物皮做的黄色公文包的人掌管这家机关报,他读完我写的东西,表示愿意出版我的整部作品。

《前夜报》借口没钱、秋季道路泥泞,报价每印张 8 美元(16 卢布)。我记得,我获得了一堆五颜六色、到处乱掉的苏联徽章,时而为它们感到羞愧,时而又在无可奈何的愤怒中痛苦至极。"

提着黄色公文包的人叫帕维尔·阿布拉莫维奇·萨德克尔,《前夜报》编辑部编辑,就像 Э. 明德林在自己的回忆录中提到这份报纸时写的那样,他来莫斯科"搞侦察"(并补充说——"我们再也没见过他",因为与其他"前夜人"不同的是,他没有下定决心回到俄国)。1923 年 2 月 21 日,他用《前夜报》出版社的公文纸从柏林给布尔加科夫写信说:"我们的第一批书出版后，现在可以快速出版一批新书。我在莫斯科时，您建议我出版您的《袖口杂记》，但我当时没法决定，因为不熟悉我们出版社的状况。请您把版权交给我们。遗憾的是，我们不能按莫斯科的行情支付稿费。我们最多能支付每印张7—8美元。交稿时付钱。钱由莫斯科处支付给您。如若您还想在我处出版《袖口杂记》，烦请尽快通过谢苗·尼古拉耶维奇·卡尔缅斯把手稿寄给我们。我们将尽快尽善尽美地出版该书。"

在冬季的最后几个月，布尔加科夫几乎完全被报纸的工作缠住，他在一篇小品文《生物力学头脑》中强烈抗议梅耶霍利德的戏剧，——小品文作者幽默、怪诞、事事的口吻，体现出老派作风、佯装品味保守的特点："……您自己判断吧：破破烂烂、表面破损和四处跑风的剧场，那不是舞台——而是洞穴（幕布当然也无影无踪）。里面——光秃秃的砖墙，带两扇破窗……"还有，按照托尔斯泰通过《战争与和平》中的娜塔莎·罗斯托娃的眼光来对歌剧进行意外情节描述的传统，描述著名话剧《宽容的戴绿帽子者》。值得一提的是，1920—1921年，梅耶霍利德领导教育人民委员部戏剧处，落实自己1920年底推出的项目"剧院中的十月"——从政治上激活剧院，这让布尔加科夫很是反感。

4月15日的《教育工作者之声》刊登了随笔《第一儿童公社》。周日发行的《前夜报》刊登了小品文《数不胜数》——这是布尔加科夫这些年写的最好的一篇小品文。随笔上标的日期是1923年，最后一部分写的是布尔加科夫眼中当

第二章 在莫斯科的最初岁月

月的莫斯科,——实际上就是他亲身经历的一面:他走过的街道;他的观察和印象,他的遗憾和希望。"莫斯科现在连夜间入睡也不肯闭上自己如炬的眼睛。

清晨,汽笛声、车铃声响成一片,人潮涌向街头的人行道。载重汽车哗啦哗啦地甩动着深深陷入雪地的防滑链,在印有轮胎痕迹的松软的褐色雪地上爬行。晴朗的日子里,一架架飞机低吼着从霍登卡机场飞向蓝天。电车从米亚斯尼茨克大街和大卢比扬卡街急匆匆地驶出后,跟往常一样还是在卢比扬卡广场先绕上一圈。一辆接一辆地驶过雉堞犹存的老城墙脚下印刷工业奠基人费多罗夫的铜像,然后往下一直冲向'大都会'饭店方向。"他精心记录莫斯科外在的、可见的变化,生动地描绘这一切,尝试给国外读者制造"身临其境的效果"。"'大都会'饭店底层脏兮兮的玻璃窗已变得明亮起来,仿佛被人揭掉了一层眼翳,里面展示出一排排五光十色的书籍封面。夜晚,大门的上方亮起一盏精光闪亮犹如钻石的球形门灯:国营第二电影院。

街心绿地对面,杰斯托夫大饭店又出人意料地复活了。大门口支出来一块小牌子:农家汤。"

布尔加科夫"身体力行地"带领读者游览莫斯科,描写每一步所见。"猎人商行的招牌比那些小商店都大。但是帕拉斯凯瓦-比亚特尼察街却看起来忧愁而阴郁。据说它要拆了。真遗憾。这条位于各种窗口、肉铺、旧书摊和成为街道中心的白色教堂之间的窄巷子见证了多少往事。

特维尔大街与猎人商行和莫霍夫大街交汇处小广场上的小

礼拜堂也拆了。

红场商行几年来一直都是荒废不堪的例证，如今开满商店……小酒馆像瘟疫一般飞速发展和复活。茨韦特内林荫道上，在烟雾和轰鸣声中断断续续传来'原汁原味的'波尔卡舞曲声：

走吧，走吧，亲爱的天使，陪你去跳波尔卡舞曲，听见了，听见了，听……波尔卡舞曲声非同凡响!!!① 马车夫现在会从前座转过身来，加入聊天，抱怨生意难做，说马车夫太多、乘客喜欢坐电车。

风把电影海报卷到了街对面。围墙淹没在数百万张五光十色的海报中。这些海报召唤着人们去看新上映的外国电影，……还有几十场辩论、讲座和音乐会。人们在评论《萨宁》②，评论库普林的《亚玛》，评论《谢尔盖神父》，不带指挥演奏瓦格纳的作品，用军用探照灯和小汽车排演《竖立的地球》③，用广播转播音乐会，成衣工人缝制着射击兵制服，把亮闪闪的星星和臂章缝在袖子上。书报亭里堆满了各种杂志和几十种报纸……"④

如果只谈包含文学、艺术素材的杂志，那么1923年头几个月开始发行的新出版物，应当吸引了布尔加科夫的注意。例如，1月3日，彼得格勒开始发行周刊《艺术生活》；1月4

---

① 一年半后，他在《汽笛报》上发表了小品文《非同凡响的波尔卡舞曲声》，在引言中重复了硬塞进耳朵的"声音"。
② 米·彼·阿尔齐巴舍夫的长篇小说。
③ 谢·特列齐亚科夫的剧本。
④ 参看布尔加科夫：《莫斯科：时空变化的万花筒：布尔加科夫散文集》，徐昌汉译，辽宁教育出版社1998年版。——译者注

第二章 在莫斯科的最初岁月

日,莫斯科开始发行月刊《无神论者》(从第3期起更名为《车床旁的无神论者》)。1月6日,《消息报》编辑部出版了我们曾提到的周刊《红土地》创刊号;2月15日,《真理报》编辑部开始出版杂志《探照灯》;4月1日,米·叶·科利佐夫主编的新周刊《火星》画报创刊号面世。1922年在彼得格勒成功发行的讽刺杂志《侦探》1923年1月停刊,但开始定期发行"无产阶级的讽刺和幽默杂志"《红辣椒》(1922年只发行了一期,即6月刊),布尔加科夫与它建立了联系。就像上一年那样,也出现了许多因商业或其他原因只发行了一期就停刊的出版物,比如1月份在彼得格勒问世的杂志《城市(文学—艺术)》。1923年3月20日,莫斯科出版了《汽笛报》的增刊《轨道》……无论如何,报刊亭的橱窗1923年3月呈现出颇有意思的景象。

"3月的太阳露出了笑脸,冰雪开始融化。就连卡车低沉的轰鸣声都显得那么明亮和欢快。电车轨道已经铺到了麻雀山,那里在挖土,在运木板,手推车吱吱响——正在筹备全俄展览会。"(这段时间从涅斯库奇花园到麻雀山都在忙活——夏前全俄农业和手工业—工业展将在那里开展。)"坐在自家五楼堆满了旧书的房间里,我想象着夏季登上拿破仑曾在那里远眺的麻雀山的情形,我也要眺望一下,七座小山丘上数不胜数的教堂发光的样子,莫斯科,母亲莫斯科呼吸、发出闪闪光芒的样子。"

4月,又开始着手处理出版《袖口杂记》的问题。此事的证明材料是,米·阿·布尔加科夫的档案中保存下来的《"前夜"股份公司总裁帕·阿·萨德克尔和米哈伊尔·阿法纳西耶维奇·布尔加科夫签订的合同草案》。"作品规模约为4（四又四分之一）个印张。"稿酬为每印张8美元。合同第10项称："若按照书报检查机关的要求删减作品内容，布尔加科夫不能反对，'前夜'股份公司有权执行。"第12项称："第一版的稿酬为34美元，布尔加科夫已全部收到。"草案署的日期是4月19日，第二天，也就是4月20日，布尔加科夫给帕维尔·阿布拉莫维奇（即萨德克尔）写信，信中说他考虑草案后："无法同意无理由的删减。第10项必须去掉，或双方共同修改。合同其他部分我完全同意。"（信的复制件或文稿由莫斯科著名旧书商 Э. 齐佩利宗收藏；它可能夹在作家的某本藏书里，据一些证明材料表明，作家的大部分藏书战后落入齐佩利宗手里。）书应该很快—— 一个月后——就出版。布尔加科夫在1924年写的自传中写道，"柏林的'前夜'出版社购买了这本书的版权，承诺1923年5月出版。"

3月26日，对天主教神职人员的审判结束了（私藏教会珍品案）；大主教采普利亚克由枪决改判为监禁，高级神职人员布特克维奇4月1日（天主教复活节前的礼拜六）夜里被枪毙。在"红色复活节"上上演了审判罗马教皇并判处死刑的一幕。5月3日，让信徒们恐惧的是，革新派教堂取消了羁押待审的大牧首吉洪的"大牧首教职和称号"。

要么是5月上旬，要么是4月底，布尔加科夫去了基辅。除了其他事情，还有一些日常事务。塔季扬娜·尼古拉耶夫娜在一次交谈中说："瓦莉亚给他写信说：'塔西娅的镯子在我这里，我不会寄给你的，要是你想要，就来一趟吧。'于是他就

第二章　在莫斯科的最初岁月

去了。"他在那里与亲人和一些幸免于难的发小（大部分都移民好几年了）相聚，其中就有萨沙·格杰申斯基。5月8日，他在萨沙家里的书桌上刻字留念，"由于没有袖口，故写在桌上。米·布·，1923年5月"。在格杰申斯基家里，他们聊过去、现在和将来。一年后，格杰申斯基回忆起这次会面，给布尔加科夫写信说："生活不能停止——生活不能停止——这是你说的。"在布尔加科夫的随笔《基辅城》中也会听到这种语气。

回到莫斯科后，布尔加科夫迅速创作了小品文《柯尔逊勋爵出丑纪实》，5月19日发表在《前夜报》上。文章的开头可能是预先考虑好的——与《袖口杂记》第二部分的开头、与描写上次也就是1921年秋到达莫斯科那次的情形的小品文《数不胜数》的开头相呼应，都是布尔加科夫抵达莫斯科——来自基辅，来自同一个火车站。"早晨6点整，火车驶入布里扬斯克火车站的穹顶下。莫斯科到了。又到家了。离开了可笑的外省——没有报纸，没有书籍，谣言满天飞——回到莫斯科，一座庞大的城市，一座唯一能居住的城市。……这才是家。我再也不会离开莫斯科了。10点，我翻开了一大张《消息报》，整整一个月没看报了。头版头条——《沃罗夫斯基遇害!》……下午两点，特维尔大街已经被挤得水泄不通。人流像连续不断的水流一样缓慢地行进，眼睛都看不过来了，高举着的标语和旗帜恍若森林。大部分标语和旗帜都是10月和5月游行用过的，但其中还能瞥见以惊人的速度制作出来的新标语。致哀性质的黑色标语飘过，'沃罗夫斯基遇害——欧洲资本主义的死亡时刻'……"

这篇小品文在布尔加科夫的作品中之所以引人注目，是因为这是他差不多第一次也是最后一次在创作中描绘马雅可夫斯基的形象。"……在自由方尖碑①碑座的小平台上，马雅可夫斯基张开那可怕的大口，颤抖的男低音飘荡在人群上空：

……不列颠，向左！

向左！向左！

'向左！向左！'人群回应他。从斯托列什尼科夫大街又冲出一股人流，涌向方尖碑。

人群呼喊着马雅可夫斯基。他再次出现在平台，大嗓门响起来：

'同志们，你们听着流言蜚语，却不知柯尔逊勋爵是个什么人！'

接着开始解释：

'外表看起来彬彬有礼的勋爵，骨子里却是青面獠牙的野兽！！② 屠杀巴肯共产党员的时候……'

苏维埃的喇叭再次响起来。尖细的女声唱起：

'起来，饥寒交迫的奴隶！'马雅可夫斯基的话语像鹅卵石一样掷地有声，纪念碑基座前的人们像炸了窝的蚂蚁一样沸腾起来，一个声音从平台上传来，盖过了喧哗：

'柯尔逊下台！！'"

---

① 坐落在莫斯科苏维埃对面的苏维埃广场。自由方尖碑于1919年竖立，1941年被拆除，1954年换为1941年为庆祝莫斯科建城800周年而建立的尤里·多尔戈鲁基纪念碑。

② 据Л.雅诺夫斯卡娅推测，此处可能是"嘴脸"一词，对欧洲读者来说太温和了。

第二章 在莫斯科的最初岁月

布尔加科夫描写的这个人,他完全不熟悉,与他完全不同。对他的描写很客观,几乎很冷漠。布尔加科夫本人不可能对柯尔逊的最后通牒态度激烈,但是他十分认真地详细描述了这一天莫斯科街道上所发生的一切,希望国外读者对示威游行的内容和规模本身、必然的群众性有清楚的认识。"看不到头的队伍把猎人商行挤得满满的,还能看到剧院广场也挤满了人。伊维尔斯卡娅教堂的烛光令人不安地摇曳颤抖,四个老太太对着圣像叩拜,发出沉重的叹息。队伍气势昂扬,经沃兹涅先斯克门的门洞,路过伊维尔斯卡娅教堂。铜管乐器演奏着进行曲。游行队伍把柯尔逊的像顶在刺刀上,后面跟着一个工人,用铁锹砸向他的脑袋。戴着皱巴巴的大礼帽的头被打得无力地四处晃动。在柯尔逊像之后,从门洞走来一位绅士,胸牌上写着'照会',随后是一个巨大的硬纸板制成的嘲弄手势,写着'这就是我们的"回答"'。……剧院广场上简直人山人海。就算在十月革命的日子里,我在莫斯科也没看到类似的情景(也就是说在他截至目前在莫斯科碰到的唯一一次十月革命周年纪念即十月革命五周年)。"[①]

《汽笛报》上不可能登这种描述性的小品文,因此布尔加科夫给《汽笛报》写的小品文完全停留在揭示性小品文和叙述日常生活的小品文上。六年后,他在《致密友》的手稿中幽默地回忆起不时出现的难堪情形。一个编辑对他说:"我希望您迅速写一篇关于法国部长的小品文。

我感到头疼。

[①] 参看布尔加科夫:《莫斯科:时空变化的万花筒:布尔加科夫散文集》,徐昌汉译,辽宁教育出版社1998年版。——译者注

朋友，我给您解释，您就明白了：如果您跟这个部长没有任何关系，能写好关于他的小品文吗？注意，结论已经提前设置好——您应该把这位部长置于嘲讽的、不好的境地，一定要痛骂他。部长在哪里？部长是什么？如果小品文作者本人真心瞧不起这位部长，才能写好政治小品文。"

春风送暖，阿列克谢·托尔斯泰在彻底回国之前，短期来到莫斯科。

5月30日，常在斯廖兹金和科莫尔斯基等人那里聚集的文学家们在科莫尔斯基的房子里举办晚会，为阿列克谢·托尔斯泰接风。科莫尔斯基说："季娜伊达·瓦西里耶夫娜病了，躺在自己的屋里。塔季扬娜·尼古拉耶夫娜料理家务；她身穿白色连衣裙。餐桌摆在小餐厅①里，在客厅跳舞。我记不清都谁来了。当然，有斯廖兹金、布尔加科夫和许多作家……"据科莫尔斯基和塔季扬娜·尼古拉耶夫娜回忆，布尔加科夫当时对阿·托尔斯泰有浓厚的兴趣，在晚会上"死盯着他"。后来这种兴趣经过回溯被重新认识。对《剧院情史》的主人公"兴高采烈地"去参加"一群作家因重大事件——知名作家伊斯梅尔·亚历山德罗维奇·邦达列夫斯基从国外顺利回来——而组织的晚会"的描写，就是以这次晚会的真实细节为基础。

晚会在"评论家孔金"的房子里举办。孔金这个姓中保留了"科莫尔斯基"这个姓中的第一个音节②，可能并非偶然。

---

① 20世纪70年代，这里曾是主人的书房；房间不到12—13平方米。
② "孔金"俄文是 Конкин，"科莫尔斯基"俄文是 Коморский，第一个音节都是 ко。

第二章 在莫斯科的最初岁月

"利科斯帕斯托夫不显山露水,我立刻不知怎么就觉得,恐怕是他的级别比其他人低。"(对斯廖兹金在"绿灯"小组以外的团体中地位的重新认识的反映)"从隔壁房间传来钢琴声,有人在静静地跳着狐步舞……我记得,大家在房间的地毯上跳舞,因此有点不方便。"所有这些细节都是从科莫尔斯基家"活生生地"搬过来的。对伊斯梅尔·亚历山德罗维奇本人,也是用无情的语气写的。

1923年6月,布尔加科夫在法庭旁听了一起不寻常的刑事案件。6月16日,他在《前夜报》上以Ф. 伊克斯作为笔名发表了关于这起案件的第一篇随笔——《罗利-罗伊斯,或多伯曼犬-品捷狗》,熟练地描写围猎规则。6月20日的《前夜报》刊登了他的随笔《科马罗夫案》,从中可以清楚地看出,法庭上的案件引起了他的极大兴趣。"自1922年初以来,莫斯科开始有人失踪。不知为什么,失踪的往往是莫斯科的马贩子,或来买马的莫斯科郊区农民。结果人没买着马,自己失踪了。

那段时间,夜里经常发现一些奇怪的、难闻的东西——在莫斯科河南岸市区的荒地里,在沙博洛夫卡的住宅废墟和废弃澡堂里,经常发现一些散发着恶臭的灰袋子。里面装着赤裸的男尸。

发现几个这样的袋子后,莫斯科刑侦局开始极度担忧。因为装尸体的袋子带有同一双手的印记——作案方式相同。……袋子捆得很有特点——习惯于套马的人才这样捆绑。凶手不会是马车夫吧?"

布尔加科夫坐在庭审现场,尽力弄明白"整个这起案件里最可怕的事情"——杀人犯本人。"请读者相信,我压根不想写刑事类小品文,但又不可能干别的事,因为我今天一整天脑子里一直有个愿望,无论如何要弄明白这个科马罗夫。

原来他有专门的蒲席,尸体上的血流到这些蒲席上(以防弄脏袋子和雪橇)。资金允许时,他还买镀锌的洗衣盆接血。他杀人认真细致,异乎寻常地精打细算……就像杀牲口似的。没有同情心,也没有任何难为情。

……两周来,记者、小品文作者和普通居民都在拽一个词'人面兽心'。这个词单调,空洞,什么也说明不了。我个人认为,杀人行为中暴露出的这种令人称赞的精打细算,一下子超过了过去所有这样的'兽行'。于是,我心中确立了另一个表述:'不是禽兽,但无论如何也不是人。'

无论如何不能把科马罗夫称作人,就像不能把已掏出机械零件的怀表称作表一样。"(他的中篇小说《狗心》的主人公不久后就会说,说什么呢——"这还远不是人"。)

布尔加科夫在自己的刑事小品文结尾用出色的词语谈起判决:"判决?**那有什么好说的**。警察把科马罗夫带来时,人们就对他作出了第一次判决。"接着讲了杀人犯差点被众人给打死。作者对**极刑**的态度问题完全放到一边。不过写道:"我住的那栋楼的女人们也作出了判决——'活活给煮了'。禽兽。杀人狂魔。那35个男的留下多少孤儿啊,狗娘养的。"

我们看到的小品文,差不多是布尔加科夫用非文学手段进行心理分析的唯一一个例子,这篇文章的主要意义差不多就在于此。文中也很重要的是,布尔加科夫继续坚持不懈地思考对

第二章 在莫斯科的最初岁月

人的生命使用暴力——杀人或死刑——的心路历程。这些思考的某一部分成果几年后显然用在了《逃亡》中——对赫卢多夫的描写("禽兽，"谢拉菲玛冲他吼道)。赫卢多夫的"袋子"——著名的文学实在，但是在纪念他1923年创作的震惊世人的关于装尸（马车夫科马罗夫杀死的人）袋的剧本中，可以看到这些摆脱不掉的"袋子"。(注意，谢拉菲玛和克拉皮林的对白在我们的叙述中跑到了前头："……他坐在凳子上，周围挂着袋子。袋子连袋子！……禽兽！卑鄙的家伙！""但是谁也不能从你的眼皮子底下溜掉！现在你把人一下抓住，塞进袋子！你要吃死人肉啊？")

布尔加科夫在莫斯科度过多雨的、冷飕飕的1923年夏天，紧张地为《前夜报》工作（我们接下来会看到，他当时还在撰写两部大部头作品）。7月26日的《前夜报》的《文学附刊》刊登了大概真正反映了他在自己仍在居住的50号公寓"自酿酒"的日子的短篇小说《家酿酒湖》。这些天（根据布尔加科夫8月1日亲手写在书上的题字——来自米·阿·布尔加科夫藏书——判断）丛刊《复兴》出版，上面刊有《袖口杂记》第一部分——恢复了在《前夜报》发表时作的许多删节。8月2日，写了小品文《夏季之歌》，开头是对已经快结束的夏天的描写："1923年夏天的莫斯科，雨水非常多。这里的'非常'一词应当解释一下。多雨并不是说经常，比如隔天或天天，下雨，不是这样。而是一天下三次雨，有些天全天雨都下个不停。何况，每周夜里还下三次雨。突然下起倾盆大雨。一个半小时的瓢泼暴雨，伴有绿色闪电和鸽子蛋大小的冰雹。"

这样的雨是莫斯科人的主要印象,谢·奥斯伦德给尤·斯廖兹金(他那时住在切尔尼戈夫省,起先在切尔尼戈夫住,后来在克罗列韦茨住)的信也附和了布尔加科夫的小品文:"我们这里主要是夏季天气糟糕,雨下个不停,冷飕飕的……天空总是这种灰色调,泥泞和寒冷,让人无法忍耐。下了几场倾盆大雨,莫斯科部分地方被淹,连电车都不通了。……文学家中,我常常想办法与利金会面。……最近,让我在雅罗斯拉夫路中学教师讲习班组织文学晚会。我和利金、布尔加科夫坐车去了那里。我们都觉得你不在有些遗憾。不知怎的,这趟很愉快,很高兴。我们在那里受到热情的接待。布尔加科夫即兴讲了开场白,让人着实惭愧的是,听众在本子上记着什么,而他在胡说八道……"(在书信中,对于这样的不是很友好的朋友们而言,用这样的口气点评布尔加科夫很正常。一般来说,从这种书面和口头资料中获知不了具体细节,比如他在开场白中说了什么?——但是往往会出现关系恶化的局面,哪怕是有所宽容。)

这些天,布尔加科夫收到格杰申斯基1923年8月6日从基辅寄来的信,信中是另一种口气。这个朋友说,布尔加科夫的妹妹薇拉让他阅读"你对基辅的回忆;我不得不再次对你的才华感到惊讶"——指发表在7月6日的《前夜报》上并寄给妹妹的随笔《基辅城》。

斯廖兹金大概是受前不久奥斯伦德写的提到布尔加科夫的信的影响,8月27日给布尔加科夫写信说(布尔加科夫档案材料中共保存下来斯廖兹金的两封信):"亲爱的米哈伊尔,我从

第二章 在莫斯科的最初岁月

不起眼的、幸福的小城克罗列韦茨给你写信。我从切尔尼戈夫来这里避暑。这里是真正的乡村,有无数的花园、菜园、山谷、落满灰尘的山楂以及涂着各种鲜艳色彩的迷人小房子。……甚至不向往莫斯科了,但是已经是时候……我想下月初动身。我们《前夜报》在干什么?谢苗·尼古拉耶维奇、可爱的瓦列沙、尊贵的无产者和有魅力的别洛奇卡①怎么样?我们柏林的书有消息吗?它们究竟何时出版?文学圈有什么新鲜事吗?

我在切尔尼戈夫和克罗列韦茨作了关于莫斯科的讲座,提到了你和卡塔耶夫,说你们是在《前夜报》工作的年轻人中最有才华的。

你的长篇小说写得怎么样了?我很期望看到它。《魔障》写完了吗?我回来后乐闻其详。尽管你总是对我持怀疑态度,但我真心喜欢你,作为作家也相信你。② 我自己在当代外省日常生活的背景下写作不可能的组合体。③ 我在这里听够了也见够了这样的说法——哎呀,太诱人了。"这是布尔加科夫讨厌并在《剧院情史》中有所体现的对日常生活的那种贪婪的文学态度(我们以鲍·皮利尼亚克的文字为例:他在1922年4月给柏林的熟人的一封信中描述了坐在科洛姆纳家中桌边的情景:'烈日当空,来了一些人,身后是鬼才知道要让许许多多

---

① 谢·尼·卡尔门斯、瓦·卡塔耶夫、阿·托尔斯泰和可能是编辑人员米·列维多夫的妻子。
② 整句话很有说服力地证明了我们提过的斯廖兹金与布尔加科夫关系紧张。
③ 斯廖兹金在克罗列韦茨创作了两部中篇小说——《黄瓜皇后》和《穷人》,后来发表了。

的作家扑向一个科洛姆纳还嫌少的日常生活'。"——《俄国人在柏林》,1983年巴黎版,第192页)。

"……亲爱的,要是我们的书已从柏林寄来——请你帮个忙,把你我的书各寄一本给我。它们会被一口气读完的!

从出版意义来说,有没有新前景?

亲爱的,给我写信,别忘了。……吻你。你的尤里·斯廖兹金。"

布尔加科夫8月31日写道:"亲爱的尤里,我急着给你回信,想让你在克罗列韦茨时就能看到信。羡慕你。我在莫斯科真是筋疲力尽。

《前夜报》里有许多从柏林来的新面孔,尽管他们中的部分人是临时人员:涅布克瓦、博布里谢夫-普希金、克柳奇尼科夫和托尔斯泰。这四个人在这里的济明[①]作了讲座。这次讲座从各方面来说都非常好(详情再叙)。[②]

特鲁多沃伊伯爵感觉自己身体健康、富态、有钱。冬季他住在彼得堡的已为他装修好的公寓里,现在暂时住在莫斯科郊外的乡间别墅里。"托尔斯泰的个性以及他的生活态度,不断让他勉强产生兴趣(尽管有点讽刺)。据卡塔耶夫口头证明,布尔加科夫和他一起去了一趟托尔斯泰在伊万诺夫卡的乡间别墅。

布尔加科夫谈到讲座时说的意味深长的话,显然带有他对

---

① 也就是在济明剧院。
② 根据伊·列日涅夫1923年8月19日给尼·瓦·乌斯特里亚洛夫的信来看,这四人是8月12日和8月19日之间从柏林过来的。

第二章 在莫斯科的最初岁月

《前夜报》文学家的态度、对拉近他和他们之间的距离和让他和他们疏远的东西进行了认真思考的痕迹。1923年"柏林作家图书出版社"以单行本的形式出版了尤·韦·克柳奇尼科夫的剧本《共同的联营社》,副标题为"1918年俄国生活中的戏剧性场景"。主要冲突在仆人的儿子尼古拉和贵族家的小姐之间展开。尼古拉对她的亲人作出了死刑判决,同时"平静而又坚定地"对她说:"说吧,您想干什么——您迟早又会和我一起走,走我的路。"当她坚定地回答说不会时,他说:"对我而言,这意味着,俄国历史带来的最好的东西在将来的俄国甚至没有存在的余地。"剧本的重要人物是当地工厂有名的两个流氓——根卡和帕拉什卡。他们中杀死索菲亚弟弟的那个人反驳有些犹豫不决的尼古拉说:"只要你跟我们走,就不用左顾右盼,一直干到底。不阴险狠毒,我们就干不成事。我们应当再次彻底拒绝一切,让一切重新恢复原样。……俄国人中最出色的人或许就是我和帕拉什卡!没错!我们是杀人犯!不是你,喜忧参半的家伙!听到了吗?"在剧本的结尾,索菲亚宣布说:"尼古拉,请带我走……我想和你去天涯海角。"接着是情景说明:"根卡和帕拉什卡大吃一惊:先是疑惑地看着对方,然后极其尊敬地看着尼古拉。"这就完成了把"过去的"和"将来的"俄国集中在《共同的联营社》的任务。这个剧本里面的许多东西无疑让布尔加科夫感到十分厌恶。

布尔加科夫在给斯廖兹金的信中接着写道:"我们的书出版一事让我很气愤,直到现在还没有出版。波捷欣终于告诉我说,近几天会有消息。据说,书已印好(你的书和我的书会第一批出版）。我想知道，它们能不能出版。我非常为我的书感到担忧。

校样他们当然也没想寄给我。"布尔加科夫还没有对《袖口杂记》一书全文出版失去希望（他接着写道："我想，我们的书我来不及给你寄到克罗列韦茨了，到我手上的时候，你可能已经到莫斯科了"），不久后他的担忧得到证实。他在《致密友》手稿中写道："我等手稿出版等了三个月，然后明白了，它不会出版了。原因我知道，中篇小说上方悬着一个不好的标记。他们在莫斯科和柏林长时间地和什么人窃窃私语。"三个月——也就是答应出书后过去的6月、7月和8月。布尔加科夫可能9月才知道上述原因。最后一次提到布尔加科夫第一本独著的构思破产是在一年后，在我们不止一次地提到的自传中，里面说，"前夜"出版社答应在1923年5月出书，"却压根没有出版。开始时我还为此焦虑，后来就漠不关心了"。

在给斯廖兹金的信中，有那一年落实的两个大构思的重要证明："《魔障》我写完了，但是它未必在任何地方都能顺利过审。列日涅夫不要它。

长篇小说我写完了，但是还没有誊抄，一大堆，对此我正在思考。哪里修改一下。"

总的来说，1923年夏天，对于布尔加科夫而言可能是满怀希望的时期。布尔加科夫给斯廖兹金写信说："列日涅夫在我国同胞和外国人的参与下开始出版大型月刊《俄国》。① 现在

---

① 半年后才开始出版。

第二章 在莫斯科的最初岁月

他在柏林招兵买马。看来列日涅夫需要做繁重的出版和编辑工作。《俄国》将在柏林印刷。'前夜'正在计划发行画报。① 附刊已经没了,暂时只有'文章专页'。

……在一封仓促写就的简短书信中,很难告知很多新鲜事。无论如何,文学出版界的状况明显在复苏,而不是衰落。

来吧!我们可以聊许多有趣的事。……吻你。你的米·布尔加科夫。"

1922—1923年,布尔加科夫一直在关注《俄国》杂志。他在《剧院情史》中把原型为《俄国》杂志的出版物命名为《祖国》不无原因——就像其他许多人那样,他认为就这个于他而言最重要的词语,适合作为对于当时的出版物而言很不寻常的杂志名称。有个事实无疑给布尔加科夫留下了深刻印象:杂志在中央报刊上遭到猛烈批评后,不但没有停刊,而且还变"厚"了,因为有人支持列日涅夫主编。列日涅夫1923年8月12日给乌斯特里亚洛夫写信说:"杂志变成了'厚厚的'双月刊(20个印张)。材料的编辑和审核仍在莫斯科进行,但是印刷我们放在柏林。部分杂志将留在原地,便于在国外传播……杂志本身当然靠个人资金运转。材料方面和意识形态方面②符合当局的工作方法我们让《前夜报》爱好者来做……俄国和西方知识分子之间的联系至今不畅。"列日涅夫打算"在一系列文学作品、日常随笔和商业文章中向广大移民客观地介绍当代俄国"。(列日涅夫在两个月后即10月15日给这位收信人的信

---

① 画报还只是个方案。
② 就是说受制约。

中写道:"柏林之行从出版方面讲是失败的,不得不在这里出版,在图拉印刷……回俄国后,意外碰到那里的形势一个半月内发生了剧烈变化。面临着经济危机、极度萧条。这一点被对德国革命的极大期望和相应的运动所掩盖。我对此……悲观得多得多。最近两个月应该会一切就绪。这会不会还是以又一次的放弃而告终?走着瞧。") 我们认为,"布尔加科夫完成《白卫军》后,不但梦想着在《俄国》杂志上发表它,而且还在某种程度上使这部长篇小说瞄准杂志既定的方向。"《俄国》杂志主编①写道:"文化和生活建立在继承规律上。革命斩断这一继承线后,要么出现向过去急剧倒退,要么出现无法遏止的、坚持到底的环环相扣、藕断丝连,两个时代、两种文化的血液混合在一起。两种文化结合、合成的思想,是最现实、最现代的思想……"(载于1923年3月《俄国》杂志第7期第10页)。

1923年秋,布尔加科夫与《深处》丛刊的责任编辑尼·谢·安卡尔斯基进行了在他接下来几年文学创作生活中第二次重要的会面。

三

这次会面的情形无从知晓。在彼·尼·扎伊采夫的记忆里,安卡尔斯基和布尔加科夫1924年夏天的会面,是他们第一次会面。实际上,这次会面至少应该是在1924年3月11日

---

① 即列日涅夫。——译者注

第二章 在莫斯科的最初岁月

刊有《魔障》的《深处》丛刊第 4 册出版之前一年。

1922 年 11 月至 1923 年 10 月，安卡尔斯基住在柏林，在那里领导《深处》丛刊的出版工作。安卡尔斯基给彼·尼·扎伊采夫写的信表明，他通读了投给编辑部的所有材料，不仅详细地表明自己对于发表这些材料的意见，而且还关注作者对自己的意见的想法，指示扎伊采夫与哪些作家建立联系，等等。在可能是在柏林写的最后一封信，即 1923 年 10 月 2 日写的信（对彼·尼·扎伊采夫 9 月 18 日的信的回信）中，跟以前的信中一样，只字未提布尔加科夫。看来，1923 年 9 月下旬前，布尔加科夫没有找过《深处》丛刊。可以肯定地推测，布尔加科夫与安卡尔斯基的会面不早于 1923 年 10 月中旬（安卡尔斯基在一封信中给扎伊采夫说："我 10 月 11 日到 13 日之间从柏林出发回莫斯科"）；会面也可能是在晚秋——《深处》丛刊第 4 册 11 月中旬还未编好，因为谢拉菲莫维奇 1923 年 11 月 17 日才把《铁流》的手稿交给安卡尔斯基。

安卡尔斯基这个人是老布尔什维克，沙俄时期服过苦役的政治犯，是 20 世纪 20 年代文学创作生活和出版政策方面极其引人注目的人物。这是个热爱和珍视自己的事业，不怕担责，而且还极其珍视这种责任，执行自己的方针时从不犹豫不决的主编。对于转交给他的组建编委的建议，他 1923 年 1 月 10 日从柏林写信回复说："我和弗里切同志在文学鉴赏力方面存在严重分歧，因此我们不能在一起工作。不，我坚定地奉行专责制，不组建编委会。"他听取了维·韦列萨耶夫对投给《深处》丛刊的材料的意见后，依然保留发言权，特意给扎伊采夫写信说:"我再次重申,世上本不存在全权副主编。"当《深处》出版人德劳坚开始要过大的权力处理丛刊事宜时,安卡尔斯基像往常一样,在1923年2月14日给扎伊采夫的信中非常直率地表达了自己的立场:"他以为,文学就像拉脱维亚营似的,可以用其特有的'重音'来发号施令。……必须和德劳坚说再见了。我完全断绝关系,不会作任何让步。文学是我任何时候都不会向任何人作出让步,不允许外行指手画脚的领域。"

《深处》总编一向不动摇、明确表达的文学定位同时还足够宽泛和不直来直去。这样的定位与其用一两句话来确定,不如从对它的各种评价中弄明白,因为这些评价有助于更好地理解布尔加科夫1923年接近《深处》丛刊的文学创作状况。

安卡尔斯基对爱伦堡进行了激烈回应:"他1927年创作了有关欧洲覆灭的(已成型的)新的长篇小说①。当然也跟作家利金的作品一样,在全世界产生影响。两名作家都是伟大的作家。"他很气愤,他不接受的手稿被《圈子》丛刊录用了。"而且还未审读,就每印张给75卢布。不过,作家皮利尼亚克经常欺骗马尼洛夫–阿罗谢夫。

可怜的俄国文学!

是的,爱伦堡和马雷什金一样,推销欧洲!我们当然也拿下了欧洲。"安卡尔斯基显然更愿意让它在俄国产生影响,更喜欢国内的素材(对格林的态度可能就传递出这样的信息。他1923年7月3日写道:"我反对格林,他不是个作家。维肯

---

① 《Д. Е. 托拉斯》。

第二章 在莫斯科的最初岁月

季·维肯季耶维奇太善良了。"但是在 9 月 12 日的信中却同意——可能是在韦列萨耶夫的坚持下——通读它:"如果好,我们会出版,但是不会放在廉价丛刊中。")他认为,俄国古典文学的传统充满活力,能够滋养当代散文——这让他陷入比如说与《在岗》杂志的论战关系中(该杂志第 1 期上写道:"我们将与旧思想作斗争,它们姿态恭敬、缺乏足够的批判性评价地凝固在旧资产阶级—贵族文学的花岗岩纪念碑前。"——1923 年《在岗》第 1 期第 8 页)。

关于刚创刊的杂志的海报(大纲),他写道:"文学没有,文学宣言有。利亚什科和辩证法!!马克思主义者研究的是,无产阶级作家应当如何写作和感受。既然从辩证唯物主义的角度看说得这么好,论证得这么正确,那么利亚什科现在不可能写得不好了,更不用说菲利普琴科了!"这里还写道:"读完了刊有布宁和什梅廖夫的短篇小说《窗口》的第 2 个印张。太差劲了。这就是你们说的出版自由,写的东西实际上不知所云(1923 年 7 月 3 日)。"这里说的是《窗口》文集(《窗口》,文学季刊,1923 年第 2 期,巴黎 M. 和 M. 采特林出版社,1923 年),正好这时 6 月的《出版物与革命》在第 6 期上对它进行了评论,总体评价(评论者是因·亚·奥克肖诺夫)与安卡尔斯基的评价一样。

安卡尔斯基主编的批判性评价中,一如既往不赞成小说带有太明显的政治尖锐性,不管这种尖锐性带有什么样的色彩。"我通读了波德亚切夫的作品,大概两天后寄出去。不得不删去许多篇幅。他是个才华横溢的作家,语言敏锐、明快、实在，具备少有的观察力，但是所有这一切都服务于'任务'，甚至掺杂虚假指标和口号来写各种主题。怪人，不明白这样的东西也就是这样尺度的东西我们不需要。(1923年5月9日)"

"给他写信，说我建议他该怎么写就怎么写，跟'主题'没有任何关系。既然他来自男人堆，那么他那里总是会有革命需要的东西，总是会有美感。(1923年6月5日)"

安卡尔斯基在1923年6月8日的信中埋怨说："我们和作者处得不好。特列尼奥夫寄来有些差劲的稿子，我们没有录用，他就不作声，生气了。这种事……还有很多。怎么办呢？打住，我们不会出版任何没用的东西。这就是有书报检查的悲哀。我们现在不能出版任何以反对苏维埃政权为基础的东西，老头儿们正好触碰这个基础。可以批评，但不能触碰这个基础。

您跟我只字未提爱伦堡的书①。怎么，它带着我写得非常糟糕的序言出版了？就是说这本书没有触碰基础。"安卡尔斯基的信的片段有助于理解，同这位莫斯科出版活动家的头几次谈话应当让布尔加科夫受到了多大的鼓舞。

应当认为，当时在文学出版界还不太出名，主要在《前夜报》发表东西的布尔加科夫的第一篇中篇小说《魔障》(作者自己给它取了个冗长的副标题："关于双胞胎如何杀死办事员的中篇小说")，符合安卡尔斯基的编辑和出版要求。下面这个事实明确证明了这一点：中篇小说《魔障》(安卡尔斯基从柏

---

① 指中篇小说《然娜·涅伊的爱情》单行本。

林回到莫斯科后可能看过它）立即被录用出版，刊登在《深处》丛刊最新一册即第 4 册上。高度现代的日常生活背景下的紧张故事情节、怪诞手法、荒诞的人物转换——所有这一切都是这部中篇小说与当时占主流的小说趋势的显著区别，它们的共同点是更看重用词——对今后文学发展的命运非常重要，但是明显已经引起读者的兴趣。

……8 月时涅斯库奇内就举办了展览，布尔加科夫受《前夜报》编辑部委派去了那里。（编辑部员工埃·明德林记得一个有趣的细节：布尔加科夫给编辑部秘书一张详细的餐厅发票，对于"为什么……两个人？"的问题，他骄傲地回答说："我和一位女士去的餐厅。"）

长篇（有 13 章）小品文《金色城市》，他标的日期是 1923 年 9—10 月。在小品文对展览实物的精确描述中，出现了意义重大的人物"农学教授"。他"报告说，我们现在不需要拖拉机，我们贫困时它给农民带来沉重负担。尽管辩论已经持续了很长时间，但是还有 50 个人报名反对爱怀疑的人，或者为他辩护。"（展览档案中保存的速记记录证实，这场报告是阿·格·多亚连科教授作的。）"身着士兵大衣，头戴有檐儿便帽"的讲演者宣称："……我们的教授睡着了。他想让我们转向旧事物，但我们不想要旧事物。我们一穷二白时战胜了我们的敌人，现在我们想建设时，学者们却告诉我们说——没必要？那么用铲子来挖土？同志们，不要这样。"教授还说，他只反对幻想，呼吁要考虑周到、深思熟虑、精打细算，需要外国贷款。……出现"短外套"，劝教授说："如果他不喜欢渴望拥有拖拉机的俄国,那就去其他任何地方,比如巴黎。"小品文的结尾,有人用木笛吹奏着古老的俄国歌曲:"笼罩在心头的不是木笛带来的忧愁,不是某种不明的希望。"

教授和"短外套"是一年后出现在中篇小说《不祥的蛋》中的"佩尔西科夫教授和罗克"这一组合的原型,也是《狗心》中普列奥布拉任斯基和沙里科夫的原型。

布尔加科夫也光顾了当时还保存着的文学咖啡馆。例如,据塔季扬娜·尼古拉耶夫娜回忆,有一次他们去了"珀伽索斯室"咖啡馆,在那里第一次见到了叶赛宁。"他那时刚从美国回来。我们来到这个咖啡馆①,坐下来,喝着咖啡……可能是为了庆贺什么。我们当时的处境是,从来不剩一分钱去庆贺什么……突然我们看到叶赛宁来了。他头戴大礼帽,提着包,手上里还拿着桦笤帚,走进了这家'珀伽索斯室',走向一位女士。他单膝跪地,给她献上桦笤帚,亲吻她的手,她吻了桦笤帚……叶赛宁走上舞台,开始朗诵诗,什么诗——我不记得了……"

布尔加科夫在来莫斯科的头几个月就能见到叶赛宁,例如,1922年2月19日叶赛宁在出版物之家举行的赈济伏尔加河地区饥民的文学拍卖会上演说。尽管布尔加科夫那几个月极其贫困,但是他也热心地光顾文学聚会。不过,去见韦列萨耶夫时,他可能完全忽略了叶赛宁的演说。对他来说,叶赛宁的行为举止应当和马雅可夫斯基一样古怪。1922年5月11日,布尔加科夫当时供职的《工人报》像其他报纸一样报道说,叶

---

① 位于特维尔大街37号,距他们在大花园街的房子非常近。

第二章　在莫斯科的最初岁月

赛宁和艾谢多拉·邓肯昨晚飞往柯尼斯堡，5月14日的《前夜报》刊登了对诗人抵达国外的评论。叶赛宁的国外之行持续了一年多，他回莫斯科——已经不是和邓肯一起——是在1923年8月3日，一直到年底，不止一次在"珀伽索斯室"咖啡馆表演。看来，布尔加科夫来莫斯科后的头几个月在那里见到了他。我们认为，叶赛宁本人以及他在莫斯科最后几年围在他身边的青年诗人——前面提过的伊万·斯塔尔采夫和伊万·普里布卢德内——是塑造"两个伊万"——先是《白卫军》中的伊万·鲁萨科夫，然后是《大师与玛格丽特》中的伊万·别兹多姆内——的素材。

我们认为布尔加科夫档案中保存的未署日期的给妹妹的信是1923年秋写的："亲爱的娜佳！我把短篇小说《魔障》卖给了《深处》丛刊，医生找到了，我两个膝关节都坏掉了。**此外，我买了一套绸面的、非常体面的家具。**

接下来会如何，我也不知道。——我的病（风湿病）让我备受折磨。但是如果我没有像狗一样的死去——我特不想现在就死去——我还要买壁毯。……

　　　　　　　你的安静的哥哥米哈伊尔。"

关于这样的购物——在莫斯科生活的头几年极为少见，塔季扬娜·尼古拉耶夫娜回忆说："有一次一个犹太人给皮吉特的①某个工人运来了家具。那个人不知是不在家，还是没有要，他就来敲我们家的门：'要家具吗？'当时我不在家，可能去妹

---

① 房子是皮吉特的。

妹家了。布尔加科夫看了看，他喜欢那套家具。而且卖价不高，他当时正好拿到了什么钱。那是法国风格的小客厅家具——浅绿色的绸面，缀着红色小花。小沙发、圈椅、两把软椅以及带流苏的梳妆台……两个矮软凳。这套家具和我们的房间完全不搭——对于相当大（25 平方米或者更大）的房间，太小巧玲珑了。但是米哈伊尔还是想让房间舒适一些……"

这里可以看到许多回忆者再三强调的对没品位者的随意袭击——确实一般都不怀好意。莫斯科人乐意认为这是土里土气（尤其是那些自己也是和布尔加科夫同时从外省来的莫斯科人，好生奇怪）。这可能就是那种区别 20 世纪头十年某一部分俄国中等知识分子的不同品味，——安德烈斜坡的房子，可能没有风格，无法让人激动，都是从小就习惯的东西。现在，在别人的房子里流浪了几年之后，想拥有一些**自己的**东西，可以用看不出来的界线把自己的生活同外面的"酿酒的日常生活"区分开来。

看来，给妹妹写信时，布尔加科夫就知道克列什科夫兄弟（他们是三兄弟——伊万、亚历山大和弗拉基米尔）中的弗拉基米尔·巴甫洛维奇从高加索拉来了壁毯，打算低价出售。布尔加科夫买了，"要么花了 200 卢布，要么花了 150 卢布。我们家本来就有一块壁毯——帖金人的壁毯。这是从 10 岁时起就有的壁毯。1918—1921 年，它一直放在叔叔家的筐子里。所有的东西都不见了——受潮后损坏了，壁毯却完好无缺——我偶然在它上面撒了黄花烟草，于是它保存了下来。它挂在我们的沙发上方，新买的壁毯则挂在床头上方。我们还有一张行军

第二章 在莫斯科的最初岁月

床——帆布做的轻便折叠床……"（塔季扬娜·尼古拉耶夫娜）

我们注意到，1923年秋买的这套家具十年后出现在尤·利·斯廖兹金的日记中——我们引用过的、描述大花园街房间的那则日记："……布尔加科夫开始喝点红酒，**买小客厅的家具**，不知为何定做了绸面里衬的裤子……他不无骄傲地向所有人讲述这一切。"

……我们反复说的形势详情、梳妆台的细节，可能会引起读者的抵触情绪——"为何要写这样的细枝末节？这是不是好像在解释，某个伟人某天是不是得了鼻炎？"我们再次肯定地确认，必须还原这些细节，因为这些构成日常生活的东西对布尔加科夫而言具有极其重要的意义。他认为，这是真正的东西，它们很容易就被转化为文学的东西。这是标准的一部分，没有它，生活不可想象，缺少它们，创作有了障碍。甚至十多年后，当布尔加科夫在一个相当好的三居室公寓中已经生活了近一年后，叶莲娜·谢尔盖耶夫娜不无原因地在日记本中记道："对于米哈伊尔·阿法纳西耶维奇而言，公寓是个有魔力的词语。世上他什么都不羡慕，就羡慕好公寓！这是他的一个怪癖"（叶·谢·布尔加科娃1934年8月23日的日记）。对他而言，昏暗的（或熄灭的）灯泡——是人类安排不当、失败、几乎是死亡的象征："噢，只有自己被打败的人才懂得这个词语看起来是什么样子！它像电灯照明被破坏的楼里举办的晚会。……总之，它像死亡。"（《白卫军》）

"……恢复标准——公寓、衣服和书。"所有的回忆者把准确性与夸大其词混在一起，以各种方式关注布尔加科夫如何着装，他的外表看起来怎样，这些都并非偶然——衣服对他本人的重要性，让周围的人觉得衣服很重要。"后来，当蓝眼睛出了名，有段时间富起来后，我们对他土里土气的猜测得到证实：他戴着领结，穿着西装背心和带扣的纹薄呢面鞋，甚至完全不可思议的是，在一个天气很好的日子戴着单眼镜……"（瓦·卡塔耶夫《我的钻石王冠》）关于这个单眼镜，瓦·卡塔耶夫以前——在1976年7月——同我们在佩列杰尔金诺，在他构思并开始创作中篇小说之前的一次谈话时也提过："他完全变成了另一个人！完完全全！他戴着单眼镜，穿着纹薄呢面鞋来了"；然后1977年11月他讲道："我说：'米沙！这是什么？您怎么了，疯了？'他说：'怎么了？单眼镜——这很好！'"加加林巷铁路航运工会中央委员会诊所1926年9月8日开具的单眼镜处方（保存了下来）上的印章证明，单眼镜购买于9月13日，也就是《图尔宾一家的日子》首演之前。在我们看来，这让所有人记住（并在一张照片上记录下来）的单眼镜，布尔加科夫（就像穿"绸面里衬的裤子"那样）**坚持**戴着的、在20年代看着有点怪异的单眼镜，终结了对布尔加科夫着装态度的介绍。在那些年，西装对他而言首先是失去社会归属的征兆（参看短篇小说《四幅肖像》——"我，曾是……不过，这没有意义……现在是没有固定职业的人"）；他浑身才干，有意于**朗诵**——即使条件艰苦，布尔加科夫也分批积攒，并告知朋友们详细情况：这条被斯廖兹金记住的绸面里衬的裤子由此传开。这里的西装可能是指莫斯科时代的第一套西装。塔季扬娜·尼古拉耶夫娜回忆了可能是在那年秋天缝制

第二章 在莫斯科的最初岁月

这套深褐色西装的情形。

这本身就是一次事件。瓦·卡塔耶夫讲述说:"我们都是外省人。我们从刚结束国内战争、政权不断更迭的基辅、敖德萨来到莫斯科。这里革命持续了几天,早就过上了平静的生活!我记得,我到达后的第一个夜晚是在尼列泽楼的十层过夜。后来我被带到了安德烈·格洛巴家……他和我们聊天时突然说,

'抱歉,我应该去裁缝店了。'

去裁缝店!这个我们简直想都不敢想!"(1976年7月22日)

布尔加科夫显然从到达莫斯科那一刻起就期待去裁缝店——作为"恢复标准"的标志。

为了对比,我们再引用一个我们从瓦·卡塔耶夫的回忆录中摘录的片段:"有一次,我赢了60金卢布……花了20金卢布买吃的,用40金卢布在国立百货商场买了漂亮的英国西装。嘿,漂亮……黑灰色……但是没有衬衫,没有领带,没有皮鞋。(笑)没关系,我穿了毛衣!我们很少觉得这有意义……但是这一切对他来说很重要。我们对此态度不同——这就是不同年龄的心理……"(1976年7月22日);"那时他比我们都大,在那个年龄这很重要——在战争初期他是四年级大学生,而我是勉强受过中学教育的后备军士官生,所以他被当作成年人……"(1977年11月30日,佩列杰尔金诺)

那年秋天,他在《汽笛报》的职位也发生了变化——他从改稿员变成小品文作者。他最初写的一篇小品文——《惊慌不

安的行程。领导的独白（不是瞎话，而是真事）》发表于1923年10月17日，署名"独白是格拉西姆·彼得罗维奇·乌霍夫写的"。下一篇两周后即11月1日面世（《马德里茨基院子的秘密》），结尾是这样的："格·彼·乌霍夫偷听了谈话。"然后11月22日又发表了一篇（《布济金是怎样摔伤的》），署名是这样的："文献是格·彼·乌霍夫搜集的"。

当时终于有人仔细阅读了新小品文作者的署名。《汽笛报》第4版责任编辑 И. С. 奥夫钦尼科夫早在20世纪60年代写的布尔加科夫（布尔加科夫当时还是工会部门的工作人员）回忆录中回忆说："当印好的、已分送的报纸上突然出现布尔加科夫的新笔名格·彼·乌霍夫时，编辑部里议论纷纷。"

那年秋天，布尔加科夫在莫斯科第二次迎来十月革命周年纪念日。11月9日的《汽笛报》刊载了随笔《11月7日（莫斯科是如何庆祝的）》，署名是姓名的首字母"М. Б."："节前的一两天里，许多商店的窗口都充斥着红色。那里挂满一排排小灯泡和串灯，拉起了横幅，摆出了革命领袖的画像。

傍晚，莫斯科的工人和职员纷纷回家时，商店暗淡的灯光中闪耀着这些温暖的红色窗龛，提醒着周年纪念日就要到了。

在莫斯科苏维埃建筑物前的广场上，工人们一整天都在忙碌，焊炉一直亮着，一直到深夜。

工人建好了大门和一排排新白墙，打碎了花坛和花圃。……

人群中一位母亲抱着自己两岁的小孩，他四处张望，咿咿呀呀挥舞着双手。乐队突然开始演奏，人们唱起歌时，他待不

第二章 在莫斯科的最初岁月

住了,开始在母亲的手臂里跳动,大声喊着什么。

今年的周年纪念日,不仅紧紧团结在一起、排列整齐的工人队伍抬着标语走上街头,而且还有不断从他们身旁走过的一群群、一伙伙的人,个别带着自己孩子的普通居民——男人和女人们,说着:长大了,你也参加。"

如果以姓名首字母"М. Б."署名的情况后来不反复出现在《汽笛报》上刊登的明显是布尔加科夫的作品下面,那么根据风格特征推测随笔的作者就有点难,因为随笔中几乎没有显露出作者的个性。不过,也没有什么对作者的反证;叙述得很平淡,特别如实,甚至连这样的如实也让作者费了不少脑筋。几年后,布尔加科夫回忆起这篇随笔诞生的历史时,可能会幽默地再现与编辑的对话和自己在这种情况下的心态:

"有什么革命节日到来时,纳夫济卡特说:

'我希望后天的节日前,您突然拿出一篇不错的英雄故事。'我脸色变得苍白,继而变红,不知所措。

我对纳夫济卡特说:

'我不会写作革命英雄故事。'

纳夫济卡特对此不理解。我早就明白,他对记者和作家的看法很奇怪。他以为,记者随便什么都能写,能写自己毫不关心的东西,没什么不能写的。那时,鉴于某些原因,我不能向他解释什么:比如,要想拿出不错的革命故事,首先自己应当是革命者,为革命节日的到来感到高兴。相反,谁出于金钱或其他什么动机拿出的故事会很差……"

布尔加科夫身上保留着的这种直觉在接下来的几年变得越

来越独一无二。

彼时他已融入莫斯科文学圈。这个圈子在继续扩充。

1923年11月7日，Г. 阿列克谢耶夫回到莫斯科，夏前不久，半官方评论员、国家出版业领导之一 H. 梅谢里亚科夫给他写了书评。评论者赞赏地引用了他不久前在柏林作家图书出版社出版，描写白卫军军官在柏林附近生活的书《无声逃亡。国外时光纪事》："日子就这么过着，没头没尾，陷入异国被潮湿天气撑大的轨道里，没必要也没道理，但是又没有力量走出轨道，于是人们在其中越陷越深，并最终献身于它……雨拍打在脸上，饥饿和疾病从四面八方监视着集中营，每一步都毫无生气，每一种想法都徒劳无功——想法看起来都是死板和无生气的。"评论者满意地引用这些描写（我们发现，这采用的是20世纪头十年代流行的布尔加科夫用散文战胜"高尔基笔下"的小说的风格特点），以下面的方式结束自己的评论："场景被知情者完美地勾勒出来。作者喜欢自己描绘的面孔；他努力从中寻找人的特点。但是这一场景因此变得越来越糟糕。"这样的评论无疑赋予调头的权利。

Г. 阿列克谢耶夫这个名字，布尔加科夫并不陌生。他在基辅当过《每日新闻》的助理编辑和文学报《我们的周一》的编辑，然后当过布尔加科夫在1919年末至1920年初当然读过的顿河畔罗斯托夫的报纸《自由言论》的编辑。

1923年12月22日，布尔加科夫年内（从1922年12月30日算起）第三次来参加"尼基季娜家星期六活动小组"，可能是来听奥瓦季·萨维奇朗读，后者那天朗读自己的中篇小说

第二章　在莫斯科的最初岁月

《潘西翁·冯·奥芬贝格》。那天,"星期六活动小组"的热心访客、画家亚历山大·阿瓦库莫维奇·库列诺伊(1865—1944)给布尔加科夫画像,于是他在上面签上了名字和日期。画像上,布尔加科夫异常年轻——简单地说,几乎是照军人的样子理了发的青年大学生,目光平静,略带讥笑。

和他一起来参加会议的还有亚·涅韦罗夫、薇拉·因贝尔、伊·尼·罗扎诺夫、阿达·弗拉基米罗娃、安·安东诺夫斯卡娅。涅韦罗夫和罗扎罗夫发言时指出这部中篇小说语言优美,布尔加科夫没有发言。

在伊·尼·罗扎诺夫日记本中,一则简短的日记记录了这次会议,提到布尔加科夫没有发言;在参会者签名单上,他的签名孤零零地签在右边。他在莫斯科的这个文学圈还不是自己人。伊·罗扎诺夫记道:"中场休息时,瓦佳①领到另一个房间。在那里,六个人(我、瓦佳、扎尔希、涅韦罗夫、基里洛夫、索博利)喝了两瓶波尔图葡萄酒。"(日记作者注明——"涅韦罗夫带的"——禁酒令还有效,增加了每位"带酒者"的重要性)。中场休息后,尼·贝伦德戈夫朗诵了自己的诗。三天后,罗扎诺夫记道,圣诞节时莫斯科文学圈传说着亚·涅韦罗夫突然死亡的消息;12月29日下葬。

《汽笛报》的在编小品文作者布尔加科夫在新职位上给报纸交了篇幅较长的短篇小说《袭击(在神灯下)》,小说讲述国内战争时期的故事——讲述那年占去作家大部分时间的故

---

① 奥·萨维奇。

事。短篇小说发表于1923年12月25日。从那月起，布尔加科夫的小品文被定期发表，而从1924年夏起，布尔加科夫频繁发表文章，每月发表四五篇。

过去一整年，他都在写不久前的过去，而自己的过去却在他身后萦绕不散。

下面这件事有叶·费·尼基季娜的口头证明。在"尼基季娜家星期六活动小组"的一次活动上，布尔加科夫在与会者中看到一个人，当着所有人的面冲过去拥抱了他。两人拥抱后默默地站着。谁也不知道是怎么回事。后来，尼基季娜从鲍·叶·埃京戈夫处得知，是什么让后者和布尔加科夫有了交集。好像是在突破南方战线时，红军俘虏了一大群军官，其中也有医生。埃京戈夫当时是这些部队的政委。他对医生们说："军官先生们，我们正在遭受伤寒带来的损失。你们能给我们医治吗？"

这个建议是在所有的俘虏都在等待枪决时提出的。好像布尔加科夫回答说，他进退两难，他首先是医生，然后是军官……

他得以幸存，其他人都被枪决了。于是这段回忆使得他们几年后在莫斯科相遇后默默地拥抱对方：从心理学角度上说，这种沉默看上去很可靠。所有这一切是叶·费·尼基京娜在20世纪60年代初给记者 B. M. 扎哈罗夫讲的，扎哈罗夫在1987年10月25日转述给了我们。

如果在"尼基季娜家星期六活动小组"的这次相遇真的发生过，而不是回忆录臆想的结果，那么这次相遇的背景是什

第二章 在莫斯科的最初岁月

么？尤·利·斯廖兹金 1932 年 12 月 29 的日记中关于"在弗拉季高加索时就是老相识"的鲍·叶·埃京戈夫的证明材料证实，尼基季娜的讲述可能有某种真实的成分："他是共产党员，会写点诗，懂点音乐，聪明、有文化、讲究……有点狡猾。现在已经娶叶夫多基娅·费多罗夫娜·尼基季娜为妻……鲍里斯·叶甫盖尼耶维奇——我以前的顶头上司（时任弗拉季高加索区国民教育主任，当时我在那里担任艺术科科长）。"

塔季扬娜·尼古拉耶夫娜从未提过布尔加科夫曾被红军俘虏的事。这件事发生的时间难以区分——1919 年秋布尔加科夫似乎应当顺利到达指定地点，因为当时俄国整个南方都掌握在志愿军手里，当红军展开攻势时，他大部分时间在弗拉季高加索。但是，他可能在 1920 年 2 月——在他得伤寒之前——离开了，可能加入了什么改编军。莫斯科激动人心的相遇的背景是——这更为逼真——红军到达弗拉季高加索后的头几个月处于某种危急关头，当时埃京戈夫可能向布尔加科夫展现出那个年代非常珍贵的大度。但是，我们再次提醒：在布尔加科夫的传记中，1919 年末至 1920 年初（就像 1918 年秋和其他一些时期那样），差不多尽人皆知，这个时期可能有意外的事①。

我们说说那年的另一场相识——与记者列昂尼德·萨扬斯基（列昂尼德·维克多罗维奇·波波夫）。他只比布尔加科夫大两岁，但是在 20 世纪头十年就发表作品了——在《俄国的太阳》《大众新杂志》等刊物上，1915 年出版了小册子《哥萨

---

① 认真分析鲍·叶·埃京戈夫这几个月的生平经历，可能是验证这件事的关键所在；我们请所有有兴趣研究的人关注这一任务。

克军官札记》，20世纪20年代中期成了普通幽默作家，不同出版社（其中也包括《汽笛报》）出版的小册子的作者。(1926年2月15日，他在出版物之家举行的苏联讽刺作品讨论会上发言："我给编辑朗读手稿。他笑了。然后说：'不合适！''为什么，要知道你笑了啊?！''所以不合适，因为我是本能地笑！'")"……布尔加科夫最早跟他好像是在《汽笛报》相识的。后来他的妻子尤利娅不知从什么地方来了。他们开始经常到我家做客——常常带着一瓶香槟。我们那时很少串门——他们几乎每晚都来我们家。他们住在尼基茨基的什么地方，在父母家附近……

这个尤利娅是个演员，但是没有在什么地方上过班。她后来**跟人跑了**，离开了萨扬斯基。她起劲地跟布尔加科夫调情。布尔加科夫常对我说，'你不要担心，我永远不会离开你。'

有一次萨扬斯基来我们家，我们却正准备去科莫尔斯基家。他当时不认识科莫尔斯基一家。米哈伊尔说：'和我们一起去吧，我就说你是英国人！'萨扬斯基留着令人称奇的分头。我后来读《剧院情史》读到这个，那里面的编辑问：'您是怎么梳成这种分头的?'——这当然是指萨扬斯基的分头！米哈伊尔从未留过那种分头！"拿起1915年版的《哥萨克军官札记》，就能看到这种"令人称奇的分头"——从封面上硬书皮上半部分的椭圆形肖像画中就可以看到留着完美的分头的年轻军官的长长的（确实是"英国的！"）仪容高贵的脸庞……于是那天晚上他们真的三个人一起去了科莫尔斯基家，萨扬斯基就像约定的那样整晚都沉默不语，就怕有人跟他说英语。他家

第二章　在莫斯科的最初岁月

里除了主人外，还有科莫尔斯基学英语的侄女娜佳。她比萨扬斯基更担心英国人对她说什么一长串的话……这对布尔加科夫来说只是一次稀松平常的恶作剧。

塔季扬娜·尼古拉耶夫娜回忆起他们生活中一起度过的最后一个新年①时这样说道："科莫尔斯基一家被邀请去什么地方过新年。于是我们去了萨扬斯基家。与他们以及他的父母一起迎接 1924 年。萨扬斯基的父亲是退伍军人，好像是老军人……桌上还有他的妻子，一个老太太……除了萨扬斯基和布尔加科夫，其他作家谁都没来……""在塔季扬娜日即 1 月 25 日，布尔加科夫想叫上科莫尔斯基一家庆祝我的命名日②，但是正值举国哀悼③，到处都不出售红酒，我们就没叫他们。于是他出去为我买了这个木雕首饰匣。从那时起，我走哪儿都带着它。

此前，我们 1 月 24 日整夜都站在工会大厦门口，但是还是没能进去，人都冻僵了，就回家了。后来布尔加科夫一个人去了，进去了。"

1 月 27 日的《汽笛报》上刊登了布尔加科夫的报道（署名为米·布·）《生死时刻（实地报道）》。报道记录了想去同弗·伊·列宁告别的人们之间的生动对话：

"亲爱的，请不要把不排队的人放进去！"

---

① 1924 年春，布尔加科夫与塔季扬娜·尼古拉耶夫娜离婚。——译者注
② 命名日是和本人同名的圣徒纪念日，主要在东正教和天主教国家中庆祝，塔季扬娜的命名日就是塔季扬娜日。——译者注
③ 1924 年 1 月 21 日，列宁去世。——译者注

"公民们,保持秩序。"

"人都会一死……"

"动脑子想想,你在说什么。比如说,你死了,有什么区别?公民,回答我,有什么区别?"

"别生气!"

"我不生气,只是想提示你。伟人逝世了,因此要默哀。默哀一分钟,脑子里想想发生过的事。"

这篇报道里有对作者本人看到的第一印象的粗略、大致的描述:"红色基座上的棺材里躺着一个人。脸色蜡黄,秃顶,前额凸起。他沉默了,但是他的面孔睿智、骄傲、平静。他逝世了。他身穿灰色夹克,灰色上印着红色斑点——旗帜勋章。白色大厅的墙上呈棋盘格式挂满各种旗帜——黑旗、红旗、黑旗、红旗。巨大的勋章——火苗上闪烁着花结,花心中间是躺在基座上由于逝世注定永远沉默的人。

过去用自己的言论促使无数的卫兵发声和做事,现在用自己的沉默使卫兵和来作最后告别的人们痛不欲生。"

四

1924年的头几个星期,坐落在杰涅日内巷的外国人服务局大楼里举办晚会,欢迎回国的"路标转换派"。一些人布尔加科夫已经认识了。塔季扬娜·尼古拉耶夫娜回忆说:"波捷欣住在米亚斯尼茨大街兹拉托乌斯季因巷的什么地方。他的妻子非常漂亮,出身于商人家庭,他就叫她'女商人'。克柳奇尼

第二章　在莫斯科的最初岁月

科夫的妻子是钢琴家多连加，布尔加科夫常常充当侍从送她去音乐会……这两家他都去过。波捷欣经常在家里办小型聚会，大家跳跳舞，喝喝酒……"

据柳·叶·别洛泽尔斯卡娅回忆，布尔加科夫是和德·斯通诺夫、尤·斯廖兹金一起去的杰涅日内巷的晚会。那时，聚会的人只知道布尔加科夫是柏林《前夜报》的小品文作者。柳·叶·别洛泽尔斯卡娅回忆说："站在我面前的是一个 30—32 岁的人；浅色头发，梳着光滑的偏分头。蓝色眼睛，五官不是很周正，鼻毛修剪得很深；说话时会蹙起额头。……在弄清楚米哈伊尔·布尔加科夫到底像谁之前，我很长时间伤透了脑筋。我忽然想到，像沙利亚平！"就像我们后来看到的那样，在杰涅日内巷的相识在 1924 年就改变了布尔加科夫的个人生活。

1924 年 2 月或 3 月初，《魔障》在《深处》丛刊第 4 册上面世。率先在出版物上全面评论这部中篇小说的叶甫盖尼·扎米亚京指出（既有在他那里平常不过的严格评价、甚至是严厉评价，又有对年轻作家能力的理解）："《深处》丛刊上唯一的现代化石，是布尔加科夫写的《魔障》。作者在选择结构设置方面显然拥有可靠的本能：根植于日常生活的幻想，像电影中迅速切换的画面——（为数不多的）可以纳入我们的昨天——1919 年和 1920 年——的形式框架之一。……布尔加科夫这部作品——有点太不加思索——的绝对价值不是很大，不过可能可以期待作者写出好作品。"可能在第二年，也就是当扎米亚京来莫斯科观看《左撇子》首演时，两位作家就结下了友谊。

《魔障》的第一批单行本，布尔加科夫送给了1921年末和1922年赊账为自己打字的莫斯科的第一位女打字员（1924年3月11日："赠伊琳娜·谢尔盖耶夫娜·拉边，纪念我们在打字机前共同从事的细致工作"），以及1922—1923年在位于小科济欣斯基的家中举办冬日晚会热情招待自己的科莫尔斯基一家（3月12日："赠济娜·科莫尔斯基和瓦洛佳·科莫尔斯基，纪念在科济哈举办的晚会"）。但是，布尔加科夫在自己住了两年多的莫斯科的这些地方——大花园街、三塘、小科济欣斯基、牧首湖（不久后出现在《大师与玛格丽特》地志中的那些地方）——的生活已经接近尾声。接下来的几年，他要在土生土长的莫斯科人习惯上跟"老"莫斯科的概念联系在一起的地方——斯塔罗孔纽申区：普列奇斯坚卡、奥斯托任卡……居住。

大花园街的房子与穷苦、在莫斯科的头几年——1921—1922年紧张地寻找临时工作、绝望地尝试去旁边的赌场赢钱——联系在一起。瓦·卡塔耶夫在中篇小说《我的钻石王冠》中回忆起这些尝试，塔季扬娜·尼古拉耶夫娜也给我们讲过这些事：

"夜里一点被叫醒：'走，去赌场，我有预感，我现在能赢！'

'去哪里啊，我想睡觉！'

'别，走吧，走吧！'

当然，所有人都输了。第二天早上，我收拾了家里所有的东西，拿到斯莫连斯基市场上去卖。"

第二章 在莫斯科的最初岁月

1923年，就像布尔加科夫稍后写的那样，是"我已经获得了养活自己的能力"的一年，是主要、极其紧张地写长篇小说的一年。

我们再听听塔季扬娜·尼古拉耶夫娜的讲述。同她的许多谈话，我们不仅记在纸上，而且还经她同意用录音机录了下来。她的不是独白、往往只是一部分言语交谈的语气，很难用文字转述。"……他天天夜里写《白卫军》，喜欢我坐在边上做针线活。他手脚发冷，对我说'快点，快点拿热水'。我在煤油炉上烧好水，他把手放进热水盆里……

'什么问题？心脏吗？'

'不是，可能是神经系统什么的；他太累了……'"长篇小说作者的头几次朗读会——在几十个朋友、熟识和不太熟识的文学家圈子里朗读刚写完的作品，是20世纪20年代莫斯科生活中司空见惯的现象——何时何地举办的？1924年3月9日，尤里·斯廖兹金在《前夜报》上通告，长篇小说《白卫军》朗读会分四晚在"绿灯"小组进行……一位20年代初参加过在大德米特里罗夫卡的利季娅·瓦西里耶夫娜·基里亚科娃家中（确实开了绿灯！）举办的朗读会的小组成员、语言学家鲍里斯·弗拉基米罗维奇·戈尔伦格在1975年10月去世前不久给我们讲："我最后一次见布尔加科夫是在1924年1月——就是说，这些朗读会是在1月前举办的。我记得，所有的朗读会布尔加科夫的第一任妻子塔季扬娜·尼古拉耶夫娜都参加了。"

他也在其他人家里朗读过。画家娜塔利娅·乌沙科娃告诉我们说，作家谢尔盖·谢尔盖耶维奇·扎亚伊茨基1924年早春时告诉她们说:"来串门吧——基辅的青年作家要在我家办朗读会。"扎亚伊茨基家举办的朗读会是布尔加科夫同新的朋友圈——那些自称"老莫斯科的孩子"的人——拉近距离的开端。他就是这样同娜塔利娅·阿布拉莫夫娜·乌沙科娃以及她的丈夫、国家艺术科学院工作人员尼古拉·尼古拉耶维奇·梁明交上朋友的。他们住在奥斯托任卡的一条巷子里(娜·阿·乌沙科娃现在也住这里),住在就像《大师与玛格丽特》的莫斯科地志资料收集者展示的、伊万努什卡追沃兰德时跑进的那种公寓里,看到浴室里的裸体女公民……我们不知道是不是这样,但是我们确实知道,长篇小说头几次朗读会中的一次朗读会,就是在这样的公寓里举办的——要么是在1928年,要么是在1929年,当时这部长篇小说还叫《工程师之死》……

娜塔利娅·乌沙科娃接着讲道:"《白卫军》朗读会后的第二天,我在猎人商行碰到了布尔加科夫。我们打了招呼,他和我一起走,他给我留下一种怪怪的印象——我觉得,旁边走的是个大学生:他有点不自在,有点难为情……"

这个老莫斯科圈子,他并不是很快就适应了,并不是很快就被接纳为自己人。所有这些人——艺术家、语文学家、画家、文学家——从小就认识,共同的家庭医生为他们瞧病,他们的父母也是世交。在1924年,布尔加科夫对于他们来说,还是"基辅来的作家"。而在《汽笛报》,在他在莫斯科的头几年的文学圈里,则是另一番景象,那里的所有人都是外来者——卡塔耶夫、奥廖沙、伊利夫、叶甫盖尼·彼得罗夫,所有人都是从南方来的,所有人在某种程度上都拥有对国内战争

第二章 在莫斯科的最初岁月

年代的共同回忆。

在这里,在"普列奇斯坚卡"的圈子里,他是外乡人("不能称其为文雅人",娜塔莉·乌沙科娃直至今天还如是说),因为可能他自己刚开始感到不自在,像个难为情的大学生——就像许多人回忆的那样,对于30多岁的人来说,稍显年轻。

1924年头几个月,布尔加科夫的生活中发生了重要事件——他跟和"路标转换派"一起来的柳博芙·叶甫盖尼耶夫娜·别洛泽尔斯卡娅谈上了恋爱。和塔季扬娜·尼古拉耶夫娜离婚,是由于后来的背叛举动。塔季扬娜·尼古拉耶夫娜告诉我们说:"我们1924年4月离婚,但是他对我说:'知道吗,我只是为了方便才说自己是单身。你别担心,一切还和从前一样。我们只是形式上离婚。'我问:'就是说,我又成了"拉帕"?''是的,我是布尔加科夫。'但是我们继续一起住在大花园街……

他介绍我和柳博芙·叶甫盖尼耶夫娜认识。她以前和记者芬克住在基辅,后来同瓦西列夫斯基-涅布克瓦一起走了。瓦西列夫斯基把她带到了莫斯科,有个什么未婚夫应当来找她,但是没来找;瓦西列夫斯基抛弃了她,她没地方住,就去波捷欣家。我们邀请她来家里住。她教我跳狐步舞。有一次她对我说:

'我只剩服毒自杀……'

我当然把这话转告布尔加科夫……就文学来说,他当然是内行。我只会在市场上卖东西和什么都在家里做,累得要命,

还一无所获……科莫尔斯基鼓动我完成制女帽技巧学习,我获得了证书,想设法挣钱。有一次我接受什么人的预订,米哈伊尔说:

'你怎么能接受预订呢——要知道是我得工作!'

'好吧,我取消掉。'

所以我的这份工作什么也没能干出来——只是给自己做帽子。我尊重他。当我责怪他乱调情时,他总是对我说:'你什么都不用担心,我永远不会离开你。'他自己到处跑,而我待在家里……洗衣,做饭……"

布尔加科夫在发表在1924年5月26日《前夜报》上的一篇小品文《住宅问题》中,留下同柳博芙·叶甫盖尼耶夫娜开始谈恋爱的蛛丝马迹。这篇小品文写的正是对布尔加科夫来说越发恶化的莫斯科住房危机,因为现在他还可以透过自己心爱的人的贫穷处境来看待这个问题。小品文中的一个人物提到,他离开自己隔板后的难以忍受的房间去了奥列霍沃-祖耶沃。"他去了奥列霍沃-祖耶沃,熟人柳·叶·①去了意大利。唉,她连隔板后的地方都没有。美到可以点缀莫斯科的女人想方设法去了糟糕透了的罗马。瓦西里·伊万诺维奇②留下,她却走了!"

布尔加科夫那年春季很大程度上由于不能找到十分必要的新住处而产生的乱情,在塔季扬娜·尼古拉耶夫娜记忆中保存下来的言语中表现出来:"他对我说:

---

① 显然是柳博芙·叶甫盖尼耶夫娜。
② 就是和小品文作者在50号公寓一起喝自酿酒、打架闹事那位。

第二章 在莫斯科的最初岁月

'让柳芭和我们一起住吧？''怎么能这样！在一个房间？''可是她没地方住！'"

（这种在居住状况面前突然退却和心地善良的五味杂陈在稍后的类似冲动中也表现出来了——叶莲娜·谢尔盖耶夫娜·布尔加科娃告诉我们说，在决定他们几个一起生活的那几天，他对我说："柳芭将和我们一起住！"）

那年春季他的出版事业发展不错。《魔障》发表在《深处》丛刊上。1924年4月10日同《俄国》杂志编辑伊·格·列日涅夫签订协议，长篇小说《白卫军》发表在他的杂志上。

同时，作者保留向《深处》丛刊合订本、《前夜报》和《最新消息报》（彼得格勒）提供这部长篇小说片段的权利。但是稿费定得并不高。决心改变自己的生活，但缺乏物质条件，这在那年春季不止一次让他陷入绝望。

1924年4月12日布尔加科夫参加了"尼基季娜家星期六活动小组"的会议。这次来的人相当多，有近50人。在签名簿上，布尔加科夫第12个签名，在他后面签名的有 А. Н. 诺维科夫—普里博伊、亚·雅科夫列夫和 П. 尼佐沃伊。小说家中来了利·塞富林娜、И. 诺维科夫、Н. 梅什科夫和奥·萨维奇。

布尔加科夫来听谁朗读呢？大概、可能是听帕·尼·多罗霍夫朗读。后者在朗读会上"朗读了还未取名的长篇小说的片段"。根据参会者的发言来看，可以推测，这要么是中篇小说《生活》，要么是《塔拉巴尔斯克市的历史》。

我们引用一下会议记录，因为这是布尔加科夫听的发言。

"阿·马·佩什科夫斯基:'商人的祈祷不够客观。他可能那么想,但是不可能祈祷。'

尼·亚·斯捷普诺伊:'多罗霍夫的形式合不合时宜?宁静而又平和的气魄。这是给大时代唱赞歌。现在像多罗霍夫这样对待这个主题——不合适。这是我们现在所不需要的对时代的简要证明。'"

多罗霍夫可能是首先作为《高尔察克之流》——描写国内战争事件,但是是从战线的另一侧,以如实记录的调子说明白军行为中种种血淋淋的细节的作品——的作者,引起了那时已经完成关于国内战争的小说的布尔加科夫的注意。

对多罗霍夫的朗读进行讨论后,科·泽林斯基朗读了自己的札记《薇拉·因贝尔和近郊》,因贝尔自己朗读了"关于长雀斑的小男孩"的诗歌。

布尔加科夫可能留下来听了晚会第三部分的内容,会议记录上记道:"利·尼·塞富林娜朗读了西伯利亚作家扎祖博林的短篇小说《宿舍》。"

这位作家可能也是作为关于国内战争的长篇小说《两个世界》——里面也有接下来几年描述这些事件时不曾碰到过的骇人细节——的作者,让布尔加科夫产生了兴趣。可能正是这两位小说家如实记录所描述的事件的态度,也吸引布尔加科夫来参加了这次朗读会——尽管那晚朗读的扎祖博林的中篇小说,描写的是和平年代的日常生活。不过,这样的素材,布尔加科夫——中篇小说《魔障》的作者——也感兴趣。

那年5月,布尔加科夫尝试在《深处》丛刊上全文发表

第二章　在莫斯科的最初岁月

《袖口杂记》（可能大大超过我们知道的已发表片段的规模——《袖口杂记》的手稿没有保存下来）。这件事的证明材料是，《深处》丛刊秘书——彼·尼·扎伊采夫——的档案中保存下来的、不久前才发表的布尔加科夫的信："亲爱的彼得·尼卡诺罗维奇，《袖口杂记》留给您，恳请尽快弄清它们的命运。

第三部分中有已发表过的片段。希望这不会让尼古拉·谢苗诺维奇①感到困惑。审读第三部分时，得按章节号从发表过的片段跳到打字稿的片段。

如果《袖口杂记》合适的话，我会非常高兴。我个人非常喜欢这部作品……除非被毙掉，我别无所求。我的近况非常好！"

那些天，他想在某个编辑部找个秘书职位，但是5月31日因阑尾炎病倒了，他写了简短的便条告知扎伊采夫此事，并通知他说："职位我不要了，拿到第一笔钱时我去南方。"但是钱可能没弄到（《袖口杂记》未被《深处》丛刊采用），那年夏天他好像没去南方。

那年布尔加科夫光顾了好几个文学小组，其中有两个是彼·尼·扎伊采夫组织的，其中一个是诗人小组（稍后成立的出版社"枢纽"）。列·弗·戈尔伦格1981年9月告诉我们说："我们聚集在扎伊采夫家，它位于斯塔罗孔纽申街5号楼，著名的科罗温楼，在地下室——那里有暖和的地下室……别雷也去过那里，虽然不常来，去过索菲娅·帕尔

---

① 《深处》丛刊主编安卡尔斯基。

诺克、罗姆兄弟俩①。帕斯捷尔纳克在那里朗读了自己的《空中之路》②,3月马克西米利安·沃洛申朗读了自己的诗歌。"对现代诗歌漠不关心的布尔加科夫未必光顾了这些朗读会,但是据彼·尼·扎伊采夫回忆,应诗人们的请求,布尔加科夫不管怎么说朗读了《不祥的蛋》,这部作品我们还会谈到。鲍·弗·戈尔伦格(语言学家,列·弗·戈尔伦格的弟弟)与我们谈话时肯定地说,1925年初布尔加科夫在这个小组朗读了《狗心》[1985年,文学家阿·弗·契切林在自己的回忆录中提到此事:"布尔加科夫'极为瘦削,非常**普通**(同别雷或帕斯捷尔纳克相比!),也来过"枢纽"小组,朗读了《不祥的蛋》和《狗心》……"]关于在扎伊采夫家聚会的第二个小组的情况,主要是从他自己的回忆中得知的:"成立诗人小组的同时……我尝试组建一个规模不大的幻想家作家和'怪诞'作家小组。考虑到小组以后会扩员,米·阿·布尔加科夫、谢·谢·扎亚伊茨基、米·雅·科济列夫、列·马·列昂诺夫和维克多·莫扎列夫斯基应当加入主要的小组。但是我的想法未能实现。组建小组时,我没有好好思考它的任务目标,没有限制小组的人数,他们在创作上可能理念相近。

……我们所有人聚集在一起:有时在位于斯塔罗孔纽申内街的我家聚,有时在列昂诺夫家或科济列夫家聚,有一两次在

---

① 亚历山大·伊里奇是语言学家,1922年就尝试把费·德·索绪尔的《普通语言学教程》译成俄语;米哈伊尔·伊里奇是电影导演,那些年在写短篇科幻小说。

② 这部作品发表在《俄国现代人》杂志第2期上,我们确定,这期杂志的发行时间是1924年8月中旬——就是说,朗读是在上半年进行的。

第二章 在莫斯科的最初岁月

谢·谢·扎亚伊茨基家聚……

起初，我只是出于兴趣有了成立小组的想法。按照创作才能和创作方法特点把作家联系组织起来的想法，好像有吸引力，好像很成功。

但是，头两次聚会之后不久，我们中间就出现了裂痕。一下子冒出来很多问题，但出于礼貌，暂时还没有说出来：为什么五名作家中有三位女士？我们可不是文学沙龙？为什么由我一个不是散文家而是诗人的人来负责组织成立小组？（或许会不会因为我在《深处》丛刊工作，于从我这里获得有什么好处？还是因为我是发起人？）……

有一次我们在谢·扎亚伊茨基家里聚。画家娜·阿·乌沙科娃和丈夫尼·尼·梁明来做客……聊起了小组，好像是布尔加科夫说出'勋章'这个词，就是说，我们的小组本应采取独特的文学秘密团体的形式。所有人一时激动，对这一方案欣喜若狂，但是一分钟后每个人都先后产生提心吊胆的想法：我们中间会不会有'长舌头'？尽管这一提议多半具有玩笑和装饰性质，但是……一言难尽！其中感到某种'倾向'！……

在接下来的一次会议上，布尔加科夫作了简短的通报，说有人把他叫去了，告诉他，小组引起了注意，并说小组必须解散……

……最后几次朗读会中的一次朗读会，是在列·马·列昂诺夫家进行的。他当时住在妻子塔季扬娜·米哈伊洛夫娜·萨巴什尼科娃的父母家，在处女地。他在那里给我们朗读了刚刚写完、相当长的作品——《科维亚金笔记》。

列昂诺夫朗读时不带删节。要知道,我们的小组组建就是为了仔细倾听新作品,说出自己的意见。作家自己在众人面前朗读的过程中开始更清楚地看到自己的不足,同志们通过发表自己的意见帮助他更好地看到优点或错误。"列·列昂诺夫1923年10月写完了《科维亚金笔记》,开始发表这部作品的《俄国现代人》第1期发行于1924年5月中旬——因此,朗读会应该是在1923年和1924年之交的冬季或1924年早春进行的。

"这次朗读会结果如何?"彼·尼·扎伊采夫继续说道,"可爱的女士、科济列夫的妻子、诗人阿达·弗拉基米罗娃刚到晚上11点就在椅子上坐立不安,用出声的悄悄话打扰他们家'米沙':'米沙,我们走,电车要开了!'

列昂诺夫继续朗读,但是阿达出声的悄悄话让他很生气。没有耐心、坐立不安的女士分散了丈夫的注意力,简直搞砸了朗读会……我们凑合着坐到12点……对于列昂诺夫以及所有参会者而言,朗读会被破坏了。布尔加科夫和列昂诺夫后来埋怨我说,为什么带女士来我们的小组?……"

后来《剧院情史》中可能除反映对"绿灯"的印象、小科济欣斯基以及布尔加科夫1922—1923年去过的其他文学地之外,还反映了这个小组的氛围特点:"妻子们因朗读会昏昏欲睡之前,我开始受到良心的谴责",等等。就像我们想象的那样;在布尔加科夫当时的印象中,长篇小说中几次提及的"写短篇小说驾轻就熟令我大为惊奇"的"年轻文学家",还有幸福地开启文学创作命运的列昂尼德·列昂诺夫当参照,他

第二章 在莫斯科的最初岁月

比布尔加科夫小八岁,在1924年初以前——也就是在《白卫军》的头几次朗读会之前,已经是发表许多评论界热议的短篇小说的作者了。(何况对布尔加科夫来说,短篇小说这种体裁本身——在他的文学创作意识中有其既定的规矩的小篇幅——很难,他不可能让自己的叙述立场去适应这些规矩——因此"驾轻就熟"这话在很大程度上应当按照字面意思来解释。)

据塔季扬娜·尼古拉耶夫娜回忆,1924年夏天——可能是8月,布尔加科夫和她从50号公寓搬到院里10号楼正对着的34号公寓。"这所公寓里,"塔季扬娜·尼古拉耶夫娜讲道,"住过百万富翁阿尔图尔·马纳谢维奇。他给房管局钱让维护整栋楼——他们有什么自己的事情要做……他家的窗户正对着我们家的窗户——他也就目睹了我们的全部生活……他哥哥去世后,他们要让什么人搬进来住时,他就说:'最安静的人家——布尔加科夫一家。'房间当然比我们的第一个房间差——第一个房间朝阳,而从这个房间威尼斯式窗户往外看,直接就是工作室的墙。① 他给房间贴了壁纸,说了电话号码以及杂七杂八类似的事……我们决定搬过去。"塔季扬娜·尼古拉耶夫娜后来才明白,布尔加科夫对那一年里自己的生活中发生不可避免的转变有准备,他不想让她住在自己的小品文中多次描绘过的过着"自酿酒的日常生活"的50号公寓,而是想让她住在安静得多得多、住过一家人——丈夫、妻子和不久后结婚搬出去住的儿子——的公寓里,而且好像还有一个女邻居。

---

① 整栋楼向院子伸出的部分的中间是彼·孔恰洛夫斯基和格·雅库洛夫两位画家的工作室。

从彼·尼·扎伊采夫的回忆来看，1924年夏天布尔加科夫和《深处》丛刊又相遇了。扎伊采夫产生了从列日涅夫手上"转买"《白卫军》的想法——"因为对长篇小说的条件太苛刻，在我们的《深处》丛刊，布尔加科夫可以得到更多。

那时，莫斯科的《深处》丛刊编委有两人：维·维·韦列萨耶夫和我（尼·谢·安卡尔斯基在莫斯科对外贸易局驻柏林商务代表处）。我迅速读完了这部长篇小说，把手稿转寄给住在舒宾斯基巷的韦列萨耶夫。

这部长篇小说给我们留下了深刻的印象。我没有多想，就表示同意在《深处》丛刊刊载它，但是韦列萨耶夫比我更有经验，更冷静。他在有理有据的书面鉴定中指出了这部长篇小说的优点，作者描写事件、人物角色、白军军官的高超技巧和客观公正，但是他也写道，这部长篇小说对于《深处》丛刊而言完全不可接受。信很长，带有否定评论的性质。维·维·韦列萨耶夫对作者的才华没有异议，但是他认为，由于意识形态原因，这部长篇小说的倾向性不适合我们的杂志。韦列萨耶夫可能想起了就在前不久他自己写的长篇小说《身陷绝境》被录用的情形了。

布尔加科夫对这个评论很伤心。使他改善物质困难的希望破灭了。他当时靠在《汽笛报》和一些医学杂志[①]上发表小品文、短篇小说和随笔糊口。我尽我所能安慰他，告诉他说，韦列萨耶夫的评论当然有意义，但是主要的决定性的话语，还是

[①] 布尔加科夫开始在《医学工作者》杂志上发表文章要晚一些。

第二章 在莫斯科的最初岁月

要《深处》丛刊主编尼·谢·克列斯托夫-安卡尔斯基来说，我盼着他从柏林回来。……

维·维·韦列萨耶夫夏天去了克里米亚。8月我也去了奥列安达，我去过加斯普拉，在那里碰见了韦列萨耶夫。他又口头跟我说了一遍，布尔加科夫的长篇小说，《深处》既不能以丛刊的形式也不能以单行本的形式刊载……在去科克捷别利的路上，我就和安卡尔斯基谈论过布尔加科夫以及他的长篇小说。尼古拉·谢苗诺维奇已经读了手稿，但是他也倾向于不能刊载，虽然还犹豫不定。他也认为《白卫军》是部天才的作品，对现实的真实刻画、对人物及其性格生动鲜明的表现，都给他留下了深刻的印象，但是对白卫军的刻画，让安卡尔斯基犹豫不决，他们可能会引起读者的同情。

安卡尔斯基经过一番犹豫后，决定支持韦列萨耶夫：不刊载这部长篇小说。

…………

尼·安卡尔斯基和维·韦列萨耶夫对布尔加科夫的天赋以及他的现实主义描写有好感，但是这部长篇小说他们决定不予刊载。我带着这个令布尔加科夫悲伤的消息于9月初回到了莫斯科。

9月的一天，布尔加科夫来到了《深处》丛刊编辑部，我告诉了他编委会的答复。我们不录用《白卫军》刺痛了他。这段时间他瘦了。他照旧靠在索利亚卡劳动宫的小型刊物的临时收入勉强过活，穷得叮当响。

他坐在旁边的小桌子旁，陷入沉思：在随机看到的一张纸上机械地画着什么。

　　我突然想到一个办法。

　　'米哈伊尔·阿法纳西耶维奇,'我对他说,'您有没有其他什么已经写好的、我们可以在《深处》丛刊上发表的作品?'

　　他想了一会,回答说:

　　'我有一部几乎已经写完的中篇小说……幻想小说……'我递给他一张干净的纸:

　　'请写一份给您将来的中篇小说发放 100 卢布预付款的申请。您什么时候可以把它带来?'

　　'一周或一周半后你们就会拿到它。'他回答我说。

　　我签收了他的申请,在上面写道:'发 100 卢布'。布尔加科夫飞快地跑向莫斯科印刷企业联合公司财务处。大约 10—15 分钟后,他拿着钱回来了,紧紧地握住我的手。

　　一周后,他把自己的新的中篇小说——《不祥的蛋》送到了编辑部……"(在 1924—1925 年对于布尔加科夫来说很重要的莫斯科印刷企业联合公司出版社,不久后就更名为波利格拉夫·波利格拉福维奇·沙里科夫①出版社,重新面世……)

　　彼·尼·扎伊采夫的档案里保存下来一张写得密密麻麻的纸,背面是他在 20 世纪 60 年代亲手写的说明文字:"米·阿·布尔加科夫 1924 年在《深处》丛刊编辑部等我和稿酬时,在图画和名言警句中发泄了自己的悲伤。"纸上是布尔加科夫的手迹:"韦列萨耶夫的电话号码?② 2—60—28。"旁边补写

---

① 布尔加科夫的中篇小说《狗心》中的人物。——译者注
② 每个字母都用笔——在沉思中——描了很多次。

第二章　在莫斯科的最初岁月

道："但是电话号码对我没用……"右上角写道："迷茫……迷茫……"下面写道："存不存在阴曹地府？他们明天可能会给钱……"再下面一点——用同一支笔画的图：带着绝望的眼神的自画像。右边是三个像柯南·道尔"同名"短篇小说插图那样的翩翩起舞的小人。可以认为，这张纸确实是布尔加科夫在彼·扎伊采夫签收他的预付款申请时无意识画的。这到底是什么时候画的？可能是8月底，因为彼·扎伊采夫9月4日给布尔加科夫寄了信，信中以安卡尔斯基的名义催要中篇小说："总之，我们明天或后天要等到手稿！"

布尔加科夫写完（完全有可能是《深处》丛刊不录用《白卫军》之后才构思的）中篇小说的日子，另一位回忆者也铭记在心。

多年后，数学家、文学家弗拉基米尔·马纳谢维奇（当时叫弗拉基米尔·阿尔图罗维奇·列夫申）描述了布尔加科夫住在他父母的公寓时的生活细节。其中，他转述了自己听到的好像是布尔加科夫的一次有趣的通话："他给'深处'出版社打电话：请给他支付中篇小说《不祥的蛋》的预付款（真的是最后一次！）。总的看来，应当在这一点上没有达成一致。

他在说服对方：'您听好了，中篇小说已经写完了。它只剩用打字机重新打一遍了……您不相信？好！我现在就给您读结局……'

他默不作声了一会儿（'他去取手稿了'），然后开始即兴创作结局。他的言语像完成阶段那样非常流利，非常流畅，好像他真的在朗读精心润色过的手稿一样。……一分钟后，他就跑去取钱。……顺便说一句,布尔加科夫即兴创作的结局,和已发表的版本的结局差别很大。在'通话'版本中,中篇小说以一大群巨蟒正在逼近莫斯科的疏散场景为结局。而在已发表的版本中,蟒蛇没到首都就被突如其来的严寒给冻死了……"这个回忆片段有两点值得注意。首先,对即兴创作本身的回忆使人信服,——布尔加科夫的手稿清楚地表明,已经成型的文本写了下来,"遣词造句的煎熬"、作家握笔不动的长久沉思有点陌生——情节构思好后,词汇组织本身轻松和快捷(不排除几易其稿,重写整个文本)。其次,颇有意思的是,不知道这个版本的高尔基1925年5月8日给米哈伊尔·斯洛尼姆斯基写信说:"我非常喜欢布尔加科夫,非常喜欢,但是他的短篇小说的结局写得不好。爬行动物向莫斯科逼近这一情节没有用上,想想看,这是多么有意思的场面啊!"

"首先,中篇小说的篇幅适合我们的集子,"扎伊采夫接着回忆说,"它有四个印张……我读完这部中篇小说,把它交给了维·维·韦列萨耶夫(安卡尔斯基因事务飞去柏林了)。韦列萨耶夫读完后欣喜若狂。韦列萨耶夫违反与拥有最终决定权的尼·安卡尔斯基达成的协议规则,录用了这部中篇小说,收入下期丛刊。我和他约好立即发排这部中篇小说。……安卡尔斯基回到莫斯科,读完清样后,责备我们自作主张,但是心里还是很满意的……

……在位于斯塔罗孔纽申诺耶的我家聚会的小组成员即诗人们,请我说服布尔加科夫,在哪次朗读会上朗读这部中篇小说。所有人都很想听他朗读。我向布尔加科夫转达了他们的请

第二章　在莫斯科的最初岁月

求,在第一次聚会上,他就朗读了《不祥的蛋》。布尔加科夫读得很好,所有听众都高度评价作者罕见的天赋——现实和幻想的结合。来我家的诗人中有安德烈·别雷。他非常喜欢这部中篇小说。我觉得,在存在各种各样的创作个体的情况下,果戈理让他俩拉近了距离。安·别雷认为,布尔加科夫是罕见的天才。一年后,也就是1925年,别雷写完长篇小说《莫斯科怪人》第一卷,里面的中心人物也像布尔加科夫笔下的开辟科学新道路的佩尔西科夫教授那样,是天才的发明者科罗布金教授:在《不祥的蛋》中,发明了'生命之光',而在《莫斯科怪人》中,科罗布金把原子的超能量释放出来,为人类的福祉和利益服务。

但奇怪的是:如果说安·别雷对布尔加科夫很感兴趣,评价他是有趣的原创作家,那么布尔加科夫却不待见别雷。

我记得,后来有一次我和米哈伊尔·阿法纳西耶维奇聊天提起别雷的名字。

'哎呀,他是个骗子,大骗子……'布尔加科夫大声说,'就拿他最近写的一本书[①]来说。里面十个词也就勉强有两个词说的是真话!他简直是个演员!……'[②]

《不祥的蛋》让我跟《红色处女地》的编辑亚·康·沃龙斯

[①]　长篇小说《莫斯科怪人》。
[②]　他可能觉察到了科罗布金同佩尔西科夫的依附关系;回忆者见证布尔加科夫朗读过别雷的长篇小说这一事实本身很重要。对他本人无疑产生了各种各样的影响——虽然受到极其强烈而且个性鲜明的排斥——散文式的语言"大骗子",首先是实际上当时的俄国小说家谁也绕不开的"彼得堡"。纳·雅·别尔科夫斯基在1964年的一封信中对别雷说的"寻常的永生"说得对:"他深入别人的心灵和意识,就这样代代相传。"

基吵了起来。他不能原谅我,说一部有趣的中篇小说从他的眼皮底下被抢走了。……谢·尼·岑斯基在阿卢什塔会面时对我说:'《不祥的蛋》是我们《深处》丛刊唯一一部读起来不乏味的作品。……'"(我们想起了此前一年扎米亚金对《魔障》的评价)

彼·尼·扎伊采夫1924年12月7日给沃洛申的信中也提到了朗读会:"我们逢周三相聚。安·别雷朗读了自己新写的长篇小说,米·布尔加科夫朗读了短篇小说《不祥的蛋》。"

布尔加科夫可能就是在自己朗读时认识了别雷。布尔加科夫的档案中保存下来的为数不多的私人藏书中就有别雷的写有作者赠言的《莫斯科怪人》:"赠予最最尊敬的米哈伊尔·阿法纳西耶维奇·布尔加科夫,真挚的崇拜者安德烈·别雷(鲍·布加耶夫)。1926年9月20日于库奇诺。"布尔加科夫回赠给安·别雷自己的集子《魔障》——对此的证明是,保存于安·别雷档案中的彼·尼·扎伊采夫10月7日写的便条:"我留给您:(1)布尔加科夫的书《魔障》——作者赠书,他对您的关注非常感动……"(我们认为这个便条写于1926年)。

拉·瓦·伊万诺夫-拉祖姆尼克也注意到了《不祥的蛋》,他在1926年11月10日给安·别雷的信中写道:"年轻的(很有天赋的)布尔加科夫的中篇小说中讲道,梅耶霍利德1927年排演《鲍里斯·戈杜诺夫》中大贵族杜马一幕时遇害,当时一些赤身裸体的大贵族从吊杠上掉下来把他砸死了。事情好像没有那么简单。"

叶·谢·布尔加科娃根据布尔加科夫的口述,讲述了从他与韦列萨耶夫(那年秋天在他的命运中扮演了重要角色)初次

第二章 在莫斯科的最初岁月

见面的情景。她的一个听众把她讲的故事发表在自己的书里，该书的内容我们会在下文中引用，因为，对发表这一事实本身有点纳闷的作家遗孀，对再现她讲的故事要点的真实性没有异议（参看亚·列斯《未朗读的篇章》，1966年莫斯科版）。"一个秋季的雨夜，布尔加科夫摁响了韦列萨耶夫家的门铃。来开门的是作家本人。

'布尔加科夫。'来人害羞地自我介绍说。

由于紧张，他不知咋的脱掉了胶皮套鞋。

'我能为您做点什么？'韦列萨耶夫问道。

'嗯，其实也没什么事，维肯季·维肯季耶维奇，'布尔加科夫抱歉地低声说道……'我就是想握下您的手……我很喜欢您的《医生笔记》一书。'

韦列萨耶夫没有作声。

'好吧，再见。'布尔加科夫沉默了一会儿后说，并且开始穿胶皮套鞋。

'等一下，您贵姓？'韦列萨耶夫把手掌拢成喇叭状搭在耳旁问道。

'米哈伊尔·阿法纳西耶维奇·布尔加科夫。'

'是您啊——《袖口杂记》的作者？'

'正是我。'

'我亲爱的，'韦列萨耶夫激动地叫道，'您怎么不早跟我说？……脱了外套，进来坐！'"

我们明显能感到故事中的文学杜撰意味，我们相信，部分是布尔加科夫在头几次演出时加的（脱和穿胶皮套鞋的麻烦以及其他舞台细节——是他讲故事的典型特点,往往变成演员的**表演**),部分是故事口口相传时加的,但是这一情节的实质本身看来是真实的。只是不能完全确定,韦列萨耶夫是与《袖口杂记》的作者进行的对话——就是说,对话发生在1923年,不是与《魔障》的作者进行的对话,就是说,对话可能发生在布尔加科夫坐在《深处》编辑部,无意识地写下这几句话:"韦列萨耶夫的电话号码?……但是电话号码对我没用……"时的那个秋季。在接下来的许多年里,罕见的彼此忠诚的文学友谊,把两位作家联系在一起。韦列萨耶夫认为,自己有职责在头几年给文学圈的年轻同行提供各种各样的(也包括物质的)帮助,虽然30年代中期在创作上存在严重分歧,但是布尔加科夫一如既往保持对兄长的信任。

同《深处》丛刊加强联系,是布尔加科夫1924—1925年间文学创作生活的重要组成部分。他的名字出现在《深处》丛刊编辑1924年10月致党的机关的"便函"中。这份文件对于理解安卡尔斯基对文学出版的立场以及什么可以使他和布尔加科夫彼此博得好感,相当重要。"关于出版计划,我可以告知的是,这样的计划只能制定不超过3个月的;由于缺乏合适的文学素材,出版社不能制定长期计划。

出版业其他领域可以轻松制定计划,但是当代文学领域不行,——这个领域不得不考虑作家创作的数量,而这个数量微不足道。最近两三年,'深处'出版社可以出版的文学作品不多。

文学创作的前景更是不容乐观。如果作家连基本的创作条

第二章 在莫斯科的最初岁月

件都没有,没有工作室,何谈创作。例子有的是:弗谢沃洛德·伊万诺夫在别人家过夜,没法写作。才华横溢的长篇小说作家(车工)比比克,只是因为很久以前不知什么时候是孟什维克,就被驱逐出顿河畔罗斯托夫——正当他重新开始写作,给我们寄来不错的作品时被驱逐了。可笑的是,我们正在加大力度向工人推荐他的长篇小说。

才华横溢的小说家布尔加科夫没钱租房。"("便条"的内容是玛·尼·安卡尔斯基热情地给我们介绍的。)

安卡尔斯基描述当代文学状况时用词犀利:"当然,文学垃圾多的是:编辑部买来大量不能用的手稿,写作狂比国企发展得快。

制定长期计划的另一个难处在于,许多完全文学性的东西不适合登在《深处》丛刊上:一些是由于过于现代化和盲目模仿(弗·利金),另一些是形式和内容都不适合,比如安·别雷、阿·列米佐夫、鲍·皮利尼亚克和伊·爱伦堡[①]的文章。《深处》丛刊的任务是,展现艺术中健康的、牢固的和千千万万的人都能理解的现实主义,因此用过分修饰的、拔高的和故意模糊不清的(几乎像"陀思妥耶夫斯基式的")语言写的作品,它是不采用的。我们不接受所有'非常复杂的'知识分子的内心煎熬,安·别雷和爱伦堡之流那里的所有这些内心的无底洞和'内心的盲区'。我们坚持这样的观点:如果作者有什

[①] 布尔加科夫也可以列入这个队伍。加入这个队伍的作家的天赋差异让两边都不为难。安卡尔斯基的"便函"在这个意义上说是还原编者和作者常聊的文学题目的文献资料。

么想说的，如果他受思想和需求的控制去表达这样的思想，那么形式自然而然就显现出来了，就像思想那样简单明了，完全符合思想。

但是如果作家没有任何思想，如果他拿起笔来不是为了在写作过程中阐发这样的思想，如果他就像现在常说的处在'苦苦搜寻的过程中'，那么在这样的作家那里，形式显然也会像内容那样，乱七八糟。"

风格迥异的编辑，例如伊·列日涅夫和尼·安卡尔斯基，都在布尔加科夫身上找到了他们所需要的同一种品质——表面上没有"苦苦搜寻"，准备展现给读者的不是搜寻，而是结果。布尔加科夫的散文的这种特点，使其在很大程度上避开了内行的、敏锐的评论家——艾兴包姆和特尼亚诺夫——的批评。后者在1924年夏发表的文章中写道："在《间隔》时期，我们看重的根本不是'成功'，不是'成品'。我们不知道拿好东西怎么办，就像孩子不知道拿好玩具怎么办似的。我们需要找到出路。'东西'可能'不成功'，重要的是，它们正在接近'成功'的可能。"(《间隔》)什克洛夫斯基的立场更复杂，也更看重个人的生平经历。

原因不在于一些人盲目无知，而另一些人有先见之明（我们不会忘记，安卡尔斯基没有出版《白卫军》），而在于同代的人往往认不清涵养"最好的"文学素养的文学创作运动，——而"最好的"文学素养在文学运动的其他某个阶段越来越明显和清晰可辨。

安卡尔斯基又列出了一个自己也接受不了的作家队伍：

第二章　在莫斯科的最初岁月

"'深处'出版社也不会出版列米佐夫及其流派的《金箔》、《被改变面貌的人民》,不存在属于涅斯捷罗夫和瓦斯涅佐夫的人民,也不会出版'人民'诗人——克雷奇科夫、克柳耶夫和叶赛宁——的所有试笔:通过模仿古代人民的风格,加上教会仪式来刻画人民,只能说明这些作者试图脱离生活和实际,去'幸福地独居',去遥远的、古老的像庄稼汉那样的罗斯,给应当直呼其名的东西……贴上金箔。"看来,在某一方面,布尔加科夫也赞同这些残酷的意识形态评价——如果没有引起国内战争,他对神化庄稼汉无论如何会越来越持怀疑态度。此时可能已经写了《白卫军》的这一幕:冻坏了的梅什拉耶夫斯基大声喊道:"……这是当地的庄稼汉——陀思妥耶夫斯基的神使!……去你妈的!"《汽笛报》第四版负责人 И. С. 奥夫钦尼科夫在回忆录中记述了"我们很早以前同他的一次谈话。乡村沸腾了。农民一会儿点了地主的庄园,一会儿又去整治地主本人。

布尔加科夫开玩笑说:

'欢呼吧,高兴吧!这可是你们的敬奉上帝的人民!这可是你们的普拉东·卡拉塔耶夫!'"

安卡尔斯基在"便函"中提出一个问题:"我们到底如何看待无产阶级作家?"对此他这样回答道:"说到'无产阶级'作家,我们指的是即使不是完全,也是在很大程度上持无产阶级观点的作家和知识分子。"这个自己显然持"无产阶级观点"的人认为,在知识分子圈子之外不可能产生文学——否则,就会出现米哈伊尔·佐先科创造出概念并立即进行讽刺性模仿的那种"想象出来的无产阶级作家"。①

安卡尔斯基举了自己给出版过作品的"无产阶级"作家和小说家(吉洪诺夫、绥拉菲莫维奇和巴赫梅季耶夫等)的例子。"但是以克列切托夫-沃尔日斯基为首的'创作'小组的文集被我们当作平庸的舞文弄墨未予采用。(在文学作品中,复姓注定是平庸的,为何把一个什么西多罗夫叫作克列切托夫-沃尔日斯基或者拉拉-佩尔斯基?)取个好听的名字比写出好作品容易得多。"重读这些句子,想象得出,安卡尔斯基的性情应该让布尔加科夫非常喜欢。布尔加科夫在一部戏剧中给写作迷文学家取名蓬奇克-涅波别达和马里因-罗辛(《亚当和夏娃》,1931年),从中可以看出,同尖刻评价直接吻合。

"便函"接下来的内容,从多个方面来看都很重要,几乎可以看作安卡尔斯基对布尔加科夫的创作——尤其是对他即将开始写作的第三部中篇小说——产生兴趣的直接论据。安卡尔斯基写道:"无产阶级作家常常受到不好的影响。我们眺望,看到的不是本来的样子,而是我们描写出来的理想的东西。我们看到如下内容:仿写的、多半属于苏里科夫和科利佐夫,很少属于布洛克的格律诗,被我们全部放在作者的社会出身的视角下进行审视。我们随声附和,估计过高,在平庸的练习上浪费纸张,而不是直接说:扔掉吧,不要写了,不然就会患上比

---

① 佐先科 1928 年写道:"……我用自己的东西对想象出来的,但是在当前的生活条件和环境下可能存在的无产阶级作家进行讽刺性模仿。**当然,这样的作家至少现在是不可能存在的**。社会各界和社会环境各个方面都极大提升时,就会存在。"(黑体是我们加的。)

第二章 在莫斯科的最初岁月

梅毒更可怕的不治之症。应该了解俄国文学的过去,理解和感受经典作家。不了解资产阶级文学,就不可能战胜它。无产阶级作家知道这种文学吗?年轻人熟悉这种文学吗?不熟悉。如果真是如此,我们就看不到基层的工人文学。"但是安卡尔斯基和布尔加科夫观点一致是有边界的,看来,要是结束不了,就会变得复杂化:"可以仇视托尔斯泰、屠格涅夫和陀思妥耶夫斯基笔下的人物和形象,但是不能不陶醉于他们的美和绘画的技巧。我完全赞同与过去毫无关系的处世态度和世界观。赞同全新的感觉系统,但是没有现实的准备,没有文学修养,不可能把这种感觉和感受表现出来,不可能把它们用文学形式表现出来。"这已经让"文学学习"的思想发展成熟。"《深处》编辑部正在加大力度寻找在社会基层的新作者。我们准备耐心地校对手稿,提出建议,进行商量,给予同志般的支持,但是现在还没了解到任何值得注意的天才。

但是我们相信,我们感觉得到:天才快来了。

如果我们不出版俄国人民的'模仿者'(克雷奇科夫和克柳耶夫)的作品,那么我们也不会出版辱骂他们的人的作品,我们不会出版巴别尔的作品,因为他对庄稼汉充满鄙视,蛮横无理('肮脏的长满虱子的贱人')。伊·布宁对俄国人民的态度——就是地方长官的态度。"

在这里,他们的品位不同了——布尔加科夫可能喜欢布宁,讨厌巴别尔。柳·叶·别洛泽尔斯卡娅在自己的已经出版的回忆录中证明了这一点,在数次谈话中也证实了这一点。应当考虑到的是,巴别尔的主人公讲的关于俄国人的话,正是在当时的社会背景下，在布尔加科夫看来是不公正的，难以与作者的立场加以区分，让人感到不快。还有一个情况也起了作用：当时巴别尔处于荣誉顶峰。"巴别尔住在我们对面——奇斯特伊巷，"别洛泽尔斯卡娅说，"巴别尔**非常**有名（她提高嗓门强调了这一点）。巴别尔声望很高。人们谈论他，写他……总的来说……"出现这样的极端化时，她回忆社会政治局面和文学氛围的特征的复杂交织时，很难选择用词。我们想提醒读者的是，她的说明平淡无味、不太高明。从日常生活的愤恨到人能称之为**见解**的东西很遥远，文学评价不同于对个人的评价，尤其是不同于对整个民族共同性的评价。在中篇小说《不祥的蛋》最早的稿本中，罗克的妻子不叫玛妮亚，而是叫多拉，两个名字的民族性都得到强调。但是**就是在**他想从所见所闻中选择最可怕的、最讨厌的事情的**那些**年，他在《白卫军》的最后一章里描写了犹太人在桥上被杀的情形，描写了心里充满仇恨和极端厌恶之情的杀人犯。恐怕他的散文中描写的情绪都不会比这强烈。此外，不管是什么样的带有暴力和专横的民族思想无论如何也征服不了他。熬过革命后的头十年，他在自己《致密友》（1929年）的最秘密的作品中，再次把民族仇恨的可怕后果描述为记忆中最刺痛人心的一页。

我们再回到安卡尔斯基的"便函"上来。他列举了由于这样和那样的原因不合适在《深处》丛刊上发文的人后写道："还有一些不同倾向和意识形态的'同道中人'。他们现在在文坛居于中心地位。他们是同道中人，因为生活引导着他们跟在我们后面，乃不得已的'同道中人'。……他们多半都是有才

第二章 在莫斯科的最初岁月

之人,接受生活本来的样子,当然同时也会从东西和现象上撕下我们贴上的标签……

对生活的这种艺术表现我们并不觉得可怕,因为我们的生活中丑陋、愚蠢和庸俗多的是。莫尔恰林们、扎戈列茨基们、诺兹德列夫们和赫列斯塔科夫们,在光天化日之下逍遥法外。①……在'同道中人'的作品中,我们首先要尽力砍掉最主要的东西:对革命和新生活的态度。这就是我们经常认为被对待整个革命的资产阶级态度所渗透的东西不符合要求的原因。但是,如果我们对'同道中人'表现出哪怕一点点关注,不批评他们是'逃亡的囚犯',不把他们看作'自由职业'者②,不把他们从公寓里赶出去,我们可能会收获很多:他们不久就会**追随**我们,而不是像现在这样被引导。"

不管布尔加科夫如何看待"砍掉"行动,如何看待安卡尔斯基在他的作品中以什么样的方式进行这样的行动,他对编辑最看重的题目的态度是明确的,——他不拒绝**一点点关注**。出于对此的关注和理解,布尔加科夫于是打算不久后给安卡尔斯基奉上自己新写的中篇小说。

五

《汽笛报》的文学家们照旧常去位于花园街的房子。奥廖

---

① 这些词语对于可能知道安卡尔斯基"便函"内容的布尔加科夫来说再熟悉不过了。——他就在前不久发表了《奇奇科夫奇遇记》,正如我们看到的那样,他不止一次只选这部短篇小说在莫斯科和彼得格勒的晚会上公开朗读。

② 不同于"劳动者",被征重税的人。

沙来过，塔季扬娜·尼古拉耶夫娜不喜欢他（用她的话说，不喜欢他很快就喝醉了，没有节制）。值得注意的是，长篇小说《白卫军》在老莫斯科圈子里很受欢迎，但是在这里完全没有留下印象。卡塔耶夫口头回忆时说到了这一点（在1976年7月与我们的谈话中）。

"总的来说，我们那时认为他是革命前流派小品文作者的水平——《俄国言论》小品文作者，例如阿姆菲捷阿特罗夫多……多罗舍维奇，"瓦·卡塔耶夫回忆说，"但是多罗舍维奇好歹还找过新形式，他没有找过。我们对这些小品文作者持批评态度，然而这些人是他的偶像。我有一次说起亚布洛诺夫斯基语气轻蔑，他以教导的口气说：

'瓦柳恩，不许这么说《俄国言论》的小品文作者！'

总的来说，我是布宁的崇拜者。我记得，令我惊奇的是，布尔加科夫突然会背《旧金山来的先生》的结局。在我的印象中，布洛克、布宁——对布尔加科夫来说他们应当是不存在的！他的文学品味应当在早些什么时候就没有了……"

《旧金山来的先生》的结局——"……黑暗，海洋，暴风雪，"《白卫军》里的叶莲娜读道。在我们看来，整个故事是布尔加科夫的第二部长篇小说中与柏辽兹有关的整个情节线索的推动力。相信自己掌控生命的人突然死亡——这是向周围的人发出的重要的（和接着就被破译的）信号。

卡塔耶夫反复说："对我们而言，他是小品文作者，当我们知道他写长篇小说时，觉得这有点古怪……他的事业是写讽刺性小品文……我记得，他为我们朗读《白卫军》的情景——

第二章 在莫斯科的最初岁月

没留下什么印象……我觉得这就是波塔片科的水平。这是怎么杜撰出来的姓——图尔宾！①……总之,这看起来是有点二流和传统。"

"什么看起来是一流的——皮利尼亚克?"

"不是！但是您知道,我前不久读完了他的作品,认为他是一个伟大的作家。……"

"对您来说,什么是**当时的**伟大文学?"

"白军的'彼得堡'——我们为它祈祷。索洛古布……阿列克谢·托尔斯泰……布尔加科夫从来都没有称赞过什么人……没认可过什么人……我们总是被什么事吸引——例如,突然被伏尔泰吸引。他不会被任何事情吸引……当时正是新经济政策时期,明白吗?我们——奥廖沙、我和巴格里兹基反对新经济政策。他可能支持新经济政策。可能……总之,他不想拨弄这些弦(这是奥廖沙说的:"不要拨弄世界的弦。")——不认可伏尔泰……看起来像契诃夫……","不会被任何事情吸引"——这正是卡塔耶夫以"尖锐的视角"(他自己在1985年12月30日同我们最后一次交谈时如是定义自己的视角)指出来的对当代文学漠不关心,从当下的文学争论中脱颖而出。只存在一种文学即上世纪的俄国文学,既没有夸大其词,也没有减轻分量,在他看来,不受评价的波动所影响。我们又想起他说的话:"列夫·托尔斯泰出现在俄国读者面前"。

"但是,列夫·尼古拉耶维奇·托尔斯泰的作品中也有错

---

① 卡塔耶夫不知道,这是布尔加科夫外祖母的姓。

误，"谢拉菲莫维奇突然发声，"米哈伊尔·阿法纳耶维奇认为列夫·尼古拉耶维奇那里没有任何不完美的句子！这毫无理由。"布尔加科夫深信不疑地、急切地说："没有任何一句！我非常确信，列夫·尼古拉耶维奇的每一句话都是真正的奇迹。就算再过50年，100年，500年，人们还是会把托尔斯泰当作奇迹！"

"奥廖沙和布尔加科夫关系好吗？"我们1971年5月21日问奥廖沙的遗孀奥莉加·古斯塔沃夫娜·苏奥克问道。

"是的，非常好。20年代时，他们几乎每天早晨都要通电话。'您好，尤拉。''米沙，我生病了。''怎么啦，尤拉奇卡①？……'开始专业对话。布尔加科夫严肃地给他建议说：'别喝酒……喝茶。'他们极其可笑地谈论女人。这很难转述，因为细节和语调实在是……"

同两位"汽笛报人"保持友好关系，主要是在他住在大花园街的房子时期。但柳·叶·别洛泽尔斯卡娅说，奥廖沙来得晚——"布尔加科夫叫他小家伙"。

这些关系以及对当代文学的争论，在尤·奥廖沙1924年7月30日题写在自己的、以"祖比洛"为笔名发表在《汽笛报》上的诗体小品文集子上的题词里留下痕迹："米申卡②，我再也不写抽象的抒情诗了。谁也不需要看这个。诗人应当写作小品文，让领取7卢布薪水的人们从诗歌中受益。

---

① 对尤拉的爱称。——译者注
② 对布尔加科夫的爱称。——译者注

别生气，米顺奇克①，**您是一个很好的幽默作家**②（马克·吐温也是幽默作家）。年后我送您另一本笔名为'祖比洛'的书。吻您。您的奥廖沙。"

总之，在奥廖沙以及其他汽笛报人看来，布尔加科夫依然主要是幽默作家，是小品文、好笑的短篇小说、充满喜剧色彩的《魔障》的作者。我们发现，《魔障》对《十二把椅子》的作者们也有影响。

1924年9月29日，《白卫军》第一部分的校样来了，但期刊1925年初才面世（1925年《俄国》杂志第4期）。

1924年晚秋，他的文学创作以外的生活发生了重大改变。

塔季扬娜·尼古拉耶夫娜给我们讲起这个时是这样说的："11月底的一天，不知是在我自己的命名日③之前，还是在这后不久，米沙早上喝了口茶说：'要是找着大马车，我今天就从你这里搬走。'然后过了几个小时后，他回来说：'我带大马车来的，我想搬东西。''你要离开我？''嗯，彻底离开。帮我收拾书吧。'我帮了他。给了他想带走的所有东西。我们当时其实也几乎没什么东西。

……后来我们的房东马纳谢维奇夫人还对我说：'您怎么就这样把他放走了？连哭都没有哭！'总之，我们楼里的人后来很长时间都不相信我们分手了——没发生任何吵闹，怎么会这样？……当然，我很长时间都很痛苦。我记得，我整天都卧

---

① 对布尔加科夫的爱称。——译者注
② 黑体是我们加的。
③ 11月21日。

床不起，我身上发生了件怪事——我感觉，我的额头好像增生了，伸向一个遥远的地方……

第二天晚上，卡塔耶夫带着一瓶香槟来了——那天米哈伊尔的妹妹列利娅本来要来，卡塔耶夫在追求她。门铃响了。我以为是列利娅。结果来的是米哈伊尔，还带着尤利娅·萨扬斯卡娅。我们几个围坐在一起。已经不记得我们喝没喝那瓶香槟了。"塔季扬娜·尼古拉耶夫娜不仅仅是一个人生活，而且还没有任何职业，甚至连工会簿也没有，这使得她很快就陷入物质匮乏的境地，尽管布尔加科夫会不定时资助她。

在布尔加科夫寻找新的安身处（这并不容易）的这段时间里，1924年11月27日，《深处》丛刊同他签订了协议，出版篇幅为8—10个印张（也就是200—250页打字稿）的短篇小说集。

就这样，盼来了人生第一本书的出版，《俄国》杂志刊载了早已成熟，但在文学创作生活领域中仍是新手身份的作家近几年来寄予主要希望的长篇小说：在1923年写的短篇小说《自酿酒湖》中，就能感觉到对满是50号公寓里难以忍受的日常生活细节的长篇小说的日思夜盼：

"……妻子……说：

'我受不了了。你爱干嘛干嘛去，我们应当离开这儿。'

'宝贝，'我绝望地回答说，'我能怎么办？我买不起房子，一套房子值200万卢布，我的收入才4卢布。在我没写完长篇小说之前，我们无可指望。忍一忍吧。'

'我不是说自己，'妻子回答说，'你的小说永远也写不完，

第二章 在莫斯科的最初岁月

永远。生活毫无指望。我要服吗啡。'

听这些话时,我感觉自己毫不动摇。我语气强硬地回答说:

'你不能服吗啡,因为我不让你服这个。长篇小说我会写完的,务请相信,这会是一部热火朝天的长篇小说。'"

新年前夕,他等到了第一部长篇小说的出版,他不久前(1924年10月)在自传中提到过它:"在我所有的作品中,我最喜欢这部长篇小说。"新的一年带来的是对新生活、对文学荣誉,对三年多来未能在莫斯科过上富足的生活的承诺。公寓(据我们记得,这是"三年恢复标准"的任务)仍是一个无法实现的愿望。

布尔加科夫和柳·叶·别洛泽尔斯卡娅最初住在布尔加科夫的妹妹娜·阿·泽姆斯卡娅授课的学校里——住在尼基塔街原来的中学的阁楼(类似于上敞廊)里,不久后就在奥布霍夫奇斯特巷9号楼配楼的二楼租了一间房子。

彼·尼·扎伊采夫的回忆录中讲述了布尔加科夫迎接这个新年的情景:"我脑海中浮现出1925年新年前夕我和米哈伊尔·阿法纳西耶维奇见面的情景。我受邀参加一群伙伴的新年聚会,条件是我要穿假面舞会的服装去。我同意参加。我决定去布尔加科夫家找合适的、不是平常穿的服装。柳博芙·叶甫盖尼耶夫娜那里有好几件假面舞会的服装,我开始试穿,顺便邀请布尔加科夫一家和我一起去。他的妻子拒绝了,他却出乎意料答应了。

在去的路上,布尔加科夫建议我给客人们来个小恶作剧:

'彼得·尼卡诺罗维奇，您认识这栋楼里的人，而我那里谁都不认识，我们一起捉弄一下他们。您就说我是个外国人……'

我们到了楼下，爬楼梯时，米哈伊尔·阿法纳西耶维奇戴上了一个小小的黑色面具。我们就这样出现在大家面前。我扮演翻译（我们用布尔加科夫比我掌握得好一些的法语交流），而他则扮成来莫斯科进一步熟悉俄国风土人情的富商。主人用茶和甜点招待我们，在一个小时的时间里，我们表演了并无恶意的轻喜剧，到了12点，我们取下面具，互相祝福。我们就这样迎来了1925年！"（我们注意到，康·帕乌斯托夫斯基在自己写的回忆布尔加科夫的短文中回忆起另一个恶作剧——至少是那一年的第三个恶作剧。）"外国人"迅速出现在牧首湖的一幕，就是这样排练的。

这一年，布尔加科夫巩固了同这个圈子的关系，他去过扎伊茨基家，后来又去过梁明家——去过有异常漂亮的壁炉的房间，在莫斯科寒冷的冬季，当公寓里供暖不好，总是很冷的时候，正好去梁明家里聚在一起，举行文学朗读会和办其他事情。近30个人聚在一起，散热器散发着热量，间架很高的房间里总是暖和而又舒适。家具也别具风格。

布尔加科夫很快同出身富商家庭的尼古拉·尼古拉耶维奇·梁明建立起友谊，常去找他下象棋。梁明的妻子、画家乌沙科娃那时常常编织物不离手，布尔加科夫很生气——这可能跟他印象中的家庭主妇的行为"规范"对不上号。"我织东西，他忍受不了。"娜·乌沙科娃回忆说。

第二章　在莫斯科的最初岁月

但是，在这个由土生土长的莫斯科人组成的圈子里也发现了老熟人，娜·乌沙科娃回忆说："他同娜塔利娅·约瑟福夫娜·别赫捷耶娃（画家的妻子）在基辅时就认识，他们两家的乡间别墅挨着。"

20年代中期，这个圈子"在业务上"主要同1922年成立、位于小列夫申巷（布尔加科夫不久后也搬到这条巷子）的国家艺术科学院打交道。科学院占两层楼，一层住着科学院的工作人员、艺术理论家鲍里斯·瓦连京诺维奇·沙波什尼科夫，他是个仪容高贵、举止优雅的美男子。布尔加科夫同他以及他的妻子、不太漂亮但是很聪明的娜塔利娅·卡济米罗夫娜也建立了不是很亲密，但是很友好的关系。

著名动物学家阿·尼·谢韦尔佐夫的女儿、艺术理论家亚·格·加布里切夫斯基的妻子娜·阿·谢韦尔佐娃对这个圈子留存着鲜明的回忆。最初加入这个圈子的，是画家法利克和坎金斯基、语言学家费·亚·彼得罗夫斯基和米·亚·彼得罗夫斯基兄弟。"他们常来我们家，高谈阔论，说清楚谁做什么，朗读什么。"哲学家古·古·施佩特也常来，"他在争论中被逼得越紧，他的面容就表现得越高尚，越像猫一样凶猛。他就这样回应，所有人都笑了，没法回应，他由于获胜十分兴奋。""越来越多的新人加入这个圈子，斗智斗勇，往往是些完全对立、毫不妥协的人；他们在争论中要分出个你我。晚上，他们去串门做客，喝伏特加酒，去阿尔巴特大街的地下酒馆喝啤酒，不吃什么，多半是玩乐，没有人抱怨生活。做自己的事，花自己的钱，两周后就分文不剩，等着发工资。""加布里奇"

住在阿·尼·谢韦尔佐夫教授（1911年前在基辅大学任教）家里——在尼基塔街（今赫尔岑街）的动物博物馆里。这栋楼应该就是中篇小说《不祥的蛋》中事件的主要发生地。娜·阿·谢韦尔佐娃为父亲写的回忆录（她的侄女奥·谢韦尔佐娃热情地向我们介绍了它的内容），不得不让我们认为，对知名学者独特个性的印象（完全有可能从大学起就记得），对他的外貌和日常生活方式的印象，都反映在佩尔西科夫教授的外貌上。谢韦尔佐娃的女儿回忆说："我们楼里的人都喜欢动物。没有一个生物是令人讨厌或令人厌恶的。蝮蛇有毒，不能养熟。毒狼蛛也有毒，特别是春季时，等等，青蛙是益虫，尤其是大青蛙——穿着绿色的衣裳，呱呱叫。"

父亲"不信教，只是在必要的时候才去教堂"；"他的个子**中等偏高**，肩很宽，有点驼背，手臂很长……我常常欣赏他把薄薄的外层玻璃片从桌上拿起来的情景，他一下子就从边上拿了起来，从不脱手，准确无误地放在正好的地方，很少失手。但是与此同时他经常磕着肩膀，衣服口袋被门把手挂住，撞着走道碰到的各种物体和墙体。他一撞到或被挂到，就会听到那句口头禅：'啊，见鬼！'鬼字常挂在他的嘴上。'真见鬼'，'有鬼'，'鬼才看见'，'鬼才碍事'——在各种情况下，以各种语调提起鬼"。

教授的女儿没有提到布尔加科夫的中篇小说《不祥的蛋》——我们觉得她记下的实际情况的平行事件更有深意。我们引用一下中篇小说中关于佩尔西科夫教授的片段："高个，有点驼背"；"只有鬼才知道！……""'把他撵走，见他妈的

第二章 在莫斯科的最初岁月

鬼去。'佩尔西科夫冷冷地说⋯⋯""当然,如果取半磅蛙卵⋯⋯恐怕到时⋯⋯见鬼,接近这个数⋯⋯""'都见他妈的鬼去!'佩尔西科夫厌恶地吼了一声⋯⋯""我什么茶也不喝⋯⋯都见鬼去⋯⋯""'鬼知道什么模样,'佩尔西科夫嘟囔道,'面目可憎,退化生物。'

'他的一只眼睛是不是玻璃的?'矮个子声音嘶哑地问道。

'鬼才知道。哦,不,不是玻璃的,他的两只眼睛一直东张西望'",等等。

1928年5月(写于1924年10月的中篇小说中的事件被改到这个日期),佩尔西科夫教授"正好58岁"——1924年秋写中篇小说时,谢韦尔佐夫也是这个岁数。正是喜欢把**准确的**原型细节搬到自己的文稿中的布尔加科夫那里的这样的细微巧合,有利于证实我们的猜测。

佩尔西科夫教授的助理叫彼得·斯捷潘诺维奇·伊万诺夫,谢韦尔佐夫的学生叫鲍里斯·斯捷潘诺维奇·马特维耶夫。我们在娜·阿·谢韦尔佐娃的描述中还发现了在动物博物馆居住的其他人:"楼下住着比较解剖学教研室和动物博物馆的工作人员,高级工作者、实验标本制作者菲利克斯和他的妻子、女儿,还有他的两个侄女和弟弟(他研究水族池里的蛙类、老鼠和其他供实验用的动物)。菲利克斯年纪大了,60岁左右,是个可敬的、所有人都尊重的老人。他身形瘦削,个头不高,留着花白的胡子,一头竖立着的花白头发,有点驼背,但是行动灵活,极负责任。他执行任务绝对准确和认真。阿列克谢·尼古拉耶维奇在生活中离不开菲利克斯。'娜塔什卡,跑下去叫一下菲利克斯。'"

《不祥的蛋》中提到1920年去世的"研究所无人接替的看门人——弗拉斯老头",接替他的是潘特拉特。中篇小说的主人公在生活中也离不开他,碰到任何困难,第一件事就是喊"潘特拉特!"谢韦尔佐夫教授也像佩尔西科夫教授一样,住在动物博物馆楼下,他的办公室在二楼——在博物馆之外。20年代时,年轻的加布里切夫斯基一家也在这个公寓住过,不管怎么说,布尔加科夫1925年12月31日就是在他们家迎接新年。但是完全有可能的是,他以前就来过这里,对知名学者、具有独特个性的谢韦尔佐夫的印象,在中篇小说中变为了现实。

我们再提醒一次,布尔加科夫现在加入的、已经搬到普列奇斯坚卡巷的圈子,与从俄国各个城市来到莫斯科的形形色色的、由于只是属于同一个文学工作间就关系密切的人所组成的"绿灯"圈或"汽笛报"圈不同。

他20年代中期遇到的受过全面教育、快乐、热爱生活,而且大都生活殷实的人,年轻时就是一个圈子的,他们接纳布尔加科夫加入其中,一些人乐意,另一些人则不太情愿,有点首都富裕环境出来的人的势利。可以推测,他对这个圈子后来的复杂态度也跟同这个圈子打交道的最初印象有关,尽管逐渐远离这个圈子的根源更复杂。

"他有点土气!"我们的一位交谈者回忆起半个世纪前的、未被时光磨灭的印象时,一字一顿地说。"就这样!他看到这样的人——已经成年,他有点妒忌,有时会**犯错**——由于自身的各种欠缺……三年前,我乘坐观光巴士游览基辅。我们路过

第二章 在莫斯科的最初岁月

一栋楼时,导游介绍说:'俄国伟大的作家布尔加科夫曾在这栋楼里住过。'我心想:'是伟大——在基辅!'

……还有,布尔加科夫是个不入流的人。有一次,我看见他和扎伊茨基都坐在桌旁。布尔加科夫坐的那张桌子——老是空着!您懂得——我说的不是智力,而是社交能力……他不善于跟人打交道。说白了,他是个不入流的人!亚历山德拉·谢尔盖耶夫娜·梁明娜讲,有一次他以为没人看见他,从口袋里掏出手帕擦鞋!……这里有个大问题,这样的行为在社交技巧中属于二流水平。有种卷烟的机器,上面写着'二流标准'。我不想说布尔加科夫是二流人,但跟这差不多。"布尔加科夫甚至连一丝丝这样的态度都感觉不到。

这个圈子的人相互喜欢,都喜欢"自己人"。谢·瓦·舍尔温斯基是这样向我们介绍亚历山德拉·谢尔盖耶夫娜·梁明娜的:"她很聪明,有分寸。她的娘家姓是普罗霍罗娃,父亲是弃商的古钱币学家。她很早就在新经济政策时期的莫斯科占据令人艳羡的地位——是政府的裁缝、真正的画家……她的地位很稳固。"我们要补充说明的是,她的裁缝铺在托普连尼科夫一家住的楼里。总的来说,缝纫事业在这样的日常生活中占据不小的地位——柳博芙·叶甫盖尼耶夫娜家保存下来一幅字谜画,她给我们这样破译的:"柳博奇卡·布尔加科娃是个好裁缝。"

熟知这个圈子的作者未署名的回忆录中解释说,《狗心》中"太太"的对白("'我发誓,教授,'太太嘟囔道,用颤抖的手指解开腰上的什么扣子,'这个莫里茨……'这是我最后一次放纵!")"与下述事实有关。迷人的亚历山德拉·谢尔盖耶夫娜·梁明娜、尼·尼·梁明的第一任妻子,当时疯狂爱上弗·埃·莫里茨,甩了自己的丈夫,跟莫里茨私奔了。同妻子和女儿住在奥斯托任卡街7号的莫里茨解除了自己的第一段婚姻关系,尼·尼·梁明1922年娶娜·阿·乌沙科娃为妻。米哈伊尔·阿法纳西耶维奇是在所有这些激动人心的事情发生之后来莫斯科的,但是街谈巷议还没有消停,莫里茨被大家认为是勾引者、易使女人钟爱的男子。"谢·瓦·舍尔温斯基说:"弗·埃·莫里茨出身于亚昆奇科夫家族的工厂主家庭。他的母亲是济娜伊达·瓦西里耶夫娜,娘家姓是亚昆奇科娃,她在儿子很小的时候就开始培养他的经商技能。他年少时就成为她手下的办公室主任,后来他瞧不起这一切,进入莫斯科大学语文学系学习……他在巴黎国际展览会上管理苏联展馆。

……伙食一般安排在梁明家里。为什么?首先,梁明本身是个聪明、耀眼的人物;其次,他有一位魅力四射的妻子;再次,他们很富有,这很重要!梁明是由律师戈连斯坦养大的,后者还把遗产留给了他(梁明是孤儿)。"

据娜·阿·乌沙科娃讲,她的曾祖父出身于坦波夫省的农民家庭,"打发儿子去投靠彼得堡的亲戚,亲戚家有自己的花场,给全城供货。祖父跟曾祖父一样,非常能干。他与主人家的小姐结婚,站稳了脚跟;他买了个庄园,赠给学生物学的儿子,即我的父亲阿布拉姆·阿布拉莫维奇·乌沙科夫,他毕业于彼得堡大学自然学系。1917年,父亲自己把庄园还给农民,那里有花园和森林(等于是花园)……1917年以前的时光中,

第二章 在莫斯科的最初岁月

我舍不得的就是庄园——那是真正的荒漠中的绿洲……"（保存下来的那个年代的一些质量不错的照片，记录了这个庄园主夏季生活场景中叶影斑驳、平平静静、后来完全失去精致的日常生活。）

她作为作家证实说："布尔加科夫对画家完全没有兴趣，对写生画以及一切画作都没有兴趣。完全没有品位。比如，我不会说，他对我家摆着的路易十六时期的家具不感兴趣。他经常白天来我们家做客——桌子摆在沙发前，沙发后面的墙上挂着萨普诺夫像，窗帘对着'假绅士'，他通常就坐在对面——以他对莫里哀的兴趣，这似乎应当能引起他的兴趣。但是他只是打趣我说：'你家的这幅画太糟糕了！'难道能让他感兴趣的，只是画上画的是谁……"

再说说这个圈子的另一个人——弗谢沃洛德·阿维洛夫（洛佳·阿维洛夫），他是利季娅·阿列克谢耶夫娜·阿维洛娃的儿子，曾与契诃夫关系密切，普列奇斯坚卡巷邻近的一条巷子——加加林巷——的居民（"阿尔巴特的巷子……加加林巷、西夫采夫-弗拉热克巷、弗拉西耶夫巷、阿法纳西耶夫巷、赫鲁晓夫巷……一头被阿尔巴特大街隔开的巷子，另一头有普列奇斯坚卡巷……加加林巷有一棵大椴树，每逢秋季就像一顶金色的帐篷长时间地罩着巷子。这里还有纳晓金和施泰因格尔的私邸……你怎么走进的不是普洛特尼科夫巷，而是平行的杰涅日内巷，就会怎么弄错，从列夫申巷出来，而不是从加加林巷出来。想离开时，你又会在莫吉利茨的安息大教堂周围迷路。"他的妻子 H. C. 阿维洛娃在自己写的未出版的回忆录《弗谢沃洛德·阿维洛夫——命运和时光》中如是描写这些地方。）他创作了无数关于莫斯科的诗（"心爱的莫斯科让我焦虑不安，在解冻用没有牙齿的嘴咀嚼潮湿的冬季的日子里，在屋顶上趴着闲躺了很久……""四月。春季的莫斯科！天空是那么的蓝，空气是那么的温柔！屋后，栅栏后，黏黏的树叶笑着……太太、小女孩和保姆从背阴的一侧走过。黑色的骏马疾驰而过，踩下深深的蹄印。房间里的钢琴音阶突然从窗户流淌出来。此情此景见过了一百次！心里早就珍之重之！……"）。他创作了《阿尔巴特箴言》，从记事本上朗读给朋友们听，朋友们喜欢在他位于加加林巷的房子里聚会。那些年，他娶了做女装的裁缝为妻（这个圈子的另一个女裁缝，好像他听从她的请求，保证她不受财政监察员欺负——以此为由也创作了诗："他梦中的缪斯，在我们的乌烟瘴气的日子里，成了劳动者和正当裁缝工会会员……"）。

众所周知，布宁也喜欢阿维洛夫年轻时创作的诗。20年代大学校友尼·尼·梁明介绍他与布尔加科夫相识时，他还在写诗，极力巩固整个这个圈子都存在的对处世态度的破坏（"在黑暗的街上，在没有刷漆的城墙的裂缝里，我的过去被消灭，希望被燃尽。我的整个灵魂成了焦土。我的所有愿望成了灰渣。阿尼亚！我和你是一路人。你是野女人，我是野男人！"）。

柳·叶·别洛泽尔斯卡娅的档案中保存下来一张诙谐的画。她1970年把它转交国家图书馆手稿部时，给我们讲了画上画的都是什么。"这是在洛佳·阿维洛夫家举办的晚会，时间大约是在1926年。背对观众的是主人，谢尔盖·托普列尼

第二章 在莫斯科的最初岁月

诺夫坐在钢琴前。左边是画家瓦西里·雅科夫列夫,那里还有两个不认识的女孩子,画得好像她们要把他撕成几半似的……布尔加科夫和梁明坐在地板上,辩论世界难题。我在这简陋的房子里往外看——就是说谁也没有注意到我。每个人都享受着自己的生活。我记得,大家谈论说会很隆重和盛大……没有的事。我非常喜欢这幅画……"

这个圈子里流行讲自己在莫斯科"幸福的"青春故事。H. C. 阿维洛娃回忆说:"我记得他(弗·米·阿维洛夫)讲的打牌赢了一笔的事,然后他就'在最好的裁缝那里从头到脚换了身新衣服,给自己印了名片,做了晚礼服'……这里有个有趣的插曲。这段插曲发生在我外祖父亚历山大·尼古拉耶维奇·斯梅茨基还健在时,他是个很有钱的人。他很会打牌!洛佳打牌时,发现自己的牌里有很好的赢钱组合。但是他没钱来下这么大的注。已经是深夜了,怎么办?大家都把牌封上,然后他坐车去住在奥斯托任卡的'狮子楼'(他的私宅顶上有个狮子雕像)。拉克伊·叶利费里自然不愿去叫醒外祖父。洛佳一直在坚持。谢天谢地,外祖父还没睡觉,自己走了出来。他得知原委后,二话没说给了他一大笔钱。真没想到外祖父会这样!他是个相当严厉并且脾气暴躁的人。一个他几乎不认识的20岁的小青年半夜把他吵醒……真是不多见的事!"

谢·瓦·舍尔温斯基回忆起普列奇斯坚卡和奥斯托任卡住户年轻时的事时给我们讲:"你们不知道,无所事事耗费了多少精力。人们也都这样说:'就这样,消磨时间。'现在我们用更准确的话语来说,那就是时间在消磨我们,不是吗?消磨时间……这可大有学问……"

但是对布尔加科夫来说，这些年来，作家圈里最有趣的交谈者几乎非作家谢·谢·扎伊茨基莫属。扎伊茨基从小就患上了严重的骨结核（这在1930年37岁时把他送进了坟墓），难看的驼背，据所有认识他的人回忆，他是他们圈子里活得最开心的人。翻译家、诗人谢尔盖·瓦西里耶维奇·舍尔温斯基给我们讲了一件非常有代表性的事（这件事娜·阿·乌沙科娃也记得）：扎伊茨基在普列奇斯坚卡走时，发现一个过路人死盯着自己这个衣着时髦的驼背人看。他当时打了个照面继续往前走，坐上电车赶到那个过路人前头。他从电车下来，又跟那个过路人打了个照面。他耍了两次这个小花招，弄得那个过路人完全不知所措。扎伊茨基自己讲这件事时，哈哈大笑说：难为情的不是他，是那个过路人。

扎伊茨基少年时在著名的波利瓦诺夫中学学习（然后他就娶了时任校长伊·利·波利瓦诺夫的女儿为妻）。他是普列奇斯坚卡真正的讴歌者，在莫斯科这个引人注目的地区定居的布尔加科夫现在掌握了它的地形和历史。扎伊茨基1914年就创作了青年诗作《普列奇斯坚卡》，开头几句是："普列奇斯坚卡，幸福的地方，你哺育了我们，就像母亲的摇篮"。1917年，他创作了《神经衰弱者》，热切地描述了普列奇斯坚卡和阿尔巴特的那些小巷，这些巷子不久后成了布尔加科夫创作的一部中篇小说的故事发生地。1924年，也就是他们认识的那一年，扎伊茨基作为散文家、惊险题材和讽刺地描写日常生活题材的大师已经有了名气。

第二章　在莫斯科的最初岁月

布尔加科夫同普列奇斯坚卡巷里住着好几个家庭的楼里的人也很熟络。那就是全莫斯科都知道的给屠格涅夫都治过病的主任医师瓦西里·德米特里耶维奇·舍尔温斯基的楼。他的这栋私有楼房是 1918 年认证归他终生拥有的。他把楼里的房子租给雅·列·列昂季耶夫、多尔戈鲁基公爵的后代——儿童作家 B. H. 多尔戈鲁科夫（弗拉基米罗夫）。这里还住着著名的出版活动家、高尔基的亲密战友亚历山大·尼古拉耶维奇·吉洪诺夫以及医生安德烈·安德烈耶维奇·阿伦特（在普希金病危时当过他的御医的阿伦特的后代）和他的妻子。普列奇斯坚卡这个圈子的人对布尔加科夫很友好，一直到 20 世纪 30 年代初，都是他朗读新作品时的铁杆听众。例如，布尔加科夫终生同阿伦特家族保持着友好关系。但是他同谢尔盖·瓦西里耶维奇·舍尔温斯基关系不好——因为文学创作方面的小事。这个事，舍尔温斯基给我们讲过："他给我们朗读完《白卫军》时，我跟他说：ّ您知道，您那里有一个人物的姓跟我父亲的姓一样。请您换一下，哪怕是换一个字母。'但是他拒绝了。"这导致关系破裂……

……早已在被太阳烤焦了的北高加索山麓下，在弗拉季高加索和梯弗里斯的大街上，在巴图姆的码头上抖落基辅街道灰尘的基辅人，初到莫斯科不可能不重新感到自己是基辅人：人们是这样看待他的，并且想这样看待他。他开始在莫斯科的曲折生活中改变自己，决定成为比土生土长的莫斯科人更厉害的莫斯科人，成为莫斯科及其楼房、街道和巷道的讴歌者。

摆渡·传记

[俄] 玛丽埃塔·丘达科娃 —— 著

李晓萌 戚炳惠 王昕然 —— 译

Marietta Chudakova

Жизнеопнсание
Михаила
Булгакова

布尔加科夫传

（下）

中央编译出版社
Central Compilation & Translation Press

第三章　创作剧本的五年
（1925—1929 年）

一

布尔加科夫一生中最"戏剧"的五年，就像他亲笔写的便函中所说的那样，始于 1925 年 1 月 19 日"动笔草拟"《白卫军》剧本。

新年的头几个月，刊有长篇小说《白卫军》开头的《俄国》杂志第 4 期面世，下一期开始勘正，连载续篇。2 月，刊有中篇小说《不祥的蛋》（这部中篇小说几乎同时被刊载——最初以《红色的光》为名刊载在《红色全景》周刊上）的《深处》丛刊第 6 期面世。丢开剧本的布尔加科夫，全身心投入到也是为《深处》丛刊准备的新的中篇小说的写作中。小说的手稿中注明了时间："1925 年 1—3 月"。但是，2 月 14 日《深处》的撰稿员鲍·列·列昂季耶夫就给他寄来一张明信片，告知说，尼·谢·安卡尔斯基请他"星期日即 2 月 15 日晚 7 时参加文学作品朗读会。请随身带上《狗心》的手稿并在会上朗读。尼古拉·谢苗诺维奇期待您偕夫人光临"。这次朗读会——从安卡尔斯基的后续行为看,他在这次朗读会上喜欢上了这部中篇小说——后没几天,鲍·列昂季耶夫又给布尔加科夫寄来一张明信片:"亲爱的米哈伊尔·阿法纳西耶维奇,赶紧、竭尽全力给我们提供您的中篇小说《狗心》。尼古拉·谢苗诺维奇大约两三周后出国,我们可能来不及让图书出版总局批准这部作品。他不在的话,事情未必能办成。如果您不想把作品拖到秋季,就抓紧,抓紧。"

布尔加科夫在安卡尔斯基那里可能是用初稿朗读的,现在正加紧赶工(可能已经考虑了安卡尔斯基以及其他听众的意见),准备翻印。

3月7日,布尔加科夫在"尼基季娜家星期六活动小组"朗读了这部中篇小说的第一部分。这次朗读会他是带着柳博芙·叶甫盖尼耶夫娜一起去的。来参加活动的45人中,有米·科济列夫和阿·弗拉基米罗娃,索菲亚·帕尔诺克,弗·利金和薇拉·因贝尔。3月21日,他朗读了第二部分。在这次朗读会上,一位听众——М. Я. 施奈德说了相当重要的话:"这是第一部敢于保持本真的文学作品。是时候说出对发生的事情的态度了。"他注意到"完全地道和干净利落的俄语"后,说这是"超额完成自己任务的作者的力量"。

尤·尼·波捷欣谈到布尔加科夫在文学进程中的地位,谈到这部中篇小说的解释力:"米哈伊尔·阿法纳西耶维奇的幻想与日常怪诞现象有机联系在一起。这种幻想具有特殊的力量和说服力。许多人都能在日常生活中感受到沙里科夫的存在。"

第三章 创作剧本的五年（1925—1929年）

1923年8月从柏林回到莫斯科的波捷欣责怪了莫斯科的文学家们，说他们好几年没有注意到这样的作家，他们委屈地为自己辩解。

"才华横溢的作品，"伊·尼·罗扎诺夫讨论时这样说。可能就在此后不久，他就为自己的《当代文学指南》填写了布尔加科夫的名片："米哈伊尔·阿法纳西耶维奇·布尔加科夫，当代小说家，拥有出色的讽刺天赋。《袖口杂记》中幽默地反映了俄国文学家在饥荒年代的生活。优秀的中篇小说有《白卫军》、《不祥的蛋》和《狗心》。后两本小说使用的是斯威夫特式的幻想。"编者亲手在卡片上标出自己在《指南》中为这个名字预留的篇幅——5页。正如我们后来看到的那样，这些篇幅付印，布尔加科夫也应当没有看到，因为卡片保存在伊·尼·罗扎诺夫的家庭档案馆中。卡片作为1925年春权威文学专家接受布尔加科夫创作的瞬时快照，很是引人注目。

不管是中篇小说《狗心》的作者自己还是他的一些听众，都感到处于更广泛地构思叙述现实的前夕。凭他们的能力来落实这样的作品，很快就被推迟到几年之后。

与此同时，对他在年初出版的作品的书评接踵而来。马·沃洛申1925年3月25日从科克捷别利给安卡尔斯基写信说："感谢《深处》丛刊第6期和你们的出版物。我一个多月以前就收到了……非常遗憾的是，您仍未决定出版《白卫军》，尤其是在《俄国》杂志上读过其片段后，更觉遗憾。在印刷品上读作品比在手稿上读更清楚……第二次阅读时，这部作品给我的印象是非常大气和独特。作为新作家的处女作，它只可与托尔斯泰和陀思妥耶夫斯基的处女作相提并论。"

安卡尔斯基4月20日给他回信说:"布尔加科夫读了您对他的评语,感到**非常**高兴。我不同意您对他的长篇小说的评价:长篇小说差点,讽刺性的短篇小说很好,但是让它们通过书报检查很难。我不确定他新写的短篇小说《狗心》能否通过。总的来说,文学作品通过率很低。书报检查机关没有贯彻党的路线。"布尔加科夫5月2日确实收到了鲍·列昂季耶夫的来信,安卡尔斯基通过他转达说,中篇小说春季不能出版,因为5月要出版《魔障》集子,他建议布尔加科夫作个选择——要么把集子推迟到秋季出版,要么在《深处》丛刊第8期(而不是已付印的第7期)上刊载《狗心》。"书报检查机关还在慢腾腾地审核手稿。"列昂季耶夫写道,但是他并没有表现出暂时的不安。那天尼·谢·安卡尔斯基去国外出差。但是5月21日列昂季耶夫就给布尔加科夫写了一封完全绝望的信:"亲爱的米哈伊尔·阿法纳西耶维奇,给您寄去《袖口杂记》①和《狗心》。您随便怎么处置吧。图书出版总局的萨雷切夫称,《狗心》不值得誊清。'整部作品都不行'或'如此种种'。"

但是,尼·谢·安卡尔斯基对这部中篇小说有自己毫不动摇的看法,他暂时不打算放弃。他收到编辑部对萨雷切夫的裁决报告后,决定采取一些新措施拯救这部中篇小说。于是列昂季耶夫不久后(信上没有标注时间)给布尔加科夫写信说:

---

① 因此,三年内全文出版也未能实现。

第三章 创作剧本的五年（1925—1929 年）

"亲爱的、尊敬的米哈伊尔·阿法纳西耶维奇，尼古拉·谢苗诺维奇给我来信，信中请您做以下事情：立即把修改后的《狗心》书稿寄给在博尔若姆的列·波·加米涅夫，他在休假时要通读。两周后他会回到莫斯科，到时就用不着干这个了。同时要寄上作者声泪俱下的、说明种种痛苦①的附函，等等，等等。做这些事情要经过我们……赶紧！"这封信可能深深打动了布尔加科夫，"作者"一词，他给重重地划上两种颜色的着重线，"声泪俱下的"——划上四种颜色的着重线，外带两个感叹号。布尔加科夫显然没弄明白，为什么信要由作者来写，而不是由支持中篇小说的编者写，他无论如何也不能把自己想象成"声泪俱下的"书信的作者。

于是他没有把手稿寄到博尔若姆去，而是开始等待安卡尔斯基回国——就像我们后来看到的那样，这些情况列昂季耶夫后续的信呈现了出来。布尔加科夫自己 6 月十几号出发去了科克捷别利。

但是，我们回过头来看看那年春季的情况。

当时刊载长篇小说《白卫军》的杂志②的编辑心态积极，尽管他的处境明显复杂了。这两种情况，通过他 1925 年 3 月 11 日给常驻记者 Н. В. 乌斯特里亚洛夫的信可以清楚地看到："由于我无法左右的原因，我们的杂志第 5 期推迟面世，哎！在 3 月底才面世。不过，我希望第 5 期和第 6 期的间隔能大大缩短。第 6 期的各种编辑准备工作正在全力进行。第 6 期献给

---

① 也就是说，已有不少列昂季耶夫的信中没有反映的痛苦。
② 指《俄国》杂志。——译者注

3月底即将到期的杂志成立三周年:1922年3月,列宁格勒①的《新俄国》杂志第1期在我们这里面世。纪念日时,我们会在3月底举办公开的大型文学晚会,展示莫斯科现有的一切力量。晚会的编辑和组织工作多死了,——这没什么,只是担心,所有的工作会不会白做,晚会能不能被批准,尽管我们把它筹划得低调得不能再低调:我们集中关注文化问题——社会哲学方面的文化问题,压根不提政治问题。这些报告由一个科来落实,另两个科落实作者和艺术剧院演员朗读的小说和诗歌。"

在我们认定写于1925年3月29日的信中,伊·列日涅夫给布尔加科夫写道:"亲爱的米哈伊尔·阿法纳西耶维奇!给您寄去长篇小说第三部分的清样②。恳请您从您随便什么时候写的东西中选取篇幅不长、文采突出的片段,在庆祝杂志成立三周年的晚会上朗读。今天即星期日7点整,在我们的波良卡几个作者要朗读为晚会选好的片段。诚挚邀请柳博芙·叶甫盖尼耶夫娜和您晚上来我们这里参加预先朗读,请您随身携带您打算朗读的片段。请注意,晚会的主题是俄国和《俄国》杂志。如果朗读的内容哪怕是间接契合主题,也很好。

如果今天能读完寄去的清样,请把它也带来。向柳博芙·叶甫盖尼耶夫娜问好。恭候二位光临。您的伊·**列日涅夫**"。

4月4日的《莫斯科晚报》上题为《〈俄国〉杂志三周年》的简讯报道说:"4月6日,周一,工会大厦圆柱厅将举办《俄国》杂志成立三周年晚会。

---

① 原文有误,此处改为彼得格勒。——译者注
② 这是《俄国》杂志第5期的最后一批清样——第三部分的开头。

第三章　创作剧本的五年（1925—1929年）

发言者有安德烈·别雷、伊·列日涅夫、弗·博戈拉兹（唐）和M.斯托利亚罗夫。卡恰洛夫、卢日斯基、莫斯克温、契诃夫、季基、扎瓦茨基和作者们——安德烈·别雷、帕·安托科利斯基、米·布尔加科夫、鲍·帕斯捷尔纳克、德·彼得罗夫斯基和奥·福尔什——朗读小说和诗歌。"

几天后，出现了有所保留、带有讽刺语气的报刊总结：《俄国》杂志谈俄国（圆柱厅举办的庆祝《俄国》杂志成立三周年晚会）。

"甚至很难相信，在三个小时内可以连续出现这么多次'俄国'这个词。在这种'俄国'洪流中捕捉显示区别的引号的尝试，从一开始就注定要失败。显然，只有一些'俄国人'才明白（但愿明白），在他们那里，带引号的'俄国'在哪里结束，不带引号的'俄国'在哪里开始。

唐–博戈拉兹那里进展相对顺利。他说：'我们的杂志是小事业；不是杂志，而是小刊物，而且才三年——时间不是很长，但是是在它不得不在一月当作一年的条件下发展。'……

'历史的长河穿过我们而流淌，'列日涅夫说，'要知道我们只是人类。'

原来，我们'累了'，'尝尽苦头（冻土豆，等等）'。'这就是我们'毫无疑问的'悲剧'。

但是列日涅夫并没有灰心。前面是广阔前景。'我们'不仅是'终结者'，而且还是'铺路人'。列日涅夫认为，人类如今的机械联合应当被有机联合所取代，而且俄国在这种'有机联合'里所扮演的角色不是其中的某根手指或某只耳朵，而是(提高一些!)'神经系统'。俄国(不清楚是带引号的还是不带引号的)面临着履行'世界知识分子'的功能。恰好。

'但是谁能带领俄国走向如此荣耀的未来,'列日涅夫问道,'共产主义者还是我们?同路人?'(哈哈!)立即就能给出对这个问题的回答:'既是他们,也是我们。'

据说俄国有1.3亿人,如果其中一个人给其余所有人赋予某种特色,那么这个时候就会发生反向过程(所有这一切都是对的。只是是谁告诉列日涅夫说,他的'我们'等于其余所有人)。

安德烈·别雷引经据典,仔细认真。对陀思妥耶夫斯基、普希金、涅克拉索夫和布洛克关于俄国的观点了如指掌。总的结论是:'你又贫穷,你又富饶;你又强大,你又衰弱,俄罗斯母亲!'

别雷以个人的名义宣布,在'俄罗斯'(pppyccc)的和音里可以听到力量和光明。看见了吗,在'俄罗'(ppp)中可以听到力量,在'斯'(ccc)中可以听到光明。趣味横生。"

"最后一个发言的'俄国人'是斯托利亚罗夫,"报纸继续写道,"他'理解'当今的俄国是分裂的,而且得出这样的结论:它的一半是'亚洲的,政治上和经济上都很穷',在他看来,可能是更加美好的另'一半'前面的'堆积物',阻碍后者前进。'俄国'的任务是想方设法促进这两半结合(为此,'坏的'一半可能应该不再充当挡在'好的'一半前面的堆积物)。斯托利亚罗夫认为,为此,必须反对'一切狭隘的、形式主义的和乌托邦的东西'。"

第三章 创作剧本的五年（1925—1929年）

在所有这些妙趣横生的报告中，特别要记住其中引用的一些引文，例如，"高傲的骏马，你奔向何处？你在何处落下你的马蹄？"或"你想要什么，罗斯？"总结中没有提到布尔加科夫的名字。

4月7日的《莫斯科晚报》上刊登的题目为《也是〈俄国〉》的总结，开头也是讽刺语气："'俄国'现在多得不得了"，但是结尾带着威胁口吻："公民列日涅夫，不要耍手腕！这从各个方面看都是冒险之举！"

在冬季临近结束的一天，布尔加科夫来到位于大花园街的房子，给塔季扬娜·尼古拉耶夫娜带来了刊载长篇小说《白卫军》开头的《俄国》杂志。她读了第一页——"献给柳博芙·叶甫盖尼耶夫娜·别洛泽尔斯卡娅。"许多年后，她给我们讲："我对他说，'我还是很惊讶，就好像所有这一切都是我们一起经历的……你写作时，我一直坐在你身旁，给你烧开水。一夜一夜地等你……'他对我说：'她让我这么写的。外人我不能拒绝，自己人——我可以拒绝……''好吧，那就收起你的书吧。'"她压根不想表现得不自然，没有忍住，把杂志扔到了布尔加科夫脚下。

4月3日，布尔加科夫收到用莫斯科艺术剧院工作室公文用纸书写的便函："尊敬的米哈伊尔·阿法纳西耶维奇！非常想与您相识，商讨一系列我感兴趣、您可能也好奇的事务。"——提议见面。见面时才弄明白，莫斯科艺术剧院的一位导演对《俄国》杂志上刊载的长篇小说《白卫军》的开头非常感兴趣，认为可用做剧本素材。

4月25日,《俄国》杂志编辑伊·列日涅夫在信中请他29日来商讨一系列事务,其中有如下事务:"(2)希望我到时有第5期的第一批样本;(3)我需要长篇小说的结局,开展下一步工作;(4)应当谈一谈我们在作家中进行调查的调查表,我们将刊登在第6期①上。您自己应该明白,所有这些事情都要您亲自到场。恳请不要为难,这一次要守时。"

同一天,尤·尼·波捷欣给他来信,"提醒'绿灯'的事",信的结尾有这样几个词:"致敬。恭候。"我们认为,这里说的是尚未熄灭的"绿灯"小组的例行会议。这次可能是在波捷欣本人(他是不是就在那时朗读了自己的系列短篇小说《莫斯科之夜》?鲍·弗·戈尔伦格回忆过这次朗读会)的家里举行。

1925年4月30日,布尔加科夫与柳·叶·别洛泽尔斯卡娅登记结婚,他的记工册(这个在档案中保存了下来)上对此做了相应签注。两人过得很开心。妻子写的关于君士坦丁堡和巴黎的才华横溢的短篇小说激发了他的想象力。他们一起写作了喜剧《源自法国生活》——《白黏土》(柳·别洛泽尔斯卡娅)。

5月2日,与布尔加科夫还保持着友谊的瓦连京·卡塔耶夫送给他一本刚出版的短篇小说集《懒汉爱德华》(1925年列宁格勒版):"致亲爱的米哈伊尔·阿法纳西耶维奇·布尔加科夫,友谊长存。多产的瓦柳恩。"5月15日庆祝自己34岁生日的布尔加科夫还没有出版过一本书,但是眼看就要盼到《魔

---

① 也就是打算刊登《白卫军》结局的那一期。

第三章 创作剧本的五年（1925—1929年）

障》集子的出版。

布尔加科夫5月10日给沃洛申写信说："尊敬的马克西米利安·亚历山德罗维奇①，尼·谢·安卡尔斯基转给我您邀请我去科克捷别利的请柬。非常感谢您，给我写封短信，我和妻子7—8月能否在您的别墅住一个单独的房间。非常高兴去拜访您。请接受我的祝愿。米·**布尔加科夫**。"当时他还住在奥布霍夫巷（9号楼4号公寓）。

6月1日，马·沃洛申寄的明信片到了，同意在科克捷别利的别墅接待布尔加科夫和妻子，于是他们开始收拾行李。6月7日，伊·列日涅夫给布尔加科夫写了一封既温柔又略带责备的信（正如我们后来看到的那样——可能是最后一封用这样的语气写的信）："亲爱的米哈伊尔·阿法纳西耶维奇！您把《俄国》杂志完全给忘了。早就该付排第6期的材料，要付排《白卫军》的结局，但是您还没有把手稿拿来。恳请不要再拖这件事情。……您术后感觉如何？"间接资料表明，布尔加科夫那天就交了《白卫军》结局的手稿（就是说，结局和剧本同时写完的——对两部作品的创作史来说，这都是相当重要的事实），不久后去了科克捷别利。

在那里，他与沃洛申——恐怕比任何人对布尔加科夫的处女作的评价都高的人——相识。

那年夏天，那里去了作家索菲亚·费多尔琴科和丈夫，加布里切夫斯基夫妇。据娜·阿·谢韦尔佐娃（加布里切夫斯卡

---

① 我们注意到，称呼表明，两人还不熟，由此可见，布尔加科夫还没有去过科克捷别利，尽管一些回忆者——真的没有把握——说过更早的旅行。

娅）回忆，亚历山大·格奥尔吉耶维奇·加布里切夫斯基与布尔加科夫"关系不错，多次见面，在沙滩上聊天打发时间"。

大伙玩猜字谜游戏，字谜通常由布尔加科夫来编。多年后，沃洛申博物馆研究员弗拉·库普琴科根据沃洛申别墅当时的女住户的讲述记下了其中一个字谜："**尼布甲尼撒**：第一幕——小酒馆，有人在桌子上跳舞，动刀子打架（表演的是前六个字母）。布尔加科夫导演，妻子柳博奇卡表演。告密（场景没有记下来）。然后马鲁夏（沃洛申的妻子玛丽亚·斯捷潘诺维奇）走出来喊道：又有人乱扔垃圾：吵吵嚷嚷！然后裹着床单的马克思①出现——突然大叫一声，四肢着地，开始贪婪地吃草（即著名史实尼布甲尼撒癫狂）。"

安·奥斯特罗乌莫瓦-列别杰娃给晒得黝黑、包着头巾的布尔加科夫画像（他摆出给妻子口述《白卫军》剧本的姿势）。无疑在莫斯科就与布尔加科夫相识的列·列昂诺夫和妻子，也住在那里，但是就像娜·阿·谢韦尔佐娃意味深长地指出的那样，他们"关系不好"。尽管如此，他们从科克捷别利一起离开，回了莫斯科。

他们在那里没有待多长时间——大概没超过三个多星期。离开前即7月5日，马克思·沃洛申赠给布尔加科夫自己的一幅水彩画，并题了有重要意义的题词："赠予亲爱的米哈伊尔·阿法纳西耶维奇、刻画出俄国内乱本质第一人，致以深切的爱。"

---

① 指马克西米利安·沃洛申。——译者注

第三章 创作剧本的五年（1925—1929 年）

7月7日，柳博芙·叶甫盖尼耶夫娜在洛佐瓦亚车站（哈尔科夫附近）写了一张明信片："我们来了一趟很棒的旅行，没有特别的奇遇。颠簸得不是很厉害。在雅尔塔住了一宿，参观了契诃夫故居。我们坐汽车到塞瓦斯托波尔①。列昂诺夫两口子在最后一刻被大海吓着了。"布尔加科夫附言："讨厌待在车站。向所有人问好。"

在莫斯科，等待布尔加科夫的可能是已经出版的《魔障》集子——因为给娜·阿·乌沙科娃和尼·尼·梁明的赠言署的日期是7月18日。

7月底或8月初，布尔加科夫给《东方曙光报》莫斯科编辑部投了一篇短篇小说——很可能是《蟑螂》（这篇短篇小说发表于1925年8月25日）。

8月15日，《红色全景》上刊载了《青年医生手记》中的第一篇短篇小说《钢铁般的喉咙》。接下来的日子，《红色报》刊登了描写日常生活和道德的系列小品文《克里米亚游记》。8月24日，"土地和工厂"出版社领导弗拉基米尔·伊万诺维奇·纳尔布特同他签订了协议，出版此前不久刊载在《前夜报》上、篇幅不大的讽刺性惊险长篇小说《紫红岛》。"深处"出版社出版了《不祥的蛋》的单行本。

但主要的是，8月，《白卫军》剧本写作完成。8月31日，伊·苏达科夫导演预告，预定在斯坦尼斯拉夫斯基出席时朗读剧本。

---

① 可能是从那里坐火车回莫斯科。

我们注意到，在这封便函里，苏达科夫还称呼布尔加科夫为"米哈伊尔·列昂季耶维奇"，这自然让我们想起后来《剧院情史》中马克苏多夫和伊万·瓦西里耶维奇交谈的场景。

就在那几天，为发表中篇小说《狗心》所做的尝试都失败了，这成了不能顺利发表散文的预兆，也成为接下来几年转向戏剧舞台的信号。

鲍·列昂季耶夫在未标明日期（大概是夏末）的信中通知布尔加科夫说："尊敬的米哈伊尔·阿法纳西耶维奇，尼古拉·谢苗诺维奇已返回莫斯科。请您尽快把《狗心》的手稿寄给我们。我们设法让它获批。只是要快。您的鲍里·列昂季耶夫。又及：如果作品有什么事，请尽快告知（就是说，他已经有段时间没有从布尔加科夫处获悉他在出版事务方面的消息了）。"

就这样，从国外回来的安卡尔斯基大概在夏末立即着手掌控手稿的命运，他决定向也已返回莫斯科的大人物求助。通过便函可以看出，他希望能成。

列昂季耶夫1925年9月11日告诉布尔加科夫说："您的中篇小说《狗心》，列·波·加米涅夫已返还给我们。应尼古拉·谢苗诺维奇的请求，他通读了它，并给出了自己的意见：'这是对现实的尖锐抨击，无论如何不能出版。'

当然，不能把两三页最尖锐的内容看得很重，它们未必能改变加米涅夫这样的人物的什么观点。我们觉得，还是您不愿意提供之前的修改稿①，在这里起了令人伤心的作用。"

---

① 就是说，布尔加科夫可能春季就根据安卡尔斯基的意见缓和了文稿的语气，但是后来他就不想交出以这种不是完全让他乐意的方式修改的手稿供朗读。

第三章 创作剧本的五年(1925—1929 年)

正如我们看到的那样,尽管编辑部试图以令人不快的方式把未能出版的过错推到作者身上,但是毫无疑问的是,不管是安卡尔斯基还是列昂季耶夫,确实都对事情的结局感到伤心。这部中篇小说出版的事就此沉寂了好几个月。

事态变复杂始于莫斯科艺术剧院。但是首先要提的是,9月初同第二家剧院——从莫斯科艺术剧院工作室发展起来的瓦赫坦戈夫剧院——建立的联系。9 月 16 日,该剧院经理处成员和主演瓦·库扎给布尔加科夫寄来预付款,并预告说,康复后在剧院等他来签关于剧本《佐娅的住宅》的协议。

关于《白卫军》剧本,意见不一致。一方面,伊·雅·苏达科夫通过便函通知布尔加科夫说:"安·瓦·卢那察尔斯基通读了三幕剧后对瓦·瓦·卢日斯基说,剧本非常好,没有发现上演有什么障碍。"但在布尔加科夫编纂的画册中,在他贴便函处,贴了他从《戏剧发展之路》集子中亲手摘录的那一页引用了 1927 年 5 月党关于联共(布)中央委员会宣传鼓动部下属剧院问题的会议速记记录中卢那察尔斯基的如下话语:"……关于《图尔宾一家的日子》,我给艺术剧院写过信,我在信中说,我认为这个剧本庸俗,建议不要让它上演……"实际上,他 1925 年 10 月 12 日读完剧本后给剧院写信说,没有发现"其中从政治角度看有任何不妥"(这与苏达科夫的总结吻合——"没有发现上演有什么障碍"),但是他讲了自己的"个人意见":"我认为布尔加科夫是个非常有天赋的人,但是他的这个剧本特别平庸……"(载于安·斯梅良斯基的《艺术剧院时期的米哈伊尔·布尔加科夫》一书,1986 年莫斯科版,第63—64页）对这个剧本的态度，不管是在剧院外还是在剧院内，都明显很复杂。对此的众多证据之一是：布尔加科夫1925年10月15日给瓦·瓦·卢日斯基写的最后通牒信，他在信中向剧院提出了自己的条件——毫无疑问，剧本通过有两个经理、行政机构、演员中存在两个敌对团体的剧院这座迷宫——总之，就是通过十年后在《剧院情史》中怪诞地、清晰地呈现出来的剧院机制的复杂制度——"过审"所产生的波折已经让我筋疲力尽。

布尔加科夫提出的条件是：

"1. 只能在当年的演出季（1926年3月）在大舞台上上演。

2. 可作修改，但不能彻底破坏剧本的核心思想。如果剧院认为这些条件不可接受，那么请允许我认为这是对《白卫军》剧本处于自由身表示否决。"那年秋季，同《俄国》杂志发生了纠纷，该杂志本应在第6期上刊登完长篇小说《白卫军》。而大概在10月中旬，杂志彻底办不下去了，出版人卡冈斯基去了国外，没给布尔加科夫付稿费，而列日涅夫又拒绝给他返还长篇小说的结局文稿。布尔加科夫1925年10月26日给全俄作家协会冲突调解委员会递交申请，说明了此事："《俄国》杂志编辑伊赛·格里戈里耶维奇·列日涅夫在'俄国'出版社倒闭后，把我的长篇小说《白卫军》的结局文稿扣留在手上，不返还给我，对此他没有任何权利。请求冲突调解委员会查清《白卫军》在列日涅夫手上刊载一案，维护我的利益。"我们知道，11月4日布尔加科夫应邀去委员会"就自己上诉的

第三章　创作剧本的五年（1925—1929 年）

案件录了口供"（通知书由作家联盟时任秘书安德烈·索博利签署；他可能也参与了调查工作）。

可以想象，布尔加科夫那些天以什么样的感受读完了拥有不小权力的官方人士——把中篇小说《不祥的蛋》十分正式地带出国，帮忙把它翻译出来的乌曼斯基——1925 年 11 月 10 日的来信："我在去维也纳的途中把您的中篇小说又读了一遍，其内容可能会被解读得对苏联不利，**我改变主意了**（！）：依我看，犯不着在苏联境外用外语出版它！讽刺作品理应用最谨慎的态度对待！**不是这样吗？**"① 这里值得注意的是，写信者对中篇小说作者的感受和思想的盲目无知——他呼吁布尔加科夫来当同谋者，对自己的讽刺作品如此发表意见！我们以后会看到，生活还会不止一次地让布尔加科夫碰到完全说外行话的人。

韦列萨耶夫在 1925 年 9 月 28 日给布尔加科夫的热情的信中表示自己愿意帮忙，他写道："……您明白吧，我这么做完全不是为了您个人，而是想保护您作为载体的哪怕不太强的艺术力……鉴于现在针对您的整治，得知下面这个信息您会很高兴：高尔基（我夏天收到了他的信）非常重视和珍视您。"不久后即 10 月 10 号，布尔加科夫收到"圈子"出版社的信，请他去拜访亚·尼·吉洪诺夫——经常与高尔基联系的吉洪诺夫可能产生了出版布尔加科夫的散文的想法。

布尔加科夫那几天收到了分发给全俄作家协会会员的信：

---

① 黑体是我们加的。

"全俄作家协会管委会莫斯科分会决定在今年11月1日'赫尔岑故居'隆重开馆之际，筹办反映本协会莫斯科作家革命年代创作成果的文学作品展。展览委员会请您10月20日之前提交您的画像、签名和1917—1925年间出版的作品（尽可能提交所有作品）。"展览委员会（尼·谢·阿舒金、德·德·布拉戈伊、阿·伊·斯维尔斯基、安·米·索博利和阿·马·埃弗罗斯）让把材料寄到"'赫尔岑故居'的地址，寄给图书馆馆长德·德·布拉戈伊或'赫尔岑故居'主任阿·伊·斯维尔斯基"。

布尔加科夫1925年10月18日写的回信，值得注意。

尊敬的同志们：

寄上《魔障》，作为对贵方邀请参加文学作品展的回复。

至于我的画像：

不管是在俄国文学领域还是在别的什么领域，都不怎么特别出名，自觉展出我的画像让公众参观——为时过早。

再说我也没有画像。

尊敬你们的米·布尔加科夫

那几个月——9月、10月和11月——布尔加科夫加紧工作，修改并压缩剧本，同时不断调整与剧院形成的复杂关系：这对他来说还是头一遭，可能很耗神。11月24日，小说家索

第三章 创作剧本的五年（1925—1929 年）

菲亚·费多尔琴科——在科克捷别利结识（或巩固关系）的一个熟人——发便函邀请他参加自己的作者朗读会。他当天就给她写了回信，顺带说了几句自己的近况："我淹没在名字响亮的剧本中。给我留下一个可以而且会以这个剧本的免费附件的形式演示出来的阴影。"

我们认为，这指的是《白卫军》，但是就在那时即年底前，第二个剧本——《佐娅的住宅》——也令人吃惊地写完了。据在《汽笛报》时就认识布尔加科夫的作家列夫·斯拉温回忆说，剧本作者告诉他说："这不是我写的《佐娅的住宅》——这是库扎握着我的手在墨水瓶里蘸墨水，借我的手写的。"这不无用意。

12 月 15 日晚在布尔加科夫家，瓦赫坦戈夫剧院导演阿·德·波波夫和瓦·瓦·库扎积极商谈将来上演事宜。

据娜塔利娅·乌沙科娃回忆，布尔加科夫和她们一伙迎接的 1926 年新年，"好像是在加布里切夫斯基家"。枞树上挂着画——客人们的画像。娜·乌沙科娃的档案里保存下来一张用钢笔和水彩画的线穿起来（为了挂起来）的小画——布尔加科夫的漫画式画像，他眼神忧郁。画像下面的题字是——"马卡正在回忆科克捷别利的人。""他非常不喜欢科克捷别利！"娜·乌沙科娃边给我们解释这幅画，边笑着回忆说。"马卡"这个小名沾柳博芙·叶甫盖尼耶夫娜的好运，在"普列奇斯坚卡"的圈子里牢牢地安在布尔加科夫身上。

1926 年 1 月 1 日，瓦赫坦戈夫剧院签了关于剧本《佐娅的住宅》的协议，11 日中午 12 时，布尔加科夫在剧院朗读这个剧本。瓦·瓦·库扎给他写便函说："祝贺您,并代表全工作室人员感谢您。剧本获得一致通过。"

后来,在剧本(无数次尝试把它发表在本国刊物上,直到1982年才成功发表在《当代戏剧》第2期上,发表者:维·古德科娃)的女主人公身上看到了当时各种各样的女主人公的影子。柳·叶·别洛泽尔斯卡娅说,是以裁缝店为幌子经营赌窝的佐娅·布亚利斯卡娅,其他人认为是马里延戈夫在回忆录《没有谎言的爱情故事》(1927年莫斯科版)中描写的佐娅·彼得罗夫娜·沙托娃。布尔加科夫住34号公寓时的年轻邻居弗·列夫申则在另一种人群中寻找原型——他写出了佐伊卡与画家雅库洛夫(他的工作室就在大花园街的那栋楼里)的妻子娜塔利娅·尤利耶夫娜·希夫的相似之处——"身材异常好,鹰钩鼻,不太对称、总的来说远称不上可爱的脸蛋"(在《剧院情史》中,构思第二个剧本的马克苏多夫仿佛看到了"脸蛋不太对称的女人")。文艺学家罗·达·季缅奇克根据彼得堡文学—歌舞表演餐厅创始人鲍·康·普罗宁女儿的口述,告诉我们说,他们家认为:《佐娅的住宅》中描绘的是普罗宁在莫斯科大莫尔恰诺夫卡街上的"阁楼"(中国人也去过的表演俱乐部,普罗宁因此于1926年被流放……)。

那些天,把布尔加科夫与寄希望获得作家—小说家名誉的时期连接在一起的另一条线断了:"深处"出版社1月4日通知他说,中篇小说《不祥的蛋》"处于自由身",计划出版的单行本泡汤了。可能是受前段时间出版后不久就被没收的《魔障》集子处境的影响。生活坚定地把布尔加科夫推上创作剧本

第三章 创作剧本的五年（1925—1929 年）

之路。眼下生活还是很美好的。修改后的《白卫军》剧本，莫斯科艺术剧院经理处很满意。从 2 月 24 日起，彩排一直不断。

最终，1926 年 1 月 30 日，小剧院与布尔加科夫签订了关于剧本《紫红岛》的协议，他必须于 6 月 15 日前交稿，如果剧本未获准上演，那么布尔加科夫就要提供根据中篇小说《不祥的蛋》的情节改编的剧本。

就这样，布尔加科夫在 1925 年从一小部分爱好者熟悉的小说家变成了虽然观众还不知道、但莫斯科的剧院——导演和演员、剧作评论家——都知道的剧作家。已经有列宁格勒的剧院给他写信，要这两个剧本。

他接到圆柱厅举办以"文学作品中的俄国"为主题的讨论会的邀请后，前往参加（1926 年 2 月 12 日）。总结对什克洛夫斯基、费·别列佐夫斯基和亚·沃龙斯基的发言的讨论时，他在发言者总名单里，在奥·布里克和弗·基尔雄之间被点名发言。

作为小说家——也包括他在公众场合的朗读，维持着他的知名度。1926 年头几个月，他三次在公众场合朗读了自己的作品。

那时，他只读一部作品，可能是自己喜欢的一部作品。2 月 21 日，他参加了在综合技术博物馆举办的文学幽默晚会，朗读者在晚会上朗读了佐先科和巴贝尔的作品，而他和薇拉·因贝尔朗读了自己的作品。"布尔加科夫朗读了《奇奇科夫奇遇记》——在苏联条件下。"（2 月 22 日的《莫斯科晚报》）3 月 1 日，列·弗·戈尔伦格在自己的日记中记道："今天国立艺术科学院举办了带有慈善目的的文学—艺术晚会，旨在帮助诗人马·沃洛申,他的诗现在没人发表。米·布尔加科夫朗读了《奇奇科夫奇遇记》手稿①,好像是作为《死魂灵》的补充。顶多在1917年以前知名的作家尤·斯廖兹金朗读了自己的短篇小说《强盗》。鲍·帕斯捷尔纳克朗读了长诗《1905年》的两个片段……晚会筹到的款项用于支付早就需要维修的房屋。为感谢对晚会的参与,沃洛申给布尔加科夫和帕斯捷尔纳克寄去了费多尔琴科②的水彩画(由叶·弗·帕斯捷尔纳克和叶·鲍·帕斯捷尔纳克出版)。"

至于小说,3月3日鲍·列昂季耶夫从"深处"出版社告知,收到图书出版总局再版《魔障》集子(代替被没收的集子)的批准,"我们今天就打算把书'紧急发排'"。3月25日,"圈子"出版社宣布,准备出版《白卫军》一书。

莫斯科艺术剧院关系融洽,布尔加科夫成了最受爱戴的作者。3月2日,签订了第二个剧本——《狗心》——的协议,作者承诺9月1日之前交稿。估计,可能是一个剧本正在上演,为下一个演出季的下半场彩排第二个剧本……

3月26日,布尔加科夫观看了《白卫军》前两幕剧的彩排,和他一起观看该剧的还有斯坦尼斯拉夫斯基、莫斯科艺术剧院文学部主任帕维尔·亚历山德罗维奇·马尔科夫和艺术家尼·帕·乌里扬诺夫。《排练日记》中记道:"康斯坦丁·谢尔

---

① 修订并非偶然为之——《魔障》集子以及刊印在其中的短篇小说文稿上一年夏天被没收。

② 晚会也是作家索菲亚·费多尔琴科倡议举办的。

第三章 创作剧本的五年（1925—1929 年）

盖耶维奇①看完两幕剧之后说，剧本路走对了，非常喜欢'中学'和'彼得留拉场景'。称赞了一些表演者，认为所做的工作很重要，很成功，很有必要。尼·帕·乌里扬诺夫展示了三个场景（图尔宾一家、中学和彼得留拉场景）的模型照片。康斯坦丁·谢尔盖耶维奇鼓励所有人继续按预定路线以快速、精神饱满的速度开展工作。"三天后，即 3 月 29 日，瓦·库扎给布尔加科夫寄来关于剧本《佐娅的住宅》的神经兮兮的便函："您到底要我们怎么办？阿列克谢·德米特里耶维奇等着插入第四幕，而我却不得不取消彩排。记住，周三，也就是 3 月 31 日是最后期限。"列宁格勒大剧院 4 月 10 日签了关于这两个成熟剧本的协议。

4 月底，莫斯科艺术剧院编辑—艺术委员会决定修改《白卫军》剧本的名称，斯坦尼斯拉夫斯基也同意这样做。

那些天，《魔障》集子第 2 版面世——4 月 26 日，出版社给他寄去作者赠书。如果再加上那年出版的集子——两本薄薄的小品文集和短篇小说集——作者自己都认为它们与《魔障》不同，没有什么意义——布尔加科夫的出版生涯就此终结，因此他再也没有看到自己的散文出版。

那年春天的一天，尼·谢·安卡尔斯基和鲍·雅·列昂季耶夫轮番去布尔加科夫家，但是都没能碰到他。从列昂季耶夫留下的便函可以看出，他们来是要他的中篇小说《狗心》的手稿——现在已经"不是为了印刷，也不是为了发表"，而只是

---

① 斯坦尼斯拉夫斯基。——译者注

"临时使用",请求"帮个大忙"。编者们同时请他想想,"我们对您的态度没那么差,我们给您带来的不是只有不快"。接着是对理解布尔加科夫这个时期生平经历很重要的话语:"在您终止出版事业、转向戏剧事业之机,不要拒绝我们,我们友好分别。"

为了公平起见,应当补充说明的是,最近一年的状况并没有影响布尔加科夫同20世纪20年代头五年自己最感谢的出版物真正友好地告别:据布尔加科夫的亲人回忆,他一直对安卡尔斯基——一个忠于文学事业,能够以少有的顽强和坚强捍卫作者利益的人,他一旦相信作者的才华,就不会改变自己对他的看法——心存敬意和感激。(可能正是布尔加科夫转交给安卡尔斯基"临时使用"的那份手稿,永远保存在安卡尔斯基的档案材料中——在布尔加科夫的大部分手稿所在的档案库里。)

1926年5月7日,有人来他家搜查。柳·叶·别洛泽尔斯卡娅在自己的回忆录中写道,来了侦查员斯拉夫金及其助手,以及作为证人的楼房承租人。搜查时,"把沙发椅颠倒过来,用长长的尖棒刺进去。这时发生了意想不到的事情。米哈伊尔·阿法纳西耶维奇说:

'唉,柳芭莎,要是你的沙发椅坏了,我可不负责。'(这些沙发椅是我在无主家具仓库一把花3卢布50戈比买来的。)一阵笑声冲我们俩袭来,而且可能是神经兮兮的笑声。"

柳·叶·别洛泽尔斯卡娅1970年第一次从我们这里听说,在她在场的那次搜查时,拿走的不只是中篇小说,还有日记。当时她已把自己的回忆录转交给列宁图书馆手稿部,倾向于对

第三章 创作剧本的五年（1925—1929 年）

我们作出这样的决定有利的论据（我在这些谈判中充当手稿部科研人员，掌握了同有可能充实手稿部那些年创建的布尔加科夫档案的人进行谈判的主动权）。这些回忆录中只提到了《狗心》的手稿。当时，叶·谢·布尔加科娃那几年已经收集起来的档案中保存着作家 1926 年 6 月 24 日寄给人民委员会主席的申请书复制件："今年 5 月 7 日，国家政治保卫总局的代表对我家进行了搜查（搜查证号 2287，案件号 45），搜查时从我家拿走了下列对我而言拥有巨大的、不便公开价值的手稿并一一记录在案：

中篇小说《狗心》的两份手稿和'我的日记'（3 本）。恳请把它们还给我。"（信的原件保存在高尔基档案馆——布尔加科夫在接下来的几年在叶·帕·佩什科娃的帮助下要回了自己的手稿。）

不过，柳·叶·别洛泽尔斯卡娅说："压根不记得他记过日记！"可能他没有给妻子看过。（后来，通过我们出版的作品证实日记存在后，柳·叶·别洛泽尔斯卡娅在自己出版了的回忆录中提到，搜查时还带走了日记本。）

这件事情给布尔加科夫留下的印象，很难重新评价。他的不便公开的、甚至连亲人都不知道的日记被旁人看到，这种想法无疑很长时间都困扰着他——一个对强加给自己的亲近关系守口如瓶、几乎同所有人隔绝、深受伤害的人。还有一点也很重要——日记里相当坦率地（通过保存下来的片段可以看出来）记录了他对时事、国内形势的看法。从那一刻起，他同当局的关系进入了另一个阶段。一方面，他现在没什么可隐藏的了；另一方面，有人可能会给他施加压力，迫使他悔过，保证改变看法。

无论如何，他可能心中有数了。

据我们推测，事情本身与其说跟布尔加科夫有关，不如说跟《俄国》杂志（早在1926年就成功发行的三期又改头换面变为《新俄国》杂志）的编辑有关——第二天对他家进行了搜查，仓库和书店被查封，列日涅夫被逮捕，很快就被流放国外三年。几年后，他回到国内——已经是许多方面都不同了的国家，人也不是布尔加科夫1923年夏天如此期待其"前程"的那个人了。

二

布尔加科夫几乎在给自己作为小说家的命运蒙上阴影事件发生后第二天，就应当出发去了列宁格勒。预定于1926年5月10日举办、有他参加的晚会海报已经印好："（拉萨尔）音乐厅大厅。全俄作家协会举办大型文学艺术晚会。"在参加者中，紧随安·安·阿赫玛托娃之后公布的是，"米哈·布尔加科夫（来自莫斯科的《魔障》集子和长篇小说《白卫军》的作者）"，以及Л.鲍里索夫、扎米亚京、米·佐先科、米·库兹明、韦·卡韦林、鲍·拉夫列涅夫、Н.尼基京、费·索洛古布、尼·吉洪诺夫、阿·托尔斯泰、康·费定……布尔加科夫获得了见到20世纪20年代中期列宁格勒所有文学家的机会。

第三章　创作剧本的五年（1925—1929 年）

《红色报》称刊登在 1926 年 5 月 13 日晚刊上的晚会总结是"对文学的春季检阅"。第一段就应当引起了布尔加科夫的兴趣："……文学大军中的各部队、小说家、剧作家和诗人从读者陛下面前走过，获得了国君的称赞。"

从总结中可以看出，晚会一直持续到半夜，所以写总结者限定自己只提"晚会中最先朗读的作品"。费定朗读了新写的中篇小说《德兰士瓦》中的一章，扎米亚京朗读了自己刚刚写完的《阿提拉的悲剧》中的几幕。"刚出现外号叫'上帝的惩罚'的匈奴首领的可怕形象……"

紧接着报纸介绍了莫斯科的人："莫斯科的客人米·布尔加科夫昨天朗读了《奇奇科夫奇遇记》，欢快的写实短篇小说，让听众无比开心。果戈理永远生动的人物形象，经过我们这里轰动一时的活动装扮后，再次从听众面前走过。"

可以认为，特别开心的是作者自己。

可能就是在这次晚会上，他被介绍给阿赫玛托娃。他可能已经认识的扎米亚京，不管怎么说是聊莫斯科轰动一时事件的合适交谈者。

写总结者 A. 谢利瓦诺夫愉快地总结说："想补充的是，我们的作家每次从'内部晚会'的封闭圈子来到大舞台上，伴随他们的一如既往是巨大的艺术成就和物质成就。"

两天后，报纸周六版上刊登了布尔加科夫的小品文《给我们的质量唱首赞歌》。

5 月 7 日，莫斯科文学圈就传着一个消息，说小说家安德烈·索博利（曾担任过好几年全俄作家协会主席）在季米里亚泽夫纪念碑对面,也就是离全俄作家协会大楼不远处的特维尔林荫道的长椅上用左轮手枪结束了自己的生命。应当认为,布尔加科夫并没有对他的死讯漠不关心,虽然这个人在文学上和心理上都跟布尔加科夫很疏远,但是他是布尔加科夫在莫斯科文学圈最先认识的熟人之一,并且在《扩音器》杂志上刊发了他到莫斯科后初期写的一篇短篇小说。创作规矩很残酷,我们常常在特维尔林荫道尽头的悲剧事件和上面提到的诗人日托米尔斯基的纪念碑(在《大师与玛格丽特》第一稿中,被放在"格里博耶多夫故居"对面,即我们提到的作家协会所在地——赫尔岑故居)之间看到某种注定的关联。

5月13日,即《白卫军》彩排那天,据几个同时代人口头证明,布尔加科夫好像被侦查员叫去录口供了。不过,为此他得来得及从列宁格勒回去。如果考虑到在他的档案中保存下来的与"受害人"签订的出版小册子(小品文集子)的协议日期为5月10日,那么正好是行程时间压缩到1—2天。

剧院又出现了紧张形势:莫斯科艺术剧院剧目—艺术委员会给剧本起了个新名称——《末日来临之前》,布尔加科夫说了几个自己的方案,代替受到质疑的名称《白卫军》——《白色十二月》、《1918年》、《攻克城市》和《白色暴风雪》。康·斯坦尼斯拉夫斯基那天写道:"我不能说我喜欢《末日来临之前》这个名称……但是我不知道能让剧本不被禁演的更好的名称。剧本取提议的[①]所有四个名称,肯定都会被毙掉。要

---

① 布尔加科夫提议的。

第三章 创作剧本的五年（1925—1929 年）

是我就避开'白色'这个词。它只会用在随便哪个词组中，例如'白军的末日'。但是这样的名称又不许用。找不到更好的，我建议就用《末日来临之前》。我认为，这会让观众不得不从第一幕起就换种方式观看该剧。"

第二天，即 5 月 14 日，维·韦列萨耶夫送给布尔加科夫自己刚刚出版的《荷马史诗》译本，赠言为："赠予对此书寄予厚望的米哈伊尔·阿法纳西耶维奇·布尔加科夫。"

总之，1926 年 5 月《俄国》杂志彻底停刊。不过，作者早就对完成长篇小说《白卫军》的出版失去了希望。多年后，布尔加科夫在《剧院情史》中描写自己的主人公马克苏多夫时，肯定在某种程度上再现了自己在 1925—1926 年间的状况。他写道："顺便说一下，关于长篇小说，我们要面对现实，谁也没有读过它。不可能读，因为鲁道菲消失得无影无踪，显然还没来得及推销它。"与此同时，这部长篇小说还是受到关注，不仅受到各个剧院的关注，而且还让在意大利的高尔基知道了，他在 1926 年 7 月 8 日给那些年著名的散文家谢尔盖·格里戈里耶维奇的信中问："您认不认识布尔加科夫？他在干什么？《白卫军》有没有出版销售？"

那几天，布尔加科夫正在同当时的一家大出版社社长（和才华横溢的诗人）弗拉基米尔·伊万诺维奇·纳尔布特谈出版长篇小说《白卫军》单行本事宜（为了开张，签订了出版小品文《奇奇科夫奇遇记》的协议）。这样一来，已经有两家相当有声誉的出版社表达了出版这部命途如此多舛的长篇小说的意愿。对于布尔加科夫而言，由于未出版部分被人偷偷带到国外，在外人手里，出版愿望越发强烈。

我们注意到，布尔加科夫对自己当剧作家的地位稳定性还没有指望。对此的证明是，他5月25日同《汽笛报》签订的协议：每月交八篇小品文（每篇发表的小品文付25卢布稿酬，未发表的小品文不付稿酬）。确实，这种对未来没有把握的理由不断在出现，比如，布尔加科夫6月17日收到的列宁格勒的导演的来信："我通知您，《佐娅的住宅》将不会在列宁格勒上演。当时报纸上出现的'6月底首演'的简讯不实。"

整个5月底，只有塔伊罗夫到小剧院拜访了他——为了谈《紫红岛》。

5月30日的《我们的报纸》上出现了维·什克洛夫斯基的文章《演出季闭幕。米哈伊尔·布尔加科夫》。在演出季开始前，剧作家布尔加科夫的两部剧本应出现在舞台上，什克洛夫斯基好像拉下了小说家布尔加科夫头顶的幕布，以中篇小说《不祥的蛋》为例强烈推荐他的散文。

但是，这篇文章好像不是该评论家率先出击，可能是回击。无论如何，这只有他们两人明白。为了理解这个，要回溯到大概三年前，回溯到创作长篇小说《白卫军》的事上。

1923年1月，维·什克洛夫斯基出版了自传《感伤的旅行》。

书中描写了1918—1919年之交冬季的基辅，当时命运把自传的作者送到了那里。

有趣的细节是，在部分地方，这些描写的细节选择本身和细节搭配，和还没有写完的《白卫军》的一些内容非常相似，

第三章 创作剧本的五年（1925—1929年）

尽管、当然在风格上和对所描写的事件的阐述上同那本书有显著差别（但是这方面也有出乎意料的重合点）。"基辅到处都是人。俄国的资产阶级和知识分子在这里过冬。

克列夏季克街上总有弗拉基米尔们和格奥尔吉们①闪过。城里很喧嚣，有许多餐馆……

乌克兰有以下军队：基辅有军官队伍支持的斯科罗帕茨基——军官们自己也不知道，他们为何支持他，但是恩诺②这样命令的。彼得留拉的整支军队包围了基辅。

基辅的德国人被法国人下令支持斯科罗帕茨基……远处是饥饿的布尔什维克，'你们所有人都会受压迫'。"作者讲述了自己加入第四装甲营的情况，"我受到了很好的待遇，派我去修汽车。与我同时入营的几个军官，跟我目的相同。彼得留拉分子已经包围了城市。**能听见枪声，晚上能看见射击火光。**

正值冬季，**孩子们坐在小雪橇上从各种斜坡上滑下来**。"我们觉得，《白卫军》中的这个小细节表明，布尔加科夫认真阅读了《感伤的旅行》，这影响了——显然是不情愿地——长篇小说中对基辅的描写的细节："尼科尔卡来到了③街口，陡峭的阿列克谢耶夫斜坡底下，开始往上爬时，在7号楼门口看到这样一个场景：两个身穿灰色编织上衣、戴着头盔的小男孩儿**坐着小雪橇刚从斜坡上滑了下来……枪**

---

① 俄国军队四级圣弗拉基米尔和圣格奥尔吉勋章。
② 担任过盟军代表。
③ 纳伊-图尔斯去世后，即彼得留拉分子已经进入城郊时。

声听得更加清楚了……'他们在如此平静地滑雪。'尼科尔卡惊奇地想道。"孩子们却向他解释说:"正在镇压军官。他们就该这样。他们全城才800人,就敢干蠢事。彼得留拉来了,他有百万大军。"

还有其他一些相当相似的描写:"彼得留拉的军队编队进城。

他们中间有炮兵……群众成群结队地迎接他们,相互大声说着:

'盖特曼分子还说——土匪来了,什么土匪啊,这是真正的军队。'用俄语说的,为了表忠诚。"(维·什克洛夫斯基:《感伤的旅行》)在布尔加科夫那里,对彼得留拉分子进城的描写,有许多细节表明,的确是真正的军队。观众的对白相似:"嘿……嘿……你看,这就是15000……这都对我们撒了什么谎啊。15000……土匪……瓦解……天哪,数不清了。还有炮兵……还有,还有……"(《白卫军》)

但是我们认为,更重要的是,《白卫军》创作史对《感伤的旅行》作者在装甲营活动的主动供认:"从我们当中挑了些装甲兵,派到了前线,起初很远,在科罗斯坚,后来直接在城郊,甚至进城去了波多尔。

我用糖鼓捣坏盖特曼的车辆。是这么干的:把砂糖或糖块扔进汽油箱,糖在里面溶化,随汽油一起进入喷油嘴……糖蒸发时遇冷会冻住,堵塞喷嘴。可以用轮胎泵吹通喷油嘴。但是它还会堵住。但是车辆还是开了出来,它们很快就被派到我们的工作范围之外,去了卢基扬诺夫兵营……夜里城市周围闪烁

第三章 创作剧本的五年（1925—1929年）

着射击火光。军官和大学生都被征调。

大学校园里交火了，不知为何杀害了一些大学生。"彼得留拉进城后，"志愿军被关到师范博物馆；后来有人扔了个炸弹，而那里有炸药，发生了大爆炸，许多人被炸死，楼房玻璃飞得到处都是"。

布尔加科夫可能在这本书刚到莫斯科时就读了它：书中的材料——从第一次世界大战时期的卡缅涅茨-波多利斯克和切尔诺维茨到1918年时的基辅——对他来说非常重要。更早一些，即在书的第一部分（《革命和前线》。1921年彼得格勒版），他可能注意到了这些句子："12月还是11月底时，我加入了基辅的盖特曼军队，以我偷偷把装甲车和载重汽车开到红军中去而告终。关于这事……以后什么时候"。现在他详细地了解了在基辅可能听说的事情。

可以推测，对这本书的印象非常深刻，以致改变了长篇小说的情节——导入了什波良斯基的线索。其中，我们以自己作为读者对这条线索就像对更晚的阶层的直觉那样为依据。我们觉得，在更早的稿本中，图尔宾一家住的楼（它的一层和二层分别是——图尔宾一家和利索维奇一家）应当让长篇小说与外界隔绝。

在《感伤的旅行》中，布尔加科夫面前出现了一个旁观身处"大学生"和"志愿军"中的布尔加科夫弟弟们的内心活动的观点，观察者即回忆录作者更多的是以漠不关心和回避的态度描写这些人的死亡。

1918年深秋到基辅后，《感伤的旅行》的作者心想："德国人完蛋了。他们被盟军打败了,这能感觉到。

就是说——斯科罗帕茨基的政权也濒临死亡,**甚至从这点看也应当采取什么措施。**

彼得留拉分子从乌克兰撤出去了。"① 这个用点线标出的思考,在《白卫军》中拆分为,什波良斯基在营里战友面前作的以下推理:"你们知道吗,朋友们,说实在话,我们力挺这个盖特曼,做得对不对,是个大问题。

……谁知道呢,也许彼得留拉和盖特曼的冲突是历史演示,从这一冲突中应当诞生第三股历史力量,可能是唯一正确的力量。

听众喜欢米哈伊尔·谢苗诺维奇的原因和他在'骨灰'俱乐部受到喜欢的原因一样——特别能说善辩。"

此后作了个决定:用糖鼓捣坏车辆。对这件事结果的描写,逐字逐句看,与专业人士什克洛夫斯基的描写相似:"有种脏东西掉进了喷油嘴,无论怎样用轮胎泵去吹通,都不起作用。"(《白卫军》)

《白卫军》的作者认为:"盖特曼的城市比本应陷落的时间早三个小时陷落了——就是因为米哈伊尔·谢苗诺维奇1918年12月2日晚在'骨灰'俱乐部声明了……以下内容:

'全是坏蛋。盖特曼是,彼得留拉也是。此外,彼得留拉还是个实行大屠杀的人。**不过,最主要的不是这个。我开始感到无聊,因为我很久没有扔炸弹了。**'" 我们加了黑体的这些词

---

① 黑体是我们加的。

第三章 创作剧本的五年（1925—1929 年）

语，同样也是《感伤的旅行》中的片段的迂回说法。它的作者、前不久的扔炸弹者、社会革命党战斗组织成员回忆时写道："开炮了。我喜欢城里的炮声，桥上弹片横飞。**炮响时，非常好**。"① 《白卫军》的作者、前不久的医生对这些场景，当然感到陌生、不理解和憎恨。在他看来，城市多出来三个小时生存时间，意味着许多性命可以幸存，其中可能也有他自己的熟人的性命。

这样一来，长篇小说《白卫军》中可能出现了用鲜明的、几乎是用个人感受渲染的特征刻画出来的人物形象——这对布尔加科夫来说是陌生的人物类型——冒险者，"扔炸弹"爱好者，同时还是职业文学家（按布尔加科夫的标准，这是不能并存的），能说会道的演说家，"以特别勇敢著称全营的人"（几乎是《感伤的旅行》的直接引文），这种勇敢受到布尔加科夫的质疑（因诈死而称勇敢，不无用意）。为这个主人公选的姓"什波良斯基"，每个基辅人都很熟悉——阿米纳德·彼得罗维奇·什波良斯基在基辅主要报刊上（其中也包括 1918—1919 年时）以顿–阿米纳多为笔名发表东西（这里我们还要加上基辅的报刊作为广为人知的庄园提及的"什波良斯基庄园"）。同时，这个姓保留了原型的姓的痕迹。写《白卫军》之前，"真正的"什波良斯基已经流亡国外了。什克洛夫斯基那时也住在柏林（在自己积极筹备的革命胜利五年后，在枪毙的威胁下被迫逃亡——不过不是和布尔什维克一起逃亡的），在那里写作

---

① 黑体是我们加的。

（和出版了）自己的回忆录，这显然又用暴躁的气愤渲染了布尔加科夫的愤怒。

"米哈伊尔·谢苗诺维奇从圣彼得堡市一来到这里，就立即全城闻名。他以'骨灰'俱乐部里朗读自己的诗歌《土星点滴》的出色朗读者、最出色的诗人组织者和市诗人团体'磁性的八行诗'的主席而闻名。此外，他还是个举世无双的演说家，此外，他既会驾驶军用车也会驾驶民用车……"（《白卫军》）他的职业清单以下面这句话收尾："黎明时，他写了学术作品《果戈理作品中的直觉因素》。"如果我们翻开由弗拉·马卡韦伊斯基主编、1919年4月在基辅面世的第一个集子（也是最后一个集子）《赫米斯》——《艺术和人文知识年鉴》，就会看到维·什克洛夫斯基的文章《从现代诗歌的语文学特点谈谈诗歌》，文后的日期为"基辅，1918年12月"，那么这完成了什克洛夫斯基就是什波良斯基的原型的认识，完成了对一个在布尔加科夫和弟弟们、朋友们在保卫城市的那个月里既指挥装甲车又写作语文学文章的人的认识。（可以想象，布尔加科夫就是在1919年4月翻开《赫米斯》时，才知道了这种巧合。）

1967年12月12日，维·鲍·什克洛夫斯基给我们讲："我在基辅时对他有所了解。我指挥一个装甲营：我去找将军，组建队伍准备加入邓尼金。我问道：'您的期望是什么？''我是俄国人。我的民族英雄是列宁。这是斯捷尼卡·拉津，有俄国人的剽悍，等等。他一定会打败我。但我不想跟他联合，因为我不同意。'这实际上就是闲聊。"那天后，我们不止一次与

第三章　创作剧本的五年（1925—1929 年）

什克洛夫斯基聊起《白卫军》。他并不否认自己的经历与什波良斯基这个人物的关联。我们在他诞辰 90 周年之际写的文章（载于 1983 年 1 月 22 日《苏联文化》）中第一次提到，他是布尔加科夫长篇小说中的人物的原型。这篇文章维克多·鲍里索维奇读了，给了它好评。在他生命的最后几个月，我们不止一次回到他在基辅的熟人这个话题上。通过视觉感知，他记得自己可能坐在咖啡馆里。可能是在他去世前不久，他有点不情愿地回答一些人反复问过的问题："在'独眼吉米'咖啡馆——他的周围聚集了俄国复兴联盟的人……"对于这一问题："为了文学事业？"他回答说："不是"。"为了联盟？……""是。他是联盟成员，但是相当无名。""那么，谁该死？——这就是《白卫军》作者在当时的形势下最焦虑不安的事情——谁跑，谁不会死，谁会死？!!"正好那年准备拿自己和别人的性命去冒险的什克洛夫斯基，显然有的是让布尔加科夫反对的地方，要是他们 1918 年 12 月想慢慢聊，那就令人信服了。

看来，布尔加科夫和妻子 6 月搬到了新地方——小列夫申巷 4 号楼 1 号公寓。标着 6 月 24 日的申请书上注明的就是这个地址，那天白天审核了《白卫军》，之后，中央剧目审核总委员会与莫斯科艺术剧院的代表开会，会上提出这样一种意见，说该剧"完全在为白卫军辩解"。在大量的要求中，还提出这样一个要求："中学的小舞台不是以展示白卫军的英雄事迹为目的，而是以贬低整个白卫军运动为目的。"

6 月，"《受害人》发志书库"出版了一本收录他的"短篇小说"的袖珍书，《受害人》杂志因此给自己的读者提供了

"8000—10000 名有疗效的病人赞成的""樱桃和马林果"药剂。这一配方包含四期《受害人》杂志,"文库"第 15 册——"米哈伊尔·布尔加科夫的短篇小说——1 篇","文库"第 16 册——"奥斯塔普·维什尼亚的短篇小说——1 篇。共 80 戈比。整个 6 月服用。"解释说——"樱桃和马林果加入服药剂量,是为了满足不同口味的需求。正如你们所见,樱桃是南方的:奥斯塔普·维什尼亚①,男性,乌克兰著名幽默作家。马林果指的是米哈伊尔·布尔加科夫。也是男性,也是幽默作家。也可能是乌克兰人,尽管他也可以娴熟地用俄语写作。所以,一切正常。"(第 21 期,第 11 页)

这发生在 1922—1924 年得到巩固的"幽默作家"的地位(前一年夏天,奥廖沙给布尔加科夫的书题词:"……您是优秀的幽默作家……")被最受欢迎的剧作家的名声所取代的前夕。

6 月 26 日,莫斯科艺术剧院的例行戏剧演出季结束,作者、演员和导演奔赴各地去休假。

7 月,布尔加科夫和妻子是在莫斯科郊区的克留科夫度过的,据柳·叶·别洛泽尔斯卡娅的回忆,他们根据梁明家的建议,住在"老莫斯科人蓬索夫家的乡间别墅里"。蓬索夫一大家子占了一楼和厢房。顶楼住着尼基金斯基夫妇。那年夏天,莫斯科戏剧圈知名的一流艺术模型师(就是根据布景画家的草图工作的人)谢尔盖·谢尔盖耶维奇·托普列尼诺夫来他们家做客。"给了我们有单独入口的扩建房。这有其方便之处,例

---

① 他的姓"维什尼亚"的意思是"樱桃"。——译者注

第三章 创作剧本的五年（1925—1929 年）

如，在有不合时宜的宴席时。来客在我们那里不止一次逗留到很晚。

我再说一说客人的千变万化。常来一些不在乡间别墅住、但几乎每天都会来的人……"其中，柳·叶·别洛泽尔斯卡娅提到玛丽亚·格奥尔吉耶夫娜·涅斯捷连科（这里我们插一句，那年秋天她成为谢·谢·托普列尼诺夫的妻子和布尔加科夫的好朋友；她对布尔加科夫的口头回忆，我们还会说到），莫斯科艺术剧院的演员弗谢·韦尔比茨基和瓦赫坦戈夫剧院优雅时髦、热爱运动的演员鲁边·西蒙诺夫。那一两年，布尔加科夫常常和他在一起打发时间。他们经常一起打网球。

就在这个月，布尔加科夫开始同改编《佐娅的住宅》的导演阿·德·波波夫通信。例如，后者在 7 月 16 日的信中让把该剧的第三幕整个都拿掉。这封信布尔加科夫是 7 月 25 日在克留科夫收到的，26 日已经从莫斯科给波波夫回信。短暂的暑期休假对他来说结束了。日期为 7 月 30 日、在作家档案里完好地保存下来的收据——他还给《工人报》50 卢布，还清了当时支付给他，让他提供长篇小说《胜利者星球》提纲的预付款……这个构思的痕迹没有保留下来。可以认为，这是尝试写类似于比如说维·什克洛夫斯基和弗·伊万诺夫写的、根据惊险体裁的规则描写苏维埃俄国同欧洲联军战争的长篇小说《芥子气》那样的长篇小说。我们以后会看到，类似的构思布尔加科夫在 1931 年写的剧本《亚当和夏娃》中实现了。我们认为，保存下来的现金单据，是布尔加科夫尽力以著名的、受读者欢迎的和畅销的小说家身份有所建树的那个时期最后的痕迹。

阿·德·波波夫8月3日给他写信说："非常遗憾，过度疲劳、神经紧张，主要是您对交了剧本的剧院不信任，影响了务实和高效的工作。"

8月11日，布尔加科夫给导演波波夫写了回信。当天，国家模范剧院管理局给他转发了艺术政策委员会关于瓦赫坦戈夫剧院例行戏剧演出季剧目的会议记录摘要（《佐娅的住宅》和根据列昂诺夫的长篇小说《獾》改编的剧本，朱尔·罗曼的剧本和果戈理的剧本《娶妻》一起被公布）："建议中央剧目审核总委员会对剧本《佐娅的住宅》进行专门检查和认真审核。"

弗拉基米尔·彼得罗维奇·涅梅沙耶夫（位于特维尔林荫道25号、与全俄作家协会在同一栋楼的莫斯科剧作家和作曲家协会作者权益保护团体的工作人员）8月12日在《魔障》集子上的题词，仍然是某些麻烦的组织程序的证明。几年后，这栋楼应当在布尔加科夫的新的和最丰富的散文构思中扮演了重要的情节角色。可能，正是对莫斯科1926年闷热的夏天、对在赫尔岑故居拥挤的房间里无聊地消磨时间的印象，在构思成型的那一刻再现了。

……他早就在莫斯科住习惯了。库兹涅茨基桥书店里当时的书商都认识他。多年后，也就是在1987年7月12日，克拉夫季娅·伊万诺夫娜·米尔金娜（娘家姓巴尔明娜）讲："'新莫斯科'出版社的商店，在原来的美国商店所在的那栋楼里，位于库兹涅茨基桥7号（那里现在是'斯维特兰娜'商店）。一进门，左手边就是我的书店，出售小说、儿童书籍、诗

第三章 创作剧本的五年（1925—1929 年）

歌和批评文学。来过诺维科夫-普里博伊、马雅可夫斯基……他有一次说：'给我拿本你们这里的犯罪题材诗歌！……'当时给拿了本叶若夫和沙穆林①的诗选。原来，他们没有给诗人们付钱。马雅可夫斯基数了数有多少首自己的诗，走了。来过拉里莎·赖斯纳、马泰·扎尔卡和别拉·伊列什——我们在《新世界》上发表过他的作品……约瑟夫·乌特金、扎罗夫和克鲁乔内赫常来。布尔加科夫来过。我记得，他说：'给我挑本国内战争题材的文学作品。'我给挑了一本。

'他和其他作者有什么不同吗？'

有不同。他有修养。因为其他作家指责我，为什么不把他们的长篇小说摆在显眼的位置。而他从来都没有提过这样的事！很有修养。我们卖过他的《魔障》集子。很快就卖完了。我们是这样的——预订 20 册、30 册、50 册，卖完了，就再预订这么多册。有时回答说：'卖完了'。我们立即给购书者回答说：'书卖完了。'作家们一般会问：'我的书卖得怎么样？'但他从来没有问过。'他通常和谁一起来？'一个人，一个人。他大多数时候一个人来。马雅可夫斯基会和一伙人来。'他常买什么书——诗集还是散文？'

布尔加科夫没有买过诗集。他只买国内战争题材的短篇小说。当时买过一些那样的小书。他还买过一些杂志。"

"小书"——我们认为，其中有 20 世纪 20 年代出版白卫军回忆录的列宁格勒"激浪"出版社出版的中等记事本大小的

---

① 《20 世纪的俄国诗歌》，1925 年莫斯科版。

出版物《大众藏书》。例如,这个系列的小书有瓦·维·舒利金的《日子》和《1920年》,这些小书,布尔加科夫的家庭藏书里显然会有。

20年代中期是转折时期的开端。观察者的目光并未马上注意到,但是不断改变社会生活、给其前景蒙上阴影的现象却越来越多。其中一个现象是,俄国和欧洲间的差距越来越大。

1925年,高尔基的《对话》杂志停刊,当初正是出于联合国内外俄国文学力量的考虑才创办发行的。该杂志由什克洛夫斯基提议,弗·霍达谢维奇起名,并在其直接参与下发行。霍达谢维奇在1925年6月3日给一位通信员写信说,《对话》停刊,"因为侨胞就像什么都不读那样,也不读它,而且它被禁止运入俄国境内"。霍达谢维奇在信中告知,今年3月他的苏联护照被拒绝延期(迄今为止,使馆每半年给他的护照延期一次)。"理由是:(1)《日子》上关于谢·罗多夫的文章;(2)《当代札记》上关于布柳索夫的文章;(3)对高尔基造成恶劣影响——建议我立即回俄国,也就是去契卡。我转为'不合法'状态。"1926年4月7日写道:"我和苏维埃俄国断绝了一切关系。我在那里极其不受欢迎。可能连那里的人给我写信都不行。那里的人很少给我写信,而且还不是寄给我。"

两种俄国文学之间的帷幕慢慢落下,但是在1925—1927年间一直在往下落。尼·尼·别尔别罗娃回忆起《路标》以及1927年夏天的一件事:"那年奥莉加·德米特里耶夫娜·福尔

第三章 创作剧本的五年（1925—1929年）

什从苏联来到巴黎，我是1922年因彼得堡而认识她的，当时她是霍达谢维奇的一个好友。她抵达巴黎后，立即就来找我们。她见到霍达谢维奇非常高兴，他俩有说不完的话……对于他们两人而言，分别五年后的这次相逢是件大事。"福尔什"说了文学领域的变化，党对文学的政策，时而谨慎，时而真诚、热情……她说，他们在国内的所有人只有一个期望。他们所有人都在盼。

'期望什么？'霍达谢维奇问道。

'期望发生世界革命。'霍达谢维奇大吃一惊。

'但是不会发生世界革命。'

福尔什沉默片刻。她本已难看的脸色变得阴沉。嘴角耷拉下来，眼睛变得无神。

'到时我们就下落不明了。'她说。

'谁下落不明了？'

'我们所有人。我们的末日来了。'

两天过去了，她还没有出现，于是我们晚上去了她家，看她是不是生病了。她住在左岸流亡画家的女儿娜佳家里。……她告诉我们说，昨天早晨她去了'我们的'使馆，那里正式禁止她同霍达谢维奇见面。同别尔加耶夫和列米佐夫可以偶尔见面，但是不能同霍达谢维奇见面。'你们马上离开，'她说，'不许你们待在这里。'我们站在房间中央，不知所措。'弗拉佳，原谅我。'她好不容易挤出了一句话。

……我们在门口默默站了一会，慢慢回家去了。现在我们确实明白了：要把我们隔开30年，40年，永远……"（《着重

点是我加的》第一卷，1983年）

8月21日，斯坦尼斯拉夫斯基结束休假，回到莫斯科，对于布尔加科夫而言，这意味着他又要同剧院一起修改《白卫军》了。他那天给阿·德·波波夫写信——作为给对波波夫8月3日的信的回信——说："过度疲劳确实存在。5月所有的惊喜都同剧院无关①，就在5月，《白卫军》在莫斯科艺术剧院第一剧院试演（当局审核！），6月干了一些零星的不间断的小活儿，因为还没有一个剧本让我有收入，7月修改《佐娅的住宅》。8月一下子都来了。"

8月24日，斯坦尼斯拉夫斯基同瓦·瓦·卢日斯基、伊·雅·苏达科夫、帕·亚·马尔科夫和布尔加科夫召开了关于《白卫军》的会议。导演助理在《彩排日记》中记道："详细拟定了剧本的整个方案，记录了对文本的所有补充和修改。康斯坦丁·谢尔盖耶维奇从演员和导演两条线讲解了整个剧本。"8月26日，在这本《日记》中出现了这样一条记录："米·阿·布尔加科夫根据康斯坦丁·谢尔盖耶维奇批准的方案，重新写了中学②的文稿。"（我们发现一处细小的、但很有意义的细节——在手写的《日记》本上，作者的姓名缩写写得不准确，为'米·弗··'——剧院还没记住他的姓名，这后来被他在《剧院情史》中大肆渲染一番。）那天，塔伊罗夫寻求与他见面（与《紫红岛》有关），但是未必见着了。9月15日，作者在瓦赫坦戈夫剧院朗读了《佐娅的住宅》第三幕的新版本。

---

① 显然暗指搜查。
② 即审核戏剧时提意见较多的中学场景。

第三章 创作剧本的五年(1925—1929年)

新剧作家的生活突飞猛进。

预定9月17日给中央剧目审核总委员会的工作人员预演。大家都紧张地准备着这项工作。斯坦尼斯拉夫斯基对莫斯科艺术剧院的全体人员提出如下要求:"考虑到《图尔宾一家的日子》不太成熟的总排演将以非常不成熟的、未经最后加工的形式进行,同时,对于剧中的演员来说,对于中央剧目审核总委员会委员和政治教育部成员来说,剧院里坐满观众很重要,所以康斯坦丁·谢尔盖耶维奇恳请大家把免费入场券只送给自己最亲近的人,千万不能送给别的剧院的演员以及和艺术、新闻相关的人。"几天后,导演助理作的记录写道:"结束后,中央剧目审核总委员会和导演团举行联席会议。中央剧目审核总委员会认为,戏剧这个样子是不能上演的。批准问题悬而未决。"

扮演舍尔温斯基的马·伊·普鲁德金在自己的回忆录中写道:"斯坦尼斯拉夫斯基脸色苍白地来到后台的演员中间,戏剧要被禁演的消息已经传到了那里。'如果这场演出被禁,我就离开剧院,'斯坦尼斯拉夫斯基说,'我自己觉得剧中意识形态方面的个别缺点是可以克服的……'"

就在那天,亚·塔伊罗夫又通过秘书请布尔加科夫去一趟或者回个电话。但是那几天布尔加科夫未必有工夫去小剧院。

但是9月18日还有一场彩排,关于这场彩排记录道:"所有参与者。对全剧的点评。"《排练日记》这一页上的下一条记录是:"由于批准问题不甚明确,原定于星期日即9月19日进行的全剧公演取消。"

简短的记录背后——是今天已经看不见的、剧院为在那些决定命运的日子上演的戏剧所进行的斗争。9月22日记道："拍摄照片。所有人都带妆，着演出服。"这张照片保存了下来——布尔加科夫坐在演职人员中间。

《排练日记》里的记录提出如下修改："删去有犹太人的场景"，"改造了《国际歌》——不是降低声调，而是提高声调"（指戏剧尾声的配乐）。正在筹备最后一次也是决定性的一次审核，斯坦尼斯拉夫斯基再次向剧院的剧团提出要求，他的话让人不由地同军舰上的氛围相比较："严峻的形势迫使我不得不明确禁止，非《图尔宾一家的日子》演职人员和剧院工作人员，9月23日话剧演出和幕间休息期间不许出现在观众厅、休息室和走廊的观众中间。"

莫斯科艺术剧院第二剧院的演员们即斯坦尼斯拉夫斯基的学生们9月23日给他写信说："今天，在这对您、对剧院都很艰难的一天，我们所有人众志成城，想向您和整个剧院转达我们的忧虑，以及我们对剧院工作的忠心。"

《排练日记》上有这样一条记录："前来观看带观众总排演的观众有……苏联政府代表、报界、中央剧目审核总委员会代表、康斯坦丁·谢尔盖耶维奇、最高委员会和导演管理局。

今天的演出决定戏剧能不能上演。

演出的是最后的删节版，没有'犹太人'的场景。

演出刚开始（第一场的前半幕）时，观众反应很冷淡，然后观众席上开始打节拍，演员们演得越发自信、越发勇敢，观众反响越发得好。

结束时，安·瓦·卢那察尔斯基谈了自己的意见，说戏剧

第三章 创作剧本的五年（1925—1929年）

或许可以上演。"

9月25日的《我们的报纸》报道说："9月23日举行了内部公演。戏剧现在获准稍加修改后在莫斯科艺术剧院第一剧院上演。"

9月27日，在出版物之家举办的戏剧演出季前景辩论会上，发出了对这部剧第一拨公开的、尖锐的攻击声。辩论会总结者写道，戏剧评论家奥尔林斯基"很气愤，为什么所有的游行、《国际歌》的演唱等都在幕后进行……奥尔林斯基说：'莫斯科艺术剧院害怕群众'害怕到如此地步，例如，《白卫军》中没有一个仆人和勤务兵，甚至连洗碗女工也没有。这放在布尔加科夫的手法背景下颇有意思"。

戏剧公开总排演在这种激动人心的氛围中于10月2日早晨上演。军官们出现在舞台上，一部分年轻人吹口哨欢呼。大部分观众观剧时既激动又充满同情。那天晚上，也就是还在首演之前，在共产主义科学院举行的"苏维埃政权的戏剧政策"辩论会上，该剧被积极讨论。1926年10月5日的《我们的报纸》报道说，卢那察尔斯基的报告的第二部分就是讲戏剧《图尔宾一家的日子》。卢那察尔斯基同志说："这部戏剧在莫斯科艺术剧院的舞台上上演，当然是个刺眼的事实，但是在这部剧上耗费了物资和创作力量，因此，要是把它从舞台上撤掉，我们就彻底破坏了剧院的经营状况。'他认为，对我们来说，这部戏剧模棱两可的意识形态并不危险，因为他觉得'我们的胃非常结实，能够消化辛辣的食物……'他说，'剧本的作者布尔加科夫习惯于给普通人的右脚后跟挠痒'。他说，当'军官应当死得像个军官……'时，布尔加科夫对军官的死亡嚎啕大哭。奥尔林斯基同志发言反对卢那察尔斯基同志的意见，他认为，不该让《白卫军》上演……布尔加科夫在其中跟白匪残余眉来眼去。"30多年后，马雅可夫斯基的已发表的发言速记记录，让我们了解到可能是马雅可夫斯基对布尔加科夫的第一次公开评价——迈出了我们以后会看到的两人文学创作命运复杂交织史中的第一步。马雅可夫斯基支持卢那察尔斯基，更加直接和尖锐地说出了一些人对剧本的观点：坚决不认同剧本，但认为该剧出现在舞台上是合理的和可以的。他坚持认为，不要认为它是"偶然出现在艺术剧院的剧目中的，我认为，这是正确的、符合逻辑的结尾：从马尼亚阿姨和万尼亚叔叔开始，以《白卫军》结尾。（笑声）这登场和被突破，比打着非政治艺术的幌子被掩盖，更让我高兴……对于禁演政策，我认为它是绝对有害的。"接着，马雅可夫斯基作了重要的补充说明："要是有人给我们拿来这部剧，说：'批准我们上演吧'，——这可能和某项工作和活动有关，'批准'是另一回事。但是禁演现成的、只是集中并揭露某些现有情绪真相的戏剧——这样的戏剧禁演不得。如果那里面除名两名共青团员，那么我给你们中断这部剧——我不会被除名。有200人会吹口哨，我们会阻挠，什么丑闻、警察和笔录，我们都不怕。（掌声）……如果给所有人作笔录，给吹口哨的人作笔录，那么也要给鼓掌的人作笔录。"因此，马雅可夫斯基拥护剧院上演比如说与他本人观点不同的戏剧的权利，拥护观众对其作出任何反应的权利。而且这种对戏剧作出反应的权利保留接受批评的权利。他在接

第三章 创作剧本的五年（1925—1929年）

下来的几年积极使用这种权利。由于时代背景，出版物上几乎没有发出同情的声音，虽然戏剧无疑在观众中间取得成功。

1926年10月5日，《图尔宾一家的日子》首演。据观看了头几场演出的人回忆，观众大厅里的氛围非常特别，跟其他任何首演的气氛都不一样（我们的一个交谈者、几乎是布尔加科夫的同龄人的康·谢·罗季奥诺夫1981年4月2日回忆说："我还看到了舞台上唱'上帝啊，请保佑沙皇'时的景象。""观众对戏剧有何反应？""所有人都像着了魔一样。"）。演出进行时，发生了观众昏厥的状况，"急救车"几乎就在剧院门口守着。这可以理解，想想国内战争结束才五六年，台下坐的许多人的丈夫、兄弟和父亲曾是军官——他们去世了，失踪了，同亲人永别了，被流放了，日复一日地盼着亲人们记着他们的过去。我们要提一提刊登在1926年10月14日的《共青团真理报》上、署名为诗人亚历山大·别济缅斯基的《给莫斯科艺术剧院（莫斯科艺术剧院第一剧院）的公开信》。他写道，他的弟弟贝内迪克特·伊里奇·别济缅斯基"1918年，即盖特曼斯科罗帕茨基、德国人和……阿列克谢·图尔宾们统治时在基辅的卢基扬诺夫监狱被杀害。在你们表演的戏剧中，我没有看到悼念我弟弟的敬意……我尽量加黑体。**我对剧本作者布尔加科夫无话可说，他过去是什么人，将来也会是什么人——给工人阶级及其共产主义理想喷有毒但无力的口水的新资产阶级的坏种。**但是你们是艺术剧院，你们是另一回事。"这封信的作者肯定地说，剧院"以图尔宾一家的阶级真理的名义"给了"悼念我弟弟一记响亮的耳光"。对戏剧的接受的两个极端就这样确定下来了。布尔加科夫认真收集带评论的剪报,别济缅斯基的"信"中加黑体的语句是他亲手剪下来的。不难想象,读受到褒奖的评价时,他是什么样的感受。几年后,加黑体的段落,被布尔加科夫放入给政府的信里——作为对他的作品的批评性评价的例证。信中还放入之前提到的卢那察尔斯基的报告〔不久后就全文刊登在《国家模范剧院节目》(第 55 号)上〕中的话语,剧本作者这样评价道:"他喜欢酒友交流的不体面的俏皮话,朋友的某个蠢货妻子寒酸的婚礼氛围……"布尔加科夫首先不适应这篇时评的语气。他有自己的保护方式——在首演前不久,他用**单镜片摄影镜头**拍了照片,把照片送给了朋友和熟人。

由于他的小公寓里没有那么大地方,邀请了大量客人的宴会在莫斯科艺术剧院演员 B. A. 斯捷蓬在西夫采夫–弗拉热克巷 41 号的公寓里举行。

10 月,《图尔宾一家的日子》上演了 13 次,11 月和 12 月,每月上演了 14 次。

1926 年 10 月 28 日,《佐娅的住宅》在瓦赫坦戈夫剧院首演。11 月 10 日举行的教育人民委员会主席团会议拒绝了布尔加科夫提出的、批准他的戏剧《佐娅的住宅》在外地上演的请求。

11 月 16 日,布尔加科夫接到传票,要求 18 日去审核员那里,传唤理由我们不清楚。17 日,瓦·瓦·库扎给他寄来便函:"这一次,我们的痛苦和您的痛苦,似乎都结束了。剧审委员会赞成剧本,称它有意思,对社会有价值。只作了两处修

第三章 创作剧本的五年(1925—1929年)

改——详情我明天见面时告诉你。"

布尔加科夫第一次在文学知名度的光环中迎接 1927 年新年。他是两部正在莫斯科著名剧院上演并且场场爆满的戏剧的作者。紧张而又艰难的一年过去了,这一年,因让剧本越过重重障碍的复杂波折,也因 5 月份触及他的私人生活,可能对未来产生担忧的恐慌事件而引人注目。

对戏剧的批评很尖锐,然而布尔加科夫名望极盛。初到莫斯科那几年结识的文学圈熟人们欣赏他、第一次嫉妒他(嫉妒他的理由是,没有白白承受这样的压力,后来又承担了《大师与玛格丽特》、关于普希金的戏剧和《剧院情史》的压力)。

布尔加科夫完全经受住了这种可怕的、刻薄的、嫉妒者的影响。德·斯托诺夫 1926 年 2 月 7 日就给斯廖兹金写信说:"在我们的时代,需要魔鬼般的锻炼。灵魂应该置于生活苦难之外。佐祖利亚—布尔加科夫的东西(想一想——虽然他们是不同的人,但是在这方面本质是一样的)很容易使人变得庸俗,那就完了。① 我个人认为,作家应该是痛苦的隐士—— 一个人同自己的灵魂单独对话。"在这些句子的背后,可以分辨出对刚才起步、写了唯一一部长篇小说但没能发表的不成功作者的戏剧在莫斯科艺术剧院首演些许的期待感。10 月 8 日,斯托诺夫又给斯廖兹金写信说:"我想,你还对'莫斯科的新闻'感兴趣,请允许我打断你的工作几分钟时间。事件的焦点是布尔加科夫的戏剧《图尔宾一家的日子》。该剧只许在艺术剧院

---

① 当时我们只在一点上可以把布尔加科夫和叶菲姆·佐祖利亚相提并论——他们俩几乎都名望极盛。

上演，只许在莫斯科上演，听说很快会被撤演。新闻界在骂（卢那察尔斯基等），而且观众也不夸它。你说得对，你是对的：布尔①——是小市民，以小市民的方式看事情。② 顺便说一下，叶卡捷琳娜·亚历山德罗夫娜·加拉季③也去看了首演。她也不喜欢该剧，说朗读时听着更好。"

没有任何私人过节，但是真诚地感受到作者不同常人的热情的人也对戏剧态度冷淡。莫斯科评论家阿·德尔曼1926年10月27日给列宁格勒的评论家阿·戈尔恩费利德写信说："由于没钱，我一般不去看戏和听音乐会。我只看过布尔加科夫的《图尔宾一家的日子》，艺术剧院青年演员们神乎其神地表演的质量不好的（被删节破坏的，被缺陷弄得越发糟糕的）戏剧。"

在出版物上，这一切看起来更强烈。官方对该剧的态度很快就明确了，因为里面有可能只是靶子、带着温暖的、亲近的感觉塑造出来的戴着军官肩章的人。

但是作家的档案中保存下来一份书面材料，表明了观众厅中没有机会在出版物上表达自己的喜爱之情的那部分观众对《图尔宾一家的日子》的作者的态度。叶·谢·布尔加科娃说，有一次，在1926年还是1927年，一个没有透露姓名的人来到莫斯科艺术剧院，请求把一封信转交给剧作家。据她在1968—1969年间同我们的谈话中证实，布尔加科夫非常珍视这封信，

---

① 这个外号可能来源于他在莫斯科的第一个笔名"米·布尔"。
② 半个世纪后，也就是在20世纪70年代，许多用与布尔加科夫彻底不同的视角看待所发生的事件的人，其中也包括瓦·卡塔耶夫，在谈论他的谈话中也用这些远非偶然的表述。
③ "绿灯"小组成员。

第三章 创作剧本的五年（1925—1929年）

小心翼翼地把它保管起来。下面是这封信的全文：

"尊敬的作者先生：

我记得您对我的和蔼态度，知道您对我有段时间的命运很关心，现在赶紧向您汇报我们分别后接下来的奇遇。我等到红军来基辅后，我被征调，开始为新政权效力，不是因为恐惧，而是出于良心，同波兰人打仗甚至充满激情。那时我觉得，布尔什维克才是真正的、凭借对其人民信任而强大起来的政权，能给俄国带来幸福和安康，能让普通居民和狡猾的神父变成强大的、正直的和老实的公民。我觉得布尔什维克的一切都是那么的好、那么的睿智、那么的顺利。总之，我戴着彩色眼镜看待一切，直至自己变成红色，差点成了共产党员，然而历史——贵族阶层和军官——拯救了我。但是革命蜜月期很快就过去了。新经济政策，喀琅施塔得起义。我像其他许多人一样，褪去了狂热，彩色眼镜开始变成颜色更深的眼镜……

在地方委员会警惕和审视的目光下召开的全体会议。大棒下的决议和示威。长得像沃佳克人的小神像、贪婪地追求每一名女打字员的文化程度不高的领导。根本不了解事情，但是不加考虑地看待一切。饶有兴趣地当着间谍的共青团员。工人代表团——像极了契诃夫作品中婚礼上的将军们的知名外国人。谎言，无尽的谎言……领袖们？要么是掌握着权力和自己从未见过的舒适的小人，要么是异想天开的极端狂热者。罪愆还是思想！没错，思想太不像话了，相当好，但是就像耶稣的学说那样，绝对实现不了，但是基督教更明确，更漂亮。就是这样。现在我落得一场空。没有物质保障。现在我也在上班——

还可以，勉强过活。但是过得很不好，什么也不相信。要知道，什么也不相信，什么也不喜欢——这是我们的下一代、我们的无人照管的接班人的特权。

近来，要么是受填满内心空虚的狂热愿望的影响，要么是确实有狂热的愿望，我有时听到某种真正的、确实美好的、同沙俄和苏俄没有任何共同之处的新生活的音调。

我以自己的名义以及我觉得同我一样内心空虚的其他许多人的名义，向您提一个大大的请求。不管是从舞台上说，还是从杂志里说，不管是直截了当地说还是用伊索寓言来说，看您方便，但是要让我知道，您听没听见那些勉强能感觉得到的音调，它们说的是什么？还是所有这一切都是自我欺骗，苏联当前的空虚（物质空虚、道德虚无和智力虚无）是永久现象？

恺撒，将死之人向你致意。维克多·维克多罗维奇·梅什拉耶夫斯基。"

1927年1月14日，《图尔宾一家的日子》在莫斯科艺术剧院的舞台上第50次演出（对此的记录，是剧本作者本人在自己几年后为《图尔宾一家的日子》的故事设立的画册中做的）。《佐娅的住宅》也在全国几个城市成功上演。

1927年2月7日，梅耶霍利德剧院举行了例行辩论会——这次辩论的是《图尔宾一家的日子》在莫斯科艺术剧院的上演和康·特列尼奥夫的戏剧《柳博芙·雅罗瓦娅》在小剧院的上演。布尔加科夫在广大听众面前发了言，这次在他近一年来的老对手——评论家亚·奥尔林斯基——面前不再保持沉默。经叶·谢·布尔加科娃整理过的速记记录保存了下来，1969年发

第三章 创作剧本的五年（1925—1929 年）

表在《火星》杂志上。这份记录之所以重要的原因之一就是，它是为数不多的完整保存下来的布尔加科夫的口头发言记录之一。埃·明德林记得他很克制："我终于见着了活的奥尔林斯基，有印象了。我很满意……"当时还不认识布尔加科夫的谢·叶尔莫林斯基记得，布尔加科夫在讲台上发言时情绪激动得多得多。

正如速记记录呈现的那样，奥尔林斯基说的这句话："……作者和剧院惊慌失措地改了标题"，让他特别气愤。一切对投降和退让的暗示，一切对个人荣誉的蓄意侵犯，常常对他触动最大。"……我可以肯定和完全自信地说，《图尔宾一家的日子》的作者过去和现在都没有经历惊慌失措的状态，至少不是因为奥尔林斯基同志出现在台上。我没有惊慌失措地改过标题。《图尔宾一家的日子》的作者我也非常了解。"

奥尔林斯基气愤的是，剧中既没有勤务兵，也没有仆人，更没有工人。布尔加科夫在笑声和掌声中解释说："我……作为在基辅透过奶油色的窗帘看到白卫军的人，可以肯定地说，当时，也就是我的剧本中的事件发生时，基辅不可能找到贵如黄金的勤务兵。"

1919 年毕业于基辅大学医学系的帕·叶·扎布卢多夫斯基，在 1987 年 11 月 29 日给本书作者的信中这样描写对自己在场的那场辩论会的印象："公众评判的主席是安·瓦·卢那察尔斯基，这给这次评判增加了很大的，乃至正式的分量。剧院挤满了人。有个奥尔洛夫斯基猛烈攻击布尔加科夫。他在发言前这样介绍自己：'毫不隐瞒地讲，我曾在同白军打过仗的师政治部服役，布尔加科夫一度还穿过白军军装。'他记的关于仆人的对话，与速记记录（未经作者本人校对）中呈现的对话不一样：'布尔加科夫回答说，在当时的局势下，谁也没有仆人，以前的仆人都回乡了。奥尔洛夫斯基问：'即使付黄金也找不到？'布尔加科夫答：'我没有听过，给仆人付黄金。'奥尔洛夫斯基问：'那好，谁有黄金，谁就可以用它付给仆人。图尔宾一家可能就有黄金。'这种'指控'就以这样的水平进行。顺便说一句，有人问布尔加科夫，他想通过阿列克谢·图尔宾表现什么人？他个人是如何看待图尔宾的？布尔加科夫回答说，通过阿列克谢·图尔宾，'我展示的是我喜欢、并且值得高度尊重的人'。卢那察尔斯基总结时用真的很有分寸的措词表述了公众认为有罪的判决书。"

关于"勤务兵"的争论引起不小兴趣。从速记记录来看，布尔加科夫接着非常有洞察力地保证说："……哪怕我写了勤务兵，我向你们保证，我完全坚信，我也不能让评论家奥尔林斯基满意（笑声，掌声）……我简短介绍两处有勤务兵的场景：一处是我写的，另一处是奥尔林斯基写的。在我的笔下，这个场景是这样的：'瓦西里，把茶炊热上，'阿列克谢·图尔宾说。勤务兵答：'遵命。'然后整部剧中勤务兵就消失了。奥尔林斯基需要的是另一种勤务兵……我这就断定，好人阿列克谢·图尔宾绝对不会殴打勤务兵，或者粗暴地把他撵走，这个奥尔林斯基可能感兴趣。"最后，布尔加科夫猛烈驳斥了奥尔林斯基对剧中没有工人和布尔什维克等的指责。他谈到品味和背景的艺术范畴，说要坚持它们，反对僵化地进行恰当描写的

第三章 创作剧本的五年(1925—1929年)

刻板模式,坚持自己用个人的、艺术的手段传播时代呼声的权利。

他几乎是唯一一个以自由运动的方式转向远离"红军"和"白军"兄弟模式一方的人,这一方是什克洛夫斯基睿智地分出的、在20世纪20年代的文学中占主导地位的一方:"拉夫列涅夫的'敌人'、斯洛尼姆斯基的'拉夫罗夫们'以及费定的'兄弟们'都以红军、白军和粉军兄弟们为基础,这不好。他写道:'列昂诺夫的《斯库塔列夫斯基》中也是这样,让人生气。奥廖沙的长篇小说①的情节以两种兄弟——红军和白军为基础(他可以把阿列克谢·托尔斯泰作品里的内兄弟们也加在这里)。'"在布尔加科夫这里,评论家在已经习以为常的地方没有找到"红军"兄弟。

亚·尼·吉洪诺夫2月25日给他写信,重启一年半前的对话:"亲爱的米哈伊尔·阿法纳西耶维奇,《白卫军》怎么样了?您打不打算在我们这里出版它?我们必须知道这个,您该行动起来了。还是您仍然坚持完全相信您与'圈子'出版社的关系?我希望,我们还是能和您达成什么共识。"

两天后,也就是27日,塔伊罗夫让寄去几份《紫红岛》,但是剧本的打字稿可能还没有完全准备好。3月3日,小剧院的女秘书带着责备的意思给布尔加科夫写信说:"您答应昨天给亚历山大·雅科夫列维奇寄来剧本。因此,他与剧目审核总委员会约定,今天把剧本送过去。唉!他没得可送。其实,现

---

① 《妒忌》,1927年。

在时机合适，情绪对头，亚历山大·雅科夫列维奇当然非常想利用这一点。恳请您随使者给我们寄来几个剧本……不能错过这个时机，因为几天后整个总委员会要改选，剧本过审就难上加难了……"只是幸亏在作家档案中保存下来的信件中，才有只记录主要社会历史背景的期刊上通常不反映的氛围和时机条件转瞬即逝的细节。同时，剧作或文学事业成功与否，在很大程度上往往就是取决于这些基本条件。

3月4日，那位女秘书发给布尔加科夫一张收条："给小剧院的两份《紫红岛》已收到。"3月14日，剧院又要第3份——争夺上演权的斗争可能正在认真展开。高尔基3月10日给亚·尼·吉洪诺夫写信说："布尔加科夫怎么了？彻底被禁止崇拜了？能不能看看他的剧本？"3月25日，亚·尼·吉洪诺夫回信说："布尔加科夫尝试让自己的戏剧《紫红岛》上演，但是现在还没成功。我尽量给您寄去一份剧本。他正在修改长篇小说《白卫军》——几乎重写一遍。"

至于长篇小说，可能跟"圈子"出版社达成出版其修订版的什么协议。再往前，据说修改实际上只涉及最后一章，关于这个，我们以后再说。

就在那个月，出版物（《国立模范剧院节目》）上预告说，布尔加科夫正在为莫斯科艺术剧院写剧本，"勾勒夺取佩列科普的战斗事件"。4月，与莫斯科艺术剧院签订了关于剧本《谢拉菲姆的骑士》的协议，布尔加科夫承诺"不晚于1927年8月20日"把剧本交给剧院。可能是莫斯科流传的关于这个剧本的传言，让梅耶霍利德不得不于5月

第三章 创作剧本的五年(1925—1929年)

26日给布尔加科夫写信说:"抱歉,不知道您的名和父称。请您为我提供您的剧本,供即将来临的演出季使用。斯梅什利亚耶夫①告诉我,您已经有了新剧本,如果您不反对的话,就让这部剧在我领导的剧院上演。"6月21日,梅耶霍利德感谢他的回信(这封信我们没有找到),并惋惜地说:"哎呀,您没有剧本!真是太遗憾了。好吧,能怎么办呢?!"接着他得到布尔加科夫的许诺,说会给他打电话。秋季通电话,商议见面事宜。

当然,6月,剧本《逃亡》未必写完了,甚至草稿都没打完。但是对我们来说,毋庸置疑的是,布尔加科夫压根就不想把它交给梅耶霍利德——因为没有什么妨碍他秋季重启这次对话。在梅耶霍利德那里,许多事情都能把他吓跑——首先是给不知道收信人名和父称就满不在乎地给他写信的书信风格!

1927年8月1日,阿道夫·弗兰采维奇·斯图伊[以下称"见证人"(取得住宅开发权的房屋建筑师)]和布尔加科夫(以下称"租户")签订合同:布尔加科夫承租三室一厨一卫的公寓——这是他在莫斯科生活的第一套单独公寓。他住在大皮罗戈夫街35号楼的一层。柳博芙·叶甫盖尼耶夫娜在回忆录中写道:"走出家门,向左望去,会看到挺拔的六层钟楼和修道院②的轮廓。异常美丽的地方。恐怕是莫斯科最美的地方之一。"他们8月底就搬过去了。9月5日,布尔加科夫就邀请

---

① 莫斯科艺术剧院二剧院的演员瓦连京·谢尔盖耶维奇·斯梅什利亚耶夫,布尔加科夫一家不久前认识的熟人。

② 新圣女修道院。

妹妹娜佳到新公寓做客了。

乔迁新居,与《图尔宾一家的日子》从莫斯科艺术剧院的剧目单上撤下来的消息同时发生。

费·尼·米哈尔斯基(莫斯科艺术剧院时任负责人)8月11日就给在基斯洛沃茨克的斯坦尼斯拉夫斯基写信说:"这就是剧目审核总委员会传来的消息:坚决禁演《图尔宾一家的日子》。在'装甲列车'这场戏中,所有场景必须修改,最后一幕必须全部修改。在我们的版本中,这不能过审",等等。

9月17日的《莫斯科晚报》报道了《图尔宾一家的日子》从剧目单中除名的事情,但是当时已经有一些麻烦事成功解决。在我们不止一次提过的布尔加科夫的画册上,他亲笔记道:"1927年10月12日,星期三,剧院来了一封电报,批准13日把戏剧列入剧目单。"就在13日,卢那察尔斯基给斯坦尼斯拉夫斯基写信说:"您当然已经知道,至少今年允许您的《图尔宾一家的日子》上演。"

10月20日,《图尔宾一家的日子》首次在新的演出季登上莫斯科艺术剧院的舞台。斯坦尼斯拉夫斯基那天给克·叶·伏罗希洛夫写了信,感谢他"关心"剧院事务。此外,感谢为"剧本《图尔宾一家的日子》获批上演"提供帮助。10月25日,布尔加科夫狂热的老对手、起劲促成剧本撤演的弗拉基米尔·伊万诺维奇·布柳姆(笔名——萨德科)因此在《艺术生活》上发表了《莫斯科艺术剧院末日来临的肇始》一文。

此外,叶·谢·布尔加科娃提到的下面这个口头传说,可以说明布尔加科夫对那些年伴随他在剧院舞台上每一步的批评

第三章 创作剧本的五年（1925—1929 年）

的态度。有一次，排队领稿费时，有人指着一个人给布尔加科夫说，这就是笔名为萨德科的著名评论家和小说家。布尔加科夫走到他面前说："您是布柳姆？请允许我握下您的手：**您写的让人服气**。"有没有这回事，还是可能是：难怪长篇小说《大师与玛格丽特》后来的主人公读到针对自己而写的关于彼拉多的长篇小说的狂热文章时总是觉得："这些文章的作者说的不是他们想说的，正是这造就了他们的狂热"。另一方面，据许多目击者证明，正是《紫红岛》的不祥人物萨瓦·卢基奇化装成整个观众厅都能认出来的中央剧目审核总委员会工作人员布柳姆出现在小剧院的舞台上。在戏剧的尾声，即戏剧审核结束后，"萨瓦·卢基奇一个人一动不动地坐在人群上面的宝座上。他看上去在深思，眉头紧锁。所有目光都投向他。剧院经理问：'嗯……那么关于小剧，您想要说点什么，萨瓦·卢基奇？'死一般的寂静。萨瓦说：'禁演。'

整个剧团传来埋怨声。大为惊讶的音乐家从乐队中探出头来。提词人从小房间探出头来。"后来，布尔加科夫在给政府的信中直接写道，戏剧针对的就是扼杀"创作想法"、葬送苏联戏剧作品的中央剧目审核总委员会，他带着艺术家的自豪感说："我不是在角落里悄悄表达这些想法。我会把它们写入戏剧讽刺作品，并把它搬上舞台。"

但是离这封信所写的情况还很遥远。目前他完成了这三年来的第四个剧本——《逃亡》。

这个剧本中再现了一些对布尔加科夫来说很重要的情节，这些情节与国内战争的材料有关，早在 1922 年就勾勒好了，但是在长篇小说《白卫军》中没有用。我们想想短篇小说《红色王冠》中因所经历的一切而疯掉的主人公是怎么回忆的:"我走了,是不想看到一个人被活活吊死,但是恐惧却随我的颤颤巍巍的双腿一起消失了。"

就在1922年,几乎就是用这些表述描述了看到"人生第一起杀人事件"的巴卡列伊尼科夫医生的行为:"奇怪的是,巴卡列伊尼科夫好像说过丧气话以后哽咽了,醉醺醺地、摇摇晃晃地离开大桥,朝白色建筑走去。"(3号夜晚,长篇小说《红色飞驰》的一章)对关于国内战争的长篇小说头几稿中的主人公看到的在大桥上杀害犹太人的描述,几乎一字不差地在《白卫军》中再现。但这起事件发生的地方,在长篇小说主人公们的视线之外——因此不在他们的**个人责任**范围内。

因此,在剧本《图尔宾一家的日子》的舞台版中——残酷审讯的场景和图尔宾一家参与的场景被分开了(还有一点也很重要:这些审讯并不是以悲剧收场),这个情节(个人参与——哪怕只是杀人时在场,并没有介入事件——所以也是个人责任)退居次要地位。在剧本的第一稿(可能更接近长篇小说失传的头几稿)中,审讯逃兵和杀害犹太人直接在阿列克谢的眼前——在梦中——进行。这个梦和醒来后的喊叫:"赶快!赶快!需要帮忙。也许他还活着……"——无疑是由对布尔加科夫的整个创作相当重要的情节推动因素——主人公渴望重新体验过去的事件并改变其进程——引起的。只有一次,这种决定成败的、不可逆转的过去和现在的对立被解除了,再现主人公真实介入事件进程的场景:在短篇小说《我杀人了》(1926

第三章　创作剧本的五年（1925—1929年）

年底发表在《医学工作者》上）中，被彼得留拉分子强制征调的亚什温医生直接射杀杀人犯上校，打死了他。

《逃亡》中发生了类似的事情——两个主人公谢拉菲玛·科尔祖欣娜和传令兵克拉比林（而且一个病了，不记得自己是谁，另一个刚醒过来就说"我失忆了!"）直截了当向赫卢多夫提出对他们自己而言都可怕和致命的指控。

接着，赫卢多夫把科尔祖欣娜交给了反侦察机关，但是她奇迹般地活了下来，克拉比林被处以绞刑。

的确如此，战争结束已经六七年了，布尔加科夫继续以最认真的方式研究无法解决、导致短篇小说《红色王冠》主人公理智错乱的心理状况——人与毁灭性力量直接对抗的可能性和后果。《红色王冠》的主人公断定："那时我当然什么也做不了，但是现在①我敢说：'将军同志，您是禽兽！不能把人活活吊死！'"这位在短篇小说中只是勾勒了外形的"将军先生"，已经预料到赫卢多夫会丧失理智。可怜的病人心想着对将军说，被杀的弟弟（他作为大哥不能劝他离开毫无意义的战场）每晚都来找他："将军先生，他不说话，也不走。当时我由于痛苦变得恼羞成怒，不得不希望他哪怕去找您一次……我向您保证，您会像我一样绝望，很快就会绝望。不过，可能您夜里也不是一个人？谁知道那个脏兮兮、浑身黢黑的人会不会从别尔良斯克的路灯上去找您？如果是这样，我们公平地忍受煎熬。我派科利亚帮您吊人②，您来吊人，根据没有编号的口

---

① 就是说经历良心折磨，失去理智后。
② 共同责任链。

令。"在《逃亡》中，被赫卢多夫吊死的人常常出现在他的面前。于这个人物而言的神经错乱这一中心情节，与《红色王冠》主人公的病史以及短篇小说《我杀人了》中彼得留拉的上校列先科稍加勾画的疾病，明显有联系：彼得留拉分子等同于志愿兵；这种杀人行为为作者排除区分杀人口号之苦。

长篇小说第一稿（1922年）留下来的片段，记录了主题最尖锐的两个方面、两个中心——个人失去家园、和平、安宁（"天哪！啊，和平！啊，令人愉快的安宁！"——作者与被强制征调的巴卡列伊尼科夫医生一起感叹道。）和个人责任："强盗！但我……我……知识分子中的败类！"，远离在他眼皮子底下发生的杀人行为的那个主人公感叹道。《白卫军》最终从中选了一个——第一个。聚集在图尔宾家的长篇小说的主人公——准确说是受苦人（不同于什波良斯基、盖特曼，等等）。只是有一次，叶莲娜祈祷赦免弟弟死刑时无意中说："我们所有人天生都有罪，但你不要惩罚。"

"会不会有什么人付出血的代价？"作者在长篇小说结尾发问，并回答说："不会，没人。"但是，这个回答并不是最终答案——长篇小说刊印稿中保留实际上不属于这部长篇小说、但暗示它接下来结局的引言："死者都根据书中依照各自的事所写的内容被判罪……"，不无用意。

短篇小说《红色王冠》的主人公准备**亲自**回答，用自身的精神错乱来回答。在布尔加科夫1927年快完成的**那个**剧本中，赫卢多夫以此为无比大的罪过付出代价。

我们认为，早在出版物上强烈指责剧本《图尔宾一家的日

第三章　创作剧本的五年（1925—1929 年）

子》和长篇小说《白卫军》的作者过于同情地塑造主人公之前，作者自己就在构思其中应当表露出对他而言很重要的第二个情节——"我们公平地忍受煎熬"的剧本。《逃亡》——不是《图尔宾一家的日子》的续篇，而是其中没有解决、保留布尔加科夫晚期作品犀利的这样或那样的问题的第二面、反面——所有人都要为决定命运的那一年负责。

剧本不仅恢复了而且阐发了以前指定的情节——其中回顾时发现某种遗迹——在这个剧本中还没有阐发，但是在随后的构思中分岔了。

> 永生——寂静而光明的彼岸；
> 我们的道路——渴望去那里。
> 安息吧，谁会结束自己的逃亡！……

这段 1927 年就从茹科夫斯基的作品（《俄国军营中的歌手》）中为剧本《逃亡》选的引言，——最为完整地体现布尔加科夫整个创作贯穿的主题、大师的未来路线纲领（永生安息，是生存的最终目标，是生存大大渲染的目标），——况且，作者显然已经在思考的长篇小说这条线索的构思，那些年可能还不存在。

已经回国的"路标转换派"那些年还算顺利的命运，对于产生剧本的构思也很重要。

我们认为，除了显而易见的、经常提及的斯拉晓夫本人的书《1920 年的克里米亚》（1924 年莫斯科版），还有许多出版物对《逃亡》的构思的形成和把赫卢多夫几乎塑造成戏剧的主角起了作用。但我们从斯拉晓夫说起,是为了让我们的读者看到,带有回忆者清楚的个性痕迹的特殊叙述结构直接反映在对赫卢多夫的形象塑造和他对将官们刻薄冷漠、毫不掩饰的厌恶的对白里。

"1月底和2月初,零下20摄氏度的严寒来了,西瓦什湖违背统计学家的保证,发生它作为盐湖来说不应该出现的事——冻住了。这个问题非常困扰我……我下令每天晚上要让两辆连在一起、总重为45普特的四轮马车驶过西瓦什湖的冰面,它们驶过冰面就像驶过陆地桥似的。我的这个行为被我的各种'朋友'说成了这样:'偶然获胜后,斯拉晓夫在自己的指挥部喝得烂醉,不让士兵睡觉,逼迫他们用四轮马车拉自己夜里在西瓦什湖的冰面上游玩。'……当我们的'没有一丝光明的人'(将军们的肩章上没有彩色缘条)这么说时,我不明白,我为什么这样做,尽管只有45普特——这是马车前部和武器的重量,我不明白,红军带不带炮兵,能不能马上攻入克里米亚,存在很大差别——这已经是要么过于凶狠,要么太愚蠢的标志……我从部队中把车臣人派到那里去,因为他们作为骑兵在后方疯狂抢劫,拿他们完全没办法。我还把他们发送到秋普-占科伊。"列维申将军"反对说,抢劫没有证据,高加索山民在战斗中能拯救一切,而且还引证包括莱蒙托夫在内的权威人士的话。我自己去过高加索,知道他们擅长剽悍地'抢劫,几乎是疾驰'。"

出版物中,显然有布尔加科夫可能从第一稿(1922年索菲

第三章 创作剧本的五年（1925—1929 年）

亚版）起开始熟悉的列宁格勒"普里博伊"出版社 1927 年再版的瓦·维·舒利金回忆录《1920 年》及其对 1919—1920 年间"白色思想"所发生的变化的详细分析［这种分析可能在赫卢多夫说的几乎怪诞的语句中体现出来："没人爱我们，没人……我们需要爱，没有爱，在战争中什么也干不成！（**对季西责备道**）没人爱我"；舒利金关于白军思想和白军事业的命运的书中接近完成的、充满感情的内容，可能在某种程度上影响了对长篇小说《白卫军》的书名的选择］。

我们还要提到阿·阿韦尔琴科和 1922 年在柏林出版（就像我们以前提到的什克洛夫斯基的《感伤的旅行》那样）的 A. 韦特卢金的书《英雄和想象中的肖像》。刚提到的猜测，得到我们以前列举的塔季扬娜·尼古拉耶夫娜·拉普的证明的支撑，她证实说，韦特卢金在花园街生活时是布尔加科夫的朗读会的一员。在韦特卢金的书中，有整整一章是写斯拉晓夫的（在《梦想的坟墓》那章，里面的思想和激情同瓦·舒利金的书里相似）："他依靠强烈的意志力，用仇恨、可卡因和长期的失眠麻醉自己，整整好几个星期都不睡觉，敢于不顾战略目的进行坚守……只剩下最后的后备队——1000 名士官生。他抽搐的手中拿着步枪，呆滞无神的眼中透出精神失常的眼神，带领着这群人……军需官们打着颤，奥尔洛夫[①]安静下来，后方勉强能喘过气来，人们把部队崇奉为神，半岛坚守住了。最后一次扮演独裁者的角色时，他眼神呆滞、神情紧张的脸庞在将军

[①] "绿军"的一个首领。

会议上一闪而过……可怕的火车再次飞驰而过，让车站领导开始发呆，引发了对过去的回忆和对未来的恐惧……斯拉晓夫坐在地图前绘制线路，反复进行催眠：'可卡因、伏特加、硝化甘油、鬼、恶魔，只是不能睡，不能睡'……"（第123—126页）

对斯拉晓夫将军这种半小说式的描写，可能不仅给布尔加科夫提示了赫卢多夫的肖像细节（脸色像可卡因一样苍白——"像骨头一样白"——他"皱着眉头，抽搐着"，等等），而且还成了创作这个人物的分叉。总的来说，在1924—1927年间，国家出版社出版了许多关于国内战争的回忆录，其中包括关于在战线另一侧战斗过的人的回忆录：十年后，布尔加科夫在创作有关佩列科普的歌剧的歌词时，给这些可能从创作《逃亡》时起就保存在他的藏书中的材料拟了清单。

《逃亡》剧本的构思及其落实本身，放在1926—1928年布尔加科夫作品广阔的创作背景下——首先是与这些年完成的长篇小说《白卫军》的创作史比较——才可以弄清楚。

也要考虑许多生平经历的事实。1926年底是《图尔宾一家的日子》在莫斯科艺术剧院舞台上、《佐娅的住宅》在叶甫盖尼·瓦赫坦戈夫剧院取得辉煌成绩的时候，除了在观众中间大获成功，出版物上还有对这些剧本的强烈意见。布尔加科夫突然成了最著名的戏剧家，他五年前从弗拉季高加索给堂弟写信说的梦想，终于在戏剧《图尔宾兄弟》首演之后实现了："要知道这是我的梦想实现了……但是极其反常的是：不是在莫斯科的舞台上，而是在外地的舞台上"，等等。现在这是莫斯科

第三章　创作剧本的五年（1925—1929 年）

的舞台，而且几乎是广大知识分子最尊重的剧院，这个舞台在等他的新作品。从取得的这些成就和对那些当时漂泊在君士坦丁堡或巴黎、返回俄国的新的文学同行谈到的人的乐观期待的角度来看，那年他们面临的是应当不容置疑、意思清楚的评价。他开始构思新剧本，这次直面当代的根本性问题，看来相信阐述历史斗争的一个方面，也能理解整体。

就像讲究定居文化和根文化、热爱出生地和家园的人不待见运动的想法那样，**逃亡**的想法出现在他那里，当然比对逃到君士坦丁堡和巴黎的人的思考早得多。他在自己发表的第一篇作文中就写到了"近两年把我们推上可怕的道路，我们不能停歇，无法喘息"的疯狂行为。这就是他理解的**逃亡**，可能就像茨威格笔下的精神病患者——突然的、急剧的、以别人的意志为转移的运动——没有构思和目标，没有创造性的成果。

《逃亡》的构思产生并发展于当时社会生活的几个重要现象背景下。其中之一就是，由于种种原因，即使是现在也难以分析的在广大侨民阶层中得到发展的回归运动。其衷心拥护者是叶·德·库斯科娃、谢·尼·普罗科波维奇和米·安·奥索尔金，国内是叶·帕·佩什科娃。霍达谢维奇回忆说，高尔基（在 1924—1925 年间）对他说，佩什科娃"被委托了大事、必要的事"——"让侨民同苏联当局和解"。

…………

如果霍达耶维奇知道他，他会如何看待霍达耶维奇严厉的、刻薄的分析？我们不打算回答这个问题。他在那年写同样的内容即写关于那些"想念俄国"并想"在那里生活和工作，不反对工农政权"的人的信时思考过。

他有没有为这些人准备第三个版本？如果他也认为不会有第三个版本——那么他的构思，对逃亡到那里和逃亡回来的剧本的构思的动机到底是什么？

《逃亡》中有作者的某种构思或在作者选择的引言中立即体现出来、暗示长远和超越具体历史情景的设计。

应当认为，剧终时，戈卢布科夫和谢拉菲玛"从房间里跑出来"，决定"回家"，就是去迎接希望。可能的不二选择是——表现他们向着未知前进，向着可能经历了他们还不知道的苦难后到来的永恒的安宁前进——剧作家实际上没有采用，虽然研究者们和导演们今天回顾它时会在剧中读出某种合理性。

《逃亡》与长篇小说《白卫军》的历史有关。顺便提一下，1926年春季之前（《俄国》杂志编辑伊·列日涅夫离开，杂志彻底停刊后），作者手上有尚未发表的长篇小说三分之一的校样。其最后一章与后来的那一稿差别很大。其开头是图尔宾一家的主显节枞树，前几句中就出现了受邀来观赏枞树的彼季卡·谢格洛夫（长篇小说的最后一稿以他的梦结尾的那位），然后，"门帘摆动，图尔宾走进客厅。他穿着晚礼服，露出白色的前胸，戴着黑色的袖扣。他的头在患伤寒时被剃了个精光，头发刚刚开始长出来，剃得光滑的脸上也呈现出柠檬色。他拄着拐杖走路。"拉里奥西克和梅什拉夫斯基也都穿着晚礼服，叶莲娜向来观赏新年枞树的已故的娜伊-图尔斯的妹妹伊琳娜解释说："晚礼服——他们原则上穿这个。以彼得留拉为

第三章 创作剧本的五年（1925—1929 年）

由头。"在这一章中，伊琳娜·纳伊和尼科尔卡开始谈恋爱，澄清了前面几章中刚刚显露出来的（在这些范围内并在长篇小说的最终版本中保留下来的）梅什拉耶夫斯基和爱上他的图尔宾家的服务员阿纽塔的关系：拉里奥西克通过叶莲娜的撮合向阿纽塔求婚，于是阿纽塔就向叶莲娜承认说自己怀孕了。校样（最终没有保存下来，随一页或几页接近完成的内容丢失）的最后一页描写了"著名的那一天即 1919 年 2 月 2 日黄昏，当时草草吃完饭，梅什拉耶夫斯基在一片狼藉中离开，带着图尔宾的秘密便条把阿纽塔送到诊所（和图尔宾在白色小房子中发生激烈争吵后，叶莲娜拿到了这张便条）。"那天，"黄昏时分，叶莲娜在自己卧室的窗边对用她的手上的刷子弹出普通音阶的舍尔温斯基说：

'你们所有人都是坏蛋……'

'没有的事。'杰芒悄声回答说，一点也不难为情，拉近叶莲娜，事先偷偷地四处张望，亲吻了她的嘴唇（应当说实话，人生第一次）。

'再也不要出现在这个家了。'叶莲娜没有底气地低声说。

'没有您我活不下去。'杰芒低声说。要不是前厅的门铃响起，不知道他还要说些什么。"长篇小说的校样就此中断。无论此时谁出现在图尔宾家里，长篇小说已经结束。既然结束了，怎么可以推测说是，在作者的构思中仍然是三部剧的第一部。那么在它的结局中好像不应该有正在阅读"令人震惊的书"的鲁萨科夫，也不应该有剧中人物们的有预见性的梦。

整章都用日期准确标记：主显节（也就是公历 1 月 19 日）

那天图尔宾出来走动时还病着,然后传来消息,说"图尔宾的伤口奇妙地愈合了"。接着时间就像放慢了速度一样(我们注意到扎米亚京1922年写的短篇小说《洞穴》的明显影响);"是的,时间就像洞穴里的水滴一样,完全无声无息地流逝。白天很快就过去了,有时伴随着漫天飞舞的暴风雪,有时白茫茫一片,炎热的夜晚过得很慢。"与此同时,每个主人公都展望着自己未来的命运,拟定了自己的选择。叶莲娜问道:"将来会怎样呢?"图尔宾回答说:"好像布尔什维克会来。"叶莲娜说:"天哪!""恐怕更好。"梅什拉耶夫斯基突然插话说:"至少会立刻砍掉我们所有人的脑袋,世界变得干净和安宁。然后说俄语。被抓到契卡,骂娘,拉出去枪毙。"(参看剧本《图尔宾一家的日子》:"**梅什拉耶夫斯基**:干得漂亮!被抓到契卡,骂娘,拉出去枪毙。他们和我们都更安宁……")接着:"第一个患者1月30日晚六点左右出现。"终于"有一天晚上",图尔宾家传来毛皮高帽上带星的人打进来的消息。"'阿廖沙,'尼科尔卡喊道,'你知道吗,红军来了。听说现在博布罗维察附近正在打仗。'

图尔宾起初凶恶地抽搐了一下面孔,压低嗓音说:

'早该如此。他活该!狗娘养的,这个败类①活该!'然后就停了下来,嘴还张着:'等等……这还可能是谣言……一小伙匪帮……'

'谣言?'舍尔温斯基欢乐地问。他摊开《消息报》,用修

---

① 彼得留拉。

第三章 创作剧本的五年（1925—1929 年）

过的指甲指出：

我们的军队在博布罗维察方向英勇地击退了红军。

那真的是完蛋了……既然有这样的消息，那就意味着红军占领了博布罗维察。

'确实，'梅什拉耶夫斯基证实说。"最后是 1919 年 2 月 2 日，长篇小说中的最后一个日期。

布尔加科夫正是以长篇小说这一章为基础，1925 年创作了《白卫军》剧本第一稿第五幕和在莫斯科艺术剧院上演的那一稿的第四幕（也是最后一幕）。

但是这一章的事情发生在 14 天里，根据舞台条件，被压缩到一天——有枞树的主显节。（根据戏剧第一批观众的反应，正是最后一幕、对观众产生强烈影响的一幕的开头舞台上的枞树给人留下深刻印象——在那些年，圣诞树已经与官方规定冲突，被看作是永远消逝的另一种生活的标志。）

长篇小说的情节线索也被压缩了——拉里奥西克对阿纽塔无望的爱恋转为对叶莲娜的爱恋。剧中完全没有阿列克谢-尤利娅·赖斯这条线索（1925 年在长篇小说的最后一章出现过，与后来的版本完全不同：阿列克谢有时醋意大发，掐住尤利娅的脖子，有时看着她桌上照片里的米哈伊尔·谢苗诺维奇·什波良斯基，用枪指着要求承认她和什波良斯基是什么关系。由于面对比恋爱关系暴露重要得多得多的东西暴露，尤利娅吓得脸色苍白——看来暴露了两面三刀。）剧中也没有尼科尔卡-伊琳娜·纳伊这条线索。不过，在长篇小说最终稿里，叶莲娜和舍尔温斯基的关系与其说是描写，不如说是暗示。1925 年在这种关系已经在剧本中出现的氛围下得到描写。("'舍尔温斯基，住手，'叶莲娜无精打采地低声说，'住手。'但是舍尔温斯基没有住手，他的手指拨弄着流苏，然后溜到胳膊肘，溜到肩膀。他有时斜着肩膀，很想用剃光胡须的嘴唇亲吻她的肩膀。'唉，不要脸的家伙，不要脸的家伙，'叶莲娜低声说。")

我们认为，对1925年版本最后一章至少两条情节线索的修改面貌，证实了以前引用过的证据——1925年夏季作家就在考虑写长篇小说的续篇。在失去刊印完毕的可能性之后，作家可能就放弃了继续写三部剧的想法。这一创作意图的改变，至少导致两个文学创作后果。一个是，决定创作反映南方国内战争末期的剧本。出版物上第一次提及——在1923年3月的《俄国》杂志上——长篇小说《白卫军》时说，作家"即将完成覆盖南方打击白卫军时期（1919—1920）的长篇小说《白卫军》"。不管这个消息与作者当时创作长篇小说的阶段是否相符，但是这些年代在他的构思中无疑存在过。就像历史题材长篇小说作家作品中常有的情况那样，《白卫军》的实际时间线被往前推了，停留在1919年初。拒绝写长篇小说的续篇，导致有关这些年的材料悬在空中——1926年底前完全专心致志于创作剧作的布尔加科夫，自然是以戏剧的形式回归这些材料的。

拒绝构思三部剧的第二个后果是，改编长篇小说最后一章。我们认为，改编是在完成对《图尔宾一家的日子》的全部写作之后，在写作《逃亡》的过程中或写作完成后进行的。我们想强调的是，《逃亡》剧本和长篇小说最后一章最终版反映

第三章　创作剧本的五年（1925—1929年）

的是作家创作经历的同一个阶段。

改编长篇小说的结局伴随着一系列状况。1927年戏剧《图尔宾一家的日子》在莫斯科艺术剧院连续第二个演出季上演时，传来消息说，《俄国》杂志原出版者З.卡冈斯基打算在其他国家出版这部长篇小说。

布尔加科夫的名字在欧洲有了一定的知名度——主要是在俄国观众和读者中间。1927年10月13日的巴黎《日子报》报道说："俄国剧团在里加上演的轰动一时的俄国戏剧《图尔宾一家的日子》……取得了巨大成功。"里加也出现了长篇小说《白卫军》的单行本，其中有人根据《图尔宾一家的日子》最后一幕，替作者续写了《俄国》杂志未刊登的长篇小说的结局：保留了主人公们的对白，补写了许多情况下从情景说明中展开的叙述段落；结局可能反映的是这个谁也不知道的杜撰者，对1919年初布尔什维克进入基辅时的个人回忆。封皮写着他的名字的、属于别人的这29张刊印稿，无疑让布尔加科夫很痛苦。

就在1927年，1925年刊载在《俄国》杂志上的长篇小说那部分的单行本在巴黎准备就绪。（布尔加科夫可能还没有决定在国外的出版社出版尚未发表的章节。）1927年10月10日（然后是12日）的《日子报》刊登了"彼得留拉攻占基辅"片段，还预先作了如下说明："经'康科尔德'① 出版社（巴黎）批准，我们刊登了近日出版的轰动一时的米·布尔加科夫

---

① 报上误写为"科普罗德"。

的长篇小说《图尔宾一家的日子》中的一章。众所周知，这部长篇小说被作者改编为戏剧，在莫斯科艺术剧院上演获得不同寻常的成功，不久前被禁演。"（巴黎当时当然还不知道10月12日的批准电报。）这可以让我们确定出版时间。剧本就这样吸引来对长篇小说的关注。如果剧本最初被作者以长篇小说《白卫军》来命名的话，那么现在被出版者出于广告目的在长篇小说名称中加入了剧本的舞台名称：1927年俄文版的扉页上写的是《白卫军（图尔宾一家的日子）》，而同一年巴黎的版本上写的是——《图尔宾一家的日子（白卫军）》。

《图尔宾一家的日子》在莫斯科艺术剧院的舞台复演不到一个月，《佐娅的住宅》就从瓦赫坦戈夫剧院的剧目表上被撤下来了。这加剧了俄国侨民对布尔加科夫作品的兴趣。当月，即在1927年11月26日，《日子报》报道说："里加俄国戏剧经理处成功从俄国拿到《图尔宾一家的日子》作者布尔加科夫的另一部戏剧——《佐娅的住宅》。该剧是莫斯科艺术剧院工作室排演的，不过布尔加科夫的这部剧不久后就被从剧目表上撤下来了，因为它没有博得当局的好感。在里加，《佐娅的住宅》将由温格恩排演。"

最终，1927年12月8日的《日子报》上出现了以《布尔加科夫在国家政治保卫局？》为题的简讯。简讯报道说："据莫斯科向里加《言论报》透露，《图尔宾一家的日子》和戏剧《佐娅的住宅》的作者布尔加科夫被传讯，在国家政治保卫局接受如下审讯：他的作品凭什么在国外出版？戏剧凭什么在国外的舞台上演？国家政治保卫局特别感兴趣的是，他是否拿到

第三章　创作剧本的五年（1925—1929 年）

稿费。他被审讯了 3 个多小时。"

如果这个报道可靠，那么这些情况可能也成了布尔加科夫采取的步骤，以《俄国》杂志原出版者 З. 卡冈斯基（他宣称自己是作家的全权代表）的行动为由，在国外出版自己的书信（第一封信写于 11 月 28 日）。

唉，卡冈斯基有何法律依据，这远不是布尔加科夫马上就能明白的。他在 12 月 15 日的信中，通过作者权益保护局工作人员弗·利·宾什托克转达给国外报刊的一些表述，与其说可能考虑的是在国外能读到，还不如说考虑的是在国内能读到。他强调说："不管是卡冈斯基还是其他什么人，虽然他们都有保证性的表示，但是谁都没有从我手中得到我的剧本《图尔宾一家的日子》和《佐娅的住宅》的稿本。如果他们手中有这样的稿本，那只可能是未经作者允许和许可得到的、并以这样的方式转移到国外的誊抄本或稿本。这些在苏联没有出现过的长篇小说《白卫军》的草稿或初稿，很有可能就是通过非法途径获得的材料。"1928 年 1 月 9 日的信刊登在巴黎的《喜剧报》上，弗·宾什托克 1 月 17 日给布尔加科夫写信告知了此事。1 月 13 日的《日子报》提到了对这封信的刊登（同时还报道说，今年的演出季《图尔宾一家的日子》将在比托耶夫家族剧院用法语上演）。第二天，该报发布通知说，《佐娅的住宅》将在新开的"新俄国剧院"首演——"轰动一时的戏剧。在莫斯科被禁演和撤演的戏剧"。

З. 卡冈斯基在 1928 年 1 月 20 日给《〈日子报〉编辑部的信》的短信中写道："我当时在莫斯科从米·布尔加科夫处获

— 485 —

得了他的《白卫军》即《图尔宾一家的日子》的版权，与他签订了相关协议。"他肯定地说，他拥有剧本在国外的版权，"拥有相关文件"。1月30日，布尔加科夫再次通过《图尔宾一家的日子》德文翻译的协助，尝试对卡冈斯基的主张提出异议（载于1928年2月24日《日子报》）。然后他在3月16日写得非常详细的信中再次强调："……我没有通过任何全权代表把我的任何一个剧本交给З.卡冈斯基，即使我有全权代表，任何情况下也不会交给З.卡冈斯基……З.卡冈斯基考虑到布尔加科夫从莫斯科很难把他怎么样，就刊登了假消息……"（载于1928年3月25日《日子报》）。

事件的实质是，苏联与其他国家之间没有公约（这样的公约1973年才签署），苏联作者的作品在任何国外出版物（或上演）的权益不受保护。考虑的只能是出版者的诚意。已有名气的作家的个人影响，当然也能在局势的发展中发挥决定性的作用。

2月中旬，布尔加科夫提交了出国两个月的申请。他在日期为2月21日、以《出国目的》为标题的对申请的补充中解释说，他想去柏林，"追究З.卡冈斯基的责任，去巴黎同有意上演《图尔宾一家的日子》的剧院以及自己不久前加入的作家剧作家协会进行谈判。布尔加科夫接着写道："在巴黎，我打算研究一下这座城市，思考一下现在在莫斯科艺术剧院上演的戏剧《逃亡》的排演计划（《逃亡》第四幕的事情发生在巴黎）。

此行无论如何不会超过两个月，之后我必须待在莫斯科（排演《逃亡》）。

第三章　创作剧本的五年（1925—1929年）

我希望，不要拒批我因这些重要的、在这里认真叙述的事情的出国之行。"他在附言中补充道："又及：拒批此行，会让我在接下来的戏剧创作工作中陷入艰难境地。"他估计自己的请求会得到高尔基的支持。

3月1日，莫斯科艺术剧院与布尔加科夫签订关于《逃亡》的协议，约定如果该剧被禁演，则作者返还预付款。

布尔加科夫保存下来的日期为1928年3月8日的《第8-664号证明》写道："莫斯科苏维埃行政处特此声明，拒绝为您颁发出国许可。"

……1928年初，莫斯科继续议论新年前一周发生的可怕的悲剧事件。12月26日的各个报纸刊登了以《别赫捷列夫的病情和死亡》为题的报道。报道说，几天前，最著名的学者和医生从列宁格勒来莫斯科参加精神病学和神经病学大会，被选举为大会荣誉主席，并作了报告。12月23日，他观看了戏剧《柳博芙·雅罗瓦娅》，晚上感到身体不适。第二天病情恶化，不能作出诊断（而且这发生在当时全国医生中的优秀分子都聚集在莫斯科时）。晚上确诊为"急性胃肠炎"，心脏活动衰弱，夜里12点左右，别赫捷列夫去世。人们决定把他的大脑放到他成立的大脑研究所，因为伟人大脑先贤祠的思想是他提出的。这给了卫生人民委员会的谢马什科由头，说是"命运的恶意捉弄"（载于1927年12月26日《红色报》晚刊）。接下来几天，各个报纸报道了运送骨灰盒和大脑到列宁格勒的荒诞细节——两者都放在其中一站站长的办公室里，仪仗队列队迎接。然后"骨灰盒和大脑被放在两个相邻的车厢"（载于1927

年12月28日《红色报》晚刊)。

我们认为,与莫斯科的医生有亲戚和朋友关系的布尔加科夫,不可能没有听说过迅速产生的说法:别赫捷列夫与斯大林见面、精神病学家轻率地告诉同事诊断情况(偏执狂)、他的快速死亡与他爱说话的关系⋯⋯《大师与玛格丽特》的构思的产生与发展,我们对他的情节的重要因素——比如别尔利奥兹被切下、被偷走,然后变为器皿的头,谋杀,沃兰德家坏蛋舞会上产生的罪行链——的接受,所有这一切在我们所知的可怕的现实背景下看起来是另外一回事。

3月16日,布尔加科夫交给莫斯科艺术剧院两份《逃亡》的稿子。

4月,布尔加科夫决定去梯弗里斯和巴统——参观在1921年那些艰难的和几乎失去希望的日子里离开的地方。4月22日经过古杰尔梅斯时,他给叶·伊·扎米亚京寄了一张明信片,告诉他说:"我身患大病,乘车前往梯弗里斯。"

柳·叶·别洛泽尔斯卡娅在回忆录中写道:"米哈伊尔·阿法纳西耶维奇在弗拉基高加索时的熟人——奥莉加·卡济米罗夫娜·图尔库尔——在车站迎接我们,她是个个子不高、留着淡褐色头发的端庄的女人,她给我们提供了第一晚的住宿。第二天,我们就搬到了鲁斯塔韦利大街的'奥里安特'旅馆⋯⋯天很暖和,我们开着窗睡觉⋯⋯晒日光浴,泡硫黄泉,经韦利斯基斜坡去老城、扎库里叶⋯⋯奥莉加·卡济米罗夫娜还带我们去旁边街道的糖果点心铺,介绍我们跟法国女店主认识,同时还介绍了她的孙女玛丽卡·奇米什基安认识,她是法

第三章　创作剧本的五年（1925—1929 年）

国和亚美尼亚混血儿，是个朝气蓬勃又心地善良的女孩，她后来许多年都跟我们家保持着联系……"

1969 年 11 月，玛丽卡（玛丽亚·阿尔捷米耶夫娜）·奇米什基安给我们讲："奥莉加·卡济米罗夫娜是个做帽子师傅，是布尔加科夫在弗拉季高加索时的第一任妻子塔季扬娜·尼古拉耶夫娜的朋友……她是波兰人，1937 年去世了。那年春天她对我说：'我介绍您跟我的朋友们认识。'布尔加科夫夫妇想去植物园，但是我说：'我去不了，我刚从那里回来，太累了。'布尔加科夫说：'啊！那我去取车。'我们在科德若尔公路兜风。笑了一路。然后布尔加科夫说：'不，今天我们不能分别！'当时小剧院正在梯弗里斯歌剧院巡演——正好那天晚上上演斯捷潘·库兹涅佐夫演的《钦差大臣》。布尔加科夫跑去买票。"

柳博芙·叶甫盖尼耶夫娜回忆说："离我们不远处的包厢里，坐着一个身穿民族服装的格鲁吉亚中年女人：帽子压得很低，挡住了额头，辫子从两鬓垂下来……梯弗里斯的人都认识这个女人——斯大林的母亲。

我看了第一幕，感到无聊。

我对马卡和玛丽卡说：'哎，这都什么呀。在梅耶霍利德看过后，再看这样的《钦差大臣》有点无聊。你们留下接着看，我撤了。'"——她去城里溜达了。据她回忆，布尔加科夫和她一起在梅耶霍利德剧院看过《钦差大臣》总排演（1926—1927 年之交的初冬），（在回家的马车上）向妻子证明说："这种对作品的随意干涉，曲解了作者的构思，证明对作者不尊重。我觉得，我们争论时冲全莫斯科嚷嚷。"

我们从梯弗里斯经巴统前往泽廖内梅斯。"过了泽廖内梅斯后，经格鲁吉亚军用公路去弗拉季高加索……我们的汽车第一个穿过山口。没有发生一丁点危险：一旦下雪，就绑上防滑链。"布尔加科夫就这样——返程时——走完了1920年2月因病未能走完的路。(塔季扬娜·尼古拉耶夫娜回忆说，回到莫斯科后他一次又一次地责怪她："你不是个强大的女人！要是你很强大，你就能把我这个病人用车拉出来。"塔季扬娜·尼古拉耶夫娜讲述时，并不反驳这些话："没错——他指的可能是柳博芙·叶甫盖尼耶夫娜——她当然完全是另一种女人……")

"我们坐的去莫斯科的火车晚上11点开。我们在城里闲逛。米哈伊尔·阿法纳西耶维奇已经不认路了，他远行后的那六七年，城市变化很大……为了打发时间，我们买了侏儒剧院的票。那里在上演轻歌剧《舞女》。大厅坐满了人。我从未见过这么搞笑的场面——好像是孩子在扮演大人。尤其是演情夫的主人公，让我们折服。他头戴塞形帽，两只小手晃来晃去，他尽力用嗓音来表现激情。台下响起雷鸣般的掌声。观众纷纷把丁香花抛给他。

后来在莫斯科的家中，马卡扮演了侏儒演员喜剧式的死板面孔和用不能弯曲的腿走的步伐，同时他还不知怎的特地动弹了一下头。"

5月9日——可能在布尔加科夫还在高加索的那些日子——剧目审核委员会举行了会议，会上作出禁止《逃亡》上

第三章　创作剧本的五年（1925—1929 年）

演的决定。这个消息在莫斯科等候着他。

会议作出的并于 5 月 18 日转给莫斯科艺术剧院的决议称，作者需要剧本的结局——主人公们决定返回俄国——甚至不是为了强调我们胜利果实的历史正确性，而是为了把自己的主人公的智力优势提到更高的程度……剧本的事陷入死胡同。

5 月 18 日，布尔加科夫向国家政治保卫总局递交申请，请求高尔基"向国家政治保卫总局提出，把我的手稿归还给我的申请，因为它们包含对我个人来说极其有价值的对过去几年（1921—1926）的心情的反映"；"阿列克谢·马克西姆维奇告诉我，他申请成功了，我会收到手稿，但是归还问题不知为何拖了很长时间"；布尔加科夫请求"告知我这个申请的受理过程，把我的日记还给我"。高尔基当时还在索伦托，布尔加科夫可能通过叶·帕·佩什科娃、靠高尔基在给不同文学家的信中不止一次说他的好话找他。5 月 28 日，高尔基回到莫斯科，这无疑让布尔加科夫燃起得到他的各种帮助的希望。高尔基实际参与文学事务的可能性出现了。叶·伊·扎米亚京也立刻从列宁格勒赶来，为自己的戏剧《安季拉》上演而奔走。他 6 月 8 日告诉妻子说："昨天白天去了布尔加科夫家（吃午饭）（由于他的戏剧被禁演，他提前从高加索回来了）。7 点半左右，我们去了协会①：联盟②在那里为高尔基接风洗尘。"接着写了自己与读了他的剧本、答应帮忙的高尔基的谈话。的确，扎米亚京 6 月 11 日就说，高尔基跟费·费·拉斯科利尼科夫谈过，

---

① 全俄作家协会。
② 1927 年 1 月成立的苏联作家同盟。

千方百计给他推荐剧本。因此，当我们从扎米亚京的信中得知，他那些天见了布尔加科夫，就可以很有把握地推测，见面时聊了两人的文学事业，可能就是这些谈话，让布尔加科夫决定向高尔基求助。

高尔基整个6月都在莫斯科，尝试理解六年来发生的变化。他的儿子6月25日给妻子写信说："昨天是美妙的一天。杜卡①和克柳奇科夫②乔装打扮在莫斯科闲逛。杜卡戴了大胡子，克柳奇科夫粘了小胡子，戴了大胡子。他们去了几家茶馆和啤酒屋，和不同的人聊天，在火车站吃了午饭。"高尔基眼中那些天的莫斯科，可以在7月3日《消息报》上的他的随笔《给朋友们的信》中看到。

6月9日的《莫斯科晚报》援引剧目审核总委员会新成立的艺术政治委员会主席费·费·拉斯科利尼科夫的话："决定从瓦赫坦戈夫工作室的剧目表上剔除《佐娅的住宅》。"6月30日的《消息报》报道说，教育人民委员会批准了剧目审核总委员会关于从莫斯科艺术剧院的剧目表上剔除已录用、准备上演的布尔加科夫的戏剧《逃亡》的决定，戏剧《图尔宾一家的日子》保留在剧目表上，直至"第一个新剧本"上演。

布尔加科夫陷入反常状态，应当可以说，惊恐地等着同行剧作家的戏剧在莫斯科艺术剧院上演。6月12日，瓦·卡塔耶夫为《化圆为方》题词："纪念我们的剧本的奇遇，瓦柳恩致米舒卡。"

---

① 家里人这么称呼高尔基。
② 高尔基的秘书。

第三章 创作剧本的五年（1925—1929 年）

玛·阿·奇米什基安讲："那年夏天和布尔加科夫相识后，我要去列宁格勒，给他写信告知此事——给了他我叔叔的住址。我到达时，叔叔告诉我说：'有个年轻人带着一位有趣的女士来找过你。'这就是布尔加科夫夫妇。我们见了面，他们介绍我跟扎米亚京认识。我记得，我们大家一起在民众文娱馆观看了轻歌剧《迷迭香苹果》，在夏天的剧院里，跳蚤咬得我们很难受……我记得，我们去坐滑梯，玩得非常开心。我们在轮子上转，所有人都从上面掉了下来，我和布尔加科夫成了坚持到最后的人……他发现自己要滑下去了，我成了最后一个，就抓住我的腿，我们大笑着一起滑了下去。我们去了哈哈镜屋，只有扎米亚京的妻子没有碰到任何一面镜子，我们都对她不满……"

布尔加科夫 7 月就在剧作家及作曲家协会签字确认，委托叶·帕·佩什科娃从国家政治保卫局接收 1926 年 5 月拿走的自己的手稿。"米哈伊尔·阿法纳西耶维奇！完全不要'羞于'打扰我。"时刻准备给需要她的许多人提供积极帮助的叶卡捷琳娜·帕夫洛夫娜 8 月 14 日写道："我没有忘记您的手稿的事，我每周去两次，向负责人咨询此事。但能作决定的人不在莫斯科。可能因此问题耽搁了这么久。我一拿到手稿，就告诉您。握手。**叶·佩什科娃**。"

8 月中旬，布尔加科夫去了奥德萨：奥德萨基辅国立俄国剧院早在 7 月 9 日就表达了想上演《逃亡》的意向，虽然剧目审核委员会禁演。8 月 19 日，布尔加科夫入住"帝国"旅馆后给妻子写了信。8 月 22 日的奥德萨《晚间消息》报道说，布尔加科夫为俄国话剧艺术委员会主席团朗读了《逃亡》,"朗读结束后进行了交流。对《逃亡》的印象深刻而鲜明。总体评价是,该剧不仅文学性和舞台感很强,而且从意识形态上讲也可以接受。决定把《逃亡》列入俄国话剧院下一个演出季的剧目表。"8月24日,布尔加科夫与奥德萨基辅俄国剧院签订了上演《逃亡》的协议,然后回了莫斯科。

据玛·阿·奇米什基安口头回忆(1969年、1982年),她9月8日从列宁格勒来到莫斯科,她在梯弗里斯就很熟识的马雅可夫斯基(她和皮利尼亚克的妻子基拉·安德罗尼科娃以及她的妹妹纳托·瓦奇纳泽关系不错,他们所有人都认识马雅可夫斯基)和布尔加科夫夫妇在火车站接她。"布尔加科夫和马雅可夫斯基走到一旁,小声商议着什么,马雅可夫斯基从我手中拿走了票(我的火车票是免费的),说等我去梯弗里斯时再说,他记了布尔加科夫的电话号码。布尔加科夫拿起我的箱子,领我上车——车已经在等。① 柳博芙·叶甫盖尼耶夫娜还在车里就对我说:'今天邀请您参加命名日酒宴!大家已经知道您要来。'在娜塔利娅·乌沙科娃的命名日酒宴上,我认识了他们的所有朋友。"

那些天,布尔加科夫重新燃起了希望。8月28日,帕·亚·马尔科夫向在基斯洛沃茨克的斯坦尼斯拉夫斯基报告说:"高尔基通过尼古拉·德米特里耶维奇·捷列绍夫传达批准《逃亡》上演的消息"——还没有得到证实,但是说明《逃

---

① 高级缔约方可能就是这样划分势力范围的。

第三章 创作剧本的五年（1925—1929 年）

亡》有望列入剧目表。

9月11日，《图尔宾一家的日子》在莫斯科艺术剧院上演第200场，布尔加科夫收到了尼·赫梅廖夫、帕·马尔科夫和伊·苏达科夫等人写来的褒奖该剧的信，说它"给剧院带来了那么多欢乐、激动和不安。"9月15日，扎米亚京从列宁格勒写来信——"亲爱的小老头儿！对您的《紫红岛》表示祝贺！请允许我提醒您，您答应过把"首秀"交给剧作家及作曲家协会丛刊。"

布尔加科夫9月27日给他回信说："收到您的祝贺后，除了对您感到爱戴，还感到（恭敬的）畏惧感。您在《紫红岛》获批前两周向我表示祝贺。这意味着，您是预言家。关于这次获批，不知道该说什么。我写了《逃亡》。呈报上去。但是《紫红岛》获批……莫名其妙。

怎么了？什么？为什么？为了什么目的？一头雾水。我希望，您不会让我失去您的祈祷吧？"

确实有理由深思和寻找莫名其妙的解释：那些天突然来了批件（1927年3月初即一年半以前呈报剧目审核委员会的《紫红岛》上演许可，刊登在9月26日的《消息报》上！10月6日，小剧院与布尔加科夫签订了新协议）。关于《逃亡》，还都是流言，难怪涅米罗维奇-丹琴科给在**巴登韦勒**的斯坦尼斯拉夫斯基发电报时，用的是**现在时**形动词的特殊形式："在继续'封杀'① 时，我们想立即同时彩排《教育果实》和**'获**

---

① 弗·伊万诺夫的戏剧。

批的'《逃亡》①。"

我们再稍微回到布尔加科夫给扎米亚京的信看看。此前，几年的密切友好关系已经让他们经常保持联系。这是布尔加科夫在莫斯科缺乏的文学友谊，在莫斯科，和他走得近的人主要来自学术圈和演员圈。布尔加科夫在信中告知扎米亚京等不住的那篇文章的命运："我花了两周时间又给一直放在右侧抽屉里没动过的'首秀'的7页补写了13页。一共20页写得密密麻麻的纸，我初步修改其中的错误后，昨天扔进您在我家时不止一次坐在其旁边的炉子里烧掉了。我及时醒悟了，这真是太好了。当着我身边的生人的面说把这些话刊印了，那是不可能的。

好在我没有寄出去。请原谅我，没有兑现承诺。如果我说，不管怎么样都发表不了，那么我坚信无论如何都发表不了。不会有'首秀'了。

总的来说，优美文学作品领域的练习可能结束了。"整个这件事以不好的结果收场："人被毁了"。他这些天的心情很容易还原——《逃亡》仍然未获批，《图尔宾一家的日子》命运已定（它应当会被准备上演的弗·伊万诺夫的戏剧取代），在剧目审核委员会对他的戏剧的既定态度下，布尔加科夫未必相信《紫红岛》今后肯定会上演（而且我们不要忘了，剧目审核委员会仍然是他的戏剧瞄准的主要靶子）。

在那封信中——今天需要弄清的是："小老头儿在我们家

---

① 黑体是我们加的。

第三章　创作剧本的五年（1925—1929 年）

做过客。我们回忆了海边之行。

啊，列宁格勒，令人陶醉的城市！"

柳·叶·别洛泽尔斯卡娅回忆录中的一段话，有助于解密这些句子："玛丽卡·奇米什基安从梯弗里斯来我们家做客。我当时不在家。马鲁夏为她烧了洗澡水（我们家用炉子取暖，米哈伊尔·阿法纳西耶维奇有时自己在书房生炉子取暖，他不时搅动一下，喜欢观赏像被铺上金子的煤，但又总是担心煤气中毒）。当时文学家、莫斯科艺术剧院工作人员帕维尔·亚历山德罗维奇·马尔科夫来我们位于皮罗戈夫街的家做客。米哈伊尔·阿法纳西耶维奇对他说：'我们家有个小老头儿来做客，他很会讲笑话！现在他在浴室，洗完就出来……'

当玛丽卡而不是小老头儿走进餐厅时，帕维尔·亚历山德罗维奇是何等的惊奇！我说过，她很漂亮。马尔科夫开始笑……马卡很满足。她的笑话讲得很成功时，他就很高兴。她的笑话几乎常常都讲得很成功。"

他们可能在列宁格勒时就开过这个玩笑，扎米亚京在自己写给讲笑话者的信中的呼语——"亲爱的小老头儿"，就是指她。于是布尔加科夫信中的话"我们家有个小老头儿来做客……"沿用这个语义游戏，通知扎米亚京，玛丽卡刚到莫斯科。（我们补充一句，扎米亚京的下一封信中有句"向最好的小老头儿问好！"）

当然可以推测，文章透露的是当代评论与剧院和剧作家的相互关系。两次首秀的经验给布尔加科夫提供了大量的材料供分析和作出结论，这可能也使文章增添了在作者眼中让文章内容不好懂的生硬。

9月30日，高尔基偕家人在莫斯科艺术剧院观看了《图尔宾一家的日子》。"阿列克谢·马克西姆维奇对演出、表演和作者大加赞赏。"帕·亚·马尔科夫在那天给斯坦尼斯拉夫斯基的信中写道。

为了展示整个9月布尔加科夫因《逃亡》多变的情绪的全貌，我们引用他的朋友们的往来书信的一段话，尼·尼·梁明9月1日从莫斯科给帕·谢·波波夫写信说："米哈伊尔·阿法纳西耶维奇在莫斯科，心情不错，因为有可靠资料表明，《逃亡》获批了。"

10月9日，高尔基在莫斯科艺术剧院艺术委员会和剧目审核总委员会成员举行的讨论会上表示支持《逃亡》，权威解释者维·波隆斯基也热烈支持该剧（"刚朗读的剧本，是近来最有才华的剧本之一。比《图尔宾一家的日子》厉害，当然也比《佐娅的住宅》厉害"）。艺术事务总局局长（自1928年起担任，1929年调任驻拉脱维亚全权代表）阿·伊·斯维杰尔斯基在讨论《逃亡》的会上说："如果是文学剧本，那么我们作为马克思主义者，应该认为它是苏维埃的剧本，苏维埃的和反苏维埃的这样的术语应当保留。虽然文学剧本有瑕疵，但是不能对它持否定态度，因为它会引起争论。……我们已经达到可以排演引起争论和引发分析历史事件的戏剧。《逃亡》这样的剧本，激发思想，引起批评，吸引群众去分析和争论，这样的剧本比最具苏维埃特色的剧本要好。这个剧本应当批准，要让它尽快在舞台上上演。对剧本的修改应由导演和艺术委员会

第三章　创作剧本的五年（1925—1929 年）

来做。"

参加讨论会的俄国和国际工人运动活动家、1896 年入党的共产党员雅·斯·加涅茨基说："从意识形态的角度看，没有找到任何可挑剔之处。"

剧目审核总委员会当天作出批准《逃亡》上演的决定。对此的报道刊登在 10 月 11 日的《真理报》上。

10 月 10 日，莫斯科艺术剧院开始彩排，12 日，列宁格勒大剧院签署了上演《逃亡》的协议。

1928 年 10 月中旬，似乎是布尔加科夫的戏剧创作命运昙花一现的巅峰。各个剧院要《紫红岛》和《逃亡》。布尔加科夫那些天在梯弗里斯，通过电报协调与列宁格勒各个剧院因这些剧本产生的相互关系。10 月 16 日，就有人发电报对他的《逃亡》表示祝贺。但是接下来的几天又产生了新的麻烦。10 月 24 日的《真理报》报道说，剧目审核总委员会禁止上演戏剧《逃亡》，说它包含为白卫军运动辩护的内容。不久后刊发的列·阿韦尔巴赫和弗·基尔雄在剧目审核总委员会会议上的发言稿《我们为什么反对米·布尔加科夫的〈逃亡〉》（载于《在文学的岗位上》第 20—21 期）表明，布尔加科夫剧作反对者的决心坚不可摧。11 月 5 日的《莫斯科工人报》上，与《逃亡》有关的材料加了通栏黑体字标题：《打击布尔加科夫之流！艺术事务总局无原则的政策。让剧院、电影院和文学领域的阶级敌人缴械（"艺术事务总局的政策"——就是支持布尔加科夫的阿·斯维杰尔斯基的立场）》11 月 15 日的《共青团真理报》刊登了费·拉斯科利尼科夫的讲话，他号召"更加广泛地开展反对《逃亡》的运动"！与此同时，莫斯科艺术剧院没有停止排演，希望事态好转。

12月9日内部观看了《紫红岛》，11日首演。随后，小剧院艺术委员会认为批准该剧是剧目审核总委员会的错误，作出决议，决议草案中有如下表述："如果戏剧《紫红岛》也可列入讽刺体裁，那么也只是其锋芒针对整个社会，而不是导演想象的针对见风使舵分子和官僚主义分子的讽刺作品……"

1928年在希望渺茫的猜测中结束了。

三

我们不知道，布尔加科夫从1928年的哪一天起又开始写好几年前就丢下的小说。

只有一点是确凿的，后来成了长篇小说的《大师与玛格丽特》就是在那一年开始写的。布尔加科夫自己在更晚一些的版本的手稿扉页上标记，1928年是开始写作的日期。

……八年后，完成自己第一部长篇小说的作家在《剧院情史》中这样描写自己的疑虑和追寻："那怎么办，既然你从事这项事业，那就坐下创作第二部长篇小说吧……我压根不知道意义在哪儿，这第二部长篇小说应当写什么？告诉人们什么呢？……首先我去了书店，买了当代作家的著作，我想知道，他们在写什么，他们怎样写，这个行当的奥秘是什么。我买书时不惜钱财，我买了市场上有的所有最优秀的作品。"读这些优秀作家（在这些作家中，可以明显辨认出原型——阿·托尔

第三章　创作剧本的五年（1925—1929年）

斯泰、列·列昂诺夫和鲍·皮利尼亚克等，在布尔加科夫逝世后根据家族故事编写的《剧院情史》原型名单中，他们所有人榜上有名）的作品，尽力适应文学的现时性，在其材料和形式中寻找某种相似性，主人公得出一个可怕的认识，他"从最优秀的作家那里一无所获，可以说，没有找到路，没能看到前方的灯光，这一切使我感到厌烦"。看来，布尔加科夫自己在发表《白卫军》时就有过与上述描述相近的某种感觉。此外，这些困难是他在接下来几年转向戏剧创作的动因。当代作家散文中开辟的"路"对他来说没有吸引力，而自己的路他暂时又没有发现。

是什么影响了这位拥有丰富想象力的作家构思新的长篇小说？他在20年代头五年写的一篇短篇小说中写道："我向大家发誓，我有件神秘的事，每当我拿起笔描写莫斯科的时候，瓦西里·伊万诺维奇讨厌的形象就站在我面前的角落里……我用额头抵住石墙，瓦西里·伊万诺维奇就像棺材板一样盖在我头上。""瓦西里·伊万诺维奇"——这是"50号公寓"住户的概括形象，其原型是布尔加科夫到莫斯科的头几年不得已而与其为邻的印刷工、酒鬼和泼皮们。

对布尔加科夫而言，在那些年"描写莫斯科"就是描写现实，描写当下。对于作者而言，"瓦西里·伊万诺维奇"这一形象（他是人们和各种情况的"墙"、"棺材盖"、敌对力量）确实存在，不考虑这个形象，一方面，不能展示其令人感到压抑的力量，另一方面，不能在这里即文学文本的空间里寻找治其的办法，就切断了描写现实的可能性。

在布尔加科夫的中篇小说《狗心》（在《白卫军》之后写的，实质上"代替"了第二部长篇小说）中，主人公——创造奇迹的医生——异常轻松地像梦中想的那样独自就战胜了在这部中篇小说中承担"瓦西里·伊万诺维奇"职能的人。三部中篇小说一贯表明，作者不用怪诞手法，不可能走近现实这一主题。最后一部中篇小说中的主人公的强势，被仔细描写为布尔加科夫对现实进行艺术想象完全必要的条件。例如，用布尔加科夫的艺术思维特点为构思一部长篇小说做准备，在这样的长篇小说中，有居住在当时的莫斯科的人物，会看到他们不久便确认其强势的人。

保存下来的、包含长篇小说第一稿片段的笔记本上有这样一些篇幅（"材料"），它们表明，从一开始阐发构思就有两个中心人物，他们明显形成对比和对立：在长篇小说的"材料"中，给他们划拨了特别的篇幅，标题为《关于上帝》和《关于魔鬼》。从这个意义上讲，构思中的长篇小说确实与20年代中期写的小说明显不同，前者的构思是在后者伴随下形成的。

20世纪20年代初广泛开展的杰米扬·别德内的作诗反抗上帝运动，在这一构思的形成中发挥了自己的作用。布尔加科夫关注他的作品，剪了一些东西，甚至收集在专门的小文件夹里。1924—1928年间出版的大量关于耶稣个人的文学作品（主要是莫斯科出版社的《无神论者》），如果不是引发辩论的最初推动力，那么也是作者可能还在写《白卫军》时，文艺意识中成熟了的构思逐渐明确时有发酵力的开端。无论如何，第二部长篇小说最晚的结构（建立在两个时空结构的游戏上）的原

第三章 创作剧本的五年（1925—1929 年）

型，我们在《白卫军》的一个场景中看得出。在那个场景中，叶莲娜的祈祷引出了复活地点和时间的幻影："……下午三时，传来加沃特舞曲①。叶莲娜通过黑黑的姑娘说情恳求的人，完全无声无息地来了。他出现在了被拆毁的圣坛旁，完全复活了，看着很亲切，光着脚。"接着——"天穹的玻璃光，一些从未见过的、红黄相间砂石块，油橄榄树"——"从未见过的"风景，将在 1928 年开始写的长篇小说中描写耶路撒冷郊区时展开描写。为了描写现实，布尔加科夫回到近代史的发源地，在近代史中寻找解释的钥匙和描写的语言。

20 世纪 20 年代初，莫斯科进行了采取极具表现力形式的无神论宣传，比如 1923 年的"共青团圣诞节"或"没有福音传道者杰米扬的缺点的新约"，以及当时很活跃的"新生"教会。决不能根据 1923 年写的随笔《基辅城》判断，说他对此持否定态度。——所有这一切迫使布尔加科夫不得不再次回到青年时经过一定的转变之后不再是问题的东西。

当时已不在已解决、不迫切之事范畴（对他以及和他属于同一代人的妻子而言是共同的范畴）的事情，在莫斯科的头几年又成了对他而言迫切的——也就是有问题的事情。

但是更早的时候，他通通遭遇过的 1917—1920 年的悲惨经历，导致他去寻找日常生活中的根本性问题的答案。

《白卫军》中，阿列克谢·图尔宾做的梦——这是完全不同于基辅的医学系低年级大学生的另一个人的处世态度。在我

---

① 挂钟上的。

们看来，这种处世态度是完整的处世态度。

  这一转折在他的生活中表面上是否有所表现，表面上看是否明显——则是另一码事。第一任妻子提供的不是已知意图、有时有点异类的证明，在这里要特别注意。我们认为，在这种背景下，有必要完整引用她对我们的问题——他戴没戴过贴身十字架——的回答："没戴过，他从来没戴过，的确是这样。我也没戴过。我的十字架可能在母亲那里。他的我压根不知道在哪里。他从来没有随身带过它。"至于对新长篇小说中一个主题的思考领域——首先，整个领域在很大程度上是不对他的第一任妻子公开的；其次，新思路是受接下来几年的印象的影响出现的，并且是在他和塔季扬娜·尼古拉耶夫娜已经断绝关系之后才形成的。

  我们引用塔季扬娜·尼古拉耶夫娜对他写第一部长篇小说时的简短回忆："在莫斯科，他写《白卫军》……有一次，他给我朗读了叶莲娜的那次……祈祷，然后尼科尔卡还是谁[①]就康复了……我对他说：'你为什么写这些？'他很生气，说：'你就是个傻瓜，什么都不懂！'""为什么您这么跟他说话？""嗯，我心想：要知道这些人[②]毕竟还没有愚昧到相信因为祈祷就能康复的程度……"请注意，对于已经和布尔加科夫生活了11年的塔季扬娜·尼古拉耶夫娜来说，作者在长篇小说中这样阐述这个情节显然是个新闻；她可能不相信作者会和自己的女

[①] 成了对有尼科尔卡受伤情节的剧本的回忆。
[②] 她当然指布尔加科夫的家人——能认出来是长篇小说主人公的妹妹、弟弟以及他们的朋友。

第三章　创作剧本的五年（1925—1929 年）

主人公感同身受。

可以认为，这种不信任特别让他生气。他变了，但妻子记着他以前的样子。她很了解过去的他，这种了解可能就让他很苦恼。

长篇小说第一个场景中就出现魔鬼，对于 1928 年的文学来说，没有比对十年后即创作最终版时期的文学来说那么出乎意料。这个场景既是从现时的小说发展而来，又与它进行论战。"1913 年 3 月 26 日，我和往常一样，在蒙帕纳斯林荫道坐着……"——面世于 1922 年并迅速出名的爱伦堡的长篇小说《胡里奥·胡列尼托及其学生的奇遇记》开头这样写道。下一页写道："咖啡厅的门敞着，一位极其平常的先生不慌不忙地走了进来，他头戴圆顶礼帽，身穿灰色的防水大衣。"主人公立刻明白了，出现在他面前的是撒旦，给他提供灵魂和肉体。接着开始在布尔加科夫的长篇小说中好像颠倒过来的对话："我知道，您把我当成了谁。**但他不在。**"然后主人公得到了魔鬼的回答："好，假设他不在，随便什么在吗？……不在。"**"那所有这一切靠什么支撑呢？有没有什么人管这个西班牙人？他有意义吗？"** 爱伦堡作品里的主人公即讲述者的这些徒劳的大声叫喊，迫使我们想起在布尔加科夫的长篇小说第一章中好像**碰到的**"外国人"问题："谁管理所有这一切？"（1928 年版）和接下来的争论。我们认为，布尔加科夫的长篇小说第一个场景中会有同爱伦堡的长篇小说主人公即讲述者的立场（故意接近布尔加科夫的立场）发生的隐秘的或直接的争论（不言而喻，费多尔·卡拉马佐夫与儿子们关于神和鬼的交谈，折射了这两个场景)。

爱伦堡的长篇小说的片段和布尔加科夫刚到莫斯科时写的一篇短篇小说《招魂会》都刊登在《扩音器》第4期上,这个事实进一步加深了会引起文学争论的直观感受。这期上还刊登了作者的肖像——可能是出版物上出现的布尔加科夫的第一幅肖像。可以毫不牵强地推测,这一期作家从头到尾都研究过。然后,爱伦堡这个人很快就引起了布尔加科夫不太友好的注意,因为1927年,也就是布尔加科夫转向构思新的小说前夕,爱伦堡的长篇小说重印了两次。

就在1927年,莫斯科的名为《黄金战》的"奇遇丛刊"上刊登了亚历山大·格林(他跟布尔加科夫在科克捷别利相识)的短篇小说《凡丹戈》。主要情节是,在1921年饥寒交迫的冬季,彼得格勒学者之家旁出现了一群穿着奇特的外国人。"我看见,大门旁的马车和汽车中间出现了一群人,我越来越感觉温暖。这群人的中心人物是**一个高个子,他头戴插着鸵鸟白羽毛的黑色圆形软帽,脖子上戴着金链子,身穿缝着银鼠皮的黑天鹅绒披风**。尖脸,蓄着像讥讽的箭头一样分开的红褐色小胡子和细螺旋状金黄色络腮胡,举止从容不迫,威风凛凛……"三个"身穿沿着下嘴唇向肩后一搭的风衣"的人是他的侍从,称他为"教授先生"。讲述者自言自语地称他们为"谜一样的外国人",原来是西班牙人——给学者之家送来礼物的代表团。

我们觉得,被格林用来当作短篇小说开头的印象深刻的场面——过着平淡生活的市中心出现了一群穿着奇特的外国人,

第三章　创作剧本的五年（1925—1929年）

不可能没有引起布尔加科夫的关注。

可以看出，长篇小说中，沃兰德这条情节线索和短篇小说《凡丹戈》有许多相似的细节：例如，对客人们向学者们展示他们带来的礼物的学者之家聚会的描写，让我们想起在长篇小说较晚的稿本中，沃兰德在杂耍剧院让莫斯科的观众非常惊奇的场面："观众都是普通的、**吃份粮的**观众：医生、工程师、律师、教授、记者和许多妇女。据我了解得知，他们所有人都是被古怪的代表团成员吸引，**渐渐地挤满了这里**。"他们的团长"笔挺地坐着，微微地靠在硬椅背上，目光环视着会场。他的右手径直放在他面前的桌上，桌上放着纸，左手漫不经心地转动着脖子上的金链子……他含着犀利的银灰色瞳孔的黑绿色眼睛转向了我"（《凡丹戈》）。从朋友们的回忆来看，布尔加科夫不喜欢格林的散文，不排除互相影响的可能性。

"外国人"的形象作为构成情节的主人公出现在布尔加科夫1922—1923年加入的莫斯科文学圈的散文中，那些年形成了新文学。出现了着重强调其有毅力、沉着和一如既往着装优雅的主人公，"胡子刮得很干净，大方得体并总是精力充沛的"主人公（安·索博利：《阿尔巴特大街的爱情》）。这是外国人或假外国人（例如，带着间谍活动任务归国、乔装"打扮成外国人"的侨民）。他的身上可能也暗含着魔鬼的特点。

我们以这些年写的两部短篇小说中的一些场景为例。"第二天，不刮风了。人一整天都呼吸急促，脸上感到很热。福明路过自己家旁边的城市花园时，在长椅上坐下，由于让人头昏目眩、头脑不清醒的白天的生活圈子，由于小锤敲击太阳穴猛烈的声音，他有点晕头转向。当外国人詹姆斯·贝斯特出现在每一粒沙子都耀眼地闪烁着的路上时，福明觉得，他好像只是正在靠近、正在浮现的酷热的生活圈子中的稀奇古怪的形象……他经过福明身边时，礼貌地摘下便帽说：

'你好。'

不知所措的福明不知是轻轻摇晃了一下，还是在长椅上坐立不安，作为回应。他开始琢磨这个贝斯特。他是谁，他从哪里来，他为何在这里。"[①]（奥·萨维奇：《17号楼的外国人》，第1922号）还有一个场景。

在安·索博利的短篇小说《碎片》（写于1923年）中，一伙偶遇的"落魄者"——公爵小姐、诗人等在克里米亚过着凄凉无味的生活。他们大声呼唤说："哪怕是与鬼一起，哪怕是与恶魔一起，我就是要离开这里。""恶魔！鬼！他们也四散奔逃。他们忘记了我们的存在。哪怕是个……鬼！

诗人用残废的手遮住眼睛，看到了偶蹄，窄窄的长长的下巴胡子上讥讽的嘴唇，枯瘦的手，黝黑的小指头上戴着红榴石。""早晨，巴塔图耶夫的花园里出现了一个新居民，很突然，准确地说，是从山上掉下来的，不是坐马车来的，而且也可能不是步行来的，因为他身上没有一丝灰尘，尖头漆皮鞋上没有一个小斑点，裤缝线平整得像是刚从熨斗下拿出来的似的，手套没有褶皱，紧绷的衬衫硬衬也是无可挑剔的整洁。"就像奥·萨维奇的短篇小说中描述的那样，新主人公突然出现

---

① 黑体是我们加的。

第三章 创作剧本的五年（1925—1929 年）

的场景，似乎是在布尔加科夫的构思产生于 20 年代初文学进程深处的第二部长篇小说第一个场景中"外国人"出现的预兆。"**他黑黑的，有一双绿色的眼睛**，冷漠、没有光泽，但是有时突然会焕发光彩，准确地说是瞳孔后**燃起不同颜色的火**，以点状散落在眼白上——那时他的整个脸庞都改变了：嘴角上扬，下巴变窄，在下面像小钩一样折起来，眉毛也竖起来了……"这个肖像本身看起来似乎是布尔加科夫那里的"外国人"的肖像的草图。这是维克多·尤里耶维奇·特列奇，他谈到自己说："我无所不知，无所不能"，对"您……是鬼，恶魔。您是谁？"这个问题表示反对时说："俄国的鬼很小，是失败的，而我很大，常常很幸运"。他带着女人去君士坦丁堡，但是第二天人们就在海边发现了男人的尸体。

正如我们现在看到的那样，已消失在俄国历史深处的把"外国的东西"和"恶魔的东西"混为一谈的行为，在 20 年代初强力复活了。1928 年，布尔加科夫长篇小说中"外国人"出现在牧首湖，绝不是好像可能被一长串外国人即世界主义者——恶魔一样的人物——包围的空地上（就像短篇小说中间弄清楚的那样——为读者而不是为主人公弄清楚——特列奇"长着梳得光溜溜的几绺毛发的扁平灰耳朵下微微动了动"；姓倒着读——是"鬼"的意思）。

最后，我们推荐娜·阿·乌沙科娃（插图是她画的）20 年代中期送给布尔加科夫的亚历山大·瓦西里耶维奇·恰扬诺夫的《韦涅季克托夫，或我一生中值得纪念的事》一书（1921 年莫斯科版）。布尔加科夫喜欢这本书。讲述者的姓——"布尔加科夫"——就会引起对普希金说的"奇怪的相似"非常敏感的同姓读者的关心(我们想起韦涅季克托夫在其中一章的结尾高呼:"布尔加科夫,你的灵魂在里面!")。中篇小说的主人公感到城里有"某种骇人的、巨大的存在",最后,在剧院听歌剧时,一排排看过去,眼神停留在一个人身上。"不可能错。就是他!……他周围没有火舌,没有散发出硫黄的味道,他身上的一切都很寻常、普通,但这种恶魔的寻常是意味深长的、有控制欲的。"恶魔的、笼罩在莫斯科街道上神秘的氛围(在这种氛围下展开行动),一些人对另一些人意志的超自然依赖,令人厌恶的女妖在夜间狂欢的情景,重要事件发生的剧院——我们认为,所有的这一切都对布尔加科夫对长篇小说的构思形成有影响。

在1928年,长篇小说中叙述的故事开始于6月中旬,"正是出售装满了腐烂的草莓、上面还有薄荷的编织篮的时候,成群苍蝇叮在上面……"讲述者确信:"我发誓,只要我一拿起笔描写可怕的事件,恐惧就笼罩着我。让我担心的只是,不作为作家,我就不能以任何方式连贯地转达这些事情……"(第一稿后来大都被作者毁掉了,因此提供的引文一半来自作者的文本,一半是我们恢复的。省略号表示我们未能成功恢复的片段和推测。)

"黄昏时分,牧首湖畔的长椅上"出现了(就像长篇小说最终版中那样)两个人——弗拉基米尔·米罗诺维奇·别尔利奥兹和安托沙(后来改为伊万努什卡)·别兹多姆内。记述了他们的对话。别尔利奥兹正在向伊万努什卡解释,他应该为

第三章 创作剧本的五年（1925—1929 年）

"编辑是弗拉基米尔·米罗诺维奇"的《反抗上帝者》杂志准备的画作——关于耶稣和资本家的漫画——设计怎样的诗体签名。伊万努什卡听他讲话时，用树枝在沙子上画"耶稣绝望而悲伤的面孔……他旁边是资本家强盗式的丑恶嘴脸……""是这样画吗？"伊万努什卡问。"是这样。"别尔利奥兹回答。"这时，从叶尔莫拉耶夫巷走出一位公民……"在最详细的、带有不同版本的多次确认和比较的"公民"肖像后，"上述类型的公民"插入别尔利奥兹和伊万努什卡的对话，提了一个长篇小说的读者非常熟悉的问题："'如果我听明白了，你们不允许相信上帝？'这时德国人问道，与此同时睁大眼睛，表现得又好奇又友好。'不允许。'伊万努什卡回答说。"然后陌生人的目光落到伊万努什卡的画作上。"'咦！'他大叫起来……'我看到了谁？要知道这是耶稣！画得太好了。但是，请允许我问，他眼睛上是什么？'""夹鼻眼镜。"安托沙–伊万努什卡回答道。可以推测出，伊万努什卡在两三回合对白后，尝试擦掉画作，但"外国人"惊惶地阻止了他。

"如果他对您非常生气呢？还是您不相信，他非常生气？事情不在于，他非常生气还是非常不生气，而在于他不存在于这个世界上。

'您说些什么啊！'陌生人大声说道。

……'要知道日落时他在教堂的侧翼。……'"

"他正是用这两翼鼓掌，大声叫喊：'太阳要落下了！'燕子在远处回旋！拉扯站着的人向下飞，听到有人在他耳边悄悄说：'……从侧翼跳下去！没有任何危险，因为前方两步远站成一排……天使在等着托起勇敢的实验者。'"①

"'你没有疑问吗,他是否真的存在?'感到惊奇的陌生人问道。

'没有任何疑问。'别尔利奥兹说。

'请给出诚实的答案。'交谈者请求。

别尔利奥兹和伊万努什卡疑惑地耸耸肩作为回应。

'……抓住小滑头,抓住,请别感到羞愧,'那个人笑起来,'您在内心深处相信,但又由于我不明白的原因而害怕承认。'"

接着,在第2章——《沃兰德的福音》(后来称《来自沃兰德的福音》《恶魔的福音》),沃兰德作为目击者边讲述耶稣被钉在十字架上那天的情形,边给交谈者直接讲了个故事:"此时耶稣很忧伤。尊敬的弗拉基米尔·米罗诺维奇,没有人想死在十字架上,隆重地也不行。"整个故事放在了第2章,而第3章是《工程师的证明》,"弗拉基米尔·米罗诺维奇第一个清醒过来,好奇地望着自己的交谈者。"这时,伊万努什卡用"一些闲话"唤回了他,悄悄地在他耳边说:"知道吗,沃洛季卡,知道这是什么人到底好吗?

坦率地说,这个建议很愚蠢。为什么与人东拉西扯后才要问自己的交谈者他到底是谁?

但是,别尔利奥兹的眼神瞬间变得不高兴,脸上显现出愁苦的样子。"……难道是白卫军分子在学究气地胡说八道吗?

---

① 即用鬼来描写耶稣的三个诱惑之一,鬼建议他往下跳,来展示自己创造奇迹的能力,并使他相信自己。

第三章 创作剧本的五年（1925—1929年）

你问过他没有，他是谁？"伊万努什卡继续说道，但是陌生人抢在朋友们之前，递给他们自己的名片，作为"神术"专家和杂技演员建议，"来到莫斯科，要在游艺剧场表演"。然后，韦利阿尔·韦利亚罗维奇·沃兰德（外国人这样自我介绍）转向伊万努什卡说："尊敬的伊万·西多罗维奇，我从对话中猜到，您很相信上帝。""'必须要始终如一……请向我证明您自己不信神。'沃兰德曲意逢迎，'请踩在这幅肖像画上，踩在耶稣的画像上。'

'简直太奇怪了。'别尔利奥兹说。

'是的，我不愿意！'伊万努什卡坚决反对。

'您害怕了。'沃兰德简短地说。

'我没想过。'

'您害怕了。'

伊万努什卡茫然地看着别尔利奥兹，在生活中遇到任何困难都期待他的帮助。

'他不相信上帝，'别尔利奥兹说，'但以那种方式证明自己不信神太幼稚、太荒唐了！'

'这样啊。'沃兰德严肃地说，'您要承认，别兹多姆内同志，您是猪一样肮脏的说谎者。用不着，用不着瞪着我！'

沃兰德的口气突然如此放肆无礼，伊万努什卡很茫然。理论上现在需要打交谈者的耳光，但是众所周知，俄国人不仅有点无礼，还有点胆小。

'是的，是的，用不着瞪着我，'沃兰德继续说，'我也无须瞎扯了！我也是无神论者，你想想！我也是反抗上帝的人，

与上帝作斗争！知识分子，就应该这样做！'

伊万努什卡不能接受这种侮辱。

'我——知识分子？！'他声音嘶哑地说，'我——知识分子。'他如此叫喊起来，好像沃兰德至少把他叫成了狗崽子……

伊万努什卡坚定地向画作走过去，抬起一只竞走靴。

'请停下！'……陌生人压低了声音叫喊道。伊万努什卡停在原地。'请阻止他！'工程师转向弗拉基米尔·米罗诺维奇，补充说道。

'我大体上反对所有这一切。'别尔利奥兹回应，'不鼓励他，当然，我也不会阻止他。'

'请想一想……最可敬的弗拉基米尔·米罗诺维奇！'

'我厌烦了您的把戏。'别尔利奥兹回答道。

这下竞走靴生气了。仿佛听到了脚步声。耶稣随着灰色尘风消失了。现在是六点左右。

'哎呀，'沃兰德用手掌卖弄地遮住眼睛惊叫道，接着又曲意逢迎地补充道，'哟，看吧，弗拉基米尔·米罗诺维奇，一切正常，夜的女儿摩伊拉在纺线。'

'再见，医生，'弗拉基米尔·米罗诺维奇说，'我该走了。'

'一切顺利，别尔利奥兹公民，'沃兰德回答，礼貌地点头致意。'就在那里致意吧！'他不确定地挥挥手。'是的，如果我没记错的话，要知道您最受人尊敬的母亲住在白色教堂？'

'奇怪……这不知咋的有点奇怪，'弗拉基米尔·米罗诺维

第三章 创作剧本的五年（1925—1929 年）

奇想，'他从何得知……难道是间谍？……见鬼……荒谬的对话。'

'或许，您吩咐，我给她发电报？我现在要去一趟花园街发电报……'沃兰德建议。

弗拉基米尔·米罗诺维奇只是摆摆手，转身对伊万努什卡说道：

'那么，就这样，伊万！注意，开会不要迟到了！……'

'好的'，伊万努什卡回答，'我还要回趟家。'

别尔利奥兹挥挥手，走了。刮来一阵风，把一团灰尘带走了。牧首湖的夜晚已经幸福地撑开带有金色羽翼的帆……乌鸦沐浴在蓝天下的椴树上。""甚至上帝也不能让他喜欢的人逃离死亡时刻"，沃兰德用伊万努什卡不明白的这句诗送别别尔利奥兹，接下来展开了别尔利奥兹死亡的画面。在"杀人啦！"的叫喊声之后，传来了"夜莺般的警笛声。但实质上，警笛声不知道是冲谁，弗拉基米尔·米罗诺维已经离我们很远了。他的头在离有轨电车两步远的地方被找到，不知为什么还伸着舌头"。后来，已经是在《葬礼进行曲》一章中，将描写葬礼前夜解剖尸体者把别尔利奥兹的尸体摆成必要的样子，而且——有意义的、残忍的细节——伸出的舌头迫使解剖尸体者把别尔利奥兹的嘴唇用细绳缝上，"用悲伤和永恒的沉默"来封住他能说会道的嘴……这种能说会道是长篇小说所有稿本中这个人物最重要的特点，就像他的相当大的权力一样。布尔加科夫开始（不晚于 1929 年 5 月）写长篇小说的第二稿后，在第一个场景中放入了对话的那个片段：沃兰德提出猜测，别尔利奥兹

— 515 —

"有一位无神论领导，自然，为了不丢饭碗，所有人都要向领导看齐"。"这些话刺痛了别尔利奥兹。他的嘴上挂着蔑视的微笑，眼神里透出傲慢。'首先，我没有任何领导，'他庄重地、有根有据地说。弗拉基米尔·米罗诺维奇一生中达到了没人能命令他、没人能压制他的良心的地位——他上面没有任何领导。"

可以认为，拥有这些权力的编辑形象，作为长篇小说中的人物出现在长篇小说的构思中时，正是布尔加科夫创作描写剧作家和评论家相互关系的文章时。当时，作者的脑海里有弗拉基米尔（！）·伊万诺维奇·布柳姆——《剧院通报》杂志和《新观众》杂志的编辑——的形象，也有列·阿韦尔巴赫和米哈伊尔·叶菲莫维奇·科利佐夫——《火星报》和《怪人》的编辑——的形象，还有不止一次与布尔加科夫的戏剧创作命运有交集的安·卢那察尔斯基的形象。在他的眼中，后者无疑处于"没人能命令他"的地位。

总之，别尔利奥兹嘴上挂的"蔑视的微笑"和眼神里透出的"傲慢"，是当时完全形成的整个阶层的特点。布尔加科夫的敏锐目光抓住了自己显然很鄙视的这种派别主义的自我感受的特征。这是对自己特殊地位的感受，例如，费·费·拉斯科利尼科夫在1923年给妻子拉里莎·赖斯纳的信中就说过这样的话："要知道，根本谈不上对我进行监控。我非常清楚，党对我无限信任。"[①] 1929年秋，这种感受就促使他用这种保护

[①] 为了准确起见，我们补充一句，在这封1923年8月26日从阿富汗寄来的信中接着写道："同时，母亲写给我的几乎所有信都有明显的粗糙地、不高明地开封的痕迹。"（国立列宁图书馆，第245全宗）

第三章 创作剧本的五年(1925—1929年)

人般的语气与前来讨论他的剧本的人说话,这激怒了布尔加科夫。但是关于这点——以后再说。

我们暂时作个推测,对无所不能的编辑和"事实上"无所不能的人发生冲突的想法,对在长篇小说中描写可怕的报复场景的想法,就出现在销毁文章——作为不能以时事评述的方式说出对这一主题的看法的某种补偿——的时候。

但是,我们停止猜测,回到第一稿的文本。被看到的一切震惊的伊万努什卡没能成功抓住沃兰德,沃兰德最后出现在1928年稿本中取了个"古怪的名字——沙拉什·格里博耶多夫"的餐馆。还原《沙拉什·格里博耶多夫的小插曲》这一章可以看到,这一章在长篇小说的构思中是支柱性的、基础的一章——很快就定型了,在各个稿本中都变化不大。

"'安静点,同志们,'伊万努什卡神秘地低语道,'蜡烛需要黑暗处。'说完这些话后,不可能期望得到绝对的寂静。只是穿着舞鞋的海盗的猫步瞬间打破了寂静。他对伊万努什卡打算宣布的重要消息不感兴趣,迅速移动,潜入餐馆。""'他出现了!'伊万努什卡宣布,眼神变得完全疯狂起来。"他说,谁跑去找"阿列克谢·伊万内奇。告诉他说,我让阿列克谢·伊万内奇下令,派摩托车射击兵去抓工程师。他们这样轻易追不上他!""只是提醒他,把小圣像挂在胸前,一定要带上圣像,要是圣像不够,就画十字手势……这样……疯子一般地用大大的十字架盖住这时露出脸来、穿着高尔夫裤子、滑稽的沙土色夹克的人,年轻人挥了挥手后就消失了,好像消失在柏油马路里。

'我用别针把小圣像别在身体上……我就应该这样做……我应该这样!'伊万努什卡叫道,'会流一点血……我用靴子践踏了我们的上帝耶稣……忏悔吧,东正教徒!'伊万努什卡大叫起来,'忏悔吧!……他在莫斯科!有……虚伪的学说……有恶魔般的胡子……'""'别兹多姆内同志,'穿着超短裤的丑八怪温柔地说,'您大概累坏了。'

'你……'伊万努什卡开口说话,转向了他,眼睛里重新燃起狂热的火苗。'你,'他满怀仇恨地重复道,'把我们的上帝,耶稣,钉在十字架上,这是怎么回事!'

人们仔细听着。

'是的,'伊万努什卡肯定地、清楚地说,眼睛炯炯发光。'我知道了。伊格蒙的秘书。**在石台上把文书悄悄塞给伊格蒙!**你是法庭秘书,是个人物!'在伊万努什卡这段简短的独白期间,高尔夫爱好者的脸就像变色龙一样变了颜色……'公民们,去杀闪族人!'伊万努什卡突然大叫起来,左手高举星期四蜡烛,右手打了被钉在十字架上的无辜的高尔夫爱好者一记大耳光。

红晕完全从苍白的脸上消失了,他躺在柏油马路上。猜到只会冲向伊万努什卡……英勇的伊万努什卡就落入手中。

'反犹太主义者!'有人歇斯底里地高喊道。

'看您说的,'另一人反对道,'难道您没看到吗,这人是什么状态!他哪是什么反犹太主义者!这人疯了!'

'赶紧给精神病院打电话!'到处都在喊。"

伊万努什卡住进去的医院的值班卫生员夜里看到窗外的花

第三章　创作剧本的五年（1925—1929 年）

园里有一只特别大的黑色卷毛狗。后来清楚了，伊万努什卡那天夜里从医院里跑出去了（可能是在夜里去探望他的沃兰德的帮助下）。作者想到卷毛狗，显然想让读者想到歌德的《浮士德》中的卷毛狗。靡菲斯特装扮成卷毛狗的样子潜入浮士德的书房，浮士德想赶他走时，卷毛狗在他眼前开始变大。（在长篇小说的最终版里，这只文学著作中著名的卷毛狗，仅以沃兰德手杖装饰物的形式保留下来，出现在舞会场景中，当时克罗维耶夫正在"把沉重的装在椭圆形画框中的卷毛狗画像用沉重的链条挂在玛格丽特的胸前"。）

当送殡队伍从格里博耶多夫之家（其原型地是特维尔林荫道的赫尔岑故居，全俄作家协会和许多专业文学组织都在这里）向新圣女公墓行进时，伊万努什卡突然出现，"他穿着不体面的、破烂的白衬衫，从头到脚都涂上了烟黑"，去拍打装着别尔利奥兹棺材的灵车，并跳上马车，取代马车夫来赶车。"在转弯处，马车翻了，死者从棺材中掉了出来。伊万努什卡忘记了自己在驾车，用疯狂的眼神盯着看，别尔利奥兹穿着黑色的西服，像个孩子似的，什么也不怕地从棺材中跳起来，用死人一般的眼睛欣赏造成的影响。"阅读这些内容时，很难摆脱这样一种印象，作者笔下有一个非常明确的愿望——生前没有机会直接与任何一个能说会道的编辑作斗争，他就不让变成这种令他愤恨的类型的别尔利奥兹庄严出殡，把这看成相当严重的死后惩罚。

通过文本片段可以猜出，最终马车和棺材一起掉进河里——"什么也没有留下——甚至连气泡也没有留下——春雨破坏了一切"。因此,能说会道的编辑没能留下任何痕迹——怪不得沃兰德曾预言说,他死后会在水中("溺水了?"别尔利奥兹问道。"不是。"沃兰德简洁地回答。)。伊万努什卡又被送回医院。

在其中一章,加拉夏·佩杜拉耶夫(后来的斯捷帕·利霍杰耶夫)被神秘的力量从莫斯科抛出,飞过位于大花园街的自家房顶,立刻就看见了无边无际的、极美的花园,花园后面是"耸立云霄的大山,山顶像桌子一样平坦"。他一直尽力去看,看到的却不是家乡的街道,而是看到了某条"大街,街上小无轨电车发出愉悦的声音。那时,若他转身向后看,就有望看到花园街上自家的房子,但是加拉夏坚信,他无论如何不能这么做:不仅没有房子,也没有花园街以及后面的景物"。"加拉夏像孩子一样开始哭泣,坐在街边的石墩上,听着花园周围平稳的喧哗声。身穿黑夹克、头戴满是灰尘的高筒帽的侏儒从这个花园走出来。

看到这个哭泣的男人,他娘们儿似的没有毛发的脸令人惊奇地皱皱起来。

'您怎么了,公民?'他古怪地看着加拉夏,问他。

院长对这个侏儒并不感到奇怪。

'这是什么花园?'他只是问。

'赛车场。'侏儒惊讶地回答。

'您是谁?'

'我是普尔斯。'那个尖声说。

'这是什么山?'加拉夏好奇地问。

第三章 创作剧本的五年（1925—1929 年）

'平顶山。'

'我在哪个城市？'

身体畸形的人的小脸蛋上流露出愤恨之情。

'公民，您为什么笑？我以为，您在认真发问！……'"侏儒很愤怒，从加拉夏身边走开。加拉夏叫道："'小个子！……留步，可怜可怜我！……我……忘记了一切，什么都不记得了，告诉我，我在哪里，哪个城市。'

'弗拉季高加索。'侏儒回答说。

加拉夏马上垂下头，从石墩上滑下来，头撞到了地上，沉寂下来，双手摊开。

小个子从头上撕下高筒帽，摇晃他，并用尖细的声音大喊道：

'警察，警察！'"

对高加索夏季之行的印象——就是对在弗拉季高加索观看的侏儒戏剧的印象——就这样进入了长篇小说。同时，写第 8 章的日期不晚于 1928 年夏末。

在第一稿中，沃兰德一个人在杂耍场度过了一夜，没带助手，他亲手"拧"报幕员彼得·阿列克谢耶维奇·布拉戈韦斯特的"头"，把它扯下来，"像从瓶子里拔出塞子一样……"

长篇小说中有过一个后来消失了的人物。《什么是博学》那一章的开头是，描写费夏的童年和他所接受的良好教育。他"对历史有非同寻常的天赋"，他在莫斯科大学历史语文系读书时，二年级就给教授交了自己的作品《因果范畴和因果联系》，这让教授"欣喜异常"。

革命后，费夏每周讲四次课——在艺术工作室、某师营房、美术学院……就这样过了十年（也就是说，这个情节安排在1927年或1928年之前），费夏已经打算回到"因果联系"上，突然一份"军报"上出现了"一篇文章……但是，不必指出它的作者。文中指出，某个特鲁韦尔·列留科维奇①当地主时侮辱自己莫斯科郊外庄园的农民，革命时没收他的庄园后，他在艺术工作室躲避正直的怒气的震慑……"温和、安静的费夏首先"用拳头敲着桌子，说（我……忘了提醒了，他俄语讲得很差）……严重分不清 p 或 л 的发音：

'这个强盗可能想让我死！……'并解释说，他不仅没有侮辱农民，甚至连'一个'农民都没有见过。费夏说的是实话。他的确从没在自己身边见过一个农民。冬天他住在莫斯科，待在自己的书房里，夏天他就去国外，从没见过自己莫斯科郊外的庄园"。有一次他差点就去了，但他决定首先从丰富的资料中认识俄国人民，读完了普希金的《普加乔夫暴动史》，然后就断然拒绝前往庄园，这显示出他出乎意外的坚定性。但是，有一次，他回家后骄傲地宣称，看到了真正的俄国农民：'他在奥霍特内-里亚德买卷心菜。戴着护耳棉帽。但他并没有给我留下野兽的印象。'

过了一段时间，费夏翻开画报，看到了自己认识的农民，的确没戴护耳棉帽。老头儿的签名是这样的：'列夫·尼古拉耶维奇·托尔斯泰伯爵'。

---

① 的确如此！

第三章 创作剧本的五年（1925—1929年）

费夏震惊了。

'我向圣母发誓，'他说，'俄国是个非同寻常的国家！在这里，伯爵和农民一模一样！'

因此，费夏没有撒谎。"

这一章就在这里——在一页纸的中间——停了。可以看出，这一章包含有助于理解长篇小说最初构思极其重要的材料。革命前的俄国知识分子和人民这一主题，在这里显然开始出现了。这个主题加入长篇小说，"严肃性"和怪诞手法是什么样的相互关系——仍然无从知晓。只能猜测长篇小说情节中为费夏准备好的角色。作者显然打算把他作为魔鬼学专家，用于长篇小说的"魔鬼"线索。预计要与沃兰德碰面（区别于表面博学的代表者别尔利奥兹）。

长篇小说的构思阐发到这一阶段，既没有大师，也没有玛格丽特——尽管长篇小说只是写到了第15章，但是可以肯定地确认，再往下还有不到一半的篇幅。

长篇小说叫《工程师之死》。"工程师"一词在那一年更有意义，有多重含义。它还和"专家"即"资产阶级专家"一词有关，指在革命后的头几年，在各个人民委员部和总局供职的道路工程师、企业主以及其他高技能专家——他们同意与苏维埃当局合作，但是不赞同其思想、目标及其实现方式，等等。工程师也指来自不同国家、按照合同派到工地和工业企业等的外国专家。所以，"资本家"和"外国人"这些词语和"工程师"一词同属一个行列，进入伊万努什卡和别尔利奥兹的对话，完全符合时代精神。此外，1928年夏天可能、大概就是据我们推测布尔加科夫开始写长篇小说前几章、正在对大批工程师被控有破坏行为和间谍活动的所谓"沙赫京斯克案"进行"调查"的时候。如果不考虑这些情况，就不可能彻底弄明白牧首湖畔那个场景的氛围——显然在影射前不久发生的事件，也弄不明白伊万努什卡在精神病院的解释："'听着……'他对医生说，'打电话说，牧首湖畔出现了个工程师，正在杀人。'"

我们再回到长篇小说第一稿中后来消失的人物。费夏可能的原型——主要是根据他的学术经历，当然不是根据他的家谱——是语文学家、中世纪史史学家、文学理论家和翻译家鲍里斯·伊萨科维奇·亚尔霍。他有大量作品，其中也有关于魔鬼学的作品。这一形象的塑造同布尔加科夫对"普列奇斯坚卡"圈子的态度有关。他对这个圈子的兴趣非常强烈，一生中不断变化，带有文学色彩。这个圈子由语文学家、艺术家、罗曼语系和日耳曼语系翻译家组成，他们都是博才多学的学者，意识到自己是文化传统代表和人文知识保护者。在长篇小说第一稿的人物活动中，也可以看到这些人中大多数人革命后的履历特点，以及布尔加科夫对这个学术圈的崇敬所附带的某些讽刺意味。尤其是，他赞同这个圈子对待文化传承的态度，但明显不赞同他们的美学偏好。属于这些偏好的是世纪之初的艺术流派和西欧的艺术。而布尔加科夫跳过这个阶段，直接在19世纪的俄国文学中寻找传统。不过，这就把我们带到费夏的情节线索之外，能够对他进行猜测的材料特别少，因为这一章的文稿没有保存下来多少。

第三章　创作剧本的五年（1925—1929年）

我们注意到，在俄国土地上，在长篇小说中塑造耶稣这一思想本身——从名为《工程师之死》的第一稿可以看出来的构思的中心思想——几乎首先出现于陀思妥耶夫斯基的长篇小说《白痴》（《耶稣公爵》）以及未能完成的关于耶稣的书中。如果在长篇小说的第一稿和第二稿中可以看到耶稣在个性方面同梅什金公爵的联系，那么再往前看，可以说，随着长篇小说中出现新的人物，这个构思强化了。

在长篇小说有关莫斯科的章节中后来成为中心人物的大师这个人物身上，刚刚看到与有关新约的章节中的耶稣的直接联系。长篇小说作者以艺术世界观的大气魄，也给了读者机会，把自己的新人物形象解释为同时代的、并且同时代的人还认不出来的、在他自己的长篇小说中不无用意地、完全可靠地"被猜中"的人的身份。

但是，构思变为这样的现实，应当还要过几年。

第四章 危机年代
(1929—1931年)

一

1929年初,《逃亡》被禁成为既成事实——1月25日在莫斯科艺术剧院排练,很快就弄清楚了,这是最后一次排练。

在这个对布尔加科夫来说早就是最后一个戏剧演出季的戏剧演出季,他和马雅可夫斯基的文学创作命运交织在一起,开始相互影响——此前,他们曾是彼此有分寸的台球搭档和文学创作对手(因为马雅可夫斯基在1926年讨论《图尔宾一家的日子》的讨论会上说的话,在他平常的文学辩论下背景听起来很有分寸)。

在布尔加科夫1928年展望下一年,清楚地看到几乎自己所有的剧作都要被毙掉的最后的那些日子里,马雅可夫斯基在弗·梅耶霍利德剧院朗读了(1928年12月28日)自己的新剧本《臭虫》(像《紫红岛》一样的讽刺喜剧!)。12月30日,他在该剧院艺术政治委员会扩大会议上朗读了这个剧本。在

第四章 危机年代（1929—1931 年）

会上作出的决议中，剧本被认为"不论从意识形态还是从艺术角度看，都是苏联戏剧的重大现象"，欢迎"将其列入剧院剧目表"。

马雅可夫斯基就这样在布尔加科夫眼前走上戏剧舞台——就在布尔加科夫脚下的戏剧舞台晃动得最厉害的时候。

2 月 2 日，斯大林给剧作家比尔-别洛采尔科夫斯基回信，对《逃亡》剧本作了如下鉴定："《逃亡》是企图引起对反苏维埃侨民某些阶层的同情（如果不是好感的话）的表现形式，——因此也是企图为白卫军事件辩解或半辩解的表现形式。《逃亡》以本来面目表现出反苏维埃现象。

不过，我没什么可反对《逃亡》的排演，如果布尔加科夫在自己的八个梦上再加上一两个梦，描写苏联国内战争的国内社会动机，让观众明白，所有这些自认为'正直的'谢拉菲玛和一切编外副教授被驱逐出俄国，不是因为布尔什维克任性，而是因为他们骑在人民的脖子上（不顾自己的'正直'），布尔什维克赶走这些'正直的'剥削拥护者，实现工人和农民的意志，因此行为完全正确。"答复提到了问题的性质——例如，对第三个问题的答复可能部分或全部重复了问题的性质：为什么如此频繁地把布尔加科夫的戏剧搬上舞台？想必是因为适合上演的**自己的**戏剧不够。无鱼之时，连《图尔宾一家的日子》都是鱼（我们提醒一句，斯大林本人观看这部戏剧不下 15 次）。提出的问题也引发了对布尔加科夫其他戏剧的评价——"……我们想想《紫红岛》……以及不知为何心甘情愿地让真正的资产阶级小剧院上演诸如此类的拙劣作品"。《紫红岛》实际上就这样被毁了,特别是,戏剧《图尔宾一家的日子》被定性为"对布尔什维主义无坚不摧的力量的展示",不过其作者在戏剧的成功方面"毫无罪过"——这样的评价组合需要猜测。《逃亡》剧本的命运直接取决于它的作者是否同意补充加工。

不用说,这封回信立即在文学圈和戏剧圈人尽皆知。据莫斯科艺术剧院传,布尔加科夫拒绝改写和补写《逃亡》——对此的间接证明就是,他的档案里没有尝试改写的任何文献线索。

我们说出推测,除了纯粹的创作原因,这里还有别的原因——由于个人风格和生活行为方式定型,布尔加科夫不可能强迫自己,对既不是写给他本人也不是写给剧院经理处,而是写给个人和他绝对陌生的外人的信中表达的对自己的剧本的要求作出回应。

这封信显然首先给莫斯科艺术剧院经理处留下了深刻的印象。《逃亡》没戏了,《图尔宾一家的日子》勉强上演了最后几周,因为2月26日进行的弗·伊万诺夫的《封锁》的首演,为《图尔宾一家的日子》被撤演提供了基础——"自己的"戏剧。

与此同时,马雅可夫斯基的第一个剧本在剧院委员会批准后(12月30日)立即开始排演,1929年2月13日——在对布尔加科夫的剧本来说难以想象的期限内!——进行首演。保留下来的证明,证明布尔加科夫观看了其中一场戏剧演出。直至演出季结束,《臭虫》几乎每天都上演;秋季该剧又在列宁

第四章　危机年代（1929—1931年）

格勒国家大剧院分院（在过去的两个多演出季，布尔加科夫未能上演一部自己的戏剧的地方）上演。在这两次上演中，每次都会从舞台上传来被剧本作者列入"消亡词汇"（"官僚主义、神学说、面包圈、波西米亚、布尔加科夫……"）的布尔加科夫的名字，这在那年春季似乎特别可信。

1929年3月6日的《莫斯科晚报》刊登了一则简讯《各个剧院摆脱了布尔加科夫的戏剧》。《紫红岛》一直上演到夏季，但在演出季末期，它也像其他两部戏剧一样被撤了下来。

那年冬天，布尔加科夫常去莫斯科艺术剧院会计万达·马尔科夫娜·费多罗娃以及她的丈夫那里玩他喜欢的扑克牌戏——文特牌。他们住在普希金街，离莫斯科艺术剧院不远。他们还围在圆桌旁在带穗的黄色丝绸灯罩下玩布尔加科夫自己想出来的"抽签还本游戏"。赌注是不超过十戈比，但是玩得很愉快。据莫斯科艺术剧院女演员尼·米哈洛夫斯卡娅回忆，他们经常从这里出发去滑冰场，滑冰场很近，在彼得罗夫卡。冰鞋是租的。布尔加科夫滑得不好，不过他可能会滑雪，而且也喜欢滑雪。逢莫斯科艺术剧院休息的周一，他总是抽空和年轻演员们去索科利尼基，去博戈罗德村。他乐意喊上随便哪个朋友两人一起在新圣女公墓旁的楼房附近或沿莫斯科河去涅斯库奇花园滑雪。

1929年开春的几个月，布尔加科夫可能又回到了长篇小说《工程师之死》的写作上。他甚至尝试发表叙述伊万努什卡出现在沙拉什·格里博耶多夫以及之后发生的事情的《马尼亚·富里本达》那一章——写有长篇小说第二稿开头（第1—3章）

和显然准备发表、副标题为"长篇小说〈工程师之死〉的一章"的第5章《马尼亚·富里本达》的笔记本,以及"深处"出版社秘书 Б. 列昂诺夫5月8日打的收条:"我从《富里本达》手稿的作者米·布尔加科夫——笔名为 K. 图盖——处为《深处》丛刊代收该手稿",保存了下来。由此可见,布尔加科夫尝试向1923—1924年间殷勤待他、1926年因外部原因不顾编辑部的意愿断绝关系的出版社寻求帮助。布尔加科夫用笔名提交自己的散文,可能担心因自己已经很不受欢迎的名字惹来麻烦。有意思的是,选择的是短篇小说《可汗之火》(写于1924年)中的人物的姓。"布尔加科夫"这个姓的突厥来历可能对他作出选择也有影响。顺便说一说,革命后头几年,他的在基辅美国救济总署工作的堂弟、密友康·彼·布尔加科夫,因该组织撤销,回了美国,在那里开始用"K. 布拉克"署名。

尝试发表未成,可以推测出,布尔加科夫因此停止写长篇小说了(那一年更晚一些的手稿没有保存下来)。

那年春天,5月2日结束常规出国旅行回国的马雅可夫斯基开始创作第二个剧本《澡堂》。

夏天前,布尔加科夫的处境毫无希望。

在那几个月,他可能甚至尝试转向对他来说完全陌生的题材——关于现实主题的滑稽短剧,这是那些年在某个文学圈相当流行的好赚钱的形式。布尔加科夫那时认识的、但和他关系疏远的一个人1980年9月8日告诉我们说:"关于布尔加科夫,我可能给您说不了多少好话。他很傲慢,目空一切。他对马雅可夫斯基态度很不好,而对我来说,马雅可夫斯基就是

第四章 危机年代（1929—1931年）

一切。

我和他见面多半是和切列姆内赫、布霍夫在一起时，尤其是和布霍夫在一起时。"几乎是布尔加科夫同龄人的米哈伊尔·米哈伊洛维奇·切列姆内赫，是格拉费卡艺术家，《罗斯特之窗》的创建者之一，《无神论者》杂志和《鳄鱼》杂志常聘漫画家。（柳·叶·别洛泽尔斯卡娅回忆说："布尔加科夫对切列姆内赫的态度很矛盾，他完全不赞同其反宗教宣传的喜好，但对其本人却很有好感。我们认为，这些矛盾的印象对长篇小说《工程师之死》中的一个人物——伊万努什卡——的构思形成有影响。"）

而比布尔加科夫大两岁的阿尔卡季·谢尔盖耶维奇·布霍夫，是带革命前气质、早就在《新讽刺作品》发表过作品的幽默作家。他20世纪20年代结束在国外侨居，回到俄国，1927年12月来到莫斯科，相当迅速地在文学生活中找到了自己的位置，成为《怪人》、《河马》和《无神论者》积极的撰稿者，从1934年起，甚至当上了《鳄鱼》杂志文学部主任。

"布霍夫头戴低盔头草帽，总之像那种旧制度下生活的人。这或许引起了布尔加科夫的兴趣。多半是我们去找布尔加科夫，去'布拉格'餐厅吃饭。布霍夫在餐厅举止得体，布尔加科夫很喜欢这一点。后来布尔加科夫最穷苦时，我和布霍夫对他说：'您摆什么阔气？为什么您不像我们一样为国家音乐、曲艺和马戏联合会①写滑稽短剧？'

---

① 这是微型小说作家、小型文艺节目演员和马戏团工作人员联合会。

成功劝服他以后，我们也和他一起去了，他手上好像还拿着写好的申请。他开始谈预付款，但是说了两句话后，突然急转身走了：

'我不干！'

我们追上他，我对他说：'您怎么能这样呢？要知道这归根结底是对为国家音乐、曲艺和马戏联合会写作的许多人而且是最受尊敬的人的侮辱！为什么他们能写滑稽短剧，尽力写得让其能够上演，——而且尽力把它们写得更好，而您却不干?！'"整个情节好像很有代表性。

保存下来的证明显示，那时他尝试转向挣历史文学的钱——帕·谢·波波夫1929年8月12日从黑海海滨（拉扎列夫斯卡娅）给他写信说："您对屠格涅夫的文本的文学研究，我很感兴趣。除了编者注，别忘了您还要撰写序言。文本您是不是校对过了？"

8月28日，布尔加科夫给自己的弟弟尼古拉写了一封信（兄弟间不久前才正常往来通信。那年4月25日，布尔加科夫写道："我们之间可怕的、长时间的分别什么也没有改变：我现在以及今后都不会忘记你和万尼亚。"）

这封信出乎意料地用毫不掩饰的、直截了当的话语描述了自己的境况："我的弟弟，现在告诉你，我的境况不佳。

我的所有剧本在苏联被禁演，我的小说一句都不能发表。1929年是我作为作家毁灭性的一年。我做了最后的努力，给苏联政府递了申请，请求允许我和妻子无限期出国。

我内心不抱希望。有个不祥的预兆——尽管我留在国内，

第四章 危机年代（1929—1931年）

也不许柳博芙·叶甫盖尼耶夫娜一个人出国。（这发生在几个月前！）流言蜚语已经像蛇一样缠绕在我周围，说我注定全面溃败。

一旦我的申请被拒，那么就可以认为游戏结束了，摊牌，熄灯……

我不得不待在莫斯科，而且不能创作，因为他们不会对我的作品、甚至对我的姓名置若罔闻。

我的弟弟，毫不胆怯地告诉你，我的死亡只是时间问题，当然，如果发生奇迹的话。但是奇迹很少发生。

恳请写信告诉我，你是否明白这封信的意思，但是无论如何不要给我写**任何安慰和同情的话**，不要让我的妻子担心。

……很不好的是，今年春季我感到疲倦，提不起兴趣。要知道总是有极限的。

我很高兴，你找到了工作，我相信你会在学术上做出成绩。写信告诉伊万，说我记着他。让他给我写信，哪怕写几句话。你的信是我最大的安慰，我想，你读了这封信，会经常给我写信的。

……好吧，吻你，尼科尔。

你的米·布尔加科夫

又及：请急复此信。"

信中提到的申请，写给了好几个人：斯大林、加里宁、斯维杰尔斯基和高尔基。申请是通过阿·伊·斯维杰尔斯基递交的。布尔加科夫写道："今年，我在苏联从事文学创作就要满十年了。"他提醒说，自己不止一次递交"把手稿归还给我的申请",但是"自己得到的是拒绝,要么就是得不到对申请的批复"(由此可以确定,1929年夏天之前,叶·帕·佩什科娃也没能根据他的委托拿到手稿)。

"快满十年了,我精力受损,无力生存下去,深受折磨。得知我在苏联范围内既不能发表作品也不能上演作品,这让我精神失常,我向您求助,请您向苏联政府申请,把我和我的妻子(她支持进行这样的申请)柳·叶·布尔加科娃驱逐出苏联。"

布尔加科夫9月3日给高尔基写信说:"尊敬的阿列克谢·马克西姆维奇!我向苏联政府递交了申请,期望批准我和妻子限期离境。

阿列克谢·马克西姆维奇,请您支持我的申请。我想在信中详细告知您发生在我身上的一切,但是我极度疲劳和绝望,我什么也写不了。"

布尔加科夫提到自己的所有戏剧被禁演,反问说:"为什么把一个作品不能出版的作家留在国内?请作出人道的决议——放我走。"搁笔之前,布尔加科夫请高尔基收到信后告知自己。

同一天,他给苏联中央执行委员会书记阿·萨·叶努基泽写信说:"鉴于我的作品苏联社会显然绝对不能接受,鉴于我的作品在苏联全面被禁让我必死无疑,鉴于摧毁我一个作家已经造成物质困难,"(写信者肯定地说,他可以出具证据证明"从下月起就无法生存了"——特指必须为上个演出季获得的、可能绝大部分已经花掉的剧作收入纳税),"在极度疲劳,各种

第四章　危机年代（1929—1931 年）

尝试未果的情况下，我向苏联最高机关——苏联中央执行委员会提出，请批准我和我的妻子柳博芙·叶甫盖尼耶夫娜·别洛泽尔斯卡娅一起出国，期限由苏联政府根据需要为我作出规定。

米哈伊尔·阿法纳西耶维奇·布尔加科夫（剧作《图尔宾一家的日子》《逃亡》等的作者）。"

这封信我们是依据作家档案材料中保存下来的草稿引用的，在最终文本里，一些表述可能已被作者弱化，但是不管怎样，1929 年夏末秋初的三份文件，都包含着接近绝望状况的线索——一个快到极限，准备采取绝望行动的人的状况线索。

那段时间的出版物有助于想象布尔加科夫的状况。评论家里·皮克尔在 9 月 15 日的《消息报》刊登的《幕布升起前》一文中得意洋洋地写道："今年的演出季，观众不会看到布尔加科夫的剧作。《佐娅的住宅》关门了，《图尔宾一家的日子》结束了，《紫红岛》消失了。我们并不想因此就说，布尔加科夫的名字从苏联剧作家的名单中删除了。他的才华就像他的创作的反社会性一样，有目共睹。我指的只是他过去的剧作。这样的布尔加科夫苏联剧院不需要。"

文章对布尔加科夫所有"过去的"剧本作结论的同时，给未来的工作留下了一线希望。但是在 9 月上半月，他未必能够看出这一线希望。

布尔加科夫 9 月 28 日又给高尔基写信说："叶甫盖尼·伊万诺维奇·扎米亚京告诉我，说您收到了我的信，但是您想要信的复制件。"布尔加科夫那里没有发现复制件，他"大致"

复述了一遍内容，但是在结尾写道："现在我想给那封信添加以下内容：我的所有剧本都被禁演了，哪里都不能发表我的任何一句话，我没有任何完成的作品，从任何地方都来不了一戈比稿酬，没有一个机构、一个人回复我的申请。总之，我在苏联十年间写的所有作品都被毁了。只剩下最后一个要被毁的东西——我自己。请作出人道的决定——放我走。尊敬您的米·布尔加科夫。"

那些天，他的名字已被用作复数。他还是全俄作家协会的成员，这一点已经让人感到吃惊："布尔加科夫们和扎米亚京们，与真正的苏联文学家们在协会内和平共处。"9月29日第39期《艺术生活》上的文章《皮利尼亚克之流的教训》（在国外出版了长篇小说《红色之树》的鲍·皮利尼亚克当时遭到尖锐批评）如是写道。

10月2日，布尔加科夫收到传票——传唤他3日到政治部——我们推测，这次传唤与把手稿归还给他的决定有关，因为据叶莲娜·谢尔盖耶夫娜证明，手稿正是在1929年归还给他的。与此同时，在他寄出申请那些天，就像从这些申请中看到的那样，手稿还没有还给他。在那种绝望的语气下，不会再写其他任何版本的申请了。这个情况对于理解下一年发生的事件很重要。

10月3日，通知他说，成立住宅合作社协会，为在莫斯科生活的剧作家协会成员服务，然后又通知他说，10月16日将举行住建合作社"剧作家和作曲家之家"全体成员大会。那年秋天接到的每一个这类通知，都让他完全不明朗的未来越发明

第四章 危机年代(1929—1931年)

朗。他一年半以前加入这个合作社,当时他也确实是在职的剧作家。

那年春天在皮罗戈夫街的生活条件确实改善了。他只能容纳一张书桌的小书房宽敞了。当时已经搬到莫斯科的玛丽亚·阿尔捷米耶夫娜·奇米什基安1982年8月告诉我们说:"有一次我去布尔加科夫家,柳芭说:'你去马卡那里了?''是的,我跟他打了招呼——他坐在自己书房的书桌前……''不,你进去看看,去看看!'我过去,朝原来住着别人的地方一看(墙被打通了),房间简直太大了!"证明1929年4月1日布尔加科夫租赁的公寓的总面积增加了"21.3 平方俄丈=41.74 平方米"的文件保留了下来。书房的确变得宽敞了。

在9月28日给高尔基的信中,"没有任何完成的作品"这句话被删去了,可能是因为他想起了搁置在一旁的长篇小说,或者是想起了他正好当时正在写、那一年确实也没有写完的某部著作。

我们再回到1929年冬季。在2月28日谢肉节上,布尔加科夫夫妇在莫斯科的一栋楼里认识了高级指挥官叶·亚·希洛夫斯基的妻子叶莲娜·谢尔盖耶夫娜·希洛夫斯卡娅。布尔加科夫很快就有了秘密爱情。1968年10月,叶莲娜·谢尔盖耶夫娜告诉我们说:"1929年夏天,我去叶先图基疗养。米哈伊尔·阿法纳西耶维奇给在那里的我写了封充满甜言蜜语的信,寄来红玫瑰花瓣,但是我本应当时就把所有这些信给销毁了,我不能把它们保存下来。其中一封信中写道:'我为您准备了一份您应得的礼物……'我回到莫斯科后,他给了我这个笔记本……"

这个薄薄的、几乎快写完的笔记本在作家的档案材料中保存了下来。第一页最上面写上了日期——"1929年9月",接着用漂亮的大写字母描绘道:《致密友》,下面,跟布尔加科夫手稿对此的通常做法一样,是标题的几种方案:"季奥尼斯家的大师"、"季奥尼斯的圣坛"、"一些场景"、"悲剧摇晃着华而不实的法衣"。

所有这些对标题的清一色的探索就表明,应当讲的是关于戏剧的事。摆在我们面前的确实是半回忆录性质的故事,根据作者的构思,它可能要对似乎彻底结束的创作剧作的五年进行总结。笔记本以这样的话开头:"我的至交!这样,您坚持要我告诉您,在发生灾难的那年我是如何做剧作家的?请告诉我一点——您为什么要知道这个?还有,答应我,您一年内不会把这个笔记本拿去付排……",并立即修改为"甚至我死后也不会"。接着讲的是"史前时期"1921—1925年。这一章也是这样命名的——"史前时期"。手稿作者自己把自己在莫斯科的生活分为两个时期,第二个时期可能就是创作剧作时期——历史时期,一下子中断、重新开始的文学盛名时期。

这个故事讲的是主人公那些年如何在莫斯科生活,如何在"一家大报"的编辑部供职——起初是"改稿员",后来是小品文作者,讲他如何在拥有莫斯科分部的柏林《前夜报》文学附刊开启自己发表作品的生涯,如何创作关于不久的过去的长篇小说,如何遇到了大型杂志主编鲁道夫·拉法伊罗维奇,后来又遇到出版人谢苗·谢苗诺维奇·勒瓦茨基,出版人如何带

第四章 危机年代（1929—1931年）

着他尚未出版的长篇小说手稿一起失踪。

"现在我往前推进一些：就像你们自己猜到的那样，几年后，勒瓦茨基在国外被找到了。他在那里掌握着我的长篇小说和剧作。我不明白的是，他是如何把我的像墓碑基座一样沉的长篇小说弄到国外去的。

总之，我很惭愧。这种玩忽职守还是不可原谅的。但是请接着听。在一个美好的日子，突然传来消息，说我的编辑鲁道夫·拉法伊罗维奇被捕了，被驱逐出国。他的确失踪了。但是现在我坚信，他不是被驱逐的，因为人就像一枚硬币掉入池塘一般消失了。在那些著名的年代即1921—1925年，任何人都没有被驱逐到任何地方，或者任何人都没有去过任何地方！例如，还是常常有人飞去墨西哥。似乎接下来会有什么事。没有，突然收到照片——仙人掌下的俄国煎饼脸。找到了。这人没去墨西哥，没有，听说只被驱逐到柏林。一声不响。杳无音信。他不在柏林。不，不可能。

后来事情才弄清楚。我有一次正好碰到一个最聪明的人，给他讲了这一切。他嘲笑地说：

'知道吗，要知道您的鲁道夫是被魔怪带走的，勒瓦茨基也是。'

我突然想到，这没错。

'很简单。要知道，是您自己说过鲁道夫把心卖给了魔鬼？'

'对，是的。'

'那么，自然时间一到，魔鬼就会出现，说，有请……'

'啊，天哪！他们现在在哪里？'

他没有回答，用手指了指地，我觉得好可怕。"

总之，作者打算讲述他是如何"做剧作家"的，但是停在了这个未来的剧作家如何写作长篇小说和开始在杂志上发表它。最后一章叫《长篇小说的出路》。在朋友们的第一拨呼声中——"差劲的长篇小说，米舒伊，您……"——叙述中断了。最后一句是那一页的最后一行。文稿说了半句话中断了，有点奇怪——况且笔记本没有被撕过，它还有两页空白页。

猜测写作为什么和什么时候被打断，毫无意义。这可能发生在9月或10月。不过，这个时间——9月末到10月上半月——为一些关于作家产生其他构思的猜测提供了根据。

为此，我们看看马雅可夫斯基一生最后一年发生的要事。

1929年9月23日，马雅可夫斯基在弗·梅耶霍利德剧院艺术政治委员会会议上朗读了《澡堂》。梅耶霍利德在讨论会上说，马雅可夫斯基的剧本"是俄国戏剧史上最大的事"，"如果回忆俄国的剧作家，那么我们应该想起普希金、果戈理，虽然马雅可夫斯基的处理方法与果戈理的处理方法很是不同，马雅可夫斯基另有方法"，"马雅可夫斯基自己开启了一个新时代，我们应当代表他欢迎我们找到的这种大剧作家"。

同普希金和果戈理相提并论，应当让布尔加科夫听着感到震惊。更甚的是，还有一个在那次讲话中出现、一度固定下来的相提并论的现象："创作这个剧本的那种轻而易举，在过去的剧作史上只有一个剧作家——莫里哀——能够做到。我昨天第一次听这个剧本时，想起了莫里哀。今天出席朗读会的卡塔

第四章 危机年代(1929—1931年)

耶夫同志——《化圆为方》的作者——也想起了莫里哀。我讲的这个想法不仅仅代表我自己,而且也代表奥廖沙同志……"

这个可谓共同努力完成的相提并论(这样的相提并论,不久后即在1929年10月30日发表的梅耶霍利德的一次发言中又被提了一次),让朗读会的参加者瓦·卡塔耶夫记住了:"朗读后照例开始讨论,讨论不知被谁正好归结为一句话:谢天谢地,我们中间终于出现了新莫里哀。"(《忘却草》)卡塔耶夫还回忆说,朗读会上来了莫斯科艺术剧院的人,其中有帕·亚·马尔科夫:"他早就暗中围猎马雅可夫斯基,想让他为莫斯科艺术剧院写剧本。马雅可夫斯基登上了艺术剧院的舞台!这就是一号人物!整个基督教界的丑闻!……马尔科夫前不久费老大劲、耍了不少诡计劝说马雅可夫斯基去莫斯科艺术剧院观看布尔加科夫的《图尔宾一家的日子》。马雅可夫斯基看完第三幕后偷偷溜了。(卡塔耶夫交谈时解释说:'他确实感到无聊透顶——他不能强迫自己看完。')"

所有这一切,比如莫斯科艺术剧院的人出席了马雅可夫斯基家9月27日举行的朗读会以及他们的印象,布尔加科夫当然都知道了。几年前,利·尤·布里克日记本中记下来的内容,连同她的回忆补充一并再版了。利·布里克说:"朗读会后说的所有话只记下如下内容:'马尔科夫说,为了上演马雅可夫斯基的剧本,他,也就是马雅可夫斯基,要有自己的剧作。'出席了这次朗读会的诺拉·波隆斯卡娅对我说,扬申很喜欢《澡堂》,他给全艺术剧院的人都说了这事,要求上演它。不管这能不能成,就是因为剧本已经交给梅耶霍利德这也不可能成。但是日记中的另两条记载可能可以解释这个：9月29日：'艺术剧院打算跟沃洛佳预定剧本'。10月2日：'晚上艺术剧院来人谈了剧本'，帕·亚·马尔科夫，我不记得，还有谁一起来的。"

为了论证我们接下来的猜测，我们提示一下，布尔加科夫9月3日就给高尔基写信说"我什么也写不了"，同一天寄给阿·萨·叶努基泽的信中说"极度疲劳"和"各种尝试未果"。9月底之前，在我们知道的任何一份文件中都没有提到任何新的剧作构思，《致密友》的手稿也说结束创作剧作，加以总结。但是在作家的档案材料里保存下来一份手稿，在这份手稿中，紧随日期"1929年10月"之后开始写新剧本。

我们推测，有关莫里哀的剧本的构思，首先是由文学戏剧界对马雅可夫斯基的新剧本的反应引发的。

把马雅可夫斯基同莫里哀相提并论，布尔加科夫不只是从像马雅可夫斯基那样跟自己关系疏远的梅耶霍利德嘴里听到过，而且还从自己不久前结识的朋友——卡塔耶夫和奥廖沙——嘴里听到过。与他的剧作创作命运联系在一起的莫斯科艺术剧院的青年演员们对此的态度，也让他不能置之不理。"莫里哀？……我给你们看看，真正的莫里哀什么样，公平地讲，今天谁能与他相提并论……"——我们认为，受到刺激、作出创作关于莫里哀的剧本的想法，可能就是以这样的方式或类似这样的方式产生的。决定的突然性，似乎得到了叶·谢·布尔加科娃的回忆（她亲自写的为数不多的回忆之一）证实，她回忆说，1929年秋，布尔加科夫神神秘秘地告诉她说："我

第四章　危机年代（1929—1931 年）

决定写个剧本。1929 年秋天，有一次米哈伊尔·阿法纳西耶维奇反反复复打电话——让我去皮罗戈夫街他那里。我去了。他仔细地锁上所有的门——大门、前厅到餐厅的门和餐厅到书房的门，把我赶到黑圆炉旁的角落里，他不断扫视四周，悄悄对我说，他现在要告诉我个很重要的消息。我已经习惯了他出坏点子、馊主意和玩鬼把戏，但是当时我猜不到，他是开玩笑，还是说真的。

他要我发誓绝对保持沉默，最后告诉我说，他决定写个剧本。

'好！当代剧？'

'我告诉你头两个词，你就明白了，我告诉你头一个对白，你马上就猜着时间和关于谁了……'

'好，好……'

'等一下……'他又去检查门，低声咒骂着，扫视四周。

'好，说吧。'

在各种规避、主要是确认头一个对白就会说明一切之后，压低声音说：

'拉格诺，水！'——然后他洋洋得意地看着我，'哎，明白了吧？'

'太丢人了，什么都没明白，一不明白剧本写的是什么时候，二不明白写的是谁。'

'唉，你装个样子，假装一切都明白了。'

不得不承认自己一无所知。

'唉，怎么了……要知道一切都很清楚，拉格诺是莫里哀的仆人，剧本写的是莫里哀！他跑下舞台，回到自己的化妆间，喊道："拉格诺，水！"，用毛巾擦干额头。但是，注意，对谁也不能说半个字！'"

对我们对剧本构思起源的猜测有利的，主要是下面这个情况：马雅可夫斯基的创作，布尔加科夫从来都不认可，但是在他的创作打着未来主义、现代主义和任意革新的旗号之前并没有挑发事端。正是文学戏剧界的评价中把他移到另一个行列——经典作家的行列，普希金、果戈理和莫里哀的行列——才引起了布尔加科夫的强烈反应，因为这是对他把自己列入其中、并有别于革新派着手进行评价的领域的扩张。《莫里哀》剧本是有特色的文学论战——不是同马雅可夫斯基的剧本文本，而是同对文本的阐释，也就是同梅耶霍利德以及《澡堂》的其他第一批听众的"文本"论战。

值得注意的是，那年开始写然后又放弃（可能被写关于莫里哀的剧本所取代）的第二个剧本——未来的剧本《无上幸福》的构思，可能也受到了马雅可夫斯基的剧本《澡堂》和《臭虫》的影响。

总之，1929年秋布尔加科夫放下各种剧作创作尝试，决定作出自己一生中的巨大转变，一份接一份地写申请时，马雅可夫斯基的文学创作命运突然和他的个人命运产生了交集，催生了一个新剧本，产生了对另一个很久以后才动笔写的剧本的构思。

《莫里哀》构思定型的纯外部推动因素，也可能是莫斯科艺术剧院10月14日的信——经理处说由于《逃亡》被禁演，

第四章　危机年代（1929—1931 年）

请布尔加科夫退还预付款 1000 卢布。那年秋天已经无处筹到这笔钱了。走投无路的情况，也迫使他考虑为莫斯科艺术剧院创作新剧本，抵销欠债。把当代和不久前的过去作为剧本材料，已被他排除在外。创作关于莫里哀的剧本的想法一下子解开了好几个结。

很有诱惑力的是，他尝试看到我们看不到的艺术意识的合理性：布尔加科夫放弃用小说的方式（极其接近明显不是用于出版和积累个人经验的叙述）展现剧作家命运的尝试后，转向创作关于剧作家、关于剧院的剧本，转向创作情节是重大个人经历在另一时期的材料中和另一种艺术种类里得到升华后遭遇深刻变化的剧本。着手创作关于莫里哀的剧本的这个人，经历过四年半紧张的剧作创作生活，享受过成功的喜悦，也遭遇过失败的痛苦，是个掂量过自己创作能力和估计过现实阻力的艺术家。

从剧本手稿头几页和头几段摘录可以看出，剧本情节倾向于《达尔杜弗》①的历史——剧作被禁演的波折，剧作家给国王的请愿书，拒绝、批准、新的威胁，等等。首选名称方案是——《伪君子的阴谋》《伪善者的阴谋》——勾画出艺术家与那些像神甫鲁列·莫里哀那样说他是"恶魔、自由主义者、渎神者，活该被烧成灰"（布尔加科夫摘录的）的人的对立。莫里哀与国王的关系很快就成了剧本最重要的主题。

叶莲娜·谢尔盖耶夫娜记起的对话，可能是在刚刚产生构

---

① 也叫《悭吝人》。

思的时候发生的：拉格诺、蜡烛"熄灭者"出现在第一个人物名单中，而且这个名字存疑。就在这页上，他已经叫扎克，并且在第一场的草稿中仍然这么叫，后来扎克改名为布通。

剧本草稿开头反映了对布景和道具的狂热考虑和第一场的事件："皇家剧院的化妆室（?!），国王（?!）。"剧本引言很快就定下来了："就他的光荣而论，并没有缺少什么，就我们的光荣而论，倒是缺少了他。"（莫里哀半身雕像的题词）第一句对白是作者认为可以一下子就道明剧本内容的对白："**莫里哀：水！毛巾！**"在"国王鼓掌"这句对白后，草草勾画出倒数第二场的材料——有修女的情节和终章的片段（莫里哀死在舞台上）。总之，在头几稿中，剧本已经有头有尾，可以看出剧本最主要的情节——抑制不住的、炽热的、通过创作实现自己意向的光明开端与黑暗的、致命的、与创作和自身生命对立的自我实现降临交织，明亮耀眼的光明（"大量蜡烛"和"镜子前的蜡烛！"）和即将来临的、不可避免的黑暗（修女和紧随她们身后的死亡）明显交替。

在"国王"那场的初稿中，莫里哀被叫到柳多维克那里，不是因为"达尔杜弗"已经演完后遭到沙隆的诬蔑（像后来那样），而是为了谈创作计划。这一场出现了前一天刚被国王在剧中亲切接待、满脑子构思的还年轻的喜剧作家。整场都渗透着对与统治者可能的会见的热切期待，对统治者对艺术家创作的喜爱和兴趣能带来大大的收获的希望。男仆郑重地报告："让-巴季斯特·德·莫里哀骑士觐见！**柳多维克（很振奋）：**有请，我很高兴！"在我们加了黑体的情景说明中，以及在接

第四章 危机年代（1929—1931年）

下来国王猜到了莫里哀未说出口的愿望（"我明白，作家喜欢面对面谈论自己的作品"），把内侍官从房间里打发出去的场景中，透露出作家事先没有想到这样的觐见和信任的、友善的谈话。莫里哀与国王会见的这个方案，可能可以根据这一著名观点——谢·米·邦季对普希金写的关于彼得一世、似乎在给尼古拉指出关于祖先值得效仿的品质的诗歌来解释。"那么您在写什么？"国王问作家。他回答道："陛下，我在构思关于伪君子的喜剧。"

这个版本的觐见在草稿本中保留了下来。在第一个连贯稿中，给出的是另一个版本——没有多大期望的觐见。我们看到的是两部最好的喜剧被禁演之后的莫里哀。"**场外音**。让-巴季斯特·德·莫里哀，陛下的仆人。**柳多维克**：有请！（莫里哀走进来，在内侍官的注视下，边走边从远处就给柳多维克鞠躬。他老了很多，脸色苍白。）整场对话在另一种氛围下进行，比最初的方案长，充满新意义的意味和对作者而言现代的、真实的语气、真实的和设想的生活场景：**柳多维克**：有人迫害您？**莫里哀**（沉默）。**柳多维克**（大声说）：'诸位！如果你们受到什么威胁，告诉我。'

你们中间有没有作家德·莫里哀的崇拜者？（骚动）我本人就是。（嘈杂声）（**内侍官们**：作品光彩夺目）。那么，我的作家受到迫害，他很害怕。谁告诉我他受到的威胁，我会很高兴，我会很感谢。（对莫里哀说）我们无论如何会用自己微弱的力量摆脱的。（大声说）我撤销禁演：从明天起可以上演《达尔杜弗》和《唐璜》。（嘈杂声）

莫里哀（跳起来）：我爱你，国王！（怒气冲冲）沙隆大主教在哪里？他在那里！您听到了！您听到了！"场景这样设置，对事情最终圆满（于莫里哀而言）的结局印象，就被对绝望和死亡的强烈预感"压过"（莫里哀的胜利叫喊的"怒气"本身造成这种印象）。作家从写头几个草稿到第一稿的过程中"明白"了自己一开始并不明白的某件事情，是不是应当这样理解场景设置的这种变化？我们相信，有必要作另一种解释——作者的脑海里同时存在同一个假想对话的各种可能的方案。与此最相似的是——普希金和亚历山大一世的"假想对话"（如果我是沙皇，就会叫来亚历山大·普希金，对他说……），这次对话起初以赦免诗人而告终，后来作家对结局作了很大的改动，期望中的觐见以又一次流放而告终。就在布尔加科夫尝试表现艺术家不安的心情、梦想觐见和信任的对话时（莫里哀与国王对话这一事实的真实性受到许多文献资料的质疑），而不是晚于这个时候，他就明白，"所有这一切都没用！没用！"，从头几个草稿到最终稿都以同样的力度和激情表达这种理解。在这个剧本中，最终的绝望和短暂的希望平分秋色。布尔加科夫的新剧本与他之前的创作，首先是那年创作的长篇小说有深刻的联系。在长篇小说的第二稿中，在耶稣供出针对自己、把自己不顾检察官的意志交到刽子手手里的坦率口供后，歇斯底里的彼拉多喊道："给我鞭打！鞭打——把你像狗一样鞭打！""耶稣大吃一惊，愉快地说：

'只是你不要把我打得太狠，我今天已经第二次被打了……'"在《被奴役的伪君子》的头几个草稿中，受到独眼

第四章 危机年代（1929—1931 年）

龙攻击、同样受到殴打和杀害威胁的莫里哀，好像也用同样的声音说："不要打我，不要侮辱我……我病了，我向您发誓。我不认识您，不明白您为何恨我……"在最终稿中，这个场景几乎也是如此。这样又以新的面貌产生了不变的、创作第一部长篇小说时就产生的强弱对立——一方必然软弱和胆怯，另一方就强势和勇敢。在这个剧本中，对布尔加科夫塑造的世界模式最重要的社会心理情景、人们相互之间关系的类型都出现了。在柳多维克和莫里哀、柳多维克和沙隆的对立中，可以揣测彼拉多和耶稣、彼拉多和卡伊法之间的关系。狂热的沙隆同样不屈不挠地致力于自己对当局的影响，也利用暗探的服务，同样向统治者报告其不想听的内容，要求把自己憎恨的人置于死地。这就像长篇小说中的彼拉多，柳多维克同样蔑视告发与众不同的、在简短对话中赢得统治者好感的人的告密者。我们对比一下长篇小说第二稿中彼拉多读了卡伊法送来的告密信后说的话："这个混蛋是谁？"和沙隆来访后柳多维克和正义的鞋匠的对话："你不喜欢告密者？**正义的鞋匠**：陛下！这样的混蛋，喜欢他们的什么？"同样，最终就像长篇小说中那样，这种模糊的好感并不妨碍柳多维克断送莫里哀的命运，实质上也断送了他的性命。这不是偶然的巧合，而是布尔加科夫笔下的人物之间流露出定型的关系的表现。

关于 1929 年 10 月即开始创作《莫里哀》时的生平材料很少。经常因自己的事务拜访高尔基的扎米亚京还待在莫斯科。10 月 24 日，他告诉妻子说，头天晚上"去了米哈伊尔·阿法纳西耶维奇家。他心脏病发作，喝了穿心排草酊，卧床休息了",第二天他们俩打算去鲁·西蒙诺夫(瓦赫坦戈夫剧院的演员)那里做客。

二

那年夏秋时节,普列奇斯坚卡圈子开始瓦解。娜·卡·沙波什尼科娃1929年夏说,鲍·瓦·沙波什尼科夫和谢·谢·扎亚伊茨基两家人住在波尔塔瓦郊区。从莫斯科来了一位熟人,提醒说,鲍里斯·瓦连京诺维奇的书房被查封了。他决定只身去莫斯科,他们商量好,要是一切顺利,他会告诉妻子,要是不回来,就让塔塔·乌沙科娃发电报,让娜塔利娅·卡济米罗夫娜动身出发。在接下来一天,谢尔盖·谢尔盖耶维奇说:"我觉得,给您捎来了好消息。"确实,电报上写道:"我一切安好,逗留两个星期。"在那几天,有人提醒沙波什尼科夫说:"无论如何,您得离开。"深秋时节,也就是10月27日到28日夜里,一下子有三个普列奇斯坚卡人——鲍·瓦·沙波什尼科夫、费·亚·彼得罗夫斯基(他住在格拉诺夫街)和谢·谢·托普列尼诺夫——不得不离开相距没几步路的家。那年秋天就是这样。

托普列尼诺夫的妻子玛·格·涅斯捷连科讲,那天晚上他们在一些朋友那里跳舞。"我们还随马车拉着弗拉基米尔·埃米利耶维奇·莫里茨的留声机——这样谁也不用弹钢琴了。我们到了后,发现谢廖沙把它忘在马车里了,因为它放在他的背后……我们从晚会上回来得很晚,大概凌晨两三点,有人已经

第四章 危机年代(1929—1931年)

在等谢廖沙——在楼上他母亲那里。

早上,娜塔利娅·卡济米罗夫娜跑来说:

'鲍里亚被抓走了!'

'谢廖沙也被抓了!'

'这可怎么办,我跑来找你,还想让你安慰我呢!……'"

沙波什尼科夫被流放到大乌斯秋格,其他人也被流放到欧洲部分的城市。大概两年后他们回来了,但是托普列尼诺夫的家解体了——谢尔盖·谢尔盖耶维奇又带回来一个女人,玛丽亚·格奥尔吉耶夫娜搬到了列宁格勒,他又住进了自己的半地下室。关于玛·格·涅斯捷连科说的这个地下室,我们借她的话来详细说说。

"我 1926 年认识了布尔加科夫,托普列尼诺夫在我们结婚之前就介绍我跟他的朋友们认识。我不仅观看了《图尔宾一家的日子》的首演,甚至还观看了彩排——马卡亲自给我的票……我们住在曼苏罗夫街的半地下室(整栋楼都是托普列尼诺夫家的)。从外面走进院子时,首先要经过我们的三个窗户。我总能通过鞋和鞋后跟得知,是不是有人来我家。转一个弯,再转一个弯,往下走六七级台阶就到了前厅。在那里脱外套。左边是炉子,炉子旁边有个大大的白瓷洗脸池。这一切都是我们住进来时谢尔盖·谢尔盖耶维奇添置的,这个洗脸池是他自己弄来的,的确因它而自豪,因为当时所有人都在公共厨房和浴室洗漱,而我们有自己的洗脸池。房间有两个窗户,椭圆形桌子,一圈椅子。俄式炉子,它总是生着火,非常暖和。所有人都说,我们家很舒适。第二个房间是卧室,我的床就放在炉子旁边……谢廖沙被流放时,梁明夫妇和布尔加科夫常来我家,我们四个人玩文特牌。他们一起离开,而布尔加科夫一般又会返回来。"在那个痛苦而又凄凉的秋季,布尔加科夫被这栋楼半地下室里尽管遭到不幸但却快乐而又魅力十足的玛鲁夏·涅斯捷连科吸引。他们的关系很轻松,两人都不用负责任。冬季前他可能常来这里,1930年初玛鲁夏搬去了列宁格勒。"

我们再补充几句,秋季逮捕事件过去几个月后,弗·埃·莫里茨也被捕了——在从家到国家艺术科学院上班的路上。国家艺术科学院半年内就解体了。

30多年后,语言学家阿波利纳里娅·康斯坦丁诺夫娜·索洛维耶娃在自己的回忆录中写道:"1929年秋国家艺术科学院被关闭,……曾任国家艺术科学院主席一职、自己也应受到清洗的彼得·谢苗诺维奇·科甘用严厉的话语批评了古·古·施佩特。娜塔利娅·伊利尼奇娜·伊格纳托娃①因此谴责了彼得·谢苗诺维奇(本质上是个友善而又有礼貌的人)。"回忆录的作者写道:"但是,第一,'严厉的'话语显然是形势要求。第二,虽然经过多年的社会改造,但是施佩特的世界观中确实存在推崇西欧文化的成分,这影响他深入理解十月革命的意义。彼·谢·科甘和古·古·施佩特之间一直保持友好,直至前者逝世。1932年5月4日即彼得·谢苗诺维奇下葬那天,古斯塔夫·古斯塔沃维奇挽着他的妻子娜杰日达·亚历山德罗夫

---

① 著名民意党人、后来担任《俄国消息报》编辑的伊·尼·伊格纳托夫的女儿。

第四章 危机年代(1929—1931年)

娜的手,从彼得·谢苗诺维奇的家(位于列夫申巷)一直走到新圣女公墓门口。"这个圈子一度在布尔加科夫的一生中发挥了不小的作用。这些受过多方面教育、快乐和热爱生活的人从青年时代起就组成了一个圈子,他们接纳了布尔加科夫——一些人是心甘情愿地接纳,而另一些人则冷淡地、带着首都富裕阶层出身的人对外省人的某种势利接纳。这个圈子的部分人常回忆起他们各不相同的经历和极其相似的命运。亚尔霍兄弟没有结婚。格里戈里·伊萨科维奇·亚尔霍解释说:"我现在没钱,给妻子提供不了必要的生活条件。"据说他"养了个姘妇",对圈子里的所有女性都大献殷勤;而鲍里斯·伊萨科维奇·亚尔霍"没有大肆宣扬自己的私生活",他是出了名的会说俏皮话,写了许多讽刺短诗。

....

不过,这个圈子里说俏皮话的人不少。玛·瓦·瓦赫捷列娃接着讲道:"有一次,娜塔莎·文克斯特恩在书上为布尔加科夫题词:'不许通奸'。但是 B. H. 多尔戈鲁科夫说:'应当是"不许当着柳芭的面乱搞"'。"他们相互之间不是族亲和姻亲,就是有其他的亲密关系。B. H. 多尔戈鲁科夫娶了谢·瓦·舍尔温斯基的第一任妻子,弗·埃·莫里茨娶了尼·尼·梁明的第一任妻子。彼得·亚历山德罗维奇·图尔克斯塔诺夫娶了娜塔利娅·德米特里耶夫娜·伊斯托米娜(据传,她的哥哥彼得·德米特里耶维奇因长得像亲王,不止一次被关进监狱……)为妻,著名的莎士比亚学家 M. M. 莫罗佐夫则娶了图尔克斯塔诺夫的妹妹为妻……但是阴影越长,这个圈子的负担就越大。В. Н. 多尔戈鲁科夫被监禁不长时间后（好像是舍尔温斯基兄弟的父亲——莫斯科有名的医生，一生中治疗过不同的病人：从屠格涅夫到克里姆林宫的人——帮忙把他从那里救了出来，正是通过他设法找的列·弗·戈尔伦格的妻子阿娜斯塔西娅·彼得罗沃-索洛沃沃），一些楼里就不太待见他了，而且他自己也成了不爱出门的人……

列夫·弗拉基米罗维奇·戈尔伦格1970年4月把妻子阿娜斯塔西娅·瓦西里耶夫娜·彼得罗沃-索洛沃沃（苏霍沃-科贝林的侄孙女，阿列克谢·谢尔巴托夫公爵的曾孙女）的材料转交给列宁图书馆手稿部时说，她1930年被捕，被流放三年（逮捕时，她的日记、父母的家书和母亲的两卷回忆录都被毁了）。他还提到普列奇斯坚卡居民很熟悉的一个人——帕维尔·谢尔盖耶维奇·舍列梅捷夫，俄国著名的舍列梅捷夫家族的最后一个人："他的母亲的娘家姓是维亚泽姆斯卡娅，奥斯塔菲耶沃的领地就是她的，而他是奥斯塔菲耶沃庄园的看管人。卢那察尔斯基和他的妻子罗泽涅莉想住在奥斯塔菲耶沃时，舍列梅捷夫不得不紧急搬到新圣女塔楼即历史博物馆分馆。整个塔楼都给他了……当时莫斯科庄园短缺①非常明显，但是人们对此讳莫如深。"一部写布尔加科夫身边人的未署名的回忆录的作者也提到了这个人："……在新圣女修道院一个靠墙的、好像是过去的办公场所、带有革命后出现的大量完全变美的修道院的样子、成了各种居民暂住地的木扩建房、超建

---

① 也就是在社会文化生活中。

第四章 危机年代（1929—1931 年）

房和楼梯的地方……一个半明半暗的小屋里住着俄国最著名的一个大贵族家族的代表舍列梅捷夫……人们当时怎么称呼他？他已经没有领地了。他的高祖曾在莫斯科创建了流浪者收容院（养老院），现在那里是斯克利福索夫急救医院……布尔加科夫可能数次在大皮罗戈夫街和普列奇斯坚卡见过怪人舍列梅捷夫——那个古怪的莫斯科居民。普列奇斯坚卡-奥斯托任巷住着他的亲戚戈利岑一家。"

也发生过悲剧——莫罗佐夫的漂亮老婆图尔克斯塔诺娃被直接从监狱扔到了精神病院，再也没有出院。Н. А. 乌莎科娃和 М. В. 瓦赫杰列娃给我们讲述了这件事，她们肯定地说，在莫罗佐夫走得最近的一户"普列奇斯坚巷的"人家——梁明家中，莫罗佐夫本人身上就发生过"怪"事。他当着所有客人的面，打了娜塔丽雅·阿列克谢耶夫娜·加布利切夫斯卡娅（就是鲍·伊·亚尔霍为其作了二行诗："娜塔莎·加布利切夫斯卡娅比世界上所有的女人都漂亮……"那位）的脸一巴掌，А. Г. 加布利切夫斯基和尼·尼·梁明冲向他，把他从房子里提溜出去，扔下了楼梯。以后他再也没有去过这些人家。多年以后，他在科克铁别洛碰见了娜·阿·加布利切夫斯卡娅，问她："难道您真不明白我为什么这么做？……"然后解释说，他就是想让自己从这个心爱的家被赶出去。他还补充了一个（让讲述者至今都感到后怕的）细节："客人中有一个人随时就可以证实这一点……"

我们还是回到文学创作事务上来，虽然刚才讲述的事，随着时间的推移会同文学创作有关。

那一年，社会地位显著上升的费·费·拉斯科利尼科夫在布尔加科夫的命运中扮演了重要的角色——他接替沃龙斯基，担任对文学创作生涯非常重要的杂志《红色处女地》的编辑，他在最初接受《莫斯科晚报》的一次采访中透露说，在最近一期中将刊发猛烈抨击布尔加科夫的文章。此外，就像前面已经交代过的那样，他还是中央剧目审核总委员会负责人。

情况更为不妙的是，拉斯科利尼科夫本人也想担任剧作家。可以认为，布尔加科夫的剧本赢得的赞誉，在某种程度上成了拉斯科利尼科夫参与作出禁止那些剧本上演决定的（可能就布尔加科夫本人不知道的）由头。

莫斯科艺术剧院筹备上演拉斯科利尼科夫改编的托尔斯泰的《复活》。高尔基在1930年9月25日的信中很是体谅但又很不满地评价了这个改编剧。拉斯科利尼科夫的剧本《罗伯斯庇尔》通过了作者朗诵环节。其中一次朗诵时，有一个特别值得一提的插曲。叶·谢·布尔加科娃作的、布尔加科夫在"尼基季娜家星期六活动小组"一次活动上讲述朗诵的记录保存了下来。应当说，读着凭记忆作的记录（但是无疑非常接近准备介绍的原文，因为这篇介绍布尔加科夫按照惯例可能重温了好几次，她也就把各个细节像自己能够看到所有细节并且能够记住所有细节的戏剧演出那样记录了下来），当然一定会注意到与布尔加科夫用怪诞手法写的散文作品相似的口头讲述的怪诞性质。因此，我们给读者提供的是，内心屏蔽出色的讲述者和富有激情的回忆录作者添加了夸张成分的插曲。

"观众特别多，而且还有几个艺术指导，好像是别尔谢涅

第四章　危机年代（1929—1931年）

夫、塔伊罗夫，以及其他什么人——我想不起来了。演员是一群马屁精。

据米沙回忆，他坐在第四排非常靠近过道的位置。

拉斯科利尼科夫读完台词，等了好一阵鼓掌和欢呼后开始讲话：

'现在就讨论？那好吧，同志们，开始吧，开始吧……'

他说这话时一幅盛气凌人但又宽容体谅的口气。于是米沙为了不破坏这种腔调，马上决定发言，举起了手。

'伊万·尼古拉耶维奇·别尔谢涅夫、亚历山大·雅科夫列维奇·塔伊罗夫……'会议主持人点着和记着人名。'……（我想不起来第三个是谁）……布尔加科夫……（那人畏惧地说道）……（接着记其他举手的人）。'

别尔谢涅夫开始发言。

'好啊，同志们……我们刚刚聆听了我们亲爱的费奥多尔·费奥多罗维奇的优秀作品！（几个马屁精借机又开始鼓掌）。坦率地说，简短地说，我以前听过许多震撼的剧本，但是特别地惊到我，……我敢说如此震撼到我，震撼到我的心灵、我的意识的剧本……''不，这样的剧本我从来没有听过！我坐在这里着了迷，从始至终没有镇静下来……我难以表达我有多么激动！同志们！这是大事，我们见证了大事！情绪影响了我……影响着我……表达！我可以说什么呢？费奥多尔·费奥多罗维奇，谢谢，深深地向您鞠躬！'（接着别尔谢涅夫在大厅里的掌声和狂呼声中深深地向拉斯科利尼科夫鞠了一躬）。

（而拉斯科利尼科夫说着：同志们，来吧，来吧……从台上走了下来,坐到第三排,正好坐在米沙前面)。

'同志们!下一位。'会议主持人喊道,'啊!敬爱的亚历山大·雅科夫列维奇!'

塔伊罗夫轻轻喘了口气,开始发言:

'是啊,同志们,评论我们有幸刚刚听到的剧本,任务不轻啊!我以前多次讨论过莎士比亚、莫里哀、索福克勒斯、欧里庇得斯等大家的剧本……同志们,尽管这些剧本当然也很美妙,但是它们毕竟离我们的年代有点远!(大厅里出现嘈杂声:这也不是现代剧啊!……)同志们!没错!这不是现代剧,但是!我们亲爱的费奥多尔·费奥多罗维奇选择了非现代题材,却恰恰天才地做到了,让这个题材出人意料地变得离我们特别得近,我们仿佛生活在罗伯斯庇尔时代、法国大革命时代!(嘈杂声,但是说什么听不清)。同志们!同志们!!上演我们心爱的费奥多尔·费奥多罗维奇的剧本,对任何一个剧院、任何一位导演来说都是莫大的荣幸!'(接着塔伊罗夫双手十字交叉放在胸前,然后无助地摊开双手,在更加热烈的掌声和欢呼声中走回自己的座位。)

接着是第三位发言者发言,他说:

'我当然完全同意前面两位发言人对我们敬爱的费奥多尔·费奥多罗维奇的剧本的高度评价!我只是惊奇,前面的发言人怎么能没有注意到这部令人拍案叫绝的作品的核心东西?!语言呢!!我以前读过很多著名作家的作品,我很推崇和喜爱屠格涅夫、托尔斯泰的语言!但是我们今天听到的语言——惊到我了!多么丰富多彩的语言啊!多么丰富!多么**独特**!这个

第四章 危机年代（1929—1931年）

剧本仅凭丰富多彩的语言就该入选我国文学宝库！万岁！'（有人跟着喊了一声，响起了掌声。）

'下面该谁了？'会议主持人说，'啊，布尔加科夫同志！有请！'

米沙站了起来，但是没有离开座位就开始发言了，眼睛盯着我们都知道坐在他前面的拉斯科利尼科夫的脖子。

'嗯，我认真听了前面几位发言人的发言……非常认真……（拉斯科利尼科夫哆嗦了一下）。伊万·尼古拉耶维奇·别尔谢涅夫说，从没有一个剧本能像拉斯科利尼科夫同志的剧本这样让他激动不已。可能，可能吧……我只能说，我很可怜伊万·尼古拉耶维奇，毕竟他是剧院的演员、导演和艺术指导，而且还干了很多年。看来他不得不跟激不起自己热情的剧本打交道。而且就在今天，遗憾，遗憾啊……我也完全没有听懂亚历山大·雅科夫列维奇·塔伊罗夫的意思。他拿拉斯科利尼科夫同志的剧本跟莎士比亚和莫里哀的作品相提并论。我很喜欢莫里哀。不仅喜欢他的剧本选材、人物性格，而且还喜欢他那令人叫绝的高超创作技巧。在莫里哀的剧本里，每个剧中人物出场都很有必要，都有根有据，情节环环相扣。而在拉斯科利尼科夫同志（拉斯科利尼科夫脖子通红）的剧本中，完全不明白哪跟哪，为什么是这个剧中人物而不是另一个剧中人物出场。他又为什么离场？第一幕可以随意删改，第二幕需要改写……真像农村小木屋里业余爱好者的演出！

至于语言，我有点替前面的发言人感到难过，因为他至今都没有听过比拉斯科利尼科夫同志的剧本更优美的语言。他在这里说是很独特。是的,这当然是很独特的语言……请允许我说几句惊到我的台词……"他吸着母亲的乳汁,这种革命热情"。

没错……就是这样的。很不成功。'"

据米沙说,有人第一个反驳,之后现场乱得跟大菜市场似的。整个一团糟。接着发言的几位果然建议删掉几场戏和一些剧中人物。

讨论会结束了。拉斯科利尼科夫脖子发青,跟喝多了似的。布尔加科夫站了起来,走向出口。他感觉后背发凉,一转身,看到拉斯科利尼科夫憎恨的眼神。他的手伸向兜里。米沙转身向门走去,心想"他要从背后来一枪?"

我们找到了可以证实这段插曲主要梗概真实性的文字记录。

这段插曲发生在"尼基季娜家星期六活动小组"的周年纪念会上。这次会议的起因是,1929年11月16日叶·费·尼基季娜通告"星期六活动小组"满十五周岁了。薇拉·因贝尔朗诵了专门为"星期六活动小组"写的诗。然后费·费·拉斯科利尼科夫朗诵了自己写的悲剧《罗伯斯庇尔》。

第一个发言者、同时也是会议期间作记录的见证者(Л. С. 洛佐夫斯基)说:"剧本呈现的是大事件——这大抵符合宏大的剧院场面。最大的困难——传递时代精神——已被作者克服。在议会的戏无与伦比,唯一的瑕疵是,最后两场戏关系不大……"

谢尔盖·戈罗杰茨基说:"作者提交的剧本的主要问题是,

第四章 危机年代(1929—1931年)

不是写历史剧,最不成功的地方是,虽然着眼于历史意义和历史人物,但剧本写得极具现代性。整个剧本局限在一定的条件下,有演说家风格。这不是瑕疵——如果作者采用自然主义的语气,这个剧本听众可能听不下去。除不多的几处外,朗诵风格保持一贯的……"

布尔加科夫就是在戈罗杰茨基之后发言。他的话被一个听众记录如下(非常像他本人后来的口气):"我完全不同意 Л. С. 洛佐夫斯基以及其他几位发言人的观点。从剧本和剧院两个方面来看,剧本都很不成功,剧中人物没有关联,没有任何情节。这是小说。人物不鲜活。女性角色好比剧院里所谓的'闲'角,没用。"

接下来的讨论确实改变了性质。批评意见接踵而来。其中一个发言者(Н. Г. 维诺格拉多夫)结束发言时这样说道:"剧本还处于创作阶段——其中的一些瑕疵完全可以删掉"。另一个发言者肯定地说:"剧本只是看上去很悲伤——既没有对罗伯斯庇尔内心的反映,也没有对他的处境的分析。" С. И. 马拉什金极力想把讨论拉回到需要的路子,他说:"工人的戏给人留下很深的印象。剧本的价值在于,它同当代现实紧密相关。这是个优秀的作品,像莎士比亚的《尤利乌斯·恺撒》。"但是在他后面发言的 В. М. 沃尔肯施泰因却肯定地说:"从技术上讲,剧本还没有完全写完。" В. М. 别布托夫总结前面的发言说:"剧本给人的印象以及对它的评价乱七八糟",他同意布尔加科夫的观点:"女角确实有点'闲'。导演说明包含好多个时代的材料,让人喘不过气来。应当让头几幕明白易懂,否则会很难理解。"

亚·雅·塔伊罗夫说:"费·费·拉斯科利尼科夫的作品还没有写完。对罗伯斯庇尔的表现既没有深度,也没有广度……这不是悲剧,确切地说,是按照时间顺序陈述事件的历史性演艺作品……"Ф. Н. 卡韦林说:"作者没有展现出罗伯斯庇尔这个角色最好的地方。第二幕中的魔术师们压根不需要。然后不明白作者为什么把所有有用的人集中到街心花园。作者应该更喜欢剧院,想让演员在剧中有内容可演。剧本应当压缩到三幕。"М. В. 莫罗佐夫以极其沮丧的语调结束讨论,他说:"不明白罗伯斯庇尔为什么死去,他哪来的力量。既然没有交代罗伯斯庇尔同革命的联系,也就不是悲剧。"

不难想象,会议主角受到改变讨论走向、不留情面的尖锐发言多么大的惊吓,——要知道持这种观点的是对所有剧本的剧目如数家珍的人。不仅如此,这个人在这样的情况下写出了新剧本,命运还恰恰应当由费·费·拉斯科利尼科夫来决定!

为了让读者可以想象这个人的创作以及性格、行事方式引起布尔加科夫怎样的内心不快,我们引用拉斯科利尼科夫1923年写给拉里莎·赖斯纳的信来看看。他在1923年5月9日的信中讨论潜在对手的私人题目、个性化用语时,无意中说:"我不会把他五花大绑,抓住衣领揪到领导面前过堂"。在随后的一封信中,他这样评价同他一起在喀布尔工作的 С. А. 科尔巴西耶夫(苏联使馆翻译人员):"他翻译得还可以,但是做人让人很不爽。他身上带着极其强烈的'文学家之家'味儿和无耻的古米廖夫派怪味。他被挑选到阿富汗来工作,根本就不太合

第四章 危机年代（1929—1931年）

适。最值得一提的是，他实在是闻惯了自己身上的味儿，以至于甚至都闻不到自己身上的白匪味儿了，正所谓随心所欲地散发着这种味儿。"（1923年5月29日）C. 科尔巴西耶夫毕业于海军学员训练学校，尽管他在国内战争时期担任过驱逐舰师指挥员，但是对拉斯科利尼科夫来说，这也去不掉他身上的"白匪味儿"，对他来说，科尔巴西耶夫就是一个散发着"古米廖夫派"——这对他而言是非常有意思的概念，当然不只是由于个人原因（他在古米廖夫去世前好多年就知道拉里莎·赖斯纳和古米廖夫合著的长篇小说）——气质的彼得堡诗人。"让人遗憾的是，古米廖夫派就是毒药，甚至一些担任要职的共产主义者也染上了这种毒瘾"，他倾诉着自己满是悲伤的观察（1923年10月20日）。"他身上带的'古米廖夫派'的腐朽习气，污染了空气……这个二流子被'文学家之家'腐化和蜕变得坏到骨髓里了……这个放肆的混蛋……他本质上不是信念方面而是精神和倾向方面的白匪，同时也有思想堕落的知识分子的一切恶劣特点。"（1923年6月25日）

一个能够如此分得清"白匪"各个派别的人，几年后不可能看不到布尔加科夫笔下（许多方面同C. 科尔巴西耶夫很相近的）"本质上的白匪"。

1929年12月6日，写莫里哀的剧本《被奴役的伪君子》第一（手）稿完稿。据叶莲娜·谢尔盖耶夫娜的回忆记录记载，布尔加科夫"让我把他的'安德乌'牌打字机运到皮罗戈夫街。他开始口述……"看来，12月7日写在巴黎版《白卫军》上的赠书题词"赠予委婉和宽容的鉴赏家亲爱的叶莲娜·

谢尔盖耶夫娜。米哈伊尔·布尔加科夫"表明,那是她第一次了解剧本。就在那天,戏剧家及作曲家协会给布尔加科夫发来关于"财政检查机关报告,通告他的剧本:1.《图尔宾一家的日子》;2.《佐娅的住宅》;3.《紫红岛》;4.《逃亡》禁止公开上演"的证明;发来中央剧目审核总委员会1929年度剧本参考指南;签名的是管理委员会委员尤·波捷欣(老熟人)。在这些日子里,作家把所有希望都寄托在新剧本上。

12月28日给弟弟尼古拉的信中已经出现这样的附言:"我的处境很艰难",这让人可以想象得到,坚决尝试回归剧作的作家新年前的心情。

1930年1月16日,布尔加科夫给弟弟写信说:"说说我的近况:我的所有文学作品以及构思都被毙掉了。肯定要让我沉默,并且很可能让我完全绝食。在1929年下半年难以置信的困难条件下,我写了关于莫里哀的剧本。它被莫斯科最好的专家评为我的五个剧本中最有感染力的剧本。但是所有的材料都指出,这个剧本不能上演。为这个剧本我已经煎熬一个半月了,尽管这写的是莫里哀、17世纪,尽管我剧本中压根没有提到现实生活。

如果这个剧本被毙掉,我就无力回天了——我现在就**落难**了。我没有得到保护和帮助。我完全清醒地声明:我的船要沉了,水淹到了驾驶台上,朝我涌来。

要英勇地沉下去。请认真对待我的声明。"

看来,从夏天开始给弟弟的信中的坦率措词,对他非常重要。他直接针对可能的暗中书信检查。这也符合他这一年所有

第四章 危机年代（1929—1931年）

声明的语气——很简洁，不分析形势但指出结果，并坚决要求给予解决。同时，我们还要指出的是，没有能力保障自己生活的主要证据也渐渐形成了——在 9 月 3 日写给高尔基的信中，甚至出现了老掉牙的说法："我破产了"。在同一天写给阿·叶努基泽的申请书中说："物质困难"，如此，等等。这对于理解他接下来的行动，很重要。

看来，扎米亚京是 1930 年 1 月 19 日去的莫斯科，因为他跟往常一样，立即就找布尔加科夫见面（就在那天，他给妻子写信说："米哈伊尔·阿法纳西耶维奇健在，我给他打过电话，他没在家。"）。在所有那些天里，他大多数时候都跟从 1929 年秋天起就成了他的难友的皮利尼亚克在一起。他 1930 年 1 月 25 日给妻子写信说："我 5 点钟去米哈伊尔·阿法纳西耶维奇那里吃饭"；信的结尾是布尔加科夫亲笔写的附言："亲爱的柳德米拉·尼古拉耶夫娜。我从莫斯科向您致以问候。"

剧本《被奴役的伪君子》的消息，也传到了那年冬天在尼斯疗养和休息的斯坦尼斯拉夫斯基那里。"布尔加科夫的剧本非常有意思，"他 2 月 10 日给 Л. M. 列昂尼多夫写信说，并且不放心地问道，"他不会把它送给其他什么人吧？这太可惜了。"

扎米亚京 2 月 11 日给妻子写信（从莫斯科寄到列宁格勒）说："晚上我应当是去戏剧家及作曲家协会，米哈伊尔·阿法纳西耶维奇在那里朗诵他的新剧本。"

但是，给弟弟写的信（随着半个世纪时间的流逝而成为证明布尔加科夫 1929 年冬季到 1930 年期间生平经历的主要书面文献资料），语气一直未变，1930年2月21日布尔加科夫总结说:"我在难以置信的困难条件下尽力本分地履行自己作为作家的使命。现在我的工作被阻止了，我是复杂的（我认为）机器，生产的产品苏联不需要。这一点，我写的关于莫里哀的剧本非常明白地给我证明了，并且现在还在证明着。我整夜整夜痛苦地绞尽脑汁，想挽救的办法。

但是什么也没有想出来。我在想，我还可以给谁写申请书……"我们重申，这些信既是简短的自白，也是简短的声明。

正如从中可以看出的那样，布尔加科夫没有丧失毅力和希望，没有停止寻找同自己的文学创作和剧本创作对手作斗争的有效手段。

1930年3月18日，实际上就是迫使布尔加科夫认真面对寻找这些手段的日子。

三

十天后，布尔加科夫写信（已经成为非常重要的行动）提起半年前发表的评论家P.比克尔的文章，因为后者"说出了自由主义思想：'我们不想这样说，说布尔加科夫从苏联作家中被除名，我想对被禁止出版的作家说句放心话，那是指他以前的剧作'"。

布尔加科夫接着写道："但是，以中央剧目审核总委员会为代表的现实证明，比克尔的自由主义没有任何依据。

第四章 危机年代（1929—1931 年）

1930 年 3 月 18 日，我收到中央剧目审核总委员会的文件，明确通知，不是我以前的剧本，而是我的新剧本《被奴役的伪君子》（《莫里哀》）禁演。① 我简要回应一下：官方文件的两行字下面埋葬的是，可以进入书库的作品、我的想象力和被高水平剧作专家无数次评为优秀剧本的剧本。

P. 比克尔弄错了。毙掉的不是我以前的剧作，而是我现在的以及以后的剧作。于是我自己亲手把写魔鬼的长篇小说草稿、喜剧的草稿以及第二部长篇小说《剧院》的开头部分付之一炬。

我的所有作品都没有希望。"

……而在这些天，拉斯科利尼科夫从雷瓦尔②给高尔基写信说："我从爱沙尼亚向您致以诚挚问候，我在这里就待两周。我离开了艺术事业管理总局，我很满意，因为说实话，这种行政工作不适合我。我很乐意欣赏艺术，但是很不乐意管理艺术。我更向往从事国际政治领域的政治工作、创作、文学……"（1930 年 3 月 22 日）

转折时期（1929—1930）的干部调动，是大型政治游戏的一部分，但是这丝毫没有减轻对文学施加的压力，相反，这种压力越来越大。由于某个评论家或党的官僚的恶意就施加这种压力，没有什么比这更幼稚的了。

我们回头来看布尔加科夫的信。

这是一封什么样的信呢？

---

① 在原信中，最后四个单词是用大写字母写的。
② 爱沙尼亚塔林的旧称。——译者注

多年以后，也就是 1956 年 1 月，叶·谢·布尔加科娃给她的大儿子 E. E. 希洛夫斯基少校讲了有关这封信的往事，大儿子离开后，她把讲的话记到了自己的日记本上。"我跟他认识时（1929 年 2 月 28 日），他们家的物质条件很困难，更不用提米哈伊尔·阿法纳西耶维奇糟糕的精神状态了。一切都被堵死……不但不让当记者，而且甚至也不让干印刷工。他对此表示质疑时，莫斯科艺术剧院拒绝回应。总之，就一条出路——结束生命。

他当时给政府写信。我记得，我们把它们（我用打字机帮他打出了这些信①）分别寄往七个地址。收信人好像有斯大林、莫洛托夫、卡冈诺维奇、加里宁、亚戈达、布勃诺夫（当时的教育人民委员）和 Ф. 科恩②。信的定稿完成于 3 月 28 日，我们 3 月 31 日和 4 月 1 日把它寄了出去……

4 月 3 日，我刚到米哈伊尔·阿法纳西耶维奇在皮罗戈夫街的住处时，Ф. 克诺雷和 П. 索科洛夫（前者好像是青年工人剧场文学部主任，后者是青年工人剧场主任）就来了，劝说米哈伊尔·阿法纳西耶维奇到青年工人剧场当导演。我在小卧室里坐着，米哈伊尔·阿法纳西耶维奇在自己的书房里接待他们。但是他不时出来跟我征求意见。最后我走了进去，然后我们签订了我曾也记录过的米哈伊尔·阿法纳西耶维奇进入青年

---

① 指同一封信好几份。
② 布尔加科夫同中央执行委员会委员 Ф. Я. 科恩有私交，不止一次求他办事；就在我们现在说的这些日子之前不久，Ф. 科恩还给他寄来 3 月 15 日写的信，求他办事。

第四章　危机年代（1929—1931 年）

工人剧场工作的协议。4 月 18 日晚上六七点钟，他不安地来到我（和希洛夫斯基）在大勒热夫的住处，讲了下面这些话。"

……………

他在信的第六部分中很肯定地说："我的文学肖像完成了，它也是政治肖像。我不能说，其中可以找到多大的罪，但是我只有一点请求：在肖像之外，什么也找不到，它是非常认真仔细完成的。"他在第八部分中请收信人"注意，我不是政治活动家，我是作家，我的所有作品都交给了苏联的舞台"，还说："对我来说，不能写作相当于活埋。"在下一部分即第十一部分中写道："如果我写的东西也没有说服力，那么让我在苏联终身沉默，请苏联政府给我提供跟专业有关的工作，派我去剧院做有编制的导演。"他解释说："特此请求下达**明确的派遣令**，因为我找唯一可能对苏联有用领域的工作的尝试都失败了。我的名字很不受欢迎，我提出要干的工作**吓人家一跳**，虽然莫斯科的许多演员和导演以及他们的剧院主任都非常清楚我很懂戏剧。

我给苏联推荐十分正直、没有任何劣迹的专业导演和演员，让他们认真负责地排演从莎士比亚到现在的任何剧本。

请任命我为第一艺术剧院——由康·谢·斯坦尼斯拉夫斯基和 В. И. 涅米罗维奇-丹琴科两位大师领衔的最好的流派——的助理导演。

如果不任命我为导演，请给我有编制的配角职务。如果配角也不能当，请给我场务工职务。

如果这也不行，那么请苏联政府以它认为必要的方式，而不是随意的方式对待我,因为我作为写了五个享誉国内外的剧本的剧作家,**现在**面临穷困潦倒、流落街头和死于非命。"接着就像在布尔加科夫书信集中常常看到的那样,标明写信的城市和日期。

最近15年来,这封信也数次在布尔加科夫作品的序言中被引用,1987年才最终全文刊出。今天,当我们知道了后续的往事(我们先叙述它,然后继续)时,不可能没有注意到,可能花了10天(从3月18日起)时间,必定经过深思熟虑和似乎认真进行书写的信,结构有点不清楚。这就是,信中似乎没有,也不存在介于写信人强烈提议的两条出路之间的**第三条**出路(他在写整封信期间很可能也考虑过)——在这里即在国内从事文学创作工作的可能性。

只能认为,他觉得,这条出路从自己讲述的关于剧作命运的各种波折中自然而然就可以看出来。对这次讲述浓厚的创作兴趣,可能影响他清楚地表述自己的希望、要求和请求。我们觉得,正文结构的这种缺陷,可以在其中一名收信人(这个人直接参与对布尔加科夫的剧作作出最为辛辣的评价,他在自己的信中举了这样的例子,此外,作家的《逃亡》和《紫红岛》的凄惨遭遇也应当不是最终拜他的评价所赐)的信中看得出来。

我们继续说我们之前中断的叶·谢·布尔加科娃对布尔加科夫4月18日晚给她讲述的内容的回忆(请读者特别注意有助于理解布尔加科夫讲述时的状态的情景说明):"他吃完午饭后像往常那样躺下睡觉,这时响起了电话铃声,柳芭招呼过来

第四章 危机年代（1929—1931 年）

接电话，说是中央打来的。米哈伊尔·阿法纳西耶维奇不相信，判断这是骗人的把戏（当时有过这种事），于是怒气冲冲地拿起话筒，听到那头问道：

'是米哈伊尔·阿法纳西耶维奇·布尔加科夫吗？'

'是，是我。'

'斯大林同志现在要跟您通话。'

'什么？斯大林？斯大林？'

于是立刻听到了明显带格鲁吉亚口音的声音。"一阵寒暄之后，他允诺布尔加科夫会通过书信"得到满意的答复"，并问了一个我们的读者通过报刊（以及接下来的整个对话）已经都很清楚的问题："也许您确实需要出国？怎么，您很讨厌我国？"

[米哈伊尔·阿法纳西耶维奇说，他真的没有料到会问这样的问题（他确实压根连来电话都没有料到），一时不知所措，马上答不上来]。

"我最近对俄国作家能不能在国外生活这个问题思考了很多。我觉得不能。"

"您说得对。我也是这么认为的。您想在哪里工作？在艺术剧院？"

"是，我是这么想。我提过这个，但是我被拒绝了。"

"您给那里写个申请。我觉得他们会同意的。我们应当见面谈。"

"是，是！约瑟夫·维萨里昂诺维奇，我非常想跟您谈。"

"好，一定要找时间见面。暂且祝您万事如意。"

但是没有见面。于是米哈伊尔·阿法纳西耶维奇一辈子就问我一个问题：他为什么改变了主意？我也常常就一个回答——他能同你谈什么？因为他看了你的信之后非常明白，要谈的不是房子，不是钱……"

期盼第二次"真正的"对话这个情节，在布尔加科夫余生的文学创作中实现了。

我们看看对于理解后来数次（据我们推测，实际上持续不断，直至作家去世）回想和领会对话细节、自己的表现及其同对话结果的关系等非常必要的几个方面。首先，来电使布尔加科夫措手不及，他对这样的对话毫无准备（看来他料到会有预先致电、书面答复等）。其实，这些为数不多的著名对话的发起者可能也预料到了通话时不知所措的情形（例如，30 年代后期，一位女作家在通话时失去了说话能力，好几天不能说话），因此，不断重演，他的对话者随后对自己通话时的表现不满意并强烈要求接见。布尔加科夫更加不知所措，不仅是因为他是从被窝里被叫起来的，而且也是因为他是由于自己说的话被叫起来的——据 М. Г. 涅斯捷连科证明，就在这次通话之前，他好几次被人打电话欺骗。4 月 14 日（旧历 4 月 1 日）刚刚过去（许多证据表明，人们甚至认为那天说的马雅可夫斯基去世的消息也是骗人的），尤里·奥列沙好像给布尔加科夫打过电话，告诉他说："斯大林说，骗局的主人公现在真的打来了电话。"据 М. Д. 沃尔平口头证明，布尔加科夫给他讲，起初他大骂了一通打电话的人，摆下了话筒，而电话铃马上又响了起来，电话里有人对他说："不要挂电话"，并重复了好几遍

第四章 危机年代（1929—1931年）

"斯大林要和您通话"。随即传来预约者的声音，紧接着就问道："怎么，您很讨厌我们？"可以想象，布尔加科夫在考虑措词回答问题时很严肃，尽管回答得有开玩笑的意味。［我们注意到，这句话还有一个版本——在1931年的信（这封信后面会提到）中，布尔加科夫是这样引用对方的话的："您可能真的需要出国？"］下一个问题是："您想在哪里工作？"我们看到，布尔加科夫马上被置于这样的情形下：只需要回答，并且只需要回答对话发起者给他提出的问题。对话中没有涉及其他更重要的话题。但是，布尔加科夫只是在很久以后才能评价这件事。据目击者证明，那天以及接下来的几天，他一直处于兴奋和欣喜若狂之中，因为终于到了回复他从去年夏天起就不断寄出的申请和书信的时候了！而且他还亲自令人鼓舞地允诺，随后会受到接见。"莫名其妙的作家"（他在1928年3月28日写的信中这样称呼自己）可能认为，他在自己最新的剧本中描绘作家与其假想的靠山会面的场景，就会给自己的生活带来期望的情景。他把剧本同来电联系起来的标记，在《莫里哀》剧本的打字稿上馈赠给爱人的赠言中可能可以看到："致亲爱的叶莲娜·谢尔盖耶夫娜，以示友好！国王的戏上演……第一幕，1930年5月14日，米哈伊尔·布尔加科夫"（《莫里哀》第一幕结尾，当国王对戏剧表示赞许时，戏剧编年史作者拉格朗日记载道："2月17日。国王的戏上演。我画了一幅百合花画，以示纪念"）。

这个来电可能不是一下子就让他陷入莫名其妙的联系——联系到刚刚即2月17日发生的很多人去参加的马雅可夫斯基

的葬礼，因为斯大林认为，艺术家**可能**会以当局不愿看到的方式出国。

我们继续来看叶·谢·布尔加科娃的回忆记录："谈话后第二天，米哈伊尔·阿法纳西耶维奇去了莫斯科艺术剧院，那里对他热烈欢迎。他不知因为什么嘀咕了一句，说他要递交申请……

'我的天呐！请吧！就在这里……'（这时不知谁弄来一张纸，米哈伊尔·阿法纳西耶维奇就用它写了申请）。

然后他就被派到莫斯科艺术剧院担任助理导演"。

1930年5月17日，布尔加科夫在一本半年前就为《被奴役的伪君子》作了前期摘录的大"记事本"上，开始创作新作品——把果戈理的《死魂灵》改编成剧本……两年后，布尔加科夫回忆起这段时光，在给朋友帕·谢·波波夫的信中肯定地说，不能没有自我嘲讽的激情，因为《死魂灵》**没法改编成剧本**。请接受这个事实，并且问道："怎么是我承担这个作品？"他以给波波夫写信一贯的尖锐解释说："帕维尔·谢尔盖耶维奇，我没有承担。我早就什么也不承担了，因为我寸步难行，但是命运掐着脖子逼我承担。（提醒一下，这是对往事的评价，因为我们认为，1930年夏天布尔加科夫满怀愉快的希望。）我刚被指派到莫斯科艺术剧院工作，就让我担任《死魂灵》的助理导演（年长的导演有萨赫诺夫斯基、捷列绍娃和我）。只需瞥一眼邀请来的改编者改编的脚本，我就两眼发黑。我明白了，我刚踏入剧院的门槛，就遭遇了不幸——我被指派承担已经毙掉的剧本。首演不错？这里没有什么可啰唆的了。痛苦了

第四章 危机年代（1929—1931年）

好久之后才弄明白，我早就知道、可惜许多人还不知道的是：为了要演出，要写点什么。简单地说就是，我不得不写。"

脚本的修改工作，在夏季空无一人的剧院进行，一同工作的还有 В. Г. 萨赫诺夫斯基和文学部主任 П. А. 马尔科夫；布尔加科夫写，同他们一起一场一场地讨论。布尔加科夫希望幕启于罗马，因为果戈理给崇拜者（П. В. 安年科夫，事实也确实如此）口述《死魂灵》就是在罗马。手稿头几行写的就是这个让作者始料不及、激动不已的剧情转折："一个人在意大利写作！在罗马（？）。吉他。阳光。"总之，他对这样的想法——写俄罗斯的作家，从"美好的远方"关注着俄罗斯——特别着迷。

令他遗憾的是，这个开头被否决了，然后也影响到了他的其他作品的写作。

布尔加科夫跟许多人讲了他觉得这几个月里极大地改变了自己命运的来电，可能想尽力改变自己周围的氛围。例如，莫斯科著名书商 Э. Ф. 齐佩利索恩在1930年6月12日写的日记中就提到这件事情（我们的一篇文章引用了这段日记）："顺便说说布尔加科夫。米哈伊尔·阿法纳西耶维奇经常来书铺[①]，他知道问'咱们这里有没有文具用品'这样的倒霉问题我会生气，有时喜欢换成别人的嗓音在书店里大声问道：'你们这里有没有墨水？'并且他说，他喜欢我生气时的表情和斩钉截铁的回答：'没有，以后也不会有'。

---

① 库兹涅佐夫桥上的"内核"出版社书店。

但是，大约两周前，他跟我讲了一件非常严肃的事情。他心情很糟地待在自己的书房里。原来，他的所有作品都不给出版，他的所有剧本都被禁演，他想登上艺术剧院舞台当演员（以前叫人民演员）的愿望也落空了。突然……他接到一个电话。布尔加科夫接了电话，他有点不相信自己的耳朵。电话是约·维·斯大林亲自打来的。布尔加科夫由于可以理解的原因没有给我转述对话的内容，但是几天后他被任命为艺术剧院的导演（已经不是演员了）。这件事情立刻凸显出斯大林作为大人物的形象。在筹备十六大的关键阶段，抽空给每份报纸上都会提到名字的作家布尔加科夫打电话……说实话，我后来才知道，布尔加科夫给政府写了请愿信，但是斯大林的做法还是再一次表明，他作为一个大人物，不可与图书出版管理总局和艺术事业管理总局的一些小人物相提并论①……听拉耶夫斯基（艺术剧院的演员）说，高尔基听布尔加科夫朗诵自己的剧本《逃亡》时哈哈大笑，是哈哈大笑，而不是微微一笑。但是就是高尔基本人也没有挽救得了这个剧本。让我深感遗憾的是，所有这一切当然只会让米哈伊尔·阿法纳西耶维奇远离唯一配得上他这样的大天才的道路，即熟悉我们有幸生活的伟大时代的道路。同样无可争议的是，斯大林的这个出色的举动，让我们这个时代最有才和最诚实的一位作家正在接近并且无疑会不断接近这条道路。"

7月15日，布尔加科夫同青年工人剧场（他从4月起在这

---

① 从对来电的这种解读中可以看出，几十年后一些文章中出现的关于布尔加科夫的观点，1930年就炮制出来了，并且人所共知。

第四章 危机年代（1929—1931 年）

里担任顾问）的演员们一起去了克里米亚。7 月 18 日，他从米斯霍尔给 E. C. 希洛夫斯卡娅发来电报，建议她以老熟人的身份来米斯霍尔，住进疗养院。没有收到 E. C. 希洛夫斯卡娅的回复，他给妻子发电报说："为什么卢凯塔不来信，可能病了吧。"

7 月 22 日，他又给娜塔丽娅·阿列克谢耶夫娜·文克斯特恩写信，信中可以看出他们处于短期关系的又一个阶段——当时关系有点冷淡（他希望叶莲娜·谢尔盖耶夫娜来，显然不想让文克斯特恩来）："克里米亚非常热。海还是那样。至于给养，就是卖明信片。凭疗养证去的疗养院里，伙食都凑凑合合。甚至寂寞难耐，有点只有做梦才会梦到的骇人听闻。我打算 8 月初返回莫斯科。去您家时给您细讲这次行程。向您致以友好的问候。米·布尔加科夫。" 7 月 27 日，他又给她寄去一张明信片，上面画着留着圆顶头、慈眉善目的农夫，他的手里拿着发展汽车工业和改善公路质量促进会的票；题词是 "芭蕾我可以忍很久不去看，对迪德洛①也是……"，以及两行文字："亲爱的娜塔丽娅·阿列克谢耶夫娜，我 8 月 3 日返回莫斯科。您的米·布尔加科夫。"

7 月 28 日，一封电报从莫斯科发到米斯霍尔，内容如下："您好！我的朋友米申卡②，很是想您，真心觉得您很亲切，祝您早日康复、疗养愉快，希望看到您心情愉快、精神饱满、讨

---

① 迪德洛（1767—1837），法国芭蕾舞演员、芭蕾舞编导、教师。——译者注
② 对米沙的爱称。——译者注

人喜欢。您的马德列娜·特鲁希科娃·涅纳捷日娜娅";叶莲娜·谢尔盖耶夫娜决定不去了。几天后,发来第二封电报说:"亲爱的米申卡,欣悉您即将返回,祈求您精神焕发。库扎诺夫斯基。"

  这期间,列宁格勒红色剧院发来电报,请布尔加科夫给他们写纪念五周年的剧本。他7月23日从米斯霍尔回电报说:"我同意写纪念五周年的剧本,条件是剧本题目由我来定,大致交稿时间12月15日"。但是8月3日这个剧院又发来电报说:"我们决定,取消预订纪念五周年的剧本。福尔夫"(即剧院院长沃尔夫)。

  8月6日布尔加科夫给斯坦尼斯拉夫斯基写信说:"我从克里米亚回来了,在那里医治了我的神经系统,经过近两年举步维艰的日子后,神经还有点紊乱,给您简单写几句……在对我的被毙掉的剧本痛定思痛之后,当我(经过长期的休整后)以新的身份踏入您创建的为国争光的剧院门槛时,我好些了。"

  9月4日,斯坦尼斯拉夫斯基给布尔加科夫回信说:"您都想象不到,您加入我们剧院,我有多高兴!

  我只是碰巧跟您在《图尔宾一家的日子》的几次彩排中一起合作过,那时我就觉得您适合当导演(或者演员?!)。

  莫里哀以及其他许多剧作家,就把这些职业同文学创作很好地结合起来了!"看来,那年秋天布尔加科夫相信就该如此。

  这里又让人想起非常需要剧本的红色剧院——文学部主任叶卡捷琳娜·舍列梅季耶娃来到莫斯科,专门为了拜见布尔加科夫。她在自己的回忆录中写道:"这对年轻的、算是而且实

第四章　危机年代（1929—1931 年）

际上也是走在革命前列的'红色剧院'而言，是冒险的一步。关于布尔加科夫给斯大林写的信，关于米哈伊尔·阿法纳西耶维奇被派到莫斯科艺术剧院，流传着一些似是而非的传言，可有谁知道这些传言有多少是真的？但是《佐娅的住宅》《紫红岛》，甚至在莫斯科艺术剧院演出了三年的《图尔宾一家的日子》被撤演和禁演，布尔加科夫'不是合适的'作者——戏剧圈和作家圈都很清楚。

见面时达成如下协议：'剧本应写实或展望未来'，题目由作者自行拟定，稿费提前支付给作者，'甚至如若作者提交的剧本因某些原因未获剧院采用，也不予退还'。他每说一句话都停顿一下，疑惑地看着我，于是我给予确认，他说最后一句话时稍微提高了声调，微微一笑，解释说：'因为作者没有地方拿这些钱，他已经花完了这些钱！'"布尔加科夫有经验；像跟莫斯科艺术剧院签订的那种协议，他再也不想签了；他对前途很是小心谨慎——看来最初的冲动已经过去了。

叶·舍列梅季耶娃接着回忆说："米哈伊尔·阿法纳西耶维奇饶有兴趣地跟我打听，问我知不知道拉里莎·赖斯纳，了解不了解她父亲、也就是我母亲的哥哥的家庭情况。"回忆者证实的这种兴趣，证实了我们的一个推测：布尔加科夫正在构思一部长篇小说——还记不记得，就是布尔加科夫在给政府写信的那些日子里先是留了下来、然后付之一炬的那部长篇小说。

在我们看来，M. 赖斯纳给安·巴尔比尤斯的《耶稣反对耶稣》一书（1928 年莫斯科—列宁格勒版）——布尔加科夫从中作过摘录——作的序言,对长篇小说开头场景的构建起了很大的作用,而且不仅是在作品的早期创作阶段就起了很大作用,在晚期创作阶段也起了很大的作用。这篇冗长的序言主要是批判安·巴尔比尤斯,因为他"出于好意,用自己的艺术想象力让人们对他着迷";"同时,我们认为,巴尔比尤斯占有足够的材料,完全能够揭露新约派耶稣的真实本质"。所有这一切像极了伊万·别兹多姆内当时的处境,他写了(我们引用已出版的长篇小说中的语句)"反宗教长诗",对此"编辑很不满意……于是现在编辑像念某种讲义那样,正在给诗人讲述耶稣,为的是着重指出诗人的主要错误。很难说,给诗人带来麻烦的到底是什么——**是他与生俱来的表达能力**",等等(可以对比一下加黑体的语句和 M. 赖斯纳的序言中的语句:"巴尔比尤斯笔下的耶稣,尽管**我们的诗人才高八斗……**")。我们觉得,这一章中反复多次称呼别兹多姆内为"诗人"(出现于最近的稿本,早期稿本中没有出现,而在 1932 年及以后的稿本中,这个称呼被确定是指后来被称呼为"大师"的人),这正是来源于 M. 赖斯纳的序言,因为安·巴尔比尤斯在那里经常称呼"我们的诗人"。别尔利奥兹的想法——"给诗人证明",重要的是,"耶稣作为个人,在世上根本就不存在,所有关于他的故事,纯属虚构,是最平常不过的无稽之谈"——也跟序言作者给书的作者和读者阐明的观点——"重要的是,这是再平常不过、荒唐至极的无稽之谈,这让众人很是着迷,荒诞而荒唐的臆造征服了全世界"——很接近。M. 赖斯纳的序言无疑属于那种 20 年代末激发布尔加科夫产生文艺创作念头——

第四章 危机年代（1929—1931年）

想辩论地对"荒诞而荒唐的臆造"进行解释——的文学作品。

我们再回头来看叶·舍列梅季耶娃的回忆。布尔加科夫问她，她是不是有个亲戚叫"米哈伊尔·舍列梅季耶夫，曾担任莫斯科金库司库员，虽然二月革命后所有职员都一致推举他，但是他1917年4月辞职了。我很惊奇，他从哪里获得关于我父亲的这些详细资料的？原来，布尔加科夫曾在档案馆工作过，无意中看到财政部机构的材料，记住了与自己同名的人的名和这个不常见的姓"。看来，这些让人好奇的资料是莫斯科1921年头几个月的资料，当时布尔加科夫正在构思关于拉斯普京的历史剧和关于1917年的莫斯科的长篇小说，他经常去鲁缅采夫博物馆。他此时想起关于叶·米·舍列梅季耶娃父亲的资料，无疑增加了他对舍列梅季耶娃的信任。

"米哈伊尔·阿法纳西耶维奇总是很活跃、很快乐，总之，心情很好。他当然厌倦了孤独和笼罩在他周围的不信任、戒备、简直不怀好意的氛围。现在来了代表，尽管是不太知名的剧院的代表，但是毕竟是一群绝对欣赏他的才干和信任他的剧院工作人员的代表……

我们从布尔加科夫的房子里走出来时，打扫院子的人使劲用扫帚扫了几下，顿时一股尘土在我们面前飞扬起来。米哈伊尔·阿法纳西耶维奇的脸色几乎察觉不到地变了一下，赶紧走过去打开了篱笆门。他走出去非常气愤地说：'以前他委屈地把帽子给撕坏了，现在把灰土给人扬到脸上。'

我本想回答说，别太在意，他却还是很气愤地，但又好像痛心地说：

'低三下四地生下来，就低三下四地活下去。永无穷尽。'

我不止一次指出，米哈伊尔·阿法纳西耶维奇对一个人在其所有表现中——不管是不尊重自己，还是不尊重他——没有人格难以接受。

……米哈伊尔·阿法纳西耶维奇提议说，如果我不担心距离远，就走着过去。我不怕距离远。我们穿过祖博夫林荫道，来到静静的普列奇斯坚卡河边（克罗波特基纳街）。丑陋的木屋间，坐落着一栋栋带帝国风格圆柱的私人住宅，谈话间，布尔加科夫提到建筑师和老房主的名字，或者同某个房子有关的事件。他肯定很喜欢旧时的莫斯科，而且看来也非常了解。

……尽管米哈伊尔·阿法纳西耶维奇极力克制，但是还是可以看得出他不常有的敏感、脆弱，也可能是神经紧张。有时也捕捉不到，为什么眉头皱了一下，嘴抿了一下，脸上的肌肉抽动了一下，有什么刺激到了他。

大约两周后，米哈伊尔·阿法纳西耶维奇去了列宁格勒。他被安排到当时城里最好的饭店'欧洲'饭店入住，尽力想让他感觉舒适，从各方面关注、关心他。在同剧院领导和演出指挥进行非常友好的事务会见间隙，请他玩滑梯（当时苏联唯一的滑梯）；跟国家人民大厦（红色剧院属于其系统内的单位）经理借车（敞篷'奥斯汀'），拉着布尔加科夫转了近三个小时；带他看了城市风貌及其名胜古迹……请他参加我们在女演员帕森科娃家里的聚会。米哈伊尔·阿法纳西耶维奇一如既往完美地介绍了莫斯科艺术剧院和斯坦尼斯拉夫斯基，不模仿他，但是用寥寥几笔线条就清晰地勾画出老人吃惊时——当康

第四章 危机年代（1929—1931 年）

斯坦丁·谢尔盖耶维奇同斯大林谈话时突然忘了他的名和父称时——的性格和说话风格。他还讲了斯坦尼斯拉夫斯基同烧炉工的谈话，说斯坦尼斯拉夫斯基建议烧炉工像他儿时在阿列克谢耶夫家那样生火。"（就这样在口头讲述中诞生和固定下来的叙事内容，几年后就这样快速和轻松地填满了《剧院情史》的手稿本）。

看来，他秘密撰写的长篇小说有了突飞猛进的进展。9月27日，作者在巴黎版长篇小说《白卫军》第二部分（未刊载于《俄国》杂志的）上题词："亲爱的爱人列娜·谢尔盖耶夫娜！打字吧，致颂词者。您的米·布尔加科夫"。10月20日，一张照片——布尔加科夫同《图尔宾一家的日子》剧作演职人员的合影——上出现了搞笑的题词："致过75岁生日的爱人叶莲娜·谢尔盖耶夫娜。致亲爱的柳辛卡、女能手和朋友"。11月28日，在《死魂灵》的打字稿上留下这样的题词："致果戈理专家列娜·谢尔盖耶夫娜！致我的朋友，纪念'坏人们'为这个稿本感到难受的那些日子！"仅从内容相同的赠书题词中就明显可以看出，叶莲娜·谢尔盖耶夫娜·希洛夫斯卡娅与他最近一年的任何一部文学作品都有密切联系，她的作用，也可以从在巴黎版长篇小说上写于1931年2月5日的另一个题词看出："缪斯，我的缪斯，噢，调皮的塔利亚！"（剧本第一幕中莫里哀的一段台词）。

四

冬天快到了，1930—1931年的戏剧季正处于高潮期。布尔加科夫的剧本依旧一部都没有上演。不管是关于莫里哀的剧本，还是伏案写作的作者，都没有传来好消息。

1930年11月10日，"作家与集体农庄"展览在作家俱乐部的楼里开展。车间小伙子们都走上了与他不同的生活道路。

11月11日，首都上映电影《死魂灵》，伊·尼·罗扎诺夫在自己的日记中这样记录电影的内容："关于医生伊万的自作多情和官僚主义作风，他拒绝了烧伤并被误登记为死亡人口的女儿。"让群众做好思想准备，接受以后要放映的幻灯片《性虐待狂医生普列特尼奥夫》等。在莫斯科的作家的日记中，紧随关于电影内容的记录之后的，是关于工业党"及其破坏活动"种种事实的报纸报道。11月12日，"报纸上报道了瑟尔佐夫和洛米纳泽的两面派行为"；11月15日，"讨厌的天气：下雨，泥泞"；这几天，历史博物馆以及莫斯科所有单位都在散发写有"关于工业党的决议。好几个人没有签名"的签名单；一名行政负责人作完题为《论学术中的非政治倾向》的报告后，举行关于工业党的集会。两天后，苏联作家联盟举行关于工业党的集会；伊·尼·罗扎诺夫记录下了自己的印象："格罗斯曼说，国家首脑永远支持劳动者即所有好作家。姆斯季斯拉夫斯基等人说，不要在口头上，而要实际上百分之百"——看来是指百分之百忠实于某些学说。

塔季扬娜·亚历山德罗夫娜·阿克萨科娃-西韦尔斯在自己的出色的回忆录中，描述可能就在那年秋天与布尔加科夫在"安诺奇卡·托尔斯托-波波娃（她当时还住在尼科利巷狭小的地下室里）家"的"一面之交"时写道，她在列宁格勒（莫

第四章 危机年代（1929—1931年）

斯科也发生了一些行动，但是布尔加科夫那年秋天在列宁格勒，他可能与塔·亚·阿克萨科娃-西韦尔斯一样，看到了同样的景象）"看到一大群人聚集在马林斯基宫前面的广场上。原来这是列宁格勒职工在游行，他们举着通告牌，上面写着：'拉姆津及其同伙去死吧！我们要求处以极刑！'游行之前，各单位都召开了会议，只有一个单位（军医学院）反对这个决议。那里的神经病学教授米哈伊尔·伊万诺维奇·阿斯特瓦察图罗夫站起来说：'我提醒一下，我们都立过医学誓言，要保护生命。我们不能也不会判处死刑！'对拉姆津而言，案子后来实际上顺利结案，但是游行……给人留下不亚于本丢·彼拉多时代的极其难忘的印象！"医生的观点、回忆者难忘的印象，无疑与布尔加科夫因这些事件而体会到的感受差不多。

11月25日开庭审判工业党。伊·尼·罗扎诺夫11月30日在日记中记述了对那天庭审会议的印象（旁听庭审，一时一票难求，能弄到票就算成功）："印象令人惊奇。首先是所有陈设追求表面效果让人感到惊奇。特别烦人和惹眼的是，摆放在正中位置、凸得老高、似乎飞翔在头顶的摄像机以及一切摄影设备……周围还围着一堆摄影师。旁边是聚光灯设备。聚光灯的光线让旁听的人头昏目眩，分散注意力……其次是被告的着装。外国的衣服。破坏者从来没有去过外国。有几个被告的衣领看着浆得很硬。拉姆津的左上衣兜风骚地露出手帕尖儿。"

这就是莫斯科的作家对"外国人"的认识，布尔加科夫两年前就描述过在牧首湖畔同外国人的偶遇。

12月第一周，博物馆工作人员代表大会在综合技术博物馆召开（娜·康·克鲁普斯卡娅和 Н. Я. 玛拉作报告）。伊·尼·罗扎诺夫12月6日记述了那天讨论"关于阿德勒的问题"的情况；一名专门委员会委员代表阿德勒"读了一篇刊载于德文杂志、关于苏联学术状况的文章的摘录。这篇文章是代表大会代表阿德勒教授写的。贯穿文章的红线阐述的思想是，革命前学术繁荣发展，苏维埃执政时学术走向衰落。每出现一次'红色教授'，作者都加上引号。阿德勒说，社会科学看起来'弹性足够'和'能够适应'……处理这次事故的委员会作出决议，认为作者应当被取消代表大会代表资格。被告（！）阿德勒请求发言，她说：'我承认自己有错，但是我可以为自己辩解，这篇文章写于1925年，然后我自己确认文中观点错误，就给编辑部写信，让不要发表它，但是编辑部回复说，文章已刊发。'阿德勒补充说，'此外，请注意，捷克斯洛伐克人打到喀山时，我是唯一一个立即站到苏维埃政权一边的教授。所以委员会的（判决?）是不是太过严厉了'。一个两颊绯红的年轻人从座位上喊道：'您是作为德意志人抵抗捷克斯洛伐克人的，这是民族仇恨。'……一名发言者建议'到处革职'阿德勒。事故发生时，布勃诺夫走了进来，引来雷鸣般的掌声"。罗扎诺夫转述了他的发言："……你们能够惩治转入敌方阵营的人。我希望你们以后也这样机警地分辨出阶级敌人……"

这些事情应当会使不赞同法官和检察官的人心情更加阴郁。

12月2日，莫斯科艺术剧院开始排演《死魂灵》剧本，但是布尔加科夫的改稿工作绝对没有结束。不管怎样，没有深

第四章 危机年代（1929—1931年）

思熟虑就开始改编的脚本完成了，作为全年唯一的、让人不太满意的成果。

资金事宜也没有得到大力改善——12月底，布尔加科夫给莫斯科艺术剧院管理处写信，申请预付款："我从《死魂灵》剧本彩排和青年工人剧场晚班间隙抽出时间，担任第一（朗诵者）角色，我每天每一分钟都不得不放下这个角色，跑遍全城寻找资金。我认为有义务告知管理处，我已筋疲力尽。"申请被拒绝了，因为布尔加科夫欠全苏戏剧委员的债。

对"工业党"的庭审持续到12月7日，与此同时，高尔基发表了两篇受到普遍关注的文章：《如果敌人不投降，那就消灭他》（载于1930年11月15日《真理报》和《消息报》）、《告工农书》（载于11月25日《真理报》和《消息报》），尤其是第一篇文章的标题，受到特别关注。庭审过程被拍摄下来，作为有声电影放映，并已于第二年初在各个影院上映。书商齐佩利索恩在1931年1月24日的日记中写道："今天去看了有声电影，听了对工业党的全部庭审。留下了很深的印象，但是所有这些人，确切些说，所有这些'小人物'，甚至那些名人拉姆津和奥萨奇都是无名小卒、无名鼠辈……总的来说，庭审过程中，好像也就克雷连科是个有意思和有分量的人……克雷连科的供述甚至被电影院的掌声打断。"不断改造群众的意识。从1929年秋天以来，这一改造过程已经取得了很大的成绩。我们引用的日记，听话地反映了社会氛围的缩影。

日常生活的色彩越暗淡，布尔加科夫可能越强烈地感受到，自己把自己送进了陷阱。

这一年，布尔加科夫在起草对自己而言不太寻常的手稿中度过。在作家的文献中，从《记事本》上撕下来的半页纸得以保存下来，上面既有他对《被奴役的伪君子》的修改，也有他对《死魂灵》改编脚本的修改。这页纸上写的日期是 1930 年 12 月 28 日，起的标题是《葬礼》。这是一首诗歌的草稿，第一句是"应当老实地意识到……"，展现他亲切而坦率的总体性格。

  在那一刻地下的老鼠
  停止吱吱叫，
  我一头灰白头发
  扎进未写完的稿纸。

就在这半页纸上，接着写下的是一句接一句被划去（写诗完全不像写散文那么轻松！）的字，继续阐述着自白和悲剧结局这一主题："狗开始吠……开始嗥叫……可能在惋惜弄坏的桌子……我从来没有用恶劣的谎言把嘴弄脏和弄得不干净"。草稿跟作者最喜欢的几个主题很接近：

  为什么你被包裹着
  为什么嘴被碾碎
  你已阵亡
  修士会抱着我。

第四章 危机年代（1929—1931 年）

前三句诗让人不由想起《红色王冠》，在这部作品里，头上裹着带血的、像红色王冠或红色花冠的绷带的弟弟是守夜英雄。此外，第二句诗利用了描述别尔利奥兹之死的细节。而"修士"则与在《被奴役的伪君子》开头恐吓"莫里哀"并在他去世时出现的修士，以及契诃夫的《黑衣修士》都是一样的，作家的通信中也提到了修士。

> 我想起天使、刚烈的伏特加
> 气味（冲我而来）
> 扑进镀金的嘴。
> 为什么你不请自来
> 为什么你（没完没了）不叫喊
> 为什么你的小船抛锚
> 提前回到码头？
> 有没有公正的惩罚
> 天呐，在你的打击下，我疲惫不堪
>
> 为什么你不珍惜我？

为什么他要守伺到我？在草草写的最后几句关于"遥远的星座"的诗（诗歌可能也没有写完）中继续阐述死亡主题，其中有这样一句："又一支蜡烛燃烧起来。"

在我们看来，马雅可夫斯基临终前写的诗歌（长诗《放开喉咙歌唱》的抒情序曲）是这种诗歌的某种样本。致"所有的

人"和在他去世后各个报纸立即刊载的信中的诗句——例如《风波结束了》中写道:

> 爱情的小船
> 让日常生活撞得粉碎
> 我和生活两清了
> 也没有必要列出彼此的痛苦
> 不幸
> 和委屈

——可能是第一首打动布尔加科夫并且半年后出现在他自己的诗歌创作实践中的马雅可夫斯基的诗——出现在唯一给人留下完整印象的两行诗中:

> 为什么你的小船抛锚
> 提前回到码头?

(马·阿·奇米什基安说,马雅可夫斯基去世后头几天,他碰到布尔加科夫手里拿着报纸。他给她指着这两行诗——"爱情的小船,让日常生活撞得粉碎"说:"你说不会是这个?因为这个?……不,不可能!这件事应当还有别的什么原因!")

新的一年,也就是1931年,正赶上布尔加科夫心神不宁。

第四章 危机年代（1929—1931 年）

五

1930 年 12 月至 1931 年 1 月，叶·谢·希洛夫斯卡娅住在莫斯科郊外的疗养院。布尔加科夫来看了她好几次。她跟我们讲，有一次，他冒着雪来的，整个人都冻僵了，但是她不敢挽留他，甚至没有给他倒茶喝，就立刻让他回去了。

1931 年 1 月 3 日写的只有开头、没有写完的信保存了下来："我的朋友！不好意思，我经常来叨扰。但是今天我……"

他们的关系日益见好，发展越来越快。在长篇小说《白卫军》最后一页上，布尔加科夫亲笔写道："证明。农奴制废除于……年。莫斯科，1931 年 2 月 5 日。"［同一天，在长篇小说第二部分的出版物上题词（我们之前引用过）："缪斯，我的缪斯……"］

很久以后，大概过了半年，布尔加科夫补写道："不幸发生于 1931 年 11 月 25 日"。

马里卡·阿尔捷米耶夫娜·奇米什基安（当时已经做了谢·A. 叶尔莫林斯基的妻子约有一年时间）跟我们讲："初春我有一次去勒热夫叶莲娜·谢尔盖耶夫娜那里，因为她跟柳博芙·叶甫盖尼耶夫娜本来关系不错，所以我们所有人都跟她很熟，她参加了我和叶尔莫林斯基的婚礼。我去的时候，希洛夫斯基来给我开门，然后马上扭身走回自己的位置，几乎没有打招呼。我进了屋子，朝叶莲娜·谢尔盖耶夫娜走去，她那里有个修指甲的女人，这个女人跟我聊天也有点怪怪的。我一头雾水,就道别了,去了皮罗戈夫街布尔加科夫那里,我说:'我不明白,那里发生了什么?'他们冲我一顿大骂:'你为什么去她们那里啊?她们以为,是我们派你去的!'柳芭说:'难道你不知道?''不知道,我什么也不知道。''这里出过事!希洛夫斯基跑来,用枪指着……'得了,这时他们才跟我讲,说希洛夫斯基不知怎么公开了布尔加科夫和叶莲娜·谢尔盖耶夫娜的关系。柳芭当时反对他们恋爱,我以为,什么也没有发生。她也有自己的一些计划……"

希洛夫斯基宣布说,他要孩子,于是布尔加科夫知道了这件事。

……叶莲娜·谢尔盖耶夫娜放话,说不会跟他见面,不接电话。

也许,就是在这一年(如果不是两年前的话)春天,发生了那段短暂的、在1930—1931年发生改变的长篇小说(现在变成关于"诗人"和他钟爱的玛格丽特的长篇小说)构思细节中可能有所体现的浪漫故事。虽然作出存在这种关联的推测往往是冒险行为,但是在长篇小说作者的传记中,这种关联可能恰恰也应当存在。

半个多世纪后,也就是1986年春,玛格丽特·彼得罗夫娜·斯米尔诺娃把自己的短篇回忆录(连同一张年轻漂亮女士的照片)交给了我们。

不管是在短篇回忆录中,还是在她的口头讲述中,记忆中留存下来的东西同她当时在长篇小说中读过的东西,在某种程度上交织在一起:第一次阅读一个自己早就忘记的人写的作品

第四章 危机年代（1929—1931 年）

时，不管是她自己，还是了解这段故事细节的她的亲人（玛格丽特·彼得罗夫娜的姐姐在《汽笛报》工作，知道布尔加科夫），都"认出了"她就是女主人公……

因此，摆在我们面前的，既有一部分虚构，也有布尔加科夫（一个任何时候都喜欢把自己同长篇小说女主人公联系在一起的人）的生活的生动细节。

玛格丽特·彼得罗夫娜记述说，春季里，有一次她从莫斯科乡间别墅回来（"自由自在的感觉，可以不慌不忙地晃悠。孩子们在乡间别墅，丈夫出差了……"），手里抱着春日黄花走在街上。一个个头不高、衣着"讲究，甚至可以说漂亮"的人追上了她。她不想结识（"我在人行道上不结识人"），那个人却一直跟着她，最后请求"耽误一分钟时间，进行自我介绍。他摘掉帽子，非常恭敬、自然地鞠了一躬，说：'米哈伊尔·布尔加科夫'。名字听着耳熟，但是这是谁？是谁啊？我当时就觉得，这是一个受过良好教育、与众不同的人。"她怀疑，当时人们知不知道《图尔宾一家的日子》。她潜意识里把这个名字同另一个布尔加科夫，即她从父亲那里听来的"托尔斯泰的一个亲信"联系在一起……"同米哈伊尔·阿法纳西耶维奇结识时，我确信，这是托尔斯泰身边的人。而且我们也很快就聊到了托尔斯泰……他饶有兴趣地讲了关于列·托尔斯泰的各种事情，说他在什么地方（在博物馆?）研究托尔斯泰的信件。① 我非常有兴趣了解关于托尔斯泰的这么多新鲜事。当时

---

① 通过这个细节，也许可以确定，相遇发生在改编《战争与和平》时，也就是 1931 年春或 1932 年……

我还没有读过塔季扬娜·安德烈耶夫娜·库兹明斯卡娅的回忆录,也没有读过谢尔盖·利沃维奇·托尔斯泰的回忆录,他却如此有趣地说起她,说起别尔斯的家庭。米哈伊尔·阿法纳西耶维奇说,托尔斯泰在家中威望不行,索菲娅·安德烈耶夫娜常常埋怨他,指责说,他不明白,家里人多,孩子要教育,而他却花那么多钱搞慈善事业,修学校,出版廉价的大众书籍。除了小女儿亚历山德拉,所有的孩子都站在母亲一边。他们有时公开嘲笑父亲,笑他艰苦朴素,笑他穿着普通。

米哈伊尔·阿法纳西耶维奇说:'生活往往如此:一个天才一般的人,在国内外很受尊重,但在自己家里往往却不被理解,得不到亲友的支持和鼓励。您就想想,他有多么难受和孤独。我很可怜他!'

米哈伊尔·阿法纳西耶维奇跟我聊天时,不止一次说起托尔斯泰很孤独这一观点。我记得,我当时对这种对托尔斯泰的怜悯感到惊奇。我们习惯于赞赏托尔斯泰,而说到可以和需要可怜他——这很新颖……

我记得,天擦黑时,他问我:'玛格丽特·彼得罗夫娜,您读过圣经吗?'我回答说:'中学的神学课就够让人烦的了,还读什么圣经啊?难道这还不够啊!''您还会读圣经的!'

我不太喜欢刚认识时举止就有点随便的人。我回答了一句什么,他笑了,高兴地搂了一下我的肩。我当时很是生气,想立马离开。他反应过来,非常认真地看着我,道歉说:'请您相信,再也不会这样了!'

第二个小误会也发生在刚认识时:他坚持叫我去咖啡馆或

第四章 危机年代（1929—1931 年）

饭馆，说要安静地坐会儿，不要边走边聊了。他说，他现在很有钱，好像说是酬劳所得，还是打赌赢的——'帮我花了它！'我对提钱的意思很慎重，回答他说：'认识第一天就提钱——呸！'他一时不知所措，久久默不作声，只是好几次目不转睛地盯着我。再没有发生什么过分的事情，我们聊得饶有兴趣，天南海北。怎么也聊不够。好几次我都尝试跟他道别，但是又冒出一些什么问题，于是又开始说起来，聊得入迷，以至于错过应当拐弯回我家的巷子，就这样不知不觉，一步一步走到勒热夫火车站。

我们转弯往回走，走上梅香街，在巷子口又难舍难分，不知不觉走到了集体农庄广场。

从火车站到广场这段路，我们走了好几个来回。不管是他还是我，都不想分别。我们之间产生了不同寻常的亲近感和某种特别的内心的吸引……

聊得正高兴的时候，布尔加科夫突然问道，我为什么眼神忧伤？我不得不说，我和丈夫没有多少共同语言，我在他的圈子和他的朋友们中间感到很寂寞。甚至在他的热闹的圈子里感到孤独。我的日子很难过，同丈夫在一起时感到寂寞，甚至很痛苦。米哈伊尔·阿法纳西耶维奇非常认真并且有点爱护地听我倾诉着。

我们久久地在河边走走停停。莫斯科河上吹来暖暖的风。我说，我喜欢让暖暖的风吹着脸。我说，站在飞驰在海面的快艇上迎着风前行非常爽。我非常喜欢那种暖风把裙子吹得像帆一样，风吹动和抚摸着头发的感觉；我想张开双臂，这样做非常美妙、淘气。感觉马上就要离开地面。我记得，我说到河边的暖风时，米哈伊尔·阿法纳西耶维奇用炯炯发光的眼神看着我。读长篇小说《大师与玛格丽特》时突然发现一句话：'她让风吹着脸'。他记得点点滴滴！长篇小说中的这样一句话，对任何人来说，不意味着什么，但是会勾起我太多的回忆和情感！

聊到了大海、高加索。我说，我去过南方的许多城市（我丈夫曾是俄罗斯苏维埃联邦社会主义共和国铁路监察委员。1921年结婚后不久，丈夫就带上我去高加索和外高加索进行监察调研。我帮忙做秘书工作，有时在打字机上打字。1923年夏天又去了一次。）。米哈伊尔·阿法纳西耶维奇说，他那几年也在高加索工作。他突然停住了脚步，有点喜形于色，几乎大喊道：'玛格丽特·彼得罗夫娜！我见过您！'我甚至收住了笑。什么——见过！在哪里？什么时候？过了至少八年时间了，他却突然想起来……非常准确地描述了我当时穿的白裙子（古希腊人穿的托加，是我中学排练索福克勒斯的《特拉基斯妇女》时留下来的）。他说，可能是在第比利斯或巴图米街上的什么地方，他看见我跟两个男人（显然是丈夫和他弟弟）在一起。他对什么薄的和亮的东西容易留下印象，我嘲笑他说：见了一次就记住了！可能这根本就不是我，夏天穿白裙子的人有的是。他很严肃地看了我一眼，收起了笑容！他凑近了脸，几乎窃窃私语道：'玛格丽特·彼得罗夫娜！您怎么，还不知道自己不可能不被人记住！'……

认识第一天，他就问我为什么穿着这么时髦？我的精美的

第四章　危机年代（1929—1931 年）

鞋子和手套（黑丝的，快到臂弯那么长，喇叭口，白色绲边）哪里买的？我不得不说，这还是从妈妈那里保存下来的。关于鞋，我没有冒险承认，蝴蝶结和金属扣子是我自己亲手钉上去的。

米哈伊尔·阿法纳西耶维奇把我的包拿在手里翻来覆去看了好久，认真地看了个遍，而且还认真、专注地看了我好几眼。我有点不舒服：包是我自己缝的。我把包从他手里拿了回来。

过了一会儿，他又把它拿了过去，笑着看着我问道，谁绣上的黄色字母'M'？

'玛格丽特·彼得罗夫娜，您有什么不好意思的？你的包很有意思，谁绣上的？'我低声说，除了我，谁还会绣。于是更加不好意思了，因为这话不完全是实话：包是妈妈缝的，送给了我。用字母'M'可以给衣服和姐妹们的嫁妆做记号，我也无数次这样绣过。包是用浅蓝色的布做的，像个袋子（女式手提包），有两个系紧的手柄。一侧缝着用浅蓝色和银色的小玻璃珠子绣成的实绣板，另一侧缝着用黄颜色的丝绸绣的大写字母'M'（包一直保存至今，但是小玻璃珠子板没有了）。

只是现在了解了布尔加科夫的生平经历，我才明白这个包如此引起他的兴趣的原因。小玻璃珠子板是修道院的活计。它显然是从作为神甫妻子的外婆那里传给我母亲的。米哈伊尔·阿法纳西耶维奇在自己家里（米哈伊尔·阿法纳西耶维奇是基辅神学院教授的儿子）当然不止一次见过修士做的这种活计。这个包应当让他想起了什么，他有点懂行地嘴角露出了微笑……

　　我们约好了一周后再见……

　　我回到家,开始做家务,过了一会儿走到窗前去浇花,突然看见米哈伊尔·阿法纳西耶维奇沿我家对面的小路走着。我立即从窗前闪开(不想让他知道我住在哪里,担心惹来各种麻烦)。但是他没有从我家窗户这边看,低着头若有所思地走着。然后几乎停下了脚步,抬头望着远方,接着又慢悠悠地沿着巷子走了。

　　我和他在街上告别后,没有从隔着栅栏就可以看见正门的台阶走,而是从小门走进院子里,然后在楼的拐角转弯,从后门回到家里。我觉得,这样他就猜不着我住在哪里、哪些是我的窗户。从小门可以看得到《大师与玛格丽特》第1册第86页上描述的所有景象:'坐落在花园中的小楼……从小门往里走……对面栅栏下长着的丁香花、椴树、枫树……'。从小门往里走还有白杨林荫道,院子里是高高的银白杨。

　　还发生过这样一件事:有一次我从乡间别墅回来,邻居(安娜·伊万诺夫娜)在厨房里说:'我们在院子里的长条椅上坐着,来了一个个头不高、穿着讲究的公民,他在院子里转悠,眼睛瞅着窗户、地下室,然后走到我们几个坐在长条椅上的人跟前问:"这个楼里是不是住着一位个头高高的、年轻漂亮的女士?"我们笑着说:"您找谁?女主人还是家政女工?我们这里的两位都很年轻、都很漂亮。只是她们都不在家,都去了乡间别墅。"他在院子里转了一会儿,又走到跟前问,她具体住在哪里?我们说:"这半栋楼都是,院子外面和窗外的院

第四章 危机年代（1929—1931年）

子里都是，您到底找谁？"他对此没有作任何回答，慢悠悠地从小门走了。'我们第一天告别时，我让他在街对面留步，不要跟着我了。他透过栅栏可以看见，我在楼的拐角转了弯，但是不知道我是走上了台阶，还是可能走下了地下室。

据邻居讲，他来过两次，因此他也写道：'我住在花园洋房的顶层'（读者会原谅玛格丽特·彼得罗夫娜，我们希望，这是朴实忠厚的一视同仁）。

'受这次碰面的影响，我有好几天都过得迷迷糊糊的，其他什么也想不起来。我们的结识有多么不同寻常，从一开始就有多么吸引我们——很难讲。就像他说的，这是一种魔力。就是现在，已经过去好多年了，我回想起那场梦，仍然心潮澎湃。当我坐立不安时，一直在想，接下来该怎么办……我决定了，现在我还能控制住自己，应该分手'。她回忆起他说过的话：'玛格丽特·彼得罗夫娜，您不喜欢我？我跟您不合适？'

我当然尽力说服他……我说，我现在更愿孤身一人，我的心属于他，我要是能跟他在一起就太好了。我突然发现，他容光焕发，他笑了，说：'嗯，说说，再说说……'……

'玛格丽特·彼得罗夫娜，如果您什么时候想见我，随时可以找我。记住——我叫米哈伊尔·布尔加科夫。我永远不会忘了您。'

告别很痛苦。我们又在巷子的拐角站了很久。我让他不要走到小门那里。

他在另一条小道上收住了脚步。我回头看了一眼，他穿过了马路。我记住的最后一个场景是——伸向我的双手。他好像呼喊着我的名字，等着我，我立刻回到了他的身边。脸上满是悲伤、委屈！看着，一直说着什么……那双从栅栏外伸向我的手……

一切就像他在《大师与玛格丽特》第 2 册第 94 页上写的那样。只不过不是玛格丽特和沃兰德，而是他和我那样告别。"

3 月 14 日，布尔加科夫向青年工人剧场递交了请求解除他的顾问职务的辞呈——由于他近几个月事务繁重、甚至吃不消了，这份工作尽管谈不上特别繁重，但不适合他。

3 月 18 日，他给斯坦尼斯拉夫斯基（斯坦尼斯拉夫斯基在此前一个月，也就是长期养病之后，于 2 月 22 日开始在位于列昂季耶夫岛的家中排练《死魂灵》中的个别戏）写信说：

"亲爱的和敬爱的康斯坦丁·谢尔盖耶维奇！我离开了青年工人剧场，因为我实在不能胜任那里的工作。我请求您把我列入艺术剧院导演以及演员名单……"

4 月 17 日，他同卫生文化学院巡回剧团签订了协议，承担娜·阿·文克斯特恩的剧本《孤独的人》的导演工作，并保证于 7 月 1 日前排好该剧。

在这个对他而言暗无天日的时期，社会上的事情也不是很明朗。对劳动农民党的审判如期而至，该党的领袖之一、1930 年夏就被逮捕的亚历山大·瓦西里耶维奇·恰亚诺夫，布尔加科夫不会漠不关心。他是著名的农学学者，以文风优雅的小说家称号而知名，就像前面已经提过的那样，他喜欢布尔加科夫的《韦涅季克托夫，或我的生活中值得纪念的事情》一书（1922 年娜塔丽娅·阿布拉莫夫娜·乌沙科娃插图版）。

第四章 危机年代（1929—1931年）

老莫斯科人谢尔盖·德米特里耶维奇·希波夫（1885—1982；据他计算，他自己"1933年2月19日至1959年7月9日，即26年3个月22天没有在自己的家乡莫斯科"）在自己的尚未发表的回忆录（他写于1971年，也就是在无比希望 A. B. 恰亚诺夫及其战友恢复名誉之前不久）中讲道："1929年开始清除农业合作社，后来也开始清除消费合作社。农业合作社联合社管理委员会所有委员都被逮捕，每人获刑10年。"全苏银行合作社联合社、农业人民委员部、供应人民委员部和交通人民委员部的许多工作人员也遭到了同样的待遇。"30年代初，镇压了几千名农学学者、教授和试验站的农业工作者，以及更多的农民和集体农庄庄员。因拒绝加入集体农庄，甚至因在田间拾麦穗，关押期限为五到八年。第一批来到卡尔村①的农学学者有400多人。"谢·德·希波夫作为经验丰富的经济学学者，被抓到卡拉干达劳改营计划处，据他掌握的资料，1933年那里有两万人。

对这些事件的反映，在 Э. Ф. 齐佩利佐的日记中可以看到，他1931年1月26日这样记道："在最近逮捕的所有破坏分子中，我对三个（我觉得最聪明、最有才能的）人——E. 塔尔列、H. B. 涅克拉索夫和恰亚诺夫特别感兴趣。首先他们都是狂热的图书爱好者。塔尔列自打从列宁格勒来就经常光顾位于库兹涅茨科耶的中央联社书店。他特喜欢普希金的作品。涅克拉索夫常买回忆录书籍。恰亚诺夫常买关于18世纪和旧

---

① 指卡尔·马克思村。——译者注

时的莫斯科的书籍。他们还都有一个特点——有魅力……我对逮捕恰亚诺夫很是吃惊。因为就在刚过去的夏天从'巨人'国营农场来时,他还热情洋溢地讲述了未来的光明前景。我记得,他对差不多拖着十个大犁铧的拖拉机的描述,让我很惊奇。他令人信服地说,在农业领域,我国三四年后就会赶超美国。突然……跟拉姆津成了一伙……无论如何,我认为,恰亚诺夫他不是复辟的部长,而是农业人民委员部部务委员会未来的委员"(日记的作者可能忘了,恰亚诺夫 1921—1923 年间已经担任过俄罗斯苏维埃联邦社会主义共和国农业人民委员部部务委员会委员)。

跟大批农业问题专家一起被捕的还有,布尔加科夫 1923 年在随笔《金色的城市》中叙述过的阿·格·多亚连科教授。

对"劳动农民党"进行审判,在策划成立该党的人那里没有得逞——莫斯科普列奇斯坚巷以及其他巷子的许多居民在劳改营和流放地有了交集。据 Н. А. 阿布拉莫娃(她对自己为其作品配插图的作者的命运很关注)说,艺术家 В. Г. 别赫捷耶夫的妻子娜塔丽娅·约瑟福夫娜·别赫捷耶娃(布尔加科夫在基辅时就认识)被捕了(他去了某个人那里,也就是某个不合适的地方),被流放到奇姆肯特——"恰亚诺夫也在那里"。

齐佩利佐在 1931 年 2 月 21 日的日记中写道:"我刚从共产主义研究院回来。对基尔雄的新剧本《粮食》的公开辩论,枯燥乏味……季纳莫夫讲的开场白苍白无力。叶尔米诺夫不错。他是个有天分、有才能、激情四射的演说家,很聪明。关于剧本本身说的不多,更多的是争论真正的无产阶级戏剧作品

第四章 危机年代（1929—1931 年）

应当是什么样子。顺便说一句，时下正火的剧作家维什涅夫斯基挨批了。最有意思的，一如既往还是会议间隙的闲谈。例如，让我完全没有想到的是，艺术剧院导演苏达科夫在与叶尔米诺夫争论时说，他同意这种观点：布尔加科夫的剧本《图尔宾一家的日子》是反动剧本。要知道，苏达科夫可就是通过改编这个剧本成名的。"这个剧本已经连续两个演出季没有搬上莫斯科艺术剧院的舞台了——布尔加科夫的其他剧本也是同样的遭遇。1931 年 2 月 23 日的日记中还写道："莫斯科从未如此痛苦，从来没有任何事情像逮捕梁赞诺夫的消息那样，给人留下如此深刻的印象，尤其是在图书爱好者和书籍爱好者中间留下了非常强烈的印象（日记的作者后来补写道：'他的功劳是，在英国弄到了自创刊号以来的全套《泰晤士报》'）。难道他也……有点不懂……"

日记的作者赶紧补充写道："我毫不隐瞒，我看到《真理报》和《消息报》同时刊登的马克西姆·高尔基的讲话，感到很振奋、很高兴。感到高兴并对布哈林、雷可夫、梁赞诺夫和瑟尔佐夫背叛并引人深思的时代产生信心。"关于这一点，拉斯科利尼克在 1931 年 2 月 6 日从雷瓦尔给高尔基的信中就提到过："我对您关于审判破坏分子的勇敢讲话，尤感高兴。"2 月 27 日的日记中记道："今天所有报纸都刊登了关于格罗曼、舍尔、伊科夫、苏哈诺夫等人的孟什维克反革命组织案的公诉书。唉！关于恰亚诺夫和涅克拉索夫，虽然他们不涉及本案，但是最悲观的推测都被证实了。这真出乎意料……我还建议涅克拉索夫 1928 年什么时候写自己的回忆录呢。原来他还没有放下武器……我再说一遍:看到非常聪明的人为了少说话,扮演非常愚蠢的角色,让人感到懊恼。"日记中的这些段落,是专门写给旁人看的——这也是时代的特征。

帕·叶·扎布卢多夫斯基回忆说:"……我在位于米亚斯尼茨街的卫生文化学院——就是现在位于基罗夫街24号的卫生宣传学院——见过米哈伊尔·阿法纳西耶维奇。顺便提几句,这座楼受保护古迹与艺术委员会的保护:里面有两三个大厅,尤其是舞厅,属于精美的艺术塑造品。学院成立于1929年,院长和奠基者是索菲娅·尼古拉耶夫娜·沃尔孔斯卡娅,她在学院内成立了卫生宣传剧院,引进了瓦赫坦戈夫剧院的一级导演和一批年轻的优秀演员。对于剧院而言,这项举措太过昂贵,于是一年半到两年后,不得不放弃了。布尔加科夫在那里扮演的角色,可以定义为文学剧目顾问。我记得他对两个剧本的评语:献给巴斯德以及他同狂犬病疫苗等发明所作的斗争。"(1987年11月29日给我本人的信)

4月19日,斯坦尼斯拉夫斯基在布尔加科夫的申请书上作了批示:"赞同,同意。我已同安·谢·布勃诺夫说过此事。他完全赞同。"布勃诺夫1929年接替卢那察尔斯基,担任教育人民委员,主管剧院工作。

布尔加科夫在经历了给他以无限希望的谈话一年后,从作家转为导演、甚至演员,那么他在这年春天经历了什么?一些文献道出了这方面的情况。就在这段时间,他开始给那个收信人写信,并附上了自己从涅克拉索夫那里摘引来的两句引言:"哦,缪斯!我们的歌唱完了……"和"我让缪斯发声。你就

第四章 危机年代（1929—1931 年）

又获得了无上幸福的时光，从自家庄稼尚未收割的地里拾麦穗"。问候了收信人之后，他接着写道："我已有一年半时间没有发声了。现在我觉得自己身患重病，想请您成为我的第一读者……"这封信就此搁笔。5 月 30 日又写了一封信。这次问候了收信人之后，在信纸右栏附上了果戈理的《作者自白》中的许多片断——大段的引言："越往后，我越想成为当代作家。但是与此同时我发现，无法在创作大部头和结构严整的著作所必需的兴致高昂和心态平静的状态下描写现实。

现实太生动、太微妙、太刺激；作家的笔不知不觉地转为写讽刺作品。

……我常常觉得，在我的一生中，我面临着作出某种巨大的自我牺牲，正是为了给我的祖国效劳，**我应当在远离它的什么地方接受教育**。

……我只是知道，我离开完全不是为了领略别国的疆土，而很可能是为了饱经沧桑，跟预感完全一样：只有在俄国之外，才可以了解俄国的价值，只有远离俄国，才会爱俄国。"紧接着开始写信："我热情地请求您跟苏联政府替我申请，让派我 1931 年 7 月 1 日到 10 月 1 日去国外休假。

我预告，我已有一年半没有发声，现在我身上增添了难以抑制的力量，产生了新的创作构思，这些构思内容宽泛和劲爆，我请求政府给我机会落实这些构思。

我从 1930 年底开始患上重度神经衰弱，并伴有恐惧症和胸闷，现在我筋疲力尽。

我心有余而力不足，完成写作所需要的任何条件都不具备。"摆在我们面前的，是继诗歌之后第二个证明布尔加科夫在著名谈话一年后身体状况的文献。他在信中明确地讲道："我得病的原因，我自己很清楚。

在苏联广阔的文学田地里①，我是唯一一匹从事文学创作的狼。有人建议我给皮毛染上颜色。馊主意。狼染不染色，剪不剪毛，总归不像鬈毛狗。

对待我，就像对待狼一样。这几年来，根据文学创作竞赛的各种规则，在扎上篱笆的院子里驱赶我。"他最喜欢的一本书——H. 列乌塔的《犬猎》提示说，看来，有用的打猎术语意味着折腾已经抓住的野兽。（科学院编的现代词典用回忆录中的一个例子解释了这个词语，说猎犬舍里"经常抓狼来'比赛'，也就是来折腾，让敏捷的小猎狗习惯于去抓狼"。）

这样的情形早在 1924 年就出现在布尔加科夫的《白卫军》里："谁要是爬上领导岗位，那么大概随便一个完全受排斥的人，在全世界的所有政权机关里都会感觉自己在众人中间就像狼在狗群里一样。是彻头彻尾的雨果笔下的小人物。"但是在信中这种情形有突出的指向。

布尔加科夫本质上不是那种受排斥的人，感觉自己像上面写的那样"在全世界的所有政权机关里"。

信中说的被追赶得筋疲力尽的狼的形象，有不祥的和某种程度挑衅的意味：对于如此尖刻的修辞手段，布尔加科夫当然认真思考过，他想让强大的收信人明白，他意识到自己的处境

---

① 这个词组用得太棒了，大概是当时公开发表的东西里独一无二的词组，而且是写给当局的话。

第四章 危机年代（1929—1931年）

就像掉进陷阱的野兽的处境一样，"已经有几年了"（在这期间他多次递交出国申请，直至1930年4月都杳无音信）。对于自己在1930年的谈话中对斯大林的建议——留在国内，去剧院工作——表示同意，他现在这样解释："野兽声明，他再也不是狼了，不是作家了。他拒绝从事自己的职业，默不作声，照直说就是缺乏毅力。

没有默不作声的作家。如果他默不作声，那他就不是真正的作家。如果真正的作家默不作声，那他会去死。我得病的原因就是，长年受迫害，以及后来默不作声。"

……就在这段时间，莫斯科文学圈里流传着曼德尔施塔姆（1931年）3月下半月写的诗，同样用了出人意料的、尖刻的狼的比喻：

> ……像捕狼的猎犬扑上我的双肩，
> 但我的血统与狼无缘……
> ……因为我的血统与狼无缘，
> 于是只有我自己的同类会将我杀害。①

假若尝试真正理解这几句诗（这未必合理），那么诗人极力回避了狼的有损尊严和可怕的命运——迟早成为狗的猎物。布尔加科夫就把自己不想陷入狼一样的处境看作是不想从事"职业""缺乏毅力"。曼德尔施塔姆在此之前还写道："我用

---

① 参看曼德尔施塔姆：《曼德尔施塔姆诗选》，杨子译，河北教育出版社2003年版，第169、170页。——译者注

孩子的眼光打量这强权的世界","我的灵魂对它没有一丁点债务"①，——说的是那个世纪的灾难性错误，因为他作为已经宣布过"对第四阶层的伟大誓言"②的诗人，不应成为捕狼犬的猎物！他早在1922年就这样表达过："而那食客，已经在即将莅临的日子的门槛上战栗"③（《时代》）——就在布尔加科夫在这个门槛上思索"……但我还会不会活着？"那一年。1931年，布尔加科夫高傲地证实了自己不同于他人的民族血统以及同别的被破坏的强国的血缘关系。对于从1926年起就掌握在别人手里、斯大林可能也读过的中篇小说《狗心》的作者来说，既固守自己与沙利科夫的不同，又坚持自己与捕狼犬的不同，是自然而然的事情。他没有为给所有"食客"准备好的"小人物"角色所累，但是也不认为可以摆脱这样的角色。

社会生活越往后，就越是这样：不同的观点从一开始就相近起来。曼德尔施塔姆1931年5月至6月初写道："……我们会像步兵战士那样死去，但不会为野兽、不会为短工、不会为谎言唱赞歌"——这完全接近布尔加科夫1931年5月30日的信的大体意思。

写信者绝望的心态，从这一点就可以看出来：他在信中认为，应当给收信人完整汇报自己自他们谈话以来一年多时间的

---

① 参看曼德尔施塔姆：《曼德尔施塔姆诗选》，杨子译，河北教育出版社2003年版，第162页。——译者注
② 同上书，第142页。——译者注
③ 同上书，第129页。——译者注

第四章 危机年代（1929—1931 年）

活动。"一年来，我做了以下工作：

尽管困难重重，我还是把尼·果戈理的长诗《死魂灵》改编为剧本；

作为莫斯科艺术剧院的导演，排演这个剧本；

作为演员，在这些排演中代替生病的演员；

被任命为莫斯科艺术剧院这一年所有活动和革命节日的导演；

在莫斯科青年工人剧场工作——从莫斯科艺术剧院的白班转为莫斯科青年工人剧场的夜班；

1931 年 3 月 15 日离开莫斯科青年工人剧场，当时感觉脑子不好使了，而且自己也给莫斯科青年工人剧场带不来什么好处；

抓卫生宣传学院剧院的排演工作（并于 7 月前完成）；

夜间开始写作；

但是筋疲力尽。"

看来，他开始写自己两年前就放弃了的关于魔鬼的长篇小说。保存下来的两本叫《长篇小说草稿》的草稿表明，他那一年也未能继续写长篇小说：就像作者在信中证实的那样，他"筋疲力尽"——可以想见，绝对不只是因为工作、包括完全跟他的志趣不同的工作（他常常在病情加重的时候承担这样的工作）太多，而且也因为那些已然属于在绝境中白白跑路性质的想法。

布尔加科夫 1931 年 5 月 30 日写道："……出了国的艺术大家严肃地警告我说，我不可能留在国外。

他们警告我说，如果政府为我打开出国的门，那我也应当慎之又慎，不要无心地关上身后的门，断了后路，遭遇比禁演我的剧本更坏的灾难。"可以看出，措词与上一封信已经有所不同。"……就此搁笔，约瑟夫·维萨里奥诺维奇，我想对您说，我的作家梦是，做您的御用文人。相信我，这不只是因为我在这上面看到最有利的机会，也因为您同我1930年4月的通话给我留下了深刻的印象。您说：'也许您确实需要出国？'这句话打动了我，一年来，我在苏联的剧院并不是出于恐惧才担任的导演。"布尔加科夫以这种方式第一次尝试扭转形势，回到已经结束的对话上，提醒自己的对话者想着自己提的问题，他想给这个问题一个不一样的、不同的答复——不，他不想出国，他对可能在国内工作没有失去希望，但是想短期出国——看看世界。

我们没有十足的把握说，这封信就是最终定稿，但是，无论如何，给这个收信人的信就是这几天寄去的——与韦列萨耶夫的通信中提到了这封信。

总之，布尔加科夫把信寄了出去，就又像一年前那样开始等待回信。回信本应不晚于两周左右——如果考虑到先例以及布尔加科夫请求从7月1日起开始休假——会来，就是说，如果同意的话，收信人可能也明白，需要一定的时间去写。

6月中旬，他收到了近年来建立了亲密友好关系的娜塔丽娅·阿列克谢耶夫娜·文克斯特恩拍来的电报，邀请他们一家去祖布佐夫（瓦祖扎河与伏尔加河的交汇地）消暑。他在6月17日给柳博芙·叶甫盖尼耶夫娜的信的附言中写道："来电收

第四章 危机年代（1929—1931年）

悉，感谢您的友情关注！一定尽量拜访您，但是不知道何时和如何成行（一直在卫生宣传剧院排剧）。如若动身，一定电告。此致！敬礼！您的友好的米·布尔加科夫"。

尽管回信的时间已经过了，但是他还抱有希望，不离开莫斯科。

他在6月29日给韦列萨耶夫的信中写道："……剧院让我彻底吃不消了。我已经不是我了。主要是《死魂灵》。除了没完没了的改编和修改，看来导演工作也没个尽头，除此之外，还要当演员（我从秋季起进入演员阵容——顺便问一句，您觉得这怎么样？）……把所有这一切都认真完成了：维肯季·维肯季耶维奇，我就病了——我实际上是不是自己绕晕了自己？如果没说错的话，学者称之为神经衰弱。这不列宁格勒来了奇迹——一家剧院跟我预约剧本。我用尽最后一点力气挺了过来，证明想象力没有枯竭。可能已经枯竭了。"

7月1日，他给娜·阿·文克斯特恩写信说："一切都取决于我手头的事情。如果一切顺利①，我尽量7月、可能是7月中旬找机会去祖布佐夫……我的计划是，独自坐在侧房里写作，享受与您的高水平文学对话。写作之外，过纯粹的生活：长袍、拖鞋、睡觉、美食……就是您的保健之友！到了之后给您讲许多有趣的和专门给您准备的故事。"

7月初，布尔加科夫同红色剧院和瓦赫坦戈夫剧院签订了协议，撰写关于未来战争题材的剧本。

---

① 此时最不顺利的事情实际上已经显而易见。

7月7日，他给在祖布佐夫的娜塔丽娅·阿列克谢耶夫娜·文克斯特恩拍电报问道："请电告，有没有为我准备单独的房间。"7月9日拍电报说："我12日过来。"

斯大林的回信，布尔加科夫没有等来：因为不能两次踏进同一条河。

他带着最终破灭的出国期望来到了伏尔加河畔——大概没有待多久。他在这里抓紧撰写剧本《亚当与夏娃》——其实是唯一有望再次搬上剧院舞台的剧本。

他在1931年7月22日给韦列萨耶夫的信中写道："我今天从休养和写作了12天的祖布佐夫城回来，收到了您7月17日写的信，倍感欣喜。"他说自己最近忙活的事情都是"不太正常的事情"，并解释说："最近忙着焦虑不安，忙着在自己完全不应当忙活的小事上折腾，忙着陷入彻底绝望，忙着遭受神经衰弱引起的各种恐惧，忙着进行各种无助的尝试。我的翅膀断了。"8月25日和26日继续写这封信时，布尔加科夫解释了自己处于目前的状态的原因。这个原因就根源于一年多前的通话及其结果——确切些说，根源于没有得到他从一开始就信心满满地等待的结果。

"我遭遇了令人痛苦的灾难，"布尔加科夫用如此激烈的言辞定义自己最近一年的心情，"这就是我没有同总书记谈话。这糟糕透顶和彻底完蛋了。我特想哪怕是短期看看其他国家。我赞同这种想法，并且带着这种想法入睡。

一年来我绞尽脑汁，使劲想发生了什么？因为我听到他的话时没有产生幻觉？因为他说了这样一句话：'……也许您确实需要出国……'

第四章　危机年代（1929—1931 年）

他说了这样的话！那发生了什么？要知道，他想接见我……"

在这封信中，斯大林的话还有一个布尔加科夫记录的版本（他在 1931 年致斯大林的信中这样复述道："……您确实需要出国……"）

叶·谢·布尔加科娃后来还说了这句话的另两个版本——在 1956 年的日记中（"也许您真的请求出国？"）和在记录的打印稿中。

这或许表明，这句能够在通话时引起布尔加科夫的注意，成了他接下来几年痛苦思索的根源和无休止解读的对象的话，他没有逐字逐句记下来。

其次，韦列萨耶夫的信中透露出的极为重要的内容是，在布尔加科夫去世 25 年后成了决定他的官方地位关键语句的、他本人的回答（"我最近对俄国作家能不能在国外生活这个问题思考了很多。我觉得不能"），一年后布尔加科夫就觉得完全不是"禁忌话题"。这就是说，这句话绝对不像叶莲娜·谢尔盖耶夫娜 1956 年记录下来的那样极其明确肯定和经过推敲。应当认为，这是在"胆怯时的迷糊"突然袭来时慌乱之下说的有些自相矛盾的话（顺便说一句，帕·谢·波波夫 1932 年的信中的这些语句，我们推测是对 1930 年通话情景的描述）。这些语句并没有排除在狡猾地承诺布尔加科夫进行新的谈话中讨论同样的话题的可能性。

韦列萨耶夫 8 月 12 日给布尔加科夫写信说：

"来信收悉——不是从您的话语中，而是从信的本身就感到，您病得很重，心灰意冷。我毫不怀疑，您内心极度沮丧的原因之一，就是放弃写作。"

说的是什么样的放弃？看来首先是指长篇小说——就是说，没有内心的强迫。他这次对剧本的态度就像对待没有心理准备就完成定做的东西一样，于是力所不及地写了剧本。

韦列萨耶夫劝他写作，不要受既定形势的影响，甚至以自己为例："我现在根据自己的需要伏案写作。我写了两年长篇小说，最困难的时候，有一年半住在工厂，这不今年春天完全弄清楚了，长篇小说马上就要付印了……什么也不用想了。冒出来一个问题：那么为了什么而写作呢？但是我摆脱了这个问题——这不整个夏天陶醉于写作当中，获得了极大的满足……"

这年夏天，他未必能够彻底理解布尔加科夫的心态——他已经找到了某些自己可以接受的、同现实平衡的生活和工作方式，并呼吁布尔加科夫也这样做："你继续认为，出国休养的期望是太过疯狂的期望。没错，就这么想——'谁信呢？'……我以为，那里的推理是：'写了，说在贫困中死去，说甚至准备做适合演习的木工——这不，安排了，几乎拿着党员最高月工资。而至于其他所有方面——对不起！'"[1]

---

[1] 鲍·列·列昂季耶夫的回忆，可以当作对韦列萨耶夫这封信的评注——"例如，他整个冬天都去了位于博戈罗茨科耶的莫斯科'勇士'胶皮套鞋厂。他离开舒适的家，脱离习惯了的方便条件，在拥挤的工人公寓租了个斗室。被'雇佣为'工厂的保健医生……不过一年后他写的关于两个女共青团员的书——《姐妹》（载于1965年10月8日《俄国文学》杂志）面世了。"

第四章　危机年代（1929—1931 年）

六

这年夏天，叶·伊·扎米亚京来到了莫斯科。1929—1930 年的变故后，他也处于跟布尔加科夫一年前差不多的处境（现在似乎又接近于这种处境）；扎米亚京早在 1929 年 7 月 15 日就给布尔加科夫写信说："正如您所知——我再也不写剧本了"，一年后，也就是在 1930 年 10 月 25 日，他嘲讽说："给您——导演和戏剧大师——派去年轻的女剧作家……"（用这样的词语评价布尔加科夫在写了三个月的信之后获得的从事导演工作和改编剧本工作的机会；他自己在那封信上批注道："原来是作家，现在是列宁格勒船舶制造学院副教授"）。1931 年夏，扎米亚京像一年前的布尔加科夫一样，考虑好迈出决定性的步伐。

扎米亚京又向高尔基（他从 6 月起待在莫斯科）求助，1931 年 6 月 3 日给在列宁格勒的妻子写信说："克留奇科夫保证说，就是时间问题。后天我可能去老头的乡间别墅——他好多了"；14 日他去了高尔基那里，16 日告诉柳德米拉·尼古拉耶夫娜说："去的都是自己人，还有亚历山大·尼古拉耶维奇[①]"，高尔基"很客气"，"开始忙碌地张罗，今天或者明天我的信交到'本人手里'"；重要补充：高尔基"要我想想"，第二天又"让我再想想"。扎米亚京说："同米哈伊尔·阿法纳

[①] 吉洪诺夫。

西耶维奇暂时只是通了电话；可能明天才能见面"。6月29日，扎米亚京没有等到自己的事情得到解决，本打算回家，回列宁格勒，但是高尔基的秘书 П. 克留奇科夫拦住了他，承诺说马上会有消息。他就这样在莫斯科度过了几乎整个夏天，7月9日给妻子写信说："如果再耽搁，那您当然要过来：找住处不难，哪怕是住在米哈伊尔·阿法纳西耶维奇那里，或者瓦赫坦戈夫那里。"

那年夏天他同布尔加科夫一次面也没有见。

谢·A. 叶尔莫林斯基记得：他们三人去文化公园，专门在没有证人的情况下讨论过布尔加科夫1930年写的信（扎米亚京可能此时才看了这封信）。扎米亚京当然知道第二封信，但是据叶尔莫林斯基记得，当时讨论的是第一封信。"您犯错了——因此您被拒绝了，"扎米亚京说，"您的信布局不对——一上来就对革命和进化、讽刺作品大加议论！……其实应当清楚明白地写，说您请求放您出国——完了！不，我写的信是对的！"但是区别在于，不管是写信时，还是这年夏天，布尔加科夫同扎米亚京的目的和愿望可能完全不同。但是，应当认为，扎米亚京在高尔基的协助下很快收到肯定答复，令人惊讶。

扎米亚京考虑到他自己认为布尔加科夫"犯错了"。他写的信口气坚决，诉求明确。

他请求允许他"暂时出国，哪怕是一年也行——以便一旦可以在文学领域为大思想服务而不用讨好小人物，一旦哪怕部分地改变对语言艺术家角色的看法，我就可以回国。我相信，

第四章　危机年代（1929—1931年）

这个时候即将到来，因为成功创造物质基础之后，紧接着就会不可避免地出现建设真正配得上革命的上层建筑——艺术和文学的问题……我自己请求出国，我可以以更为普通、虽然也很严肃的理由为由……所有这些理由都成立；但是我不想隐瞒，我请求允许我同妻子一起出国的主要原因是，我作为我国作家走投无路的处境、我作为我国作家被判处的死刑。您对找过您的其他作家的特别关注，让我有了期望，期望我的请求也会得到尊重"（结尾可能不仅是指前不久允许出国的皮利尼亚克，而且也是指同布尔加科夫的通话）。

剧本《亚当与夏娃》手稿于8月22日完成；就在那几周，布尔加科夫同列宁格勒话剧院签订了协议，把列·托尔斯泰的《战争与和平》改编为剧本。应当想见，整整一年后，他又重操改编剧本事业——尽管是他的伟大导师之一的长篇小说——这个事实，不可能对布尔加科夫本人没有影响。

8月30日，布尔加科夫给斯坦尼斯拉夫斯基写信解释说："我收到了一家剧院写关于未来战争的剧本的建议"，"刚性需求逼迫我提供"剧本给瓦赫坦戈夫剧院，说在目前这种情况下，对他非常重要的是，协议中没有一旦禁演返还预付金的条款——莫斯科艺术剧院协议中的必然条款（"我始终处于被禁演的威胁之中。不可思议的条款！"）。"我的身体状况不允许我等到秋季"，他会写并且拿出自己的剧本——"只要你们愿意把它纳入剧院的计划"。"我再说一遍：刚性需求现在支配着我的协议。"

1931年初秋，布尔加科夫为红色剧院管理层朗诵了《亚当与夏娃》，剧本立即就被他们否决了——虽说也很难为情。

大概就在这个时候，瓦赫坦戈夫剧院举办了剧本朗诵活动——据 Л. Е. 别洛泽尔斯卡娅回忆，空军司令阿尔克斯尼斯出席了，"他说，这个剧本不能上演，因为作战中列宁格勒被毁了"。这事也就到此为止了。

1931年整个夏天布尔加科夫都在写《被奴役的伪君子》的脚本，9月30日他把它寄给了高尔基，并附了如下一封信："敬爱的阿列克谢·马克西姆维奇！随信给您寄上我写的一个剧本《莫里哀》以及我根据中央剧目审核总委员会的建议所作的修改。其中，建议用别的名字换掉《被奴役的伪君子》这个名字。尊敬您的米·布尔加科夫"。就像后来看到的那样，改名（中央剧目审核总委员会提出这样的建议，本身就是令人怀疑的事实——委员会似乎要保护被名字揭穿的伪君子？）让剧本的命运一波三折。

信的内容表明，不管怎么说，还是同高尔基达成了初步协议——总之是他这年秋天对剧本命运的积极参与。果不其然——1931年10月3日，等待了很久的上演批准来了：就在似乎没有什么指望的时候，露出了一点曙光。这样的命运起伏在接下来的几年似乎成了布尔加科夫的家常便饭。

10月6日，布尔加科夫给列宁格勒国家大剧院写信，给该剧院推荐获批的《莫里哀》。12日，他在给他送来的协议上签了字。

9月下旬，布尔加科夫突然收到列宁格勒的帕·谢·波波夫的来信，自从后者1930年秋被捕以来，可能一直就没有关

第四章　危机年代（1929—1931年）

于他的下落的消息。

波波夫写道，他在列宁格勒（"被限制居住在一个主要城市的人"——这是可能决定他的命运的因素中最容易办到的因素，他的妻子凭她爷爷的大名才见到他），研读了22本"至今没有发表的"普希金诗集。"这里的人不爱看话剧，"他接着写道，"我们想去歌剧院。亚历山德林卡每周都上演什么《恐惧》①，而且据说是真正的恐怖。列宁格勒是真正的城市：同莫斯科的小街小巷相比，这里有股强大的和充实的劲儿。居民很有激情。很难相信，仅9月一个月，这里就迁来了八万人。我们卷进了潮流。② 科利亚③还好吗？在干什么呢？——我左等右等，但是没有得到他的消息。"1929—1931年间散落在各个城市和村庄的莫斯科知识分子就这样传递消息。布尔加科夫赶紧回信说："9月24日才收到您的来信，倍感欣喜。"并立即出主意说："如果您手头拮据，请您电告我"。

波波夫的信写在左上角带有金色和白色花纹的奢华的绿色厚牛皮纸上（在保存于普希金故居的贵族家庭的档案材料中，很容易就找到这种干净的、一直保留下来没有用的纸），这使得布尔加科夫在信中写了下面几句话："您用写信的纸摧残我。多棒的纸啊！这就让您看看我不得不用什么样的纸给您回信！而且还是用铅笔写的。我的墨水完全不能忍受。最近得抓紧应

---

① A. H. 阿菲诺格诺夫的剧本。
② 他让布尔加科夫明白，列宁格勒有如此之多的被驱逐出来的莫斯科人；三年后，他们中的许多人将要动身踏上更远的征程。
③ 尼·尼·梁明。

付安娜·伊利尼施娜的天才的爷爷①……我打算利用在莫斯科艺术剧院的喘息之机。昨天去列宁格勒,但是收到了一张明信片,让我明天去趟军事人民委员部。我觉得,这是让我复查……科利亚过得很不错(意思是说,梁明一家就在原地,在莫斯科);我的《莫里哀》获得了代号'Б'(准许在各地上演)。"

"亲爱的叶甫盖尼·伊万诺维奇,"他在同一天给扎米亚京写信说,"这是什么风气——不给老熟人写信?您什么时候去国外?我听说,您10月底或11月初要来莫斯科。回信写上——什么时候?我的剧院事业召唤我去列宁格勒,我已完全做好准备,但是,您也知道,除了列宁格勒的事业,还有莫斯科的事业,所以我把行程推迟到11月了。我们以后再见,这种耽搁会产生严重后果——因为布尔加科夫不在列宁格勒,会影响11月上半月发生的事件的开展。"他接着写道,"总之,尽快写信告知,什么时候光顾莫斯科和住哪里。我的《莫里哀》获批了。先只在莫斯科和列宁格勒上演,然后在各地上演(代号'Б')。这是个好消息。向知名旅行家柳德米拉·尼古拉耶夫娜致以问候!"布尔加科夫再次强调说,让扎米亚京一定告知自己的行程,以这样几句话收笔:"我作为一个外省人,很乐意欣赏旅行者的烟斗和行李箱!"玩笑话对写信者和收信人而言,都意味深长。

扎米亚京在10月28日的回信中写道:"总之,三个

---

① 一个月之前开始改编《战争与和平》,但是后来搁置了。

第四章 危机年代（1929—1931年）

'M'——米哈伊尔、马克西姆和莫里哀万岁！可见，您加入剧作家行列，而我加入终身流浪者行列。"

这些话道出了分岔口，保持着五六年友谊的作家们的文学和生活在这里分道扬镳，正如他们两人可能很有把握地预言的那样——永远分别了。无论如何，关于终身流浪者的话，不是把扎米亚京就是把布尔加科夫引入没有排演的《逃亡》的主人公恰尔诺塔的对白中，他在剧本的结尾留在君士坦丁堡，同返回俄国的戈卢布科夫和科尔祖希娜道别时说："总之，我们的道路岔开了，命运让我们分开。有人走上死路，有人去了彼得堡，我去哪里？我现在是谁？我从现在起是终身漂泊流浪的人！我是终身流浪者。我是终身漂流的船长！我是狗东西！"

"亲爱的终身流浪者！"布尔加科夫在10月31日给扎米亚京的信中抬头这样写道。"唉，莫斯科的三个'M'只剩两个了——米哈伊尔和莫里哀"（高尔基此前早就在索伦托了）。半年后他在信中用了同样的抬头。

扎米亚京就在这封信中告知了行期："我的远行可能开始于11月14日。我应当4号或5号抵达莫斯科……"扎米亚京确实在11月底之前就出发了；他们在莫斯科无疑见面和道别了。

11月到12月时，布尔加科夫还信心满满地以为，他会像扎米亚京写的那样，加入剧作家行列——就是说，他以为剧本《莫里哀》的命运会一帆风顺。他在12月25日给高尔基的信中写道："我的《莫里哀》获批上演——先只在莫斯科和列宁格勒上演，然后按照代号'Б'在各地进行演出。

我深知您对剧本的好评对于剧本获批上演所起的重大作用，衷心感谢您。我收到批文，同意我把剧本寄往柏林费舍尔出版社（我通常同这家出版社签订在国外保护和上演我的剧本的协议）。"（高尔基不久就把自己对剧本的评价寄给了出版社。）

12月22日，布尔加科夫重新开始改编《战争与和平》，12月31日，他给上个月参与了《死魂灵》排演的斯坦尼斯拉夫斯基写了一封欣喜若狂的信："写这封拉关系的信的目的是，表达我这些天的所有喜悦之情。我亲眼看到了您三个小时就把已经完全停止动作、死气沉沉的衔接剧幕变得充满活力。剧作魔法是存在的！……"

总之，至少将有两场上演——《莫里哀》在列宁格勒上演，《死魂灵》在莫斯科艺术剧院上演。布尔加科夫答应给巴金斯基剧院提供剧本《亚当和夏娃》——因为这个剧本不管怎么说未被禁演，各个剧院在获批之前就拒演了。

但是，接下来的一年立即带来惊喜——有愉快的惊喜，也有苦恼的惊喜。这一年，不管是在布尔加科夫的私人生活中还是在他的文学生活中，都是转折性的一年。从1932年秋天起，某种单一的、已经不变的志向在他的命运中较之于以往开始明确起来。

七

若干年后被刻画为《剧院情史》中的菲利普·菲利波维奇

第四章 危机年代（1929—1931 年）

的费奥多尔·尼古拉耶维奇·米哈利斯基，20 世纪 60 年代回忆起 1932 年 1 月中旬的事件时这样说道：

"我清楚地记得那一天，康·谢·斯坦尼斯拉夫斯基的办公室响起了大剧院和艺术剧院领导委员会委员阿·萨·叶努基泽打来的电话铃声，询问说：'剧院能不能大约在一个月之内复演《图尔宾一家的日子》。''能，能，当然！'管理层、导演委员会和演出部工作人员都被召集起来，立即启动了复演该剧的工作。

我立即给米哈伊尔·阿法纳西耶维奇打电话，让他赶紧回来。沉默几秒后我听到一个压低的、震惊的声音回话说：'费奥多尔·尼古拉耶维奇，您可不可以马上到我这里来一下。'

……我赶到了皮罗戈夫街，走进第一间屋子。米哈伊尔·阿法纳西耶维奇半躺在沙发上，脚泡在热水里，头上和心口敷着冷压布。'嗯，快说说，快说说。'我一连讲了好几遍阿·萨·叶努基泽打来的电话和剧院的节日气氛。米哈伊尔·阿法纳西耶维奇抑制住自己激动的心情，站了起来，因为要做些什么。'我们走，我们走！'于是我们出发去作家协会，去版权局，最后来到艺术剧院。这里迎接他的是祝贺、友好拥抱和溢美之词。

从这一刻起，《图尔宾一家的日子》很长一段时间成为剧院的保留剧目，列入去列宁格勒和基辅（米哈伊尔·阿法纳西耶维奇不止一次从这里来看望我们）巡回演出的剧目。我在列宁格勒各个文化宫，在我们大家居住的'阿斯托里亚'，在基辅'洲际'饭店内部花园的晚间聚会上，听到他欢快的、嘲弄的声音……"但是离听到欢快的声音还很遥远。就像米哈利斯基本人所说的那样,眼下脚还泡在热水里,心口还敷着冷压布。持证医生可以很好地想象到,在这种情况下应当采取什么措施。"你们已经知道了?"他在1月25日给帕·谢·波波夫的信中问道,"已经传到了你们列宁格勒和佳尔列沃了?没有吗?是这样的:1月15日剧院给我打来电话通知说,《图尔宾一家的日子》马上复演。我痛苦地承认:通知击溃了我。我的身体顶不住了。我猛一高兴,马上就痛苦了,心啊,我的心啊!"读着这封包含这个通知的信,从一开头就看出它的口吻十分凄凉:"亲爱的帕维尔·谢尔盖耶维奇!终于有时间给您的上一封信写回信了。失眠现在是我的忠实女友,它来帮忙,转动笔头……对,亲爱的朋友,您问拿什么下酒?……"帕·谢·波波夫在1931年12月28日的回信中写道:"亲爱的米哈伊尔·阿法纳西耶维奇!对不起,显然是您的错。① 您没有想过拿什么下酒。没有什么比腌香甜的脆黄瓜更好的了。您会说蘑菇最好,您错了。黄瓜是从莫斯科运来的。② 但是已经开始**蔫了**。我希望您理解,蔫了就放不住了。就像前面说过的那样,黄瓜应当香、**脆**。您会说火腿。火腿不错。没错——火腿很快就会熏制好。我们的女主人——我的老太太在巴甫洛夫斯克的熏制作坊就把这一切都弄好了。而且火腿拌黄瓜棒极了。所以赶紧过来。"信的布局本身就是创作邀请,在某种程度上

---

① 暗指没有兑现11月就来列宁格勒的承诺。
② 没人对帕·谢·波波夫的妻子安娜·伊利尼施娜·托尔斯塔娅运黄瓜加以阻挠。

第四章　危机年代（1929—1931 年）

确定了回信的布局，推动了 1932 年 1—4 月的所有通信。

因此，布尔加科夫语气坚决地回复道："用火腿，但是这还不够。应当在黄昏时分坐在好用的老物件中间的破旧沙发上小酌。狗应当卧在桌边的地板上，听不到电车声。此刻是凌晨 5 点，电车已经在吵闹，从停车场开往四面八方。我这该死的住处在发抖。不过，我不会抱怨，否则夏天时什么好就失去什么——合同要到期了。

……我的坑里①住着一伙可恶的家伙：支气管炎患者、风湿病患者、患神经衰弱的黑人小娘们。他们不可能搬走。别妄想！我自己应当搬走，远离他们。

去哪里？

帕维尔·谢尔盖耶维奇，去哪里？

可是，我以为，这样的信给您带不来乐趣，我换个话题。"只是说到这里他才告诉收信人九天前的事情——剧院打来的关于《图尔宾一家的日子》的电话。

这封信明显证明，他的住处在发抖。

在这几个月接下来的每一封信中都会感觉到推动力。家庭生活没法过了。柳博芙·叶甫盖尼耶夫娜先是迷上了骑马，后来又迷上了汽车，家里来了一些对他没用的人。电话挂在他的写字台上面，妻子一直兴高采烈地同女友煲电话粥。叶莲娜·谢尔盖耶夫娜 1969 年根据布尔加科夫的口述给我们转述了一个听着很逼真的场景："有一次他对她说：'柳芭，这样不行，

---

① 房子是半地下室。

我在写作呢!'可她漫不经心地回答说:'没事,你不是陀思妥耶夫斯基!'"叶莲娜·谢尔盖耶夫娜说:"他给我讲到这个时,脸色煞白。为此,他永远不会原谅柳芭。"那几年总去位于皮罗戈夫街的布尔加科夫家的玛丽卡·阿尔捷米耶夫娜·奇米施基安1969年11月26日讲:"有一次我去他家(柳芭没在家),我看见米哈伊尔·阿法纳西耶维奇身穿长袍,头戴尖顶帽,手持煤油炉,在墙边的地板上匍匐爬行——这是他在烤干屋子,他总觉得屋子潮湿。他很是难堪,让我不要跟别人说。"这样的事一定会在柳博芙·叶甫盖尼耶夫娜的伙伴中间引起爆笑,而这样的乐子让他很腻烦。妻子喜欢玩骗人的把戏——他自己也早就对此不陌生了,但是现在这一切有点不合时宜。我们继续听玛丽卡·阿尔捷米耶夫娜的讲述:"有一次家庭女工打开门,边往回跑边说:'柳博芙·叶甫盖尼耶夫娜,怎么办?彼得·伊万诺维奇光着脚来了!'"这说的是佩佳·瓦西里耶夫(柳芭莎叫他佩佳尼亚)直接在鞋上套着光脚穿的大号混凝纸浆草鞋……"柳芭跟我说:'快躺到我床上,玛卡快来了!'我躺下了,她用毛毯把我盖上,毛毯下面竖起光脚穿的大号草鞋。这时米哈伊尔·阿法纳西耶维奇不知从哪里回来了,打问家里情况如何。一切都好,就是玛丽卡出了点事——脚肿了。他去了柳芭的房间,看到了我的脚……然后他当然大骂了我们一通……"可见,他压根受不了"医学"玩笑——多年没有消失的医生责任感瞬间再现,影响了对场景的估计。

由于可以理解的原因,可以对这个故事以及其他细小但重要的细节不偏不倚的准确性表示怀疑。(叶莲娜·谢尔盖耶夫

第四章　危机年代（1929—1931年）

娜说，他喜欢新沏好的茶。他把杯子递过来，问"能不能沏点茶？"）。女主人给家庭女工使个眼色，家庭女工便保证说："我刚刚沏好的！"但是这些证明在柳博芙·叶甫盖尼耶夫娜女友的讲述中得到证实，皮罗戈夫街家中的日子好像确实也是在这句话——"你不是陀思妥耶夫斯基！"——传递的信号下过的。女主人本身就是个活跃、独特的人；她有自己的利益、自己的朋友圈子，朋友们都喜欢她。我们不去评判她对自己身边人的才华评价高不高。不管怎么说，布尔加科夫的生活本来就不是她关注的焦点。

其实，给予合理解释的任何尝试都毫无意义。一切可爱和美好，一转眼就会变得不可爱和让人厌恶。住处同生活本身一起在发抖。

应当说，有需要反思的地方。

总之，《图尔宾一家的日子》立即复演了。

但是等待好像有点过于漫长（"心啊，我的心啊！"）。莫斯科艺术剧院的人好像没有欣喜激动地给他转达似乎不得而知的问题：为什么好久没有在舞台上看到《图尔宾一家的日子》？——之后紧接着就是立刻复演，他自己清楚地记得，也可以通过信的复制件核实，他1930年3月就在给政府的信中告知说，他的所有剧本被撤演。可以想象，他从那年春天起就十分紧张地等待哪怕是其中一个剧本重新登上舞台。批复大概在他也等烦了的时候来了——这就是他被批复"击溃"的原因。

1月29—30日，布尔加科夫幽默地描述了剧本复演之前出现的"神秘征兆":家庭女工走了进来,"口气坚决、先知先决地宣布'您的图尔宾剧本要上演了。您要赚大钱了。'"宣布完这个消息之后,她还说了"三个坏消息"。第一个坏消息"是这么说的:'祝贺您。您现在发财了!'""说一次无所谓,说两次无所谓。但是说给一百个人听就让人郁闷了。我们毕竟都是凡夫俗子!这是什么祝贺方式!""第二个坏消息是:如果我拿不到首演的票,我会气死的。"第三个坏消息是:"莫斯科的普通人特想知道:'这意味着什么?'他们用这个问题残忍地折磨我。他们找到了源头!"这段对当时的风气的精彩描写,在波波夫接下来的书信中得到回应。2月28日他加入文学游戏,从家庭女工谈起,巧妙地回应了信中所有主题,顺便报告了自己的现状:"我们离了女仆压根没法过活(女主人给我们做饭),更何况,不管是图尔宾剧本还是非图尔宾剧本,都救不了我们。我只是早上才抽水,只有一次吃尽了苦头。① 其实,我们也离不开克里姆林宫,谁'恢复'②,谁'该回莫斯科了'③。可以是可以,只是不想。我已经不是莫斯科人了,我眼前的彼得堡已经不是只在荧幕上变换的一丝不动的城市,看一看就走开了。它对我而言是过日子的地方。我眼前是各种变迁。我已经在它的'历史'中了。要知道这是这样一个时代:在郊外增设了戈罗霍沃站,取消了莫扎伊站,喀山大教堂过去

---

① 对不久前,也就是搬到列宁格勒之前发生的戏剧性波折的回忆。
② 指关于复演《图尔宾一家的日子》的指示。
③ 安·伊·托尔斯塔娅操心的事——就像她对朋友幽默地解释的那样"只好挂在老爷爷的胡子上"——这段时间圆满结束。

第四章 危机年代（1929—1931 年）

有座圣像，现在是科学院博物馆，里面甚至连一窍不通的人都减少了，没有什么'阿斯托里亚'饭店，有的只是这样的'阿斯托里亚'：跳狐步舞，弗兰格尔男爵本人正如其他人以为的那样，压根哪里都没有去，而且重点是，他穿着燕尾服在小桌子间穿梭。总之，我在另一个城市'过日子'，赫尔岑街把涅瓦大街和伊萨基耶夫广场连为一体，这里的大学没有什么依靠①，在瓦西里岛上。看来您已经忘了，弗拉基米尔山和我们的波多尔的大学只剩下穿着女式裙子了？"——对位于弗拉基米尔山上和《白卫军》中描写过的城市低地波多尔的基辅大学的回忆。他提到的列宁格勒当时的名胜古迹之一，从 T. A. 阿克萨科娃-西韦尔斯对 1931—1932 年的列宁格勒以及自己光顾"阿斯托里亚"饭店的回忆中弄清楚了——"只是为了吃到上好的蛋糕。后来我找到了弄来这些'外带'蛋糕的方法，得益于我结识了这家饭店的餐厅主任尼古拉·普拉托诺维奇·弗兰格尔男爵，他是个长相中看的中年人，一辈子都在外交部供职。弗兰格尔老头饿了的时候，接受了这份名不符实的差事，这也引起了一系列匪夷所思的状况。在上述时间，'阿斯托里亚'饭店已经从工人食堂变成了面向外国高官的上等饭店。唯一能够同他们对话的人，往往是餐厅主任弗兰格尔。客人们一刻都不让他离开，见到他非常高兴，一位什么东方王子不带他，明确拒绝前往观看马林斯基剧院的庆祝演出。于是，在政府的包厢里，王子及其侍从身旁坐着身着燕尾服、举止得体的

---

① 就是说，与莫斯科不同，这里的大学教学楼侧面临着赫尔岑街。

饭店里来的餐厅主任……"也就在这封信中，波波夫对布尔加科夫的信中列举的"三个坏消息"一一作了回应："这里马克思主义者比莫斯科少，因此我也就没有考虑图尔宾剧本的经济原理；首演没有看成，所以没有机会在米哈利斯基面前混个眼熟了，再次，甚至没有想过'这意味着什么'？并且提示艾兴包姆①说，您……同任何人都不交好，这只不过是电话交谈，再说您也没有搞清楚谁在说话，而且写信和电话交谈都发生在复活节眼看来临时，要知道这样的节日人都跑完了。艾兴包姆喝了口酒，吃了口菜，信了，不再引用'刚刚'从莫斯科来的斯洛尼姆斯基的作品。我也'刚刚'打算回莫斯科——也是因为这个理由！"

这个时期，波波夫因此已经扮演了布尔加科夫专家的角色——他驳斥了我们看到的在莫斯科和列宁格勒文学界产生（并流传至今）的关于布尔加科夫同斯大林的"友谊"的传言。总的来说，传闻、"莫斯科传言"现象让布尔加科夫感觉不到寂寞；应当认为，这些传言也推动他后来创作了一系列关于这种友谊的口口相传的搞笑故事。

对于莫斯科人的疑问，布尔加科夫在给波波夫的那封长信中这样回复道：

"我知道。

1932年1月中旬，由于我不清楚的原因，而且我又不能搞清楚，苏联政府通过莫斯科剧院下达了著名的指示：复演剧本

---

① 文学研究家 Б. М. 艾兴包姆这个时期通过编纂托尔斯泰全集工作同波波夫建立了联系。

第四章 危机年代（1929—1931 年）

《图尔宾一家的日子》。

对于这个剧本的作者而言，这意味着，给他（作者）还回他的部分生命。仅此而已。"

在布尔加科夫自己对"这意味着什么"的解释中，既没有书信文体的优美（虽然给波波夫的信的布局显然经过深思熟虑），也不想（而且还受通信条件所限）隐瞒自己的真实想法。可能已经想对自己现在已几乎两年的痛苦思考下个结论。

莫斯科艺术剧院的人和叶莲娜·谢尔盖耶夫娜本人后来说，事情好像是这样的，1932 年 1 月斯大林去莫斯科艺术剧院观看《热心肠》，关心地询问，为什么好久没有在舞台上看到《图尔宾一家的日子》。管理层中有人（大概是涅米罗维奇—丹琴科）说不下去了，设法用方便交谈的话给他解释了形势，好像说了类似干扰之类的话。第二天阿·萨·叶努基泽就打来了电话。

这给布尔加科夫解释了什么？我们认为，没有解释。他清楚地记得，而且可以通过书信复制件核实，1930 年的信中清楚地告知，他的**所有**剧本被撤演。不管是那一年还是第二年，收信人对此没有采取任何行动。可以想象，整个这段时期作家多么焦急地等待哪怕是自己的一个剧本重返舞台。批复恐怕恰恰是在他也不等了的时候来的：这就是"通知击溃了我"的原因。批复早不来晚不来，恰恰过了一年半之后才来的原因，不仅布尔加科夫不清楚，而且我们以为，经过痛苦思考之后，被他归为去辩解也毫无意义的一类事情。

2 月 11 日，第一次试演《图尔宾一家的日子》，2 月 18

日，首演。布尔加科夫给波波夫描述说："从特维尔街到剧院站着一些男的，压低声音机械地问说：'有没有多余的票？'德米特里教堂这一侧也是这样的景象。我没有进演出大厅，我在后台。演员们焦虑不安，这让我很受感染。我开始不断地换座位，人都走光了……当激动不已的彼得留拉分子开始驱赶尼科尔卡，助手在我的耳边用左轮手枪开枪，我这才瞬间清醒过来。四周很宽敞，出现了一架钢琴，小男孩用男中音唱起了婚礼歌。"

这里顺便提一下，信是4月24日写的，首演是事后描写的——已经带着布尔加科夫经历了过去几个月发生的事情之后深深郁闷的心情。这加重了随后的描写的苦楚。

"这时出现了美女模样的信使。我最近耗尽了最后一点能力，过得非常困难。提前知道人要我干什么的能力适合我。神经罩已经彻底坏了，同我的狗打交道教会我始终要保持警惕。

总之，我知道会对我说什么，差劲的是，我知道不会对我说任何新鲜事。不会有任何出乎意料的事，一切都一目了然。

我看一眼绷紧的笑口就知道，让我不要出去……

信使说，K.C.打过电话，问我在哪里，感觉如何？……

我请转达谢意——说我感觉很好，在后台，不出去谢幕。

哦，信使多么得喜气洋洋！说，K.C.认为这是个聪明的决定。

这个决定没有特别聪明之处。这是个非常普通的决定。我一不想鞠躬，二不想谢幕，总之我什么也不想做，除了看在基督的分上让我安静，让我可以洗热水澡，不要每天想着，6月

第四章 危机年代（1929—1931 年）

份租房合同结束时我的狗怎么办。

总之，我不想作任何决定。

谢幕谢了 20 次。然后演员们和熟人用这样的问题折磨我——为什么不出来？这算什么抗议？可见：出去是抗议，不出去也是抗议。不知道，不知道怎么办。再叙。您的米哈伊尔。向安娜·伊利尼施娜问好。"

这两个月发生了什么？正如常言道，刚开始万事顺利，在热火朝天地排演被复演的戏剧的浪潮中，布尔加科夫从秋天开始完成了搁置的工作——改编《战争与和平》。2 月 27 日，他把剧本寄去了列宁格勒（协议 3 月 1 日到期）。3 月 13 日，他给弟弟尼古拉写信说："我改编完了《战争与和平》，如释重负。" 3 月 14 日，（列宁格勒）大剧院通知他说，不接受剧本《莫里哀》，并解除协议。

总的看来，这个通知像晴天霹雳一样击溃了作者。

布尔加科夫好几天一直在设法收集信息，想知道是怎么回事。3 月 19 日他伏案提笔，给帕·谢·波波夫写了一封信。"亲爱的帕维尔·谢尔盖耶维奇！

我把信分成几章来写。

否则我会前言不搭后语。

第一章　背后一刀

列宁格勒大剧院给我寄来通知说，艺术政策委员会不接受我的剧本《莫里哀》。剧院免除我的协议责任。

1. 中央剧目审核总委员会代号为'Б'的剧本，肯定准许演出。

2. 剧院支付给作者稿费获得演出权。

3. 剧本已经开写。这是怎么一回事啊？首先，这对我打击太大，我不会继续写了。太难受，太熬人了。为福马角（大约）4月份首演我已经赌上了一切。计划破产了。夏天一晃而过……总之，能说什么。这对我是真正的打击，我只跟您一人说，不要告诉任何人，不要让人拿此做文章，不要给我招致后续的伤害。

其次，这意味着，其他所有剧本上中央剧目审核总委员会的签署都有效，唯独我的剧本上的签署令我惊奇地无效。

我乐意地声明，这次我对国家机关没有任何意见。签署这不就有。以监督机关为代表的国家没有撤演剧本。国家对剧院撤演剧本不负责任。

到底是谁撤演的？剧院吗？哪能呢！剧院为此支付了1200卢布，并且多次打发管理人员到莫斯科同我签订的协议啊？

最终消息从列宁格勒突然传来。似乎剧本不是国家机关撤演的。毙掉《莫里哀》的是完全出乎意料之人！杀死《莫里哀》的是一个人，一个不负责、不从政、简单低调的人，从各种看法来看，完全不是从政的人。这个人的职业是剧作家。他去过剧院，大受惊吓，就拿掉了剧本。

最初告诉我来了剧作家时，我笑了。但是我马上就不笑了。唉，没有疑问。什么人都通知。这是怎么回事啊？！

是这么回事：在福马角，在光天化日之下，我被人当着一片沉寂的观众的面从背后捅了一刀。不过剧院可以作证，他喊道'警卫员'，但是没人跑过来帮忙。

第四章　危机年代（1929—1931 年）

不能怀疑他喊了没有，他是小声喊的。他应该拿起电话打给莫斯科哪怕是打给教育人民委员部。

立刻有两三个同情的面孔凑到我身边。他们看着，公民倒在血泊中。他们说：'喊出来！'我觉得躺着不便喊叫。这不是演剧啊！

帕维尔·谢尔盖耶维奇，您可能会在列宁格勒的报纸上看到此案的线索。特征：一幅漫画，也可能是简讯。请告诉我！为什么？我自己也不知道。可能就是想再痛并快乐地看一眼捅刀子的人的面孔。"［很快就查明，事情发生于 11 月，当时《红色晚报》刊登了弗·维什涅夫斯基的简讯，控告剧院决定演出剧本《莫里哀》属于不分意识形态。剧作家（带着自己的剧本）私人访问剧院来了结此事。我们要提到现在已经遗忘、但是同时代的人非常清楚的一个细节：剧作家朗诵自己的剧本之前，解下装着左轮手枪的皮套，放在身旁的桌上。这个演剧的举动当然往往也收到了演剧之外的效果。］

布尔加科夫在 3 月 27 日写的下一封信中回答波波夫的回应时保证说，他已经不再想剧本了，"正如我准确地跟您说的那样，关于某个剧作家，我已经收到大量的鉴定。而且这些鉴定一个比一个凄惨。表面上，他是一个坦率直爽的人，'以小兄弟身份'开展工作，现在在莫斯科定期巡航。有人跟我保证说，挂着军旗的国家巡航战船有望在一个很好的时机追上他，到时候海盗一下子就沉底了。但是我对此不抱一点儿希望（来源不可靠）。

去他的吧，去他的海盗！我对他本人不感兴趣。对我来说，更重要的问题是，在莫斯科之外的地方，《莫里哀》到底算什么。因为这样的人在各个城市游荡……就是这么倒霉。最近几天一拿起笔就开始头疼。累了。不得不就此搁笔。再叙。"

总之，不是是不是海盗的问题，而是接下来该做什么？

我们认为，1932年春天时布尔加科夫的状态同他最近两年的状态差不多，并且完全不同于那些年。1930年春天时他深陷绝望，不抱任何一丝希望，准备迈出绝望时似乎很自然的决定性步伐。1931年春天时他大概仍然内心不安，想再采取什么必要行动，感觉到这种不确定状态持续不了多久，期待自己命运中"真正的"转折，期望他在第二封信中直说的承诺了的接见。所有这一切影响了他继续写作那一年就想写作并且打了新草稿的长篇小说。"……我内心又燃起抑制不住的创作冲动，"他写道，"……这些冲动宏大而又强烈……"我们认为，这些冲动首先是这两年有了新的理解。1931年的稿本上出现了最新写的一章《沃兰德的飞行》的初稿。第一个稿本中的一段情景说明（"玛格丽特热情地说……"）和第二个稿本中唯一一段对白："'不，不，'玛格丽特幸福地叫道，'让吹口哨吧！求您了！我好久没有这么快乐过了！'"让玛格丽特出场了。新的主角也露面了——玛格丽特的不具名的伴侣。甚至尝试以他的口吻进行叙述："应当注意的是，我没有听到口哨声，但是我看见他了……这时我仔细一看，一个拿着公文包的人四仰八叉躺在地上，血从脑袋里汩汩流出……"在写有《沃兰德的飞行》草稿这一页的开头右上角，用蓝墨水记道："天啊，帮帮忙，结束长篇小说。"其中，这说明，1931年布尔加科夫希望

第四章 危机年代（1929—1931年）

不间断地写作自己有朝一日要被毁掉的长篇小说，尽量全部完成已经包括在自己改变了的轮廓中的构思。

在这年春天，这样的连续写作实际上无法实现——这样的写作在某种程度上被忙乱的行动所取代。从那时以来的一年内，在大环境下显得别有意味的扎米亚京离开祖国，对自己的信的回复陷入死一般的沉寂，《图尔宾一家的日子》出乎意料地重返舞台，列宁格勒剧院拒演经过软磨硬泡才获批（写了第一封信一年多后才获批，而且主要归功于高尔基）的《莫里哀》——整个这一系列事件和本来不算什么事却成了特大事件（收信人的沉默）的事件，导致布尔加科夫产生了那种完全不稳定、受制约的感觉，这可能成了他孤僻地写作的支柱。只是他的部分生命被还了回来（想想给波波夫的信中的话，给作者"还回部分生命"），但部分选择权并不属于他。已经什么都不能算计、估摸、考虑和决定了。生命也本该就这样受奥妙的、不可控制的力量的影响，到了最终服从命运、只是尽量力所能及地理解它的时候了。

"早上5点。睡不着，躺着，自己跟自己聊天。帕维尔·谢尔盖耶维奇，现在跟您聊会儿，"1932年4月14日给波波夫的信就是这样开头的。"不能忘了老朋友，您说得没错。就在前不久，我的一个亲人用预言安慰我说，当我快要去世，叫人来时，到时除了黑衣修士，谁也不会到我身边来。您想想，多么的巧合。在听到这个预言之前，这样的事就深深地印在我的脑海之中。如果真的谁都不来，那还是有点可怕。那又怎么办，我的生活就是如此。"据叶·谢·布尔加科娃口头证明，这些可怕的话是他的妻子在那个凄惨的春天说的。皮罗戈夫街的生活过不下去了，但不知怎地还在继续。信里继续写道："现在已经发展到每个夜晚我都不向前看，而是向后看，因为我自己的未来我什么都看不到。过去我犯了五个决定命运的错误。没犯这样的错误，就没有关于修士的说法，我可能会觉着太阳看着也有所不同，我可能不会在凌晨默默地动着嘴唇创作，而是认真地坐在书桌前创作……**但是现在没事可做，一切都回不来了。**① 我只诅咒两次出乎意外的、像昏迷一样突然发作的胆怯，因此我犯了五个错误中的两个错误。辩护的理由我有：这种胆怯是偶然性的——疲劳的结果。从事文学工作这些年来，我累了。有辩护的理由，但是没有得到安慰。"可以推测，这两个错误是不太久之前犯的（在犯这两个错误之前，经历了"从事文学工作的年代"，长期劳累），其中一个错误是，同要求布尔加科夫和叶莲娜·谢尔盖耶夫娜·希洛夫斯卡娅完全断绝关系的 E. A. 希洛夫斯基谈话的结果。在给帕·谢·波波夫的信中出现引用的文字之前，他们没有见过面，大约有一年时间没有通过电话，布尔加科夫对不可逆转的失去很是难受。可以很有把握地说，由于胆怯所犯的第二个"决定命运的错误"，布尔加科夫现在可能认为是 1930 年 4 月 18 日让他措手不及地同斯大林通话中自己所说的一些话，而且错误不是马上而是一年到一年半以后才弄清楚的。

"4 月 15 日。

---

① 参看《大师与玛格丽特》接下来所有稿本中重返过去"没有正确地"处理的情景的固执理由。

第四章　危机年代（1929—1931 年）

我接着写！

总之，我感觉累了，一定要而且也是时候作总结、作所有最终决定了，我经常回顾过去的生活，回想谁才是我的朋友。这样的人不多。帕维尔·谢尔盖耶维奇，我记得您，任何时候都记得很牢。

4 月 20 日。这是什么惩罚！六天都在写信。什么鬼给我施了魔法。

我接着写：请伸出友好的双手，接住我一个人已经难以承受的部分内心负担。说实话，这不是信，而是近日简况……总之，我会给您写关于《图尔宾一家的日子》、莫里哀以及其他许多事情的内容。我知道，这不是不礼貌的方式，光说自己，但是在我没有解开自己的心结之前，没什么可写的，什么也不能写。首先写《图尔宾一家的日子》，因为现在我的整条命就像挂在线上一样被挂在这个剧本上，我每天夜里都向命运祷告，好让任何剑都不要斩断这条线。

但是首先要去排演①，然后去睡觉，睡醒后写信。"于是，几天之后写的下一封信就描述了复演的《图尔宾一家的日子》的首演情况。

布尔加科夫在 5 月 7 日给帕·谢·波波夫的信中，开始描述《死魂灵》的改编史时说："总之，死魂灵……九天后，我就满 41 岁了。这太可怕了！但这就是如此。

这不，在我的写作工作临近尾声之际，我不得不创作改编

---

① 莫斯科艺术剧院 3 月底开始排演决定上演的《莫里哀》。

剧。多么华丽的结局，不是吗？"（顺便提一下，这年冬天都是在改编《战争与和平》的印象中度过的，所以1930年给人的印象，可谓焕然一新，加重了忧郁语气。）"我看着书架，感到害怕：明天我不得不改编谁、谁的作品？屠格涅夫、列斯科夫、布罗克豪斯-叶夫龙？奥斯特洛夫斯基？但是幸运的是，后者自己改编了自己的作品，显然是预见到了1929—1931年发生在我身上的事。"

的确如此，总结自己生活不妙的结局，不见得就作出了"最终决定"，去打临工（改编有声电影《渔民的起义》的台词），给康·谢·斯坦尼斯拉夫斯基写了两份申请，要钱（作者稿酬）出资扩建作家之家（"如果我冬天之前搬不进去，就没地方住了。"），收到了扎米亚京从摩洛哥寄来的明信片，上面是阳光明媚的港口，显然整个上半年一直没有开始做任何一件内心觉得必须要做的工作，他就迎来了1932年夏天。这时高尔基组织编写的《名人生平》系列编委会提议他写莫里哀传。7月11日签订了协议。看来他立即就开始写了，因为布尔加科夫在8月4日给波波夫的信中写道："亲爱的朋友帕维尔·谢尔盖耶维奇，一旦让·巴蒂斯特·波克兰·德·莫里哀让我稍微放下心来，我就有机会稍加思索，聚精会神地开始给您写信。传记——10页——且写呢——还在莫斯科呢！"由于不能写别的什么内容和不能不写（"我担心，信会写得很长，"他1月29日道歉说，"但是我完全孤身一人，我的笔早就生锈了，要知道我还没有彻底死掉，我想用真正的自己的话说话！"）而同波波夫通信，最终取代了他热爱的文学工作。

第四章　危机年代（1929—1931 年）

这年夏天，布尔加科夫的生活中发生了一件意义重大的事情。叶莲娜·谢尔盖耶夫娜说，他们见面了——分手 15 个月后，在费·尼·米哈利斯基（叶莲娜·谢尔盖耶夫娜自打莫斯科生活以来的老朋友）的斡旋下在"大都会"饭店的人群中第一次见面。两人都明白了，他们依旧爱着对方。这发生在 6 月。叶莲娜·谢尔盖耶夫娜带着孩子们去了列别姜。

她跟我们说，她在田野中转悠了两个小时，又在森林中思考了两个小时。最终给丈夫写信说："放了我吧！……""我祈求上帝告诉我答案——不知从上面什么地方掉下来一个信封：邮递员扔进了通风小窗……我去找没有孩子们的地方去读。我在农村的厕所里读的，阳光穿过裂缝直射进来，苍蝇嗡嗡乱叫。从那时起我开始喜欢嗡嗡乱叫的苍蝇。希洛夫斯基放了我。他写道：'我对你就像对孩子一样，是我不对……我可以来吗？'他来了，住了几天。突然开始恳求，让我留下别走。我傻乎乎地同意了，"她伤心地回忆说。"夏季末我回到了莫斯科。米沙得知我打算留下不走后，跟我说：'你怎么回事，疯了？'我给在索契的希洛夫斯基写信。米哈伊尔·阿法纳西耶维奇补充写道：'亲爱的叶甫盖尼·亚历山德罗维奇，请成全我们的幸福……'希洛夫斯基给我寄来了回信。附言写道：'米哈伊尔·阿法纳西耶维奇，我所做的一切，不是为您做的，而是为叶莲娜·谢尔盖耶夫娜做的。'米沙脸色苍白。"叶莲娜·谢尔盖耶夫娜经常就这样用别的什么人的话描述他深受伤害的状态。"整整一辈子，这都像给了他一记耳光。"

布尔加科夫的信的第一页保存了下来。无从获知的是，这是寄出去的信（希洛夫斯基寄还给叶莲娜·谢尔盖耶夫娜的信）的一部分，还是没有寄出去的信——可能是见面后的前几天、还没有去列别姜之前写的信。"亲爱的叶甫盖尼·亚历山德罗维奇，我听从叶莲娜·谢尔盖耶夫娜的招呼跟她见了面，我跟她解释清楚了。我们还一如既往地爱着彼此。"（后续部分没有保存下来）对叶莲娜·谢尔盖耶夫娜来说，同大儿子——无比喜欢美女妈妈的、10岁的热尼亚——的谈话极其困难。他本应和父亲留在母亲离开的家。5岁的小儿子谢廖扎由母亲带着去了皮罗戈夫街。

（给我们讲述1957年35岁的儿子死在自己的怀里的时候，饱经世事的叶莲娜·谢尔盖耶夫娜语气坚定地说："同热尼奇卡的那次谈话以及他的死，是我一生中最心痛的两件事。"）

希洛夫斯基让布尔加科夫来他家进行最终谈话。他没有给她打电话，让她来旁听谈话。她1969年秋告诉我们说，她藏在巷子对面的教堂的门后面（"门现在还在，你们可以去看看，"她解释说），她看见他垂头丧气、脸色苍白地走进了家门。谈话时，希洛夫斯基情绪失控，掏出了手枪。布尔加科夫脸色苍白地说（叶莲娜·谢尔盖耶夫娜学他压低的、克制的语调）："您会对一个手无寸铁的人开枪？……去决斗吧！"不难想象，1918—1920年留下的印象（手无寸铁的人面对有武器的人那种讨厌的无力感）让他忍住了。

9月3日，希洛夫斯基给在里加的叶莲娜·谢尔盖耶夫娜的父母亲写信说："当你们收到这封信的时候，我和叶莲娜·谢尔盖耶夫娜已经不是夫妻了……我们愉快地生活了多年，过

第四章 危机年代（1929—1931 年）

得很幸福。我无比感激柳霞在时给我带来的巨大幸福和生活乐趣……"9 月 7 日，布尔加科夫在皮罗戈夫街自己书房里的一张弄坏了的（弄黑了的）照片上写了一组搞笑的题词："米哈伊尔赠予叶莲娜。'这代替房子？'叶莲娜问，'谢谢，'她补充说。"9 月 11 日，布尔加科夫和叶莲娜·谢尔盖耶夫娜也给她的父母亲一起写了信。

布尔加科夫在长篇小说巴黎版紧接着已经引用过的 1931 年 2 月 5 日写的"证明"的最后一页上的记述，成了这些事情的证明材料。这时的记述写道："不幸发生在 1931 年 11 月 25 日。我们决定 1932 年 9 月初结婚。1932 年 9 月 6 日。"（看来，"不幸"是指被迫分手这件事。）

据柳博芙·叶甫盖尼耶夫娜的朋友马·阿·奇米什基安和娜·阿·乌沙科娃证明，此时忙于谈自己的恋爱的柳博芙·叶甫盖尼耶夫娜完全友好地接受了这些事。叶莲娜·谢尔盖耶夫娜跟我们讲起这件事时是这样说的："……我去找她，说我跟米沙决定结婚（我和她关系不错）时，她平静地接受了这件事。她早就知道我们走得很近。她只说：

'我跟你们一起住！'我回答说：

'那当然，柳芭奇卡'！"

（我给在里加的父母亲写信告知此事时，他们一致认为，我疯了。）

但是后来她就开始跟我说米沙的坏话："你不知道适合自己的是什么。他是个吝啬鬼、小气鬼，他不喜欢孩子。"

当时我就说：

"不,柳芭奇卡,我担心,咱们不能住在一起。我听不得你说他不好。米沙多小气!……

于是我们当时就决定给柳芭买一间单身公寓——就在那里,隔道墙。"

这是叶莲娜·谢尔盖耶夫娜对情况的看法。在柳博芙·叶甫盖尼耶夫娜的回忆录中,也存在着另一种看法。传记作者该做的事,可能不是在要寻找的"真相"中推断出未必就能找到的、效果相等的真相,而是让情况描述接近当事人对本传记的接受——接近这年秋天作出自己选择的那个人的看法。

……塔季扬娜·尼古拉耶夫娜跟我们讲,布尔加科夫不止一次跟她说过:"我应当结三次婚!"——他认为,这是他命中注定的。她记得,布尔加科夫说了好几遍阿列克谢·托尔斯泰是如何跟他说这些话的——托尔斯泰认为,这是让作家走向文学创作成功的一种行动……叶莲娜·谢尔盖耶夫娜记得,这句在她和布尔加科夫的生活中增添了快乐意义的箴言另有出处——她跟我们说,他好像讲过,在基辅的时候就有个占卦婆给他算,说是这样,他当时高兴地以为,这下占卜应验了。有趣的是,据回忆者(在回忆巴别尔的书中)说,巴别尔好像是在校对19世纪初的一篇日记时转述了这个说法:"第一个妻子是上帝馈赠的,第二个妻子是凡人送来的,第三个妻子是魔鬼派来的……"布尔加科夫可能也知道这些话——不会是因此他就对塔季扬娜·尼古拉耶夫娜说了好几遍:"上帝让我替你受罚?……"布尔加科夫同柳博芙·叶甫盖尼耶夫娜的婚约10月3日解除,10月4日就同叶莲娜·谢尔盖耶夫娜结婚。

第四章 危机年代(1929—1931年)

"我们登记结婚了,但是我不得不住在希洛夫斯基那里——因为柳芭的房子还没有收拾好,"叶莲娜·谢尔盖耶夫娜说,"她没地儿搬家,布尔加科夫为此很伤脑筋。当时列宁格勒的剧院邀请他去,于是我们去了两个星期,住在'阿斯托里亚'饭店……"

从一些材料分析,正是在列宁格勒,他又投身于长篇小说创作。

第五章 重写长篇小说。新的剧本与新的希望（1932—1935 年）

一

重新开始写长篇小说的本子扉页和第一页上写的日期为"1932 年"。叶·谢·布尔加科娃给我们讲，布尔加科夫在列宁格勒告诉她说，自己想重写撕掉的长篇小说。"我说：'你在这里怎么写，你的手稿在莫斯科呢？'他回答说：'我都记得。'"

手稿直接从第 1 章开始——没有前期准备稿；前面几页给人的印象，像是从某个草稿誊来的誊清稿。其实，作者面前可能没有这样的稿子——不只是因为他在远离自己书桌的地方开始写小说，而是因为初稿片断几乎没法读，也不适合拿来使用。1931 年的草稿不连贯，也没有资料表明，作者 1932 年可能利用了更为完整的草稿。很有可能，这个时期长篇小说在作家的脑海中的确酝酿成熟，不需要任何辅助资料，并且这年秋天布尔加科夫精神振奋，迅速付诸纸面，几乎没有涂改，看上

第五章　重写长篇小说。新的剧本与新的希望（1932—1935 年）

去似乎不费吹灰之力。回莫斯科后写作未必能够继续——因为必须如期为Ю. 扎瓦茨基的戏剧工作室完成根据莫里哀的几个剧本的情节创作的喜剧《疯狂的茹尔丹》，因为改编剧本《被奴役的伪君子》（其中一个要改编的剧本就是《莫里哀传》——他给自己的作品起了这样一个副标题）的协议是7月18日同他签订的。

"我们回来后，我就开始搬家了，"叶莲娜·谢尔盖耶夫娜讲，"希洛夫斯基对我说：'列列奇卡，这一切都是你亲手打造的，都搬走吧。'我说：'热涅奇卡，我何必要破坏房子呢？我只拿走自己的卧式沙发和谢廖扎的藤条床。'

还有，保姆阿纳斯塔西娅（她叫我'妈妈'）把她自己的乡下风格的长柜子给我了。

开始把所有这一切往车上装时，希洛夫斯基不想看见我离开，没有戴大檐帽就匆忙从家里出去了，保姆放声大哭，引来很多人。这真的是最'招人耳目的糗事'。

……我们到达时，米哈伊尔·阿法纳西耶维奇在花窗旁散步，等着我们，我迅速给谢廖扎喂了米粥并安排他睡下。我和米哈伊尔·阿法纳西耶维奇围坐在火旁（炉子里生着火）。我很痛苦，他也理解这一点。他开始逗我：

'来，我们来看看你的柜子！柜子打不开。'

这是希洛夫斯基用钉子给钉死了！

……后来他逢人就幽默地说，他费了好长时间劲，打开了——在柜子底部看到一公斤麦糁……

叶莲娜·谢尔盖耶夫娜的大儿子每周日都来他们那里吃

饭;在位于勒热夫的家里,希洛夫斯基的房子的一间屋子里住着叶莲娜·谢尔盖耶夫娜的妹妹奥莉加·谢尔盖耶夫娜·博克尚斯卡娅,她帮助小男孩挺过了这件事。

生活慢慢地开始进入新的轨道。"

"我们四个人——我、米哈伊尔·阿法纳西耶维奇和我的两个儿子——坐在桌旁时,"叶莲娜·谢尔盖耶夫娜1968年10月28日说,目光迅速从对话者身上移开,看着远处,看着自己可以看得见的一段往事,"我当时当然是世界上最幸福的女人,他们每个人都趴我耳边问:'你最喜欢谁?'(他们都非常爱吃醋!)我对他们每个人都小声说:'我最爱你!'

现在就剩下一个——谢廖扎,虽然另两个常常在这里(她用手指了一圈屋子)陪我——我所有的爱都倾注在他们身上……

米哈伊尔·阿法纳西耶维奇非常疼爱谢廖扎。他经常陪着谢廖扎,教他勇敢、机智……他一边往屋里走一边说:'不,谢尔盖,你不是糠虾!'那个回应说:'嗯,我们等着瞧,看谁是这里的糠虾,谁不是!'米哈伊尔·阿法纳西耶维奇哈哈大笑,非常满意。"

11月18日,剧本寄到剧院后,布尔加科夫就开始加紧撰写《莫里哀传》,因为交付日期快到了。("不晚于1933年2月1日")

在这种他喜欢的而且要在短期内做的、不仅需要脑力劳动而且需要阅读大量文学著作资料的工作负荷下,1932年结束了。心爱的女人陪着他;剧本《莫里哀》在莫斯科艺术剧院彩

第五章　重写长篇小说。新的剧本与新的希望（1932—1935 年）

排（他也参加了）。在新的一年，也就是在 1933 年，他创作的关于莫里哀的剧本以及关于这名伟大的喜剧作家的长篇小说都有望面世。

"现在我干完了一个大活儿——《莫里哀传》"，他在 1 月 14 日给弟弟尼古拉的信中写道，并请他把位于黎塞留街和莫里哀街十字把角的莫里哀纪念碑介绍（在他出生的家里的壁龛里）寄来。"我应该 2 月 1 日把《莫里哀》交出去，"布尔加科夫补充说道，"可能短时间内不会再从事创作工作了。"这些话的意思不是非常明确——但愿这些话不是无法出版作品的作家日后命运的预言。

有可能，他是用这种方法通知弟弟，暂时既不会看到他的小说，也不会有新的订户预订剧作；也有可能，他明白自己未来几个月将忙于剧院的工作。

1933 年 3 月 5 日，（利用协议规定的一个月宽限期）布尔加科夫给《名人传》（丛书）编委会交了长篇小说《莫里哀先生传》，3 月 8 日他给弟弟写信说："令我感到非常幸福的是，我终于完成了《莫里哀传》的写作，5 日交了手稿。这个工作让我疲惫不堪，耗费了我所有的心血。我已经不记得，从开始写作剧本算起，我第几年生活在虚构的、幻想出来的 17 世纪的巴黎。现在看来要同这些永别了。

如果有机会到黎塞留街和莫里哀街十字把角的话——想着我！替我向让·巴蒂斯特·莫里哀先生问好！"这些话是长篇小说最后几行——"而不应该永远都见不到他的我，向他告别！"——的迂回说法。

4月7日，丛书编辑亚历山大·尼古拉耶维奇·吉洪诺夫给布尔加科夫写了一封完全贬低长篇小说的长信。1933年4月13日，布尔加科夫告诉已经回到莫斯科住所的帕·谢·波波夫说："嗯，我开始过上莫里哀的日子了。① 他们从吉洪诺夫②的书评谈起。亲爱的帕佳，书评里有很多让人付之一笑的事情。讲述我的生平经历的讲述者，被称为放肆的年轻人，相信巫术和妖魔鬼怪，拥有通灵能力，喜欢风流韵事，使用可疑的文献资料，最糟糕的是，倾向于君主主义！③

但是这还不够，吉洪诺夫认为，我的著作'极其明显地影射我们苏联的现实！！'"布尔加科夫开玩笑地说，叶莲娜·谢尔盖耶夫娜出离愤怒，"甚至一跃而起，要去讨个说法，我拽住她的裙子，好不容易才劝她不要介入这样的家庭行动。然后我给这名编辑写了一封信。我仔细思索了一番这件事，认为没有必要去打斗。只是对书评的形式露出了牙齿，但是没有咬。"

前一天写的回信语气确实克制和友善，整封信只有一页纸。对于吉洪诺夫建议让"严肃的苏联历史学者"来取代"放肆的"讲述者，布尔加科夫在信中解释说："我不是历史学家，而是正在研究莫里哀的剧作家。但是我肯定，我就是处于这样的位置，才清楚地看到了自己心目中的莫里哀。"

---

① 似乎通过这一定义同一年前他们通信中讨论的涉及莫里哀主题的事情建立联系。

② 也就是亚·尼·吉洪诺夫。

③ 书评转述几乎跟原文一字不差。

第五章　重写长篇小说。新的剧本与新的希望（1932—1935年）

布尔加科夫以简短有力的表述拒绝改写剧本："您自己也明白，我自己的书已经写完摆在那里，我真的无论如何不可能把它颠倒过来重写一遍，饶了我吧！"并给出对策建议——本书不适合出版，"因此没有必要付印，我们不再去想它，忘了它"。

给波波夫的信中又重复了这一观点："总之，我想忘了让·巴蒂斯特·莫里哀。让所有人都更安生、更好。对于会不会拿我的封皮装饰商店的橱窗，我完全不在意。其实我是演员，不是作家。此外，我喜欢安静、平静。

这就是对您感兴趣的传记的汇报。给我打电话吧。我们商量好聚会的事，到时聚一聚，席间回忆这些光荣的喜剧演员的名字：拉格朗日先生、布雷卡特先生、杜卡斯先生以及指挥者本人让·莫里哀先生。"

吉洪诺夫通知说，他把手稿连同自己的评语一起寄给了在索伦托的高尔基——"我们等等，看他怎么说"。4月28日高尔基给吉洪诺夫写信说："我完全同意您对米·阿·布尔加科夫的作品完全有根有据的负面评价。这个作品不仅要用史料来充实，而且还要赋予它社会意义——要改变它的'戏谑'风格。现在这样就不是一部严肃的作品，您指出的很正确——它会受到强烈的谴责。"看来布尔加科夫的反馈也被告知了；高尔基第一次扮演出乎布尔加科夫预料的角色。获悉高尔基5月9日回莫斯科；布尔加科夫开始等他回来。

这年春天，布尔加科夫正式把自己的所有出版事务委托给叶莲娜·谢尔盖耶夫娜。这是他一生中第一次这么做，他也很乐意这么做。他经常和小谢尔盖一起学习，和他一起给叶莲娜·谢尔盖耶夫娜写搞笑的字条（"亲娘呀，世界观完全崩塌了……"）

5月，列宁格勒音乐厅邀请他在10月15日之前创作一部《怪诞的三幕剧》。5月19日，也就是第二天，布尔加科夫在信中请波波夫出发休假前过来道别。"请带上不幸的《莫里哀》①。

至于我？风吹拂着皮肤门诊部②旁的绿草，想起河流、桥梁和大海时，心如止水。内心满是流浪的哀怨声。"看来夏天去塞纳河或者地中海休假的愿望也没有让他内心平静。"但是这都过去了，我已经猜到了，整个夏天我都会待在皮罗戈夫，（给列宁格勒）创作喜剧。会热，会扬尘，会有嘈杂声，会有'纳尔赞'矿泉水。"

最先保存下来的涉及剧本《无上幸福》的札记，创作于1933年5月26日，还没有名字，但是已经有了乔治·米洛斯拉夫斯基的语言风格、他在《在金色的世纪》中的寂寞调子、同未来的人们的互不理解。剧本是几年前就构思好的：后来它被标注的日期为"1929—1934年"，作者在1934年给韦列萨耶夫的一封信中，说它就像"自己构思了很久很久的"一个剧本。《死魂灵》的导演、同布尔加科夫一起工作了好几年的B.萨赫诺夫斯基，后来把剧本的创作起始时间定为1929年，认为这同马雅可夫斯基的《澡堂》上演有关，在他看来，后者的

---

① 指长篇小说的手稿。
② 在布尔加科夫位于皮罗戈夫的家对面。

第五章 重写长篇小说。新的剧本与新的希望（1932—1935 年）

上演对布尔加科夫的构思产生了影响。《臭虫》和《澡堂》无疑对产生关于未来的剧本的构思有影响，布尔加科夫也构思勾勒了自己的方案。他同未来的人们的相互关系，尤其是同普里瑟普金的关系，在乔治·米洛斯拉夫斯基身上也可以看到。看来，1929 年或 1930 年开始写的喜剧，就是 1930 年给政府的信中提到的同《关于魔鬼的长篇小说》一起销毁的喜剧。

但是创作不得不一直推迟到冬天。

6 月 3 日，《莫里哀》当季最后一场彩排在莫斯科艺术剧院进行；《排演日记》中记载道："利瓦诺夫排演迟到了（7 分钟），布尔加科夫迟到了（20 分钟）。"此前几天，布尔加科夫应斯坦尼斯拉夫斯基的请求，帮他起草了给斯大林的信，谈及涅米罗维奇–丹琴科的国外债务影响他离开苏联，请求给他提供帮助。看来布尔加科夫现在算是给这位收信人写信的专家；信写得言简意赅——尤其同 Л. А. 马尔科夫写的冗长的信相比。

6 月初，塔什干一位地方戏剧界人士来信说："我认为我有责任通知您，您的剧本《图尔宾一家的日子》5 月 18 日在我们组织的公演后，获准在塔什干上演，获得了巨大的艺术成功。"

莫斯科艺术剧院本来有意从秋季起着手修改《逃亡》的工作。布尔加科夫收到了 И. Я. 苏达科夫从列宁格勒寄来的信，此时莫斯科艺术剧院正在当地巡演《图尔宾一家的日子》。布尔加科夫 6 月 21 日给他写回信说："关于《逃亡》，您不要担心。虽然我也累得跟狗似的，但我在斟酌、在写。没准我在巡演期间去列宁格勒待两天左右。到时我们聊一聊。" 6 月 29 日他给苏达科夫寄出了"剧本的最后修改稿",并承诺很快就会寄出删节版剧本,"请您根据这个版本进行彩排"。在《图尔宾一家的日子》第400次上演那天,布尔加科夫向剧本的导演表示了祝贺:"伊里亚·亚科夫列维奇!这个剧本真是命运多舛——我们在最困难和最可怕的时候相遇,我们都经历了很多很多,也包括我,还有我的破船……①不过,我不是那个我……时代变了,我们活着,剧本也活着,甚至不仅如此,这不您已经准备排演《逃亡》。好吧,好吧!"

大约十天后,布尔加科夫偕妻子去了列宁格勒,下榻在那里的"阿斯托里亚"饭店。7月22日,他已经返回莫斯科,给帕·谢·波波夫写信说:"亲爱的帕维尔,你还健在吗?身体还好吗?我从列宁格勒回来了,在'阿斯托里亚'饭店好好地休养了十天……待在皮罗戈夫街闷死了。你可能恳求我的命运最终在纳谢金街的家里被结束,这到底什么时候发生?什么时候啊?"

8月2日,布尔加科夫给在兹韦尼哥罗德消暑的韦列萨耶夫写信说,自己在列宁格勒多次努力从莫斯科艺术剧院巡演时演出了《图尔宾一家的日子》的那些剧院要回稿酬;"接受委托的叶莲娜·谢尔盖耶夫娜突袭了第二家剧院——纳尔瓦文化之家",尽管他的精力充沛的利益维护人竭尽全力,但是至今都没有拿到一分钱。"……我只盼望她达成自己目的的幸福的那一天到来,然后我就给您还剩余的债,亲爱的维肯季·维肯

---

① 剧本最后一幕中拉里奥西克的台词。

第五章　重写长篇小说。新的剧本与新的希望（1932—1935年）

季耶维奇！再次感谢您对我的帮助。"

"对，我会记住1929—1931年的这段时光！①

其实，要不是不得不离开皮罗戈夫这个鬼窟窿，我就翻身了……"给这个房子起的外号越来越难听。所有这一切——从窗外电车的轰鸣声和潮湿的墙壁，到跟前妻不断交流弄清楚困难（9月24日，柳博芙·叶甫盖尼耶夫娜搬到了同一栋楼内为自己租的小房子里）——都刺激着布尔加科夫。对他来说，也很重要的是，他的妻子从自己的房子搬走，似乎不得不住在别人的房子里——她特想把房子里的一切按照自己的喜好来摆放，在这里不能完全实现。但是布尔加科夫心里首先梦想的永远是自己童年时又宽敞又安静的房子。虽然不久前才弄清楚，纳谢金的房子比预想的小得多（不是60平米，而是47平米，就是说，比皮罗戈夫街的房子小得多！）——但是他一直像梦想住进什么救命屋似的，梦想着住进这样的房子。在这里，发生效力的已经是他的生活感受——必须有某种期待、寄希望于转变带来的良好效果。

"……我熬了两夜看您写的《果戈理》，"他在给韦列萨耶夫的信中接着写道。"天呐！大人物啊！厉害人啊！② 我被魔鬼附体了。在列宁格勒时已经就这样了，现在在这里，我在我的小房间里喘不过气来，就开始一页接一页地重新涂改三年前毁掉的那部小说。为什么？我不知道。我自己逗自己玩呢！让它

---

① 指布尔加科夫没钱生活的那些年，韦列萨耶夫亲自给他借钱。
② 看来是指此前不久出版的作者赠予布尔加科夫的生平经历文献汇编《生活中的果戈理》。

消失得无影无踪吧!其实,我可能很快就把它扔了。"

8月5日,布尔加科夫给那年5月从意大利回到莫斯科后就患上长期感冒的高尔基写信说:"敬爱的阿列克谢·马克西姆维奇!您痊愈之后现在感觉如何?我想去看您。您方便的话,请告知,什么时候可以去?"

"我给您市里的家里打过电话,但是一直没打通——没人接。"看来,布尔加科夫想再打探关于莫里哀的长篇小说的命运,也可能是想打探《逃亡》的命运。没有回信。

9月1日,也就是在"我和米哈伊尔·阿法纳西耶维奇分手一周年纪念日",叶莲娜·谢尔盖耶夫娜应丈夫的请求开始记日记。她说,而他自己在再次(可能是1929年底至1930年初)拿到1921—1926年记的日记后立即把它毁掉了。此后再也没有记日记。叶莲娜·谢尔盖耶夫娜开始在自己的日记中记录作家当时的文学活动和创作计划以及他的工作会见和朋友聚会,有时极其吝惜笔墨,小心谨慎地表述谈话的简短内容——也记录作家对一些社会、文学和戏剧事件的看法。我们再补充一句,在叶莲娜·谢尔盖耶夫娜自己对他们俩一起看的戏剧和演唱会的评价中,也隐藏着布尔加科夫的评价,因为产生的观赏分歧被记录了下来。保存下来8个这样的日记本,而且头两本日记(1933年9月1日至1934年12月4日的日记)在档案馆里只是以50年代重抄本的形式保存了下来(原稿存放地我们不清楚),因此读者在下文中应该注意到,在我们的叙述中碰到的从这一年半的日记中引用的文字,由于后来的编辑对日记进行了加工,有点平铺直叙。(1934年12月4日后,我们将

第五章 重写长篇小说。新的剧本与新的希望（1932—1935年）

引用日记原文，有时增加后来的编辑中的一些重要的回忆性质的细节。）

叶莲娜·谢尔盖耶夫娜开始记日记那天，布尔加科夫已经在写长篇小说第8章了，这一点他在给韦列萨耶夫的信中也提到了；写满了一个本子，又换了一个新本子（值得注意的是，就在那天，也就是在主要记录他的文学创作生活的日记本中记第一篇日记时，作家在自己的长篇小说的手稿上标注了第一个日期，以后几年间每次看手稿时都尽量严格地标注日期）。这些年没有带走他的构思，使劲地贴了上来，以便在他去世之前不再松手。

1933年秋，简直是从灰烬中恢复的长篇小说到底什么样？我们可以肯定的是，对之前的构思（唉，它的轮廓我们最终也没有弄明白）进行了大幅度的重新构建。

在布尔加科夫在莫斯科的第一个五年间写的散文中，很容易就可以看出两种潮流：其中一种潮流以讽刺怪诞类作品（自传材料除外）的形式表现出来，另一种潮流好比是札记形式的文学化自传（通常马上就跟进——当布尔加科夫特别偏爱突出的自己生活中的某个生平经历时期结束时，他马上就描述），也就是以第一人称、划定许多时间节点（叙述者计算年、季、月、天、昼夜时间）、按照时间先后顺序一丝不苟地叙述的形式。

长篇小说《工程师之死》可能不仅是1928年开始创作的，而且总的来看也是作为讽刺怪诞路线（由于在创作初期引入耶稣和魔鬼，自然是非常难懂的路线）的延续构思的。1928—

1929年间创作的15章中，好像没有自传材料的踪影，没有写了什么文学性质的作品的人，——只有主要研究中世纪的学者（哪怕是同里面有学者即世界知名教授身影的中篇小说《不祥的蛋》相比）。因此，1931年写的草稿中出现的新的主人公形象，即从对长篇小说第一个完整稿（1932—1936年）的研究中弄清楚属于自带自传主题的主人公形象证明，构思确定无疑改变了。作品的两个情节主题的方向就这样混在一起了。

这个情况支持我们的假设——后来被称为大师的主人公进入长篇小说的构思不早于1930年或1931年：在从1932年开始写的整个第三稿中，这个主人公同伊万在情节上没有交集。只是在写完第三稿后进行大量补充的阶段，新主人公才被作者"安排"在诊疗所（此前他肯定在劳改营或流放地待过，这从标注日期为1934年1月的手稿中沃兰德说的他出现时身上穿的衣服就可以看出来："他身穿男式扎趟棉服、军裤粗糙的高筒靴……"）并在那里见到了伊万努什卡。主人公的联系和交集是长篇小说情节非常重要的特点，以至于两个主人公之间直至第三稿结尾都没有联系，在第三稿的补充中才出现这样的联系，在我们看来，这都应当证明，他们中的一个人相对较晚进入长篇小说的构思。

与此同时，第一稿中的主人公之一——费夏——从长篇小说中消失了。

我们认为，1929—1931年对"普列奇斯坚巷的"人文环境的完全破坏，没有对长篇小说造成什么后果。作者第一次朗读长篇小说时，这些人们还都来听了……带有讽刺意味地描写

第五章 重写长篇小说。新的剧本与新的希望（1932—1935 年）

这些"博学的人"的个性化生平经历，就算是客气地讽刺，作家可能也已经下不了手了。

新主人公第一次出现在长篇小说中，给伊万讲自己的往事是在第 13 章中——**在沃兰德在杂耍场举办晚会之后**：就是说，从结构上讲，就在第一稿中讲费夏的往事的那个地方（第一稿第 13 章），这好像是补充说明，表明在长篇小说中大师**取代了**费夏。

毋庸置疑的是，在长篇小说中，就像它 1928—1929 年的布局那样，要让魔鬼学专家费夏同接下来几稿的主人公大师以及和伊万和别尔利奥兹相反的人沃兰德碰面，他也做了自己的功课。在长篇小说的结构中，费夏可能本应当以其"罕见的博学"同别尔利奥兹以及他在长篇小说所有各稿中保存下来的稳定标志——表面博学多才——形成对立。可见，在第一稿中，伊万·别兹多姆内本应当在长篇小说快结尾时从当时的计划中消失（第三稿中**死去的**伊万出现在沃兰德和玛格丽特面前的一幕，可以解释为最初构思中他这个位置的残余物）——虽然不能排除他同费夏也碰面了（如果考虑到第 11 章中的知识分子和人民的主题的话）。别尔利奥兹在长篇小说的开头就死了，后来的各稿中也是如此。可以认为，恰恰是费夏本应当留在现代生活的领域内，可能占据情节中类似于长篇小说（它的最后一稿）尾声中伊万位置的位置。

正是长篇小说的一些手稿，主要是对 1928—1929 年手稿和 1931—1933 年手稿进行对比，让人不由得推测，在写作这两个手稿的间隔期——正文写作停下来时——某种引起快速连接的助力、推动力，让作品的两条线紧紧地连在一起。第二个推测是，这种推动力不是文学性质的推动力，而是自传性质的推动力。发生了对于生平经历具有重要意义的事情，破坏了对生平经历进行连续不断地回顾反映的创作规矩，需要认识生平经历的新形式。

毫无疑问，这件事就是 1930 年的信，随后同斯大林的谈话和对谈话过程和那一年半时间的主要回顾认识，布尔加科夫认为是自己个人行为（写信和谈话中的回答）的后续影响。

苦苦思索往事的无可挽救、生活的总结和在 1932 年 1—4 月给波波夫的信中写的五个决定命运的错误，感觉存在某种被迫给他暗中安排的要命陷阱——就是在这种心理背景下完成了新的构思结晶。

当代的研究者（Б. 加斯帕罗夫和 Л. 弗莱什曼）关注马雅可夫斯基的死对长篇小说新阶段思路的意义是合理的。看来，布尔加科夫的确随着时间的推移对著名的通话直接导致刚刚发生的悲剧即马雅可夫斯基的死深信不疑（与此同时，我们不会忘记，据谢·A. 叶尔莫林斯基证明，布尔加科夫"坚信同意扎米亚京出境与马雅可夫斯基自杀有关——要是突然也来这个，摊到自己身上……"），他无疑开始关注马雅可夫斯基最后几个月的生活，可能看到了自己过去的关切中没有注意到的某种事情。

我们顺便提一提：1929 年 11 月 23 日，马雅可夫斯基刚刚亲自以辉煌的成绩朗诵的剧本《澡堂》提交给中央剧目审核总委员会，它的命运变得复杂了。Л. Ю. 别利克在日记中这样记

第五章　重写长篇小说。新的剧本与新的希望（1932—1935 年）

道：12 月 20 日："第三，我在剧目审核总委员会朗诵了《澡堂》，几乎没有反对意见"；12 月 24 日："《澡堂》的上演审批遇到一些麻烦"；1930 年 2 月 2 日："据说列宁格勒打算禁演《澡堂》"；"2 月 3 日我在列宁格勒记道：'没有人禁演剧本，只是观众不去看剧，报纸在批评。'" 1929 年 12 月至 1930 年 1 月间发生的事情，B. 卡达耶夫的回忆录《忘却草》有清楚的记述，那里面说："中央剧目审核总委员会的要求骇人听闻，几乎每天都在各种艺术委员会、团体、小组、全会、主席团会议、全体大会中安排讨论《澡堂》，提前安排好的发言者们，代表苏联舆论界和工人阶级指责马雅可夫斯基在文学领域犯下的种种罪过——甚至差点说成是粗制滥造。这事发展到，有人在一次讨论中公然指责马雅可夫斯基推崇大国沙文主义，侮辱乌克兰人民和乌克兰语。①

我还从未见过马雅可夫斯基那么的不知所措和压抑沮丧……他是第一位革命诗人，仿佛一瞬间就声望扫地，变成一个普通的、平庸的、毫不突出的'让自己的不怎么样的剧本蒙混过关上演的'作家。

马雅可夫斯基不想屈从，以日益衰弱的力量为自己的六幕剧奔走，现在当我写这些文字的时候，这个剧早已理所当然地被认为是经典剧目。

'听着，卡塔伊奇，他们想让我干什么？'他几乎哀求地问道。'您也写剧本。您也会被砍头？这是正常现象吗？'

---

① 参看后来对《图尔宾一家的日子》的指责。

哼！我想起自己的一个被红色铅笔划得乱七八糟的剧本，斯坦尼斯拉夫斯基好几天都不敢给我看，怕我心力衰竭而死。"从这种意义上说，研究者们的这些观点——马雅可夫斯基的文学创作命运实际上对布尔加科夫从 1929 年秋天起陷入的相同境遇是致命的，《澡堂》的命运放在 1930 年的形势下跟《图尔宾一家的日子》的命运没有什么两样（Л. 弗莱什曼）——是完全合理的；这种一前一后的相同使人惊奇：布尔加科夫 1929 年 12 月 6 日完成了《被奴役的伪君子》（后来的《莫里哀》）第一稿，1930 年 1 月 16 日写信告诉弟弟说："因莫里哀而起的煎熬已经持续一个半月了……"两位作家的困境甚至都跟同一个人有关——中央剧目审核总委员会主席：К. Д. 甘杜林。1930 年 1 月，马雅可夫斯基针对他而写的讽刺短诗尽人皆知，短诗的开头是这样的："压住我的喜剧的大人物，坐在中央剧目审核总委员会的甘杜林。"但是这种相同很快就中断了——1 月 30 日《澡堂》在列宁格勒上演，3 月 16 日在弗谢·梅耶霍德剧院上演。而布尔加科夫这边，快到 3 月份的时候才弄明白，新剧本上演完全无望，这迫使他动手给政府写了那封可能经过深思熟虑、整个三月都在写并于 1930 年 3 月 28 日写好的信。就在这些天，3 月 25 日马雅可夫斯基在纪念自己创作 20 周年（布尔加科夫在信中也像马雅可夫斯基那样用自己的展览以及围绕展览所作的报告公开总结了自己的文学创作工作十周年［与诗人不同］）的晚会上致词，跟听众诉苦说嗓子不舒服，并预告说："我可能不得不长期停止朗诵。可能今天就是最后的晚会之一……"看来布尔加科夫在 3 月到 4 月初已经完全不

第五章　重写长篇小说。新的剧本与新的希望（1932—1935 年）

关注自己在旁人看来又诸事顺利的命运了，完全陷入自己的问题当中去了。4 月 14 日发生的事情，本应让布尔加科夫对马雅可夫斯基的态度发生某种转变，让他有了回头重新认识自己的命运的动力。对于布尔加科夫来说，死者不再是从前的诗人，在他眼里至少立即变成了受难者（参看茨维塔耶娃的诗："可见，曾有心脏，假如开枪——骤停"）。顺便说一下，在基辅的青年时期，布尔加科夫受过的最大震动之一，就同类似的情景有关：中学和大学时期的朋友用左轮手枪朝胸口开了一枪，在自己的眼皮底下自杀了。我们注意到，左轮手枪是布尔加科夫艺术世界中的重要物品，短篇小说《吗啡》中描写了用勃朗宁手枪自杀，1929 年未写完的中篇小说（其中描述了"冰冷的手枪抵着皮肤"，详细介绍了"全自动手枪"——此处替代了左轮手枪的功能，——得益于左轮手枪"上帝赦免了我的罪恶"）以及从其发展而来的《剧院情史》中描述了准备实施但却没有发生的自杀。所以在第三稿中（我们还会提到这些章节）沃兰德将左轮手枪交给诗人（连同戒指——情侣的订婚仪式），指引我们没有必要单单关注马雅可夫斯基这一题材（弗莱什曼）。当然，对于布尔加科夫来说，也有自己不受他人影响的动因。作者上述所提首先合理地将注意力指向了这样一个事实，那就是马雅可夫斯基是在受难节（复活节前一周）第一天去世的，这为小说中一些脉络的形成提供了曙光。尝试"更紧密"地将诗人的死亡同新约的卷次相结合，小说大概可以用 Л. 拉温斯卡娅的下述回忆（载于《亲友回忆中的马雅可夫斯基》文集）加以补充："16 号早上阿格拉诺夫说，马雅可夫斯基将被用拖车拉着去埋葬,当天正午才弄清楚,只派来一辆普通卡车——毕竟是自杀。那天,我穿过一个厅时,看见被一小撮左翼艺术阵线成员围着的阿格拉诺夫,他在展示着什么。我走了过去,他递给我一张照片,并提醒说,快点看,免得旁人看到。这是马雅可夫斯基的照片,**他像被钉在十字架上的人一样,四肢张开,躺在地上**,双手和双脚叉开,口大张着绝望地呼喊。我吓呆了,这和我第一次在根德里科夫巷看到的平静的、像睡着了的马雅可夫斯基一点都不像。① 人们向我解释说:'阿格拉诺夫、特列季亚科夫和科利佐夫一进屋,赶紧抓拍了下来。'之后我再没看到过这张照片。"对这张照片的描述,以及同耶稣受难像的比较,在这些天可能传到了无疑紧盯着诗人死亡各种细节的布尔加科夫那里——其中,既出于以前作传的动机,也是出于现在作传的动机。对这些动机考虑得还不够。顺便提一提,悲剧发生的那些天,布尔加科夫本人在焦急地等待十多天前就已经寄出去的信的回信,而且一旦收信人长时间置之不理,据叶·谢·布尔加科娃证明,他已经想好了了结生命的各种办法。因此——不管他走这样一步的决心有多大——他的文学创作对手打来的冷枪本应对他造成很大的影响,可以理解的是,一方面,许多事情在他眼里一下子得到了补偿,另一方面,好像"代替"了他自己的行动。再说一遍,葬礼第二天响起的、受葬礼印象影响的电话铃声,让这种"代替"变成了真事,而且似乎对布尔加科夫本人来说更加意味深长。回顾过去的一周,他可

---

① 参看帕斯捷尔纳克的诗《诗人之死》:"沉睡了,不再颤抖,安详平静。"

第五章　重写长篇小说。新的剧本与新的希望（1932—1935 年）

能首先理解为自己在这一周周末以死刑 "纪念"（"得益于" 另一个人的死亡）受难周。只是在 1932—1933 年重写长篇小说的时候，受难周才被逐日纪念，接着开始在长篇小说的两个时期——新约时期和当代——的计划中拟定出对应的这些天。

我们也注意到，布尔加科夫当然密切关注了各个报纸上刊登的马雅可夫斯基的遗书，这封遗书不仅是写给所有人的，而且特别是写给那位收信人（"政府同志"）的，好像不能不估计这一情况——这封信的作者与他本人不同，**什么也没有**为自己——只是为自己的遗属**争取**；结果是，在协议关系中，一个以死来解除，另一个现在加入了，还在电话交谈时把自己用完全特定的关系拴住了。（当然，这一点可能只是后来才彻底领会了，因此，1931 年的信的最后一句话可以感受得到苦涩的意味："……我不是因为恐惧才在苏联的剧院当了一年导演。"）

我们已经指出，布尔加科夫 1930 年 12 月 28 日写的亲切而坦率、总结性的诗，使人联想起马雅可夫斯基去世前所作的诗。这种联想使我们确信，布尔加科夫创作中的死亡（和自杀）这一主题从此时起（主要是指在长篇小说改变了的构思中）在某种程度上是在马雅可夫斯基之死的征兆下进行阐述的，以后能够也应当同诗人的这一主题相提并论。马雅可夫斯基最后的举动，是他同布尔加科夫相似的第一个举动（参看茨维塔耶娃的已被援引悼念组诗《致马雅可夫斯基》："小伙子！不要像马雅可夫斯基那样行事：要像沙霍夫那样"；"阶级的苍白内幕最终会被连根拔出" "俄罗斯贵族的姿态"，等等）。也许有必要指出，20 世纪 20 年代后半期同布尔加科夫走得很近的人证明，叶赛宁自杀在他们的圈子里"没有引起注意"。我们敢于作出的推测，其中有，布尔加科夫不懂（这种情况下）选择的方式。顺便提一下，多年后，也就是在1939年底，身患重病的布尔加科夫像医生一样，坚信自己逃不过很快就要到来的痛苦的死亡，给基辅时期的朋友A.格杰申斯基写信说："众所周知，有一种体面的死法——用枪自杀，但是很可惜，我没有这样的武器。"在我们所写的这一时期（1930—1931年），对于布尔加科夫而言，自己**生平经历**中的波折就像创作反射对象一样退到阴影处，取而代之以对**命运**的思考（升华为有艺术性的思考）。继续写1928年动笔、1930年被销毁、至今都同作者的生平经历不沾边的长篇小说的愿望，同写自传（但是是以不同于过去的顺序）的渴望交织在一起。未完成的长篇小说就是合适的框架。"等不到"他把关于耶稣、魔鬼的长篇小说写完时，创作长篇小说的进程就适合回顾性自传叙述，此外，就像我们推测的那样，受"记生平经历"和"创作"的相互关系本身变换的驱使，布尔加科夫决定继续写未完成的长篇小说，把**自身**安排为**这部**长篇小说**本身**的作者：**正在写的**长篇小说的作者把自己描绘成关于那些主角（也就是耶稣、魔鬼和彼拉多）的已经写完的长篇小说的作者。

这一时期，布尔加科夫的创作过程中好像完成了两次相向运动。一次是具有自传艺术性使命形式的、对重要的人生行为和自己命运的思考，应当同已有构思的框架进行了修正。另一次是关于耶稣和沃兰德的长篇小说本身以及其中原有的问题和彼拉多与耶稣参与的事件超越时间局限的性质，不可能不对布

第五章　重写长篇小说。新的剧本与新的希望（1932—1935 年）

尔加科夫认识自己的生平经历问题产生影响——对以为自己的生平经历是超越时间局限的命运的意识产生了影响。耶稣和彼拉多的故事暗示了这样的想法：那些决定命运的行动后果不可逆转，谁像长篇小说的主人公大师那样开始向撒旦寻求帮助并因此将自己今后的命运同恶势力联系在一起，就永远不得好报（因此，首先他就"获不得光明"）。

二

1933 年 9 月 9 日，叶莲娜·谢尔盖耶夫娜根据布尔加科夫的口述记道："中午 12 点，高尔基在莫斯科艺术剧院朗诵了《陀斯契加耶夫》①。全体演员起立鼓掌，整个剧团都到了。朗诵是在楼上休息室进行的。高尔基说：'我直接被掌声震聋了。我的耳朵现在一直回响着"乌拉"的喊声。'

中间休息时，同高尔基和克留奇科夫见面。克留奇科夫说，米哈伊尔·阿法纳西耶维奇的信已收悉……阿列克谢·马克西姆维奇非常忙，刚刚才抽身……'我以为阿列克谢·马克西姆维奇不想见我。''不会，不会的！'

剧本朗诵结束后，没有掌声。高尔基说：'喂，都说说，我哪里出错了？'涅米罗维奇说：'哪里都没有错，剧本很好、很出彩。'"看来，日记中所说的"见面"不过是互相打个招呼。他没能同高尔基交谈——取而代之以同高尔基的秘书

---

① 指高尔基晚年创作的剧本《陀斯契加耶夫等人》。——译者注

П. П. 克留奇科夫交谈，据同时代的人回忆，克留奇科夫迅速把高尔基和想同高尔基进行私人会面的人之间的中介人职责揽在自己身上。

剧院里讨论了有关《逃亡》的问题，阿菲诺格诺夫积极参与了这次讨论，他不久前刚周游各国归来，作为见过世面的人，心甘情愿地提了一些建议；这让布尔加科夫很生气，他认为，有权给他提文学建议的人不多，无论如何，对建议者的选择还是有所保留的。

9月17日晚，布尔加科夫给Н. Н. 梁明朗读了长篇小说的两章。这是对重写的长篇小说的其中一次初读。

这一时期的一份有趣的文献保存了下来。9月8日，给布尔加科夫送来一份关于对萨尔蒂科夫-谢德林的看法的问卷（问卷由《文学遗产》编辑部提供）。9月19日，布尔加科夫给出了自己的回答，而且他对一些问题的反应比回答更有趣：他明确把那些同自己的世界观和对世界的描述的语言格格不入的措词甩在一边。他给责任编辑阿韦尔巴赫同志写信时，甚至好像有点模仿自己回答过的那些问题：

"1. 您对谢德林作品的熟悉程度和熟悉的特点，他在您的世界观形成中的作用。

回答：我开始接触谢德林的作品大约是在13岁时，而且这些作品我都特别喜欢。后来我继续读这些作品，一遍又一遍地重新读它们。我认为，自己对谢德林的作品熟悉程度颇高，他在我的世界观形成中起了很大的作用。

2. 您对谢德林作为艺术家的评价。

第五章　重写长篇小说。新的剧本与新的希望（1932—1935年）

回答：我认为他是一流的艺术家。

3. 鉴于苏联讽刺作品的使命，对谢德林作为讽刺作品经典作家的评价。

回答：我认为，不能创作讽刺作品，它是自发产生的。但是我认为，应当推荐每一位苏联讽刺作家加强对谢德林的研究。

4. 从我国当今的文学争论来论述谢德林的艺术手法。谢德林对您有没有纯粹的文学方面的影响。

回答：问题第一部分不明白。至于谢德林对我的文学影响，我感觉这种影响非常大。

5. 谢德林作为作家的类型（对实际生活的参与，世界观水平）。

回答：问题不太明确，我很难对它作出回答。"这些公开声明的困难，就是布尔加科夫30年代初有别于许多同行的特点。

9月27日："米沙给科利亚 Л.① 读最近几天，或者确切些说，最近几夜新写的关于魔鬼的长篇小说的几章。"在这些天，他每天晚上都和小谢尔盖下象棋，睡前给他讲勇敢的少先队员布勒金的故事——讲他如何同伏罗希洛夫一起上战场，遇到各种离奇古怪的事情。为数不多的访客之一Л. 坎托罗维奇听到了这个，劝布尔加科夫着手拍儿童电影《布勒金》。"但是米哈伊尔·阿法纳西耶维奇忙于写长篇小说，而且也不相信这个想法能变成现实。"叶莲娜·谢尔盖耶夫娜在9月28日记道。

---

① 梁明。

10月1日，他给妹妹娜佳寄了一封便函，请求原谅他在命名日前夕没有送上祝福："这不是因为我忘了你。我一直身体不舒服，打算从明天起才开始出门。正好你昨天庆祝命名日，给你的孩子们寄去100卢布，并亲吻他们。我和柳霞现在让房子问题搞得焦头烂额，见鬼了。我们的房子还没有准备好，方方面面都在折磨我。我已经为柳芭在我现在住的楼里建好了房子。总之，不要生我的气，说我很少给你告知近况。"

10月2日："在列昂季耶夫家度过了美妙的夜晚"——在瓦·德·舍尔温斯基位于曼苏罗夫巷的私邸里，和对叶莲娜·谢尔盖耶夫娜和布尔加科夫都很热心的雅科夫·列昂季耶维奇·列昂季耶夫在一起，他们之间建立了温暖的、从未冷淡的关系。

这些天，长篇小说《莫里哀传》的事情有点起死回生——9月21日，《名人传》编辑部编辑 H. A. 埃克给布尔加科夫送来一份《莫里哀传》的清样，可能还带有他开始尝试核查的标记；9月4日，布尔加科夫为防万一，给弟弟写信说："我正伏案写莫里哀（我继续研究他）。"

10月5日晚6时30分，涅米罗维奇-丹钦科同布尔加科夫、阿菲诺格诺夫、伊万诺夫、法伊科、维什涅夫斯基、戏剧评论家巴赫利斯座谈，其中，维什涅夫斯基指出："布尔加科夫改编的《死魂灵》剧本很差。"

当天晚上，布尔加科夫在波波夫那里朗读了长篇小说选段。

10月10日，叶·谢·布尔加科娃记道："晚上我们家里来

第五章　重写长篇小说。新的剧本与新的希望（1932—1935 年）

了阿赫玛托娃、韦列萨耶夫、奥利娅和卡卢日斯基①，帕佳·波波夫和安娜·伊利尼奇娜。朗读长篇小说。阿赫玛托娃整晚都沉默不语。"

据 C. A. 马卡申证明，布尔加科夫本人对给《文学遗产》问卷的回答不是很满意，10 月 11 日他又写了一遍回答。关于同作家的最初接触，他换了说法，接着解释说："当我长大后，我知道了残酷的真相。阿塔曼的小伙子们、不务正业的克列缅京科们、马大哈们、笨蛋们，普雷希少校和原来的坏蛋乌格留姆·布尔切耶夫，都比萨尔特科夫·谢德林活得时间长。那时我看周围的一切都很凄凉。"而对第三个问题的最新回答，增添了思想和表述的格言力量："我相信，任何创作讽刺作品的企图都注定要彻底失败。它是创作不出来的，它是自发的、突然产生的。它只是在出现认为当下的生活并不完美、并愤怒地用艺术手法揭露的作家时才产生。我认为，这样的作家的路非常艰难。"似乎为了证实这些刚刚写的话，从叶莲娜·谢尔盖耶夫娜的日记中可以看出，第二天早上她的妹妹奥利亚就打来电话说："尼古拉·埃德曼和马斯被捕了。据说是因为什么讽刺寓言。米沙阴沉着脸"；正如在同一篇日记中记道的那样，当晚他就将部分长篇小说付之一炬。看来，这是关于博索伊的那一章，在作者标注的页码中为第 117—292 页，几乎全是作者从自己的文献资料中保存下来的长篇小说新（第三）稿第二

---

① 布尔加科娃的妹妹、涅米罗维奇–丹钦科的秘书奥·谢·博克尚斯卡娅以及她的丈夫、莫斯科艺术剧院的演员卡卢日斯基。他们和希洛夫斯基、叶莲娜·谢尔盖耶夫娜的大儿子热尼亚住在一个房子里。

本上剪下来的。只有四页完整无缺，开头的话是这样的："完全不是因为莫斯科人博索伊知道这些地方，听说过这些地方，不是，只是采用了其他什么方法，用皮肤还是什么，博索伊明白了，带他是为了同他干可以和人干的最恐怖的事情——剥夺自由。"看来，此时已经和布尔加科夫非常熟悉、后来交往密切的 H. P. 埃德曼很快出现在了叶尼塞斯克（莫斯科艺术剧院把这归因于，卡恰洛夫出于好意在官方人士出席的晚宴上朗诵了他的极具讽刺意味的寓言）。其中，莫斯科艺术剧院尝试上演埃德曼的剧本《自杀者》的事也就这样结束了。

10 月 14 日，布尔加科夫请《名人传》编辑部告知，《莫里哀》的手稿是否过审了，17 日，他收到了手稿以及亚·尼·吉洪诺夫的通知：《莫里哀》不会出版。布尔加科夫当天就开始给韦列萨耶夫写信（我们引用的是草稿）："亲爱的维肯季·维肯季耶维奇，记得有一次我给您写了一封让您万分莫名其妙的信。这是常事：当我的文学创作负荷开始让我压力太大的时候，我会把一部分交给叶莲娜·谢尔盖耶夫娜。但是女人的肩上可以承受的负担有限。到时就找您了。

我已经很久没有像现在这样这么焦虑了。失眠。凌晨我就开始盯着天花板看，一直瞪大眼睛，直到窗外开始有了动静——便帽，手帕，手帕，便帽。唉，好无聊啊！

究竟是怎么回事呢？房子。就因此而起。总之，我人到暮年还寄人篱下。这个房子租出去了①，另一个房子还没准备好。

---

① 租给了另一个租户，因为租期到了。

第五章　重写长篇小说。新的剧本与新的希望（1932—1935 年）

不满的面孔时不时闯入房子，说着'我的房子'。他建议我去住酒店，说一些什么下流话。忍无可忍。接着他越发胡说八道，没法思考写作。"

他暂且几乎每天，更确切些说，每夜都在写长篇小说。10月21日夜里，写的是第12章，29日已经开始写第14章了。

10月20日，叶莲娜·谢尔盖耶夫娜记道："米哈伊尔·阿法纳西耶维奇去找布卢门塔尔①，给疼了有段时间的肾拍个片子。但是说一切正常。"很久以后，他的年轻的朋友谢·A. 叶尔莫林斯基回忆起他喜欢的一条医生劝诫，看来他有时跟对方说："注意，最糟糕的病就是肾病。它像小偷一样偷偷地靠近，悄悄地靠近，不给任何疼痛信号。常常就是这样。因此，如果我是警察长官，我就用出示尿检结果来代替出示护照，就凭这一点就可以给盖登记章。"

10月30日，《图尔宾一家的日子》上演时，B. M. 莫洛托夫表扬了演员的演技——关于这事的报道，叶莲娜·谢尔盖耶夫娜记到了日记里。

31日夜里，布尔加科夫又在写长篇小说。

现在，原来放在一个章节的沃兰德对彼拉多和耶稣的介绍，分成了几部分，穿插了其他概述情节。费埃洛（后来的阿扎泽洛）给玛格丽特读她的情夫写的长篇小说的片段——就这样，1933年10—11月，与沃兰德的福音书内容吻合的长篇小说的作者，已经被确定为新的主人公。

---

① 20年代时是 H. M. 波克罗夫斯基的助手。

11月1日，谢尔盖·布丹采夫打来电话，讲了布留霍年科让砍断的狗头愈合的经验；布留霍年科当天受邀吃饭，讲了自己的经验，他保证，这是"剧本的现成素材"（接下来，我们将在引号中原封不动地呈现叶·谢·布尔加科娃日记中的引文）。

"《名人传》编辑部的 H. A. 埃克打来电话，告知如下事项：

'加米涅夫非常喜欢《莫里哀传》，他压根不同意吉洪诺夫的鉴定。他等着后者休假回来……'"

布尔加科夫几乎每天都去工地——欣赏施工进度，回来后异常激动。

11月3日吃晚饭时来了莫斯科艺术剧院的客人。"费佳①说：'《莫里哀》没有过审，《逃亡》过审了。'"4日"我和米哈伊尔·阿法纳西耶维奇去分院②值班，看基尔雄的《面包》。演出前是庆祝环节，舞台装饰成红色，每个人讲话后，乐队都演奏一段《国际歌》。但是我们没有在大厅里坐，而是在剧院里到处找水。戏我们看了，很无聊，男人不可信，克德罗夫演得不错。"

长篇小说的手稿里依旧可以看出，他每天都在写长篇小说。11月8日："米哈伊尔·阿法纳西耶维奇几乎一整天都在睡觉——有过很多不眠之夜。然后写长篇小说（玛格丽特的飞行）。抱怨说头疼。"11月9日："担心房子问题。我们去找马

---

① 费·尼·米哈利斯基。
② 莫斯科艺术剧院。

第五章　重写长篇小说。新的剧本与新的希望（1932—1935 年）

泰·扎尔卡①，他安抚说，很快就会有的，年底前就会有的。寒冷。第一场雪。暴风雪。"11 月 10 日："莫斯科艺术剧院举办日场音乐会，我们去了。戈洛瓦诺夫指挥乐队演奏了《西班牙随想曲》。扎米亚京的信隔了很长时间后来了。"11 月 11 日："在新家召开管委会会议"；11 月 12 日："晚上，德米特里耶夫②从大剧院回来。在那里观赏《堂吉诃德》时看见了坐在包厢里的斯大林。"11 月 14 日："米哈伊尔·阿法纳西耶维奇跟卡卢日斯基说，自己想加入演员团体。请让他扮演《匹克威克外传》中法官一角和《图尔宾一家的日子》中的盖特曼。卡卢日斯基态度很积极。我很绝望。布尔加科夫成了演员。"11 月 16 日："米哈伊尔·阿法纳西耶维奇在《死魂灵》剧组值班。这是每日都写长篇小说时的最后一天；手稿停留在第 506 页，日期截至 1933 年 12 月 30 日。"

11 月 17 日："晚上，鲁本·西蒙诺夫剧院在位于大德米特洛夫卡的新址举行开幕式，上演了《人才们和拥趸们》。一部新出炉的、新排的戏剧。鲁本·尼古拉耶维奇很热情地接待了米哈伊尔·阿法纳西耶维奇，邀请我们出席演出后的晚宴。来了很多瓦赫坦戈夫剧院的人，大家都很客气。"

11 月 22 日："在波波夫家做客。吉他、吉卜赛华尔兹③，在他们家做客没有回到我们家时，有个熟人来做客，但是阿努

---

① 他在住房合作社管委会工作过。
② 为《死魂灵》前期布置舞台装置的戏剧艺术家弗·德米特里耶夫和利姆来了。
③ 据很多人讲，А. И. 托尔斯塔娅在吉他伴奏下唱浪漫曲唱得非常棒。

什卡对他说：'布尔加科夫一来，你就收起钓竿，他现在不能见外人。'

米哈伊尔·阿法纳西耶维奇知道后，跑出去追他，没追上。"

11月29日，莫斯科艺术剧院在布尔加科夫缺席的情况下举行了会议，决定推迟上演《逃亡》，作者第二天才知道此事。

12月7日，晚上去看医生。"诊断出米哈伊尔·阿法纳西耶维奇过度疲劳。"

12月8日，为剧本《无上幸福》打草稿。他给叶莲娜·谢尔盖耶夫娜写了个便条："我非常爱你。米·""克诺雷①来到分院，把米哈伊尔·阿法纳西耶维奇叫了出去，非常委婉、非常有礼貌地提议了一个题材——非常好的题材——关于国家政治保卫总局劳改营改造土匪——就看米哈伊尔·阿法纳西耶维奇愿不愿意同他一起来写。米哈伊尔·阿法纳西耶维奇礼貌地拒绝了。"这是作家们去白海—波罗的海运河旅行、创作大量关于劳动改造题材的中短篇小说（米·佐先科的《一条生命的故事》，收入《白海—波罗的海运河》文集第1版的《一段重新改造的故事》）的时期。12月9日，布尔加科夫在审《匹克威克外传》前六场时扮演法官角色（布尔加科夫帮助 H. A. 文克斯特恩改剧本，甚至在莫斯科艺术剧院替她朗诵了剧本）。"取得了成功。托波尔科夫第一个向他道贺。涅米罗维奇说：没错，新演员露脸了。""排演时通知，恢复排演莫里哀《莫里

---

① 青年工人剧场的导演。

第五章 重写长篇小说。新的剧本与新的希望（1932—1935 年）

哀》。"（《莫里哀》已经有半年多没有排演了）

叶莲娜·谢尔盖耶夫娜 1933 年底的日记简单勾勒了甚至同此时已经完成重新改造之路并期望在这条路上耽误的人赶上来的亲友相互疏远、互不理解的场景。12 月 11 日，妹妹娜杰日达·阿法纳西耶夫娜来了——为自己的熟人、评论家努希诺夫索要剧本《莫里哀》和《逃亡》；同时，她真诚地预先告知哥哥，会把他写得很负面。布尔加科夫拒绝了，娜杰日达对这种不客气感到不满。奥莉加·谢尔盖耶夫娜·博克尚斯卡娅通告了不久前《文学百科全书》编辑部打给剧院的电话内容："一位女士说：'我们在写关于布尔加科夫的文章，当然是负面的文章。但是我们很想知道，他在写完《图尔宾一家的日子》之后是否有所改变。'"

米沙说："遗憾啊，通信员没有接电话，不然他会回答说：没错，昨晚 11 点改变了。"家庭小范围吃饭或喝茶的活动继续进行。"娜杰日达·阿法纳西耶夫娜还说：'她丈夫那方的一个远亲，是个共产党员，谈论布尔加科夫说：把他派到第聂伯河建设工程干上三个月，而且还不给吃饭，到时候他就彻底变了。'"

米沙说："还有一个办法——给吃咸鲱鱼，不给喝水。"

紧张、与周围的人的思维方式和语言脱节的感觉，在似乎可以指望得到内心安宁之处——同曾在一个屋檐下的人在一起——还是没有减弱。

12 月 12 日："白天我们打算和米沙去滑雪，我们横穿过新圣女公墓旁的水塘，然后回来了——刮着凛冽的寒风。

今天《消息报》刊登了关于新任美国大使的消息以及他的照片——报道说他昨晚抵达莫斯科。

每天都召开《莫里哀》导演会；不断有演员加入。"

12月16日，布尔加科夫开始给妻子口述《无上幸福》剧本。12月17日，在1922年写的短篇小说印刷版《埃尔皮特——工人合住房所在的13号楼》上题词："赠予唯一的激励者、我的妻子叶莲娜·谢尔盖耶夫娜存念。这篇短篇小说写于我人生中的痛苦时期。"12月19日，叶莲娜·谢尔盖耶夫娜的儿子热尼亚通过她转交给布尔加科夫从《莫斯科晚报》上剪下来的剪报——上面报道说，美国大使布利特观看了《图尔宾一家的日子》并在留言簿上写道："完美的剧本，完美的表演。"

12月13日11点，布尔加科夫在莫斯科艺术剧院给新演员朗读《莫里哀》。"今天韦列萨耶夫打来电话，抱怨了半天他的由国家文艺书籍出版社出版的书《姐妹》，说该出版社把书放在次品柜台，并写道，此书有害。老头儿表示遗憾。"

12月25日，早上排演《莫里哀》。"快4点时，我去剧院找布尔加科夫，我们一起去位于亚基曼卡的输血研究所。布留霍年科（谢尔盖·谢尔盖耶维奇）非常遗憾地表示，他不能展示让砍断的狗头愈合的实验——没有合适的样本。他展示了自己的一些成就。但是主要是一再建议米哈伊尔·阿法纳西耶维奇写剧本——和他一起——以他的任一科学实验为基础。

这时来了全苏电影联合公司的知名导演，他劝布尔加科夫不要写剧本了，写电影脚本或者两种都写。但是与此同时也弄明白了，'布尔加科夫'这个名字让他害怕。他一直一边小声

第五章　重写长篇小说。新的剧本与新的希望（1932—1935 年）

嘟囔着什么，一边痛苦地叹气；

'是的……要知道您毕竟是讽刺作家！因为我记得您的《不祥的蛋》……是的，没错……难过地摇了摇头。'

然后他和布留霍年科，两人都穿的是夹克，不顾外面很冷，来到院子里送别我们，并邀请再来他们这里。"叶莲娜·谢尔盖耶夫娜对这种细节很敏感，总是把这种尊重布尔加科夫的表示记在心里。

12 月 29 日："今天先是叶戈罗夫和里普希来到我们家，后来又来了费佳。① 里普希是为数不多的赞成我们结婚的人。吃晚饭时，尼古拉·瓦西里耶维奇开始激动不已地证明，恰恰是米哈伊尔·阿法纳西耶维奇应当为剧院原则净化和莫斯科艺术剧院的艺术脸面而斗争。

'要知道您毕竟习惯了挨饿，您怕什么！'他愤怒地叫喊道。

'我当然习惯了挨饿，但是我不是特别喜欢这样。所以您还是自己去斗吧。'"

12 月 30 日，又得以投身于写长篇小说——写了一页。

12 月 31 日，布尔加科夫和朋友、亲人——妹夫雅·列·列昂季耶夫和安·安·阿伦特（为普希金看过病的医生的后人）、奥·谢·博克尚斯卡娅和卡卢日斯基—— 一起迎接新的一年 1934 年。席间很欢乐："热尼亚·卡卢日斯基和列昂季耶夫被米哈伊尔·阿法纳西耶维奇为新年而创作的诙谐的、有点

---

① 尼·瓦·叶戈罗夫是莫斯科艺术剧院副院长；里·卡·塔曼采娃是莫斯科艺术剧院的行政秘书；费·费·米哈利斯基。

不雅的诗折磨坏了,就是说,诗绝对无伤大雅,只是韵脚不同。"

1934年1月4日,布尔加科夫回归长篇小说的写作;在这天写的那一页上,玛格丽特同沃兰德不是在舞会(这一稿中没有舞会)上,而是在狂欢舞会(描述得比后来几稿更有拉伯雷式的情调)上遇见时,请求他说:"把我的情人还给我。"

整个1月份,作家三天两头去写手稿。费埃洛压低皮帽子,去找情人。他失踪的故事占了两页,被从本子上撕掉了(看来,也是出于跟博索伊的故事同样的原因),但是,就像已经说过的那样,长篇小说中的主人公出现时穿着棉袄和靴子。

1月9日:"米哈伊尔·阿法纳西耶维奇一幕接一幕地加工剧本。'给哪个剧院?''提我的名字,哪里都不会要。哪怕出版得很好。'"这里说的是剧本《无上幸福》。1月14日:"漏掉了几天。① 此间有两个人过世了:卢那察尔斯基和安德烈·别雷。"这两位都是布尔加科夫关注的人,第一位和他的命运直接相关。布尔加科夫对别雷的文学创作持否定态度,但是从1933年起似乎夹杂着愤恨——因为别雷反对在莫斯科艺术剧院上演《死魂灵》,他确信,既没有一个导演,也没有一个改编剧本的作者懂果戈理(那一年安·别雷出版了自己的难以读到、富含卓越思想的《果戈理的绝技》一书)。可以认为,在这些年以及以后的几年,布尔加科夫对果戈理日常的、创作多样性的定位里,有同别雷进行内部争论的成分,后者认为自己

---

① 叶莲娜·谢尔盖耶夫娜想认真地、有规律地记日记。

第五章　重写长篇小说。新的剧本与新的希望（1932—1935 年）

是果戈理的"复兴者""又一个果戈理"。这加剧了布尔加科夫对别雷的厌恶，迫使他产生了被叶莲娜·谢尔盖耶夫娜记在那篇日记里的激烈话语，对于我们而言，最重要的是，这是布尔加科夫为数不多的一段直接陈述：

"恕我直言，我一生都在写荒诞曲折的故事。最近我决定转向共产主义运动。但是转身极其不成功……据说，人们用特别悲痛的悼词感谢它。'莫斯科艺术剧院开始排演《敌人》①。不久前小剧院上演这个剧的某场戏时，政府的包厢里传出这样一句话：这个剧要是放到艺术剧院上演就好了。"莫斯科艺术剧院的剧目就这样遭受了不可预测的变动，一方面，在布尔加科夫以及其他剧作家看来，这让已经在排的剧本变化不定，另一方面，这迫使人们时时期待奇迹——比如，《逃亡》重返舞台。

1 月二十几号已经在写长篇小说的最后几章了，就像早在 1933 年 10 月就在《章节划分》中标记的那样："第 17 章，6 月 26 日②斯捷帕归来。第 18 章，释放博斯伊。第 19 章，伊万努什卡家的侦查。第 20 章，和沃兰德搏斗，城市起火，傍晚自杀。第 21 章，飞行，本丢·彼拉多，星期日。"

看来，被称为《城市起火》的一章的那些页被撕掉了，可以弄清楚的只有短篇小说中叙述狱车如何迅速开到 10 号楼的断简残篇。但是这一章的内容通过叶莲娜·谢尔盖耶夫娜 1 月 23 日写的日记可以部分地还原，这里记叙了布尔加科夫如何写

---

① 高尔基的剧本。
② 划分事件的准确日期。

作别尔利奥兹公寓里起火的场景,以及那天晚上(大概是22日到23日的夜里)布尔加科夫家的厨房起火,布尔加科夫如何亲手灭火,某一刻绝望地喊道:"叫消防员!",但是随后火势得到控制并被扑灭……

接着,在描述外宾商店的场景时,对长篇小说的写作又停了下来;那年夏天才得以重新写它。

2月5日,布尔加科夫和夫人观看了高尔基的剧本《叶戈尔·布雷乔夫等人》的总排演,叶莲娜·谢尔盖耶夫娜在日记中总结了他们的观后感:"平淡无趣的一部剧"。2月11日,也就是首演后的第二天,奥·谢·博克尚斯卡娅给他们打来电话,一如既往告知了一些关于戏剧的新闻:"政府的人去看剧了,斯大林去了。大获成功。他吩咐让上演《播种爱情》。"

间隔了好长时间——从2月11日到3月27日——后,叶莲娜·谢尔盖耶夫娜恢复写日记,她特意解释说:"我病了很久(肺炎),后来我们搬到了新家,而且米沙是在38度的高烧下把我运过去的(2月18日),归置东西,等等。还有,米哈伊尔·阿法纳西耶维奇在写新的喜剧。"

1934年2月20日,旧书商埃·菲·齐佩利索恩在日记中写道:"我碰见了米·阿·布尔加科夫。问他现在找什么书,他回答说:'我现在最需要找的是洗澡用的煤气。'他昨天搬到了位于纳晓金巷的作家之家。

《莫里哀》已经排演了第三个年头了。《逃亡》又被撤演了。接着是典型的布尔加科夫风格。我问:'巴格里茨基埋了吗?'他答:'谁是巴格里茨基?说实话,我不知道谁是巴格里

第五章　重写长篇小说。新的剧本与新的希望（1932—1935年）

茨基！'

我们聊了塔尔尼科夫的证明一般不能改写经典作品的文章……"

1934年3月6日，布尔加科夫给韦列萨耶夫写信，谈到自己新的安身之处说："特别棒的楼，我发誓！上面、下面、后面、前面、侧面住的都是作家。

我向上帝祈求，让这栋楼牢不可破。很幸福的是，我离开了潮湿的皮罗戈夫地窖。不用坐电车多么幸福啊！维肯季·维肯季耶维奇！"新房子的最大优点是沿几个林荫道、尼基塔街，穿过几个胡同，步行25—30分钟就可以走到莫斯科艺术剧院或者分院。从皮罗戈夫巷到剧院，不得不坐拥挤不堪的电车。"真的，我们家里很凉快，厕所里有什么东西没弄好，水从水箱里流到地上，也许还有一些东西没有弄好，但我还是很幸福。只要楼在！

上帝！真希望春天快点到来。哦，多么漫长，多么令人厌倦的这个冬天。① 我幻想着，打开阳台门的场景。累了，我好累。"

大约比布尔加科夫早半年，奥·曼德尔施塔姆和妻子也搬进了这栋楼。他们在1934年5月之前的短短几个月里未必见过面——除非在房子附近的路上偶遇。据我们所知，他们1921年短暂相识所结下的友谊没有维持到莫斯科；太多的东西使他们疏远了（我们不妨比照诗人的妻子对基辅时期的回忆看看：

---

① 布尔加科夫本人是否意识到，信中几乎一字不差地引用了契诃夫的短篇小说《农民》中的语句："哦，多么寒冷，多么漫长的冬天啊！？"

"1919年时的曼德尔施塔姆对人完全信任,快乐、随和",由此,我们也知道了布尔加科夫那时的心情)。而且,这是同一代人,甚至是同龄人,两个人都完全属于"城市"文化,持回溯性观点,对比理由显而易见,他们认为城市是文化中心、历史记忆的载体,认为剧院是文化聚集地、传统的载体。甚至同时期的莫斯科,他们经常用相同的笔调来描绘——曼德尔施塔姆对城市日常生活的物品充满诗意的兴奋,和布尔加科夫笔下追求舒适的城里人对这些物品尖刻的"毫无诗意"的评价("我喜欢来回穿梭的电车"以及布尔加科夫的话:"这不它们已经在吵闹了,从停车场奔向四面八方""它们在严寒中发出的令人厌恶的咯吱声")之间的差别越来越明显。

与其说是划分布尔加科夫和曼德尔施塔姆私人间的相互关系(我们重申,实际上没有私人关系),不如说是划分30年代中期莫斯科文学生活的地图——安·安·阿赫玛托娃回忆说:"1933—1934年冬天时,我在位于纳晓金巷的曼德尔施塔姆家做过客。1934年2月,我受邀参加布尔加科夫的家庭晚会。奥西普激动地说:'他们想让你接近莫斯科文学!'[①] 为了安慰他,我不识时务地说:'不,布尔加科夫自己是被抛弃的人。可能那里来了莫斯科艺术剧院的什么人。'

奥西普完全怒了。他跑进各个房间,喊道:

'如何让阿赫玛托娃离开莫斯科艺术剧院……'"

两个多月后,也就是5月14日早上7点,曼德尔施塔姆即

[①] 看来他想象不到,此时布尔加科夫已经同"莫斯科文学"没有什么关系了。

第五章　重写长篇小说。新的剧本与新的希望（1932—1935年）

将被捕。

3月14日，布尔加科夫给帕·谢·波波夫写信说："这个冬天实在是没有尽头。看着窗外，就想吐口水。屋顶上老是堆着苍白的雪。讨厌冬天！"基辅人十多年来内心还是没有习惯莫斯科寒冷而又漫长的冬季。

"房子慢慢布置好了。但是家具工比冬天还烦人，进进出出，叮当乱响。

卧室里挂了灯笼。至于书房，去它的吧！所有这些书房都没用。"

房子有三个房间。从当厨房的大房间出来，左边的门是儿童房，右边的门也当成书房的次卧。

"皮罗戈夫我已经忘了。这是个准确的信号，说明在那里过得不好，尽管有过很多有趣的事……莫里哀说：好吧，那我们排练吧。但是很少，很慢。我偷偷地说，我不看好这个。柳霞要不是气愤，也不可能说，剧院完成了这个剧本。而对我来说，这个时期早就过了。要不是考虑到，舞台需要新剧本，继续生活下去，我才不去想它。行，就好，不行，那就没有必要。但是我在这些很少的排演中干了很多，很狂热。拿舞台血液一点办法也没有！"

他也定期参加《匹克威克外传》的彩排；同"莫斯科艺术剧院的歌唱家们"准备责成他来筹备的纪念晚会。"……我偶尔一场接一场地涂抹喜剧剧本。我这样做哄谁开心呢？为了什么？没人向我解释。"3月23日，同莫斯科讽刺剧院签订了关于《无上幸福》剧本的协议。

1934年3月27日,叶莲娜·谢尔盖耶夫娜记道:"今天白天我去莫斯科艺术剧院找布尔加科夫。我在费佳的办公室等他时,尼·瓦·叶戈罗夫过来了,他说前几天斯大林来过剧院,而且问布尔加科夫是否在剧院工作?

'叶莲娜·谢尔盖耶夫娜,我向您保证,政府官员们认为,最好的剧本就是《图尔宾一家的日子》。'"

斯大林的关注这一新迹象,重新唤起了布尔加科夫的希望,两周多以后,也就是在4月13日,叶莲娜·谢尔盖耶夫娜在日记中写道:"我们决定递交办理8—9月出国护照的申请。"

3月28日,布尔加科夫完成了《无上幸福》剧本第一稿,用了三个半本子,部分剧本是由他口授、叶莲娜·谢尔盖耶夫娜亲笔写的。

"我对在那里过这种生活感到痛苦,"剧本的女主人公玛利亚乘坐时光机器飞到未来国家,对那里的人说,"哦,天呀!如果这是梦呢?您的眼睛让我平静。在这里,人脸上的表情让我吃惊。您的眼睛里是平静。**罗多曼诺夫**:'难道那时的人们面貌不同吗?'**玛利亚**:'哎,这不用问。他们和您的面貌是那么的不同……眼睛让人害怕。'"(布尔加科夫的各种作品中,不止一次提到现代人"惊慌的"或者"不安的"眼神——这是作者最不友好的一个特点;例如,我们来看看1931年写的长篇小说草稿中的话:"对不起。他姓什么?我错了,伊万的第二个耳朵上方露出了第二张面孔,长着一双**非常惊慌不安的眼睛**。")

第五章　重写长篇小说。新的剧本与新的希望（1932—1935 年）

布尔加科夫在《大师与玛格丽特》收尾之前，在剧本中插入了主角、发明家赖恩从不安中解脱这一情节，因为对他来说（就像对《亚当与夏娃》剧本的主人公、发明家叶夫罗西莫夫一样），罗多曼诺夫的劝说——劝他把机器交给作为国家代表的自己——是不可接受的："您抱着我，拿出机器，把它交给我，我把它锁在钱柜里……所有的商店都将出售您的半身雕像。"

不，这两个剧本的主人公、剧作家们连拿机器换半身雕像都不同意。罗多曼诺夫的劝说和赖恩的回答："我明白了。我是俘虏，您不会放了我"，让人想起鲍罗廷的歌剧《伊戈尔王》中孔恰克唱的咏叹调。

"这种咏叹调总是无休止地让他激动不已，"叶·谢·布尔加科娃说，"他听着这种咏叹调，脸色变得苍白，握紧了我的手……"

赖恩和乔治·米洛斯拉夫斯基从未来往回跑，跑回现在，同时，小偷米洛斯拉夫斯基用刀砍企图抓住他的人。剧本第一稿以赖恩的这一迫不得已参与他尝试获得平静和创作必需的无上幸福中的自由而收场的杀人行为收尾。

第二稿（大部分是由作家口授给妻子的）总共用了两周时间就写好了，其中没有了音乐喜剧风格的痕迹。这一稿完成于 4 月 11 日，之后马上开始用打字机重新打出来。4 月 12 日，作家"给自己人"朗读了剧本，叶莲娜·谢尔盖耶夫娜这样记道："来了科利亚·梁明，他从亚斯纳亚波利亚纳过来，待了三天。还来了谢尔盖·叶尔莫林斯基和别尔涅特。他们都很喜欢这部喜剧。"机打的第三稿标的日期是4月23日，4月25日剧本交给了剧院。

4月28日，布尔加科夫给在亚斯纳亚波利亚纳的波波夫写信说："你可不可以再加一章①——第97章，标题为：如何从无上幸福中一无所获。

4月25日，我为讽刺剧团朗读了剧本。所有人都非常喜欢第一幕和最后一幕，但是《无上幸福》的情节，大家怎么也接受不了。所有人都一致紧盯和喜欢上了伊凡雷帝②。显然，有些东西我写的完全不是那么回事。"早在几天前，也就是在4月26日，他在给韦列萨耶夫的信中抱怨说："我终于写完了早就构思好的剧本。我早就梦想着——一写完，就交给讽刺剧院，我和他们签有协议，从那一刻起我就忘了它，开始写《死魂灵》电影的脚本③。但是事与愿违……不是忘了，而是由于神经痛卧病在床，思考自己是怎样一个见鬼的剧作家！脑袋里完全是一团糟：时而闯进来奇奇科夫，时而是这部喜剧。"

顺便提一下，这个剧本构思于1929—1930年，是受马雅可夫斯基的剧本的影响，当然也有同他论战的冲动。在过去的几年间，勾画未来这一任务本身可能已经失去了文学吸引力。说实话，布尔加科夫遭遇了自己剧作创作生涯中的第一个挫折。

---

① 现在，在信中或者在谈话中，半开玩笑、半认真地讨论波波夫真的或者打算为布尔加科夫作传。

② 在这个剧本中，仅仅是在第一幕和最后一幕中出现的次要人物。

③ 3月31日同全苏电影联合公司签订的协议——应不晚于8月20日将电影脚本交给佩里耶夫导演。

第五章 重写长篇小说。新的剧本与新的希望（1932—1935年）

"我感觉自己身体状况很差。最终劳累过度。8月1日之前，无论如何要结束一切写作，9月底前来个中场休息，否则很显然的是，下个演出季我就无法应付了。"

4月31日，讽刺剧院的演员和导演团队在布尔加科夫家吃晚饭。"米哈伊尔·阿法纳西耶维奇在床上躺着接见了他们，他头疼得厉害。但是后来他好了，起来吃了晚饭。整晚都在愉快的气氛中度过。他们所有人都强烈恳求米哈伊尔·阿法纳西耶维奇改写剧本，同意给予宽限，比如说4个月（因为此时米哈伊尔·阿法纳西耶维奇要为《死魂灵》电影写脚本）。他们的脑海中常常出现既有伊凡雷帝又有被截短的关于未来的滑稽①剧本。他们认为，这种印象在伊凡雷帝第一次在剧本中出现时就已经像种子一样种了脑海里。"

"我决定递交出国旅行两个月——8月至9月——的申请，"他在这些天，也就是4月26日，告诉韦列萨耶夫说，"我已经卧床有些日子了，我在想，冥思苦想，试着同什么人商量一下。'您不要拿生病当借口。'好的，我不会。可以当作借口、应当作为借口的只有一点：我应该、我有权哪怕是短暂地见见世面。我验证自己的想法，我问妻子，我有没有这个权利。她回答说，你有。那好，要不要以此为借口？

问题由于必须和叶莲娜·谢尔盖耶夫娜一起去变得特别复杂。我感觉身体不舒服。神经衰弱、对孤独的恐惧，可能会把旅行变成苦闷的折磨。真有意思，这有什么可以当借口的？一

---

① 虽然《无上幸福》剧本有一些喜剧人物和情节，但是也没有这么滑稽。

些帮我出主意的人听到'和妻子'的字眼时，甚至连连摆手。其实对此摆手没有任何理由。这是实话，应当捍卫这种实话。我既不需要医生，也不需要休养院、疗养院以及诸如此类的其他服务。我知道自己需要什么。花两个月的时间——享受另一个城市、另一片阳光、另一片海、另一家旅店。而且我相信，秋天的时候我能够在艺术剧院巡演时去排演，而且还能写作。

有人说：'您去找涅米罗维奇。'

不，我不去！我既不会去找涅米罗维奇，也不会去找斯坦尼斯拉夫斯基。他们不会去活动的。让安东·契诃夫去找他们吧！

这就是决定。我去找叶莲娜·谢尔盖耶夫娜。她的手气好。

是时候了，该走了，维肯季·维肯季耶维奇！否则就真的有点奇怪了——日落西山！

不要祝一帆风顺；根据我们剧院的迷信，这不好。'"

这些天，申请交给了同情布尔加科夫一家的人雅·列·列昂季耶夫，以便交给阿·萨·叶努基泽本人。

"随信附寄我交给阿·萨·叶努基泽的一份申请，"布尔加科夫1934年5月1日给高尔基写信说，"是想向您解释，我请求允许我出国旅行两个月。我清楚地记得，您对剧本《逃亡》和《莫里哀》的赞许对我非常珍贵①。我斗胆打扰您，请求在一件对我确实有重要意义、纯粹涉及作家工作意义的事情上支

---

① "对我非常珍贵"——非常委婉地暗示，《逃亡》还是没能上演。

第五章　重写长篇小说。新的剧本与新的希望（1932—1935 年）

持我。说实话，我这次旅行需要一段较长的时间，但是我没有申请那么长时间，因为我秋天必须在莫斯科艺术剧院，不能中断我忙活的那些剧本（包括《莫里哀》）的导演工作。我实在是劳累过度，害怕一个人旅行，因此就请求允许我的妻子陪着我。我坚信，这次旅行可以恢复我的工作能力，同我在剧院的工作一起赋予我写作旅行见闻录的机会，这种想法总是让我神往。我从来没有出过国，您一定要给我回信。"

他又对出国旅行的想法着了迷。他早在 4 月 28 日告诉波波夫自己写申请时就写道："地中海的海浪、巴黎的博物馆、安静的旅店，没有一个熟人，莫里哀喷泉、咖啡馆，总之，能够看见这一切的可能性，早已让我魂牵梦绕。我早就和柳霞聊过，什么样的旅行可以一写！我想起了不能忘怀的'帕拉达'号护卫舰，想起了大约 18 年前格里戈罗维奇开进巴黎的场景！啊，但愿能够实现！届时请准备写新的一章——最精彩的一章。① 我有一次见过一位出过国的文学家。头上戴着一顶短短的无檐帽。除了无檐帽，什么也没有带回来。给人的感觉是，他好像消失了大约两个月，然后买了这顶无檐帽就回来了。

既没有带回文字，也没有带回话语，更没有带回想法！哦，不能忘怀的冈察洛夫！你在哪里？"这种对上世纪俄国作家旅行的依赖很好，不接受记述这些旅行的新语言，马雅可夫斯基的《我发现美洲》无疑就是这方面的一个样本。"恳请你，"布尔加科夫提醒说，"暂时不要对任何人说这件事，任何

---

① 又提到了布尔加科夫传……

人都不例外。这件事没有什么可神秘的,但是我只是想让自己免于遭受莫斯科那些长舌妇和嚼舌根的人喋喋不休的闲话。

……我只是不想泄露对我的整个未来如此重要的问题,哪怕它很短暂,哪怕已经在我生命的晚期!……唉,帕维尔,我给你写什么信呢!我秋天过来拥抱你,但是我不会给自己买短短的无檐帽,也不会买不到膝盖的短裤,也不会买方格长袜"。

5月4日:"……米哈伊尔·阿法纳西耶维奇今天从雅科夫·列昂季耶维奇那里得知,叶努基泽在自己的申请上作了批示——报送中央。"布尔加科夫不几天就完成了对电影《死魂灵》脚本的导演构思。5月10日晚,导演伊·佩里耶夫和伊·魏斯菲尔德来找他讨论构思。叶莲娜·谢尔盖耶夫娜记录了谈话片段:

"佩里耶夫说:'米哈伊尔·阿法纳西耶维奇,您最好去工厂看看……'

'工厂里太嘈杂,我累了,身上有病。您最好派我去尼斯。'"就在几个月前,康·斯坦尼斯拉夫斯基在尼斯疗养过。

5月11日,"酷热。报纸上刊登了苏联人民委员会国家政治保卫总局局长明仁斯基去世的消息。"

5月12日,"《文学报》上刊登了高尔基的儿子——马克西姆·彼什科夫去世的消息。政府致高尔基的信。上面有斯大林的签名。'我们同您一道哀悼如此意外和突然降临到我们所有人身边的痛苦。'去世的原因不太明了。据说是病了没多久"。

第五章　重写长篇小说。新的剧本与新的希望（1932—1935 年）

《莫里哀》的处境一直有些难堪——突然得知，涅米罗维奇-丹钦科拒绝来看几场戏，布尔加科夫已经说出了自己的看法，解释说这是明哲保身——"他不会同任何可疑的事物有染！总的来说，不管是涅米罗维奇还是《莫里哀》——我都很讨厌！……我只想看到一点——演出季结束。"就在这天，也就是 5 月 13 日，一个知名演员列·米·列昂尼多夫对他说的话完全符合他此时对排演《莫里哀》的态度："艺术应当是让人愉快的，它的成果就像生产结果一样让人愉快。而在我国，婴儿用屁股走路，然后把他往回推，纠正他……"

5 月 14 日，在帕·谢·波波夫家。"他劝——徒劳——米哈伊尔·阿法纳西耶维奇给高尔基发封慰问信。真的不能，因为那封信还没有回信。"布尔加科夫认为，没有收到 5 月 2 日寄出去的那封对自己非常重要的信的回信，自己不可能给高尔基写信。这些天，波波夫送给他自己主编出版的伊·伊·托尔斯泰的《我的回忆》，题词道："致亲爱的马卡，期望不要那么多疑，相信自身的力量。"

5 月 15 日："早上我把米哈伊尔·阿法纳西耶维奇送到了剧院——他感觉自己身体特别不舒服，忧心忡忡。

中午 12 点左右，楼下休息室开始审看《莫里哀》。我在紧闭的门旁站了一会儿，听到了音乐声，然后传来扮演莫里哀的斯塔尼岑的开场白……"

5 月 16 日："今天米哈伊尔·阿法纳西耶维奇躺了一整天——他感觉自己很不舒服。他在读谢尔盖·吉卜林的作品。"

叶莲娜·谢尔盖耶夫娜 1969 年讲，他喜欢吉卜林，带着特别的感情朗读道：

> 如果你保持单纯，就可以同国王交谈，
> 如果你保持诚实，就可以同大众聊天。

对他来说，这些文字充满传记意义。

就这样到了5月17日——他们被叫去拿出国护照。第二天，叶莲娜·谢尔盖耶夫娜这样记述了整个过程。让他们坐在一个空房间的桌旁填履历表。"我们填写时，米哈伊尔·阿法纳西耶维奇编出各种答案和问题，把我逗得笑坏了。我们笑了好长时间，没有注意到，从旁边的门先是走出来一位男士，然后走出来一位女士，他们坐在桌旁，写着什么。我们起身上楼时，鲍里斯·波列茨[①]说，已经晚了，护照登记员走了，今天不能给我们发放护照了。'你们明天来吧。''但是明天是18号'[②]，'那就19号吧。'米哈伊尔·阿法纳西耶维奇在回来的路上说：'听着，这不会是这些人使坏吧?! 或许他们偷听了？认定我们出国了就不回来了？……不，不可能……我们最好想想我们如何去巴黎吧！'

他一直欢天喜地地重复着：

'就是说，我不是囚犯！就是说，我要去见世面了！'

我们走着，心情很激动。天很热。阳光明媚。林荫道像个管道。米哈伊尔·阿法纳西耶维奇拉过我的手，贴在身上，笑

[①] 给他们办理证件的工作人员。
[②] 六日一周的休息日。

第五章　重写长篇小说。新的剧本与新的希望（1932—1935年）

着,想着旅行带回来的书的第一章。

'难道我不是囚犯?!'这成了永恒的夜谈话题：'我是囚犯……我被人为地迷惑'……他在家给我口授了将要写的书的第一章。"

5月19日："对出国护照的答复推到明天。"

5月23日："答复推到25日。"

5月25日："又没有拿到护照。我们决定再不去了。米哈伊尔·阿法纳西耶维奇感觉自己身体非常不舒服。"

5月29日："莫斯科的作家中间出现骚动,因为正在办理加入新作协的手续……激动不安的特列尼约夫跑到我们家里来,再三建议米哈伊尔·阿法纳西耶维奇'赶紧递申请'！布尔加科夫当天就向协会递交了申请和填好的履历表。"

6月1日,叶莲娜·谢尔盖耶夫娜记道,这些天里（26—29日）"弄清楚了,叶努基泽的女秘书米涅尔维娜跟奥莉娅说,她准确知道,我们会拿到护照。也会发给莫斯科艺术剧院许多工作人员,包括奥莉娅在内。发给'老人',每人交500美元,奥莉娅交400美元。皮利尼亚克拿到了护照,和妻子走了。我打电话给米涅尔维娜,她答应去打听一下。所有的事情都因为这种不确定性变得棘手,""阿赫玛托娃来我们家了。她是来为奥西普·曼德尔施塔姆求情的,因为他被流放了。听说列宁格勒出了点事,曼德尔施塔姆打了阿列克谢·托尔斯泰一巴掌。"布尔加科夫未必同情阿列克谢·托尔斯泰。但是阿赫玛托娃回忆说,曼德尔施塔姆在妻子的陪伴下要出发去切尔登那天早上,她为他们筹钱,来到了布尔加科夫家。叶莲娜·谢尔盖耶夫娜"哭了,把自己包里的所有东西都塞到了我手里";诗人的妻子还记得:"安娜·安德烈耶夫娜去了布尔加科夫家,回来后被叶莲娜·谢尔盖耶夫娜的举动感动,后者听到流放的事情后哭了,真的是倾囊相助。"

从这里,我们知道了叶莲娜·谢尔盖耶夫娜晚年特有的优美举动;但是重要的是记住,她的举动同自己天生的人性冲动相符。从本性上来说,她是女演员,感受了最深重的苦难——她感受着内心优美的触动,表演着痛苦——用相应的举动把它表达出来。一波未平,一波又起。

我们不清楚,布尔加科夫当时知不知道曼德尔施塔姆身上发生的事情,知不知道斯大林已经给帕斯捷尔纳克打过电话。如果假设他是知道的——这可能再次激发他内心虚幻的希望,促使他尽快重新寻求同那个人的联系。

"米哈伊尔·阿法纳西耶维奇感觉很糟糕——恐惧死亡、害怕孤独,"叶莲娜·谢尔盖耶夫娜6月1日那天记道,"他一整天能躺着就躺着。"她叫来的医生沙皮罗说:"他疲劳过度。心率正常。"

6月2日:"晚上我们去了波波夫家。米哈伊尔·阿法纳西耶维奇和帕佳发明了一个游戏:见面或告别时出其不备地抢着吻对方的手。今天帕佳赢了。他玩这个游戏时乐得跟个孩子似的。

米哈伊尔·阿法纳西耶维奇状态好些了——沙皮罗给他治疗得不错。"6月3日:"我给米涅尔维娜打电话,给鲍里斯·波列茨打电话——都无济于事。外面寒冷、潮湿,刮着风。"6

第五章　重写长篇小说。新的剧本与新的希望（1932—1935 年）

月 4 日已经签署了禁止出境的正式文件，但是布尔加科夫对此还一无所知，文件后来才寄到他那里。雅·列·列昂季耶夫还试着帮助他们——6 月 5 日排演《匹克威克外传》时，他对叶莲娜·谢尔盖耶夫娜说："把我们的姓名登在领取护照的莫斯科艺术剧院工作人员名单上了。"——他希望同其他通过剧场通信员收信的人一起成功拿到护照。

6 月 7 日遭受的震动非常大。过了一个半月之后，也就是 7 月 20 日，叶莲娜·谢尔盖耶夫娜才想起这件事来："我记得什么？6 月 7 日我们同其他人一起在莫斯科艺术剧院等去取护照的伊万·谢尔盖耶维奇。他带回来一大堆护照，给所有人发了下去，给我们——最后一个发——白纸一张——拒绝。我们从那里出来了。米哈伊尔·阿法纳西耶维奇在外面马上就不好了，我吃力地把他架到药店。在那里给他输液，让他躺在睡椅上。我来到外面，看有没有出租车。没有，只是药店旁停着一辆车，车旁站着别济缅斯基。绝对不去求他！① 她返回药店，打电话叫了辆车。

米哈伊尔·阿法纳西耶维奇的身体状况十分糟糕——又开始恐惧死亡、孤独和空间。

这一整天的情况，布尔加科夫在一个月后即 7 月 11 日给韦列萨耶夫的信中也详细叙述了。但是，在被拒绝的头几天，

---

① 我们回忆下布尔加科夫 1930 年 3 月 28 日写的信中引用过的、别济缅斯基 1926 年写的《公开信》中的激烈言辞，以及 1929 年写的剧本《枪声》中的一个主人公问别济缅斯基："请问，这个狗娘养的是谁？"他得到的回答是："阿列克谢·图尔宾上校！"所有这一切让布尔加科夫不可能在若干年后还向一个在某些程度上就是伊万·别兹多姆内的原型的人去求助。

布尔加科夫又给斯大林写了一封信——7月11日叶莲娜·谢尔盖耶夫娜亲自把它送到相应的窗口。这封信几乎是他此类书信集中最令人称奇的典范。其中突然特别明显地显现出同上世纪文艺书信遗产的联系；它的大部分文字采用的是老式说法（"请求批准……我想撰写一本书"），其中可以听到果戈理的口吻（"当时我有点警觉起来，就问职员，是不是真的有关于我的指示，我5月17日是不是听错了。"）；有时作者好像忘记了收件人是谁，文字几乎是写给自己或者是写给帕维尔·谢尔盖耶维奇·波波夫的，因为他使用的是这种随意的、自由表达情绪的语句（"狂喜……""这方面我没有任何怀疑，我充满无限的喜悦""……对此我已经完全心软了……"）。给人的印象是，跟收件人失去任何联系的时间越久（距电话交谈已有四个年头了），这个收件人在写信人眼中就越来越失去任何确定性，他就像曼德尔施塔姆当时写的那样，好像事先安排好履行诗人去找的那个命中注定的交谈者的职能。

　　布尔加科夫现在写信似乎主要关心的是，能否更加适当地传达，更确切些说，流露自己的感情和思想；他推测，拒绝的唯一原因"可能就是这一点：那就是管理出国旅行的机构是不是存在这样一种推测，即我会永久留在国外。且不论为的是提交骗人的申请后出国，我还不得不让妻子与孩子分离，将妻子置于最可怕的处境，破坏我的家庭生活，亲手毁掉自己在艺术剧院排演的剧目，败坏自己的名声——而且主要是，做所有这一切都不知道是为了什么。这里重要的是另一点：我不能理解，为什么想的是一套，请求批准的是另一套？而且对于我不

第五章 重写长篇小说。新的剧本与新的希望(1932—1935年)

理解的这一点,我是有证据的"——他提醒说,他 1930 年就想过"受我个人当作家状况的影响无限期出国,但是我当时没有写两个月旅行……"

"……如果你保持单纯,就可以同国王交谈……"这封信和 1931 年写的信一样,没有回音。一年内以这种方式失去了两位重要的收件人——第一位是高尔基。

有个有趣的细节——布尔加科夫现在不等回信或电话了(据传,这年年初,布尔加科夫原来的编辑伊·列日涅夫在家赋闲了一周,他之前已经顺利回国,并且写了一本深受斯大林喜爱的回忆录,后者给他致电,但是他碰巧不在家;列日涅夫也没有等到再次打来的电话),6 月 13 日,他和妻子一道去了列宁格勒——去出莫斯科艺术剧院的差。他们又住在了"阿斯托里亚"。6 月 26 日,布尔加科夫给波波夫写信说:"此前我不能给你写信。发生所有这一切事情之后,令我非常惊奇的是,我和妻子都病倒了。要命的偏头痛发作,然后疼痛继续扩散,失眠,等等。我们俩不得不好好地、认真地医治。每天给我们做电疗,我们开始渐渐康复。"6 月 20 日,布尔加科夫说,正在列宁格勒巡演的莫斯科艺术剧院演了第 500 场《图尔宾一家的日子》。作者收到了瓦·萨赫诺夫斯基和雅·列昂季耶夫的祝贺。"涅米罗维奇也给剧院发来了贺电。我把它拿在手里翻来覆去看了好几遍,确认那里面没有一个字母是写给作者的。我认为,有教养的风度要的就是不提作者。以前我不知道这一点,但是我显然不完全是一个文质彬彬的人。有一点比较遗憾,剧院没有问我,就给他发了感谢信,其中也包括以作者的名义致谢。为了从中把作家一词撕掉,我可以不惜任何代价……我写《死魂灵》电影的脚本,带来了定稿。然后开始忙《无上幸福》。哎呀,我的活儿太多了!但是我的脑海中徘徊的是我的玛格丽特、猫和飞行……但是我身体虚弱、筋疲力尽。我真的一天天强壮起来了。

这个夏天可以积蓄的一切力量,我会去积蓄。

柳霞叫我科佩金大尉。论讲这种俏皮话,我认为她是一流的。"

令人惊奇的是,他这个夏天亲笔写的电影剧本的确像某种熟悉的场景——尽管几乎是完全按照果戈理的文本、邮政局长的故事写的。荧幕上出现的科佩金应该是这样的:"没有右手,袖子扣在制服上。一脸厚颜无耻"(可以想象得到,爱笑的叶莲娜·谢尔盖耶夫娜在打这句话的时候欢乐的样子)。科佩金站在部长检阅的人群中。这时他走向了科佩金。"科佩金说:'大人,还是有点流血……'[①] 部长说:'好的,说明这几天得去看看。'"屏幕上出现了"部长办公室门前的楼梯。从楼梯上走下来了高兴得蹦起来的、非常心满意足的科佩金。[②] 看门人困惑地看着他"。画外音或字幕:"……没过四天……"

"部长会客室。其他申请者一起站着,科佩金又站在了印度花瓶旁。"画外音:"……部长立刻就认出了他。'我们要等国王驾临。'"屏幕上又出现了部长办公室门前的楼梯。"科佩

[①] 布尔加科夫此时是不是想起了1931年写的内含自己上个演出季的功劳表的信?

[②] 因为出现过类似的场景,这又不能不让人想起这年5月17日的节日气氛。

第五章　重写长篇小说。新的剧本与新的希望（1932—1935 年）

金从楼梯上走了下来——非常的郁闷。……街上的石墩。科佩金坐着，嚼着黄瓜和黑面包。明显消瘦了不少。

部长会客室。申请者们。部长检阅了他们所有人，从他们手里收走了申请书。科佩金大尉突然从印度花瓶后面出现在了他面前——胡子拉碴，很是消瘦。部长哆嗦了一下，向后退了一步。"邮政局长说："我都已经跟您说了，您应当等一等决定。暂时自己找一找资金吧。"知道吗，我们的科佩金饿着肚子，追问他说："我没手没脚能找到什么资金，鼻子就更不用说了，除了擤鼻涕，什么也做不了。""科佩金挥手擤鼻涕，碰到了印度花瓶，花瓶倒了，摔碎了。""……混账东西！"部长喊道，"叫机要通信员来，把他送回住处。"科佩金大尉扮演的申请者角色的刚烈行动就这样结束了，给他的后来的效仿者以警告信号。

6 月 26 日，布尔加科夫给帕·谢·波波夫写信说："唉！身体还没有完全康复，当然了，这也不是马上就能康复的事。但是叶莲娜·谢尔盖耶夫娜还是感觉好多了。我的身体状况也有点希望。真的很受震慑！""有许多事要操心、忙碌，但是我想的不是这些事，而是不管怎样保证自己内心平静和心态良好，"他 7 月 6 日给雅·列昂季耶夫这样写道。但是 7 月 4 日他已经同自己的预订主顾见面，给他们交了《死魂灵》电影脚本第一稿。"柳霞肯定地说，"他 7 月 10 日给波波夫写信说，"脚本写得特别棒。我给他们展示了脚本草稿，写得很清楚，没有誊清。我最喜欢的是，诺兹德廖夫那场戏中苏沃洛夫的士兵的戏，单为科佩金大尉谱写的大型民谣，对索巴科维奇的追荐,最主要的是,罗马阳台上的罗马影像——所有这一切都被彻底毁了!只留下了科佩金,就这样还压缩了他的戏份。但是——天啊!——我实在为罗马感到遗憾!"(这种感叹可能同样也是针对未能成行的意大利之行而发。)"我听完魏斯菲尔德和他的导演对我说的话,立刻就说,我按照他们的意思去改写,他们因此甚至感到惊讶。"对他们表现得如此容忍,不是为了过上好日子,他在节省和顾及能量;反正明显要改写脚本,于是他对此予以容忍,没有耗费唇舌。

他给当时跟他预订了"合成怪诞"剧本的剧院现在带来了《无上幸福》——当然是未改写的版本。关于后续发生的事情,他在7月10日写的那封信中讲道:

"《无上幸福》在这里碰上了超出常理的事。在'阿斯托里亚'的房间,我朗读,剧院经理以及导演听,他表达了完全、可能也是由衷的赞叹,筹备上映,答应给钱并说40分钟后来和我一起共进晚餐。40分钟后他来了,吃了晚餐,关于剧本只字未提,然后他找了个地缝钻了进去,再也没见人影!

有推测说,他去了四维世界。

世上竟有这等奇迹!"

7月12日,他开始在新的本子上写作,给它加的标题为《长篇小说。结局》,截至7月16日,写了20页。叶莲娜·谢尔盖耶夫娜在这期间为他们的新家置办了桌子和镜子。

7月17日,他们从列宁格勒回来;那天,长篇小说他只写了短短的几行——沃兰德及其同伙离开了帕什科夫的房子,动身前往皮罗戈夫和新圣女公墓方向,作者自己不久前离开的地

第五章　重写长篇小说。新的剧本与新的希望（1932—1935 年）

方。7 月 24 日，韦列萨耶夫给他还是在列宁格勒时写的信回了信；他在深深地同情由于国外之行告吹使布尔加科夫不得不忍受"神经障碍"的同时，在信的结尾感叹说："你们去什么意大利啊！好像在我国不能休养和得到安宁似的。但是不是在列宁格勒啊！"

8 月 1 日，给叶莲娜·谢尔盖耶夫娜口述给弟弟尼古拉的信："我生病了，神经衰弱。明天我要去莫斯科的乡间别墅休息一周，不然以后不能继续写作了……你有什么依据，说我去休假？我都忘了，我什么时候去休假！……我从来不休假。……我不能写太多，因为头开始疼了。"

就在那个月，在兹韦尼哥罗德度过一周，写完电影脚本《死魂灵》第二稿后，应乌克兰电影院《钦差大臣》剧本邀约，布尔加科夫和妻子去了基辅。他已经有 11 年没去过那里了。几个月后，他给年轻时在基辅的朋友亚·格杰申斯基写信说："白天我在公园里散步时，一种奇怪的感觉突然向我袭来。我的故土啊！忧愁，甜蜜，担忧！"

8 月 23 日，他们回到了莫斯科。叶莲娜·谢尔盖耶夫娜在日记本中记道："我们 18 号到 22 号待在那里……

处理几件事：（1）《莫里哀》在俄国话剧院上演事宜。他们又想干又怕扎手……剧院有顾虑，交给教育人民委员部审核。审读者不同意，说主题涉及乱伦。要知道我们可是品德非常高尚！那好吧。让在莫斯科艺术剧院先上演，没准还好一些。（2）《钦差大臣》上映事宜。同经理处会谈了两次。方案米哈伊尔·阿法纳西耶维奇很喜欢。两个经理开始劝说米哈伊尔·阿法纳西耶维奇彻底搬到基辅，甚至许诺给一套公寓。对于米哈伊尔·阿法纳西耶维奇而言，公寓可是很有魔力的字眼。世上什么都不羡慕，除了好公寓。这是他的某种执念。"

他还是无法让自己迈过安德烈耶夫斜坡曾经的老家的门槛——这幢房子里住进去了太多的幽灵。就像他后来和妹妹说的那样，他只是站在18号楼深深的入口对面，看看窗户。

三

……他返回莫斯科那天，第十一次作家代表大会正在进行。弗·维什涅夫斯基在会上讲话。他回忆内战年代时反问："谁知道斯大林同志是怎么开展工作的？……谁知道他在西伯利亚发生的歼灭高尔察克这一重大事件中发挥了决定性的作用？谁知道斯大林不动声色地指挥了所有的游击运动？他确保粉碎高尔察克的白匪战线和远东的武装干涉（掌声）。布尔什维克无产阶级领袖的形象问题我们有责任解决好，我有责任上升到高于'团''师'的水平。必须解决这个问题。它不仅有历史目的，而且还会把我们提升到最聪明、最道德、最精神和最军事范畴的领域。"布尔加科夫对维什涅夫斯基的态度，在1931年秋，后者粗鲁地阻挠《莫里哀》在列宁格勒上演后就很清楚。他带着什么样的感觉、什么样的想法读了维什涅夫斯基讲话中关于无产阶级领袖形象问题的话？

8月22日，亚·法捷耶夫说："我们看到人和人之间友好关系的新模式，当我们文学家进入党的中央委员会，或者比方

第五章　重写长篇小说。新的剧本与新的希望（1932—1935 年）

说参加中央机关会议，或者遇到我们党中央政治局委员，就会看到那些大人物、我们党的领袖通过怎样一种不寻常的新型友谊联系在一起。他们通过勇敢的、有原则的、铁一般的、愉快的、勇士般的友谊联系在一起。这样的集体当然从未有过，也不可能有。只有我们国家才能孕育出这种形式的集体关系。但是我们还没有学会表达这个。"

他也说斯大林可以作为文学人物："我不是说，现在就让我们中间随便谁感觉有能力、有可能把斯大林同志那样的工人阶级大天才的形象拿来进行塑造。"

这已经可能、恐怕暂时还模糊地、不确定地激发了艺术家比赛的感觉……同样的现象慢慢放弃，渐渐地以其最不容置疑一面产生影响。

8 月 25 日："米哈伊尔·阿法纳西耶维奇还是害怕一个人走。我把他送到剧院，然后去接他。他给我讲了欢迎康斯坦丁·斯坦尼斯拉夫斯基回来的情况。① 康·斯坦尼斯拉夫斯基 2 点半到了剧院。演员们以经久不息的掌声欢迎他。康·斯坦尼斯拉夫斯基在楼下的休息室发表了谈话。他开始时说国外不好，国内好。说那里万物凋敝，让人感到压抑。而国内感受得到生动的生活。'碰见个法国女人，不知道——她优雅在哪里？……'然后谈到教育。说要好好干，因为艺术剧院在国外评价很高！……最后，强迫所有人举手表态，会好好工作。他讲完话，朝出口走时看见了米哈伊尔·阿法纳西耶维奇——

---

① 斯坦尼斯拉夫斯基在法国和意大利的疗养院待了一年后回到了国内。

他们行了吻脸颊礼。康·斯坦尼斯拉夫斯基搂着他的肩膀,就这样往外走。

'您现在在写什么?'

'什么也没写,康斯坦丁·谢尔盖耶维奇,我累了。'

'您应当写……这样的主题,比如:没时间履行一切,做个正派人。'

然后突然有所担心,说:

'不过,您不能把这转到那个方向去!'但是又马上补充说:'我自己也不会转到那个方向去。'

剧院党委书记让他留步,说:

'我们说个事,米哈伊尔·阿法纳西耶维奇!'

'但愿不是说不愉快的事吧?'

'不!说愉快的事。让您不要觉得自己很孤单。'

同阿菲诺格诺夫的聊天。

'米哈伊尔·阿法纳西耶维奇,为什么您没去代表大会?'①

'我害怕人多。'"

就在同阿菲诺格诺夫聊天的前一天,报纸上出现了弗·伊万诺夫的发言(他的命运同布尔加科夫的命运早在1927—1928年莫斯科艺术剧院时就交织在一起了)。弗·伊万诺夫回忆起20世纪20年代的情形和他加入"谢拉皮翁兄弟"时发布的宣言("我们反对文学中的一切倾向性"),现在在代

---

① 那几天正在开第一次作家代表大会。

第五章 重写长篇小说。新的剧本与新的希望（1932—1935 年）

表大会上说："我确信，所有签署和支持'谢拉皮翁兄弟'宣言的人'……'① 在过去的 12 年都无一例外地逐渐意识到，再也找不到诚心诚意地接受日丹诺夫同志说过的话——我们支持文学的布尔什维克倾向性——的人了……旧的资本主义世界离我们很近。"几天后，也就是在 8 月 28 日，《劳动报》上刊登了尤·奥列沙的文章《请剧作家讲话!》，副标题是"摘自代表大会代表的笔记本"。他写道："今天坐在主席台上的剧作家有——《面包》的作者基尔雄，《恐惧》的作者阿菲诺格诺夫，《我的朋友》的作者波戈金，《柳波芙·雅洛瓦娅》的作者特列尼约夫，都是苏联戏剧艺术大师。可以对某个作者的某些技术手段的质量进行讨论，可以对他们进行不同的评价，但是主要方面无可争辩：所有这些大师都创造着苏联戏剧艺术。"奥列沙自己为落实关于作家的剧本的构思已经绞尽脑汁好几年，就像他在发表剧本的片段时写的那样，他想在剧中"讨论创作问题"。剧本的核心人物莫杰斯特·赞德梦想"成为冉冉升起的作家"，但是不知道如何拒绝"许多可能很优秀，但是我们的时代不需要的主题"。这种人物性格核心的内心挣扎也困扰着剧本作者自己——影响他完成剧本。总的来说，从 30 年代起，关于创作的主题，关于艺术工作者的主题，具有特别的含义："但是我拿自己的心胸和各种因循守旧又能怎么办呢?"帕斯捷尔纳克那些年写到创作能力，就像写到真实的问题一样。布尔加科夫作为作家的个人生平经历中没有这样的事

---

① 其中包括当时非常有名的作家——康·费定，米·左琴科，韦·卡韦林。

实：他转向这一主题——不管是在各个剧本里还是在他从1932年开始一章接一章地写的那部长篇小说里。

区别在于，从布尔加科夫的创作个性气质和社会处事风格来看，他还没有那种比如说影响奥列沙完成自己的许多构思的破坏创作的踌躇。他感到外界的影响比内心的影响更强烈——这就是我们在他的创作经历中找不到没有完成的著作的原因，因为他的每一部作品一旦开写，都毫不动摇地向前推进，直至完成。

但是，我们还是回到开代表大会那几天。《汽笛报》原同事奥列沙在自己的《代表笔记本》中写的那些剧作家的成功，又一次清清楚楚地摆在布尔加科夫面前，恐怕无法让他漠不关心（奥列沙没有提及他的剧本，这在他看来是正常的：只有《图尔宾一家的日子》在上演；《莫里哀》在无精打采地排练；《无上幸福》的命运悬而未决）。代表大会的氛围可能在某种程度上对他的心态产生了影响，促使一些新剧本产生。

代表大会上已经提到韦列萨耶夫的名字——在伊·格·列日涅夫8月21日的发言中。

…………

代表大会的组织者之一 И. И. 格龙斯基20世纪80年代初对我们讲，受到当局最密切关注的作家不多，在政治局委员和像格龙斯基自己那样的代理人之间"被分配"："每名作家都指定由几位政治局委员负责。高尔基由斯大林、莫洛托夫、我和另外两个人负责。杰米扬·别德内由伏罗希洛夫和我负责。这是非常严肃、吃力的工作。谁也不知道这项工作，目前还不是

第五章　重写长篇小说。新的剧本与新的希望（1932—1935 年）

透露这个的时候。"

"……总的来说，您感觉如何？"阿菲诺格诺夫在那次聊天时表现出兴趣。

米哈伊尔·阿法纳西耶维奇给他讲了护照的事。

阿菲诺格诺夫说：

"您来找我怎么样？"

"不，还是你来找我更好。我经常卧床。"就在那天，叶莲娜·谢尔盖耶夫娜记道，布尔加科夫萌生创作关于普希金的剧本的计划，他认为有必要邀请韦列萨耶夫来加工素材。"米哈伊尔·阿法纳西耶维奇对他在最艰难的时候亲自来找自己，并给借钱心存感激。"

8 月 28 日，刚在基辅接待过他们的电影制片厂副经理到访，后者觉得身体不适，留在他们家过夜。"米哈伊尔·阿法纳西耶维奇和科利亚·梁明去找波波夫"，叶莲娜·谢尔盖耶夫娜和来客"聊米哈伊尔·阿法纳西耶维奇一直聊到拂晓"。

"为什么布尔加科夫不接受布尔什维主义……现在不能不问政治，不能袖手旁观、创作改编剧……"

"不知为何说了类似这样的话：'从黑森林中……走出来个魔法师（作家米哈伊尔·阿法纳西耶维奇语），死活不想在布尔什维克面前唱歌。'

米哈伊尔·阿法纳西耶维奇回到家里，头疼得很厉害……头上枕着热水袋躺下了，偶尔插儿句话。当时是凌晨 5 点。"

当时戏剧《图尔宾一家的日子》的美国演员们在莫斯科做客。韦尔斯导演邀请布尔加科夫来做客；他住在沃尔霍卡一个院子的厢房里。8月31日,叶莲娜·谢尔盖耶夫娜记录了那次晚会以及引起她注意的细节,但是接下来几年不止一次召开的这种招待晚会,也处于正在写关于魔鬼的长篇小说的布尔加科夫的创作视线之内。"点着一些硬脂蜡烛。几乎没有任何陈设。桌子上摆着冷盘、伏特加、香槟。我们抵达时,所有的宾客都已到齐。美国的拉里奥西克——红脸蛋,胖子,戴着眼镜,个头不高。阿列克谢——大块头美国人,长着斯拉夫人的脸孔。除他们之外,还有瘦瘦的美国女艺术家和大使馆的两个都叫布利特的人。茹霍维茨基——他当然出席了①,他老缠着米哈伊尔·阿法纳西耶维奇,让他写郑重声明,表明自己接受布尔什维主义。还有一位女士,茹霍维茨基按照自己的习惯十分稀奇古怪地介绍说:

'国家杜马……(不记得是谁)的亲戚……'

女士说:'我看了《图尔宾一家的日子》的首演(说《图尔……》时加重了语气)。拉狄克第一幕时就走了。'

哎,女士!哎,茹霍维茨基!"

他周围稀奇古怪、不断挑拨的对话氛围越来越浓厚。和他说话的人说的好像是专门虚构的语言,给他提稀奇古怪的建议(好像写某些宣言);越来越难以相互理解。

叶莲娜·谢尔盖耶夫娜记道:"几天前,作家代表大会以在圆柱大厅举办晚宴的形式闭幕。据说,大家都喝得烂醉。有个喝醉了的作家打了塔伊罗夫,骂他是预备'艺术至上主

---

① 埃马努伊尔·茹霍维茨基是布尔加科夫的剧本的翻译,他从30年代起经常出入布尔加科夫家里,而且往往是他自己提出的。

第五章　重写长篇小说。新的剧本与新的希望（1932—1935 年）

义者'……"

9月8日，布尔加科夫在街上遇见了自己的导演伊·雅·苏达科夫，从他那里又听到了一些令人惊奇的言论，这些言论当晚被叶·谢布尔加科娃仔细地复述到日记本中："您知道吗，米哈伊尔·阿法纳西耶维奇，《逃亡》的状况非常非常不错。据说会上演。不管是约·维·斯大林还是阿韦利·索夫罗诺维奇①都很欣赏。只要布勃诺夫不插手（?!）"（亚·布勃诺夫时任教育委员）。一切都不稳妥、不准确、不可靠。

9月10日，（在8月13日中断后）继续写长篇小说，因为作者给自己1924年在扎亚伊茨基家与新朋友聚会的那条胡同以及度过接下来几年的所有那些处所打上文学标记时写道："大伙在瓦冈科夫胡同遭到追捕。某个激动的公民看到跑出来的人后大声喊道：

'站住！抓住纵火犯！'他一阵忙乱，直跺脚，不敢以一敌四。但是，就在他叫人时，大伙消失在笼罩在胡同里的呛人烟雾中，后来谁也没有在这个地区看到他们。

我们不知道，坏蛋们是怎么溜入普留希哈的。他们溜入，并一个接一个地闪过有长长的沥青路通往不能忘怀的处女地的地方。"（作者自己如此怀念故土的呼声出人意料地融入叙事中。）"这里本来很安静，如果不是一些从楼上窗户向外看的激动的公民想看清楚斯摩棱斯克市场发生了什么，那么或许可以认为，首都处处都宁静而又祥和。

---

① 叶努基泽。

大伙从处女地的树下走过，呼吸着春泥和新芽的芬芳，然后藏进了皮罗戈夫街。

他们的路线很清楚，他们想去莫斯科河，他们离开了首都。"

9月10日和11日，接着描述了玛格丽特和诗人在地下室用餐以及阿扎泽洛出现的情景——此时沃兰德和科罗维耶夫以及别格莫特路过圣女修道院。"沃兰德没有在修道院旁驻足。他的注意力既没有被修道院周围数不清的杂乱建筑物所吸引，也没有被已经建成、窗户里不自然地反射的阳光刺得人眼疼的白色庞然大物所吸引，更没有被修道院外有轨电车转弯的圆圈中忙碌的人群所吸引。

这座城市再也不能引起它的客人的兴趣，他在随行者的陪伴下奔向远处的莫斯科河。"

9月11日："去了波波夫家里。① 安努什卡在吉他伴奏下唱了茨冈华尔兹舞曲。米哈伊尔·阿法纳西耶维奇为《逃亡》找这些东西。但是到底合不合适？"

9月16日："晚上梁明来了。米沙给他读了长篇小说的几章。从他离开后到早上7点，一直聊同一个话题——米哈伊尔·阿法纳西耶维奇的处境。"

9月17日晚："讽刺剧院的导演请米哈伊尔·阿法纳西耶维奇把《无上幸福》改编为伊凡雷帝在现在的莫斯科活动的喜剧。他称之为讽刺活报剧。当米哈伊尔·阿法纳西耶维奇说不

---

① 可能是前一天。

第五章　重写长篇小说。新的剧本与新的希望（1932—1935年）

想写讽刺活报剧时，戈尔恰科夫说，喜剧会让他们更满意。稍后，《图尔宾一家的日子》的美国导演带着女艺术家来了——他们来告别。

明天他们飞往柏林，从那里去不莱梅，然后坐船回美国。他们乘坐的是轮船的三等舱。他们人很好，一直说，米哈伊尔·阿法纳西耶维奇去纽约时，一切都给安排好。"

9月18日："休息日。奥利娅①和帕佳·波波夫在我们家吃饭……晚上我们去找列昂季耶夫，只碰到了姐妹们和沙波什尼科夫一家……米哈伊尔·阿法纳西耶维奇和鲍里斯·瓦连京诺维奇吃过晚饭后走向钢琴，开始吟唱古代的抒情诗。我们四位女士则各种闲聊……留下了有趣的印象。从钢琴处传来男人的声音：'不要引诱我……'这时从女士围坐的桌旁传来叶甫盖尼娅·格里戈里耶夫娜开玩笑的男低音：'我割了你的蛋蛋喂猫！'……"

每天继续写长篇小说——从9月10日到9月21日写了45页手稿——毒死情侣；火烧房屋；城里失火，玛格丽特骑着扫帚、诗人披着阿扎泽洛的雨衣飞过城市上空；众人覆灭的场面。"……诗人摊开双手说：

'但是孩子？劳驾！孩子！……'讪笑让阿扎泽洛的面孔完全变形。

'我早就等着这种高喊声了，大师。'"

考虑到这个人物，这个称呼就这样首次出现在长篇小说的

---

① 博克尚斯卡娅。

手稿中，但是暂时还是几乎偶然的，像是尝试。

接着——在空空如也的大剧院等着暴风雨过去；在莫斯科河畔遇见沃兰德，遭遇追缉队（飞机、船舶、戴着防毒面具的士兵）。最后，9月21日，开始写描述诗人及其女友最后一次夜间飞行的章节。"……脚下离下面很远的地方，黑暗中不断透出一广场一广场的光，各个方向掠过火焰。

'您可能有意看这个？'

他指着下面，那里闪烁着无数火焰。诗人答应了。

'是的，请吧。我从来什么都没见过。我一生都是在监禁中度过的。我是盲人和乞丐。'

沃兰德冷笑一声，向下坠落。紧随他之后，随从们伴着吹散的马鬃的呼啸声往下降落。"他们在广场上空飞行，"广场上烈焰吞噬着建筑物。""'您可能想休息了，亲爱的大师，'前任指挥家低声说道，'我们弄些燕尾服，钻入咖啡店，在梁赞的遭遇之后来个所谓的恢复精力，'他的声音听起来很有诱惑力……诗人的马往下降落，他跳了下来，跑过开动的汽车跟前，走向大门。

当时可以看到，趾高气扬的黑衣男人架着打扮漂亮的女人的手臂涌向汽车，中间出口旁站着个倚在拐角的人，他身穿破碎不堪、满是油污的炭黑衬衫和破烂的裤子，光脚蹬着破了洞的胶底运动鞋，头发乱蓬蓬的。他面部抽搐，目光炯炯有神。可以想见，如果体面的、成功的人士看到他，可能不敢靠近他。但是外人看不到他。他自言自语地嘟囔着，全身抽搐着，但是目光没有离开过路的人们，捕捉他们的脸部表情，盯着他

第五章　重写长篇小说。新的剧本与新的希望（1932—1935 年）

们的眼睛，从中解读着什么。他们中一些人感到有古怪的人出现，因为他们路过拐角时不安地颤抖着，环顾四周。但是，总的来说，一切顺利，各种语言在周围喋喋不休，汽车低沉地鸣笛，排着队，然后离开，女人们身上的宝石闪闪发光。"

继续飞行；诗人终于看见了自己的主人公——彼拉多——"坐在石桌旁"，身负终身惩罚的重担。改变面貌的阿扎泽洛说："没有比胆怯更痛苦的罪过。这个人曾经很勇敢，生活中有一次吓着了恺撒，因此就付出了代价。"然后他接着解释说："他只期望一件事——回到阳台上，看到棕榈树，把被捕者带到他面前，让他见到叛徒犹大。"

就这样，在写长篇小说那几年，期待——这一期待在某些时候（比如在 1931 年夏天和 1934 年）达到了病态的程度——同斯大林进行补救第一次谈话的第二次（允诺过的！）谈话这一传记情节，第一次在长篇小说的艺术结构中得到落实。但是这一情节在长篇小说中发生了替代——在长篇小说中，威力无比的检察官必然对自己的行为感到终生遗憾，热切期待同被他杀死的哲学家进行第二次谈话。

马上出现了恕罪情节（在接下来的几年创作长篇小说越来越具有决定性的影响力："他被赦免了！"沃兰德在悬崖上喊道，"他被赦免了！"

他转过身，笑着对诗人说：

"他会马上去那里，他想站在阳台上，让人把耶稣·格诺茨里带到他面前。他要改正自己的错误。

我向您保证，世上任何地方都没有比这个骑士更幸福的人了。如此美妙的夜晚，我可爱的大师！"）就这样，长篇小说的艺术结构和从我们所知的作家最早的经验中诞生的形象以及情节的同源关系，越来越清晰地显现出来。（期望在梦中改变过去、死人变成活人、完成赎罪的梦这一主题，在《红色王冠》中也出现过，然后又出现在1929年写的、未完成的、里面发出现实中没有发出的抗议声的中篇小说中。）早期的道德问题和艺术任务同1930—1932年间产生和形成的新的问题和任务交织在一起。改变发生的事和实现救赎的不可能性越来越清楚，唯一的希望——宽恕、仁慈的宽恕——被越来越清晰地勾勒出来。"夜晚"——倒数第2章——就是这样的在虚拟的现实中改正由于一时的胆怯或懦弱产生的改变命运、无法补救的错误的夜晚。

就像我们推测的那样，7月中旬开始启用的本子以1934年10月写的标题为《最后一程》的最后一章结束——确切地说，以它的占用两页半手稿，但是已经包含沃兰德同大师的最后一次、永远决定后者命运的对话的草稿结束。

"我收到了针对你的命令。非常有利的命令。[①] 总之，我可以祝贺您，您有成就。就是这样命令我的。"

"'难道有人可以命令您？'

'是的。命令带走您……'"

这句话以及长篇小说的整个稿本到这里就突然中止了；不

[①] 在这些句子中，不可能看不到对布尔加科夫改编电影脚本《钦差大臣》的直接反映，这个脚本的第一稿始于8月底，完成于10月15日，同时也是对1930年通话中斯大林的最初的对白的反映。

第五章　重写长篇小说。新的剧本与新的希望（1932—1935年）

清楚，沃兰德1934年秋天究竟把疲惫不堪的大师带到哪里去了？但是我们注意到，这个称呼截至1934年10月底只出现过三次——只出现在沃兰德对主人公及其随从的称呼中。作者依旧称主人公为诗人。

10月13日："米哈伊尔·阿法纳西耶维奇神经衰弱。对空间和独处感到恐惧。他在想，要不要求助于催眠术。"

10月15日："今天一大早我送米哈伊尔·阿法纳西耶维去分院彩排《匹克威克外传》——带音响彩排。

米哈伊尔·阿法纳西耶维奇神经错乱，但是当我们一起走的时候，他随便讲点趣事来缓解。"这一次，他根据什么人的话转述说："М. П. 加利佩林翻译了《伪君子》，并在莫斯科的某个小剧院（不记得是哪个了）排演了该剧。作者和导演'对剧本的处理非常好：奥尔恭——新兴资产阶级的代表。舞台上展示了某种生产工作，以便指出，奥尔恭有厂子以及其他零七八碎的杂物。所有这一切都以丑闻收场。好像法国大使馆全体人员第一幕演完后都离开了，不，不对——演第二幕时离开的。舞台上以嘲弄的角度展示了天主教的祷告。'"

10月16日："今天跟往常一样——我送米哈伊尔·阿法纳西耶维奇去剧院。然后我又去接他……排练时他得知，经过长时间的中断后，今天第一次彩排了《莫里哀》中在大教堂的那场戏。他说，他对这个消息漠不关心。他不信，剧本什么时候会上演。"

10月18日："白天我们去了维·维·韦列萨耶夫那里。米哈伊尔·阿法纳西耶维奇去那里，提议一起写关于普希金的剧本。……老头很感动,好几次在自己舒适的书房里又蹦又跳,然后抱住米哈伊尔·阿法纳西耶维奇……他被点燃了,开始谈论普希金,说娜塔丽娅·尼古拉耶夫娜根本不是轻浮无知的人,而是个不幸的女人。起初,韦列萨耶夫对米哈伊尔·阿法纳西耶维奇决定写没有普希金出现(要不然就庸俗化了)的剧本感到吃惊,但是想了想后同意了。"

形成新的构思没那么简单。后来弄清楚,电影脚本《死魂灵》的运行周期离完成还非常遥远——10月18日,电影制片厂来信,要求作新的改动。当时,首先要修改电影脚本《钦差大臣》;10月18—24日,他完成了它的第二稿。

10月24日,布尔加科夫"决定用催眠术医治自己的恐惧"。

10月30日,新开了一个本子,写对长篇小说的补充。在第一页上方、接近页边的地方,作者亲笔写道:"在死之前写完!"

11月3日:"房子里一团糟,油漆工在作业。今天我去看了《匹克威克外传》的彩排……观众对米哈伊尔·阿法纳西耶维奇的对白(他扮演法官)报以阵阵笑声。卡恰洛夫、克托罗夫、波波夫等人对我说,他表演得像个专业演员。服装——红法衣、白色长卷假发。演出后休息时,他对我说,他非常焦虑,因为他坐下时法衣把凳子带倒了。他开演时不得不双手撑在讲台上。后来有人帮他把凳子扶了起来。"

11月8日:"晚上我们身陷自己的杂事当中:米哈伊尔·阿法纳西耶维奇给我口述长篇小说——咖啡馆的场景。谢尔盖

第五章　重写长篇小说。新的剧本与新的希望（1932—1935 年）

随即就睡在了我们的沙发上。电话铃响了，是奥莉加①。一通长聊。最后说：

'对，顺便提一句，我好几天就想跟你说。你知道吗，《逃亡》好像获批了。最近会有人被叫去弗拉基米尔·伊万诺维奇②那里……问他对这个剧本的意见。他当然赞不绝口，说是好作品。给他答复说："我们会考虑您的意见的。"在庆祝节日③的招待晚会上，苏达科夫走到弗拉基米尔·伊万诺维奇跟前说，他拿到了《逃亡》的批件。苏达科夫今天告诉热尼亚④说，要分《逃亡》的角色了。热尼亚特想演个角色！'"

由于这些令人鼓舞的消息，布尔加科夫 11 月 9 日又重新投入剧本的创作，完成第八梦境的最终版。

11 月 14 日："《匹克威克外传》彩排，斯坦尼斯拉夫斯基出席……米哈伊尔·阿法纳西耶维奇坐在他身边。"

11 月 17 日："晚上，阿赫玛托娃来了。她是皮利尼亚克开着自己的车从列宁格勒带过来的。她讲了曼德尔施塔姆的悲惨遭遇。我们聊了帕斯捷尔纳克。"曼德尔施塔姆当时在流放地（已经到了沃罗涅日）；我们认为，最后一句话只能被解读为阿赫玛托娃秘密讲述斯大林与帕斯捷尔纳克电话交谈的简短记录。

布尔加科夫可能就是从阿赫玛托娃嘴里得知电话交谈的细

---

① 奥·谢·博克尚斯卡娅。
② 涅米罗维奇-丹琴科。
③ 十月革命胜利 17 周年。
④ 演员卡卢日斯基。

节；他对他们无疑都非常关注。我们推测，跟曼德尔施塔姆有关的话"但是要知道他可是大师，大师？"，可能对给长篇小说主人公取名以及接下来选标题有影响。就像说过的那样，这个名字以前就在布尔加科夫的手稿里出现过——在对主人公的称呼里（以及在长篇小说《莫里哀》中，在《莫里哀》中，这个名字在《序》中就被固定用在主人公身上："但是你，我可怜、血迹斑斑的大师！你在任何地方——家里和门外——都不想死！"）。但是，可能就在1934年11月下旬或12月写的那几页中（这之后的下一章，日记中记的写于11月8日），主人公出现在伊万的病房中，对他说："说实话，只有一个人知道他是大师，但是因为她是已婚妇女，所以不能公开她的名字……"这个在口头讲述中公开记录下来的词，就像布尔加科夫的书信收件人和假想的长篇小说的收件人用语那样（让我们想起了1931年出现的请求当"第一读者"的想法），就这样作为不知名的主人公的称呼进入了长篇小说——接着就固定地用在他身上。

在1934年晚秋写的手稿中，伊万和他的夜间访客的对话就这样继续着：访客倾诉说，他尝试把自己的长篇小说读"给某人听，但是某人连一半也听不懂。他已经有一年半没有见到她了，也不打算见她，因为他认为，自己的生活糟透了，以这样的样子展现给她太可怕了。

'她在哪里？'对夜谈非常满意的伊万问道。

访客说，她在莫斯科。但是情况非常奇异。就是说，长篇小说他还没来得及写到一半，就……"接着，手稿上是四行圆

第五章 重写长篇小说。新的剧本与新的希望(1932—1935年)

点——省略了作者清楚、但是没有记录下来的某个片段。访客使布尔加科夫的长篇小说和他在1928—1929年写的长篇小说第一稿中叙述的部分的实际规模联系起来的这种巧合,值得注意。我们这里引用一下K. M. 西蒙诺夫的话:"我相信,第一稿被付之一炬的背后,有什么人的背叛行为。"我们不继续深究我们也没有完全弄清楚的作者中断对长篇小说的写作,并紧接着把它付之一炬的各种情况,我们还是回到访客对伊万努什卡的讲述:

"但是,这自然对我什么也证明不了,"访客接着说道,并讲述他开始头疼和惧怕人多,不过他以前也忍受不了人多,这不他被拉到这里来,她当然会来看望他,但是他不声张,以后也不会声张……"他甚至喜欢上了这里,因为这里实际上也很好,重要的是,没人。"

11月19日:"用催眠术治疗后,米哈伊尔·阿法纳西耶维奇的恐惧症开始消失,情绪稳定、振作,工作能力良好。现在要是他还能独自行走该多好。"

11月20日,在家庆祝布尔加科夫的命名日——给他送了喜欢的歌剧——《汤豪舍》和《鲁斯兰与柳德米拉》——的乐谱。

11月21日:"今天我给他送了一张写字台——亚历山大牌的。晚上贝格[①]来了。米哈伊尔·阿法纳西耶维奇提示说,他明天独自去列昂季耶夫那里。在这之前,奥莉加打来电话——

[①] 主治医生。

祝福①并通知说,《逃亡》未获批。米哈伊尔·阿法纳西耶维奇非常平静地接受了这个消息。"

11月22日:"晚上10点,米哈伊尔·阿法纳西耶维奇起床,穿衣,独自去了列昂季耶夫那里。**他有半年时间没有一个人走路了。**"②

11月25日:"维修接近尾声。米哈伊尔·阿法纳西耶维奇担负很多工作。此外,不时有人来商量事。昨天收票员——他写了个剧本——来向他求助。剧院里正在彩排《莫里哀》。"

11月26日:"晚上来了伊利夫和彼得罗夫。他们来找米哈伊尔·阿法纳西耶维奇商量构思好的剧本。此后,米哈伊尔·阿法纳西耶维奇去了韦列萨耶夫那里——返回时,韦列萨耶夫把他送到斯摩棱斯基广场,然后他自己走回来了。③他说,恐惧症减弱了。"

11月27日,电影制片厂给布尔加科夫来信,说他按照该厂的要求对电影剧本《死魂灵》所作的修改,制片厂不满意——制片厂不予采用。半年前带着致喜爱的作家的呼吁书带来的激情开始创作的作品,陷入了已经习以为常的死胡同。

11月28日:"晚上来了德米特里耶夫。他从莫斯科艺术剧院过来,说那里忙乱而又热闹,可能是政府的什么人来了——想必是总书记(来看《图尔宾一家的日子》)。"

11月29日:"的确,昨天总书记、基洛夫和日丹诺夫来看

---

① 那天是命名日,因此祝福布尔加科夫。
② 黑体是我们加的。
③ 就是说,没超过十分钟。

第五章　重写长篇小说。新的剧本与新的希望（1932—1935年）

了《图尔宾一家的日子》。这个人们在剧院就告诉我了。扬申说，演得非常好，总书记在演出结束后长时间鼓掌。"

令人惊奇的是，该剧稳获的成功却越来越同作者及其命运没有什么关系。

开始写《伊万·瓦西里耶维奇》（改编《无上幸福》）；11月30日，莫斯科艺术剧院传来消息说，《莫里哀》拟定3月上演。叶莲娜·谢尔盖耶夫娜记道："据说，会排场很大地上演——斯坦尼斯拉夫斯基坚持如此。"

12月1日，"白天，《红色处女地》的编辑叶尔米洛夫打来电话，建议米哈伊尔·阿法纳西耶维奇从自己的作品中随便挑选一些作品发表在他的杂志上。米哈伊尔·阿法纳西耶维奇说到了剧本《莫里哀》。

'非常好！'

说到了《莫里哀传》的片段——'也非常好！'

他请求允许把米哈伊尔·阿法纳西耶维奇的名字写入1935年的内容提要。米哈伊尔·阿法纳西耶维奇同意了。他们约好，叶尔米洛夫再打一次电话，米哈伊尔·阿法纳西耶维奇选材。

晚上，《匹克威克外传》首演。我把米哈伊尔·阿法纳西耶维奇送上了出租车。他待到演出结束。他回来说：'演出时就知道，基洛夫在列宁格勒遇刺。'

当即许多人就离开了剧院，包括雷科夫。"

四

毋庸置疑的是，1934年12月2日，布尔加科夫迫不及待、惊慌不安地打开了早报。他在报上读到，基洛夫死于"工人阶级的敌人派来的杀人犯之手"，枪手已被捕，"他的身份正在调查"。他习惯于清晰地和清醒地思考，不可能没有注意到自相矛盾的信息——枪手的身份还没有查明，但是是谁派的他却查明了……

这份报纸上刊登了新颁布的、由米·伊·加里宁和阿·萨·叶努基泽签署、对国家涉恐事件刑事诉讼法作出修改的全俄中央执行委员会主席团令：侦查十天内结束；无旁听审理案件；不受理撤销和特赦申请；一旦判处死刑，立即执行。谁对什么是法律标准还有印象的话，不可能没有感觉到，某种新生事物开始出现。

布尔加科夫阅读和收集法律书籍。例如，他的藏书中有（保存到1970年——在这些大量藏书中保存下来的极少数藏书中）B.斯帕索维奇的《刑法教科书》（1865年圣彼得堡版）。在与叶莲娜·谢尔盖耶夫娜在一起时——就是说，可能就是所说的那一年——就购买了当时由 H. C. 塔甘采夫出版、享有知名度和可靠信誉、附有来自大量实践的专门解释的《调解法官处罚条例》（第15版，1904年圣彼得堡版）……叶莲娜·谢尔盖耶夫娜给我们讲，米哈伊尔·阿法纳西耶维奇"对买到这本书感到特别自豪和幸福"。

这本书被他认认真真读过——文中作了大量标注。

12月3日："3点半，我送米哈伊尔·阿法纳西耶维奇去剧院。那里开追悼会……"她根据开完追悼会回来后布尔加科夫的口述记道："扬申、巴塔绍夫和德莫霍夫斯卡娅递交了允许加入

第五章　重写长篇小说。新的剧本与新的希望（1932—1935 年）

同情者行列的申请。宣布致哀——3 日、4 日和 6 日撤演。他①有生之年看的最后一部戏可能就是《图尔宾一家的日子》。"

12 月 9 日："白天在维肯季·维肯季耶维奇那里。我们给他送去了米沙的最后一笔 1000 卢布的欠款。我们两人都如释重负。"

12 月 10 日，电影院的工作人员因为《钦差大臣》已经不知多少次光临布尔加科夫家，带着新的建议和祝愿。叶莲娜·谢尔盖耶夫娜记道："所有的这些谈话，让米沙感到压抑、无聊、没必要和没有用，因为没有艺术修养……来找睿智的作家、果戈理作品行家的——是些没有艺术修养、没有品位，并且自信地阐述自己对该作家正在创作的文学作品的要求，使他感到特别厌烦和无聊的人。"

但是过了一天，情绪缓和了不少。12 月 11 日："美妙的夜晚：列昂季耶夫一家、阿伦特一家、叶尔莫林斯基一家，请他们吃饺子和冰激凌。晚饭后，米沙朗读了塔拉卡妮娅一家的逃亡和《逃亡》中巴黎的场景。"

12 月 13 日，他们和梁明一直聊到凌晨四点，"吃橘子，兴致勃勃地聊艺术剧院。"

……每晚朋友们在他们家聚齐时，开始用晚餐——按定好的上菜（女主人事先精心挑选的）顺序；然后开始友好交流，想起回家已是拂晓时分——这对他而言不是什么徒劳的、打乱生活节奏和准则的事情。恰恰相反——这是渴望已久的、一直

---

① 基洛夫。

都没能享受的准则——不管是在基辅"可怕的轰轰烈烈的那些年"之后(就像他在《基辅城》一文中给那些年下的定义那样),还是在莫名其妙的(从他的考虑角度来说)、他一次也没有称之为**可怕的** 20 年代初的莫斯科生活之后。"皮罗戈夫街"时期过于嘈杂、不是出于创作目的的宾客满座的杯盘狼藉也和他的准则不一致。现在他还是不能充分享受正适合于他的家庭生活方式。

不是每晚都很舒适。来过不太受欢迎的客人或主人一时兴起和赶时髦请来的客人。Э. 茹霍维茨基偶尔会来,有时问些问题——巴黎来信说什么?有时说些什么新闻。叶莲娜·谢尔盖耶夫娜 12 月 14 日记道:"最引人注意的消息是,四年前出国、变成叛逃分子的阿纳托利·卡缅斯基侮辱了苏联——他现在在莫斯科!这时米沙没有忍住,说:'同志们,这就有点莫名其妙了!'茹霍维茨基不能自恃,撒了什么谎,眼珠子乱转,非常尴尬。他我现在非常了解,我们不止一次抓住他对米沙撒谎。"对这位客人的印象,在他的手稿中有各种各样的反映——其中就包括在阿扎泽洛出现在情侣返回地下室的场景中:"他斜眼看着已经洒进春季暮光的窗户,声音嘶哑地说:'请您跟我们走一趟。长话短说,我们走。……'

'我?'诗人低声问道。

'您。'

……'嗯……叛徒……',他的脑海里词闪过这个词。他盯着闪闪发光的玻璃。

'请我去哪里?'诗人冷漠地问道。

第五章　重写长篇小说。新的剧本与新的希望（1932—1935 年）

'我们找个地儿，'阿扎泽洛喘着酒气，声音诱惑地、嘶哑地说道，'不管怎么说，这会儿待在地下室里没事可干。你待在这里干什么？'

'叛徒，叛徒，叛徒……'诗人终于确信了。"在最后几稿中变为阿洛伊吉（参看"埃马努伊尔"这个名字）·莫加雷奇的博戈胡里斯基（听起来像茹霍维茨基这个名字）这个形象也反映了背叛的一面。我们顺便提几句："我以前哪里都没见过，并且相信哪里也不会见阿洛伊吉这样聪明的人。如果我不懂某则报纸简讯的意思，阿洛伊吉立刻就能一字不差地给我解释，而且能看出来，这种解释对他来说不费吹灰之力……阿洛伊吉对文学的热情让我折服。他求我把自己的长篇小说从头到尾都读给他之后，才能安静下来。他完全准确地向我解释了我的长篇小说不能出版的原因，而且我猜这也没有错。"他刻画了一个精通自己不但没有学会而且也不想学会的现代日常语言的人物形象。

12 月 14 日的日记中记的后续内容值得注意："所有人都走了，德米特里耶夫留了下来，并且坐了很久，不过让我们很难过。米沙以为，他精神失常，不睡觉。看得出来，他明显疲劳过度——他疯狂地写作。"

这则日记可能对德米特里耶夫讲的他的美女妻子伊丽莎白·伊萨耶夫娜·多卢哈诺娃陷入的困境保密。

根据几个同时代女性的口述，我们得知，30 年代中期，她被招至内务人民委员部，让当长期情报员。从 20 年代末起，她和妹妹就在列宁格勒文学圈取得了巨大的成功，成为沙龙迷人的女主角。特尼扬诺夫爱上了伊丽莎白·伊赛耶夫娜，马雅可夫斯基和奥列伊尼科夫光顾过姐妹俩的住所。现在已经是弗·弗·德米特里耶夫妻子的她,被提议更积极地接待客人……她找理由拒绝,说她们的房子太小。"这事您不用担心——房子的事,我们会帮忙的!"

德米特里耶夫精神失常,可能也同绝望的处境有关。

12月18日:"美妙的夜晚:韦列萨耶夫写普希金。米沙的提纲。开头最闪亮的部分——娜塔莉娅浑身亮闪闪的从外面夜归,夜里,就在那里的房子里,丹特斯悄悄来了;剧中——在萨尔特科夫(爱读书的怪人)处吃饭;剧终——丹特斯带来普希金受伤的消息。"

12月19日:"晚上来了季娜·拉德洛娃[①]。进行了令人吃惊的对话。她自己说起米沙写普希金的事(我还是没弄明白,她从哪里得知此事的),她建议不要同韦列萨耶夫一起写。'马卡,如果你和托尔斯泰[②]一起写,就会形成合力!'米沙说:'我不明白,什么合力?我和托尔斯泰联合起来干什么?手挽手沿特维尔大街散步?'季娜说:'不!要知道你是最好的剧作家,而他可以说是最好的作家……'她打听剧本的内容。米沙说这是秘密。"秘密、机密、猜疑——所有这一切,在叶莲娜·谢尔盖耶夫娜和丈夫的对话中一直都可以看到并反映在她的日记中。他们准备好了看到——一年一年越来越强烈——莫名其妙的现象、不祥的征兆,而这往往都应验了。至于A.托尔斯泰,布尔加科夫对他的态度越来越生硬;主要是反感日常

---

① 女画家,Н.Э.拉德洛夫的妻子。
② 即А.Н.托尔斯泰。

第五章 重写长篇小说。新的剧本与新的希望（1932—1935年）

生活行为（纵酒狂欢等）和作为作家的行为：托尔斯泰不躲避粗制滥造的作品——尤其是戏剧类作品，他们在这类作品方面的主题时有重叠。例如，托尔斯泰和晓戈列夫的剧本《皇后的阴谋》实质上实现了（从材料看！）布尔加科夫早期在莫斯科的构思——关于拉斯普京和尼古拉二世等人的历史悲剧（在所述时期，在涉及普希金这一主题方面也出现了重叠，这个我们以后还会提到）。而且，布尔加科夫无疑对不注重史料很生气（叶莲娜·谢尔盖耶夫娜给我们转述了他谈论《彼得一世》的话："这样的长篇小说，把我关在空屋子里，不放一本书，我都可以写出来"），对历史人物过于剧烈的观点变化也让他很生气（谢·A.叶尔莫林斯基回忆了布尔加科夫比较1918年的短篇小说《彼得的一天》、戏剧《拷刑架上》和长篇小说，作出了并没有美言作者的结论）。从A.托尔斯泰的个人才能类型上来说，掌握不同阶层讲的俄语，可能是他最大的天赋之一。而在题材方面，他在风格表现力和活力方面也不弱——这一点他也知道。

12月22日："总的来说，米沙这些天都很痛苦，担心写不出来：《钦差大臣》、《伊万·瓦西里耶维奇》和即将到来的《普希金》。"

12月24日，布尔加科夫家为叶莲娜·谢尔盖耶夫娜的孩子准备了圣诞树，想必让他想起了安德烈斜坡的房子和那么早就不得不永远分别的弟弟们。"我和米沙开始装扮枞树，在树上挂上各种礼物，熄灯，点亮树上的蜡烛——米沙开始演奏进行曲——孩子们飞进了房间。谢廖扎在门外急得直掉眼泪——

等不及了。狂野的尖叫声、沉重的脚步声、喊叫声！然后，按节目单，演戏。米沙根据《死魂灵》写了文本——两场戏——一场在索巴科维奇家，另一场——在谢尔盖·希洛夫斯基家。我扮演奇奇科夫，米沙扮演索巴科维奇。然后，我扮演热尼卡，米沙扮演谢尔盖……米沙为扮演谢廖扎这一角色穿上了短裤和才及腰部的谢尔盖的大衣和水兵服。大红嘴。"其他家属看戏。"成功。然后——晚饭吃饺子和圣诞糖果。"

12月28日，叶莲娜·谢尔盖耶夫娜又苦恼地写道："我感觉到，写作《钦差大臣》有多不受米沙约束，他就对此有多难受。为了钱，按照别人的意思创作。而且非常影响创作《普希金》。满脑子都是让他痛苦的想法。晚上快九点，来了韦列萨耶夫一家。创作剧本。米沙讲了他的想法，并说剧本已经成型。尼古拉可以看得出来，亚历山德利娜可以看得出来，现在留在记忆中最深刻的事物——在格克列家的场景——解决丹特斯同普希金决不决斗问题的盲人斯特罗加诺夫出场。"后来在日记本中补写——关于作者对场景的说明——的是："象征是，遵守决斗守则的盲目死亡，会让人痛不欲生"。

盲目是布尔加科夫艺术世界最重要的特征之一；这在20年代初还以最受读者喜爱的肖像形象的形式出现（《红色王冠》中双目失明的骑士），在30年代初主要被理解为统治者看不到创作者——艺术家和哲学家——的重要性。我们回顾一下长篇小说《莫里哀》中作者对路易十四的思考："他和所有的人一样，也是终有一死的人，所以也会失明。如果他不失明，那么他也可能变成临终的人，因为将来可能会看到有趣的作品，可

第五章　重写长篇小说。新的剧本与新的希望（1932—1935 年）

能就希望加入真正的永生。"

就在那天，也就是在 12 月 28 日，叶莲娜·谢尔盖耶夫娜记道："瓦赫坦戈夫剧院工作人员①让在他们那里迎接新年。但是我们不想去——想在家里过。" 12 月 31 日："一年结束了。我挨屋逛，常常发现他在自己身上画十字架，低声自言自语道：'上帝！就这样，以后也这样！'"

一年就这样结束了，一年中，有获得自己的房子的喜悦（客人们对房子夸赞有加，说它"完全是欧式的"，这让叶莲娜·谢尔盖耶夫娜心满意足）；也有非常强烈和持久的激动；还有写完对他来说越来越重要的长篇小说——哪怕是最初稿；以及对新上演的剧本——《莫里哀》，还没写完但作者已经清楚的关于普希金的剧本，承诺会很欢乐的喜剧《伊万·瓦西里耶维奇》——的期待。

从 1935 年 1 月 1 日的日记中我们得知，新年夜他们去了对他们很有好感的列昂季耶夫家。"饭菜令人难以置信的丰盛。他们非常亲切和真诚。一切都棒极了，但是大约三点时，在舍尔温斯基家②见过的一伙人闯了进来……随着他们的到来，一切都乱套了，开始变得嘈杂和不愉快。其中一位客人穿着燕尾服。看样子，好像他穿着这件燕尾服在散发着樟脑丸味道的柜子里躺了二十多年似的！"

她一向鄙视"普列奇斯坚巷的人"。但是，就像通常在她的日记中看到的那样——她的个人情绪是受布尔加科夫本人的

---

① 此时已经对关于普希金的剧本感兴趣。
② 就是说，在位于波梅兰采夫胡同的同一栋楼里。

某种态度映射而产生的；能听得到他的话语的回声。什么样的话语呢？首先应当说的是，在以前的"国立艺术科学院"的环境里，他的这个本领——总是把艺术家同派系、阵营、非常特定的环境分离开来——阻碍他跟大家打成一片。但是这种解释有一定的不足之处。为什么燕尾服让他生气？要知道他自己主动强调自己在习惯、问题和家庭生活方式某些细节方面的保守主义。并且他自己准备去参加美国大使馆的招待会时，也会深思熟虑。是什么让他生气——不是那个环境的所有代表而是一些代表？"资产阶级化"（从旧的革命前的意义上讲）和当时的融入新的生活方式究竟是什么样的搭配？这里在某种程度上存不存在作者昔日对1922年写的短篇小说——《招魂会》——中的人物的看法？存不存在他自信，自己比他们更强烈地感知生活的核心？

1月4日："严寒！零下32度。白天我和米沙在剧院里——我们化着排演《匹克威克外传》的妆、穿着演出服，以该剧布景为背景照了相。

我穿着滑雪马裤，这引来很多演员的关注。

晚上来了梁明一家和沙波什尼科夫一家。鲍里斯·瓦连京诺维奇和妻子都是非常招人喜欢的人。"

……布尔加科夫1935年1月和2月初日复一日，有时手写，有时候口述给叶莲娜·谢尔盖耶夫娜的关于普希金的剧本的初稿隐约显现出对于当时的关于普希金的文学而言深刻的、对娜塔莉娅·尼古拉耶夫娜的新的处理。在布尔加科夫这里，女主人公是无罪的，而可能是盲目的。她和普希金的生活在剧

第五章　重写长篇小说。新的剧本与新的希望（1932—1935 年）

中表现为两种平行的、不可能融为一体，只是命中注定要相交的命运。"为什么从来没有人问过我幸不幸福？""我不可能再爱了"，"还要我做什么？我给他生了孩子，一辈子听诗歌，就听诗歌……"在布尔加科夫的处理和 M. 茨维塔耶娃的处理中，女主人公的个性以及她在普希金的命运中扮演的角色惊人地相似——她 1929 年写的关于女艺术家娜塔莉娅·冈察洛娃（在《两个冈察洛娃》那一章）的随笔，布尔加科夫未必清楚："普希金这次结婚看得很清楚，不是闭着眼，而是睁着眼、瞪大了眼睛；冈察洛娃是盲目的，或者说几乎是盲目的，像个美女那样睁一只眼闭一只眼。从一开始就免除了娜塔莉娅·冈察洛娃的罪责……冈察洛娃有没有背叛普希金，有没有接吻，都无所谓——无罪。无罪是因为只是个玩物；无罪是因为命；无罪是因为不爱普希金。"娜塔莉娅·尼古拉耶夫娜一出场，布尔加科夫就强调她目光短浅，并非偶然。剧中同普希金对立的人物，要么盲目，要么邪恶——库科利尼克和别内迪克托夫识天才，但是非常嫉妒他。嫉妒天才被作者认为是最卑鄙的人类品质之一，其缘由先是在 1929 年写的中篇小说中出现，然后 1931 年在柳欣关于普希金的模糊想法中出现，接着就经常在布尔加科夫的创作中出现。

2 月初，做了几次催眠。2 月 9 日晚，布尔加科夫家来了贝尔格医生和妻子、列昂季耶夫一家、阿伦特一家和玛鲁霞·托普列尼诺夫。叶莲娜·谢尔盖耶夫娜记道："他们这些人都非常友善，所以我们过得不错。" 2 月 12 日晚，布尔加科夫在韦列萨耶夫家朗读了（这段时间写好的）剧本的第四场至第八场，看来很快就要暂时中断对它的写作，投入对《莫里哀》的彩排。2月15日晚，来了茹霍维茨基。"他们经常而且言词激烈地聊同一个主题——米沙的命运。茹霍维茨基说：'米沙应当对现实问题发声，表明自己对现实的态度。'米沙说：'我们打成了平手！我不会发声，让我静静。'"

2月23日，医生给他写信（不要报酬——"去好朋友家做客，说什么也不能收钱"），看来是发生在体检结果出来之后："非常开心的是，您完全健康；而且也不可能出现其他结果——您有如此的声望和条件，足以确保绝对和持久的健康！"

3月5日："米沙有繁重的排练……回来时筋疲力尽和暴跳如雷。斯坦尼斯拉夫斯基不是指点演员的表演，而是当着演员们的面对剧本指指点点。他讲得很天真，像个中学生一样想象莫里哀，因此要求对剧本进行补写。"导演助理作的斯坦尼斯拉夫斯基和布尔加科夫的谈话记录（刊载于斯坦尼斯拉夫斯基的《大事记》）清楚地显示，导演和剧作家谈论这个剧本时说不到一起去，在这种情况下简直不可能相互理解。斯坦尼斯拉夫斯基"认为，戏剧和剧本要补充和加工。他认为主要不足是，对莫里哀性格的描述太片面，贬低了天才艺术家、资产阶级分子和神职人员以及各种骗人勾当的无情揭露者的形象……剧中有'太多的隐私、市侩生活，却没有表明天才的涌现。'"斯坦尼斯拉夫斯基同米哈伊尔·阿法纳西耶维奇·布尔加科夫发生争执，因为后者坚持认为，莫里哀"没有意识到自己的重要性"，自己的天才。布尔加科夫在自己的剧本中"其实在尽力反映普通人的生活"。"什么人娶了我的女儿，我完全不感兴

第五章　重写长篇小说。新的剧本与新的希望（1932—1935 年）

趣，"斯坦尼斯拉夫斯基反驳说，"……莫里哀……可能有点天真，但是这并不意味着，不能展示他在哪个方面具备天才。"

……几天后，布尔加科夫给帕·谢·波波夫描述这次彩排时写道："斯坦尼斯拉夫斯基开始和我说，莫里哀是天才，在剧本中应当如何描述这种天才。

演员们高兴坏了，开始要求给他们加戏。

我很愤怒。真想把本子一扔，对所有人说：你们自己写什么是天才，什么不是天才，不要教我，反正我也做不到。我最好替你们演。

但是不能，不能这么做。我抑制住了自己的这种想法，开始自我防卫。"

3 月 10 日："又去了斯坦尼斯拉夫斯基那里……斯坦尼斯拉夫斯基一上来摸着米沙的袖子，说：'什么都要将顺。'显然，已经有人给他报告了，米沙当着演员们的面就他说的话发火了。讨价还价了大约三个小时。斯坦尼斯拉夫斯基的意思是，要处处展现，莫里哀是天才的剧作创作者。因此要加入米沙认为陈腐或者无用的那些东西。同斯坦尼岑和利瓦诺夫发生了激烈的争吵。但是米沙回来时越欢实了，因为他放心了。他说，斯塔尼斯拉夫斯基狠狠地挖苦了一个扮演红衣主教身旁教士的小演员——说这是晨祷的教士，而不是晚祷的教士。"

在 3 月 14 日给波波夫的那封信中还写道："总之，要加一些莫里哀对剧作的意义的东西，不管以什么方式反映他是个天才的莫里哀，等等。所有这一切都很粗浅、平庸，没有必要。现在我在写手稿，手都抬不起来了。不能不补写——去斗争——意味着,破坏整部作品,造成完全的杂乱无章,对剧本本身不利,把绿色的补丁打在黑色的燕尾服裤子上!鬼知道怎么做!

亲爱的公民们,这都什么啊?

唉,窗外已是春天。时而纷纷扬扬地飘起雪,时而不下雪了,阳光洒在餐桌上。春天会带来什么?

我听到,听到自己的声音——其他什么也听不到!"

3月20日:"所有这段时间——三天两头在斯坦尼斯拉夫斯基那里研究《莫里哀》。米沙筋疲力尽。"斯坦尼斯拉夫斯基"试图删掉最好的地方——诗、决斗场景,等等。不能全部写上。事情发展到,我和米沙解决这个问题——给斯坦尼斯拉夫斯基写信,拒绝修改,拿回剧本,走人。米沙一直说:'我不是要证明,剧本很好,它可能也不好。但是为什么它被采用了……为了以后按照自己的想法毁了它?'但是关于剧本,我没有疑问,斯坦尼斯拉夫斯基让我发狂。"处于这些强烈的情感和对丈夫独有的怜悯之中,热情洋溢的叶莲娜·谢尔盖耶夫娜接着写道:"米沙昨天给我、奥利亚和卡卢日斯基讲了在列昂季耶夫大厅发生的一切,这简直不可思议!

他把17世纪称为'中世纪'和'第18世纪',他的发言中夹杂着长长的笑话和插叙,他编造关于斯塔霍维奇和法国演员的一些事,证明佩戴宝剑的士兵不能出现在舞台上,就是说,他攻击剧本所坚守的一切。主要的不择手段和商人的风格是,弄坏某个地方,劝说米沙'喜欢'这种曲解……米沙非常形象地对比了莫里哀和斯坦尼斯拉夫斯基让自己遭的罪:'试

第五章　重写长篇小说。新的剧本与新的希望（1932—1935 年）

想一下，当着你的面开始用钳子拧谢廖扎的耳朵，并且保证说，必须要这样做，契诃夫的女儿也被拧了，你应当喜欢这个．'……今天到了打算用法国大使恐吓米沙的地步．'如果大使在第二幕时就突然起身离开，您怎么办?!!'

他对莫里哀的想法很天真，他认为，要像在文选里那样进行刻画。

讨厌创作!"

抛开女性的情绪——这再现了深受时断时续、某种程度上反映当时日渐衰落的艺术生活和持续不断冻结的社会生活的剧院排演《莫里哀》进程折磨的布尔加科夫本人的印象。

"该剧已经筹备四个年头了，数次暂停。这不仅打断了写作节奏，而且把该剧置于不断变化的'历史与审美的背景下'。"布尔加科夫与莫斯科艺术剧院关系史研究者后来准确地评价这一形势时说。他引用阿菲诺格诺夫的日记本中关于梅耶霍德的《茶花女》的、以"精美的、奢华的"包装令许多人称奇的首演的日记（"不易察觉的毒药的分解……就这样来吸引旧世界、光辉、丝绒、丝绸、东西的光泽……观众高兴地鼓掌，大声叫好……巴黎公社倒台后，坏家伙们和他们的妻子、卖身投靠者们就这样消遣作乐……而现在这被看作杰作，还是怎么着……"）——记录"剧作品味发生转变这一事实"的日记，他把这与下达给为《莫里哀》缝制服装的缝制车间的命令"用锦缎缝制，以便一切像太阳一样绽放出光芒"联系在一起。研究者引用艺术家 П. В. 威廉斯在首演那几天说的话，力求表达"时代负担沉重、富丽堂皇的能力的氛围"。

时代把自己的面庞凑到镜子前,但是准备在意想不到的时候闪到一旁,用这个猛然的动作消灭举起这面镜子的人。

叶莲娜·谢尔盖耶夫娜以十分满足的心情,在日记本上记下剧院里的人对斯坦尼斯拉夫斯基有时近乎恣意妄为的古怪行为的讲述。给他领来"年轻演员——《死魂灵》的预备演员"。

斯坦尼斯拉夫斯基问:"您叫什么名字?"

演员答:"孔斯基,康斯坦丁·谢尔盖耶维奇……"

斯坦尼斯拉夫斯基说:"这不可能!没有这样的名字!"(1935年3月20日;1969年,叶莲娜·谢尔盖耶夫娜分角色给我们再现了这段对话,带着典型的с和ш不分的口音——她喜欢而且擅长扮演斯坦尼斯拉夫斯基。)在前一天,孔斯基自己也给布尔加科夫讲了排练《沙皇的未婚妻》时发生的另一件事。"一个年轻的演员非常怕斯坦尼斯拉夫斯基,一直尽量抓着炉子(在列昂季耶夫厅)。

斯坦尼斯拉夫斯基问:'那是谁啊,躲在炉子后面?您叫什么名字?您演的是谁啊?您在舞台上应当表现得就像您演的是主角。您懂歌剧吗?'

'我懂,康斯坦丁·谢尔盖耶维奇·'……

从一开始就指挥全场。演员汗流浃背,拿起指挥棒,开始指挥。演员正确地指挥完序曲后:

'把他从剧中拿掉!'"

(两年后,《死者笔记》中出现了一个道具管理员,他按照伊万·瓦西里耶维奇的要求在椅子上坐下,开始"和大家一起

第五章　重写长篇小说。新的剧本与新的希望（1932—1935 年）

写字，往手上吐唾沫"，不好意思地笑着，这招致"伊万·瓦西里耶维奇的呵斥：

'最边上那算什么搞笑的人？他叫什么名字？他是不是想进马戏团？——云云。'"）

我们再看看叶莲娜·谢尔盖耶夫娜 1935 年 3 月 20 日记的事无巨细的日记："鲍·伊·亚尔霍翻译了《伪君子》，并题了词，寄给了米沙。

大约第三天，我们得知，他和施佩特被捕了。因为什么我们当然无从知晓。"

日记深思熟虑的布局很有特点——在布尔加科夫的藏书中，带有鲍·亚尔霍 1935 年 2 月 22 日的题词："赠予尊敬的米哈伊尔·阿法纳西耶维奇·布尔加科夫惠存，译者"。的莫里哀版《伪君子》（1934 年列宁格勒版）一直保存到 1970 年。逮捕的消息传来后不到一个月，辩护中就需要这个题词。

这些逮捕同所谓的"德语词典案"或"词典编纂者案"——同时代的人给这个案子定性时如是嘀咕——有关。那些天被捕的还有 Д. С. 乌索夫、切尔帕诺夫教授的儿子和米·亚·彼得罗夫斯基（他的弟弟 1929 年秋天就被捕了，但是两年多后回家了）。玛·瓦·瓦赫捷列娃（费·亚·彼得罗夫斯基的妻子）讲了搜查后的第二天早上，她给亚尔霍兄弟几个打电话的情况。格里戈里·伊萨科维奇接的电话。

"能接局里吗？"玛利亚·瓦西里耶夫娜问道。

"不能了。但是我知道，也接不了米沙了，因为他们从我们这里出发去找您了。"

据同时代人的证明,"字典案"是这样捏造出来的:"日耳曼语文学家作为出版字典的出版社编外人员参与编制了德俄词典。出版社编内员工、德国人伊丽莎白·亚历山德罗夫娜·梅耶罗代所有参与工作的人员签收了稿酬,然后凭收条把这些钱发了出去。她的哥哥被指控为德国从事间谍活动,因为在她那里找到了语文学家们的收据——凭此就把他们给逮捕了。"

米·亚·彼得罗夫斯基后来和弟弟在托木斯克相遇后给他讲,侦查员听了受审人员的解释后说:"你们都这么说,可是间谍说,这是从事间谍活动的钱。"

三个人就这样彻底离开了莫斯科。米·亚·彼得罗夫斯基和Г.Г.亚尔霍1935年到1937年在托木斯克生活,在图书馆工作;1937年,他们被抓走,被"剥夺十年通信权",不久后就去世了。

3月25日,布尔加科夫夫妇"去听了在音乐学院大礼堂举行的瓦格纳音乐会。圣卡尔指挥,赖森演唱。(沃坦——告别和火的咒语。)我们喜欢圣卡尔,他懂瓦格纳。乐团很小,80人左右,不会多。赖森唱得很糟糕,虽然他的嗓门很大。他就最后一句咒语唱得好。我们坐在第六排。我穿着后背开衩的黑长裙,这引来了很多的关注。一位女士恶狠狠地说:'我讨厌这样的东西!'"

3月26日,叶莲娜·谢尔盖耶夫娜记道:"一会儿温暖如春,泥泞不堪,一会儿大雪纷飞。"她在日记本中还记了对一个常来找布尔加科夫的年轻演员的行为的思考:"……他今天没有打电话,三点左右来了。我仔细观察他——是个什么人。

第五章　重写长篇小说。新的剧本与新的希望（1932—1935 年）

我搞不清楚。他没完没了地问问题。他和 К. 和 Ж. 一样，聊一样的话题，风格也一样。顺便说一句，今天 Ж. 打来电话说，韦尔斯在一本美国杂志上写了一篇关于苏联戏剧的文章。据 Ж. 讲，他在文章里说，苏联的戏剧停止宣传鼓动，转向其他轨道。首先，出现了苏联喜剧，更准确地说，出现了苏联滑稽剧；其次，排演经典作家的作品；再次，有米哈伊尔·布尔加科夫。如果多有几个这样的剧作家的话，可以说苏联戏剧是存在的。"

布尔加科夫那天回归对关于普希金的剧本的创作，给妻子口述了第九场戏。

3 月 29 日，"出版物收藏家伊登勋爵来莫斯科了。《消息报》上登了他的肖像——他还是个较年轻的人——38 岁。"（叶莲娜·谢尔盖耶夫娜 50 年代校勘日记本时，根据回忆补写道："米哈伊尔·阿法纳西耶维奇非常滑稽地演示，什么是'出版物收藏家'，他如何把它藏进口袋，如何环顾四周后掏出来，慌里慌张地盖上戳子，赶紧藏起来……他从美国大使馆给我们带来装有 4 月 23 日邀请米沙和我的邀请函的信封；邀请函上注明——'着燕尾服或者黑色西装上衣。我要给米沙缝套黑西服，他没有。这是个好差事！'"）

4 月 30 日，布尔加科夫给最近在其那里接受催眠治疗的 С. М. 贝格医生写信说："总之，我感觉很好。您让该死的恐惧不折磨我了。它远离了，微弱了。"

叶莲娜·谢尔盖耶夫娜那天记道："今天我和米沙去了裁缝那里。然后去全苏外宾商品供应公司取做西服的布料和其他东西。我们买了非常好的布料。店员保证说,英国布料是专门用来做燕尾服和晚礼服的,但是价格都贵——一块布料 25 金卢布。然后我们给米沙买了配这套西服的黑皮鞋。没找着浆硬了的衬衫。"

4 月 5 日,布尔加科夫在韦列萨耶夫家朗读了写成草稿的《普希金》的最后两场戏。

4 月 7 日:"白天,我和米沙去库巴——位于普列奇斯坚卡街的装订室——买书。我给他买了柴可夫斯基通信集和陀思妥耶夫斯基的资料。①"

"阿赫玛托娃吃了午饭。她来为自己的一个什么从列宁格勒被驱逐的熟人求情。"叶莲娜·谢尔盖耶夫娜那天给《红色处女地》打电话,编辑"非常客气地说,10 号或 12 号会决定,是否在他们的杂志上刊印《莫里哀传》的问题"。米沙说:"你这辈子再也听不到他的声音,见不到他了。"(这样的预测不少,他喜欢作这样的预测——值得一提的是,不仅通过叶莲娜·谢尔盖耶夫娜的口述,而且通过她的日记本也可以看出,大部分预言都应验了——例如,《莫里哀》的手稿 1935 年 4 月 26 日也就是叶莲娜·谢尔盖耶夫娜发电报之后"不带任何附信"从《红色处女地》退稿。)叶莲娜·谢尔盖耶夫娜那天反反复复记录了与《莫里哀》的戏剧命运有关的一切:"斯坦尼斯拉夫斯基剧院列昂季耶夫厅在排练《莫里哀》,折磨米沙。不是在排练剧本的场景②,而是和演员们在进行教学练习,说

---

① 可能是 1935 年出版的《费·米·陀思妥耶夫斯基。资料和研究》文集。
② 斯坦尼斯拉夫斯基。

第五章 重写长篇小说。新的剧本与新的希望（1932—1935年）

一大堆完全推动不了剧本的旁门左道的东西。米沙给我证明，任何制度、任何势力都不能强迫一个不好的演员把戏演好。他心情好的时候给我展示，K. 演戏的样子——非常可笑。无可救药的难看！"4月9日，弗·弗·德米特里耶夫和莫斯科艺术剧院的年轻演员孔斯基去了布尔加科夫家里。"米沙情绪异常好，讲了《莫里哀》的彩排，他模仿了斯坦尼斯拉夫斯基、波德戈尔内、科列涅娃，并非常出色地模仿了莫里哀的女仆勒内——舍列梅季耶娃扮演勒内。"他开始模仿剧院的一个工作人员时，"我看见德米特里耶夫简直泪如雨下，笑得喘不过气来……的确非常搞笑——**德米特里耶夫**用令人喜爱的、虔诚的目光观看、握手时，他这个时候非常担忧地向某个新人投去目光。"后来的、那一年可能还没有构思的长篇小说《剧院情史》的素材就是这样在这些几乎每天都上演的、有时是义愤填膺的讲述，有时是欢乐无比的模仿中自然而然形成了；在这部长篇小说中，导演建议演员"为自己喜欢的姑娘骑自行车"，而在另一次排练中则建议："给爱人献一束花。12点就从这个情节开始排练了，一直持续到下午4点。同时，不仅帕特里克耶夫要献花，而且所有的人都要轮流献花——扮演将军的叶拉金也要献花，甚至扮演土匪头子的阿达利别尔特也要献花。这让我感到特别惊奇。但是福马立即就来安抚我，解释说，伊万·瓦西里耶维奇做事一向特别聪明，会立即教很多人某个舞台动作。的确，伊万·瓦西里耶维奇教课时，附带讲一些有意思的、有教益的东西：怎样给女士献花，什么人怎么献花。……最会献花的是伊万·瓦西里耶维奇自己。他神情专注，登台表演了13次左右怎样献上这份令人愉快的礼物。总的来说，我开始确信，伊万·瓦西里耶维奇是个不寻常的、确实有才的演员。"

在那些天，具体说是在4月8日，康·特列尼奥夫叫布尔加科夫夫妇去他家——他就住在他们家楼上。叶莲娜·谢尔盖耶夫娜回家后记道："我喜欢帕斯捷尔纳克，他很特别，不同于常人……我们为女主人干了第一杯酒后，帕斯捷尔纳克说：'我想敬布尔加科夫一杯。'女主人突然大声说：'不，不，我们现在敬维肯季·维肯季耶维奇一杯，然后再敬布尔加科夫。'对此帕斯捷尔纳克固执地回应说：'不，我想敬布尔加科夫一杯。韦列萨耶夫当然是个大人物，但是他来是合理的；布尔加科夫来是不合常理的。'比利-别洛采尔科夫斯基和基尔波京害羞地把眼睛垂了下去。"

4月11日，茹霍维茨基打来电话说，美国大使馆的秘书波伦想请他们吃饭，请定个日子。叶莲娜·谢尔盖耶夫娜那天（可能像往常那样在夜里）记道："米沙没有回复，而是邀请波伦、杰夫（私人秘书）、布利特和茹霍维茨基今晚来我们家。

晚餐有鱼子酱、鲑鱼肉、自制肉泥、萝卜、鲜黄瓜、炒口蘑、伏特加、白葡萄酒。"（她喜欢请客吃饭，喜欢描述桌上的饭菜；对丰盛的饭菜的描述，在布尔加科夫的作品中——在《狗心》和《大师与玛格丽特》中——也很常见，这带有挑衅的、受意识形态影响的性质。）"美国人会说俄语——波伦说得很不错。晚餐是以米沙展示自己的履历照片开始的，他说，他明天要递交办理出国护照的申请，他想出国三个月。

第五章　重写长篇小说。新的剧本与新的希望（1932—1935 年）

茹霍维茨基差点没噎住。美国人说，应该去。他梦想去美国……

波（伦）想和茹霍维茨基一起翻译《佐娅的住宅》。他们聊了很久，看来他们在我们家过得很开心。波伦邀请我们 4 月 19 日共进午餐。"

4 月 12 日："晚上我们去了沙波什尼科夫家。米沙和他下象棋。然后谢尔盖·叶尔莫林斯基送我们回家，顺便到我们家做客，一直聊到凌晨 3 点。"

4 月 13 日："今天白天，米沙出去见住在曼德尔施塔姆家的阿赫玛托娃。他们想出版阿赫玛托娃的书，但是选择面太大。"（接着转述了娜杰日达·亚科夫列夫娜·曼德尔施塔姆讲的、这本书第 1 章中引用的他们在巴统初次见面的情形。）

4 月 18 日："早上我给勒热夫斯基打电话，叶甫盖尼·亚历山德罗维奇给我说，伊林娜·斯韦奇娜被捕了。我立即去找亚历山大·安德烈耶维奇。他的状态很糟——他说，自己完全丧失了工作能力，房子就像棺材……"

当时，叶莲娜·谢尔盖耶夫娜同斯韦钦家已有近十年的来往——她 1925 年 11 月 9 日给妹妹写信提到不久前同他们相识的情况："我对此感到很开心。他们俩都是非常有趣的人。"亚历山大·亚历山德罗维奇·斯韦钦（1877—1938），贵族（就像希洛夫斯基那样），1903 年毕业于总参谋部科学院，参加过世界大战，1918 年 3 月加入红军，20 世纪 20 年代为工农红军军事科学院（从 1921 年 8 月起，米·尼·图哈切夫斯基任院长，1926 年以已故的米·瓦·伏龙芝命名）的教授。他是那些年最有文化修养和最有学识的军事专家之一。他的名字在我们1969年秋天同叶莲娜·谢尔盖耶夫娜的谈话中被她顺带提起——当时在说她和布尔加科夫到底在哪里认识的。从她的话可以看出，他们是在斯韦钦家（或他们也去过的地方）认识的。

顺便提一下，E. A. 希洛夫斯基此时——1928年10月至1931年2月（巧合的是——就是在布尔加科夫与叶莲娜·谢尔盖耶夫娜的关系被发现之前，是希洛夫斯基迫使他们分手）——是莫斯科军区的参谋长，此后，他在图哈切夫斯基的领导下开始同斯韦钦一起在一家科学院教书。据军事史学家透露，此前不久，也就是在1930年，开展了一次由明仁斯基领导的所谓的"春季"行动：一夜之间，在中央军事机关和各军区逮捕了近5 000名老专家。此后展开了判罪运动，其中的一个主要观点就是斯韦钦的军事理论观点；米·尼·图哈切夫斯基特别强烈地反对他。

斯韦钦不久后就回到了科学院任教。布尔加科夫去过他那里——保留下来的证据表明，布尔加科夫同军界有直接（不仅是间接联系——同叶莲娜·谢尔盖耶夫娜认识以及她的讲述）联系这一事实，这对假定他对接下来几年的事件的态度有重要意义。我们引用一下这个证据：叶莲娜·谢尔盖耶夫娜1933年11月25日记道："莫斯科艺术剧院举办老同志招待会，米哈伊尔·阿法纳西耶维奇没有去，我们受邀去了斯韦钦家。"宁愿去作这样的拜访，也不去参加莫斯科艺术剧院的招待会，这本身似乎就说明有利于相互关系的严肃性。我们注意下日

第五章　重写长篇小说。新的剧本与新的希望（1932—1935 年）

期。指的是距叶莲娜·谢尔盖耶夫娜新婚才过了一年。根据日记本看——这是她和布尔加科夫常去的、"原来的"生活中为数不多的一户人家。（这恐怕加强了证明他们就是在这户人家，而不是 Л. Е. 别洛泽尔斯卡娅记得的那样在莫伊谢延科家认识的证据的可靠性；但是我们暂时还不知道，布尔加科夫 1929 年是如何出现在斯韦钦家里的，他们到底什么时候认识的。）

还有一处"军用"房，20 世纪 30 年代实际上与布尔加科夫有关——可能已经是在叶莲娜·谢尔盖耶夫娜的帮助下——里面住着伊万·亚历山德罗维奇·托洛茨基一家，他们常年跟她走得很近，即使是与希洛夫斯基分手后也是如此。1970 年 1 月 12 日，她在日记本中记道："……1922 年，我们住在沃兹德维任卡的一个公寓里，楼房和院子的侧屋里不知什么时候曾是猎人俱乐部（19 世纪末，康·谢·斯坦尼斯拉夫斯基剧院的阿列克谢耶夫爱好者剧团的演出好像到过那里）。我和叶甫盖尼·亚历山德罗维奇、伊万·亚历山德罗维奇·托洛茨基（也是总参谋部的）以及他的母亲玛利亚·伊万诺夫娜·哈内科娃住一起。虽然年龄相差很多，但是我们和她成了忘年交。然后在她去世后（在她生前也是），我和她的女儿利季娅·亚历山德罗夫娜·龙任娜成了好朋友，在她去世后又和她的女儿尼娜·格奥尔吉耶夫娜·龙任娜–切尔内绍娃成了好朋友……"（这些名字在我们接下来的叙述中会碰到）。

……1935 年 4 月 19 日，叶莲娜·谢尔盖耶夫娜记述了在波伦那里共进午餐的情况："使馆的房间——又明亮又好，电唱机——同时也是无线电收音机。当然有茹霍维茨基。然后还从使馆来了一些美国人,让人舒服的一些人,行为举止简单。饭前上了鸡尾酒。餐食里没有汤。

莉娜 C. 出现时,我和米沙俩都很惊奇。

道别时,米沙邀请美国人来家里做客。莉娜 C. 说:'我也想乞求去您家做客。'"

4月22日:"今天我和米沙看了《莫里哀》的排练记录……从中可以看出,斯坦尼斯拉夫斯基打算破坏整个剧本,然后重写。比如说《债约》那场戏:'德奥西尼戴着面具,为了报复加入债约。'①忍无可忍,米沙立即给我口述了给斯坦尼斯拉夫斯基和戈尔恰科夫的信,坚决拒绝修改。"布尔加科夫给斯坦尼斯拉夫斯基写信说,他的建议"导致要创作不知什么样的、我写不出来的新剧本,因为我根本不同意写这样的剧本"。如果现在这个样子的剧本不适合剧院,那么作者请求退稿。

1935年4月23日,他们去参加美国大使召集的舞会。

叶莲娜·谢尔盖耶夫娜第二天不仅详细描述了这个非比寻常的舞会本身,而且还详细描述了对舞会的准备。"白天我去了理发店,我在阿尔巴特街打车,司机从车上下来了,'劳驾!'我给他说,我出40卢布,让他晚上送我们,然后凌晨3点去接我们。

他欣然同意了。

---

① 顺便提一下,一年后在《剧院情史》中:"伊万·瓦西里耶维奇越来越固执地建议我在自己的剧本中写一场用剑决斗的戏"——在关于国内战争时期的剧本中!——作者刚开始"把这当作冷笑话,然后'狂怒起来'"。

第五章　重写长篇小说。新的剧本与新的希望（1932—1935 年）

女裁缝和塔马拉·托马斯夫娜把我打扮了一番。印有浅红色花的深蓝色晚礼服，上身效果非常好。

米沙穿着质地非常好的黑西装。

我们 11 点半出发。司机又没有提前要钱。他说，他来接我们。我们说 3 点钟。他说：'早不早？'"

"我平生从未见过这样的舞会，"叶莲娜·谢尔盖耶夫娜几乎用玛格丽特的话记道，"大使站在楼梯上面迎客。所有人都穿着燕尾服，只有几个人穿着西装上衣和男士晚礼服。利特维诺夫穿着燕尾服，布勃诺夫穿着军绿色制服。① 还有一些我国的军人。

波伦和另一个实际上是武官的美国人，一个穿着燕尾服，另一个穿着缀有金色绶绳的红色阅兵服。他们下楼迎接我们，非常热情地接待了我们。

大家在大厅里排成纵队跳舞，聚光灯伴着大合唱一闪一闪，把乐团隔开的网子后面是鲜活的鸡和野鸡。我们在一个硕大的餐厅里分桌用晚餐，餐厅一角有鲜活的小熊、山羊羔，笼子里装着公鸡。用晚餐时，手风琴师们在奏乐。"她以不怀好意的目光注意到："别尔谢涅夫面带惊慌失措的神情在宾客中间一闪而过。阿菲诺格诺夫身着西装上衣，不知为何挂着拐杖。"

她感觉自己在这样的舞会上如鱼得水，陶醉于其中。美丽、妆发整齐、锦衣华服的女伴也给布尔加科夫增添了信心。

---

① 布尔加科夫 1919 年在基辅时认识的教育人民委员面貌未改。

他不觉得自己不知所措——对他而言，这无疑是他在 1921 年秋天时就梦想"恢复"的生活"标准"理所当然的一部分。与此同时，他们作为参与者参与其中的不完全寻常的场面和行为，激发了他的想象力。叶莲娜·谢尔盖耶夫娜继续描述道："我们在大厅里吃晚饭，餐桌上铺着透明的绿布，里面发着光。桌上摆了一大捧郁金香和玫瑰。当然，食物和香槟异常丰盛。顶楼（宽敞豪华的别墅）是烧烤。这里跳着高加索舞。我们受到非常殷勤的招待，我和很多熟人跳舞……"

……舞厅可能最早建造于此，"带有用某种淡黄色的闪闪发光的石头造的圆柱"、"白色郁金香组成的矮墙"、"燕尾服的白色前襟和黑色垫肩"、"一面是红玫瑰、粉红玫瑰、乳白玫瑰，另一面是日本双瓣山茶组成的花墙"、"三个水池里"冒着气泡的香槟、"铺着地毯的大楼梯"、"绿尾鹦鹉"、"快乐和谐的大猩猩"、"白熊在舞台上演奏手风琴和跳卡玛林舞"的场面——这一切不久后让第一拨听众感到非常吃惊，25 年后，让关于大师和他的情人的长篇小说的读者感到吃惊。

叶莲娜·谢尔盖耶夫娜接着写道："……对米沙非常赞赏，在宾客中间的大使非常亲切，给人留下非常好的印象。我们想 3 点半离开，但是没有放行。于是米沙出去找我们的就像从地底下突然冒出来似的司机[①]，让他离开。

我们 5 点半坐美国大使馆的一辆由大使馆的人事先叫来的车离开……和我们乘同一辆车的，好像是我们不认识、但整个

[①] 所有这一切——是她并非偶然记下的、发人深思的一些细节。

第五章 重写长篇小说。新的剧本与新的希望（1932—1935 年）

莫斯科都知道、经常混迹在外国人中间的施泰格尔。

我们到家时，天已经亮了。在我们家过夜的卡捷琳娜·伊万①披着毯子出来看我们，非常好奇地听我们讲舞会的情况。"

4 月 25 日："米沙应苏联作家协会的邀请去参加了作家们同戈登·克雷的会见，尽管他也很不情愿。会见非常无聊，人不多。弗·伊万诺夫为他致欢迎辞。"

4 月 28 日，导演助理的日记本中记道，排练前，给莫斯科艺术剧院的演员们宣读了布尔加科夫关于《莫里哀》的信，"斯坦尼斯拉夫斯基号召演员们不要灰心丧气，在不脱离作者的剧本的情况下，用演员和导演的手段落实既定方针，战胜作者。'这更困难，而且也更有趣。'"

排练按原来的剧本进行。

同美国人热情地保持和巩固关系——在始终有暗中监视者的情况下。

4 月 29 日："晚上来了怀尔参赞的夫人和波伦"，还叫了几个美国人，"当然有茹霍维茨基。怀尔给我带了玫瑰花，波伦给米沙带了威士忌和波兰茅香露酒。米沙朗读了《佐娅的住宅》最终版的第一幕（那年他改写了剧本，创作了新版本）。他把剧本交给茹霍维茨基和波伦去翻译，从茹霍维茨基那里拿了一张收据，上书'后者自己负责办理苏联相关部门批准将剧本寄往国外的手续……'晚餐吃得很愉快。怀尔夫人邀请和她一起去土耳其，她过几天要和丈夫去土耳其一个月。

---

① 叶卡捷琳娜·伊万诺夫娜·布什，或 "洛莉奇卡"，谢尔盖·希洛夫斯基的保姆，德国人。

大约3点散场。"

虽然只是说一说这种旅行的可能性，引诱自己，逗逗茹霍维茨基，但还是很开心。美国人当然不能想象自己的交谈者的复杂感受。

4月30日："我们4点半走到大使馆。米沙穿着黑西装，我穿着穿旧了的黑色连衣裙。

昨天波伦请我们看电影。所有人都身着西装上衣，我们受到非常热情的接待。只有涅米罗维奇和科季克①是俄国人。

电影惊心动魄。取材于印度边境某处英国骑兵的生活。看完后大家被招呼到餐厅，用香槟酒和各种美食给予款待。波伦介绍我们认识了很多人，其中包括法国大使及其夫人和土耳其大使。后者是个胖子，但是个很有趣的人！怀尔夫人邀请我们明晚10点半去她家。波伦说，会派车接我们。

总之，过着美国人的日子！"

5月1日："谢尔盖和父亲②去游行，回家后还兴高采烈。他说，游行顶呱呱！③

我们白天睡足了。晚上车来时，我们坐车经沿岸街和市中心兜了一圈看彩灯。沿岸街装扮得特别漂亮。大剧院也是。

怀尔家去了大约30人，其中有土耳其大使、法国的一个作家④，当然还有刚回苏联的施泰格尔。去的都是我们的熟

---

① 妻子。
② E. A. 希洛夫斯基。
③ 也就是"好极了"。
④ 可能是圣-埃克苏佩里。

第五章　重写长篇小说。新的剧本与新的希望（1932—1935年）

人——美国大使馆的秘书们。随手可以拿着香槟、威士忌、白兰地。然后晚宴是自助式冷餐会，香肠配四季豆、意大利面和糖煮水果。我不想吃饭。但是可怜的米沙无论如何也没法吃上一口。

因为一个从美国来的女人问了他很多问题。法国人，而且还是个飞行员讲述了自己的危险飞行。他表演了罕见的扑克牌魔术。刚开始我以为他和女主人沟通好了。但是后来他直接和我做这个魔术时，我完全信了。而且我担心不可解释。

我们待到了2点半，然后坐车回家。"

布尔加科夫就是这样迎接1935年5月1日的。

坐车出行、美味佳肴、世界各地身着"燕尾服"的客人、常客施泰格尔男爵、魔术、夜归……关于魔鬼和大师的长篇小说旁边，流过离国内的日常生活很远、距诞生于这些长篇小说中的世界很近的现实生活洪流。

5月2日，"……白天茹霍维茨基来了一趟——带来了同费舍尔①签的涉及英国和美国的协议译文（《图尔宾一家的日子》）。他当然建议删掉美国。他对施泰格尔意见很大，他说，说什么也不想在我们家见到他。

而且甚至厌恶他。"

他的私生活、来他家的人不断为他继续创作的关于普希金的剧本、监视氛围（他在剧本中进行现代化处理，给其移植上现代特征）提供素材。

---

① 从布尔加科夫手中购买了他的剧本翻译权的外国出版社。

叶莲娜·谢尔盖耶夫娜给我们讲（1969年11月12日），很清楚自己家常客角色的布尔加科夫有时对她说："给这个混蛋打电话！"；人来了——"胖乎乎的、一脸淫荡相"，于是布尔加科夫开始戏耍他。

"我想出国。"

"米哈伊尔·阿法纳西耶维奇，您应该先去工厂，写一写工人阶级，然后再去国外。"

"知道吗，我的决定刚好相反——我先去国外，然后写工人阶级。这不，和叶莲娜·谢尔盖耶夫娜一起去。"

"为什么和叶莲娜·谢尔盖耶夫娜去？"

"知道吗，我们不知咋的就习惯两个人一起在国外旅行。"

"不，可能会给您配翻译……"

她说，来人急着离开去参加晚会（看来他那天必须"出现"），坐立不安，布尔加科夫故意把他拖到11点，然后对叶莲娜·谢尔盖耶夫娜说：以后"不要让他进门：

就得这样！从牛津毕业，以便然后……"，他敲了敲桌子，表明"然后"是什么。

叶莲娜·谢尔盖耶夫娜接着讲说，两三周后，"他又想来点刺激的，于是就说：'喂，给那个混蛋打电话。'"

5月9日，"晚上来了韦列萨耶夫、安加尔斯基、德米特里耶夫和特列涅夫一家。……安加尔斯基吃晚饭时问：'我不明白，为什么现在这作家们都写历史题材，不写现实问题？'"

安加尔斯基早就在从事外交工作，他在希腊等国家待的时间比在国内待的时间长得多。叶莲娜·谢尔盖耶夫娜在日记本

第五章　重写长篇小说。新的剧本与新的希望（1932—1935 年）

中没有评论这个在布尔加科夫家的饭桌上问出来的、恐怕是个"脱离实际的"、思辨性问题。

刚过去的整个这一周，布尔加科夫都在修改《佐娅的住宅》——为了让茹霍维茨基拿去翻译——并于 5 月 1 日晚交给了他。

B. E. 沃尔弗来了——从列宁格勒红色剧院过来的；他得知布尔加科夫正在写关于普希金的剧本后，强烈要求把它提供给剧院。莫斯科的一家剧院请求写"关于 1937 年国内战争主题的剧本"。几天后，布尔加科夫打电话拒绝了："解释说，他现在无论如何没办法接新活，因为他手里现在有两个未完成的大活——普希金和喜剧，更不用说《莫里哀》了。"（5 月 13 日的日记）

5 月 16 日，他们在家给布尔加科夫过生日——给他送了瓦格纳的乐谱和勒萨日的书（可能是《瘸腿魔鬼》）。

5 月 18 日中午 12 点，布尔加科夫给瓦赫坦戈夫剧院工作人员朗读了关于普希金的剧本。"……来听的人很多，"叶莲娜·谢尔盖耶夫娜记道，"朗读结束后吃早餐——鱼子酱、鲑鳟鱼肉、火腿和黄瓜。"吃早餐时叶莲娜·谢尔盖耶夫娜的儿子热尼亚打来电话说"马克西姆·高尔基"号飞机遭遇空难。"好像有 42 人罹难。"

5 月 19 日："晚上我去了斯韦钦家。伊林娜 16 日下午 5 点被释放。她变得委靡不振、冷漠无情，已经发烧十天了。她的脸上不见了笑容。"

5 月 22 日，叶莲娜·谢尔盖耶夫娜的妹妹讲了"递交出国申请的名单。涅米罗维奇、斯坦尼斯拉夫斯基、波德戈尔内和她显然都会去。"

5月24日,波戈金的《贵族》在瓦赫坦戈夫剧院首演时,"观众对该剧反响热烈。该剧给国家政治保卫局唱赞歌"。

5月28日,"米沙这些天一直都在口授《普希金》。谢廖扎·叶尔莫林斯基和孔斯基非常喜欢这部剧,"叶莲娜·谢尔盖耶夫娜5月31日,也就是朗读后的第二天记道,"他们找不到言语来表达对它的欣赏之情……茹霍维茨基对米沙的高超技巧赞不绝口,但是他一副沮丧的样子:这就是所谓的所有人都明白的东西?!……米沙朗读第四幕①时,屋里的温度明显降下来了,许多人都愣住了。"这则日记中还记道:"这个剧本让我很幸福。我几乎能把它背下来——每一次听,都非常激动。"这种女性独有的强烈同情的能力,可能是布尔加科夫当时生活重要而且有益的一部分。

6月3日,我们去了特列尼约夫那里。"米沙非常喜欢马雷什金。他说,他非常聪明,会聊天。"

6月4日,他们再次递交了申请夏季出国旅行的调查表。这个时候,同韦列萨耶夫的共同创作关系吃紧,因为韦列萨耶夫不赞同关于普希金的剧本的许多内容,请求把自己的名字拿掉。

布尔加科夫又回到长篇小说的创作——可能是在不久前——6月21—22日写了关于博索伊的那一章。当时正值酷

---

① 这一幕中特别出色地勾勒了比特科夫的形象。

第五章　重写长篇小说。新的剧本与新的希望（1932—1935 年）

暑。他们打发谢廖扎和保姆去了乡间别墅。6 月 29 日，叶莲娜·谢尔盖耶夫娜给在列宁格勒的妹妹写信说，他们正在享受"安宁和平静。他在休息，没有写作，我们经常散步、睡觉和聊天"。她还关心给家里添置家具的事："尽快写信告知，看到什么红木家具了吗？有没有适合摆在前厅的好镜子、带侧边耳座当作烛台的窗间镜、放在走廊里的古灯笼和地毯？"

在关于博索伊的那一章中，可以看到对那些主要触及城里某些阶层，但是是相当广泛的阶层的事件的反映，这些事件有个流行的名称——"淘金热"：从居民家里强行没收金子和贵重物品。

顺便说一下，随着苏联十卢布纸币兑换率的确定，拟议"十卢布金币"要上交，兑换成流通的纸币；不这么做会被认为是，藏匿货币和不义之举。据同时代人的回忆，全国至少经历过两次那样的"淘金热"潮，一次发生在 1928—1929 年，另一次发生在 1931—1933 年。20 世纪 70—80 年代还记得进行那样的没收情景的人，不赞成长篇小说印刷版"博索伊的梦"那一章。"我难以想象，布尔加科夫怎么会用喜剧的腔调描述那个事？" 70 岁的院士 M. 对我们说。他说，1932 年（要么是 1933 年）抄了他们家，侦查员还说："为什么不上交，等着我们走掉？我们会走的，但是我们会使劲砸门，让你们脑袋搬家"（同时代的人考证确定，这句神秘的话出自托洛茨基之口，认为在那些年的政治迷雾中，他的秘密支持者们老说这句话……）。"您知道那是怎么回事吗？"院士说："小小的囚室里塞进去 10 个人，只能站着。这是怎么回事啊！孩子们朝父母叫喊道:'把金子交出去!让放我们出去!我们受不了了!……'不,我没法理解,他怎么会用讽刺性的形式描写这个事!……"从那些年的见证者那里听到的勒索方式,让人想起奥威尔的长篇小说。T. A. 阿克萨科娃-西韦尔斯在自己的回忆录中引用了1931—1932年冬天发生在列宁格勒的可怕的事,当时"从怀疑有贵重物品和货币的人群(家庭手工业者、老医生等)那里没收这些东西";这样的事发生在列宁格勒著名医生鲍里斯·伊万诺维奇·阿赫沙鲁莫夫身上:"鲍里斯·伊万诺维奇在下诺夫哥罗德街①关了两天后,在两个侦探的监视下回到了家里,给他们指了指冬天关上的阳台门。两个侦探打开那扇门,拿上砌在阳台的装有贵重物品的小匣子,走了。过去乐于交际、甚至活跃的鲍里斯·伊万诺维奇在这之后跟换了个人似的。两天没说话,然后说:'我经历这样的事,遭遇这样的事后,再也没法活了!'他夜里吞服吗啡自杀。这一次他被送到马林斯基医院,成功救活了,但是一周后,他趁妻子不在,从惹祸的阳台一跃而下。这个阳台面朝利戈沃大街,位于4层。当时就死了。"如果冒险揣测外人看不到的精神生活的各种事件,可以试着假定,在这种反映当时普遍的社会心理矛盾——对于理解布尔加科夫及其同时代人的特殊生活背景很重要——的情况下,一个人和自己的个性严重不符。对一个人身心的极端影响,导致其行为在若获释时已经同习以为常的自爱无法融合。谁无法想象没有这种感受的生活,要么以完全破坏

---

① 即内务人民委员部的内部监狱。

第五章 重写长篇小说。新的剧本与新的希望（1932—1935 年）

个性（贬低以前的一切价值观）的方式，要么以死来解决。

7 月 26 日，布尔加科夫给韦列萨耶夫写信说："我有时在乡间别墅，有时在城里。我已经开始写了。我正在纯洁语言①，将阿伦特变成达里……我的出国之行被拒了（您当然会惊讶得两手一拍！），我不知不觉去了克利亚济马河，而不是塞纳河。那又如何，这也是河……祝您拥有世间最好的、最宝贵的东西——健康。"满意的体检结果可能还是不能完全让他放心。

8 月初，剧本就像他告知韦列萨耶夫的那样，"完全写好了"。

8 月 22 日，叶莲娜·谢尔盖耶夫娜记道，伊·列日涅夫消失多年后又露面了。

布尔加科夫 1923 年曾寄予殷切期望的《俄罗斯》原编辑，1926 年 5 月被驱逐出境，"从 1926 年秋天起，是苏联驻德国商务代表处经济工作人员，仍是苏联几家报纸的记者。1929 年，伊·格·列日涅夫给联共（布）中央致信，请求准许他回到苏联。这封信在莫斯科的一次区党代表会上被宣读，被视为'路标转换派'知识分子改变自己立场的重要征兆。1930 年 3 月，伊·格·列日涅夫回到了祖国……1933 年 12 月，中央政治局决定，吸收他入党。"

可能当时只有布尔加科夫知道，在这个前所未有的事实中暴露出来的斯大林的庇护，列日涅夫在出版《俄罗斯》的那几年也利用过。1934 年 5 月 16 日的《文学报》报道说，列日涅

---

① 在关于普希金的剧本中。

夫被吸收加入作家协会；从第二年起，他担任《真理报》负责人。

9月5日的《莫斯科晚报》报道："剧作家米哈伊尔·阿法纳西耶维奇·布尔加科夫完成了关于普希金的新剧本。该剧预计将在瓦赫坦戈夫剧院上演。"9月7日，叶莲娜·谢尔盖耶夫娜给在里加的妹妹和母亲写信说："我现在有很多和米沙、谢廖扎以及他的学业有关的活要干。秋天一切都要搞定。我好累……这几天我完成了个大活（誊写《普希金》）。然后我就有空闲了。"9月10日，她用打字机敲出来的剧本交给了瓦赫坦戈夫剧院，一周多后，交给了列宁格勒红色剧院。

9月17日，布尔加科夫夫妇递交申请，请求用自己的房子换位于拉伏鲁申巷的作家之家的四居室——抱怨说隔音太差，要求楼层低点。

9月20日。获悉剧目审核委员会批准《亚历山大·普希金》上演的消息。"值得向上帝祈祷——令人开心的一天终于到来了！"叶莲娜·谢尔盖耶夫娜记道。《伊万·瓦西里耶维奇》有望在10月开始排练。

9月27日："米沙担心剧院会如何采用这个剧本。"

10月2日："快乐的夜晚！米沙极其成功地朗读了《伊万·瓦西里耶维奇》——在我们家……所有人都哈哈大笑……大伙都想让立即排演这个剧本……大伙很开心……非常愉快。晚餐吃得很高兴。"

10月3日："晚上来了谢尔盖·普罗科菲耶夫和德米特里耶夫。谢尔盖·普罗科菲耶夫给人留下了很好的印象。讨论了

第五章　重写长篇小说。新的剧本与新的希望（1932—1935 年）

以米沙的剧本（《普希金》）为底本改编成歌剧的问题。他带走了剧本。"

10 月 7 日，布尔加科夫把喜剧交给了讽刺剧院。10 月 17 日，叶莲娜·谢尔盖耶夫娜就记道："关于《伊万·瓦西里耶维奇》的好消息。剧目审核委员会的五个人都读了剧本，都找了其中有没有可疑之处。但是什么也没找着。米沙说：'他们在那里找什么呢?!'金句是：能不能让伊凡雷帝说，现在比当年好?……晚上意外地去看了《浮士德》。认识了梅利克①，他指挥的……很满意，因为我早就喜欢他……《浮士德》给人一种愉快的感受……"对于布尔加科夫本人而言，《浮士德》是他的作品的永恒背景，几乎是他今年正在创作的、可能比他所期望的要少很多的长篇小说的组成部分。

那天晚上，雅·列·列昂季耶夫（他现在在大剧院管理处工作，布尔加科夫夫妇成了他们管理处包厢的常客）"给看了今天的《真理报》，阿菲诺格诺夫在上面发表小品文感谢剧院②，说剧本在无休止排练，甚至每个剧本得四年。心里真欢畅；这些卑鄙的家伙活该!"这个女人内心满是愤怒、生气、为丈夫报仇的感受，但是更重要的是另一点——要相信，一旦打败他们的敌人，涅墨西斯一定会住手。

10 月 20 日，讽刺剧院的工作人员和剧目审核委员会的代表去看布尔加科夫（他生病了）。"进行了困难、心情沉重、不愉快的谈话，尽管是以相当亲切的语调说的。姆列钦无论如何

---

① 大剧院的首席指挥——A. Ш. 梅利克-帕沙耶夫。
② 即莫斯科艺术剧院。

也下不了决心批准剧本。他从一开始就在里面找什么有害的思想。没找到，就开始因为里面没有什么思想而心生不快。他用这些问题折磨米沙。进行这样的谈话，痛苦得无法形容。他说了句晚上会再读一遍剧本，走了。"可能剧院也是明哲保身——叶莲娜·谢尔盖耶夫娜记下姆列钦给他的代表说的话："因为您有一些担心……毫无意义的胆小怕事和阿谀奉承——这就是发生所有这些事情的原因！"叶莲娜·谢尔盖耶夫娜斩钉截铁地总结道，像以往那样，在某种程度上在自己的日记中反映了布尔加科夫本人的心情和评价。

10月29日夜里，剧院打来电话说："《伊万·瓦西里耶维奇》作了些许的改动后获批。开心。"

10月30日："白天有人摁家里门铃。我出去一看——是阿赫玛托娃——她脸色很难看，瘦弱到我认不出来，米沙也是。原来，有天晚上，丈夫（布宁）和儿子（古米廖夫）都在家被捕了。她来递交给约瑟夫·维萨里奥诺维奇的信。她明显心情不好，嘴里嘟囔着什么。"

10月31日："安娜·安德烈耶夫娜亲手重抄了给约瑟夫·维萨里奥诺维奇·斯大林的信。晚上用车把她送到皮利尼亚克那里。"据叶莲娜·谢尔盖耶夫娜讲，布尔加科夫给阿赫玛托娃建议这样写信：在他的帮助下拟就，先用打字机敲出来，然后她亲手重抄一遍——他认为，这样才符合诗人的身份。11月4日，阿赫玛托娃手里拿着丈夫和儿子的电报去他们家，证明那封信取得成功时（"我为阿赫玛托娃感到高兴，"叶莲娜·谢尔盖耶夫娜记道），布尔加科夫也将这一成功归功于自己的

第五章　重写长篇小说。新的剧本与新的希望（1932—1935 年）

建议。

11 月 5 日，布尔加科夫开始翻译莫里哀的《悭吝人》（《吝啬鬼》）——为了赚钱。这样就又出现了让他丢下自己的构思的事务。

11 月 7 日："早上我送米沙去参加游行。完事后他给我说，游行队伍分成几列接连不断地穿过广场。我看到了主席台上的斯大林——穿着灰色军大衣，戴着大檐帽。"11 月 10 日，又去了大剧院——看歌剧《卡门》。"演出结束后，雅科夫·列昂季耶维奇和梅利克-帕沙耶夫在我们家吃了晚饭。"

11 月 18 日，《伊万·瓦西里耶维奇》第一次排练。11 月 23 日，在大剧院听歌剧《萨德科》。他这几天在家里给客人朗读了《伊万·瓦西里耶维奇》和《普希金》。斯坦尼斯拉夫斯基拒绝让《莫里哀》上演；"我对作者有很多意见，然后对您和演员们也有意见，"他对导演 Н. 戈尔恰科夫说，并建议道："对这部戏的上演自行负责。"布尔加科夫希望，这能加速让剧本搬上舞台。

12 月 22 日："米沙白天排练《莫里哀》，我在大剧院彩排《麦克白夫人》①。音乐非常震撼、独特。我认识了肖斯塔科维奇。听完歌剧后，我和雅科夫·列昂季耶维奇以及德米特里耶夫②一起去接米沙，他们去我们家吃饭，顺路买了香槟。紧随我们之后来了梅利克-帕沙耶夫，饭吃得很愉快。但是没有叫上肖斯塔科维奇，让我非常不安。梅利克和谢廖扎四手联弹钢

---

① Д. Д. 肖斯塔科维奇的歌剧《姆钦斯克县的麦克白夫人》。
② 时任莫斯科艺术剧院布景画家。

琴,然后一个人弹,唱歌,玩得很开心。"

一年在希望最终似乎实现了的征兆下结束了。新一年本应让他的三部剧作:《莫里哀》《亚历山大·普希金》《伊万·瓦西里耶维奇》——七年来头一次登上舞台。

12月31日,涅米罗维奇-丹琴科观看了《莫里哀》的排练,之后,他积极参与上演该剧的工作。跟大剧院走得很近,催生了新的构思——布尔加科夫已经在考虑执导自己喜欢的、编排非常陈旧的歌剧《浮士德》和《阿伊达》。我们认为,1936年1月1日的《消息报》上登的帕斯捷尔纳克写的关于斯大林的诗,影响了布尔加科夫转向这一主题的决定。

第六章　又破产了。"也好，歌剧剧本就歌剧剧本！"

一

1936年1月2日，布尔加科夫和妻子应雅·列昂季耶夫、A. 梅利克-帕沙耶夫的邀请去大剧院听歌剧《麦克白夫人》。这是该剧第二次上演。然后同梅利克-帕沙耶夫、肖斯塔科维奇在艺术大师俱乐部（最近一年经常来）一起吃晚饭。

1月6日白天，大剧院领导层、梅利克-帕沙耶夫和肖斯塔科维奇来布尔加科夫家做客。"米沙应他们的要求朗读了《普希金》（对歌剧的想法）。肖斯塔科维奇非常感谢米沙，说他非常喜欢剧本，要了一份。然后吃午饭，我们的馅饼大获成功……总之，一切都很好。肖斯塔科维奇演奏了自己的《清澈的小溪》中的波尔卡舞曲和抒情圆舞曲，梅利克也演奏了肖斯塔科维奇的《金山》中的抒情圆舞曲。三首曲子都很棒！"两位优秀的作曲家就这样表达了根据布尔加科夫的剧本写歌剧的意愿，叶莲娜·谢尔盖耶夫娜热情地陶醉于最美好的希望之中，记道："如果把《普希金》改编成歌剧，我更倾向于由肖斯塔科维奇来完成。""我们过得非常好，"她1月中旬给母亲写信说，"最近两个月我们的确很疲惫，因为米沙从法文翻译莫里哀的一部喜剧，做了很多工作。昨天我们才刚刚完成，确切地说，我才刚誊清，我们松了一口气。由于忙这项翻译，我们错过了好多美好的日子——不能去滑雪。"正值演出季，在排练自己的剧本前夕，布尔加科夫已经感到非常疲惫。

1月25日，碰巧给他买了件褐色皮大衣——北美褐熊皮的。所有那年冬天以及接下来的冬天见过他的人都记得他穿着这件皮衣的样子。

《莫里哀》的最后几次排练正在进行。

1月28日，叶莲娜·谢尔盖耶夫娜记道，《真理报》上登了一篇题为《杂乱无章代替音乐》、没有署名的文章。文中谈到"不和谐的、乱七八糟的声音流"时说，这部歌剧是"左'倾'怪胎的表现。我认为，肖斯塔科维奇选取这样一个忧郁、沉重的主题，是白费劲。我在想，他现在应该是什么心情！"在她的日记本约定俗成的语言背后，很难辨别出布尔加科夫对引起强烈社会反响的事件的态度。他听没听到正在逼近他的雷雨的轰隆声？还是他完全相信，指的只是和他没有关系的"左倾"行为？

2月6日："昨天，经过多年的痛苦之后，迎来了《莫里哀》的第一次彩排。我很喜欢彩排时超过平常的热闹……这不是我从20世纪30年代起就在期待的戏剧，但是它在观众那里通过这次彩排大获成功。可能以后也会获得成功。让我诧异的是，米沙非常准确地预测到，谁演得怎么样。扬申（扮演布

第六章　又破产了。"也好，歌剧剧本就歌剧剧本！"

东）和博尔杜曼（扮演国王）演得很出色……科列涅娃、格拉西莫夫和波德戈尔内演得奇差无比。给如此……（词被剪掉了）演员，简直是犯罪。有趣的是，科列涅娃竟然在莫斯科到处散播谣言，说她比所有的人都演得好。

威廉斯演得不错。好几处舞台布景都受到热烈鼓掌。拉林（扮演沙尔拉坦）演奏完大键琴后，大厅里第一次响起了掌声。

观众为国王的对白'如果您不为难的话，把瓦尔福洛梅神父关三个月'鼓掌……取得轰动一时的成功……戏剧结束时，米沙走了，避免谢场，但是还是把他从大堂里找出来，带到了舞台上。涅米罗维奇也出来致意（他非常满意）。……总的来说，大家表现不错。莫斯科艺术剧院许多看了该剧的工作人员表情忧郁，明显嫉妒。

彩排结束后——在烤肉店吃饭，然后米沙劝我去看《萨德科》，他想听音乐。

傍晚德米特里耶夫来了。今天的《真理报》上登了题为《芭蕾舞的矫揉造作》、谈论《清澈的小溪》的文章。就像许多人说的那样，文章感染力非常强，完全正确。我为肖斯塔科维奇感到非常遗憾。他被骗进粗制滥造的作品中。作者们想迎合歌剧剧本。"日记经过深思熟虑、仔细校正的语言使我们无法回溯那些天在他们家进行的谈话。那几天《莫里哀》的成功能不能决定布尔加科夫本人的心情？对此作出判断的材料非常少。那天晚上，梅利克-帕沙耶夫和雅·列昂季耶夫去了他们家。"米沙最终决定写关于斯大林的剧本。梅利克演奏了《瓦尔基利亚女神》片段。晚饭吃得很愉快。"日记的顺序让人以为，剧本的构思什么时候同客人讨论过。2月8日，"明天再次彩排。祝成功和幸运！"

2月11日，《莫里哀》第一次在无产阶级大学生内部演出。"演出结束后——不停地呼喊，好像拉了21次幕。观众一直在喊作者。米沙出来谢幕。"当天，O.利托夫斯基在《苏联艺术报》上发表了关于《莫里哀》的言辞激烈的文章。"他显露出十分凶狠的样子，甚至没有试着掩饰这种凶狠。非常清楚地看到，这传递的是他对米哈伊尔·阿法纳西耶维奇的私人仇恨。斯大林的秘书波斯克列贝舍夫看了演出，奥莉加给我说，他很喜欢……"

我们看看布尔加科夫当天给在亚斯纳亚波利亚纳的А.И.托尔斯泰和帕·谢·波波夫的信的语气。信中没有洋洋得意，信中是不自信和几乎没有表达出来的疑惑。"我们这里冰雪消融后，又来了令人憎恶的、恶毒的寒冷，刮着风。我讨厌严寒，正在咒骂。当然，如果可以毫不费力地到亚斯纳亚的雪堆旁，我会坐在火堆旁，尽量忘掉莫里哀、普希金以及喜剧……《莫里哀》上演了。2月5日和9日进行了彩排。大伙都说很成功。两次彩排我都不得不出场谢幕和致意，这对我而言是种折磨。今天的《苏联艺术报》上开头第一篇就是利托夫斯基的评论。不赞成剧本，带着强烈的，但是尽可能克制的愤恨……正在排练《伊万·瓦西里耶维奇》，但是我有日子没去过讽刺剧院了。我尽量不去想亚历山大·谢尔盖耶维奇，这样工作负担太重。瓦赫坦戈夫剧院的工作人员好像已经开始排练它。它显然不会被送去莫斯科艺术剧院。我身体不舒服，累到现在什么

第六章 又破产了。"也好，歌剧剧本就歌剧剧本！"

也不能做；我坐下来，抽着香烟，梦想穿上毡靴。但是不能久坐——晚上我去看戏（第一次内部演出）。"

2月16日："总之，《莫里哀》首次上演。我们期待它那么多年！就像莫里哀说的那样，大厅里坐满了高贵的面孔。来了阿库洛夫、博亚尔斯基、克尔任采夫、利特维诺夫、梅日劳克、莫吉利内和雷科夫……现在没法想起所有人。此外，所有的观众水平都很高，来了一堆教授、医生、演员和作家。

阿菲诺格诺夫表情神秘，但很专注地听戏。最后多次和长时间地鼓掌。

奥廖沙在幕间休息时说了句剧本的什么蠢话。

幕间休息时邀请众人品茶，所有'精英'都去了，当然，政府人员除外。

大获成功，帷幕又拉开了，不知是第21次还是第23次。观众一直呼喊作者……我们邀请阿伦特、叶尔莫林斯基夫妇和梁明夫妇来我们的包厢。演出结束后，我们等了很久米沙，因为阿库洛夫去了幕后，同演员们交谈。"

全俄中央执行委员会书记对布尔加科夫说："这个戏非常好，但是苏联观众能不能理解？它适不适合苏联观众？"布尔加科夫听从了建议，删掉了修女的戏份。

修女在剧中出现了两次，预示莫里哀会死。布尔加科夫本人在私下的——聊天中看没看到戏剧会死的预兆……

16日的日记中还记道："应大使馆以及美国大使的邀请，我们4点30分到达。他刚从美国回来。举止迷人。

客人是外交使团。布琼尼穿着新制服、长裤。

放映了电影《本韦努托·切利尼》。美国人对我们非常殷勤。"

执政者让他失去了看世界的机会,他在莫斯科的一角用造访新大陆进行弥补。

2月17日,《莫斯科晚报》上刊登了对该剧言辞激烈的负面评论(底栏专论!),《要工业化》报刊登了"简短的不赞成的评论"。习惯了报纸上的骂人话的布尔加科夫,可能没有注意到最近一年骂人话不断变化的上下文。

2月18日,他同莫斯科艺术剧院的新任经理阿尔卡季耶夫交谈。"他说,他唯一感兴趣的剧本主题,就是斯大林这一主题。谈话非常有趣,但是米沙认为,没给他提供任何剧本素材。"与此同时,按叶莲娜·谢尔盖耶夫娜的口头讲述来看,起初他没法想象在没有档案资料的情况下进行写作。

……可能,就在他产生写关于斯大林的剧本的想法的那一年,这部未来的剧本的主人公在他的口头讲述——幽默故事中开始具象化。后来,叶莲娜·谢尔盖耶夫娜凭记忆记下了这些故事,并再现作者的语调和面部表情进行讲述。

…………

2月19日:"布利特那里举办第二次电影招待会。又是外交官们。布利特身着西装上衣,而不是第一次穿的常礼服。

我们步行走到官邸。

影片非常好。关于美国人的喜剧,讲的是一个英国仆人受美国人以及他们的生活的诱惑,留在了美国。

美国人非常热情。

第六章　又破产了。"也好，歌剧剧本就歌剧剧本！"

晚上在库尼霍姆那里吃饭。非常愉快的夜晚。杰尔布罗伊放映了电影，他自己拍了自己的美国之行。

俄国人还有艺术家孔恰洛夫斯基和夫人。

去了法国大使的女儿米-勒·阿尔方。非常漂亮，有着不寻常的吸引力。"

一切都非常像成功剧作家过的上流社会的生活。

2月21日，莫斯科艺术剧院的报纸《高尔基拥趸》上刊登了阿菲诺根诺夫、弗·伊万诺夫、Ю. 奥廖沙和一些演员对《莫里哀》的反对意见，而且叶莲娜·谢尔盖耶夫娜的日记本中也出现了对于那些成功的日子而言让人有些意外的日记："米沙的结局我很清楚，他将孤身一人，终身受迫害。"（几天后，她又记道：但是，"米沙说，斯拉温①来找他了，对《莫里哀》表示赞赏。这是个罕见的情况。剧作家中，从来没有人夸赞过米沙的作品。"）

2月29日，出现了评价莫斯科艺术剧院第二剧院的言辞激烈的文章《论虚假功绩和过度炫耀》；3月1日，出现了社论《论拙劣的艺术家》。

3月2日，叶莲娜·谢尔盖耶夫娜记道：

"伊万·别尔谢涅夫的剧院覆灭，成了整个莫斯科轰动一时的消息。政府撤销他的剧院（莫斯科艺术剧院第二剧院）的决议，言辞严厉……别尔谢涅夫显然犯了什么大错……《真理报》上一篇接一篇地发表文章，在这些文章中，人们一个接一

---

① 作家 Л. И. 斯拉温。

个地栽了。"她没有掩饰住狂喜之情，列举了谁"倒了"，谈到其中一个受害者时指出："这个本该特殊"。他们的评价和外人对剧本命运可能的担心，是不是很盲目？是不是很隐蔽？还是意欲诅咒命运？3月4日，《莫里哀》又一次上演，他们快结束时才到。"剧院满座，她看到右侧包厢昏暗光线下的利托夫斯基，他在记着什么。落了很多次幕。米沙出去谢幕。今天宣布开始编写苏联史教科书竞赛。米沙说，他要写。我对他的话感到吃惊。我认为，这没法完成。"3月6日，叶莲娜·谢尔盖耶夫娜指出，今天布尔加科夫本应同莫斯科艺术剧院经理会见，"但是不知为什么取消了。"3月9日的《真理报》上出现了《金玉其外，败絮其中——评莫斯科艺术剧院的〈莫里哀〉》。"米沙刚读完这篇文章，就说《莫里哀》和《伊万·瓦西里耶维奇》完了。他们白天去了剧院。《莫里哀》撤演了。晚上Ф.①打来电话说：'米沙应当写信澄清。'澄清什么？我说，米沙不会写这样的信的。"她当然是照布尔加科夫的说法说的，这个决定他可能很快就作出了，并且决不改变。"晚上，奥莉加，卡卢日斯基，还有晚些时候戈尔恰科夫，都说写信！马尔科夫②打来电话也这么说。友好施压。都什么人啊！"

数年后，Ф. Н. 米哈利斯基在自己的回忆录中写道，莫斯科艺术剧院经理当天就作出撤演该剧的决定。"太仓促了！"维·雅·维连金在1982年发表的回忆录中写道："很多人③似

---

① Ф. Н. 米哈利斯基。
② П. А. 马尔科夫，莫斯科艺术剧院文学处处长。
③ 是不是有很多人？

第六章　又破产了。"也好，歌剧剧本就歌剧剧本！"

乎不理解。布尔加科夫永远不会原谅莫斯科艺术剧院，因为它没有出面保护他。"

3月10日的《文学报》上刊登了Б. 阿尔佩斯的文章《米·布尔加科夫的反动揣测》。"米沙去剧院找马尔科夫说，他无论如何不会写悔过信。《伊万·瓦西里耶维奇》显然会被撤演。现在弄清楚了，3月头几天城里就在传说，《莫里哀》要撤演。我们的苦日子来了。"

3月11日，导演让去排练《伊万·瓦西里耶维奇》。"为什么折磨自己？讽刺剧院乱跑乱窜，不敢上演，他们那里显然已经准备好上演了。我们不去了。"13日，来了茹霍维茨基："……他前来打探，我感觉他在落井下石。他的角色毫无疑问。"3月14日："……今天我们应邀去见美国大使。犹豫了很久——去还是不去。最终决定不去。我们害怕同情、质疑，等等。晚上去大剧院看了《纳塔尔卡-波尔塔夫卡》……第二幕开始前，斯大林、奥尔忠尼启则和莫洛托夫出现在政府包厢里。我一直在琢磨着斯大林，幻想着他能为米沙着想，我们的命运能够改变。演出结束，演员们上台。对着政府包厢——斯大林——鼓掌欢呼，整个剧院都参与其中。我看见，斯大林鼓掌了，向演员们挥手致意。"

3月16日，П. Н. 克尔任采夫同他谈了一个半小时，"他批评了《莫里哀》和《普希金》。米沙明白了，他们要撤演《普希金》"；他给克尔任采夫看高尔基很久以前对《莫里哀》的评语影印件。"但是，米沙没有争辩，没有提任何要求，没有任何抱怨。"

"永远不要提任何要求,"他不久后在长篇小说中写道,"尤其是向比你厉害的人……"

对于未来的计划,他"认为,有必要说说关于斯大林的剧本和编写教科书的事情"。谈话实际上无果而终。

3月16日,莫斯科艺术剧院的演员M. M.扬申的文章《有教育意义的失败》发表了。尽管这篇文章与其他的忏悔文章相比,语调温和得多("我觉得,这样的失败只责怪剧作家一个人是不正确的,"扬申写道),但还是给布尔加科夫留下了不快的印象。他对《图尔宾一家的日子》中的拉利奥西克怀有好感。多年后,扬申在纪念布尔加科夫的晚会上讲,他当天给布尔加科夫打了电话,解释说,编辑改了他的文稿,但没有给他看,他不是那么写的……布尔加科夫听了他的讲述,一声未吭挂了电话。他们再也没有见面和交谈。扬申说这些话时,声音有些颤抖,他哭了,从讲台上走了下来。

3月17日,《苏联艺术报》上"刊登了关于《普希金》的语调古怪的简讯。米沙给韦列萨耶夫打了电话,建议给编辑部写信,说剧本就是布尔加科夫一个人写的,以免韦列萨耶夫遭受攻击,但是韦列萨耶夫说,没必要这么做"。

在叶莲娜·谢尔盖耶夫娜的日记本上,3月28日和4月5日的日记之间留下的两行空白上补写进去——明显是后来补写的——日期标注为4月3日的一行字:"科利亚·Л.被捕"——指尼古拉·尼古拉耶维奇·梁明。

"他在监狱里关了半年,"他的妻子纳塔利亚·阿布拉莫夫娜·乌沙科娃讲,"可以带转交的东西,临行前可以见面。原

第六章　又破产了。"也好,歌剧剧本就歌剧剧本!"

本决定流放三年,但是权力交接①,文件化为乌有——让去哈萨克苏维埃社会主义共和国齐皮亚劳改营。可以去探视,但是只有到了当地才能知道可不可以见面。有一次我和一个犯人的母亲一起坐车,我们说了十二月党人的妻子有多不容易。这个妇女曾是歌手,她成功地留在了那里的俱乐部,他们需要她……"4月5日:"米沙口授,修改《伊万·瓦西里耶维奇》。几天前,讽刺剧院发了邀请——他们想上演该剧,但是害怕(怕什么——不知道)。他们让改。天知道戈尔恰科夫想出了什么——在喜剧中加入一个积极的女少先队员。米沙坚决拒绝走这样的捷径。他说,他会尽一切所能修正季莫费耶夫的角色。"

4月中旬,莫斯科艺术剧院突然说要复演《莫里哀》,开始和布尔加科夫商议修改事宜,但是这个希望很快就破灭了。

5月中旬,还有一个剧本的命运也很快就决定了。5月11日,"《伊万·瓦西里耶维奇》带妆彩排②,不带观众。这是出少有的不美观和丑陋的戏……毫无幽默感。小偷的角色被导演变成天知道是什么!妆化得跟头猪似的。总之,写起来非常讨厌,"她总结道。5月13日,"《伊万·瓦西里耶维奇》不带观众进行最终彩排。对该剧的印象仍然是讨厌。"几个负责人来看戏,还进来一个人,"戏快结束了,连大衣都没有脱";"彩排结束后,该剧立即被禁演。"

只能试着想象,布尔加科夫带着怎样复杂的,因此也是不开心的感受直面自己创作戏剧命运中的又一个事件;三天后是

---

① 1936年9月,内部人民委员部叶若夫接替亚戈达。
② 根据叶莲娜·谢尔盖耶夫娜的日记来看,布尔加科夫第一次观看该剧。

他的生日——他满45周岁了。

瓦赫坦戈夫剧院5月19日要求修改关于普希金的剧本;他断然拒绝了。

二

6月上旬,我们在基辅度过,莫斯科艺术剧院在那里巡演《图尔宾一家的日子》。我们在难熬的一年中得以休息。

我们去了布尔加科夫青年时期在基辅的朋友萨沙·格德申斯基家。("总的来说,米沙容易抛弃人——他要求严格,"娜杰日达·阿法纳西耶夫娜证明说,"但是格德申斯基他喜欢。")

格德申斯基在妻子位于阿尔乔姆街(大利沃夫大街)的房子接待了他们。多年后,也就是在1980年10月8日,拉里莎·尼古拉耶夫娜·伊利英娜-格德申斯卡娅讲,她记得布尔加科夫给女主人提醒说:"'您什么也不要做,我不吃辣,不吃罐头和鲱鱼;我估计,只能喝点白葡萄酒。'——我由此理解,他已经病了……"可能,这样的身体不舒服是暂时的;另外一个细节更能说明布尔加科夫在刚过去的戏剧演出季之后的身体状况:"亚历山大·彼得罗维奇去'大陆'饭店找他们时,叶莲娜·谢尔盖耶夫娜不久后要去什么地方。她让我丈夫等等她:'您知道,不能把米沙一个人扔下不管。'"一次演出《图尔宾一家的日子》时,米沙和拉里莎·尼古拉耶夫娜坐在一起。"落幕时,他小声对我说:'喊作者!'我喊了,但是没人支持我。"看来,他还是未能在家乡城市走上舞台,向坐着曾

第六章 又破产了。"也好，歌剧剧本就歌剧剧本！"

几何时和他走过同一条街、坐过同桌的人的亲友致谢。虽然该剧在基辅上演时删除了彼得留拉分子的戏份，但是还是不能完全打消观众的警觉性。

夏天，天气阴沉，不同寻常。他们返回后过了几天，也就是在6月17日，格德申斯基写道："真是搞笑，现在天气晴好。"他们回到莫斯科后，布尔加科夫的家乡城市给人的印象——城市面貌有点捉摸不定，还是一如既往很愉快。6月12日，叶莲娜·谢尔盖耶夫娜在日记本上记道："我们今天从基辅回来。基辅城给我留下了快乐的印象——是座令人愉快和高兴的城市……只是下雨有所影响……有个混蛋散布谣言说，《图尔宾一家的日子》要撤演，因此让我们整夜都很扫兴。实际上谣言不实。《图尔宾一家的日子》6月4日第一次上演。"

他们在基辅开往莫斯科的火车上买了《剧院与戏剧艺术》杂志第4期；社论说《莫里哀》是"粗劣的伪作"；他们在这期杂志上还看到了梅耶霍德1936年3月26日对莫斯科剧院工作者的讲话，不仅有自我批评，而且还有批评。关于讽刺剧院，讲了如下话："在这家剧院，笑声变成了嘲笑。这家剧院开始寻找在我看来无论如何都不能允许其踏入自家门槛的作家。例如，布尔加科夫钻进了这里。"这话是在该剧彩排前好久说的。

那年夏天，布尔加科夫承担了两项新的、对于主要构思而言属于侧面工作的工作——为莫斯科艺术剧院翻译《温莎的淘气鬼》，为大剧院翻译歌剧《米宁和波扎尔斯基》（简称《米宁》）的歌词。作家 Б. 阿萨菲耶夫负责写歌剧。

他也在继续创作长篇小说,虽然叶莲娜·谢尔盖耶夫娜的日记本中对此只字未提,对作者朗读新的章节也只字未提。

1936年7月6日,他新开了一个本子,也是最后一个本子,来写增补的内容。在这个本子上写了第三稿的最后一章《最后一次飞行》——此前为两页草稿。在整个这一章中,主人公被称为"大师";涉及他的情节冲突,在这里第一次结尾。"你受到奖赏,"沃兰德对他说,"得益于你虚构的在沙滩上漫步的耶稣,但是以后再也不要想起他。你已被注意到,你会得到你应得的。你会住在花园里,每天早晨走上露台,会看到浓密的野葡萄紧贴着墙壁,环绕你的房屋……花园街的房子、可怕的博索伊从记忆中消失了,而且关于伽诺茨里和被饶恕了的伊格蒙的想法也消失了。这不是你的脑子出了问题。你以后再也不会爬得更高了,会看不到耶稣,你不会离开自己的栖身之地。"从记忆中解脱,是因为创作力消失。

在这个本子里,大师有了见到自己的主人公(关于大师的长篇小说写的那个人)的梦想——不同于较晚的稿本,那里只有彼拉多一个人有这个梦想。很重要的是,在上一章中,彼拉多开心地去见自己同他"没有说好"的人,而大师却永远失去了这个机会。在作家的创作中轮流占上风的两个主题,一是葬送个人命运,包括艺术家的命运与环境的力量(转向外部条件的主题),二是引起痛苦的反省、赎罪梦想的个人罪过(转向内心世界的主题)——在这一阶段,对长篇小说的写作第一次纠缠在一起。主人公们的命运也更加紧密地纠缠在一起,直至此时在长篇小说中还没有交集,葬送自己的命运或者实际上导

第六章　又破产了。"也好，歌剧剧本就歌剧剧本！"

致另一个人死亡的人胆小的罪过，现在好像实际上要由彼拉多和大师——如此不同，但是让赎罪和宁静的梦想拉近距离的两个主人公——分担。

长篇小说写完了，也可能是暂时搁置一旁。

7月26日，"明天我们从莫斯科出发去苏呼米郊区的'锡诺普'。《米宁》写完了。米哈伊尔·阿法纳西耶维奇顶着酷暑花了正好一个月把它写完了。阿萨菲耶夫非常喜欢歌词。他答应立即开始创作音乐。"

"'锡诺普'是家很好的酒店，"布尔加科夫1936年4月17日给雅·列·列昂季耶夫写信说，"在这里可以很好地休息。公园，台球，凉台，离海近，宽阔、干净……起初我什么也没有读，尽量什么也不去想，忘记一切；现在我着手为莫斯科艺术剧院翻译《温莎的淘气鬼》……啊，亲爱的雅科夫·列昂季耶维奇，秋天我身上会发生什么事吗？去找占卦婆还是怎么着？"

但是不久后莫斯科艺术剧院的导演戈尔恰科夫就来到了"锡诺普"，他开始给布尔加科夫提翻译自己即将排演的剧本方面的建议。这些建议导致本就对戏剧绝对不是很喜欢的布尔加科夫撂下工作，并且通知戈尔恰科夫说，他不翻译了。和布尔加科夫在新的演出季开始前处于相同状态的剧作家作出这样的举动，当然没有人预料到。

9月1日，我们回到莫斯科。9月9日，"米哈伊尔·阿法纳西耶维奇想着，要辞去在《匹克威克外传》中的角色。他认为最好留在演员工作间，以摆脱戈尔恰科夫的各种侮辱，等等";他照旧留在莫斯科艺术剧院供职,但是那年秋天,这个剧院的编剧和导演布置的任何工作,对他来说都难以忍受和负担太重。

9月14日,在和莫斯科艺术剧院导演进行了不愉快的、什么也没谈成的交谈后,布尔加科夫迷迷糊糊地回到了家。"不知道做什么。晚上,米哈伊尔·阿法纳西耶维奇点上蜡烛,开始翻阅《温莎的淘气鬼》,记着什么。"再晚些时候,大剧院来人了,其中有萨莫苏德——劝布尔加科夫给关于佩列科普的歌剧写歌词。"米哈伊尔·阿法纳西耶维奇说,他不知道做什么,是不是得放弃莫斯科艺术剧院。萨莫苏德说:'我们给您提供任意岗位。'"①

布尔加科夫那天在译稿上作了两条记录:工作"1936年9月14日恢复于莫斯科","1936年9月14日彻底中断"。

9月15日,他给莫斯科艺术剧院经理写信,说不想在莫斯科艺术剧院供职和翻译了,申请去经理办公室。他和妻子一起把信带到剧院,"把信留给通信员"。同六年前以特别的恩惠的形式赏赐给他、让他大失所望(虽然付出"舞台心血"!)的职务彻底告别。10月10日,他进入大剧院任职——担任歌剧剧本作者。"也好,歌剧剧本就歌剧剧本!"他10月2日给韦列萨耶夫写信说。他的人生进入了新的也是最后的时期。

不幸之年的最后几个月很痛苦。好像紧随他的文章《普希金时期》(纪念普希金逝世一百周年的筹备工作正在紧锣密鼓

---

① "想当男高音歌手吗?"叶莲娜·谢尔盖耶夫娜后来凭记忆补写道。

第六章　又破产了。"也好，歌剧剧本就歌剧剧本！"

地进行）之后，《莫斯科晚报》报道了 A. 格洛巴的剧本（就是布尔加科夫曾经同其一起在"尼基季娜家星期六活动小组"初次登台的那位），"他把处于最后的悲惨岁月的普希金搬上舞台。就这一点（！），这部剧就比尝试在普希金本人不……出场的情况下再现诗人的悲剧的布尔加科夫的剧本出众。"评论家 M. 扎戈尔斯基接着写道，"我们可以自豪地说，现在，不管是观众还是苏联的所有民众，已经都不能接受不是以很高的艺术和思想水平创作的关于普希金的剧本……"

"我们到作家协会交会费。"叶莲娜·谢尔盖耶夫娜10月9日记道，布尔加科夫"出人意料地决定去找斯塔夫斯基——苏联作家协会的秘书。非常困难和不愉快地聊了米沙的处境。斯塔夫斯基给我留下不好的印象，他想逃避问题的解决。这是彻头彻尾虚伪到家的官僚"。

10月14日，叶莲娜·谢尔盖耶夫娜的日记本上记了非常重要的日记——在同因正事要短暂离开，但又因可能是她提出来的谈话而被耽误的斯塔夫斯基谈话后。"提议脱掉外套——他脱了大衣。谈话。这次谈话令人不快和痛苦。事实上——从米沙一方来说，这次谈话很不成功——应当说，给不了他国内的工作。他就是这么说的。但是要做个结论。谁也不做结论。最不可能的就是斯塔夫斯基。他说的所有话都是狡辩、敷衍和诡计。他说，马上在什么地方什么人要讨论米哈伊尔·阿法纳西耶维奇的作品。谁？在哪里？为什么？这什么也带不来。"

她急切地催他言行果断。但是他有没有准备好像六年前那样再次把自己的命运当赌注？

三

"我们现在常常去听歌剧和看芭蕾，"叶莲娜·谢尔盖耶夫娜1936年11月19日写道。这些天，布尔加科夫开始写可能在1929年就构思好的、1930年给政府的信中提到的长篇小说《剧院》，现在开始叫《剧院情史》，而开始写作后不久即11月26日叫《死者笔记》的长篇小说。讲述自己如何"成为剧作家"的心愿，在作者本人像自己以为的那样彻底离开戏剧创作的那一年实现了（就像在1929年秋天那样！）。（值得注意的是，在叶莲娜·谢尔盖耶夫娜·布尔加科娃的日记本中，从1936年春天起就再也不提关于斯大林的剧本的构思了。）

但是对新的演出季的初步印象令人震惊。

11月2日，叶莲娜·谢尔盖耶夫娜记道："白天，小剧院彩排《勇士》。这无耻至极。"这是场 А. П. 博罗金的滑稽剧《勇士》配杰米扬·别德内的台词的演出。11月13日，在美国大使位于斯巴绍-佩斯科夫巷的美丽官邸举行的招待会上，全苏对外文化协会主席、作家 А. Я. 阿罗谢夫问布尔加科夫："他为纪念十月革命20周年写不写什么东西"（阿罗谢夫本人在纪念日之前两个多月被捕，不久后死于狱中），次日清晨，叶莲娜·谢尔盖耶夫娜很有条理地记道："米沙说：'读吧'，把报纸递了过来。戏剧方面的大事：艺术事务委员会通过决议，撤演《勇士》，原因之一是，因为嘲弄罗斯受洗。我感到

第六章　又破产了。"也好，歌剧剧本就歌剧剧本！"

震惊！"

但是，叶莲娜·谢尔盖耶夫娜认真记录的大事，比如戏剧方面的大事远远超出了小剧院的范围。这件亲自感受到的事无疑触痛了布尔加科夫。首先，就像我们看到的那样，从刚到莫斯科的头几年起，他对杰米扬·别德内的个人态度就很坦白诚恳，但是可能重要得多的是，新趋势可能也触及那年夏天匆匆写完的关于耶稣和彼拉多的长篇小说的命运。

这部长篇小说的作者怎么看自己在比如说 1922 年和 1923 年之交的冬天想也不敢想的官方表述？对他而言，如此戏剧性的这一年以及最近两年——哪怕是从 1934 年春天，从大学（革命后头几年关闭了）史无前例地开设历史系，从"关于在小学和不完全中学推行世界史和苏联史基础课程"的决定算起——发生的大事，直至他半年前决定参加的历史教科书竞赛构不构成完整的链条？这些问题我们没有答案。只是可以确定，这件事提供了思考材料，在接下来几天也吸引了他的注意，就像我们很快就会看到的那样，这是有证据的。

"我们去看《巴赫奇萨赖的喷泉》。演出结束后，米哈伊尔·阿法纳西耶维奇留下来参加庆祝晚宴，"叶莲娜·谢尔盖耶夫娜 1936 年 11 月 15 日的日记中记道，"萨莫苏德建议他给克尔任采夫讲述《米宁》的内容，于是米哈伊尔·阿法纳西耶维奇在经理包厢的办公室里给克尔任采夫一直讲到夜里 2 点半，不仅讲了《米宁》，而且还讲了《黑海》。"

官方人士如此密切、仔细地介入剧院的艺术构思，早就没人惊奇了，成了家常便饭；而且这些人不管是在家里、在办公室还是在他们认真光顾的演出中，脑海里寻思和盘算出的只有他们自己明白的方案。11月17日，在位于斯巴绍-佩斯科夫巷的官邸看了两场电影（"第一场——威尔士的《未来战事》——是关于未来的战争。开场惊心动魄，结局乏善可陈，毫无说服力。第二场——《1936年的百老汇旋律》——是令人陶醉的电影，主角是绝佳的芭蕾舞演员"）后，我们去大剧院分院看《费加罗的婚礼》首演（由著名的Ф.施蒂德里指挥）。"演出结束后，克尔任采夫走到米哈伊尔·阿法纳西耶维奇跟前说，他对《黑海》有所疑虑。唉，我们被所有这一切折磨得疲惫不堪。

从大使馆到剧院是阿菲诺格诺夫开着自己的车载着我们去的。在此之前，他在整个招待会期间烦人地打听米哈伊尔·阿法纳西耶维奇在做什么，感觉如何。"他所在的工作间的同行先后都遭遇过这种特殊的不拘礼节、对平淡无奇漠不关心、"职业"交流中的粗鲁场面。

布尔加科夫在对艺术事务委员会临别赠言的气愤中，于11月18日完成了《黑海》的歌词打字稿。叶莲娜·谢尔盖耶夫娜读报时很高兴——围绕被撤演的《勇士》展开了一场运动，她自己坦诚，对利托夫斯基（她立即在日记中给起了个感染力很强的外号）"遭到报应，感到幸福"，因为他"写了过分夸奖演出、阿谀奉承的评论"。但是还想起了布尔加科夫，报纸再次说起《紫红岛》，用八年前就从舞台上撤演的戏剧数落作者。

但是上演《米宁》的希望大大增加——19日晚，雅科

第六章　又破产了。"也好，歌剧剧本就歌剧剧本！"

夫·列昂季耶夫从大剧院打来电话，"高兴地说，克尔任采夫在政府包厢里谈到了《米宁》，这个剧本受到赞赏。显然是同约瑟夫·维萨里奥诺维奇谈的，"叶莲娜·谢尔盖耶夫娜记日记时解释说。鼓励对历史予以尊重性关注变得越发明显。对事情发生这样的转折的思考，让布尔加科夫这些天产生了新的构思。不难推测，正是受关于《勇士》的决议的影响，他 11 月 23 日打了《赞弗拉基米尔》的歌词草稿，转向罗斯受洗时期和他认为同基辅有紧密联系、其纪念碑在长篇小说《白卫军》（在它的头几个版本的标题中也有反映）中占有非常重要地位的历史人物。但是没有一直写这样的歌词。

大剧院首次演出歌剧《卡门》，莫斯科的一家剧院开始上演根据阿菲诺格诺夫写的新剧本排演的戏剧《你好，西班牙！》——从 1936 年夏天起，"西班牙"题材炙手可热。

在布尔加科夫的同行——莫斯科作家圈中，20 世纪 20 年代初的文学生活早就被其他的行业生存形式所取代。他没有加入他们，没有想过从事其他的工作。

"晚上在苏联作家协会俱乐部会见西班牙客人，"伊·尼·罗扎诺夫 11 月 18 日在自己的日记中写道，"拉胡蒂主持会见，他把'大炮的'说成'普希金的'时，引起在场人员一阵笑声。① 墙上悬挂着口号，克谢尼娅前一天非常辛苦地把它们翻译成西班牙文（她夜里两点才回家）。早上发现变了。按照作

---

① 纪念诗人逝世一百周年的筹备工作已经进入国家通报的轨道，普希金的名字被没完没了地徒劳地缅怀。

家芬克的建议，拿掉了句子前面倒置的问号①。克谢尼娅对不学无术感到气愤。"西班牙的泥瓦匠发言："他说为了读《铁流》被关了九个月"。当他把西班牙人民警察的徽章转交给绥拉菲莫维奇时，令人感动……大家齐唱"我们生而为用真事创造童话"。俄国人中，塔马拉·伊万诺娃——按照作家妻子们的建议——和维什涅夫斯基发了言。

叶莲娜·谢尔盖耶夫娜几天后在日记本上记的日记，对她不知道的同时代人的日记发起论战，对更广泛的社会背景提出挑衅。"我们每天都要按摩。谈论自己可怕的生活。读报纸。西班牙的事我不感兴趣。我的生活就够我受得了。晚上米哈伊尔·阿法纳西耶维奇去听《卡门》。"

11月26日，布尔加科夫家里来了客人——И.伊利夫、Е.彼得罗夫、谢尔盖·叶尔莫林斯基以及他们的妻子。"吃晚饭时，他们劝米沙朗读《米宁》的剧情概要，"叶莲娜·谢尔盖耶夫娜记道，"米哈伊尔·阿法纳西耶维奇朗读了前两幕。他们听得很仔细。我很喜欢彼得罗夫。他非常机智。这是其一。此外，他对问题感兴趣时，说话特别认真和热情。他们两个（我觉得，主要是彼得罗夫）都对米哈伊尔·阿法纳西耶维奇特别好。然后——他们是真正的文学家。这很难得。"

11月末，大剧院派布尔加科夫和梅利克-帕沙耶夫一起去列宁格勒出差几天——听《米宁》的钢琴改编曲。这是他和叶莲娜·谢尔盖耶夫娜一起生活后第一次一个人出门，妻子送

---

① 句子开头倒置的问号和感叹号是西班牙语语法规则。

第六章 又破产了。"也好,歌剧剧本就歌剧剧本!"

他。在他不在的两天时间里,她给他发了三封逗乐的电报——关系就是这样。"他不在,家里空荡荡的,"11月30日的日记记道。

12月1日,布尔加科夫回到家。他上次去列宁格勒是1933年夏天,现在"给他留下最令人难以忍受的印象。听众都是从什么乡下、落后地区来的"。这些鉴定有很复杂的含义——也包括本义。1934年和1935年之交的冬天和1935年春,相当一部分彼得堡本地居民迁居到距列宁格勒很远的地方,据大量证据表明,让新居民住进腾空的房子里带来了完全可以察觉的后果——较之于1933年,城市居民的面貌变了,到处都是另一种人,另一种脸孔。即使是那些留在自己房子里的人,也在城市艰难的岁月里发生了很大的变化。"他特别不喜欢拉德洛夫的这次光临,"叶莲娜·谢尔盖耶夫娜记道,"听歌剧是唯一幸福的时刻。据米哈伊尔·阿法纳西耶维奇讲,阿萨菲耶夫演奏得特别有感染力,富有表现力……米哈伊尔·阿法纳西耶维奇非常喜欢音乐,喜欢音乐是阿萨菲耶夫演奏的。"终于出现了一些令人愉快的期待。12月20日,钢琴改编曲从列宁格勒带来了,布尔加科夫对歌词进行了最后的修改。12月27日,克尔任采夫、安加罗夫、C.戈罗杰茨基和剧院经理办公室全体人员听了音乐。叶莲娜·谢尔盖耶夫娜根据布尔加科夫的口述记道:"语句特别杂乱无章。

安加罗夫说:'就不是歌剧!'

戈罗杰茨基说:'音乐很糟糕。'

克尔任采夫说:'为什么主人公只是在开头和结尾参加?

为什么歌剧中间没有他?'每个人都提出了自己的歌剧方案,而且所有这些方案还彼此不同。"但是现在好像已经没有什么能让布尔加科夫感到惊奇和气愤的了——他经历过水和火的考验,烟熏吓不到他了。"我很喜欢,米哈伊尔·阿法纳西耶维奇夜里3点从那里回来——情绪温和,不断重复说:'不,我很喜欢他们。'我问,会发生什么?'说实话,我不知道。可能上演不了。'"

"在大剧院(他现在已经是自己人)乐队的伴奏下,布尔加科夫的1937年开始了。

在家里迎接新年……有礼物、面具、惊喜、大气球。咔嚓一声,米沙和谢尔盖打碎了带有1936年字样的杯子……夜里两点,谢尔盖·叶尔莫林斯基前来向我们道贺;列昂季耶夫夫妇、阿伦特夫妇……梅利克夫妇打来电话。愿上帝保佑,1937年比过去一年更幸福!"

1937年1月9日,布尔加科夫给阿萨菲耶夫写信说:"我现在伏案给《米宁》加入他们要求的新场景和修改。我很为难,我感觉很糟糕。对断送的文学生活和无望的未来的讨厌的想法,引起其他一些阴暗的想法。在信中还能给**您写**什么呢?什么?我珍视**您的**工作,衷心祝愿您拥有我本人所耗尽的力量。"

1月29日,他给帕·谢·波波夫写了个简短的便条说:"我闷得慌",想见面;并补充说:"《莫里哀》被毙掉后,我们这里安静,愁闷,毫无出路。"那些天,毫无出路显而易见。2月5日,《苏联艺术报》上刊载了П. М. 克尔任采夫不久前

第六章　又破产了。"也好，歌剧剧本就歌剧剧本！"

在全苏剧目会议上的讲话，他在讲话中高度评价了基尔雄的剧本《重要的一天》，说要撤演《莫里哀》，不许上演戏剧《亚历山大·普希金》。

2月7日，叶莲娜·谢尔盖耶夫娜回忆上个月的事情时记道："但是最重要的是——长篇小说。米哈伊尔·阿法纳西耶维奇根据剧院的生活在写长篇小说。已经写了相当多了。他给叶尔莫林斯基朗读了它，即写下的一切。谢尔盖给予他非常高的评价，非常准确地理解了，米哈伊尔·阿法纳西耶维奇想在这部作品中关注什么。"

2月18日："晚上来了威廉斯夫妇、柳博芙·彼得罗夫娜·奥尔洛娃①。深夜，我们吃完晚饭后，亚历山德罗夫②打电话说，奥尔忠尼启则因心力衰竭去世了。这个消息让大家感到震惊。"

2月19日："白天我和谢尔盖、米沙一起进城，我们想进圆柱大厅，但是这好像难以实现……"

3月18日："米哈伊尔·阿法纳西耶维奇经过疯狂的工作后，完成了《黑海》（就是那个关于佩列科普的歌剧的歌词，关于它的谈话还导致他去年秋天转到大剧院工作）。" 3月21日："米哈伊尔·阿法纳西耶维奇告诉我说，他听说，好像扎米亚京在巴黎去世了。"（Е. И. 扎米亚京去世于3月10日）

3月24日，布尔加科夫给波波夫写信说："至今未给你写信，是因为我们每时每刻都在疯狂地忙碌，忙于最艰难和最不

---

① 最受欢迎的电影演员。
② 导演、Л. 奥尔洛娃的丈夫。

愉快的繁杂之事。很多人对我说，1936年之所以对我来说不好，是因为它是闰年——有这样的征兆。我向你保证，这是个假征兆。现在我发现，于我而言，1937年比上一年好不到哪里去。

此外，4月2日，我要去诉讼——哈尔科夫斯基剧院的商人企图利用发生在《普希金》剧本上的倒霉事从我这里渔利。我现在一听见这个词——普希金——就颤抖，我每小时都在咒骂自己产生创作关于他的剧本的惹祸想法（'……除了剧院，他还痛恨诗人普希金……'——多年后，在关于住宅公司原主席尼卡诺尔·伊万诺维奇·博索伊的长篇小说的结局中会这样说……）。"此前一天，布尔加科夫给艺术事务委员会主席克尔任采夫写信说，他今天收到了哈尔科夫斯基剧院发来的去莫斯科市法院的传票——该剧院要求退还预付款，因为关于普希金的剧本没有获批。"我说，我无论如何不承担提供获批剧本的责任，从合同中完全可以看出，根据法律条款，我有权向剧院追索未上演剧本的稿酬，而不是剧院向我追索这笔钱，——我主要抗议污蔑我的话，说我'误导剧院'，因为我从来没有误导过任何剧院。总之，据我理解，我的处境愈发艰难。我不是说，我不能把任何一部自己近几年创作的剧本搬上国内的舞台（对此我完全认命），——但是我现在不得不好像是以对我的戏剧创作工作，包括对关于普希金的剧本奖励的形式，不仅要击退向我追索稿酬的无理企图（这里描述的事情——并非首次发生的事情），而且现在还要击退对我的文声的污蔑。我向您控告此事，米·布尔加科夫。"这里首先值得注意的是，布尔加

第六章　又破产了。"也好，歌剧剧本就歌剧剧本！"

科夫过去这些年对自己声誉的关注一点也没有消失。

4月2日，法院驳回了剧院的诉讼。布尔加科夫4月4日给维·韦列萨耶夫写信，告诉他说，他们的案子在法院会胜诉："我很疲惫，想一想，我近些年来为剧院创作剧本的尝试，于我而言是最纯粹的堂吉诃德式的行为。以后我不会再犯这样的错误了……我再也不会在剧院战线上战斗了。我有经验，我经历的太多了。"

4月7日："中央委员会打来电话，叫米沙去安加罗夫那里。他去了。据他讲，谈话冗长，沉重，但是毫无结果。米沙说了对《普希金》动了什么手脚，而从安加罗夫的答复中可以看出，他想给米沙指一条正道。顺便说一下，关于《米宁》，他说：您为什么不喜欢俄国人民？歌词中一直说波兰人非常美。最主要的却没有说……可能不得不给中央委员会写信，或做点什么。但是米沙看自己的处境毫无希望。他们给他施压，他们想逼迫他写得就像他再也不写作似的。"4月10日，从《莫斯科晚报》得知，莫斯科艺术剧院把哪些剧带到巴黎去。"就是说，关于《图尔宾一家的日子》的传言不实。米沙永远不会看到欧洲。"

4月14日："有人给米沙说，维什涅夫斯基讲话了……他说：'我们白白失去了布尔加科夫这样的剧作家。'基尔雄说（可能也是在这次会议上）：'《图尔宾一家的日子》是好剧本。两人都是非常厉害的人物！这是米沙的主要腐蚀剂之一。他们既没有良心也没有主见。我们在演员之家吃了晚饭。难以忍受的印象是：这完全不像邀请函里写的那样，是"艺术大师的修养"，而是"令人厌恶的、不体面的一伙人"。'"4月14日:"沉重的消息:伊利夫去世了。"15日,布尔加科夫站在仪仗队里。

……1968年10月28日,叶莲娜·谢尔盖耶夫娜回忆起那些年,对我们说:"他几乎没有时间写作。早上我们起床,喝咖啡,10点半左右他去彩排。晚上几乎总有客人——而且我们到处跑,看了所有的新剧!朋友不多,但是都是些离了米哈伊尔·阿法纳西耶维奇无法生活的人。他开玩笑,讲故事,表演小剧本——这是取之不尽用之不竭的快乐源泉和生活乐趣的源泉。凌晨五六点人们才散去,我一个劲地乞求:哎,'我们哪怕是3点钟散开!'

只是有时客人离开后,就剩我们了,他心情忧郁起来,说:'这是什么?要知道所有这一切都会随风而去,消失掉,要知道这可以保留下来,可以被写下来。'

于是我开始哭,他怕了,立即改变了情绪。"

《死者笔记》的构思可能就诞生于这种定格正在渐渐消失于空气中的话语的意图。

他写它特别轻松。叶莲娜·谢尔盖耶夫娜回忆说:"他从大剧院下班回来,我准备晚饭时,他走进自己的房间,坐在写字台前写几页。然后走出来,轻轻搓着手说:'吃完饭后,我给你读我的收获!'这部长篇小说他一下子就干干净净地写完了,没有打草稿……"

2月、3月和4月,布尔加科夫有时给亲友,有时给莫斯科艺术剧院的工作人员朗读关于剧院的长篇小说的章节——一直都很成功。只有屈指可数的几个亲友知道他去年夏天匆匆写

第六章　又破产了。"也好，歌剧剧本就歌剧剧本！"

完的长篇小说。

作家协会举行会议，斯塔夫斯基在综合技术博物馆作报告。4月3日，伊·尼·罗扎诺夫在日记中记道："上午梁什科和丘曼德林发言。前者朗读了一系列证明文件，证明1937年谁有多少份合同，有的人有四五本书。难道所有这些都是新书？（正在打击再版书）。"

这样的打击没有触及他。他已经有十多年没有出版物了，料也不会有再版书。

"如果没有作家协会，文学还可以生存吗？"会上一位发言者问道，并自答说："可以。可是如果没有文学呢？"座位上有人突然喊道："可以！"罗扎诺夫记道："这招来一阵欢声笑语。"4月19日："诗人曼德尔施塔姆的妻子来找米哈伊尔·阿法纳西耶维奇。曼德尔施塔姆好像已被流放到沃罗涅日第三个年头了。妻子的处境非常糟糕，没有工作。"4月20日："大剧院发生了令人震惊的大事——穆特内（经理）被捕。"

4月23日，叶莲娜·谢尔盖耶夫娜毫不掩饰满意之情地记道："没错，报应来了。报纸上把基尔雄和阿菲诺格诺夫说得很不好，《重要的一天》已经被认为是糟糕的剧本。"4月27日："我们沿着报纸街①走着，奥廖沙追了上来。他劝米沙去参加今天召开、会上会处理基尔雄的莫斯科剧作家会议。基尔雄竟然能引起公愤。"但是布尔加科夫那天晚上寻找发泄仇恨和愤恨的出口，不是去处理任何人，而是去听《叶甫盖尼·奥涅

---

① 今奥加廖夫街。

金》。4月28日:"米沙这几天精神状态不好,这让我痛不欲生。而且我自己意识到,我们的未来没有一丝光明。"

(布尔加科夫在3月24日给波波夫的那封信中尖酸刻薄地说:"一些同情我的人用非常奇怪的方式安慰我。我已经不止一次听到疑似谄媚的声音:'没关系,等您去世后,一切都会出版的!'我很感谢他们,当然了!")4月29日,偶然认识的人"强烈劝米沙去参加莫斯科剧作家会议,发言反对基尔雄,证明米沙以此给自己带来了巨大的好处。他枉费了口舌。"4月30日:"天气晴好,我们乘坐小汽艇沿莫斯科河游玩。他很安静。返回时我们碰到了特列涅夫。他说,剧作家会上,利托夫斯基被抓起来回答问题……"5月1日:"谢尔盖·叶尔莫林斯基和沙波什尼科夫一起吃饭。谢尔盖说,会上把姆列钦揪了出来。他开口就这么说:'这里有人说,我陷害布尔加科夫……'"

布尔加科夫的精神状况一点都没有改善,这些话刺激了他的大脑,逼迫他思考什么新的举动——由于好像毫无疑问一直在变化的形势。那个时代的观察者的眼光还不能辨别和预判这些改变的走向。

"白天,米哈伊尔·阿法纳西耶维奇在自己的藏书中清理旧报纸。晚上,特罗伊茨基夫妇叫我们去做客。我们去得非常晚。他们家除了丽达和伊万·亚历山德罗维奇,还有尼娜的女儿和可能是记者的丈夫,以及我一看见就气不打一处来的伊薇塔。我给丽达说了几十次,我不想见到她,因为我认为她是公开的情报员。

第六章　又破产了。"也好，歌剧剧本就歌剧剧本！"

记者讲述了和基尔雄案有关的剧作家会议的情况。

丽达请米哈伊尔·阿法纳谢耶维奇在《图尔宾一家的日子》一书上题字（她有巴黎版《协和》），伊薇塔厚颜无耻、惹人厌烦地打听，米沙是否有这个版本，从哪弄到的，谁带来的。今天米沙下定决心写关于自己作为作家的命运的信。我觉得，这是完全正确的。以后不能再这么过下去了。这段时间我一直对米哈伊尔·阿法纳西耶维奇说，他在消耗自己。"

5月3日："米哈伊尔·阿法纳西耶维奇一整天都躺在被窝里，他感觉很糟糕，晚上没有睡。我也完全筋疲力尽。都是昨天那个愚蠢的晚会闹的！我们的确是去做了一趟客！一个人纠缠不休地问，为什么米哈伊尔·阿法纳西耶维奇不去参加作家会议；另一个人问，为什么米哈伊尔·阿法纳西耶维奇不写该写的；还有一个人问，作家从哪里弄到自己的书的?!"

5月5日："晚上去了威廉斯那里。舍巴林也在。非常愉快地秉烛夜谈到3点，然后在空旷夜幕下的城市里步行回家。到家时，天已经亮了。我很喜欢这种春日的黎明和空旷的街道。"

5月6日："这些天，米哈伊尔·阿法纳西耶维奇在给政府写信。"

叶莲娜·谢尔盖耶夫娜的日记记录了社会生活每天的变动，这些变动似乎对他们家的气氛产生了影响。

5月7日："白天我们在莫斯科河上乘坐小汽艇游玩时，遇见了特别伤心的特列涅夫。据说，根据报纸报道来看，《重要的一天》未被撤演。因此，与基尔雄有关的整个这件事，所有反对他的作家言论好像都有点古怪。骂得很凶，却什么事也没有!"

就在这一天，П. А. 马尔科夫在因莫斯科艺术剧院被授予列宁奖章而写的关于该剧院的文章中列举1939年剧本在莫斯科艺术剧院上演的剧作家时，已经不提布尔加科夫了。"晚上我们去了卡卢日斯基家……"，叶莲娜·谢尔盖耶夫娜就在这篇日记中提到，"米沙问：'你们看了马尔科夫今天写的文章了吗？'对此奥莉加匆忙地回答说：'没有。'……而卡卢日斯基却说：'看了，乏味的文章。'"

剧院的人不顾亲属关系，保持团结一致。

5月9日："晚上威廉斯夫妇和舍巴林①来了我们家。米哈伊尔·阿法纳西耶维奇朗读了自己写的关于耶稣和魔鬼的长篇小说（它还没有名字，是我自己这么叫它）的头几章（不是全部）。他们极其喜欢，吃晚饭时话题一直回到长篇小说上……"

5月10日，Ф. Н. 米哈利斯基根据 П. 马尔科夫的口述，给叶莲娜·谢尔盖耶夫娜转述了对莫斯科艺术剧院出国巡回演出问题的讨论过程："斯大林热情地说，《图尔宾一家的日子》要带上，但是莫洛托夫反对。"

好像大磁铁经常使他处于吸引力范围。

5月11日晚，我们在大剧院上了一天班后，去了威廉斯家。"别佳说，没法工作，他想知道长篇小说的后续（《关于魔鬼》）。米哈伊尔·阿法纳西耶维奇朗读了几章。大家特别喜欢。评语是——有强大力量的作品，有哲理趣味的作品。此

---

① 作曲家。

第六章　又破产了。"也好，歌剧剧本就歌剧剧本！"

外，情节引人入胜，文学水准出色……我们聊到3点半，然后步行回家，6点躺下，继续聊。"5月12日："晚上待在家里。米哈伊尔·阿法纳西耶维奇伏案给斯大林写信。"两天前，他给叶莲娜·谢尔盖耶夫娜口述了给Б.阿萨菲耶夫的信："我神经过劳已一月有余。出现新的因素，这就是剧院里正议论纷纷的《伊万·苏萨宁》。如果能推动它——要正视现实，那么《米宁》就不会上演。"不言而喻的是，不可能同时上演两部历史情节相近的歌剧。但是，应当认为，布尔加科夫不可能没有考虑到，情况确实注定对他不利——即使是在那些似乎没有直接根据的地方。5月15日："白天来了德米特里耶夫。他说：'您写宣传鼓动剧吧！'米沙说：'请问，谁派你来的？'德米特里耶夫哈哈大笑。我见到他很高兴。晚上来了阿努夏①、威廉斯、德米特里耶夫。米沙继续朗读关于沃兰德的长篇小说。"就在那天，叶莲娜·谢尔盖耶夫娜碰见了女演员、卡恰洛夫的妻子H.利托夫采娃。"她也说：'必须做点什么。找上头。'干什么？为什么？米哈伊尔·阿法纳西耶维奇心情很差。他又开始害怕一个人上街。"5月16日："晚上，'红箭头'号②开动前，德米特里耶夫来了。他吃晚饭时小声说，应当找上头，但是要先修改历史教科书的开头。"布尔加科夫最近可能没有理会自己1936年春季积极编写的这本教科书。

　　5月17日的日记中汇总的周围人不停的议论，是他这几个月精神境界的背景。"所有读报的人都认为，现在由于文学圈

---

① 威廉斯的妻子。
② 夜间快车"莫斯科—列宁格勒"。

的各种事件,米哈伊尔·阿法纳西耶维奇的处境应当会好转。"那天晚上,他"写长篇小说(关于沃兰德)",而叶莲娜·谢尔盖耶夫娜去莫斯科艺术剧院找米哈利斯基,他们在剧院院子里散了一个半小时步,谈论"米沙难以忍受的处境"。5月19日,雅·列昂季耶夫同克尔任采夫交谈后,对叶莲娜·谢尔盖耶夫娜说,《图尔宾一家的日子》现在在其他所有城市当然也可以获批(迄今为止——从1926年起,剧本只获批在莫斯科艺术剧院上演),布尔加科夫只需去找克尔任采夫,"和他聊聊自己的所有文学事务——剧本被禁演,等等,问为什么《图尔宾一家的日子》只批给莫斯科艺术剧院上演。我吃饭时把所有这些告诉米沙后,如我所料,他断然全部拒绝——既不去聊什么,也不去问《图尔宾一家的日子》的事。他说,所有这些无论如何都无助于解决自己现在所处的不能忍受的难堪处境。"5月20日,剧作家组又给他打来电话,叫他参加明天的会议("又是说基尔雄、亚申斯基等人的事"),他再次拒绝在这几个月已经定型的形势下同自己的文学敌人清账,称自己身体不舒服。晚上,从列宁格勒来的阿德里安·皮奥特罗夫斯基打来电话说:"他想向米哈伊尔·阿法纳西耶维奇预订电影剧本。米哈伊尔·阿法纳西耶维奇拒绝了。但是他好奇地打听他们想出来的主题。原来是反宗教主题!!真妙!"5月20日:"今天的报纸上报道说,阿菲诺格诺夫被开除出党。"奥·谢·博克尚斯卡娅给他们讲,莫斯科艺术剧院积极分子大会上说:"俄罗斯无产阶级作家协会就是这么个有害的组织,里面就活动这么些人。瞧瞧他们干的好事,例如:他们陷害……布尔加科

第六章　又破产了。"也好，歌剧剧本就歌剧剧本！"

夫，所以他现在不在莫斯科艺术剧院写剧本，而是在大剧院写歌剧剧本。布尔加科夫和斯米多维奇①创作了很好的关于普希金的剧本，但是这伙人雪藏了剧本，在报刊上放肆地称布尔加科夫和斯米多维奇为二流剧作家。所以，我认为，现在将发生有利于马卡的巨大转折。因此我建议你，赶快写关于伏龙芝的剧本！"叶莲娜·谢尔盖耶夫娜解释说："这个戏谑的笑话意味着，要米沙把自己的歌剧剧本《黑海》改写成话剧。"

所有这一切简直是渗透到他周围的空气中，把他包围起来，让他不安和气愤。

5月22日："德米特里耶夫来吃饭。我很喜欢米哈伊尔·阿法纳西耶维奇同他交谈。对其他任何人没有这种感觉。他聪慧、风趣、敏锐、机灵，总之，对米哈伊尔·阿法纳西耶维奇来说，他是个出色的交谈者。"

5月28日晚，他们出去散步，顺道去了药房——在那里遇见了熟识的记者，后者努力解释说："米沙现在的处境很好，因为他没有出卖自己，没有掺和所有那些乱七八糟的事"，他指的是"最近发生的震惊整个文学圈和接近文学圈的基尔雄的事"。5月31日："《真理报》的消息称，库普林回国了。"6月1日："报纸上报道说，加马尔尼克自杀了。库普林昨天回国了。《消息报》上有他的照片。"

6月2日："德米特里耶夫来了，吃了饭……聊起了伊丽莎白·伊萨耶夫娜，她要去博尔若米。"德米特里耶夫说完这句

---

① 维·维·韦列萨耶夫。

故意简短的话后，讲了对他的妻子的持续迫害和出国自救的尝试。

6月4日："晚上来了德米特里耶夫和安娜·艾哈迈托娃。艾哈迈托娃朗诵了自己的三四首抒情诗。"6月5日："《苏联艺术报》报道说，利托夫斯基被免去中央剧目审核总委员会主席职务"，接着是叶莲娜·谢尔盖耶夫娜赏赐给布尔加科夫最顽固的一个文学敌人富有感染力的外号。6月6日："早上我取了报纸，我看了《真理报》，跑去叫醒米沙。爆炸性新闻——阿尔卡季耶夫被从莫斯科艺术剧院免职。据报道是因为重复发布关于巡回演出的假信息，等等。晚上来了德米特里耶夫。我们以祝贺乔迁新居的方式欢迎他。阿尔卡季耶夫昨天还和他说，邀请他去莫斯科艺术剧院长期工作，答应在莫斯科给他一套房，德米特里耶夫哈哈大笑，然后讲了克尼佩尔①叫醒他，无力再说什么，塞给他登有阿尔卡季耶夫消息的报纸的情景。米沙一直给他表演，身穿白色睡衣的尼克佩尔姑妈如何用力把双臂弯向背后……"

6月8日："普列特涅夫教授身上发生了什么荒谬绝伦的事。《真理报》上登了一篇未署名的文章《教授—强暴者—性虐待狂》。他1934年接诊女病人，咬了她的胸，发展成某种不治之症。女病人对他提起诉讼。我和米沙、热纽什卡坐轮船去昆采沃。热尼卡和米沙游泳了，水又冷又脏。"

……这种已经淹没森林和山谷很多年、越来越被鲜血所污

---

① 他的姑妈 О. Л. 克尼佩尔－契诃娃，他从列宁格勒来到莫斯科在她家住过。

第六章　又破产了。"也好，歌剧剧本就歌剧剧本！"

染、现在沿着城市的街道急流而下的水流，从他的窗户就可以看到。

6月10日："多布拉尼茨基来了，给米哈伊尔·阿法纳西耶维奇带来关于国内战争方面的书，详细询问米沙的信念，公开鼓动。让我们一头雾水的是，他是谁？"

6月11日："早上，《真理报》报道说，联盟检察院因叛国案将图哈切夫斯基、乌博列维奇、科尔克、艾德尔曼、普特纳和亚基尔送上法庭。

米哈伊尔·阿法纳西耶维奇在大剧院排练《被开垦的处女地》……彩排后举行集会。决议中要求判处叛徒以极刑。"

他投没投票？或者说，投票前他能走出大厅吗？

为了尝试哪怕在某种程度上恢复那些天布尔加科夫家应有的气氛，我们不得不涉及相当微妙的话题。

但是我们先回顾一下我们之前引用过的费·奥·斯捷蓬说的那些话——"改头换面的俄国军官"、战胜邓尼金的军官的愿望以及对这样的胜利的厌恶。在布尔加科夫对红军最高统帅部——他的生活主要是在认识叶莲娜·谢尔盖耶夫娜·希洛夫斯卡娅之后才同最高统帅部发生交集，因为那些年希洛夫斯卡娅的座上宾有图哈切夫斯基、沃罗希洛夫等其他很多人——的态度中，无疑存在这种随着岁月流逝当然消失了的自相矛盾之处。

对图哈切夫斯基以及现在等待他的事情的态度，可能会由于特别的私人矛盾而变得复杂。保留下来了证据，这些证据让我们认为（当然，这方面不可能有百分之百的保证），叶莲娜·谢尔盖耶夫娜在碰到布尔加科夫之前的那几年,可能和图哈切夫斯基有过恋爱关系。

进入更加冒险的领域(在这方面,支撑我们的观点的只是布尔加科夫本人的决心,他在自己写的关于莫里哀的作品中决意加入乱伦主题),我们和读者分享不是我们的,但是不是没有根据的说法:叶莲娜·谢尔盖耶夫娜小儿子的生父是图哈切夫斯基。我们认为,我们的女性读者都赞同我们的假设,在这种情况下,叶莲娜·谢尔盖耶夫娜很可能对布尔加科夫承认了这件事,把自己的命运同他联系在一起,将自己的儿子带到他家(作为女性,她可能以为,他知道这个男孩不是希洛夫斯基的儿子,可能会好受点)。如果承认这种说法有一定的根据(长大后的 C. E. 希洛夫斯基和图哈切夫斯基长得很像,颇为引人注目),我们读她这则日记就是另外一番感受了:"《真理报》报道说,图哈切夫斯基和其他所有人都被判处枪决。"

"早上米沙提议去谢廖扎的乡间别墅。我们叫了出租车,顺路去叶列谢耶夫那里取了食品,然后就直奔而去。和莫斯科郊外的所有乡间别墅一样,自然条件和设施都很简陋。

但是见到谢廖扎我太幸福了!……我们在那里逗留了不长时间,喝了咖啡,吃午饭前返回了家里。"

四

……他家里依然客人云集,放着音乐,总是很开心。他那几个月的生活,几乎每天都充斥着意外的报道——从惊讶、恐

第六章　又破产了。"也好，歌剧剧本就歌剧剧本！"

惧或极度郁闷转变为开心、玩耍和搞笑的表演。那是因为，那段时间里发生的事情与他自己无关——他一生中的所有事情好像都已经发生。6月22日，近日跟随莫斯科艺术剧院去巴黎的费·米哈尔斯基来拜访他。"嗯，话题当然转移到了米沙的事。还是那个主旨——他应当写作，不要灰心。米沙说，他感觉自己是个溺死的人——躺在岸上，波浪不断冲击着他的身体。费佳表示强烈反对。"

一些隐约的传言——通过刚认识的尼娜·龙任娜的丈夫、党务工作者多布拉尼茨基——传到布尔加科夫这里，说"莫斯科艺术剧院秋天要排演《普希金》"。叶莲娜·谢尔盖耶夫娜记道："我对这个消息将信将疑，感觉《普希金》发生了什么事。"

我们不要忘了——那一年正在最广泛地庆祝普希金逝世100周年。著名剧作家创作完成但没有排演的关于普希金的剧本，可能成为一件令人气愤和懊恼的事。

瓦赫坦戈夫剧院那几天提议改编《堂吉诃德》。布尔加科夫自己那年春天和夏天时不时地转向"关于魔鬼"的长篇小说——可能是从5月开始把长篇小说从头抄一遍。

整个6月奇热无比。人们都去莫斯科河游泳，玩皮划艇。晚上光顾艺术大师俱乐部餐厅。弄清楚了，十月革命20周年纪念日前夕，大剧院打算排演歌剧《伊万·苏萨宁》。就像叶莲娜·谢尔盖耶夫娜所记的那样，对布尔加科夫来说，这意味着"《米宁》彻底没戏了"。还有一项得同时处理许多组织方面麻烦事的工作（同阿萨菲耶夫没完没了地通信，出差去列宁格勒，筋疲力尽的交谈，等等）也白干了。而且还不得不着手创作下一个歌剧剧本——《彼得一世》（以下简称《彼得》）。

7月12日："体育游行日"。布尔加科夫夫妇坐车去办事，在阿尔巴特广场短暂停留。"他们看着经过的运动员。从远处看，一幅非常美丽的景象——深棕色的身体，鲜艳的短裤。从近处看——几乎没有漂亮的脸蛋。

晚上去了威廉斯家。米哈伊尔·阿法纳西耶维奇朗读了半部自己的中篇小说《狗心》。尖刻的、鲜明的讽刺作品。他说，这是粗鲁的讽刺作品。"

"……我们住在日托米尔附近的村里，"叶莲娜·谢尔盖耶夫娜7月19日给母亲写信说。（他们住在莫斯科艺术剧院演员B. A. 斯捷蓬亲戚家的小旅馆里。）"让我感到幸福的是，我说动米沙离开了莫斯科。他累了，我也是，我们俩都很苦恼，在这里可以得到充分的休息，没有报纸，没有家务，没有电话。"布尔加科夫在给《彼得一世》写歌词，同时还在写《死者笔记》①。8月14日，他们回到了莫斯科。这段时间，和他以及扎鲁金、布·亚先斯基和伊万·卡塔耶夫住在同一栋楼里的谢·克雷奇科夫遭遇了不幸。"谢廖扎·叶尔莫林斯基5点打来电话，得知我们回来了，他很高兴。这让人心情愉快。其他所有的事都让人沮丧。"接下来几天，关于阿·布霍夫、阿·皮奥特罗夫斯基以及许多其他人的类似消息传到了布尔加科夫这里——并不总是很确凿。8月20日："下着冰冷的连绵不断

---

① 又名《剧院情史》。——译者注

第六章 又破产了。"也好,歌剧剧本就歌剧剧本!"

的秋雨。电话铃响了,是多布拉尼茨基打来的。原来,安卡罗夫被捕了。在米沙看来,他在《伊万·瓦西里耶维奇》一事,以及在自己接下来的所有文学事务,尤其是《米宁》一事中发挥了重大作用。多布拉尼茨基坚定地预言,今后米哈伊尔·阿法纳西耶维奇的文学命运会变得越来越好,而米哈伊尔·阿法纳西耶维奇却坚定地不相信这一点。多布拉尼茨基提出这样一个问题:'在你们 1930 年的谈话中您没有说想出国,您遗憾吗?'米哈伊尔·阿法纳西耶维奇回答说:'我遗不遗憾,这我可以问您。如果您说的是,作家们在他乡当哑巴,那么我是不是无所谓在哪里——在故乡还是在他乡——当哑巴。"8 月 29 日,布尔加科夫、萨莫苏德和歌剧《被开垦的处女地》的作者们在"莫斯科"饭店开会。"还有一位诗人丘尔金,他走到米哈伊尔·阿法纳西耶维奇跟前问道:'请问,曾几何时有位作家布尔加科夫……''他写了什么?您说的是谁?''我读过他的书,报刊痛骂他……'米哈伊尔·阿法纳西耶维奇警惕起来,问道:'他没写剧本吗?''据说写了剧本《图尔宾一家的日子》。'米哈伊尔·阿法纳西耶维奇说:'我就是。'丘尔金瞪大眼睛盯着他说:'您连同路人作家都不是?您的处境更糟?!……'米哈伊尔·阿法纳西耶维奇回答说:'哎,还有能比同路人作家处境更糟的?'"

他实际上已经成了类似于"古生怪物"一样的怪物,他打台球的老搭档在最近创作的长诗中也把自己归为此列。

8 月 30 日,有人从苏联对外文化协会打来电话,叶莲娜·谢尔盖耶夫娜指出,"从来电人说的话——'阿罗谢夫病重,再也回不来了'——可以听出来，苏联对外文化协会原主席阿罗谢夫被捕了……晚上，米哈伊尔·阿法纳西耶维奇在家与托普列尼诺夫下象棋。"

9月2日："奇妙的夏日……晚上我们看望了梅利克……报纸上报道说，人民委员会主席柳布琴科自杀了。"

9月5日："有人告诉米沙说，阿布拉姆·埃夫罗斯被捕了。我们不知道是不是真的，到处都是谎言。

晚上，米沙在谢尔盖·托普列尼诺夫家下象棋。"

9月6日："米哈伊尔·阿法纳西耶维奇忙活《彼得》①的事。"

9月13日，把《彼得一世》歌剧剧本听写稿弄成了打字稿。9月19日就给作者寄来了普·米·克尔任采夫的10条意见，以下列话语结尾："总之，这只是初步切题。还需要做大量的工作。"他再次陷入修改和拖延的困境中。他在谈话中越来越频繁地把自己比作被迫生产打火机的工厂。9月23日："痛苦地寻找出路：要不要给上面写信？要不要放弃戏剧？要不要修改长篇小说并交稿？什么也干不了，走投无路！他白天和谢尔盖去坐轮渡，天气非常好。他舒缓下神经。"9月24日："白天我和米哈伊尔·阿法纳西耶维奇去坐轮渡。但是已经雾气蒙蒙，下着毛毛雨。"

出乎意料的是，几天内（9月28日—10月1日）就不得不交《逃亡》的修改稿——艺术事务委员会突然对这个剧本表

---

① 指歌剧《彼得一世》。——译者注

第六章 又破产了。"也好,歌剧剧本就歌剧剧本!"

现出了兴趣。10月3日:"我和米哈伊尔·阿法纳西耶维奇一直在谈论《逃亡》。这是怎么回事?政策上有什么变化?为什么要这个剧本?"头一天,也就是10月2日,布尔加科夫给妻子口授了给鲍·阿萨菲耶夫的信:"我从结果说起:我的《彼得》已经没有了,就是说,摆在我面前的歌剧剧本是改编的,但是就像常言所说,有点意思"——接着说到克尔任采夫的意见:"关于他的意见,可以说,主要是这些意见特别难以落实,不管怎么说,他的意见意味着,整个工作要从头再做一遍,要再次一头扎进历史材料中……我现在犹豫不定。改?还是不改?要不要干点什么?还是放弃所有?或许,必要性迫使不得不改,但是我能不能成功?我无法保证……我现在正伏案想辙,可能我一点辙都没有。这不是要解决《彼得》一个剧本的问题。最近七年,我创作了16部不同体裁的作品,都被毙掉了。不可能是这样一个状况,我们家弥漫着绝望和昏暗的气氛。"

……他家周围发生的事件越来越不可预料,可被按照一般逻辑进行思考、寻找日常属性因果关系的当时的"观察者"在回顾时(比如说,为什么在紧张酝酿全员编写普希金出版物时,也就是在1936年秋,曾经最活跃的一个研究普希金作品的作家被灭口了?可能"构思"中加入了越来越多的处于自由、艰苦创作、麻痹和恐惧、逐渐接近疯狂状态的人的生活纠葛),通过假设揣测到的内在目的性,不可能被揭露出来。

1923年带着美好希望返回俄国的《前夜报》编辑和作者,一个接一个地消失了。

住在列宁格勒的亚历山大·弗拉基米罗维奇·博布里谢夫–普希金——好像是"路标转换派"中年纪最长的人（生于1875年）——1935年就被捕了。1937年，他被枪决（后来平反案中就是这样定性的）。1937年被捕的有瓦西列夫斯基–涅布克瓦·（第二年去世于囚禁中）、尤·韦·克柳奇尼科夫（第二年也去世了）以及1935年回到俄国并在莫斯科大学担任过一段时间教授的尼·瓦·乌斯特里亚洛夫。就在那一年，可能被捕并且去世的还有不知去世于什么地方的尤·尼·波捷欣。我们引用一下叶·谢·布尔加科娃1937年9月4日的日记："米沙在谢尔盖·谢尔盖耶维奇·波波夫①家玩文特牌。屋里很安静，我在读尤·波捷欣的书《日落下的人们》，从形式上看——是本很傻的书，从内容上看——是本惊险中篇小说。"依据她那些年的日记的叙述看，提及这本书（《艺术生活》，1925年列宁格勒版）本身恐怕可以证明，那天波捷欣还处于自由状态。

10月5日："萨莫苏德建议根据托尔斯泰的作品写1812年……我对所有这一切感到惊讶。米哈伊尔·阿法纳西耶维奇又要写歌剧剧本，这太可怕了……应当给上面写信。但是这太可怕了。"从日记中可以看出，布尔加科夫并没有决定把春天写的信寄出去——而是预言，在这种情况下，事情会反转，现在比1930年时难得多。他明白，特别是在夏季事件之后，自己不安全。10月23日："米沙最终决定离开大剧院。创作歌剧

---

① 帕·谢·波波夫的兄弟。

第六章　又破产了。"也好，歌剧剧本就歌剧剧本！"

剧本——这太可怕了。修改长篇小说，然后交出去。""交出去"这个词不得不让我们以为，在作者眼里，长篇小说本应当、实际上、在某种意义上取代这封信。

那几天，确定并形成了决定。所有朦胧的希望一个接一个地破灭了 [《逃亡》的事重新归于沉寂；11 月中旬前，一向乐观的多布拉尼茨基也从视线中消失了（叶莲娜·谢尔盖耶夫娜 11 月 11 日在日记本中对这件事记了寥寥几笔："我白天去了一趟特罗伊茨基那里。原来，多布拉尼茨基被捕了。"）；已经写完的歌剧剧本的命运陷入没完没了的补充要求中]。11 月 5 日："皮利尼亚克被捕了。晚上我们家来了梅利克、明娜①和叶尔莫林斯基一家。"11 月 12 日："晚上，米哈伊尔·阿法纳西耶维奇写作长篇小说《大师与玛格丽特》。"——新名字而且成了最终的名字，首次出现在叶莲娜·谢尔盖耶夫娜的日记本中和写有长篇小说最新一稿开头的本子扉页上。就这样，在 1937 年秋，也就是在最为紧张地从业已形成的文学创作经历中寻找出路的一个时期，布尔加科夫作出了对自己创作生涯极为重要的一个选择。他想写完长篇小说，把这看作在文学创作方面迈出的最重要和最坚决的一步。布尔加科夫的妻子 1937 年 12 月 31 日记道："今年快结束了，它让我品尝了苦涩的滋味。"

1938 年 1 月中旬，两件大事——梅耶霍利德剧院关闭和肖斯塔科维奇的第五交响曲首演——让莫斯科文学戏剧的观众津津乐道。20 日，妻子记道，布尔加科夫未改变自 20 年代初以

---

① 梅利克的妻子。

来对"左翼"导演极不友好的态度,肯定地说,"失去梅耶霍利德剧院,完全没人担心(可能会让斯坦尼斯拉夫斯基感到震惊,可能会让他痛不欲生,因为他才是这个剧院真正的创始人),让人担心的是这种想法,不要没收他的党员证,不会拿他怎么样。"

1月29日,音乐学院大厅本应演奏第五交响曲。"我们打算去。米哈伊尔·阿法纳西耶维奇说,交响曲他不太感兴趣,他对大厅很感兴趣。"(1月25日)

1月30日:"天哪,昨天音乐学院上演了惊人之作!……我的印象是——太震撼了!天才之作!观众站着鼓掌,久久地呼唤作曲家出来谢场,作曲家脸色苍白,激动不已……"叶莲娜·谢尔盖耶夫娜的日记只是部分地传达了1936年早春事件两年后,天才的作曲家再次出现在观众面前时,大厅里人声鼎沸的程度。

见证者讲,涅米罗维奇-丹琴科一边敲着指挥谱架,一边从池座走向乐池,他呼唤作者出来谢场时,大厅里人声鼎沸,不想散去。布尔加科夫怀着极度兴奋的心情,和威廉斯、谢尔盖·叶尔莫林斯基和鲍里斯·埃德曼一起走出了音乐学院。叶莲娜·谢尔盖耶夫娜记道:"听完音乐会后,他们都不想回家,一起去了'大都会'饭店,久久地坐在大厅深处,高兴,激动,满怀希望。"1月31日,可能就是在这种满怀希望之时,布尔加科夫动笔给斯大林写信,请求缓解尼古拉·埃德曼的遭遇(4日写完,5日寄出)。据我们推测,就是在这样的满怀希望之时,他回到了长篇小说的创作上。

第六章　又破产了。"也好，歌剧剧本就歌剧剧本！"

2月6日早上，弗·弗·德米特里耶夫打来电话。"……我让他赶紧过来，"叶莲娜·谢尔盖耶夫娜记道，"他一脸沮丧地来了。原来，他的妻子伊丽莎白·伊萨耶夫娜被捕了。他想试着找人求情。"

可怜的女人未能逃脱天罗地网，与两个年幼的双胞胎女儿分隔两地。

不祥的阴影几乎笼罩了他们家。

2月9日："米沙在《米宁》和索洛维耶夫没有动静的间隙，抽空修改关于沃兰德的长篇小说。

晚上，他去了叶尔莫林斯基那里。"

那几天，叶莲娜·谢尔盖耶夫娜记道："白天德米特里耶夫来了一趟。他琢磨着为妻子求情。可怜人！"过了一天，日记本里就流露出她对这种频繁造访的担心——不知是特意掩人耳目，还是真的在表达自己的愤怒（也可能是二者皆而有之），她2月11日记道："德米特里耶夫坐火车去列宁格勒之前来了一趟。最近他老气我，我不喜欢话题转移到那些不愉快的事。"这些话指的是，那几天以及接下来的那些天让德米特里耶夫发疯的、他的妻子的悲惨遭遇这一话题。

3月1日："米沙白天去了安卡尔斯基那里①，两人商定朗读长篇小说开头事宜。米沙似乎这个时候已经确定了长篇小说的名字——《大师与玛格丽特》。发表它当然还是毫无希望。这个时候米沙夜夜都在修改它，往前赶进度，想在3月完成。"

---

① 那几年，他与在莫斯科的头几年结识的友善的编辑数次见面。

3月5日：德米特里耶夫又从列宁格勒回来了。"由于妻子被捕，依旧一脸沮丧，"叶莲娜·谢尔盖耶夫娜记道，"他思索着做点什么，打听她的下落，或者提供帮助。"

3月5日："米沙这几天只要得空一直在写长篇小说。"

3月8日："写长篇小说。"3月9日："写长篇小说。米沙给我朗读了小卖部服务员在沃兰德那里的片段。"对亚戈达进行了庭审。3月10日："每天早上拿起报纸——都是关于亚戈达那个怪人的消息……傍晚6点，我向窗外一看——看到天上有个浅黄色的大环（飞机留下的）。"

第七章 "最后的、收尾的长篇小说。"最后一个剧本。(1938—1940 年)

一

从 1937 年晚秋到 1938 年春,布尔加科夫像过去几年那样,没有搁置对长篇小说的写作。相反,为了写这个,后来也没有写完的《死者笔记》可能被搁置了,停留在第二部分最开头。布尔加科夫一边忙着大剧院的公务(不仅要写评论,修改别人写的歌剧剧本,而且还要紧张地参与排练),始终关心着自己写的歌剧剧本的不幸遭遇;一边系统地、一章接一章地不断向前推进长篇小说第六稿的写作。结构定了下来:他自己在 1937 年冬到 1938 年春写完的长篇小说中也表示——关于彼拉多和耶稣的长篇小说,不是一下子,不是以完整的插入故事的形式向读者讲述的,而好像是当着读者的面写完的。关于大师的长篇小说,具有某种原始文稿的特征,它自古以来就存在,只是通过艺术家的天赋才把它从被忘却的黑暗角落带到光明的现代认知领域。结构本身使读者不得不相信,大师的创造者,即包含大师的"另一部"长篇小说的作者,以相当的预见能力和对所有细节的准确把握,了解对于大师而言的现代化生活及其前景。创作本身就是绝对了解事实真实面貌的过程。

3月30日晚,作者给叶尔莫林斯基朗读了《在荒山上》那一章。后者"说,古代的章节——着实高明",叶莲娜·谢尔盖耶夫娜记道,并补充道:"我也非常喜欢那几章。"从这个时候起,在叶莲娜·谢尔盖耶夫娜的日记本中,紧随日期之后常常只有一个词——"长篇小说"。对长篇小说的写作,几乎每天都在进行。4月7日晚,来听长篇小说中关于伊万努什卡及其病情这一章节的有,医生萨穆伊尔·利沃维奇·蔡特林(可能是心理医生——这次朗读就是为他安排的)、安·安·阿伦特、雅·列·列昂季耶夫和妻子、叶尔莫林斯基、尼·埃德曼(来莫斯科待一昼夜)、威廉斯和妻子。"朗读给人们留下了深刻的印象……我极其喜欢的古代的章节,引起听众特别浓厚的兴趣,征服了听众。所有人都对米哈伊尔·阿法纳西耶维奇对古代异于常人的了解感到惊奇。他对此了如指掌!科利亚·埃德曼在我们家留宿。他和米沙就文学展开精彩对话。让我痛不欲生的是,自己不懂速记——我本应把所有交谈内容都记下来。"

4月22日:"今天尼古拉·拉德洛夫来了我们家……拉德洛夫对米沙说:'你是再没有发展的作家……过时的作家……一切都过去了……'这是主题。然后建议说:'为什么你不给《鳄鱼》写些短篇小说,那里的编辑部换人了,如果你想写,我和科利佐夫说说?'米沙说:'我求你了,永远不要在科利佐

第七章 "最后的、收尾的长篇小说。"最后一个剧本。(1938—1940年)

夫面前提我的名字。'"

这就是他的早已分岔的生活,从这一年起,他坚定地沿着两条平行的轨迹前行,其中一条轨迹,只有少数人看到了。

5月2日,来了尼·谢·安卡尔斯基(他再次当选杰出的出版工作者),他当即就问:"您愿不愿意创作苏联惊险长篇小说?印数很大,我给译成各种语言,钱数都数不清,还有外汇。如果您愿意的话,我现在就给您开具支票,作为预付款?"米沙拒绝了,他说:"这个我写不了。"一阵劝说后,安卡尔斯基请米哈伊尔·阿法纳西耶维奇朗读长篇小说(《大师与玛格丽特》),米哈伊尔·阿法纳西耶维奇朗读了前三章。安卡尔斯基立刻就说:"这个出版不了。""为什么?""出版不了。"

5月22—23日,长篇小说最后一部手稿完成。在1932—1936年稿本完成后,这部长篇小说从头到尾被抄了一遍,共30章,抄在6个厚厚的本子上,以备打字。长篇小说此时的结局是,大师和玛格丽特骑在马上,朝着自己最后的安身处飞去:"大师一手搂着女友,另一只手用马刺赶着马奔向月亮,复活节夜里得到宽恕的第五任犹太人总督本丢·彼拉多刚刚去了那里。"

5月26日,布尔加科夫早上送叶莲娜·谢尔盖耶夫娜和谢廖沙去列别姜,她俩整个夏天都要待在那里,然后布尔加科夫开始准备长篇小说的文稿,以供打字。幸好,他几乎每天给妻子写的信保存了下来,我们现在才可以想象写作过程。5月27日,他给妻子写信说:"夜里写彼拉多。唉,好难啃、好乱的材料!"5月30日:"已在重抄长篇小说。奥莉加工作出色。现在我在等她。我快进行到第2章结尾了。"这不是口授成稿——对比手稿和打字稿表明，打字过程中，文稿的许多地方被改了。《剧院情史》(《死者笔记》) 的情节有助于想象写作过程，奥莉加·谢尔盖耶夫娜·博克尚斯卡娅在其中被永久地刻画成托罗佩茨卡娅的形象："托罗佩茨卡娅完美地掌握了打字艺术。我从未见过这样的水准。她不需要口授标点，也不需要重复指出是谁说的话。"作者"口授时，停顿、思考，然后说：'不，请等一下……'""改变了所写的内容……我嘟囔一声，或大声说出来，无论我怎么做，托罗佩茨卡娅的手下都能打出几乎没有涂改、完美匀整的剧本页，没有一个语法错误——简直立刻就可以交给印刷厂。"

5月31日："我在抄第6章。奥莉加打得很快……累死我了。"

6月1日，他说，自己要取消原来计划好的去雅尔塔待四天的行程："烦死了，一天都不想扔下长篇小说。今天开始抄第8章。"6月2日凌晨："口授结束后，我想立刻着手写我的长信，但是一丁点力气也没有了。即使是具备从未见过的打字耐力的奥莉加，今天也崩溃了……已经敲出了132页打字稿。粗略地讲，接近长篇小说三分之一的篇幅（考虑到缩减了累赘之处）。"6月2日，"我们连续抄了好几个小时，脑子里发出疲劳后低沉的嗡嗡声，但这是合理的疲劳，不是让人痛苦的疲劳。"他担心涅米罗维奇-丹琴科会调走自己的女秘书——哪怕是一天。"中断抄写——可就完蛋了！我会失去连贯性、修改线索[1]

---

[1] 这又是一个证据，表明在中间文稿的任何地方都没有作过改动，改动都是在口授时直接作的。

第七章 "最后的、收尾的长篇小说。"最后一个剧本。(1938—1940 年)

以及整体协调性。无论如何都要结束抄写。""要完成长篇小说！立刻！立刻！"6 月 4 日凌晨："抄了 11 章了。"6 月 8 日夜到 9 日凌晨："……现在已经抄了 16 章了……我好累，对什么都提不起精神，感到厌倦，除了……（接下来的内容被叶莲娜·谢尔盖耶夫娜用黑墨水仔细地涂黑了）"6 月 13 日："口授第 21 章。我被这部长篇小说给埋了。我已经完全改变想法了，我什么都想明白了。我完全被锁在里面了。我可能只会为一个人打开锁，但是这样的人不存在！"1938 年 6 月 15 日，作家利用抄写过程中休息一天的空当，在给叶·谢·布尔加科娃的长信中对长篇小说进行了评价——第一个也几乎是唯一一个流传至今的类似证据："我面前有 327 页打字稿（接近 22 章）。如果我身体健康的话，抄写工作很快就能结束。就剩最重要的事——大量的、复杂的、仔细的（作者）校对，可能还要抄写几页。

你问：'然后呢？'我不知道。或许，你会把它放进放着我的被毙掉的剧本的写字台或柜子里，时而会想起它。其实，我们不知道自己的未来。

我已经对这部作品作出自己的评判，如果我能再略微拔高一下结局，我就会认为，这部作品值得校对和压箱底。

现在我感兴趣的是你的评判，我会不会知道读者的评判，无人知道。"

作者可能就是在这封信中最为明确地给出对于长篇小说预计的受众——确定的受众和不确定的受众（即文学作品的普通读者）——这一问题的答复，——这在写作文稿的过程中无疑发生了变化。

6月15日:"凌晨。明天,嗨,也就是说今天,我重新开始写作。我要写完'在烛光下'这一章,然后转到舞会。是的,我很疲惫,说实话,我感觉自己身体不太舒服。"6月15日:"傍晚。我感觉自己累坏了。我在口授第23章。"6月19日:"在写第26章(尼扎,花园里的杀人案)。"6月22日凌晨:"我感觉自己身体不舒服,但我仍在写作。口授第28章。"6月22日晨:"如果今天奥莉加早点过来,我尽量口授一大段,届时离抄写结束就不远了。美中不足的是——我身体不舒服。但是没关系!"

1938年6月24日,长篇小说的打字工作结束。长篇小说此时的结局和我们现在通过最后一稿看到的结局几乎相同。

第二天,即6月25日,布尔加科夫去了列别姜,在那里开始了新的创作——改编1937年12月8日就开始、但停留在手稿第15页的《堂吉诃德》——可能就是因为《大师与玛格丽特》。

二

1938年7月21日,叶莲娜·谢尔盖耶夫娜给母亲写信说:"米沙在这里待了将近一个月……他在这里待着的时候,创作了剧本,改编了《堂吉诃德》[①],收获不少。现在他要回莫斯

[①] 第一稿7月18日就完成了。

第七章 "最后的、收尾的长篇小说。"最后一个剧本。(1938—1940 年)

科,因为要和作曲家一起修改给大剧院的一部歌剧剧本。此外,他还想改定自己今年夏天写完的长篇小说——这是他写了将近 10 年,很独特、很有哲理的作品。"7 月 24 日,布尔加科夫从莫斯科给妻子写信说:"摆脱了处理住宅公文的烦心事后,我感觉棒极了,改起《堂吉诃德》来很轻松。一切都很舒适。天上暂时还没有打雷,电话不响,翻开了字典。我品着加了上好果酱的茶,修改着桑乔,使他闪闪发光。然后我去改编《堂吉诃德》,然后各种玩乐,像岸边的那些蜻蜓一样嬉戏,记得吗?"8 月 15 日,叶莲娜·谢尔盖耶夫娜从列别姜返回,16 日就恢复了记日记,她简略地记了布尔加科夫同帕·亚·马尔科夫的谈话。"中心意思是:应当给莫斯科艺术剧院提供点什么。米沙说了莫斯科艺术剧院对他干的坏事。"这几天,布尔加科夫开始给她口授《堂吉诃德》,并于 8 月 27 日完成了第二稿,10 月 8 日又完成了一次打字工作。

8 月 23 日,"……我们在拉夫鲁申巷遇到了瓦连京·卡塔耶夫,然后一起步行,卡塔耶夫立即开始谈论米沙的处境。意思很清楚:卡塔耶夫认为,米沙应当创作短篇小说,表现一下,总之,应当带着新作品——《搁置争议》回到作家的天地,等等。一切都听到了,一切都很清楚,一切都特别理所当然!一切都很无聊。"

9 月 4 日,瓦赫坦戈夫剧院的人在布尔加科夫家里听了《堂吉诃德》。"明显很喜欢!……当然,说一切都很好,但是某一场戏应当换成另一场戏……每个人脸上都写着问题——如何过审?以什么样的名义?领导如何看待这个?等等。"

应该认为，在创作剧作的第 14 个年头，布尔加科夫对所有这一切已经习以为常和极其适应，可能正是因此，他几乎难以忍受。

布尔加科夫"明确拒绝"给全剧团或剧院艺术委员会朗读这个剧本，"他说，他不想受到迫害。就让他们审稿，然后给予答复。"应瓦·瓦·库扎的请求，他同意只给主演们朗读（9月8日的日记）。

9月9日晚，来了帕·亚·马尔科夫和维·雅·维列宁。"他们 10 点之后来的，一直聊到早上 5 点……他们来请米沙为莫斯科艺术剧院创作剧本。'我再也不干这样的事了，我干这个没有任何好处，这对我来说很危险。我事先就知道，会发生什么事……'米沙告诉了他们，自己对莫斯科艺术剧院的所有想法，对它的态度……并补充道：'但是现在这一切都过去了，我忘了，也原谅了。但是我不会再写了。'

所有这一切持续了两个多小时。1 点左右我们去吃晚餐时，马尔科夫脸色阴沉。吃晚饭时，话题不知怎么又转到了莫斯科艺术剧院的总体状况上，他们的情绪一下子又上来了。大家友好地气了气叶戈罗夫。然后又聊到了剧本。'剧院会倒闭的……没有剧本，剧院上演的尽是老剧目。剧院快倒闭了，唯一能拯救它并使它复兴的，就是当代主题的好剧本。'马尔科夫说，当代主题的《逃亡》就是这样的剧本，即就这部作品的重要性而言，就是剧院最受欢迎的剧本。这样的剧本当然只有布尔加科夫才能拿出来。他说了很长时间，情绪激动，可能是动了真情实感。'你不是想创作斯大林主题的剧本吗？'米沙回

第七章 "最后的、收尾的长篇小说。"最后一个剧本。(1938—1940年)

答说,需要的材料太难找了,哪里能找到呢?他们建议,材料也通过剧院去找,让涅米罗维奇给约·维·①写信,要材料。米沙说:'这太难了,虽然这个剧本中的许多东西我仿佛已经能看得到。只要没有剧本,不值一提,没什么可要的。'他们5点钟才磨磨蹭蹭地走了,就像维连金第二天给奥莉加说的那样:'真有意思。'"

9月10日,在关于斯大林的、最初取名叫《牧师》的剧本手稿中,标出了写这个剧本的起点,但是那一年并没有继续写下去。

9月12日,布尔加科夫对妻子讲:"几个月前被捕的演员们回到了大剧院;好像被拉到了林肯海,现在他们好像领到了8个月的薪水和去疗养院的疗养证。

莫斯科艺术剧院里传说,斯捷蓬被捕了。"(这是1922年秋被流放的费奥多尔·斯捷蓬的弟弟、布尔加科夫的好友B. A. 斯捷蓬。)

9月14日,叶莲娜·谢尔盖耶夫娜记道:"间隔很长时间后②,丽达·龙任娜打来电话说,伊万·亚历山德罗维奇和尼娜·龙任娜被捕了,尼娜的小儿子安德留沙留给了她。她请我们来串门。"这里指的是特罗伊茨基和此前一年多就被捕的多布拉尼茨基的妻子。

9月份,布尔加科夫一直忙芭蕾舞《斯韦特兰娜》的公

---

① 斯大林,他的全名是约瑟夫·维萨里奥诺维奇·斯大林。——译者注
② 在她的日记本中,这些词语并非偶然出现——必要时,它们可以被当作证实凭据。

务——经常深夜才回家,有时是从芭蕾舞学校,有时是从剧院。"疲惫不堪,自身的处境很是绝望!"(1938年9月17日)

9月19日晚:"他伏案校对《大师与玛格丽特》6月份的稿子"。又去大剧院,去见萨莫苏德,20日晚在家修改谢·戈罗杰茨基写的歌剧剧本《奥帕纳斯之歌》……"在所有这些事务的间隙,他经常回到同一个主题——被断送的文学创作生涯。米沙把一切都归咎于自己①,我很痛苦——我知道,他被毁了。"

9月23日,开始创作新的歌剧剧本——根据莫泊桑的短篇小说《菲菲小姐》改编。

9月27日:"……大伙儿聊得很投入,一直聊到很晚。来了马尔科夫和维连金,他们极力证明,现在一切都不一样了——烂剧本谁都不满意,所有人都想看真材实料的作品。米沙现在才应该创作剧本。米沙回答说,既然利托夫斯基又出现了,又获得地位和官衔——那么,一切还是老样子,利托夫斯基就是标志。吃完晚饭后,米沙给他们朗读了《大师与玛格丽特》的前三章。他们听得尤其认真,特别是马尔科夫……马尔科夫后来对这几章评价很高,他都听懂了。他说:'我非常清楚地看到了这一切。'他们约好,他们会作为第一批听众来听后续部分。"9月28日,"今天早晨,米沙读了寄给他写评语的歌剧剧本《冰上大激战》……情节混乱,荒谬,冗长。什么都得米沙读,为此绞尽脑汁!"他几乎每天都很晚才回家——被与自己个人创作无关的公务搞得筋疲力尽。他的精力可能被消耗

---

① 让我们想起他在1932年给帕·谢·波波夫的信中提到的"五个致命错误"。

第七章 "最后的、收尾的长篇小说。"最后一个剧本。(1938—1940年)

了一大半了。10月4日,叶莲娜·谢尔盖耶夫娜在日记本上记了自己和他一早上的"糟糕"心情:"所有这一切,当然、自然让人没法活,看不到自己的工作成果。"

那年秋天,人们都通过报纸关注着欧洲进行的战事,思索着未来。10月9日晚上,阿·米·法伊科和沃尔肯施泰因玩文特牌,一直玩到凌晨3点,然后"开始聊天。他们从 Л. А.① 的问题:'为什么你们把所有这些文章——《打击布尔加科夫之流》、《撤演〈图尔宾一家的日子〉之类的戏剧》——挂在墙上?'聊起。他们聊米沙的文学生涯,一直聊到5点半……米沙情绪忧郁。"10月14日晚与列昂季耶夫一家、梅利克–帕沙耶夫和杜纳耶夫斯基一起度过。叶莲娜·谢尔盖耶夫娜记道:"我们高兴地吃了晚餐。米沙模仿梅利克指挥的样子,这让所有人笑得前仰后合,杜纳耶夫斯基弹奏了自己的圆舞曲和歌曲。"10月19日,在家和费·米哈尔斯基交谈,"说米沙应该为莫斯科艺术剧院创作剧本。一切都很清楚。莫斯科艺术剧院无论如何都要关于列宁和斯大林的剧本,因为其他剧作家的剧本太差劲了——他们希望,米沙能拯救他们。关于《逃亡》的沉重话题,让我们忧伤。此外,米沙说,他的视野变窄了,他永远都不会看到自己国家以外的世界,这很不好。费奥多尔·米哈尔斯基惊慌失措地回答说:'不,不,您当然会出去的!'——当然不相信他说的任何一句话。"

和瓦赫坦戈夫剧院的人就《堂吉诃德》、对剧目审核委员

---

① 剧作家法伊科的妻子。

会的态度进行了一无所获的电话谈判。经验丰富的布尔加科夫对剧院总经理说:"我不需要对剧本赞赏,我需要这个剧本批了还是没批的公文。"(10月22日)

这发生在莫斯科艺术剧院周年纪念活动期间。"也不想想!"叶莲娜·谢尔盖耶夫娜10月26日语气强烈地记道,"在庆祝周年纪念而上演的戏剧中,居然没有已经上演了13个年头,演出800余次的《图尔宾一家的日子》!在为庆祝周年纪念而写的任何一篇文章中,都没有提到这个剧本的作者和名字。"莫斯科艺术剧院的周年纪念庆祝晚会,布尔加科夫没去参加,也没有去看任何一部庆祝周年纪念的戏。11月5日,瓦·库扎告知,剧目审核委员会和艺术事务委员会都批准了《堂吉诃德》,11月9日,渴望已久的正式公文也来了。11月10日白天,作者给瓦赫坦戈夫剧院的人朗读了剧本,他们长时间地鼓掌。"结束后——又是更加持久的掌声。然后,库扎站起来,隆重宣布朗读会'到此结束!'也就是说,不作任何讨论。他们准备这个惊喜,显然是为了让布尔加科夫高兴,不强迫他倾听不同的、完全没有根据的意见。"

在自己的文学创作生涯中,他也确实疲于倾听对自己作品的意见。

"我们回到了家里,晚上11点半,来了莫斯科艺术剧院的使者——萨赫诺夫斯基和维连金。萨赫诺夫斯基的开场白是:'受涅米罗维奇和鲍亚尔斯基[①]委派,我前来贵处,以莫斯科艺

---

① 雅·奥·鲍亚尔斯基,1937—1939年任莫斯科艺术剧院总经理。

第七章 "最后的、收尾的长篇小说。"最后一个剧本。（1938—1940年）

术剧院的名义对您说：请再次回到我们剧院，为我们剧院工作……命令我像烟一样迅速飘到您面前……我们向您伸出双手……我明白，不要计较莫斯科艺术剧院对您所做的一切卑鄙下流之事，要知道他们不是针对您一个人……'"

整个11月——布尔加科夫在大剧院紧张工作，一如既往，常常工作到深夜两点。有时，尼古拉·埃德曼从加里宁①过来，一直聊到早上6点，白天——要是白天有空的话——打台球，直到筋疲力尽。11月20日晚，在作家俱乐部餐厅，领导剧作家小组的文学家奇切罗夫走到布尔加科夫跟前说："米哈伊尔·阿法纳西耶维奇，为什么您把我们给忘了，和我们保持距离？"回应米沙提到的一切都被撤演的1936年时，他说："这样，这样，关于所有这一切，我们应当谈谈，我们四个人——您、法捷耶夫、卡塔耶夫和我——应当聚一聚，我们讨论讨论所有这些事，让您回归戏剧创作，而不是躲在大剧院。"

12月12日，《苏联艺术报》发表了一篇高度评价埃·明德林的戏剧《塞万提斯》——该剧的朗读会也刚刚举办过——的文章《关于塞万提斯的戏剧》（署名为"A. 库特"——评论家 A. B. 库图佐夫的笔名）。叶莲娜·谢尔盖耶夫娜记道："文章开头说的是粗制滥造《堂吉诃德》微改本的剧作造假。"12月13日，"今天米沙给奇切罗夫打电话问，谁是库特。后者回答说，他不知道。他请米沙去参加有关剧本和剧目的会议。米沙回答说，他不去，他不会去在报纸上以各种方式不断诽谤

---

① 俄罗斯城市特维尔的旧称。——译者注

他的地方。"这件事谢·叶尔莫林斯基在自己的回忆录中也写过:"谁是 A. 库特?又是一个笔名?""看看,"布尔加科夫说,"我被笔名包围了……"

12月20日,身体不舒服。"他当然不想躺在床上,在家里踱步,收拾书,整理档案。吃晚饭时——两个人——谈论要事。在剧院(米沙说,不管是在哪个剧院,我觉得,特指在大剧院)工作时——不可能在家写作——创作自己的东西。他从剧院回来,总是被这种修改别人写的歌剧剧本搞得筋疲力尽,当然完全没有状态创作自己的作品。米沙问:'怎么办?为什么拒绝?要不换份工作?'我能说什么?对我来说,他不工作,不写自己的东西,生活就失去了所有的意义。"12月21日:"晚上整理米沙的档案。米沙因此有点烦躁。没错,不能再这么干了!干什么——我们不知道。"又来了——12月24日:"我们现在晚上整理档案。米沙说:'知道吗,由于所有这一切(指着档案),我快失去活下去的意愿了。'"

年底结识了新朋友——楼上邻居,谢尔盖·米哈尔科夫和他的妻子娜塔利娅·孔恰洛夫斯卡娅。12月25日,叶莲娜·谢尔盖耶夫娜记道:"他机智,有敏锐的观察力,看起来很有才华,非常善于讲故事……她非常活泼,是个热心人,好人。"12月26日,米哈尔科夫一家到布尔加科夫家回访,"聊到很晚"。

12月31日,与埃德曼兄弟和威廉斯夫妇一起迎接1939年新年。

1月5日,晚上米哈尔斯基打来电话说:"有尊贵的客人来我们这里看您的戏"——就是说,斯大林又去看了《图尔宾一

第七章 "最后的、收尾的长篇小说。"最后一个剧本。(1938—1940年)

家的日子》,"聊到近日去世的丘尔科夫①",米沙说:"他是个好人,真正的作家,级别不高,但是个作家。"晚上来了尼·罗·埃德曼。又聊了一夜,一直聊到早上6点。"尼·罗·埃德曼非常友好地建议米沙创作新剧本,不要灰心,等等,米沙说,他像'当地大司祭'说教一样。总的来说,他们的交谈——从智慧和犀利度上讲,都带给我无穷无尽的快乐。"1月8日,米哈伊尔·阿法纳西耶维奇"这几天心情不愉快,情绪悲观"。

1月9日记道,弗·弗·德米特里耶夫来过。"他身体不舒服。他说,传唤他去内务人民委员会。他百思不解,所为何事?"

三天两头就要和官员们谈判在国外上演布尔加科夫戏剧的事宜。叶莲娜·谢尔盖耶夫娜1月10日记道:"我和米沙去文学通讯社同乌曼斯基面谈,所有这一切都毫无道理!命运就是看不到自己的戏,拿不到这些戏的稿酬,苏联对外文化协会还尽寄来些只会让人生气的信。"

1月14日,她为了换房的事去了公用事业委员会。秘书"说,公文②可能送给了住宅检查员,应当去那里找。

她从拥有宽敞的房间、地毯和厚重橡木门的豪宅(2单元的莫斯科公用事业委员会)去了3单元——又脏又不舒适的处所,在102房间碰上了大长队,她转身走了。

'不,这样就得不到房子了!'"

---

① 格·伊·丘尔科夫——历史作品和历史文学作品的作者。
② 寄到了莫洛托夫名下。

她肯定每天都给丈夫说,要采取另一套行之有效的办法。

1月20日,叶莲娜·谢尔盖耶夫娜送布尔加科夫去作家俱乐部参加选举会议后,"自己去了合唱团,从那里观看大会。极其不喜欢——嘈杂,总是发生争吵,总之,我觉得,这是个没有文学气息的地方。"

她的日记本中记录了那几天发生的一件神秘的事。1月21日,她把《堂吉诃德》手稿送给《文学报》的叶甫盖尼·彼得罗夫——他希望在报上刊登该剧本的片段,允诺把手稿交给奥莉加·沃伊京斯卡娅(该报时任主编),以供朗读。1月27日,叶莲娜·谢尔盖耶夫娜记道,沃伊京斯卡娅打来电话说,她很喜欢这个剧本,"她们约定,米沙晚上10点钟[1]去编辑部,商议刊登哪个片段"。1月28日,叶莲娜·谢尔盖耶夫娜记道:"就是这么个事!我们正好10点去的,编辑部前厅坐着一个看门人,不知道为何光着脚。出来一位小姐,一脸不知所措地说:'沃伊京斯卡娅已不在编辑部……她今天也不会再来了……她昨天病了……最好是去找秘书长'……我们去找了,那人说,他准备以沃伊京斯卡娅的名义向我们道歉,她不在的原因,让我们不得不原谅她——我们还是没明白,她到底怎么了。"

1月29日,叶莲娜·谢尔盖耶夫娜记道,她在莫斯科艺术剧院对费·米哈尔斯基和奥·谢·博克尚斯基说:"我们的楼可能要拆。这给费佳、甚至奥莉加留下了深刻的印

---

[1] 依据斯大林的工作日制度,在那个年代,这个点莫斯科各个单位正在热火朝天地工作。

第七章 "最后的、收尾的长篇小说。"最后一个剧本。(1938—1940 年)

象。"米哈尔斯基马上就问她:"米沙写不写当代剧?① 我说,有关于斯大林的构思,但是材料不够。他立刻就建议如何获取材料。"

叶甫盖尼·彼得罗维奇·彼得罗夫打来电话说:"你要知道,沃伊京斯卡娅有紧急情况——这是什么样的紧急情况?!

我们彻底糊涂了,但是他们好像会刊登片段。"

情况确实非常紧急。

我们先试想一下,布尔加科夫夫妇推测的究竟是什么。被捕?不,如果她被捕,秘书长不可能表示自己准备以她的名义道歉——按照那个年代的规则,她的名字从被捕那一刻起就应当不再用了。

但是,不便透露的情况,报纸上报道这些情况时怪异的尊敬,叶·彼得罗夫对白中的一丝幽默,可能给对接近克里姆林宫礼仪细节比对法国国王内侍官宫廷礼仪还内行(就像在那个年代以这样或那样的方式接触过"上"层的所有人一样)的他们指明,斯大林这个名字以某种方式参与到这件事中。

紧急情况的谜底当然很快就传遍了整个莫斯科文学圈。

原来,斯大林突然(就像所有类似情况下那样)打电话到编辑部找沃伊京斯卡娅。她刚反应过来谁在和她通电话,当即就失去了说话的能力——不是这个表述的比喻,而是它的字面意思。

又过了一两周,她还是处于这种一个字也说不出来的失语

---

① 这个问题同她说的话直接关联——他们三个都明白这一点。

状态。①

布尔加科夫的同胞就这样在生活中表演了——以最无意的方式——他在自己的怪诞短篇小说中虚构的假想与斯大林会面的场景。

不难理解,这个真实的笑话在布尔加科夫家里被详细讨论过:应当认为,对自己1930年同斯大林交谈的印象,经过无数次重新感受和重新思考,此时已经不再清晰,但是有关类似情景的任何消息,肯定会唤起他的注意力和想象力。何况,现在斯大林的形象可以说已经直接摆在他的书桌上了。

1月16日:"……晚上,长时间的停顿后,米沙开始创作关于斯大林的剧本……我刚读了第一(按剧本——是第二)场。太喜欢了!所有的人物都栩栩如生!"

接下来,叶莲娜·谢尔盖耶夫娜的日记本中关于写这个剧本的日记,都是一贯的兴高采烈。她的梦想实现了,希望诞生了。

1月18日:"米沙昨晚和今晚都在创作剧本,同时,为接下来的场次虚构情景和人物形象,研究材料。上帝保佑,一定成功!"

1月19日,伊利亚·苏达科夫打来电话说:"我放不下《逃亡》,我想立即排演它,我已经在委员会里说过了……"他还对《堂吉诃德》以及就像叶莲娜·谢尔盖耶夫娜记的那样:"对米哈伊尔·阿法纳西耶维奇的所有作品"感兴趣。几天后,

---

① 这事是列·伊·斯拉温1977年1月16日给我们讲的;后来,这事得到韦·亚·卡韦林的证实。

第七章 "最后的、收尾的长篇小说。"最后一个剧本。(1938—1940年)

列宁格勒普希金剧院的尤德克维奇要随便哪个剧本……据叶莲娜·谢尔盖耶夫娜1月24日的日记显示，布尔加科夫回答说："我这儿堆满了活儿——让3月再来信——如果现在正在创作的剧本届时能完成的话……"

1月24日，鲁·西蒙诺夫打来电话说："他开始排演《堂吉诃德》，新来的经理（瓦涅耶夫被解雇了）非常喜欢这个剧本，剧本将由西蒙诺夫来排演……"此外，他还说："《图尔宾一家的日子》——多好的剧本啊！阿纳斯塔斯·伊万诺维奇对它赞不绝口！真正的剧本！"（指米高扬）

貌似在他的寂静的书房进行的对《巴统》的创作，已经让他周围的空气躁动起来。

我们用谢·叶尔莫林斯基回忆录中的片段来评价布尔加科夫作出的决定："在30年代，当国内几乎所有剧院的剧目计划里开始出现讲述涉及斯大林的历史地位或斯大林本人的事件的戏剧时，被认为是我国整个剧院生活标杆的艺术剧院，当然不能绕开这个主题。莫斯科艺术剧院的领导们明白，正是他，即布尔加科夫，比任何人都能挽回局面，因为他不写形式主义的和粗制滥造的剧本……他们待在他家，一直说到天亮。他们说，上演这样的戏剧，意味着他的事情会发生反转。莫斯科艺术剧院的人触及他的痛处，他怎么可能不梦想着让自己的作品起死回生……

他暗地里早就琢磨着这个名字同国内发生的一切都密不可分的人……

他为剧本选择了一个讲述年轻革命者以及他的叛逆青春时

代的浪漫故事。直率、急性子、顽强的主人公形象在想象中诞生了。勇猛的青年被梯弗里斯中学开除，立即投身革命工作，领导了著名的巴统大罢工（1902 年）。罢工被镇压，他被流放到图鲁汉边疆区。"

维·雅·维连金后来写信说："我们第一次和他说起剧本的主题时，他回答说：'不，这对我来说太冒险了。这不会有好下场。'——即便如此，他还是开始创作了。"

2 月 1 日，把他们的房子换成四居室的申请被拒（布尔加科夫给莫洛托夫寄了信，申请信通过普通渠道递上去的，以被拒绝而告终）。当天，报纸上报道了为一大批作家授勋的消息，第二天，报纸上报道了为许多电影工作者授勋的消息。叶莲娜·谢尔盖耶夫娜在日记本上冷淡地记了这些事。

2 月 16 日，布尔加科夫去大剧院欣赏加林娜·乌兰诺娃表演的《天鹅湖》。叶莲娜·谢尔盖耶夫娜记道，一些女人走到他跟前说："'您是第一！'这件怪事意味着什么？原来，这些女士们想就没有给米沙授勋这事安慰他。天哪，天哪！为什么给米沙授勋？为什么？"这件事让人不安、气愤，哪怕是因为好几个月里，这成了文学圈和接近文学圈人士的每日议题。伊·尼·罗扎诺夫的日记本中记了尼·尼·阿谢耶夫妻子的讲述（那年 5 月他们一起去了雅尔塔作家之家）："奥克萨纳讲了指定勋章获得者的过程。关于列别杰夫-库马奇，斯大林问：'这就是那个"写四行诗"的？[①]'

[①] 日记的作者就是这样匆忙地、为了自己看而记的。

第七章 "最后的、收尾的长篇小说。"最后一个剧本。(1938—1940年)

乌特金。莫洛托夫支持他。他被淘汰了。他得知此事后哭了。

关于阿谢耶夫,斯大林说:'你们为什么让他受委屈!''他有些倾向','好像是法捷耶夫说'。'谁没有倾向?要知道他是我们的……'"

2月9日,尼·尼·梁明给布尔加科夫写信说:"我从远途旅行回来后,在卡鲁加市找到了安静的栖身地。"

2月底至3月初,他又转向长篇小说《大师与玛格丽特》,修改它。

1939年4月4日,叶莲娜·谢尔盖耶夫娜记道,头一天晚上"米沙去了大剧院,那里首次上演新版结局①的《伊万·苏萨宁》。演出结束后,他走过来对我们说,在结局之前,政府从普通的政府包厢转移到中等大包厢(原来沙皇的包厢),从那里看完全剧。观众从一开始观剧就不住地鼓掌,掌声在结局之前的幕间乐曲时一直持续。然后,随着大幕缓缓升起,重点在最后,在米宁和波扎尔斯基骑着马出现时到来了,掌声越来越热烈,最后变为声势浩大的欢呼,而且是,政府向舞台鼓掌,舞台为政府鼓掌,而观众既向舞台鼓掌,也为政府鼓掌。

今天白天我去了大剧院经理处,然后去了一个工作间,有人给我讲,发生了一种不同寻常的情绪高涨,有个老太太看到斯大林后,一边在自己身上画十字,一边说:'我终究看到了!'人们都站到了椅子上。

---

① 结局是根据斯大林的指示改写的。

据说，演出结束后，列昂季耶夫和萨莫苏德被叫进包厢里，斯大林请他们向为这部戏工作的剧院全体工作人员转达自己的谢意，并说这部戏一定会被载入剧院的史册。

今天，大剧院为此举办了集会。"

4月8日，布尔加科夫给瓦·瓦·库扎写信说："《堂吉诃德》的状况，开始让我极度不安，请写信告诉我，你们那里对这部戏的处理结果。它什么时候上演？总的来说，它能不能上演？"已经获批、所有人都赞不绝口的戏剧，却毫无进展。

4月26日和5月1日，他给法伊科夫妇、帕·亚·马尔科夫、维·雅·维连金、威廉斯夫妇和来参加第二场朗读会的人朗读了长篇小说《大师与玛格丽特》(从头读起)。关于第二场朗读会，叶莲娜·谢尔盖耶夫娜记道："非常好。听众很好，米哈伊尔·阿法纳西耶维奇朗读得非常好。听众对长篇小说产生了极大的兴趣。米沙吃晚饭时说：'我很快就交稿，它就下印厂。'大家都羞涩地嘻嘻一笑。"5月14日，"……朗读——长篇小说的结局。……大伙儿听着最后几章，不知为何表情僵硬。所有内容把他们吓一大跳——帕沙①后来在走廊里惊惶失措地向我保证，无论如何不能交出去——可能会造成可怕的后果。"

在前不久出版的维·雅·维连金的回忆录中，有他当时的印象细节："有时过于紧张，难以忍受他。我记得，他朗读完后，我们久久地沉默着，感觉自己疲乏无力。我远没有弄明白

---

① 马尔科夫。

第七章 "最后的、收尾的长篇小说。"最后一个剧本。(1938—1940年)

这部令人惊奇的著作的哲学意义和道德意义……最后一次朗读持续到早上。我坐在匆忙摆上不知是晚餐还是早餐的桌旁,米哈伊尔·阿法纳西耶维奇的身边,突然他侧过身来冲着我问:'哎,您看,这会给出版吗?'对于我完全不知所措的回话:'我觉得,不会',他予以完全出乎意料的激烈反应,大声说:'为什么啊!'"

这件事,1968—1969年叶莲娜·谢尔盖耶夫娜也给我们讲过:朗读结束后,作者边给客人从长颈玻璃瓶中倒伏特加,一边说——不是小声说,而是大声说,对全桌子的人说:"嗯,是的,我很快就会发表!"并开心地扫了一眼惊恐不安的客人们。

谢·叶尔莫林斯基在自己的回忆录中写道,一些听众后来跟他"耳语说:'当然,这才华异禀。可能是部巨著。但是您自己想一想,他为什么写这个?图什么?要知道这会……惹祸!……要十分小心翼翼地给他讲,让他明白这一点。不要白白浪费时间和精力,明显是白费功夫……'当时,他们说话时惊慌失措,对'明显是白费功夫'感到难过,现在我听到了对这部令人惊奇的长篇小说难忘的朗读兴高采烈的回忆"。

三

写长篇小说耗费多年时间,不仅对文稿本身(在最后一稿中可以清楚地看出,后来的构思变化一层层地覆盖和遮住前几稿的构思)有影响,而且也影响读者的接受。几乎没有留下什么详细的证明材料，反映听众对大概在1928—1929年间进行的头几稿（我们在第三章中提到过这几稿）朗读的反馈，而且同我们交谈过的当时的听众中，谁也没有说对第一幕中的主人公沃兰德有什么不懂和不理解。引入福音中的情节虽然出人意料，但不至于让人震惊——相反，这引起了对作者利用的资料的专业讨论。

十年后，反馈就是另一个样子了。长篇小说的头几章就像摆在听众面前的一件需要猜测的东西一样。没有自然而然接受，而是非常紧张，期待理解"这是什么意思"。作者肯定感受到了这种紧张——于是就主动迎合这种紧张。这一点叶莲娜·谢尔盖耶夫娜可以证明，她在听完第一次朗读后的第二天记道："米沙朗读完后问道：沃兰德是谁？维连金说，他猜到了，但决不说出来。"

维·雅·维连金引用这段日记时，还附上了对它的补充："谁也没想直接回答，这似乎有点冒险。"因此听众都把谜底写在纸条上，交换着看这些纸条，维连金接着回忆道："我正在写自己的'撒旦'时，米哈伊尔·阿法纳西耶维奇忍不住从我身后走了过来，瞅了一眼纸条后，摸了摸我的头。"

的确如此，一方面，长篇小说中描述的除了大师和玛格丽特，其他人都不认识沃兰德的场面再次出现。不仅如此，长篇小说的作者似乎预料到了长篇小说第一拨听众的反馈，早在1934年秋季末描述伊万同大师见面时，就叙述了大师向伊万倾诉说，他尝试把自己的长篇小说朗读给"某人听，但是某人连一半都听不懂"。

第七章 "最后的、收尾的长篇小说。"最后一个剧本。(1938—1940年)

另一方面,作者显然注意到同时代的听众接受长篇小说所特有的毛病:就是由于这种不认识,他们把注意力过分集中在猜测沃兰德的身份上,担心无所不能的主人公引导他们产生不可避免的联想,惩罚这一拨听众,表扬另一拨听众。此外,从所有幸存的证明材料中可以看出,所有的听众或者说几乎所有的听众都对长篇小说不像当时的文学作品感到某种不解。

布尔加科夫尽力让听众挽回他们失去的直接接受即完全接受的前提条件。他想把听众的注意力(没有这样的读者——因为布尔加科夫当时似乎没有让任何人**读**长篇小说)转向长篇小说的深处。我们引用一下布尔加科夫提醒叶尔莫林斯基的话:"……沃兰德没有任何原型。恳请你注意这一点。"

听众之所以感到难以理解,还因为作者在后来的几稿中把沃兰德这个人物形象同恶魔直接割裂开来(瘸子、跛脚——我们回想一下长篇小说最初的名字:《跛脚工程师》《跛脚顾问》),而且打算等同视之。

叶莲娜·谢尔盖耶夫娜给我们讲,大约两年前布尔加科夫给 И. 伊利夫和 Е. 彼得罗夫朗读了长篇小说(或者是它的部分内容)。他们听完朗读后说的第一句话大概是这样的:"拿掉那些'古代的'章节,我们就出版。"叶莲娜·谢尔盖耶夫娜用自己最喜爱的词语转述了布尔加科夫的反应:"他的脸色变得煞白"。

他恰恰对自己认为是听众中训练有素的听众听完文稿后的不对称反应感到惊奇。这些人的好意毋庸置疑,但是应当认为,这也让作者的情绪变得更糟:在他看来,听众认为的出版长篇小说的可能性和条件，不仅超越了大公无私的读者的印象（这一点他肯定预料到了），而且也狠狠地伤害了他。长篇小说在头几次朗读时竟然没有人能听懂。作者的反应有嘲弄的意味，含着精心隐藏的辛辣讽刺（"这还能不能出版？"）。

一些听众求真务实，而另一些听众则慌张失措（源于过于务实），这都说明一点：被完成、或者说已经完成的长篇小说同当时的读者的联系被破坏了。维·雅·维连金记述的这种几乎体力不支的感觉很典型：不管是在这些人这里，还是在伊利夫和彼得罗夫那里，某种不同的、听众无法克服的反应压制了审美反应，使它走样了。

即便如此，长篇小说令人折服，让人激动，让那些听到它的人心情无法平静。根据叶莲娜·谢尔盖耶夫娜的证明材料（以及作者标注的日期），就在最后一次朗读的当天，长篇小说的结局用打字机打了出来。叶莲娜·谢尔盖耶夫娜强调说，作者的这个决定让她感到意外："我非常喜欢长篇小说的结局！我不明白，为什么在这些话语之后还添加东西。"

从 1938 年夏天，长篇小说全文用打字机打出来时起，布尔加科夫的注意力应当被各种重大的职务变动所吸引：7 月 20 日，贝利亚成了叶若夫的副手；12 月 8 日，他被改任为人民委员；"1939 年 2 月中旬，叶若夫杳无踪迹"（罗·康奎斯特《大恐怖》，1974 年版第 858 页）。布尔加科夫所特有的猜测风格，我们在 1939 年春写的结局中可以感受到，在其中还可以感受到对各种事情本身、对时常的猜测心力交瘁的痕迹。

结局的语言组织不同于长篇小说的语言组织：作者对所发

第七章 "最后的、收尾的长篇小说。"最后一个剧本。(1938—1940 年)

生的一切逐一进行了讲解,但是他本人同所有这些讲解划清界限,不认为其中任何一条讲解是可靠的,留给"没有参与讲述妖魔鬼怪,甚至嘲笑这样的讲述者并尝试说服他们的最厉害和最有文化的人"来作各种各样的推测和结论。作者为长篇小说的结局画上句号后,就不再参与其中叙述的各种事情,也不再对任何现实中的原型进行解释。"过去的事情就过去了"——这是结局的主旨。

长篇小说的结局——不只是被沃兰德及其随从遗忘的事发地,也不只是被大师遗忘的事发地。在这里,通过大师自由洒脱的创作联系起来的人生的两个暂行方案不再平行进行。在这里,为伊万·尼古拉耶维奇·波内廖夫(即长篇小说中的伊万·别兹多姆内)准备好的角色有了特别的意义。

结局写他的部分始于长篇小说第一个场景(牧首湖畔的长椅)的三个出场者中唯一一个还留在长篇小说中的出场者返场,并非毫无用意。但是此时叙述不是以"有一次"这样的话语开头,而是以"每年……"开头:"每年春季月圆时分,傍晚牧首湖畔的椴树林下便出现一个三十来岁,或者说三十出头的人。他浅红色头发,碧眼,穿着朴素。这便是历史和哲学研究所的研究人员伊万·尼古拉耶维奇·波内廖夫教授。

他来到椴树下,总是坐在他那天晚上曾经坐过的那张长椅上,当时,早已被人遗忘的别尔利奥兹(这样的话语——"早已被人遗忘"好像只可能出现在 1939 年春天,而不是 1938 年夏天写完长篇小说主体部分时),在自己一生中最后一次见到碎成碎片的月光。"各种事情结束了——既奇妙又可怕。时间停了下来，年龄不变的伊万·尼古拉耶维奇·波内廖夫年复一年地来到牧首湖畔的长椅上。现在，当催生并形成关于彼拉多的长篇小说的力量（它在尘世的存在本身使发生的一切具有事件、戏剧、历史、跨度的面貌）被排除出长篇小说之外时，出现在我们面前的力量，只能够一次又一次地唤起记忆中又一次看到的事情，打败又一次已经发生的事情。伊万·波内廖夫身上每年都发生同样的事情。不是了解真实情况（通过猜测或幻象）并使之具体化，而是永无止境地再现同样的场景。

出现在我们面前的是愚蠢的永无止境，原地打转。"那么，就这样结束了？——就这样结束了，我的学生……"大师建议伊万写的"续篇"没法写，因为"一切结束了，一切正在结束……"——玛格丽特最后说的这些话表明，某个历史时期的运动循环、纳入长篇小说作者整个创作生涯的某个周期结束了。

随着大师的离开，他的长篇小说失去了完整的可能性。谁也不仅不可能给它写续篇，而且甚至也不可能连贯地复述它。无论伊万·尼古拉耶维奇多么致力于创作努力，他的意识里留下的只是永失连贯的幻象碎片。大师连同自己关于世界的话语一起从长篇小说中离开了，结局没有听到属于他的其他话语。没有这个主人公，谁也不可能把他的长篇小说和关于他的长篇小说——散碎留存于听众（或观众——例如去过博罗沃伊狂欢聚会的伊万·尼古拉耶维奇）意识中的长篇小说——的碎片连成一个整体，不可能写续篇，不可能说出全新的话语。大师关于耶稣和彼拉多的长篇小说——作为目标长篇小说——描述了

第七章 "最后的、收尾的长篇小说。"最后一个剧本。(1938—1940年)

对大师而言的现代生活,是了解这种生活的关键所在。这种生活本身既不可能描述自身,也不可能描述历史。

和结局同时受迫听写下来的还有长篇小说的另一页,上面写着列维·马特维的名字以及对大师命运的最终判定:"它不应当面世,它应当宁静。"(正如我们已经提到过的那样,这很可能来源于但丁的《神曲》)。要不然,这些话也是指以前就写好的长篇小说的最后几页,即大师同城市的告别。"正如他好像感觉到的那样,他的激动转变为深深的遗憾和极度的委屈。但这种感觉并不持久,旋即就消失了,并且不知为何被骄矜的淡漠所替代,没过多时又变化为对永久宁静的预感。"

沃兰德指着彼拉多对大师说,长篇小说"令人遗憾的是,还没有写完"。长篇小说没有写完,同贯穿作家整个创作活动并且在作家一生最后十年间被严重歪曲的犯错动机有关的一切暂时就解释不清楚;花费多年精力撰写的宗教作品没有写完,将作家最后一部长篇小说中不止一个主人公紧紧捆绑在一起的结就解不开。大师通过释放彼拉多这一仁慈的举动,既请求宽恕自己,也请求宽恕所有需要原谅和安慰的人。赎罪只是苦难的长短本身,无他,而结局则归结为一点——宽恕。"死刑——有过";深受伤害的记忆比其他什么都更折磨人,于是寻求遗忘。彼拉多会见到耶稣,会跟他说,但是大师见不着、说不着,因为谁也不可能自己让自己得到完全宽恕。如果再从长篇小说文本回头看生平背景,那么1939年春长篇小说作者可能特别清楚地意识到过去以及现在生活中的一些行为,命中注定不可逆转,人逃不脱自身经历的那个圈。

大师完全不清楚上面的决定，就盲目地朝沃兰德指派他的方向走去。但是如果他知道沃兰德，就不会争辩。浪漫的大师也穿着带有沾满鲜血的里衬的雨衣，但是这种里衬除了大师谁也看不到。

5月15日："法伊科来过电话，并来了一趟，他说，长篇小说令人折服，令人忧虑。"5月16日，布尔加科夫在一张照片（在这张照片上，他望着观众，看不到远方，脸色阴沉，表情僵硬，似乎既坚强又绝望）上为妻子题词："这就是同阿洛伊济·莫加雷奇、尼卡诺尔·伊万诺维奇等人长年打交道的人的长相。希望你能看清楚这张脸，叶莲娜，赠予你这张照片，吻你，拥抱。"

5月18日："米沙构思剧本（《理查德一世》）。他说，极其有趣、地道的'布尔加科夫剧本'构思好了。"如果说的是后来以《燕巢》为名进行构思、其中应当有文学家（一个庇护他的自高自大的人，一个脚穿靴子、叼着烟斗纠缠他们所有人的人）出场的剧本，那么"理查德"这个名字可能同一个1936年从文学生活领域消失、疯狂打压布尔加科夫剧本的人的名字——理查德·皮克尔有关，也同"亨利"这个名字有关，即同亚戈达有关。

5月20日："……德米特里耶夫来了一趟，带来关于维塔的消息。看来她已不在人世。城里有传言说，巴别尔被捕了。"

5月21日，叶莲娜·谢尔盖耶夫娜的命名日，屋里摆满了朋友们送来的玫瑰花。"晚上8点左右天色开始变黑，8点开始响雷、打闪。开始下雷雨，时间不长。然后天空露出不同寻

第七章 "最后的、收尾的长篇小说。"最后一个剧本。(1938—1940 年)

常、光彩照人的红霞。

米沙现在（晚上 10 点）正在伏案撰写关于斯大林的剧本。"

5 月 22 日："米沙在写关于斯大林的剧本。"这一天，他写的关于从国外订购打字机的申请被拒绝。"没法活了！活受罪！"叶莲娜·谢尔盖耶夫娜气愤地写道，"无论准备做什么，都不会有结果！剧本，房子，打字机，通通都不会有结果！"5 月 27 日，布尔加科夫同妻子一道为这事求情："要知道，我不是从国外订购钻石。打字机对我来说是必需品、生产工具。"

6 月 4 日，布尔加科夫家里来了维·雅·维连金，他带着莫斯科艺术剧院坚持不懈的提议案——就有关斯大林的剧本签署协议。"米沙讲解和挑片段朗读了写好的场次。我永远忘不了维连金僵在那里倾听，尽力弄清楚这个剧本的样子。"[维连金引用自己回忆录中关于这件事的记述时，也引用了自己日记本中的记述："昨天去了布尔加科夫家。剧本基本写好了。印象是：从来没有过的'惊喜！'，可能是因为米哈伊尔·阿法纳西耶维奇读的不是关键场次……但是总的来说写得不错，精准而又不侧重夸张。都有**台词**，更不用说主角、最有趣的角色（赫梅廖夫？）了。在他们家一直待到夜里 3 点。"] 6 月 6 日："……参加了一个愉快的晚会，来了法伊科、佩佳和阿努夏①，米沙给他们朗读了关于斯大林的剧本开场白草稿（被宗教学校开除）。他们特别喜欢，是真心喜欢。他们之所以喜欢，是因

---

① 威廉姆斯。

为这是原创,是因为它同其他所有写这些主题的剧本都不像,是因为主角出色的表演。"叶莲娜·谢尔盖耶夫娜特别认真地收集所有关于这个剧本的好的反响。

6月9日,布尔加科夫到莫斯科艺术剧院,谈把正在撰写的剧本交给自己三年前离开的剧院排演的条件。

他受到了非常热情的欢迎,给他承诺说"11—12月前会给安排房子,尽可能安排四居室……"还问"他认为哪个演员适合出演斯大林以及其他角色由哪些演员来演。我们刚到莫斯科艺术剧院,就开始下雷阵雨……"回家后"米沙伏案写剧本。现在又朗读了一个场次——新场次。能成!"6月14日,"米沙在写剧本。他写了在省长办公室这一场景的开头。台词超级棒……天气闷热,尽管白天下雨了——没有带来一丝缓减。"

他依据两三本刚刚出版的出版物写剧本——他构思剧本时,没有给他提供他想得到的任何档案材料。

7月2日,布尔加科夫给赫梅廖夫以及其他几个听众朗读了几个场次。"然后吃晚饭,饭后坐了很久。谈论剧本、莫斯科艺术剧院、体系①,太阳已经上来老高了才散开。"叶莲娜·谢尔盖耶夫娜还记得对新角色的看法特别激动的赫梅廖夫说的话:"斯大林有一次跟他讲:'您演阿列克谢演得好。我甚至离不了您那刮了的小胡子。忘不了。'"

7月9日:"今天接了一大堆电话:卡利希扬②打来三次。他请米沙11日为委员会朗读剧本……赫梅廖夫来电话说,剧

---

① 斯坦尼斯拉夫斯基体系。
② 莫斯科艺术剧院副院长。

第七章 "最后的、收尾的长篇小说。"最后一个剧本。(1938—1940 年)

本很棒,他几乎能把整个剧本都背下来,如果不让他演斯大林这个角色,对他来说就太不幸了。"7 月 11 日,布尔加科夫为艺术事务委员会的领导们朗读剧本。"他们聚精会神地听。很喜欢剧本";"朗读剧本时,外面下着大雷雨。"

7 月 14 日,布尔加科夫给去休假的维连金写信说:这次朗读的结果"不冒失地讲,可以认为大概(完全)令人满意。朗读后,格里戈里·米哈伊洛维奇①让我加快修改和誊抄工作的进度,务必于 8 月 1 日前把剧本交给莫斯科艺术剧院。今天(我们家有约会)他又让把交付日期改到 7 月 25 日。我只剩 10 天时间加紧苦干。我希望,自己倾注全部力量,25 日把剧本交给他……累了。偶尔会去谢列布里亚内博尔,游泳,然后马上回家。会不会得到真正的休假——还无从得知……累了,就把本子推到一边,想一想剧本的命运会是如何。听天由命去吧。为它投入了很多辛劳。"

"真正的休假",他已经不会有了。

他写信的语气多么谨慎、多么不自信、多么迷信!

7 月 17 日:"加快速度誊抄剧本……听说季娜伊达·赖赫被残杀。"7 月 20 日:"一刻不停地继续听写。剧本被一遍遍地擦掉、压缩、修饰。"

7 月 21 日:"米沙口授。"7 月 22 日:"今天米沙大致地口授了第九场——在尼古拉②那里……决定把剧本命名为《巴统》。"7 月 23 日:"誊清了第九场。非常成功。然后同卡利希

---

① 卡利希扬。
② 尼古拉二世。

扬去了佩斯托沃①,莫斯科艺术剧院的工作人员朝米沙贴了上去,像影子一样跟在他后面。"这样的转变给他的妻子留下了非常深刻的印象。

确实如此,维·雅·维连金回忆说,卡恰洛夫"对自己预定的库塔伊西省长这个个性鲜明的角色很感兴趣","B. O. 托波尔科娃早就对在尼古拉二世那里那一场很感兴趣:尼古拉二世身着红衬衫站在那里,身旁是装着经过专门训练的金丝雀(沙皇忘我地教它'唱国歌《上帝保佑沙皇》')的笼子,接受关于利瓦季亚宫发生的恐怖的高加索事件的奏章"。

……这一场景的见证者似乎觉得,时光倒回了从前,布尔加科夫又成了剧院最受宠爱的作家,像13年前带来预示成功的剧本那样带来成功。

作家的妻子处于极度激动不安的状态。7月24日:"剧本写完了!这是米沙完成的完全不可能完成的工作——他10天时间内写了第九场,并且誊清和校勘了整个剧本……简直不明白,他怎么有那么大的精力。晚上卡利希扬来了,米沙把三份成稿交给了他。"

7月26日:"卡利希扬打来电话说,他通读了目前写好的剧本,他很喜欢这一稿。他还提醒说,27日要朗读。"作家要在莫斯科艺术剧院进行的斯维尔德洛夫斯克区委会开幕会上朗读剧本。

7月27日:"4点开始下雷雨。卡利希扬派车来接我们。

---

① 莫斯科艺术剧院的郊区疗养院。

第七章 "最后的、收尾的长篇小说。"最后一个剧本。(1938—1940 年)

在剧院的新排练厅里——区委们、剧院的党员们和若干演员……听剧效果非常好,朗读后,听众长时间站着鼓掌。然后是点评。一切都很好。卡利希扬总结说,剧院会在 12 月 21 日之前(也就是剧本主人公 60 周岁之前)上演该剧。"

1969 年 12 月 10 日,也就是 30 年后,叶莲娜·谢尔盖耶夫娜跟我们讲:"我们抵达剧院时,用水彩笔写的、预告朗读《巴统》的海报还挂着——整张海报上满是雨水痕迹。

'把它给我!'米沙跟卡利希扬说。

'您说什么呢,您要它干什么?您知道给您什么样的海报吗?完全是另一种!'

'我没有看到另一种海报。'"(带着雨水痕迹的海报存于作家的文献中)

7 月 28 日,布尔加科夫以叶莲娜·谢尔盖耶夫娜的名义给费·H. 米哈利斯基写了一封逗乐的便函:"……米沙让我提前给熟人安排好《巴统》首演的座位。给您寄来初拟名单(画家、剧作家、作曲家)。费金卡,烦请您这样安排:

鲍·P. 埃尔德曼——经理处包厢

彼·弗·威廉斯——第一排(左)

维·雅·谢巴林——第三排

尼·罗·埃尔德曼——第七排

德米特里耶夫——二楼,站着。费金卡!如果奥廖沙来了,请给我找个乐子,告诉警察,说他是票贩子。我想看好戏!亲爱的费佳!吻你,您的柳霞。"8 月 1 日,卡利希扬通知说,艺术事务委员会"很喜欢"剧本最终稿,"他们会把它报告给上面"。8月5日:"尼古拉打来电话,并且亲自过来了,和他一同来的还有鲍里斯·埃尔德曼。尼古拉那里有一个令人不快的消息——失去在莫斯科生活的可能性。维连金打来电话,非常客气。"

8月7日,卡利希扬打来电话说,刚从欧洲回来的涅米罗维奇—丹琴科(7月10日,他还给奥·谢·博克尚斯卡娅写信说:"很久没有什么能像布尔加科夫的剧本这样让我兴致勃勃地期待着……")"很喜欢剧本,他可能给斯大林的秘书处打电话了解了剧本的状况,给他的答复是,剧本还没有送还。"

布尔加科夫最近几年没打算给寄信的那个人,布尔加科夫在某些时刻想象成自己写的长篇小说的读者的那个人,这几天读了布尔加科夫写的关于自己的剧本。

这时从奥莉加那里得知,剧院派一个小组去梯弗里斯—巴统,布尔加科夫也被列入小组。8月8日早上:"米沙说,我晚上失眠时好好想了想,得出一个结论——现在没有必要去巴统。"8月9日,他去了涅米罗维奇—丹琴科那里,探讨如何排演剧本(此后,导演对博克尚斯卡娅说:"布尔加科夫能排演这个剧本最好不过了。")。常常对布尔加科夫的情绪十分敏感的妻子看来这次仍然没有懂得令丈夫倍感折磨的怀疑。8月11日,她给母亲写信说:"我的状态好极了,身心俱佳。这可能跟米沙干的活儿有关。我们的生活充实、有趣和美妙!"她写给母亲的信一向都充满生活热情,描绘比实际生活中更平顺的画面,似乎从来没有表达如此高涨的激情和对注定成功的信念。她在同一天写给姐姐的信更富有表达力:"我已经激动不

第七章 "最后的、收尾的长篇小说。"最后一个剧本。(1938—1940年)

已,特想出去一趟,出发前一切就绪,不得不等到14日,也有可能等更久。"8月13日:"收拾好行李。有人打来几通电话……《苏联艺术报》让米哈伊尔·阿法纳西耶维奇提供关于新剧本的介绍。——说'我们的报纸非常关注新作品……委员会对剧本赞不绝口……'我说,米哈伊尔·阿法纳西耶维奇不能提供任何介绍,剧本还没有获批。'您知道的,让他写,然后给我。就让这页介绍放在我这里。如果获批,我就发表。如果没有获批,我就还给您。'

我说,这怎么跟给病情危急但还活着的人写悼词似的。

'你说什么呢?! 完全不是这么回事……'

'难道是因为我们明天要外出!!'

我不相信运气。"8月14日:"最后一次收拾装箱。火车11点出发。到时开拔!"

要同布尔加科夫和助理导演一起去巴库和库塔伊西"收集和研究档案文献"的Б. В. 维连金在自己已出版的回忆录中写道:"我们所有人在一起被称为'小组',米哈伊尔·阿法纳西耶维奇是这趟差事的'组长'。我记得,他对自己的新称呼明显很满意,非常认真对待,不苟言笑。

终于到了14日,我们出发了,坐的是国际列车,非常舒适,占了两个包厢。天气酷热难耐。所有人都换上了睡衣。叶莲娜·谢尔盖耶夫娜随即在'组长'坐的包厢里设了启程'宴',摆了薄饼、白兰地泡菠萝,等等。气氛很愉快。大家都不迷信了,为成行干杯。火车在谢尔普霍夫停了下来,而且已经停靠了好几分钟。我们的车厢里进来一位女士,在过道里喊道:'布尔加赫捷尔的电报!'米哈伊尔·阿法纳西耶维奇说:'不是布尔加赫捷尔,是布尔加科夫。'①"

"他大声通读了电报:'行程已无必要,请返回莫斯科。'过了最初的惊慌失措之后,叶莲娜·谢尔盖耶夫娜语气坚决地说:'我们继续行程。我们干脆去休养'……"

同行者们刚换上睡衣,又把行李箱扔上站台,在谢尔普霍夫各奔东西。被通知惊呆了的布尔加科夫一家继续行程。很快就弄清楚了,还是要返回莫斯科。他们在图拉下了火车。费了好大劲才租了辆小车回到了莫斯科。第二天,叶莲娜·谢尔盖耶夫娜认真记述了这趟行程。眼里突然袭来的刺痛让布尔加科夫非常痛苦,他用手捂住了眼睛。"我们在小车上就想:我们回去干什么?去干一无所知的事?"(翻阅20世纪50年代的日记本,叶莲娜·谢尔盖耶夫娜凭着记忆记下了布尔加科夫的话:"我们马不停蹄地赶回去,迎接我们的会是什么?是死亡吗?")"经过三个小时的急驰,也就是在晚上8点,我们回到房子里。米沙不让开灯,点着蜡烛。"晚上,莫斯科艺术剧院打来电话,让过来进行正式谈话。"米沙的状态非常差。一大早他就跟我说,他哪里也去不了了。白天他就在黑屋子里待着,他受不了光线的刺激。"在布尔加科夫的命运中,巴统第二次打碎了他的希望。他在这一天打开了一个新本子——"学习外语"(法语和意大利语)。8月16日:"……下午两点多,

---

① 叶莲娜·谢尔盖耶夫娜面带30年来从未经历过的恐惧告诉我们说,在传来这声古怪的喊声的那一刹那,他说了这句话,然后脸色变得苍白——他好像一直都在等这样的喊声。

第七章 "最后的、收尾的长篇小说。"最后一个剧本。(1938—1940年)

来了萨赫诺夫斯基和维连金。"萨赫诺夫斯基一上来声明说:"剧院在任何情况下都不会改变对米哈伊尔·阿法纳西耶维奇的态度,也不会改变对剧本的看法,剧院会落实所有承诺,也就是房子,以及按照协议支付所有款项。然后开始通报说:上面强烈否决剧本。不能把斯大林这样的人物塑造成文学作品里的形象(叶莲娜·谢尔盖耶夫娜后来修正了当时的表述,换成了'充满浪漫主义色彩的人物'),不能把他置于虚构的情景,不能借他的口表达虚构的话语。剧本不能排演,也不能发表。第二,上面把布尔加科夫写这个剧本看作有意架起桥梁、同自己搞好关系。①"叶莲娜·谢尔盖耶夫娜写道(综合布尔加科夫那天晚上说的话和对传达这些指示的对话者说的话来看,这些话实际上无疑成了空话:因为下达这些指令的那个人听不到他说的话):"这种无端指控,就像没有根据的辩解一样。怎样才可以证明,米哈伊尔·阿法纳西耶维奇没有想过架设什么桥梁,只是想作为剧作家根据材料写自己感兴趣的、带角色的剧本——不让这样的剧本搁置在写字桌上,而是在舞台上上演?! 晚上来了雅科夫②。同米沙谈话——米沙琢磨着给上面写信。"

剧院传来的消息对他的打击,恐怕比剧本流产本身对他的打击更大。

---

① 可以想象得到,布尔加科夫听到这句话的那一刹那,脑袋里突然回想起自己写的剧本中赫卢多夫对传令兵克拉皮灵说:"差等兵!你头开得不错,尾收得太差。"

② 雅·列·列昂季耶夫。

8月18日:"今天白天,谢尔盖·叶尔莫林斯基几乎刚从奥德萨开来的火车上下来就知道了消息。他让米沙朗读了剧本。听完后——他狠狠地亲了一下米沙。他认为剧本很棒。他说,主人公形象塑造得很好,如果他退场,等都等不及他立刻再次返场。总之说了很多,并夸奖说,米沙是明白所有任务难度和高超演技的专业人士……一整天——没有打来一个电话……米沙一直在痛苦地盘算给上面写信的事。"晚上他去了谢尔盖·叶尔莫林斯基那里。8月19日维连金又来了。"米沙跟他聊天,说自己有准确的文献资料,1936年初就开始构思这个剧本,当时《莫里哀》《普希金》《伊万·瓦西里耶维奇》眼看就要搬上舞台了。夜里1点,卡利希扬没有来。电话也一直没有响,米沙伏案学习意大利语,我做家务。"

8月22日,拜访卡利希扬。"卡利希扬让米沙相信,关于'桥梁'的话没有说过。他劝米沙写关于苏联普通人的剧本。并问说:1月1日之前能否写好?

卡利希扬让把《逃亡》拿出来,不过紧接着就提醒说,现在排演这个剧本无望。这次谈话之后,米沙的心情很糟糕……晚上,先是维连金,然后是米沙去找谢尔盖·叶尔莫林斯基。"

叶尔莫林斯基现在回忆起这件事时这样说道:"事发后他第一次到我这里来的情形,很是难忘。他躺在沙发上,躺着、盯着天花板看了一会儿,然后说:

'你还记得,《图尔宾一家的日子》是怎么被撤演的吗?《被奴役的伪君子》是怎么被拿下的吗?《莫里哀》手稿是怎么被拒绝的吗?你还记得吗?——不管这一切多么的难以接

第七章 "最后的、收尾的长篇小说。"最后一个剧本。(1938—1940年)

受,我都没有束手待毙。我继续写作着,谢尔盖!现在你看看——我遍体鳞伤地躺在你面前……'

我牢牢地记住了这个有点奇怪的词语——遍体鳞伤。但是我很清楚,他指的是什么。他谴责作家的胆怯,无论是哪个方面表现出来的胆怯,尤其是谴责同算计——自私自利的算计或爱占小便宜的算计——有关的胆怯,更不用说胆小了。他越是无情地谴责自己,直截了当地说这些,不带丝毫姑息……在那些年,他身边的人,甚至他最亲近的人,认为他的这一行为是正确的战略步骤。朋友们对剧本遭遇的灾难感到震惊,同情作家,觉得莫名其妙。没错,那些年他的举动没有人会谴责,相反,这样的举动看起来完全正常和自然。但是现在,当我讲起这一切是怎么回事时,人们就会对我说:别说这个。"叶尔莫林斯基反驳那些担心这会玷污"作家完美无瑕形象"的人说:"他惨遭剧本《巴统》不幸夭折,绝对不会贬低他的形象,不会矮化他的形象,相反,会使他的形象越发高大。"

8月23日:"米沙顽强地强迫自己伏案学习外语——显然跟我打扫屋子的目的没什么两样。"

8月26日:"今天大剧院剧团集中,开第一次会……米沙去了。(关于《巴统》)萨莫苏德说:能不能把这个剧本排成歌剧?因为歌剧应当充满浪漫色彩……"

8月26日:"……总的来说,这段时间看到了想都没想到过的遭遇,对米沙的爱护、喜爱和尊重。这很珍贵……

米沙处于精神崩溃状态。他说——彻底一蹶不振。从来没有这样。"

8月30日,叶莲娜·谢尔盖耶夫娜根据博克尚斯卡娅的口述记述道:"涅米罗维奇对这个剧本放心不下——他想务必请求拜见约瑟夫·维萨里昂诺维奇,并就这个事情进行会谈。"

实际上这已经跟布尔加科夫本人无关了。他已经陷入对自己的算计——比1930—1931年间残酷得多得多的算计。

时间进入了1939年9月。报纸上全都是关于欧洲各国军事行动的报道。布尔加科夫在家里阅读和讨论了这些报道,还无精打采地讨论了南方之行——去巴统休养。9月7日,来了赫梅廖夫和卡利希扬,后者"力劝不要去巴统……和米沙聊了新剧本,坚决建议签署协议。然后聊起了改编《春汛》。"(可以试着设想一下,布尔加科夫听着给自己提出的建议——重新开始走以前的老路……的内心感受。)

叶莲娜·谢尔盖耶夫娜9月8日记道:"当然,所有谈话都是关于战争的……我们去剧院跟雅·列昂季耶夫谈。他也不建议去巴统(我们已经预订了9月10日的票)。他的理由很有说服力:目的地不合适,时间也不合适。他劝我们去列宁格勒,并承诺弄到票和预订'阿斯托利亚'的房间。"

9月9日,准备出发去列宁格勒时,叶莲娜·谢尔盖耶夫娜记道:"南方之行没有成行,我们非常伤心。真想游泳,看看所有这些美丽的地方。"这是日记本中的最后一篇日记,下一篇日记是12天后记的——而且已经是在全新的生活环境中了。

第七章 "最后的、收尾的长篇小说。"最后一个剧本。(1938—1940 年)

四

保存下来了一本 1939 年的小台历,叶莲娜·谢尔盖耶夫娜在上面记了一些简短的日记——可能是已经在莫斯科回忆那些不幸的日子时写的。9 月 11 日,"阿斯托利亚"(列宁格勒)。"房间很棒,给雅科夫发了一封欢乐的电报。散步。分辨不出横幅上的签名,什么都让人生气——回家。找眼科医生。"第二天,他们找着了医生:布尔加科夫说,觉得自己视力下降很厉害。"坚决劝我们离开……痛苦的夜晚。"("我感觉很不好,柳先卡。他给我判了死刑。")看来,列宁格勒的医生已经说出了那个推测——他父亲 48 岁时被那个病夺走生命。布尔加科夫已经 49 岁了。9 月 15 日,也就是出发后的第五天(布尔加科夫在大剧院请假到 10 月 5 日),他们被突如其来的、显然已无法补救的不幸吓倒了,返回了莫斯科。叶莲娜·谢尔盖耶夫娜 1969 年 11 月 4 日对我们说:"我叫来了阿伦特,他请来了神经科医生 M. Ю. 拉波波特和肾病专家沃夫西。他们完全证实了化验结果:高血压性肾硬化。(后来医生对我说:"电报刺激到了毛细管——眼睛和肾。")医生建议立即住进克里姆林宫医院治疗。他央求地看着我。当我们决定结婚时,他对我说:'我会得重病死去的。你答应我,你不会把我送去医院吗?'他十分认真。我答应了。这时我说:

'不,他就待在家里。'

医生离开时说:

'我不坚持,就是因为这就是三天的事……'

他听到了这句话……我相信,如果不是这句话,病情发展不是这样……这句话杀死了他。——要知道,他听到这句话之后也不是活了三天,而是活了六个月……"

9月16日,叶·谢·布尔加科娃新打开了一个本子,记录病情和医嘱,往后每天都记这样的日记。

9月29日,叶莲娜·谢尔盖耶夫娜重新开始记日记。"不想复述漏记的事情。因此直接说米沙严重的病情:头疼——大难……

身边各种事情热火朝天地进行着,但是我们对此置若罔闻,因为我们被自己遭遇的灾难惊着了。

联盟同德国签订了友好条约。"

10月4日,布尔加科夫给妻子口授致波波夫的信:"亲爱的帕维尔,谢谢你的亲切来信。遗憾的是,我的信不能详叙了,因为头疼让我实在痛苦。因此我干脆给你一个拥抱,代问安娜·伊利尼施娜好。你的……"——接着是几乎盲写的看不清楚的签名。这一天,他开始口授对长篇小说《大师与玛格丽特》的修改。1938年,叶莲娜·谢尔盖耶夫娜把其中的一部分加进了用打字机打出来的稿本里,另一部分写在了她就在那天新打开的一个专门的本子上。

1939年10月10日,确信自己的病情完全无望的布尔加科夫把公证人请到了家里,为妻子拟订了遗嘱以及料理他的后事的委托书底稿。10月14日,公证人在委托书中增加了许多条要求有规定格式,但是对于委托人而言已经失去实物意义的补

第七章 "最后的、收尾的长篇小说。"最后一个剧本。(1938—1940年)

充说明。他把"同出版社和文化娱乐企业签订出版、排演和公开演出他的作品的协议"的权力转托给妻子。但是既没有过出版,也没有过公开演出。10月18日,亚·法捷耶夫打来电话,说"他明天来看望米沙"。莫斯科艺术剧院打来电话说,剧院里来了"政府的人,而且还是秘书长,他同涅米罗维奇谈话时说,他认为《巴统》剧本很好,但是不能排演。这导致莫斯科艺术剧院的工作人员打来好多电话"。任何评价都已经改变不了事情的走向。在这几天,造化弄人,从美国弄到的打字机运来了。

病情时好时坏。10月23日,他口授了一封给帕·谢·波波夫的相当长的信——答复他写的关于阿普赫金的诗的有趣的来信。整个11月上半月,他都很痛苦,一直处于说胡话的状态。11月10日,医生坚决建议住院治疗。他凌晨4点醒来,对妻子说:"我感觉,我今天会死。"但是死亡不急不忙。11月5日:"维连金。心情不同往常。聊新剧本。"11月18日,布尔加科夫同妻子一道来到莫斯科郊外的"巴尔维哈"疗养院。12月1日,他给妻子口授了几封信——给帕·谢·波波夫的信、给 Н. П. 赫梅廖夫的信和给阿·米·法伊科的信,他对法伊科说:"我的近况如下:在这里,我的病情好转,所以我甚至燃起了希望。左眼的状况大大好转。损害较大的右眼拖累左眼康复较慢。"而且他给波波夫写信说:"出现了回归正常生活的希望";"当你坐在自己的办公室读书时,想想我。我已经有两个半月没有享这福了。"12月3日,他给妹妹叶莲娜写信说:"从医生的话可以得出结论,一旦眼睛出现好转,就是说肾病发展过程也趋于好转。果真如此的话，我有望这次不用留辫子老太婆的协助就能完成想干完的事。"在进行时间不长的散步时，他给妻子讲述了新剧本。1969年12月10日，叶莲娜·谢尔盖耶夫娜想起自己听到一个人物后担忧地说："你又提他！"他冷漠地回答说："我现在打算把他放进每一个剧本里！"这些话很重要。尽管其中一个对话者听不到另一个对话者说的话，而且也不打算去见他，但是对话在继续。

12月18日，他们回到了莫斯科。（12月5日的）信在家里等着布尔加科夫，信中明显透露出写信人帕·谢·波波夫的愿望——急着给病危的病人说日常生活中不会说的重要而又必要的话：

"亲爱的马卡，来信收悉，十分感动。我一直在想你。现在想，过去想，永远会想。吃饭时想，睡觉时想，外出时想。我见得到你或者见不到你，你都美化着我的生活。我担心，你可能不会怀疑，你对我而言意味着什么。当有人问一个俄国人，他是不是属于野蛮部落时，他回答说：'如果我的民族的历史中有过普希金和果戈理，那么我就不会认为自己是野蛮人。'有人在库兹涅茨克大桥上碰见一个来自阿留申的旧时的高级僧侣——他来自白雪皑皑的荒漠，问他：'你喜欢莫斯科吗？'他回答说：'荒无人烟，'意思说没有真正的人。原来，作为跟你同时代的人，没有感觉到荒无人烟。读你写的诗，才知道还存在真正的语言修养；幻想飞奔过你描述的地方，才懂得创造性的想象还没有枯竭，才懂得曾激励浪漫主义诗人、霍夫曼等人的光芒在燃尽和闪烁，总之，语言艺术没有远离人

第七章 "最后的、收尾的长篇小说。"最后一个剧本。(1938—1940 年)

们。我认为,你在这方面拥有任何一个演员都没有达到的声望——这些艺人觉得自己不仅是观众大厅的中心,而且是全宇宙的中心。我有时甚至感到可怕的是,我认识你,我跟你说话时用**你**来称呼——这会不会玷污虔敬的感觉……"

奥·谢·博克尚斯卡娅在 12 月 28 日给母亲的信中这样描述家里的氛围:"……马卡没有什么变化,表现活跃,但是柳霞变化很大:尽管长得不错,神态端庄,但是眼里充满恐惧,充满忧伤,内心极度的紧张分明地显现在脸上,让人有点害怕看着她。可怜的女人——当然,有人来看望马卡时,他表现活跃,但是他最黑暗的时光却是她一个人在扛,他所有阴暗的预感她都会倾听,听完后,她总是意愿强烈地为挽救他的生命而抗争。她说:'我不会把他送走,我要夺回他的生命。'她是如此的爱他,以至于这都不像已经在一起生活多年的夫妻之间一般意义上的爱情……"

就在那天,布尔加科夫给格杰申斯基写信说:"亲爱的朋友,至今未能给你回信,对亲切的来信表示谢意。"格杰申斯基详细地回复了他提出的关于他们年轻时在基辅生活的一些问题——库佩切斯克花园举办的音乐会的常规节目,他们常去的神学院图书馆的人员构成,等等。失去了读书和写字的能力,布尔加科夫希望沉湎于回忆之中,而且他可能想让回忆系统化一点。他接着写道:"这不我从疗养院回来了。坦率地和悄悄地跟你说,有种想法一直折磨着我,我回来就是等死。"这封信中也说了我们之前已经引用过的、把因病导致"痛苦地"和"磨磨蹭蹭地"死,同"一种体面的死法——用火器解决"相提并论的话。

12月31日，进入自己生命最后一年，布尔加科夫对此肯定也很清楚，他给亲爱的妹妹写信说："亲爱的列莉娅，来信收悉。祝你和你的家人生活状况尽快好转。新年就要来了，给你以及家人致以愉快的和最好的祝愿。

我对自己没有任何祝福，因为我觉得，我的祝愿从来都实现不了……顺其自然。回家让我倍感快乐。"

1940年1月1日，朋友和熟人——尼古拉·埃尔德曼、Н.拉德洛夫、Б.В.沙波什尼科夫……——给他送上祝福（16年后，也就是1956年1月2日，叶莲娜·谢尔盖耶夫娜来到普希金之家Б.В.沙波什尼科夫处。她那天在自己一直记的日记本中记道："……一直聊天——我们坐了近3个小时。他问我想不想把米哈伊尔·阿法纳西耶维奇的文献卖给他们研究院。他记得，1939年9月他来找我们，当时我们从列宁格勒回来了，米哈伊尔·阿法纳西耶维奇也已经病了。'我走进你们家，窗户向外挂着，米哈伊尔·阿法纳西耶维奇戴着墨镜。他对我说的第一句话是："瞧，我吃小鲱鱼吃胖了，"要么就是："哎，我再也不吃小鲱鱼了。"'

这是想起了普列奇斯坚卡的节日宴会）。"

新年头几天，病情严重。1月6日，他对去年就考虑成熟的剧本作了记录——"构思于1939年秋。动笔于1940年1月6日。话剧。柜子。出口。燕窝。阿尔罕布拉宫。步枪射击。关于放肆无理的独白。格林纳达。格林纳达之死。理查一世。

什么也写不了，头大……病了，病了……"他在这几天收

第七章 "最后的、收尾的长篇小说。"最后一个剧本。(1938—1940 年)

到了格杰申斯基从基辅寄来的信:"我觉得,冬天不知为何越发富有诗意,勾起人的回忆……雪飘啊飘,温柔地抚摸着脸。马车夫的铃铛清脆地响着……到处都是新年枞树。你们家也摆着新年枞树,有人在那里唱着歌……"这封信是在他即将离世前对他的基辅年青时期最后一次致敬。

1 月中旬前,病情有所好转。

1 月 13 日:"严寒,我们去了位于波瓦尔街的作家协会①。米沙想见法捷耶夫,但是他没在。我们辗转到了作家协会食堂,吃饭……米沙戴着墨镜和礼帽②,因此食堂的人们(我们坐在快餐部)盯着他看——这些人的眼神难以描述。我们冒着冻雾回到家里。"

1 月 14 日:"阿谢耶夫。对我们俩赞誉有加,希望无论如何要巩固这次相识。他朗读了自己写的《马雅可夫斯基》的片段。米沙躺着,严寒不利于他的病情。"这里说的是阿谢耶夫不久前刚写的长诗《马雅可夫斯基正在开始》。那天晚上,肯定聊了马雅可夫斯基;布尔加科夫可能还跟阿谢耶夫询问了关于马雅可夫斯基的一些问题。在生命的最后一年,他又想起了跟他自己的命运如此奇怪地、在以悲剧收场的时刻交汇的人——叶莲娜·谢尔盖耶夫娜在从巴尔维哈开始记的日记本里听他口授记下了他希望思考的题目、他想探究的知识领域——"地理学。地理学?""医学,其历史?其误诊?其误诊史?"、"哲学,哲学!",在这些记述中还有一条——"好好读马雅可

---

① 作家协会位于沃罗夫街。
② 妻子给他缝了一顶黑色礼帽——像他的主人公那样的礼帽。

夫斯基的书"。

可以认为，他现在又想起了马雅可夫斯基，并且尽力设想他临终前的状况；这一点我们不得而知；但是在他们的一些哲学创作观点中可以看到相似之处。在长篇小说《白卫军》中就可以听到由被暗杀的骑兵司务长接任职位的人说出的令人充满希望的话："活好自己，玩去吧"——多年后《大师与玛格丽特》收尾几章不同寻常的语句搭建起风格的那些话——指出未来的生活就是体貌不变，甚至有喜欢的女人相伴的生活、生存。罗·雅科布松回想起马雅可夫斯基谈相对论时说的话："我完全相信，没有死亡。将来会让死人起死回生"时，表示相信，对于马雅可夫斯基而言，诗歌《请以……（化学家同志，请您自己填写!）的名义》的名称"压根不是文学标题，这是——真正有理有据地向长着大脑门、文文静静的20世纪的化学家请求"，在这首诗歌中，就像在剧本《臭虫》和《澡堂》中一样，"信仰就是再生的保证"。这同《大师与玛格丽特》中阐述的价值体系很接近；也可以把马雅可夫斯基的这个研究者说的话看成是布尔加科夫说的话："对他而言，不存在没有化身、没有肉体的再生"——在我们看来，这是拉近所有这些各不相同的创作世界的特点。E.拉温斯卡娅的回忆录中记述了利·尤·布里克在诗人葬礼第二天说的下面一番话："他绝对不明白，他做了什么，他没有认识到，什么是死亡——棺材、葬礼。如果他真的认识到了，他可能会感到厌恶，他可能就不会因为什么而自杀。"布尔加科夫作为医生对死亡想得很清楚，他早在1939年秋就给一些朋友详细地讲述了他的病和

第七章 "最后的、收尾的长篇小说。"最后一个剧本。(1938—1940 年)

死亡是怎样一个过程。他对现代葬礼的认识,连同他从长篇小说《大师与玛格丽特》第一稿到最后一稿一直在防止发生的烘托一起牢牢地固定下来。不过,布尔加科夫在整个创作生涯中——从第一部长篇小说到最后一部长篇小说——对异在的固定描绘,迫使我们不得不认真地对待回忆者的证明,他记住了即将离世的作家说的下面一番话:"我有时觉得,死亡——就是生命的延续。我们只是不能设想这是怎么发生的。但是不知怎样地在发生……"(谢尔盖·A. 叶尔莫林斯基的回忆)为了先想到,也可能是提醒,他也尽力在自己的创作中设想"这是怎么发生的"。

十分了解布尔加科夫的安·安·阿赫玛托娃的诗歌里留下了关于作家的创作同作家的生与死的关系重大的、至今未被破译的证明:"把那位奇怪的客人亲手放了进来,并与他形影相吊"(她 4 月 16 日把这些诗句赠给叶莲娜·谢尔盖耶夫娜)。构建和预测艺术大师的创作意愿——它对传记和创作遗产命运的影响——不可能被我们既全面地又大概地估计到。布尔加科夫的长篇小说是在他临终前的日子里写完的,在某种意义上说,跟马雅可夫斯基临终前写的诗差不多。当人们现在看到这两个如此不同的作家的创作中创作遗产的命运面貌所呈现的样子,不能不认为,如果让每个作家都按照自己的信仰去发展,那么他们也能对自己的永生产生某种不为人知的影响。

1 月 15 日:"米沙竭尽全力修改长篇小说,我誊抄。"她大声给他朗读,他让她停下来,口授修改和补充,于是这段新文稿要么被重新抄写到 10 月 4 日新打开的增补词句本上,要么被并入活页形式的用打字机打的稿件中。1月16日:"零下42度……修改长篇小说。来了叶尔莫林斯基,穿着毡靴,她给他大声朗读了长篇小说中的一段——关于麻雀。米沙表演麻雀。"这是刚刚口授的、小卖部经理同库兹明教授见面的片段,占小号字写的文稿的五个大页。"……教授端详着它,立刻相信,这只麻雀并不完全是一只普普通通的麻雀。无耻的麻雀左腿有点儿瘸,却拖着左腿,一瘸一拐合着切分音做动作,显然是在装模作样,一句话——在留声机音乐的伴奏下跳狐步舞,那样子倒像柜台旁的酒鬼。它厚颜无耻,好像多能耐似的,还肆意妄为地盯着教授。"快要离世的人的想象力有时就是这样突出地、使人开心地灵光乍现。同一天,"晚上——修改长篇小说……晚饭在米沙的写字桌上吃的。我相信,他正在康复。"1月24日:"昨天来了维连金。聊新剧本。后来聊房子。聊天使米沙激动不已。米沙抱怨说心脏不舒服。8点左右我们到外面遛弯,但是很快就返回家里——他不能走,累。"1月25日:"他口授了一页(关于斯乔帕——雅尔塔)";这天,他们出去遛弯——大概是最后一次遛弯。1月28日,又是修改长篇小说。1月29日,病情开始恶化。但是2月13日还在修改长篇小说——大概是最后一次修改。叶·谢·布尔加科娃谈到此事时是这么说的:"1940年他又给第一部分增补了一些词句——我给他朗读。但是当我们转到第二部分,我开始朗读别尔利奥兹的葬礼时,他开始修改,然后突然说:'好吧,够了,就这样吧。'——此后再也没有让我朗读。"第一部分和第二部分开头增补了那么多词句和修改表明,接下来还有许多工作要做,

第七章 "最后的、收尾的长篇小说。"最后一个剧本。(1938—1940 年)

但是作者没有来得及完成。

2 月 15 日:"昨天法捷耶夫打来电话,说想看望米沙,今天就来了。聊了两个话题:长篇小说和米沙的意大利南部康复之旅。他说,他去打听详细,过几天打电话过来。"这些天,布尔加科夫已经很难在床上翻身了——他的接触神经疼。

2 月 19 日:"米沙病危——已经第三天了。他陷入沉思,冷淡地看着周围的人。加之身体痛苦——或者确切地说,身体痛苦导致精神状态如此痛苦。他又想起了长篇小说。修改最后几稿的内部问题好像完全孤立地就在于他,就在于被重新理解为已经结束并且已经从**命运**方面作出评价的作者的**生平经历**。就这一点而论,他在生命最后几个月可能已经发现,尝试让已经中断的事物重新运转起来,或者用长篇小说的话说,尝试'追逐已经结束的事物',开始新的构思,不可能不导致灾难性后果,病痛和死亡即大师不同于安乐死的痛苦而又长期折磨的死亡,成了尝试。另一方面,这种尝试在长篇小说自身内部、在悲剧性罪过题材的交织中就得到了**预先**的解释。叶莲娜·谢尔盖耶夫娜回忆说:'他说,快要死去,这可能就对了……写完《大师与玛格丽特》之后我还能写什么……'"

3 月 1 日,法捷耶夫来过;就在这一天,K. 韦涅茨给布尔加科夫拍了最后一组照片(记录了变化很大,但是表情平静,有时还面带微笑的脸庞)——这是快要离世的人及其妻子内心强大最有说服力的证据。3 月 5 日,他家里又来了法捷耶夫。"聊天(竭力讨好)"——叶莲娜·谢尔盖耶夫娜这样记述道;后来她给我们讲了聊天者对快要离世者的震惊之情。布尔加科夫用什么也看不见的眼睛看着人，说道：

"亚历山大·亚历山德罗维奇，我快要死了。如果你们想出版——她什么都知道，所有的东西都在她那里……"

法捷耶夫扯着自己的大嗓门说：

"米哈伊尔·阿法纳西耶维奇，您生也勇敢，死亦勇敢！"

他泪流满面，急忙跑到走廊里，帽子也忘戴了，就奔出门外，嗵嗵地从台阶跑了下去……

3月8日，奥·谢·博克尚斯卡娅给母亲写信说："柳霞越来越悲伤……今天来了一个熟识的艺术家，是他们的朋友①，临终前最后一晚他留在那里过夜。给他留下了非常糟糕的印象：马卡已经有一昼夜压根说不出话了，只是偶尔大叫一声，他们认为，这是因为疼痛……柳霞他好像能认出来，其他人就认不出来了。整个这段时间，他每次都说一句什么话，听不太明白，然后大约过了10点，他又重复说这句话，脑子里可能还在琢磨着什么工作。"只有妻子一人能明白他说的话；替换她守床的护士带来一个本子，叶莲娜·谢尔盖耶夫娜在上面毫无保留地记录了每天的过程、她听到的一些稀奇古怪的话；"东基伊·霍德……东基伊·霍德"这些词本来是《堂吉诃德》中的；他的主人公还活在正在消除的记忆中。3月6日，叶莲娜·谢尔盖耶夫娜记道："我估摸着跟他说（我觉得他在思考这个）：'我给你说实话，我正在抄长篇小说②，我把它交出去，你的作品就会被发表！'他听到了，听得相当明白和专

---

① 德米特里耶夫。
② 就是说，我正在誊清——因为他知道自己的修改还没有合并进去。

第七章 "最后的、收尾的长篇小说。"最后一个剧本。(1938—1940 年)

注,然后说:'要让世人知道……要让世人知道!'"在最后几天,他似乎已经接近胡言乱语的状态,1969 年 11 月 3 日,叶莲娜·谢尔盖耶夫娜给我们讲:"有人来拿手稿。他语气平静地问:'谁在那里?'有一次非得让我把他从床上扶起来,他穿着病号服,光着腿,架在我的手上,一个房间一个房间地走,确认《大师与玛格丽特》的手稿还在原地。他用枕头垫高躺着,右手撑着大腿——像个骑士。"就在这天,叶莲娜·谢尔盖耶夫娜还讲,3 月 9 日夜里到 3 月 10 日凌晨,"我一直把靠垫放在地板上坐着——守在他的床头,握着他的手……后来去了另一个房间,弗·弗·德米特里耶夫跟我说想画画。他画着画,泪流满面。"这些画保存了下来。

奥·谢·博克尚斯卡娅 3 月 12 日给母亲的信,给作家的传记作者留下了对作家最后一天详细的、可能也是最准确的描述:"他去世于 10 日下午 4 点 40 分。他遭受了无比巨大的痛苦,去世那天安详、平静。他处于昏迷状态……凌晨睡着了,柳霞也不得不睡下,给她吃了安眠药。她跟我说:我两点左右醒了过来,家里不同寻常的静寂,我听到隔壁房间里传来米沙匀称而又平静的呼吸。我突然觉得,一切都好着呢,没有这个恐怖的病,我们简直就像米沙得病之前那样,跟他在一起生活,这不他在隔壁房间睡觉,我听到他匀称的呼吸。当然,这不过是短短一瞬间闪过的幸福想法。他继续平静地睡着,均匀地呼吸着。4 点左右,她和这个时间点到他们家里来的一个老朋友进了他的房间。他睡得还是那么平静,呼吸得还是那么匀称和悠长,柳霞说,这让'我觉得,这是奇迹(她一直在等他出现不同于他往常的、不像寻常日子的实际变化)——这是转折,他开始康复,他战胜了病魔。'"他还是继续睡着,只是4点半左右,他的脸上微微地抽搐了一下,他不知怎么"吱吱地磨牙,然后又匀称地,但是越来越微弱地呼吸着,他就这样悄无声息地去世了"。

叶莲娜·谢尔盖耶夫娜说:"他去世后,眼睛突然睁得很大——眼里放出光芒。他眼睛直着向上看自己的正前方——看见了,看见了什么,我相信(所有在场的人后来都证实了这一点)。这妙极了。"

在叶莲娜·谢尔盖耶夫娜详细记录接下来一个月所有吊唁信息(前来吊唁者中有帕斯捷尔纳克、阿赫玛托娃、法捷耶夫)的日记本中,隔着好几个空白页记道:"沃尔特·惠特曼:'……某种危险可怕的东西!某种和渺小虔诚的生活毫不相干的东西!某种没被证实的东西!梦境里的东西!某种逃脱了铁锚的拘束、自由驰骋的东西。'"。